REI E MESSIAS
EM ISRAEL E NO ANTIGO
ORIENTE PRÓXIMO

Coleção Bíblia e História

- *A Bíblia à luz da história:* guia de exegese histórico-crítica – Odette Mainville
- *A comunidade judaico-cristã de Mateus* – Anthony J. Saldarini
- *A esperança da glória:* reflexões sobre a honra e a interpretação do Novo Testamento – David A. deSilva
- *A mulher israelita:* papel social e modelo literário na narrativa bíblica – Athalya Brenner
- *A terra não pode suportar suas palavras:* reflexão e estudo sobre Amós – Milton Schwantes
- *Contexto e ambiente do Novo Testamento* – Eduard Lohse
- *Culto e comércio imperiais no Apocalipse de João* – J. Nelson Kraybill
- *É possível acreditar em milagres?* – Klaus Berger
- *Igreja e comunidade em crise:* o evangelho segundo Mateus – J. Andrew Overman
- *Jesus exorcista:* estudo exegético e hermenêutico de Mc 3,20-30 – Irineu J. Rabuske
- *Metodologia de exegese bíblica* – Cássio Murilo Dias da Silva
- *Moisés e suas múltiplas facetas:* do Êxodo ao Deuteronômio – Walter Vogel
- *O judaísmo na Antiguidade:* a história política e as correntes religiosas de Alexandre Magno até o imperador Adriano – Benedikt Otzen
- *O poder de Deus em Jesus:* um estudo de duas narrativas de milagres em Mc 5,21-43 – João Luiz Correia Júnior
- *O projeto do êxodo* – Matthias Grenzer
- *Os evangelhos sinóticos:* formação, redação, teologia – Benito Marconcini
- *Os reis reformadores:* culto e sociedade no Judá do Primeiro Templo – Richard H. Lowery
- *Pai-nosso:* a oração da utopia – Evaristo Martín Nieto
- *Para compreender o livro do Gênesis* – Andrés Ibáñez Arana
- *Paulo e as origens do cristianismo* – Michel Quesnel
- *Profetismo e instituição no cristianismo primitivo* – Gui Bonneau
- *São João* – Yves-Marie Blanchard
- *Simbolismo do corpo na Bíblia* – Silvia Schroer e Thomas Staubli
- *Vademecum para o estudo da Bíblia* – Bíblia: Associação Laical de Cultura Bíblica

Série MAIOR

- *Fariseus, escribas e saduceus na sociedade palestinense – Antony J. Saldarini*
- *Introdução ao Novo Testamento* – Raymond E. Brown
- *O nascimento do Messias:* comentário das narrativas da infância nos evangelhos de Mateus e Lucas – Raymund E. Brown (no prelo)
- *Rei e Messias em Israel e no antigo Oriente Próximo* – John Day (org.)
- *Tobias e Judite* – José Vílchez Líndez (no prelo)

John Day (org.)

REI E MESSIAS
EM ISRAEL E NO ANTIGO ORIENTE PRÓXIMO

Dissertações do Seminário
Veterotestamentário de Oxford

Dados Internacionais de Catalogação na Publicação (CIP)
(Câmara Brasileira do Livro, SP, Brasil)

Seminário Veterotestamentário de Oxford
    Rei e Messias em Israel e no Antigo Oriente Próximo : dissertações
do Seminário Veterotestamentário de Oxford / John Day (org.) ; [tradução
Barbara Theoto Lambert]. – São Paulo : Paulinas, 2005. – (Coleção Bíblia
e história. Série Maior)

    Título original: King and Messiah in Israel and the Ancient Near
East : proceedings of the Oxford Old Testament Seminar
    Vários colaboradores.
    Bibliografia.
    ISBN 85-356-1396-X
    ISBN 1-85075-946-41 (ed. original)

    1. Bíblia. A.T. - Crítica e interpretação - Congressos 2. Messias -
Ensino bíblico - Congressos 3. Reis - Ensino bíblico - Congressos I. Day,
John, 1948-. II. Título. III. Série.

04-5992   CDD-220.67

Índice para catálogo sistemático:
1. Bíblia : Crítica histórica   220.67

Título original: *King and Messiah in Israel and the Ancient Near East*
© Sheffield Academic Press, 1998, England

Quando não for mencionada outra fonte, as citações bíblicas
foram tiradas da *Bíblia de Jerusalém*, nova edição revista, Paulus, 1995.

Agradeço aos seguintes editores pela permissão de reproduzir as ilustrações das pp. 145-147:
a Vandenhoeck & Ruprecht, Göttingen, pelas figuras 1 e 4 (de Reicke, B. I. & Rost, L. eds.
Biblisch-Historisches Handwörterbuch, II [1964], cols. 999-1000, e III [1966], cols. 1977-1978);
a Editora Verlag Dietrich Reimer, Berlin, pelas figuras 2 e 3
(de *Archeologische Mittteilungen aus Iran* NS 7 [1974], p. 149, Abb. 1, e p. 155, Abb. 2).

Direção-geral: *Flávia Reginatto*
Editora responsável: *Noemi Dariva*
Assessor bíblico: *Dr. Matthias Grenzer*
Tradução: *Barbara Theoto Lambert*
Copidesque: *Jonas Pereira dos Santos e*
Anoar Jarbas Provenzi
Coordenação de revisão: *Andréia Schweitzer*
Revisão: *Marina Mendonça*
Direção de arte: *Irma Cipriani*
Gerente de produção: *Felício Calegaro Neto*
Capa: *Everson de Paula*
Editoração eletrônica: *Sandra Regina Santana*

Nenhuma parte desta obra poderá ser reproduzida ou transmitida por
qualquer forma e/ou quaisquer meios (eletrônico ou mecânico, incluindo
fotocópia e gravação) ou arquivada em qualquer sistema ou banco de
dados sem permissão escrita da Editora. Direitos reservados.

Paulinas

Rua Pedro de Toledo, 164
04039-000 – São Paulo – SP (Brasil)
Tel.: (11) 2125-3549 – Fax: (11) 2125-3548
http://www.paulinas.org.br – editora@paulinas.org.br
Telemarketing e SAC: 0800-7010081
© Pia Sociedade Filhas de São Paulo – São Paulo, 2005

Sumário

Prefácio 7

Abreviaturas 9

Lista de colaboradores 15

I PARTE: O REI NO ANTIGO ORIENTE PRÓXIMO

JOHN BAINES
A realeza egípcia antiga: formas oficiais, retórica, contexto 19

W. G. LAMBERT
A realeza na antiga Mesopotâmia 57

II PARTE: REI E MESSIAS NO ANTIGO TESTAMENTO

JOHN DAY
A herança cananéia da monarquia israelita 77

GARY N. KNOPPERS
A relação de Davi com Moisés: os contextos, o conteúdo
e as condições das promessas davídicas 97

ALISON SALVESEN
Os ornamentos da realeza no antigo hebraico 125

CAROL SMITH
"Realeza feminina" em Israel? Os casos de Betsabéia, Jezabel e Atalia 149

KATHARINE J. DELL
O rei na literatura sapiencial 171

DEBORAH W. ROOKE
Realeza como sacerdócio: o relacionamento entre o sumo sacerdócio e a monarquia 195

S. E. GILLINGHAM
O Messias nos Salmos: uma questão da história da recepção e o Saltério 217

H. G. M. WILLIAMSON
Textos messiânicos em Isaías 1–39 247

J. G. McCONVILLE
Rei e Messias no Deuteronômio e na história deuteronomista 281

KNUT M. HEIM
O rei abandonado (por Deus) do Salmo 89: pesquisa histórica e intertextual 307

PAUL M. JOYCE
Rei e Messias em Ezequiel 335

REX MASON
O Messias na literatura veterotestamentária pós-exílica 351

JOHN BARTON
O Messias na teologia do Antigo Testamento 379

DAVID J. REIMER
Cristologia do Antigo Testamento 395

III PARTE: O MESSIAS NO JUDAÍSMO PÓS-BÍBLICO E NO NOVO TESTAMENTO

WILLIAM HORBURY
O messianismo nos apócrifos e pseudepígrafos do Antigo Testamento 419

GEORGE J. BROOKE
Realeza e messianismo nos manuscritos do Mar Morto 451

PHILIP S. ALEXANDER
O rei–Messias no judaísmo rabínico 473

CHRISTOPHER ROWLAND
Cristo no Novo Testamento 491

Índice de autores 515

Prefácio

Há muitos anos, o Seminário Veterotestamentário de Oxford acontece regularmente a cada quinze dias no período letivo, com *papers* sobre uma ampla série de temas apresentados por estudiosos que trabalham em Oxford e também por estudantes pesquisadores e estudiosos visitantes de outras partes da Grã-Bretanha e do exterior. Em geral, o programa é coordenado pelo catedrático do Oriel College (na época, John Barton). Entretanto, o seminário jamais produziu um volume coletivo para ser publicado. Durante três anos acadêmicos inteiros, de outubro de 1994 a junho de 1997, John Barton, generosamente, permitiu-me tomar metade do tempo do programa do seminário com *papers* que eu tinha organizado sobre o tema "Rei e Messias", em sua maioria incluídos neste volume. Esse tema específico foi escolhido por sua capacidade de atrair grande número de estudiosos do Antigo Testamento, além de especialistas no antigo Oriente Próximo e estudiosos do judaísmo pós-bíblico e do Novo Testamento. Este projeto é, portanto, um proveitoso exercício de colaboração interdisciplinar. A maioria dos colaboradores trabalhava em Oxford quando surgiu a idéia deste livro (depois, alguns se mudaram para outros lugares), e foi convidado um pequeno número de fora (veja a lista de colaboradores à pp. 15-16).

Sou muito grato a todos os que participaram deste projeto e ajudaram a fazer com que valesse a pena. Sou grato em especial a Carol Smith, uma das colaboradoras, que me proporcionou valiosa ajuda antes de a obra ser submetida à editora e durante o processo de publicação. A ela e a todos da Sheffield Academic Press que estiveram envolvidos na produção desta obra expresso meus sinceros agradecimentos.

John Day

Abreviaturas

AB	Anchor Bible
ABD	Anchor Bible Dictionary
AcOr	*Acta orientalia*
AfO	*Archiv für Orientforschung*
AGJU	Arbeiten zur Geschichte des Antiken Judentums und des Urchrisentums
AH	Ancient Hebrew
AJSL	*American Journal of Semitic Languages and Literatures*
AnBib	Analecta biblica
ANEP	PRITCHARD, J. B., org. *The Ancient Near East in Pictures Relating to the Old Testament*. Princeton, Princeton University Press, 1954
ANET	PRITCHARD, J. B., org. *Ancient Near Eastern Texts Relating to the Old Testament*. 3. ed. com suplemento. Princeton, Princeton University Press, 1969
AnOr	Analecta orientalia
AOAT	Alter Orient und Altes Testament
AOS	American Oriental Series
ATANT	Abhandlungen zur Theologie des Alten und Neuen Testaments
ATD	Das Alte Testament Deutsch
AusBR	*Australian Biblical Review*
AUSS	*Andrews University Seminary Studies*
AV	Authorized Version
BASOR	*Bulletin of the American Schools of Oriental Research*
BBB	Bonner biblische Beiträge
BDB	BROWN, F.; DRIVER, S. R.; BRIGGS, Ch. A. *A Hebrew and English Lexicon of the Old Testament*. Oxford, Clarendon Press, 1907
BETL	Bibliotheca ephemeridum theologicarum lovaniensium

BEvT	Beiträge zur evangelischen Theologie
Bib	*Biblica*
BibInt	*Biblical Interpretation; A Journal of Contemporary Approaches*
BibOr	Biblica et orientalia
BKAT	Biblischer Kommentar: Altes Testament
BN	*Biblische Notizen*
BNTC	Black's New Testament Commentaries
BO	*Bibliotheca orientalis*
BSOAS	*Bulletin of the School of Oriental and African Studies*
BWANT	Beiträge zur Wissenschaft vom Alten und Neuen Testament
BZ	*Biblische Zeitschrift*
BZAW	Beihefte zur *ZAW*
CAT	Commentaire de l'Ancien Testament
CBQ	*Catholic Biblical Quarterly*
CBQMS	Catholic Biblical Quarterly Monograph Series
ConBOT	Coniectanea biblica, Old Testament
DJD	Discoveries in the Judaean Desert
DNEB	Die neue Echter Bibel
DSD	Dead Sea Discoveries
ÉBib	Études bibliques
EncJud	*Encyclopaedia Judaica*
EstBib	*Estudios bíblicos*
ET	English translation
FzB	Forchung zur Bibel
FOTL	The Forms of the Old Testament Literature
FRLANT	Forschungen zur Religion und Literatur des Alten und Neuen Testaments
GKC	*Gesenius' Hebrew Grammar*. KAUTZSCH, E., org; COWLEY, A. E., rev. e trad. Oxford, Clarendon Press, 1910
HAR	*Hebrew Annual Review*

HAT	Handbuch zum Alten Testament
HKAT	Handkommentar zum Alten Testament
HSM	Harvard Semitic Monographs
HSS	Harvard Semitic Studies
HTR	*Harvard Theological Review*
IB	*Interpreter's Bible*
ICC	International Critical Commentary
IEJ	Israel Exploration Journal
Int	*Interpretation*
JANESCU	*Journal of the Ancient Near Eastern Society of Columbia University*
JAOS	*Journal of the American Oriental Society*
JBL	*Journal of Biblical Literature*
JCS	*Journal of Cuneiform Studies*
JEA	*Journal of Egyptian Archaeology*
JJS	*Journal of Jewish Studies*
JNES	*Journal of Near Eastern Studies*
JNSL	*Journal of Northwest Semitic Languages*
JPSV	*Jewish Publication Society Version*
JSJ	*Journal for the Study of Judaism in the Persian, Hellenistic and Roman Period*
JSNTSup	*Journal for the Study of the New Testament, Supplement Series*
JSOT	*Journal for the Study of the Old Testament*
JSOTSup	*Journal for the Study of the Old Testament, Supplement Series*
JSPSup	*Journal for the Study of the Pseudepigrapha, Supplement Series*
JSS	*Journal of Semitic Studies*
JTS	*Journal of Theological Studies*
KAI	DONNER, H. & RÖLLIG, W. *Kanaanäische und aramäische Inschriften.* Wiesbaden, Otto Harrassowitz, 1962-1964. 3 v.
KAT	Kommentar zum Alten Testament

KEH	Kurzgefasstes exegetisches Handbuch zum Alten Testament
KTU²	DIETRICH, M.; LORETZ, O; SANMARTÍN, J. *The Cuneiform Alphabetic Texts from Ugarit, Ras Ibn Hani and Other Places.* KTU. 2. ed. ampl. Münster, Ugarit-Verlag, 1995
MVAG	Mitteilungen der vorderasiatisch-ägyptischen Gesellschaft
NA	NESTLE, E. & ALAND K., orgs. *Novum Testamentum Graece*
NCB	New Century Bible
NICNT	New International Commentary on the New Testament
NICOT	New International Commentary on the Old Testament
NIV	New International Version
NRSV	New Revised Standard Version
NS	New Series
NTS	*New Testament Studies*
OBO	Orbis Biblicus et Orientalis
OLZ	*Orientalistische Literaturzeitung*
Or	*Orientalia*
OrAnt	*Oriens antiquus*
OTG	Old Testament Guides
OTL	Old Testament Library
OTP	CHARLESWORTH, J., org. *Old Testament Pseudepigrapha*
OTS	*Oudtestamentische Studiën*
PAM	Palestine Archaeological Museum
RA	*Revue d'Assyriologie et d'archéologie orientale*
RB	*Revue biblique*
REB	Revised English Bible
RÉg	*Revue d'Égyptologie*
RevQ	*Revue de Qumran*
RHPR	*Revue d'histoire et de philosophie religieuses*
RIH	Ras Ibn Hani

RS	Ras Shamra
RSV	Revised Standard Version
RTP	*Revue de théologie et de philosophie*
RV	Revised Version
SBL	Society of Biblical Literature
SBLDS	SBL Dissertation Series
SBLEJL	SBL Early Judaism and its Literature
SBLMS	SBL Monograph Series
SBLRBS	SBL Resources for Biblical Study
SBS	Stuttgarter Bibelstudien
SBT	Studies in Biblical Theology
Sem	*Semitica*
SHANE	Studies in the History of the Ancient Near East
STDJ	Studies on the Texts of the Desert of Judah
TBü	Theologische Bücherei
TDOT	Botterweck, G. J. & Ringgren, H., orgs. *Theological Dictionary of the Old Testament*
ThWAT	Botterweck, G. J. & Ringgren, H., orgs. *Theologisches Handwörterbuch zum Alten Testament*. Stuttgart, W. Kohlhammer, 1970-
TLZ	*Theologische Literaturzeitung*
TM	Texto Massorético
TOTC	Tyndale Old Testament Commentaries
TRE	*Theologische Realenzyklopädie*
TynBul	*Tyndale Bulletin*
TZ	*Theologische Zeitschrift*
UBL	Ugaritisch–Biblische Literatur
UBSGNT	*United Bible Societies' Greek New Testament*
UCOP	University of Cambridge Oriental Publications
UF	*Ugarit-Forschungen*

VT	*Vetus Testamentum*
VTSup	*Vetus Testamentum*, Supplements
WBC	Word Biblical Commentary
WKAS	*Wörterbuch der klassischen arabischen Sprache*
WMANT	Wissenschaftliche Monographien zum Alten und Neuen Testament
WUNT	Wissenschaftliche Untersuchungen zum Neuen Testament
ZA	*Zeitschrift für Assyriologie*
ZAW	*Zeitschrift für die alttestamentliche Wissenschaft*
ZDPV	*Zeitschrift des deutschen Palästina-Vereins*
ZPE	*Zeitschrift für Papyrologie und Epigraphik*
ZTK	*Zeitschrift für Theologie und Kirche*

Lista de colaboradores

PHILIP S. ALEXANDER
Professor de literatura judaica pós-bíblica, University of Manchester. (Ex-presidente do Centro de Estudos Hebraicos e Judaicos de Oxford.)

JOHN BAINES
Professor de egiptologia na University of Oxford e professor adjunto do Queen's College, Oxford.

JOHN BARTON
Professor "Oriel and Laing" de exegese bíblica na University of Oxford e professor adjunto do Oriel College, Oxford.

GEORGE J. BROOKE
Professor de estudos bíblicos na University of Manchester.

JOHN DAY
Docente de estudos bíblicos na University of Oxford e professor adjunto e preceptor do Lady Margaret Hall, Oxford.

KATHARINE J. DELL
Professora assistente de Bíblia (Antigo Testamento) na University of Cambridge e professora adjunta e preceptora do St. Catharine's College, Cambridge. (Ex-preceptora de Antigo Testamento, Ripon College, Cuddesdon, Oxford.)

S. E. GILLINGHAM
Professor assistente de teologia (Antigo Testamento) na University of Oxford e professor adjunto e preceptor do Worcester College, Oxford.

KNUT M. HEIM
Ministro orientador dos estudantes, Wesley House, Cambridge.

WILLIAM HORBURY
Docente de estudos sobre judaísmo e cristianismo primitivo na University of Cambridge e professor adjunto do Corpus Christi College, Cambridge.

Paul M. Joyce
Professor assistente de teologia (Antigo Testamento) na University of Oxford e professor adjunto e preceptor do St Peter's College, Oxford.

Gary N. Knoppers
Diretor do departamento de letras clássicas e civilizações mediterrâneas antigas, The Pennsylvania State University, USA. (Ex-professor visitante no Centro de Estudos Hebraicos e Judaicos de Oxford.)

W. G. Lambert
Professor emérito de assiriologia na University of Birmingham.

Rex Mason
Professor adjunto emérito do Regent's Park College, Oxford, e ex-professor assistente de teologia (Antigo Testamento) na University of Oxford.

J. G. McConville
Pesquisador adjunto e professor assistente sênior de Antigo Testamento, Cheltenham e Gloucester College of Higher Education, Cheltenham, Gloucestershire. (Ex-professor assistente de Antigo Testamento, Wycliffe Hall, Oxford.)

David J. Reimer
Professor assistente de estudos hebraicos e veterotestamentários, University of Edinburgh. (Ex-professor adjunto e preceptor de hebraico e de Antigo Testamento, Regent's Park College, Oxford.)

Deborah W. Rooke
Professora assistente de estudos veterotestamentários, King's College, University of London. (Ex-estudante pesquisadora de Antigo Testamento, Regent's Park College, Oxford.)

Christopher Rowland
Decano de exegese bíblica da University of Oxford e professor adjunto do Queen's College, Oxford.

Alison Salvesen
Pesquisadora de semântica do hebraico antigo, University of Oxford, e professora adjunta do Centro de Estudos Hebraicos e Judaicos de Oxford.

Carol Smith
Estudiosa, escritora e editora autônoma em Abingdon, próximo a Oxford. (Ex-estudante pesquisadora de Antigo Testamento, Linacre College, Oxford.)

H. G. M. Williamson
Professor real de hebraico na University of Oxford e estudante da Christ Church, Oxford.

PARTE I

O rei no antigo Oriente Próximo

A realeza egípcia antiga:
formas oficiais, retórica, contexto[1]

JOHN BAINES

Introdução

Embora estivessem geograficamente situados próximos um do outro e temporalmente se sobrepusessem, o antigo Egito e o mundo da Bíblia Hebraica estavam muito afastados quanto a padrões e instituições sociais. Seria, portanto, difícil apresentar uma comparação rigorosa entre formas de realeza nas duas sociedades. Em vez disso, apresento alguns aspectos notáveis do fenômeno abrangente da realeza egípcia. Concentro-me principalmente nas diversidades de apresentação do rei em fontes literárias seletas, muitas das quais datam de centenas de anos depois da formação do Estado. Alguns pontos da história primitiva e das circunstâncias da instituição devem ser destacados logo no início.

Houve reis no Egito desde a pré-história, antes de o Estado nascer.[2] O rei era o fator central do cosmo e do Estado. A realeza era a instituição fundamental da sociedade e da civilização, embora houvesse períodos e contextos em que a sociedade se mantinha pouco ligada a essa instituição, ou em que as linhagens de reis proliferavam no país, em oposição ao princípio de que o detentor do trono era

---

[1] Sou muito grato a Richard Parkinson e Peter Machinist pelos comentários sobre esboços deste capítulo. Quero também agradecer muito a John Day pelo convite para participar do seminário no qual se baseia este livro e por sua meticulosa organização. Examino aqui um campo fundamental da realeza egípcia, em vez de reconstituir minha palestra original.

Por razões de espaço, faço poucas referências, normalmente de traduções que citam publicações de textos egípcios em vez das próprias publicações. Cf. a bibliografia geral na Nota bibliográfica e as datas no Resumo cronológico.

[2] BAINES, J. "Origins of Egyptian Kingship". In: O'CONNOR, D. & SILVERMAN, D. P., orgs. *Ancient Egyptian Kingship*. Leiden, E. J. Brill, 1995, pp. 95-156. (Probleme der Ägyptologie, 9.)

um só. Em todos os períodos, um Egito unificado era inconcebível sem um rei único, ainda que o titular fosse um imperador persa ou romano ausente. Da perspectiva do Estado, a alternativa ideológica à realeza não era outra forma de governo, mas o caos. Caso o rei ou a realeza fossem criticados, isso acontecia apenas de maneira implícita; era necessário agir dentro da instituição, e não procurar suplantá-la ou desviar-se dela. Em princípio, dificilmente se imaginava uma ordem social sem rei, embora, na prática, isso não fosse problema para os líderes locais em períodos descentralizados.

O rei existia em relação aos deuses de um sistema politeísta de crença, no qual o monarca era dependente deles. Nessa perspectiva cósmica, o *status* absoluto da realeza torna-se relativo, mesmo que se questione até que ponto essas preocupações propagavam-se efetivamente fora do grupo dirigente. O que é absoluto acerca do rei, em períodos centralizados, é que ele era único, enquanto deuses e povo eram muitos. Esse *status* singular entre duas categorias completas dava à realeza grande proeminência e força.

Examino a maneira como o rei se relacionava com os súditos e agia, entre outras coisas, como símbolo do divino neste mundo. Embora as relações entre rei e súdito fossem fundamentais, as fontes egípcias sobre esses assuntos são limitadas, pois toda inscrição pública tende a fazer uma apresentação de apoio explícito, e não matizada; além disso, a pequena elite central produziu quase todas as inscrições. Independentemente de seu contexto original na sociedade, modos formais de ação e gênero de registro, é muito fácil perceber que as fontes afirmam de maneira concreta as capacidades do rei que, na antigüidade, eram imaginadas metaforicamente.

O contexto das formas sociais públicas e da realeza no Egito é fortemente influenciado por convenções que caracterizo com a palavra "decoro".[3] É provável que essas convenções afetassem significativamente a vida do soberano e da elite, como, na verdade, acontece na maioria das sociedades. O específico na imagem egípcia das instituições, que em parte refletiam e em parte constituíam o sistema, é a forte delimitação das esferas da existência. Por exemplo, durante

---

[3] BAINES, J. *Fecundity Figures: Egyptian Personification and the Iconology of a Genre*. Warminster, Aris & Phillips, 1985, pp. 277-305; *idem*, "Restricted Knowledge, Hierarchy, and Decorum: Modern Perceptions and Ancient Institutions". *Journal of the American Research Center in Egypt* 27, 1990, pp. 1-23.

A realeza egípcia antiga: formas oficiais, retórica, contexto

grande parte da história egípcia, indivíduos que não integravam a realeza não podiam ser descritos interagindo com os deuses, mesmo se tivessem nomes teofóricos que evocassem tal interação, e não podiam representar o rei em seus monumentos ou exibir seu título primitivo original, o Nome de Hórus. Essas delimitações expressam distinções paralelas de papel e de estilo de ação entre rei e elite, e também concretizam uma separação bastante profunda deles em relação ao resto da sociedade. As convenções de decoro concentram-se em torno de figuras dos deuses e do rei. Como quase toda representação pictórica de divindades restringia-se originalmente a contextos protegidos em templos onde não se mostravam pessoas sem sangue azul, o papel religioso do rei ganhou grande projeção, muito mais do que teria adquirido na vida cotidiana. Uma conseqüência do decoro é que, além da tendência universal de atribuir ações de subordinados a líderes, a prática e a crença eram apresentadas em termos do rei quando seu referente fundamental era diferente. Um exemplo que analiso em seguida é a representação do rei desempenhando ações rituais em templos, o que, em parte, explica o fato de sacerdotes desempenharem esses papéis e, em parte, cria um universo de discurso paralelo e distinto; composições textuais bem independentes, conhecidas a partir de inscrições do período greco-romano, comentavam o dever e o comportamento sacerdotal.[4]

A realeza em suas manifestações oficiais

Titularidades e suas extensões

A representação mínima do rei era em termos de titularidades; estas eram, em certo sentido, a contrapartida visual de sua presença iconográfica, que se tornou cada vez mais difusa durante o período histórico. A titularidade do rei era promulgada pelo país por ocasião de sua elevação ao trono.[5] As titularidades apresentavam inscrições régias e todas as comunicações oficiais divulgadas pelo governo. Materiais como contratos passaram a ser datados com titularidades rela-

---

[4] GUTBUB, A. *Textes Fondamentaux de la Théologie de Kom Ombo*, I. Cairo, Institut Français d'Archéologie Orientale, 1973, pp. 144-184, com referências a paralelos. (Bibliothèque d'Étude, 47.)

[5] Decreto de Tutmósis I, conhecido em três manuscritos: SETHE, K. *Urkunden der 18. Dynastie*, I. 2. ed. Leipzig, J. C. Hinrichs, 1930, pp. 79-81. (Urkunden des Ägyptischen Altertums IV.)

PARTE I • O rei no antigo Oriente Próximo

tivamente completas, que mudavam de forma para acompanhar as evoluções políticas, de tal maneira que as titularidades dos Ptolomeus e dos imperadores romanos, por exemplo, são diferentes das de tempos mais primitivos. O conteúdo de títulos régios específicos era sempre significativo e também evoluía de período para período, adotando, com freqüência, estratégias legitimadoras que evocavam costumes de tempos mais primitivos. Portanto, vale a pena estudar as titularidades, por sua estrutura e por seu conteúdo mutante.

A titularidade desenvolveu-se gradualmente e se definiu em cinco elementos que lhe conferem uma estrutura padronizada a partir do início do Império Médio. Os elementos são os seguintes (alguns temas dos exemplos são retomados na análise posterior):[6]

Hórus: o rei como manifestação específica da principal divindade dos tempos primitivos;

Duas Damas: manifestação das deusas tutelares das duas metades do país e protegido por elas;

Hórus Dourado: significado incerto, em tempos tardios relacionado com a derrota do inimigo Set por Hórus;

Rei Dual (*nyswt byty*[7]): o "nome do trono" e primeiro nome na cártula adotado na elevação ao trono, que expressa a relação do rei com Ra, o deus-Sol;

Filho de Ra: segundo nome na cártula, que é o nome de origem do ocupante do trono, colocado depois de um título que expressa que o rei está subordinado e sob a tutela do deus-Sol; em dois períodos seguido pelo nome "dinástico" Ramsés ou Ptolomeu.

Uma titularidade típica e relativamente simples do Império Novo é a de Tutmósis IV:

Hórus: Touro Poderoso, Perfeito entre Aparições (*h^{c}w*, termo também aplicado ao nascer do sol); Duas Damas: Persistente na realeza como Atum; Hórus Dourado:

---

[6] Sobre os indícios, cf. VON BECKERATH, J. *Handbuch der ägyptischen Königsnamen*. Berlin, Deutscher Kunstverlag, 1984. (Münchner Ägyptologische Studien, 20.) As discussões são muito dispersas, e não é possível relacioná-las aqui; cf. alguns pontos no material examinado em BAINES, J. "Kingship, Definition of Culture, and Legitimation". In: O'CONNOR, D. & SILVERMAN, D. P., orgs. *Ancient Egyptian Kingship*, pp. 3-47.

[7] Freqüentemente traduzido como "Rei do Alto e do Baixo Egito", mas abrangendo aspectos característicos de realeza, além da divisão geográfica do país.

Poderoso de Força de Braço, Que Subjuga os Nove Arcos (inimigos tradicionais do Egito); Rei Dual: Menkheprure (= O Persistente das Manifestações de Ra); Filho de Ra: Tutmósis, O Que Aparece das Aparições (epíteto extra opcional); querido de Amon-Ra, a quem foi concedida a vida como Ra.[8]

Isso se compara ao fundador da XXII dinastia, Sheshonq I. Sua titularidade, em grande parte originária da tardia tradição do Império Novo, diz:

Hórus: Touro Poderoso, Querido de Ra, a quem fez aparecer a fim de unir as Duas Terras; Duas Damas: Que Aparece com a Dupla Coroa, como Hórus, Filho de Ísis, que propicia os deuses com ma^cat (ordem); Hórus Dourado: Grande em Força, que inflige derrota aos Nove Arcos, famoso em vitórias em todas as terras; Rei Dual, Senhor das Duas Terras, possuidor de força de braço: Hedjkheperre-satepnare (= O Único Branco do início da existência de Ra, a quem Ra escolheu): Filho de Ra, de seu corpo: Sheshonq, querido de Amun.[9]

Do reinado de Ptolomeu VIII Evergetes II vem a titularidade a seguir, caraterística do Período Ptolemaico mais tardio. Não tem as extensões mais elaboradas relacionadas com o culto dos ancestrais régios ptolemaicos presentes em muitos documentos,[10] "mas inclui a forma completa de cinco nomes — os três primeiros com uso bastante restrito nessa época:

Hórus: O Jovem em Cuja Vida está o Júbilo, que está no trono de seu pai, dócil ocasionalmente, sagrado em seu deslumbramento, junto com o vivo Touro Ápis;[11]

---

[8] Estela de pedra em Konosso, perto de Assuã: LEPSIUS, C. R. *Denkmaeler aus Aegypten und Aethiopien, Abtheilung* III. Berlin, Nicolai, s.d., Pl. 69e.

[9] THE EPIGRAPHIC SURVEY. *The Bubastite Portal.* Chicago, University of Chicago Press, 1954, Pl. 12 (composto a partir das linhas 1-3). (Reliefs and Inscriptions at Karnak, 3; Oriental Institute Publication, 74); cf. BONHÊME, M.-A. *Les noms royaux dans l'Égypte de la Troisième Période Intermédiaire.* Cairo, Institut Français d'Archéologie Orientale, 1987, pp. 95-106. (Bibliothèque d'Étude, 98.) A importância do primeiro nome na cártula, partilhado com Smendes da XXI dinastia, é incerta; "brancura" poderia referir-se à luminosidade solar incorporada na Coroa Branca.

[10] Cf. ZAUZICH, K.-T. *Die ägyptische Schreibertradition in Aufbau: Sprache und Schrift der demotischen Kaufverträge aus ptolemäischer Zeit.* Wiesbaden, Otto Harrassowitz, 1968. (Ägyptologische Abhandlungen, 19.)

[11] O boi Ápis de Mênfis era importante manifestação ou hipóstase divina cuja relação a uma divindade — Ptá ou Osíris — é análoga à manifestação de vários deuses pelo rei (cf. em geral, VERCOUTTER, J. "Apis, Apis-Bestattung". In: HELCK, W. & OTTO, E., orgs. *Lexikon der Ägyptologie*, I. Wiesbaden, Otto Harrassowitz, 1975, cols. 338-350). O título exibe a jubilosa reação das divindades e do povo quando da aparição do rei, como a do Touro.

PARTE I • O rei no antigo Oriente Próximo

Duas Damas: Que Alegram o Coração das Duas Terras; Hórus Dourado: Grande em Força, Possuidor de festivais *sed* como seu pai Ptá-Tanen, pai dos deuses; Rei Dual, Herdeiro dos Deuses Que Se Manifestam,[12] a quem Ptá escolheu, que desempenha o *ma^cat* de Ra, imagem viva de Amun; Filho de Ra: Ptolomeu, que ele viva para sempre, querido de Ptá; junto com a esposa, a Rainha, Senhora das Duas Terras: Cleópatra; os Dois Deuses Eficientes (Evergetes grego).[13]

A cártula é peça heráldica que remonta à I dinastia e foi usada pela primeira vez para circundar o nome do rei na II ou III dinastia. Parte de seu significado é provavelmente de talismã protetor, mas também simboliza um ciclo perpétuo por meio do "nó interminável" de formas visuais detalhadas.[14] O primeiro nome na cártula é o elemento mais importante adotado por reis na elevação ao trono e o nome pelo qual o rei era geralmente conhecido durante seu reinado, pelo menos no Império Médio e no Novo. É provável que as formas mais complexas do fim do Império Novo e posteriores não fossem usadas dessa maneira.

Dois títulos importantes que se originam da linguagem normal, em vez de serem itens de vocabulário como palavras para "rei", eram, com freqüência, colocados antes dos nomes na cártula. São "Senhor das Duas Terras" (isto é, do Egito) e "Perfeito Deus" (*nṯr nfr*, muitas vezes traduzido por "Bom Deus"), designação que provavelmente comparava o rei, como o que poderia ser denominado um deus "menor", embora os egípcios não o fizessem,[15] com as divindades masculinas denominadas "Deuses Maiores" (*nṯr ^c3*), isto é, os principais deuses do panteão.[16] Esses

---

[12] Tradução do grego *theoi epiphanes*, epíteto adotado pelo pai de Ptolomeu VIII, Ptolomeu V, e pela consorte deste último, Cleópatra I. Esse emprego de "deuses" nesses epítetos é, provavelmente, de origem grega e não tem nenhum paralelo estreito em egípcio.

[13] JUNKER, H. & WINTER, E. *Das Geburtshaus des Tempels der Isis in Philä*. Vienna, Böhlau, 1965, p. 5. (Philä II; Österreichische Akademie der Wissenschaften, phil.-hist. Klasse, Denkschriften, Sonderband.) Sobre "deuses", veja a nota anterior.

[14] BARTA, W. "Der Königsring als Symbol zyklischer Wiederkehr". *Zeitschrift für Ägyptische Sprache und Altertumskunde* 98, 1972, pp. 5-16.

[15] Cf. BERLEV, O. "The Eleventh Dynasty in the Dynastic History of Egypt". In: YOUNG, D. W., org. *Studies Presented to Hans Jakob Polotsky*. East Gloucester, MA, Pirtle & Polson, 1981, pp. 361-377 (362).

[16] Cf. BAINES, J. " 'Greatest God' or Category of Gods?". *Göttinger Miszellen* 67, 1983, pp. 13-28. "Deus Maior" ocorre muito raramente com reis e talvez assinale uma deificação ou um uso contextual específico. Esse uso ocorre no panegírico do *Conto de Sinuhe* (veja p. 34) e em uma estela régia do Segundo Período Intermediário: VERNUS, P. "La stèle du pharaon *Mnṯw-ḥtpi* à Karnak". *RÉg* 40, 1989, pp. 145-161.

A realeza egípcia antiga: formas oficiais, retórica, contexto

títulos opcionais concentram-se no poder político do rei, como se comprova pelo primeiro, e seu *status* como uma espécie limitada de divindade, o que os indica como aspectos centrais da realeza.

Outros elementos da titularidade são dominados por complexas concepções de "manifestação" divina. Uma divindade tem múltiplas manifestações, por exemplo em fenômenos da natureza, e pode animar imagens cultuais ou assumir formas animadas, como as de animais cultuais, embora nesse caso sejam as do rei.[17] Sozinha, nenhuma manifestação abrange a dimensão completa de uma divindade, que continua a ter existência independente. Uma manifestação isolada, outra vez como o rei, é "ocupada"[18] por mais de uma divindade; é irrelevante perguntar se essas múltiplas ocupações são simultâneas ou sucessivas. O rei não é, ele próprio, idêntico a nenhuma divindade. Ao contrário das divindades em sentido pleno, ele não tem existência definitiva no domínio dos deuses, dos quais sua existência terrena poderia ser uma limitada manifestação; antes, para o resto da humanidade, ele é uma limitada manifestação do mundo dos deuses. Existe um conceito de realeza (*nswyt*) que serve de contrapeso a todo ocupante do trono; esse conceito relaciona-se fortemente com a passagem entre as gerações e com o mundo dos mortos. Os reis almejavam ser divindades em sentido pleno, no outro mundo. Neste mundo, não eram deuses no mesmo sentido que os deuses maiores do panteão.

O último elemento importante da maioria das titularidades mais longas e de muitas das curtas é uma declaração conclusiva, "foi concedida a vida". Essa declaração é, com muita freqüência, ligada ao uso heráldico da palavra "querido", que afirma ser o rei "querido de" uma ou mais divindades específicas. Tipicamente, a fórmula diz: "querido de DN, a quem foi concedida a vida como Ra para sempre", na qual é provável que "como Ra" signifique "como a vida de Ra". O conceito de "concedida a vida" é atestado, de forma em parte iconográfica e em parte verbal, desde o fim do período pré-dinástico, em um dos mais primitivos

---

[17] Estudo essencial: HORNUNG, E. "Der Mensch als 'Bild Gottes' in Ägypten". In: LORETZ, O. *Die Gottebenbildlichkeit des Menschen.* München, Kösel, 1967, pp. 123-156. (Schriften des Deutschen Instituts für Wissenschaftliche Pedagogik.)

[18] Termo de Hans Bonnet; cf. a análise de HORNUNG, E. *Der Eine und die Vielen.* Darmstadt, Wissenschaftliche Buchgesellschaft, 1971, pp. 82-90 (ET BAINES, J., rev. e trad. *Conceptions of God in Ancient Egypt: The One and the Many.* Ithaca, NY, Cornell University Press, 1982; London, Routledge, 1983, pp. 91-99).

Parte I • O rei no antigo Oriente Próximo

exemplos completamente formados da iconografia egípcia[19] e, assim, é constitutivo do modo como as relações entre a divindade e o rei eram concebidas. O rei depende dos deuses para as condições de vida. Outro material mostra que, por meio dele, a humanidade — isto é, no primeiro caso, os egípcios — recebe "vida"; os estrangeiros, que estão fora do cosmo ordenado, são derrotados por ele e precisam implorar-lhe o "sopro da vida". As condições prévias da existência dependem dos deuses e estão integradas ao estabelecimento cósmico e político da ordem, mediado pelo rei. O rei é, com freqüência, representado segurando o hieróglifo da vida em contextos especiais, típica, mas não somente, porque ele, o rei, se volta para uma humanidade implicada, em vez de voltar-se para os deuses.

A situação de "ser querido" tem implicações hierárquicas semelhantes: em geral, o amor procede do superior para o dependente. Durante grande parte da história egípcia, só o rei era "querido" dos deuses.[20] Dependia deles e assim era comparavelmente tratado por todos eles. Embora algumas divindades tivessem um relacionamento mais estreito com o rei do que outras e protegessem determinados aspectos da existência dele — por exemplo, Montu supervisionava suas atividades de guerreiro —, ele era o "filho" de todos eles e referia-se a todos os deuses como seus "pais".

A noção da "vida" que os deuses concedem ao rei e este à humanidade concentra-se em torno do ar, palavra idêntica em egípcio à palavra "sopro". Em panegíricos minuciosos, esse conceito é mais abrangente e, como deus criador, o rei é responsável pelo destino e pela nutrição de todos, para que a prole aumente durante seu reinado;[21] no entanto, a mais estrita associação do ar continua primordial.

Os usos das titularidades apóiam-se em complexas concepções ideológicas e religiosas. Seu caráter formal e seu constante desenvolvimento, até mesmo

---

[19] Analisado em Baines, "Origins of Kingship", pp. 117-118, com Fig. 3.6.

[20] Cf. Hornung, E. *Der Eine und die Vielen*, pp. 196-198 (et *Conceptions of God*, pp. 201-203); Simpson, W. K. "Amor Dei: *nṯr mrr rmṯ m t3 w3* (Sh. Sai. 147–148) and the Embrace". In: Assmann, J.; Feucht, E.; Grieshammer, R., orgs. *Fragen an die altägyptische Literatur: Studien zum Gedenken an Eberhard Otto*. Wiesbaden, Reichert, 1977, pp. 493-498. Essa questão é complexa, e expressões recíprocas entre divindades e seres humanos ficam cada vez mais comuns no Império Novo, mas a idéia inicial de que as divindades voltam seu amor para o rei parece clara. Esperam-se mais pesquisas, por exemplo, sobre as implicações relevantes dos padrões em nomes próprios.

[21] Cf. Posener, G. *L'Enseignement Loyaliste: Sagesse égyptienne du Moyen Empire*. Geneva, Droz, 1977, parágrafos 5.2, 9 (Hautes Études Orientales, 5); Grandet, P. *Le Papyrus Harris I (BM 9999)*, I. Cairo, Institut Français d'Archéologie Orientale, 1994, p. 339 (18, 13). (Bibliothèque d'Étude, 109.)

as mudanças no decorrer de reinados individuais, revelam sua importância para definir quem o rei é e como se relaciona com o divino; em alguns casos, também incorporam informações históricas. Não são simplesmente estereotipados. Em si mesmas, as titularidades não dizem muito a respeito das relações entre o rei e seus súditos, reticência que é característica da ideologia egípcia central, na qual a humanidade desempenha papéis um tanto pequenos. Os inimigos do Egito e o mundo exterior a ele estão presentes nas titularidades com mais nitidez, aparecendo como campo da desordem que tem de ser dominada.[22]

As titularidades não demonstram se o rei "era" ou não um deus; além disso, a categoria egípcia "deus" (*ntr*) é demasiado ampla para indicar muito mais que o fato de o rei pertencer a uma ordem especial e ser diferente de todos os outros seres humanos.

Reflexos do contexto social e divino

As titularidades formais podem ser entremeadas de epítetos. Os epítetos não se distinguem com clareza de declarações retóricas que, com freqüência, formam partes importantes de inscrições régias imediatamente depois da titularidade inicial e antes das partes narrativas ou descritivas. Essa sobreposição de conteúdo confirma a relevância das titularidades e enfatiza o significado das introduções como um todo. É difícil avaliar até que ponto os usos são retóricos ou metafóricos, em vez de incorporarem crenças específicas. Obviamente, é improvável que distinções possam ser traçadas aqui: a noção de que o rei é "filho" de algum deus é metafórica, mas sua dependência dos deuses, expressa na fórmula "querido", não o é. Talvez os panegíricos citados há pouco, nos quais características semelhantes às dos principais deuses e criadores lhe são atribuídas, sejam principalmente retóricos, pois parecem parodiar outro domínio semântico, em uma transgressão que seria reconhecida por uma platéia avisada (mais adiante retornarei a esse tópico). A cuidadosa e infinitamente variada fraseologia das inscrições dos templos greco-romanos faz claras distinções entre o rei "ser" um modelo dos deuses ou, por exemplo, um "jovem perfeito" e ser "como" um deus (a divindade varia conforme o que é dito), em um uso que contrasta diretamente com

---

[22] Cf., em geral, HORNUNG, E. *Der Eine und die Vielen* (ET *Conceptions of God*); BAINES, *Fecundity Figures*, pp. 30-33, 216-217.

Parte I • O rei no antigo Oriente Próximo

o que é dito a respeito de deuses "serem" outros deuses.[23] Assim, durante toda a existência da instituição da realeza, foram mantidas as distinções entre o que se afirma de um deus e de um rei.

Enquanto as titularidades são confirmação oficial e difusão do *status* do rei, os epítetos que se estendem em longas composições podem relacionar-se com a prática retórica e cerimonial da vida pública. Formulações escritas estão, sem dúvida, longe de seus correlativos falados ou representados, mas, mesmo assim, devem transmitir algo da qualidade destes últimos. Se um contexto plausível pode ser modelado por seu desempenho, e são identificados vários tratamentos, é possível aperfeiçoar a compreensão e diferenciá-los conforme os propósitos para os quais foram planejados. A principal prova do contexto geral do desempenho de papéis do rei e da elite consiste em textos altamente formalizados que registram conversas entre reis e membros da elite. Pelo que diz respeito ao Império Antigo, essas conversas estão em inscrições biográficas não-régias, com paralelos sugestivos na decoração de templos funerários.[24] A partir da XII dinastia, há exemplos de um gênero especial de inscrição régia denominado "conto do rei" (*Königsnovelle*), no qual o rei, de maneira característica, reúne-se com seus conselheiros e apresenta a resposta decisiva a eventos ou a decisão de seguir um determinado curso de ação.[25] Os conselheiros recomendam cautela, enquanto o rei defende uma ação preventiva, sendo justificado pelos eventos subseqüentes; ou um empreendimento como a construção de um templo pode simplesmente concretizar sua decisão absoluta. Em essência, obras literárias parodiam a mesma situação, por exemplo, em que o rei está entendiado e pede conselhos sobre o que fazer para entreter-se.[26]

---

[23] DERCHAIN-URTEL, M. T. "Gott oder Mensch?". *Studien zur Altägyptischen Kultur* 3, 1975, pp. 25-41.

[24] BAINES, J. "Kingship before Literature: The World of the King in the Old Kingdom". In: GUNDLACH, R. & RAEDLER, C., orgs. *Selbstverständnis und Realität: Akten des Symposiums zur ägyptischen Königsideologie, Mainz, 15–17.6.1995*. Wiesbaden, Otto Harrassowitz, 1997, pp. 125-175. (Ägypten und Altes Testament, 36; Beiträge zur Ägyptischen Königsideologie, 1.)

[25] O gênero foi identificado na monografia pioneira de HERMANN, A. *Die ägyptische Königsnovelle*. Glückstadt, J. J. Augustin, 1938. (Leipziger Ägyptologische Studien, 10.) A. Loprieno reavalia o material; artigo preliminar: "The 'King's Novel' ". In: LOPRIENO, A., org. *Ancient Egyptian Literature: History and Forms*. Leiden, E. J. Brill, 1996, pp. 277-295. (Probleme der Ägyptologie, 10.)

[26] *Palavras de Nefertiti* e *Conto da corte do rei Queóps*. In: PARKINSON, R. B. *The Tale of Sinuhe and other Ancient Egyptian Poems, 1940-1640 BC*. Oxford, Clarendon Press, 1997, pp. 102-127, 131-143; LICHTHEIM, M. *Ancient Egyptian Literature*. 3 v. Berkeley, University of California Press, 1973-1980, I, pp. 139-145,

O contexto de rei e conselheiros é também o de comunicações ao rei. Em geral, pouco é relatado sobre a maneira como a elite se apresentava ao rei, embora a situação seja ficcionalmente bem apresentada no *Conto de Sinuhe*.[27] Se um súdito pedia a dádiva de provisão funerária, isso era feito com modéstia, de modo que a ênfase recaísse na generosidade da resposta do rei, que excedia o solicitado. Há poucos indícios de períodos anteriores de que as reivindicações mais altas de divindade régia — em outras palavras, as formas mais gritantes de bajulação — eram pronunciadas diretamente para o rei. Essa reticência relativa ameniza as reivindicações absolutas pelo *status* do rei e também é significativa por prover um contexto fundamental para as formas mais extravagantes de louvor. Um texto como o *Tale of the eloquent peasant* [Conto do camponês eloqüente], no qual o protagonista consegue ser recebido por um alto funcionário com uma bajulação inicial que parece parodiar em parte discursos dirigidos à realeza,[28] sugere haver lugar para tais estratégias retóricas, mas pode ser alternativamente considerado distante de situações da vida real.

Esse material exemplifica a formalização de relações entre o rei e a elite, que juntos se apresentam para o resto da sociedade quase como uma unidade. O rei vivia em seu palácio e dificilmente era acessível ao povo como um todo. Quando saía do palácio, era acompanhado de assessores e de todo um aparato simbólico, e suas ações eram revestidas de um ritual elaborado; essas cerimônias são o tema das evidências mais primitivas.[29] Quando em campanha, sua tenda era o palácio, e ele viajava com um trono portátil, que completava o contexto apropriado de sua presença.[30] Como acontece com a maioria da realeza do mundo, em toda a parte o rei era cercado pela elite e não se misturava diretamente com o

---

215-222 (com omissão do início). É provável que essas duas obras sejam paródias de segunda ordem de um tema de estilo folclórico. *Nefertiti* é composição "séria", enquanto *A corte de Queóps* provavelmente inventou em mais de um nível, em relação a Khufu no início perdido e a Snofru na terceira narrativa.

[27] Parkinson, *The Tale of Sinuhe*, pp. 40-41; Lichtheim, *Ancient Egyptian Literature*, I, pp. 231-232.

[28] Parkinson, *The Tale of Sinuhe*, p. 61; Lichtheim, *Ancient Egyptian Literature*, I, p. 172.

[29] Cf. Baines, "Origins of Kingship".

[30] Evidente, por exemplo, na narrativa da batalha de Meguido de Tutmósis III: cf., por exemplo, Lichtheim, *Ancient Egyptian Literature*, II, p. 31, antes (40) traduz erroneamente "discurso... do palácio", quando o original traz "no"; cf. um correspondente visual em, por exemplo, Lepsius, *Denkmaeler*, III, Pl. 153 (Ramsés II, batalha de Cades). Cf. também Baines, J. "Trône et dieu: Aspects du symbolisme royal et divin des temps archaïques". *Bulletin de la Société Française d'Égyptologie* 118, 1990, pp. 5-37.

Parte I • O rei no antigo Oriente Próximo

povo. Altos e médios funcionários eram considerados membros da "comitiva" (*šnwt*), palavra que deriva de uma raiz associada a idéias de proteção, ou "seguidores" (*šmsw*), que também serviam ao rei em pessoa. Esse grupo privilegiado intermediava as relações do rei com os súditos como um todo.

O envolvimento do rei em estruturas simbólicas sociais e formais protegia-o e também o aprisionava. Havia um formalismo ativo no ritual. Além de rituais régios importantes, como o da elevação[31] e o da renovação depois de muitos anos (o festival *sed*), toda a vida do rei era ritualizada e, aparentemente, se desenrolava por graus maiores e menores de ritualização — uma sobredeterminação que, em toda parte, caracteriza a vida dos soberanos. Nas fontes que foram conservadas, a maior ocorrência de significados rituais que cercam o rei está nos baixos-relevos dos templos, em que ele é representado como o único oficiante que interage com os deuses, enquanto materiais como a mobília e as insígnias do túmulo de Tutâncamon sugerem que a vida cotidiana do rei não era menos complicada. Só um número pequeno de seqüências de baixos-relevos em templos mostra ações que formam as etapas dos rituais. Os baixos-relevos são, em essência, um correspondente simbólico de ação ritual que cria uma linguagem formal iconográfico-verbal, por intermédio da qual as relações entre o rei e os deuses são incessantemente exploradas, cobrindo as paredes dos templos com conteúdo simbólico e comemorativo. Essa linguagem continuou a desenvolver-se até o período greco-romano.[32] Sua apresentação era mais vigorosamente formalizada nos contextos mais restritos no centro dos templos. A formalização tinha valor positivo intrínseco, e o material que nos parece menos informativo, porque estereotipado, estava provavelmente entre os merecedores do mais alto respeito na antigüidade.

O conteúdo básico dos baixos-relevos do templo resume-se a oferendas, principalmente de caráter material, feitas pelo rei aos deuses que criaram condições para que o monarca fizesse isso. Em resposta à renovada consagração dos frutos da ordem que o soberano lhes faria, os deuses dotavam-no novamente de

---

[31] A questão da coroação é controversa; é incerto se havia, antes dos tempos ptolemaicos, um importante ritual de coroação como parte da posse do rei. O trono e a titularidade parecem ter sido mais essenciais para a legitimidade real que as coroas; do Império Médio em diante, o uraeus, o diadema de cobra usado na fronte, passou a ser mais característico que qualquer outro ornamento de cabeça.

[32] Estudo clássico: WINTER, E. *Untersuchungen zu den ägyptischen Tempelreliefs der griechisch-römischen Zeit*. Vienna, Böhlau, 1968, esp. Parte 1. (Österreichische Akademie der Wissenschaften, phil.-hist. Klasse, Denkschriften, 98.)

A realeza egípcia antiga: formas oficiais, retórica, contexto

vida e poder, incluída neste último a vitória sobre as forças do caos.[33] Há, assim, uma assimetria generalizada entre, de um lado, as dádivas mais terrenas do monarca aos deuses e, de outro, as dádivas requintadas e superiores que estes lhe fazem. É a contrapartida de sua posição subalterna em relação aos deuses, expressa no epíteto "querido" e indicada em muitos aspectos de desenho e iconografia. A reciprocidade entre as duas esferas enfatiza, em especial, a estreita integração dos mundos divino e régio, que se percebe de maneira mais completa dentro de templos, aos quais só o rei e os sacerdotes tinham acesso, e, em formas mais indiretas, em estruturas mais públicas, notavelmente portas.[34] A relação dependente do rei para com os deuses faz paralelo com a asserção de que os seres humanos são, de modo semelhante, dependentes dele, de modo que o soberano é o sustentáculo de toda a estrutura cósmica e social. Como foi indicado, sua singularidade, que contrastava com a multiplicidade dos outros dois grupos, reforçava essa posição.

Apenas o rei era representado realizando o culto no templo. Essa convenção, de profundo alcance para a articulação da crença, não significava que os sacerdotes fossem meros substitutos do rei. Na verdade, no período greco-romano, acontecia o contrário e parte do *status* do rei consistia em este ser como que um funcionário sacerdotal.[35] Outro material deixa claro que os sacerdotes consideravam-se agindo por conta própria. Contudo, como a apresentação do rei parece fazer dele a única via de acesso aos deuses e ele era um só e eles eram muitos, o soberano ocupava uma posição de domínio ideológico. Essa visão contém algo de retórico e de legitimação: o rei era singularmente responsável e, em circunstâncias ideais, singularmente solícito para com a humanidade.

Os desenvolvimentos retóricos e seus contextos

Os contextos ora analisados tendem a manter dentro dos limites as pretensões dos reis ou as reivindicações em seu nome e a colocá-los em contextos apro-

---

[33] Cf., em especial, HORNUNG, *Der Eine und die Vielen*, pp. 192-200 (ET *Conceptions of God*, pp. 197-205).

[34] Principalmente em períodos mais primitivos; as portas greco-romanas têm desenho mais semelhante ao de outras áreas com baixos-relevos nos templos.

[35] OTTO, E. *Gott und Mensch nach den ägyptischen Tempelinschriften der griechisch-römischen Zeit.* Heidelberg, Winter, 1964, pp. 67-74. (Abhandlungen der Heidelberger Akademie der Wissenschaften, philosophisch-historische Klasse, 1964.1.)

Parte I • O rei no antigo Oriente Próximo

priados. Nem mesmo as declarações formais de titularidades são extravagantemente hiperbólicas em sua apresentação do *status* do rei. Além disso, alguns reis entravam para os panteões locais depois da morte, ou se deificavam em vida,[36] algo que só poderiam fazer se seu *status* fosse inferior ao de um deus. Todavia, no Império Novo, uma estatuária régia foi erguida com o objetivo mais ou menos explícito de atuar como centro de um culto régio. Alguns textos literários, principalmente do Império Médio, incorporam proclamações fortemente elogiosas que atribuem ao rei papel essencialmente de deus criador; com freqüência, são chamadas "propaganda", embora a palavra seja problemática por causa da incerteza quanto ao público a que se dirige.[37] Proclamações semelhantes de *status* régio estão, de maneira quase única, colocadas na boca do rei, no "Rolo de Couro de Berlim", manuscrito da XVIII dinastia, com um texto que anuncia um programa de construção organizado em forma de conto régio atribuído a Sesóstris I, da XII dinastia.[38] Se autêntico, esse exemplo raro pode ser adaptado de alguma forma para transformar o auto-elogio em "desempenho" régio; se é uma composição mais tardia, o contexto fictício distancia o auto-elogio de maneira apropriada. O texto é obra altamente elaborada de arte verbal e parece estar no limite da pretensão régia formulada verbalmente.

Fontes como essas são usadas por estudiosos que defendem um nível interculturalmente excepcional de divindade régia no Egito. Contra essa posição, há muito tempo outros estudiosos argumentam que o rei não era deus em nenhum

---

[36] Cf., por exemplo, Bryan, B. M. In: Kozloff, A. P.; Bryan, B. M.; Berman, L. M., orgs. *Egypt's Dazzling Sun: Amenhotep III and His World*. Bloomington, IN, Indiana University Press, 1992, pp. 73-111 (exhibition catalogue, Cleveland Museum of Art); Habachi, L. *Features of the Deification of Ramses II*. Glückstadt, J. J. Augustin, 1969 (Abhandlungen des Deutschen Archäologischen Instituts, Abteilung Kairo, Ägyptologische Reihe, 5); Wildung, D. "Göttlichkeitsstufen des Pharao". *OLZ* 69 (1973), cols. 549-565.

[37] A respeito da ideologia régia do Império Médio, cf. Franke, D. " 'Schöpfer, Schützer, Guter Hirte': Zum Königsbild des Mittleren Reiches". In: Gundlach & Raedler, orgs., *Selbstverständnis und Realität*, pp. 175-210. Sobre propaganda, cf. Baines, J. "Contextualizing Egyptian Representations of Society and Ethnicity". In: Cooper, J. S. & Schwartz, G., orgs. *The Study of the Ancient Near East in the 21st Century: The William Foxwell Albright Centennial Conference*. Winona Lake, IN, Eisenbrauns, 1996, pp. 339-384 (339-360).

[38] Parkinson, R. B. *Voices from Ancient Egypt: An Anthology of Middle Kingdom Writings*. London, British Museum Press, 1991, pp. 40-43, n. 5; Lichtheim, *Ancient Egyptian Literature*, I, pp. 115-118; datação e comentário: Loprieno, "The 'King's Novel' ". In: Loprieno, org., *Ancient Egyptian Literature*, pp. 286-287, com n. 49.

sentido direto.[39] Não há motivo para procurar uma consistência rigorosa de formulação em textos destinados a ser laudatórios, e a variação nas proclamações do *status* do rei pode ser simplesmente considerada como exemplo de falta de dogmatismo e de uma pitoresca série de expressões. Mas seria errado adotar essa abordagem fácil, pois esses materiais são produtos essenciais da alta cultura egípcia; devemos dar-lhes o devido peso por terem um propósito deliberado dentro de suas formas sumamente retóricas. Aqui são importantes dois fatores inter-relacionados: a seleção do público e o caráter literário de algumas fontes, notavelmente as instruções "legalistas" do Império Médio. É difícil separar os dois, pois um grande número de escritos discursivos egípcios tem formulação fortemente literária. O mais relevante não é tanto a escrita altamente elaborada, mas saber se o contexto ou o gênero influencia a recepção das afirmações sobre a realeza.

Essas questões estão exemplificadas na mais antiga fonte extensiva conservada, a porta falsa de Niankhsakhmet, do início da V dinastia, que tem dois textos complementares. No primeiro, Niankhsakhmet aproxima-se do rei e exige a dádiva de uma porta falsa — evidentemente, a que contém as inscrições. O segundo consiste principalmente em um poema em louvor do rei, com toda a probabilidade motivado pela conclusão da porta falsa e pela sua doação definitiva por parte do rei:

> Discurso por Sua Pessoa
> para o Médico-Chefe Niankhsakhmet:
>
> "Enquanto este meu nariz, querido dos deuses, está sadio,
> que sigas para o Ocidente (morras)
> depois de ficares bem velho, como alguém bem abastecido".
>
> Dá muitos louvores ao Rei,
> agradece a todos os deuses por Sahure;

---

[39] Por exemplo, Hornung, *Der Eine und die Vielen*, pp. 131-132 (et *Conceptions of God*, pp. 141-142). Posener, G. *De la divinité du pharaon*. Paris, Imprimerie Nationale, 1960. (Cahiers de la Société Asiatique, 15) é aqui citado adversamente ao buscar provas específicas de que o rei era tratado como menos que um deus, em vez de analisar a questão com mais neutralidade; entretanto, foi valioso corretivo do excesso de ênfase na divindade régia em obras como Frankfort, H. *Kingship and the Gods: A Study of Ancient Near Eastern Religion as the Integration of Society and Nature*. Chicago, University of Chicago Press, 1948.

PARTE I • O rei no antigo Oriente Próximo

pois ele me conhece
tão bem como todo o séquito.

Se alguma coisa sai da boca de sua Pessoa,
acontece imediatamente;

pois o deus lhe deu
percepção no ventre
na medida em que ele é mais grandioso que qualquer deus.

Se Ra te ama (ou "Se tu amas Ra"?)
Agradece a todos os deuses por Sahure,
que fez isto por mim (i.e., doou esta porta falsa).[40]

A dependência que o rei tem dos deuses por intermédio do amor é invocada, neste caso, segundo consta, em suas próprias palavras, e também na declaração de que "o deus" (provavelmente o deus-Sol Ra) lhe concedeu suas qualidades essenciais. Contudo, é também onde se declara, aparentemente sem ironia, que o rei é, pelo menos sob um aspecto, superior aos deuses. As alegações bastante grandiosas do poema são dirigidas às pessoas em geral — em essência à elite — e não diretamente ao rei. Na prática, o poema poderia ter sido declamado na presença do rei e mesmo assim dirigido a ele, mas a composição e o contexto estão estruturados de maneira elaborada. A prestação do súdito em resposta ao recebimento da porta falsa é outra obra de arte, que assume a forma desse poema em louvor ao rei. Não é uma composição que relata nenhuma verdade "literal".

Uma composição ainda mais estruturada é o poema em louvor a Sesóstris I, incluída no *Conto de Sinuhe*, a obra literária mais conhecida da XII dinastia. Isso é declamado pelo protagonista em resposta a uma pergunta de seu anfitrião, um governante local, no início de seu exílio palestino. O governante pergunta:

[...] Como é essa terra

sem ele, aquele deus eficiente (Amenenhat I)

cujo temor impregnou terras estrangeiras,

como Sachmet em um ano de pestilência?[41]

---

[40] Discussão e referências: BAINES, "Kingship before Literature".

[41] Tradução minha. Texto: KOCH, R. *Die Erzählung des Sinuhe*. Brussels, Fondation Égyptologique Reine Elisabeth, 1990, pp. 30-31, em B 43–45; p. 40, em B 75–76 (passagem citada abaixo). (Bibliotheca Aegyptiaca, 17.) Sobre o contexto, cf. PARKINSON, *The Tale of Sinuhe*, pp. 30-31.

A referência "aquele deus eficiente" é bem egípcia, tanto quanto a evocação da violenta deusa Sachmet, de modo que dificilmente o governante palestino caracteriza-se aqui como estrangeiro. Sua pergunta traz à tona um panegírico altamente estruturado de 47 versos, que evoca a delicada questão do governo comum ou co-regência de um rei e seu sucessor, alonga-se na bravura militar do novo rei e, um tanto sumariamente, evoca suas qualidades como soberano caritativo e bem-amado.[42] Sem deixar-se impressionar, o anfitrião responde:

O Egito é, na verdade, afortunado no conhecimento que (Sesóstris I) está prosperando.

(Mas) estás aqui.

Ficarás comigo. O que faço por ti é bom.

O panegírico é evidentemente adaptado a seu contexto ficcional e histórico; entretanto, de maneira mais significativa, a resposta do palestino compromete radicalmente seu efeito ostensivo. Ele zomba delicadamente da pretensão de *Sinuhe* e de sua falta de senso de oportunidade para essa recitação; ela não é apropriada para os que não estão sujeitos ao Egito.[43] O resultado é a incorporação a *Sinuhe* de um gênero importante, juntamente com diversas paródias semelhantes, mas identificável como literário, internamente e também por sua inserção no conto. O texto, contudo, partilha com o poema de Niankhsakhmet a característica de que o louvor extremo não é, ostensivamente, dirigido ao rei em pessoa. Também é provável que *Sinuhe* tenha sido escrito depois do reinado de Sesóstris I, de modo que não exaltava o rei de então.

Outros exemplos de proclamações extremas do *status* do rei têm estruturas distanciadoras menos claras que esses dois textos. O grupo mais bem conhecido está em textos ficcionais e instrutivos do mesmo período que *Sinuhe*. A *Instrução*

---

[42] Observações valiosas por Assmann, J. "Verkünden und Verklären: Grundformen hymnischer Rede im alten Ägypten". In: Loprieno, org., *Ancient Egyptian Literature*, pp. 313-334 (313-314), que, entretanto, não comenta o contexto ficcional relativizante do panegírico.

[43] O tratamento também comenta, ao mesmo tempo irônica e positivamente, o palestino, que, é de presumir, pouco conhece as condições do Egito. Sobre o tratamento do estrangeiro aqui, cf. Loprieno, A. *Topos und Mimesis: Zum Bild des Ausländers in der ägyptischen Literatur*. Wiesbaden, Otto Harrassowitz, 1988, pp. 41-59. (Ägyptologische Abhandlungen, 48.)

de Amenemés I, discurso do rei morto a seu sucessor Sesóstris I, contém uma breve passagem em que ele proclama:

Fui criador de grãos, querido de Neper (o deus dos grãos),

e a inundação do Nilo exaltou-me em cada vastidão de terra.[44]

Essa formulação é significativa, pois na religião o "criador de grãos" não era o rei, mas o deus Osíris.[45] O primeiro desses versos é, portanto, quase um oximoro, com uma primeira parte que assimila o rei a um dos seres mais elevados possíveis, e uma segunda parte que o faz dependente de uma personificação inferior que não recebia culto próprio. Um texto do Primeiro Período Intermediário mostra o rei dependente da principal divindade local para o controle da inundação;[46] por esse motivo, no segundo verso, Amenemés reivindica mais que o normal, pois a inundação, aqui personificada como uma divindade, ajuda-o diretamente, e a palavra "honra" (*try*) sugere que ela é condescendente com ele. Assim, o contexto da proclamação de um papel divino para o rei, dentro do dístico, revela seu caráter metafórico. Embora essa proclamação exaltada destaque apropriadamente as qualidades de um rei que restabelece a prosperidade depois de calamidades, como se dizia de Amenemés, o contexto literário amplo e a estrutura do dístico amenizam seu impacto. A frase que o devolve a seu papel de dependente em relação aos deuses precisa conter o maior peso global porque é mais amplamente cotejada.

Duas obras do mesmo período, a *Instrução legalista*[47] e a *Instrução de um homem para seu filho*,[48] incluem fraseologia semelhante em relação ao rei. Ambas

---

[44] HELCK, W. *Der Text der "Lehre Amenemhets I. für seinen Sohn"*. Wiesbaden, Otto Harrassowitz, 1969, pp. 72-73 (XI, a–b) (Kleine Ägyptische Texte); cf. PARKINSON, *The Tale of Sinuhe*, pp. 203-211 (207). Parkinson salienta (comunicação pessoal) que são possíveis interpretações dessa passagem diferentes da proposta aqui.

[45] Conhecida a partir do Reino Novo, mas provavelmente muito mais antiga; cf. p. ex. BLACKMAN, A. M. "Osiris as the Maker of Corn in a Text of the Ptolemaic Period". In: *Studia Aegyptica*, I. Rome, Pontificio Istituto Biblico, 1938, pp. 1-3, com referências. (AnOr, 17.)

[46] VANDIER, J. *Mo'alla : La Tombe d'Ankhtifi et la Tombe de Sébekhotep*. Cairo, Institut Français d'Archéologie Orientale, 1950, p. 263, texto 18. (Bibliothèque d'Étude, 18.)

[47] POSENER, *L'Enseignement Loyaliste*; PARKINSON, *The Tale of Sinuhe*, pp. 235-245.

[48] Edição não reconstruída completamente, ainda no prelo, org. por FISCHER-ELFERT, H.-W., reúne diversos materiais conhecidos até agora; cf., resumidamente, PARKINSON, *The Tale of Sinuhe*, pp. 292-293.

A realeza egípcia antiga: formas oficiais, retórica, contexto

têm a aparência de textos didáticos compostos para a instrução de funcionários de diversos níveis, mas são também obras de literatura ficcional. Uma demonstração indireta desse ponto é que um alto funcionário do fim da XII dinastia gravou quase toda a primeira parte da *Instrução legalista* em sua estela funerária,[49] mudando o objeto de louvor de um rei genérico para seu soberano: Amenemés III. Os textos biográficos em estelas e outros monumentos, que formam o maior gênero conservado de excelentes escritos egípcios, recorreram a formulações estreitamente literárias e também exerceram profunda influência em instruções literárias.[50] Essa intertextualidade, que faria pouco sentido se as declarações legalistas fossem lidas literalmente, e não literariamente, relativiza as declarações extremas do panegírico. Apesar da atribuição específica da passagem, o leitor instruído da estela reconheceria a citação, como acontece com as platéias de discursos de louvor em muitas culturas. A passagem enaltece as pretensões culturais da estela, que é uma das principais estelas não-régias do período, e também proclama o legalismo do proprietário. Além disso, os que usaram a própria *Instrução legalista* na antigüidade estavam cientes da estruturação do que ela dizia. Mas se a instrução em si, ou o texto da estela, fosse "representado" oralmente, como é provável que tenha acontecido, as reivindicações para o rei haveriam de adquirir um caráter extra, quase não-ficcional, já que o simbólico pode ser sempre entendido literalmente, ao contrário, em parte, da intenção original.

Essas duas instruções apresentam uma interação complexa de preocupações a respeito do rei e de outros em um discurso sobre a posição e as responsabilidades de membros da elite.[51] Nesse contexto, o louvor do rei, que se torna relativo por ser um lado da equação, é, mesmo assim, notável. A *Instrução legalista* identifica-o com Ra, fazendo-o mais benéfico que a inundação do Nilo e declarando que ele é um criador (em sucessão, Atum e Chnum), a deusa benéfica

---

[49] LANGE, H. O. & SCHÄFER, H. *Grab- und Denksteine des Mittleren Reiches im Museum von Kairo*, II. Berlin, Reichsdruckerei, 1908, pp. 145-150; IV, 1902, Pl. 40. (Catalogue Général des Antiquités Egyptiennes du Musée du Caire.)

[50] Declaração drástica: ASSMANN, J. "Schrift, Tod und Identität: Das Grab als Vorschule der Literatur". Reimpresso em seu *Stein und Zeit: Mensch und Gesellschaft im alten Ägypten*. München, Fink, 1991, pp. 169-199.

[51] LOPRIENO, A. "Loyalty to the King, to God, to Oneself". In: DER MANUELIAN, P., org. *Studies in Honor of William Kelly Simpson*, II. Boston, Museum of Fine Arts, 1996, pp. 533-552; versão condensada: "Loyalistic Instructions". In: LOPRIENO, org., *Ancient Egyptian Literature*, pp. 403-414.

Bastet, e a agressiva Sachmet (estrofes 2, 3, 5). São conhecidos usos comparáveis de hinos em louvor a Sesóstris III, que têm refrãos e, assim, destinavam-se à representação cerimonial.[52] Esses hinos estão entre os textos que enfatizam a maior parte da provisão e solicitude do rei pelos súditos, no contexto de sua bem-sucedida defesa das fronteiras do país e das conquistas no exterior.

Temas relacionados estão reunidos nas estelas Semna e Uronarti do mesmo rei, que contêm um texto exortativo para a guarnição da fronteira núbia. Como as outras fontes citadas, esta tem sólidas qualidades literárias, e sua passagem final é uma variação sobre temas encontrados na *Instrução de Ptahhotep*.[53] A curta auto-apresentação do rei, depois de declarar sucintamente que ele estabeleceu a fronteira, está no extremo oposto do Rolo de Couro de Berlim (cf. n. 38):

> Sou um rei que fala e age:
> o que acontece por meu intermédio é o que planejo;
>
> sou alguém que devasta para conquistar,
> que é rápido para vencer;
>
> que não dorme com um problema para resolver;
> que se preocupa com os pobres e defende os humildes,
> (mas) que não é brando com o inimigo que o ataca;
>
> que ataca quando é atacado,
> que desiste quando (o atacante) desiste,
> que reage a um problema conforme seu conteúdo.

Esse texto, que tem pelo menos tanta "propaganda" quanto minha composição régia, está no extremo do "realismo" e não oferece base para reivindicações de divindade régia. É provável que sua modéstia pertença ao contexto de uma estratégia para abordar um grupo que talvez tivesse experimentado a participação régia em eventos reais e, assim, tivesse uma imagem moderada das capacidades do rei.

---

[52] Lichtheim, *Ancient Egyptian Literature*, I, pp. 198-201; um hino: Parkinson, *Voices from Ancient Egypt*, pp. 46-47, n. 7.

[53] Parkinson, *Voices from Ancient Egypt*, pp. 43-46, n. 6; Eyre, C. J. "The Semna Stelae: Quotation, Genre, and Functions of Literature". In: Israelit-Groll, S., org. *Studies in Egyptology Presented to Miriam Lichtheim*, I. Jerusalem, Magnes Press, 1990, pp. 134-165, com referências a publicações fundamentais. Aqui, a tradução é minha.

A realeza egípcia antiga: formas oficiais, retórica, contexto

Um bloco de materiais de reinado muito mais tardio do rei Amenófis II, da XVIII dinastia, exemplifica uma série de maneiras de lidar com o papel e a pessoa do rei. Talvez mais que outros reis, Amenófis ressaltou sua habilidade física e seu ativismo pessoal. Ao lado das narrativas de suas campanhas militares, que contrastam com as de seu predecessor Tutmósis III no dinamismo maior e talvez artificial, suas façanhas "atléticas" foram celebradas em forma textual e pictórica.[54] Sua Estela da Grande Esfinge relata façanhas com remos e com arco e flecha, sendo as duas tratadas como episódios sucessivos de uma narrativa.[55] O texto está em forma de inscrição régia convencional em vez de "conto régio", como demonstra o longo panegírico que se segue à titularidade inicial. Contudo, a narrativa, cuja parte de sua razão de ser é realçar a transição regular de Tutmósis III para Amenófis II, tem fortes aspectos fictícios, até mesmo uma breve oração na voz do narrador, e conta uma história legitimadora de juventude e início da maturidade. Em atletismo, consta que Amenófis remou como o "remador de popa" que marcava o ritmo para 200 remadores e que continuou a impelir o navio sozinho por outros 15 quilômetros quando todos esmoreceram. Depois, subiu em seu carro de guerra e transpôs uma fileira de alvos de bronze de 7,5 cm de espessura, atirando contra eles flechas que os atravessavam e os botavam por terra. Os contemporâneos sabiam que isso não podia ser feito e aceitavam que o soberano tinha poderes sobre-humanos, ou consideravam a questão uma hipérbole, em que a exatidão literal era irrelevante. O importante era que o rei estava fora de comparação com quem quer que fosse.[56]

Esse material vem de uma área especializada de façanhas régias, mas não se pode duvidar que fosse significativo para a apresentação do rei a seu mundo. O campo relacionado, antigo e carregado de símbolos da caça foi celebrado em inscrições do

---

[54] Cf. DECKER, W. & HERB, M. *Bilderatlas zum Sport im alten Ägypten.* Leiden, E. J. Brill, 1994, pp. 147-148, Pls. A, 70, com paralelos mais tardios, pp. 148-150, Pls. 71–72. (Handbuch der Orientalistik, 1.14.) Cf. a análise de DER MANUELIAN, P. *Studies in the Reign of Amenophis II.* Hildesheim, Gerstenberg, 1987, pp. 189-213. (Hildesheimer Ägyptlogische Beiträge, 26.)

[55] LICHTHEIM, *Ancient Egyptian Literature,* II, pp. 39-43; MANUELIAN, *Studies in the Reign of Amenophis II,* pp. 181-188; comentário sobre as façanhas descritas: EDEL, E. "Bemerkungen zu den Schießsporttexten der Könige der 18. Dynastie". *Studien zur Altägyptischen Kultur* 7, 1979, pp. 23-39 (38-39).

[56] Cf. BAINES, J. "The Stela of Emhab: Innovation, Tradition, Hierarchy. *JEA* 72, 1986, pp. 41-53 (44-50). MANUELIAN, *Studies in the Reign of Amenophis II* (cf. n. 54), sublinha que é visível um elemento de competição nos textos de Amenófis II, mas isso é bem superficial.

Parte I • O rei no antigo Oriente Próximo

Império Novo e, por exemplo, em uma caixa de Tutâncamon que tem uma composição do rei triunfando sobre os inimigos e outra dele abatendo animais na caçada.[57] Um paralelo literário no texto fragmentário, provavelmente mais primitivo, *O rei esportista*,[58] mostra que esse aspecto do papel do rei espalhou-se por toda a alta cultura.

O que mais realça Amenófis II é a conservação de dois testemunhos de seu papel provenientes do vice-rei da Núbia, Usersatet. O primeiro é uma composição relativamente convencional em um santuário pessoal de pedra que Usersatet construiu em Qasr Ibrim, na Baixa Núbia.[59] Como outros santuários desse lugar, este é dedicado a divindades locais e talvez ao rei. Inclui uma cena de tributo ao rei de um tipo conhecido em túmulos não-régios.[60] Este incorpora uma inscrição expressa em termos incomuns, que enumera o tributo e traz um discurso lisonjeiro que é pronunciado por funcionários; ao contrário de outros exemplos, é seguido por um panegírico independente do rei, pronunciado por Usersatet. O próprio texto fragmentário inclui certa fraseologia hiperbólica:

> Tu és (um) Ra, chefe de Ennead, (um) Chnum, que criou os deuses
> [...] senhor das provisões, rico em alimento, que entra no conhecimento
> como Tot (o deus da sabedoria) [...].

A composição incomum dessa cena e de seus textos revela que é obra original; dá outro exemplo de lisonja que podia ser representada diante do rei e também constitui uma declaração de legalismo significativo em seu ambiente, na colônia meridional, longe da corte real. Talvez o panegírico jamais tenha sido representado na presença do rei ou nem mesmo chegado a seu conhecimento.

---

[57] Davies, N. M. & Gardiner, A. H. *Tut'ankhamun's Painted Box*. Oxford, Griffith Institute, 1962.

[58] Caminos, R. A. *Literary Fragments in the Hieratic Script*. Oxford, Griffith Institute, 1956, pp. 22-39; Parkinson, *The Tale of Sinuhe*, pp. 293-294. Esse tema, que merece ser mais investigado, tem paralelos iconográficos desde o início da iconografia egípcia e, na XII dinastia, tem uma analogia na inscrição de um "anal" de Amenófis II: Altenmüller, H. & Moussa, A. M. "Die Inschrift Amenemhets II. aus dem Ptah-Tempel von Memphis: Ein Vorbericht". *Studien zur Altägyptischen Kultur* 18, 1991, pp. 1-48 (17-18). O prenome de Amenófis II ocorre, talvez por coincidência, em um dos fragmentos de *Sporting King*: Caminos, *Literary Fragments*, p. 26.

[59] Caminos, R. A. *The Shrines and Rock Inscriptions of Ibrim*. London, Egypt Exploration Society, 1968, pp. 65-72, Pls. 28–32. (Archaeological Survey of Egypt, 32.)

[60] Radwan, A. *Die Darstellungen des regierenden Königs und seiner Familienangehörigen in den Privatgräbern der 18. Dynastie*. Berlin, Bruno Hessling, 1969. (Münchner Ägyptologische Studien, 21.)

O santuário, em geral convencional, contrasta com a pequena estela singular que Usersatet parece ter erguido na fortaleza de Semna, que celebrava seu relacionamento com Amenófis II.[61] A cena no topo mostra Usersatet apresentando um tributo de ouro ao rei, que está entronizado sob um baldaquim, enquanto o texto embaixo consiste na cópia de uma carta escrita pelo rei ao vice-rei, presumivelmente de próprio punho. O texto danificado declara o que o rei, sentado, bebendo e divertindo-se, pensava de seu antigo companheiro Usersatet, que havia matado muitos em combate e adquirido várias mulheres em diversos lugares do Oriente Próximo. Seguem-se conselhos para não ser desatento ao lidar com os núbios e também uma reprimenda um tanto velada a respeito de um subalterno sobre o qual Usersatet não tinha informado o rei (detalhe que também é bastante excepcional em uma inscrição pública). Nesses dois monumentos, Usersatet parece ter desejado trazer a presença do rei a regiões fora das fronteiras tradicionais do Egito e exaltá-lo por meio do desempenho convencional, mas exagerado, gravado no santuário, e pelo louvor implícito de sua intimidade com os funcionários, exemplificada pela carta na estela; isso, já se vê, também era bom para seu *status*. O contraste entre os dois tratamentos tende a relativizar as alegações do texto do santuário. Aqui, como alhures, o *status* do rei está ligado ao contexto, mas o caráter individual que Amenófis II projetou também é discernível.[62]

A fraseologia presente na *Instrução de Amenemés* e nos textos legalistas — e, sem dúvida, em outras obras perdidas — foi adotada cerca de meio século depois de Amenófis II, sob Akhenaton. Como fundador do culto monolátrico ao disco solar (*aten*) e sua luz,[63] Akhenaton tinha, necessariamente, uma nova posição na articulação do cosmo e da religião: com uma única divindade, sua mediação entre os homens e a divindade tinha um caráter diferente do que existia antes. Ele enfatizou o *status* próprio e também atribuiu caráter régio a seu deus, em uma fusão de características divinas e régias que tem paralelos em períodos mais tardios, em especial no greco-romano.[64] Parece que expôs suas crenças em um

---

[61] HELCK, W. "Eine Stele des Vizekönigs *Wśr-Śt.t'*, *JNES* 14, 1955, pp. 22-31.

[62] Compare MANUELIAN, *Studies*, Capítulo 4, "A Closer Look at the Person of Amenophis II".

[63] Entre a vasta literatura, cf., por exemplo, ASSMANN, J. "Akhanyati's Theology of Light and Time". *Proceedings of the Israel Academy of Sciences and Humanities* 7.4, 1992, pp. 143-176.

[64] Cf. DERCHAIN, P. "La différence abolie: Dieu et Pharaon dans les scènes rituelles ptolémaïques". In: GUNDLACH & RAEDLER, orgs., *Selbstverständnis und Realität*, pp. 225-232.

PARTE I • O rei no antigo Oriente Próximo

ensinamento perdido que repercutiu em biografias não-régias.[65] Adotou a mesma fraseologia que faz do rei um Shu (o deus do ar e da vida e, para Akhenaton, da luz) e também "inundação", "destino" e "fortuna" personificados. Parece que, como um pequeno número de predecessores, Akhenaton reivindicou algumas das qualidades de um criador. Seu criador solar, o Aton, dificilmente recebia o crédito por essas preocupações em particular, mas Akhenaton não as adotou à revelia. Antes, o fato de tê-las conservado mostra que eram aceitas como metafóricas e que ele assumiu, portanto, um papel quase literário de criador, de acordo com a tradição. Um texto de adoração do funcionário Panehsy dirigido ao Aton e que invocava o rei como intermediário — o que a iconografia deixa claro — dá a versão completa dessa fraseologia.[66] Seu aspecto mais notável é chamar o rei de "deus" (*nṯr*), a palavra tradicional que, aliás, era rara no período. Portanto, de maneira um tanto paradoxal, esse uso indica o caráter metafórico do todo, enquanto a composição da qual a passagem faz parte transforma o Aton em centro do culto, e Panehsy lhe dirige a lisonja, em vez de dirigi-la ao rei.

Assim, muitas afirmações de capacidades e divindade régias, que aparecem juntas no mesmo monumento, estão metaforicamente estruturadas ou incorporadas em um contexto de desempenho de papéis. Mesmo com a posição excepcional de Akhenaton, não há elevação de seu *status* para torná-lo equivalente ao de seu deus. Ao contrário, os acontecimentos da XIX e da XX dinastia tendem para direção oposta. A composição mais dramática de Ramsés II, o registro da batalha de Cades, projeta o rei como a quintessência do piedoso adorador de Amon-Ra, que, assim, evocava uma resposta excepcional da divindade na forma de ajuda em tempos de crise.[67] Esse uso coexistia com certa medida de autodivinização, na qual a pessoa do rei quase se dividia entre um ocupante de cargo

---

[65] ASSMANN, J. "Die 'Loyalistische Lehre' Echnatons". *Studien zur Altägyptischen Kultur* 8, 1980, pp. 1-32.

[66] MURNANE, W. J. *Texts from the Amarna Period in Egypt*. Atlanta, Scholars Press, 1996, p. 171. (SBL Writings from the Ancient World, 5.) O texto é também característico por não escrever o nome Amenófis em uma cártula; isso tende a tornar seu *status* comparável ao de um deus. A "fortuna" está ausente dessa versão específica. Cf. também QUAEGEBEUR, J. *Le dieu égyptien Shaï dans la religion et l'onomastique*. Louvain, Leuven University Press, 1975, pp. 109-111. (Orientalia Lovaniensia Analecta, 2.)

[67] Cf., por exemplo, ASSMANN, J. *Ägypten: Eine Sinngeschichte*. München, Hanser, 1996, pp. 285-293; Assmann não cita OCKINGA, B. G. "On the Interpretation of the Kadesh Record". *Chronique d'Égypte* 62, 1987, pp. 38-48, que oferece uma reconsideração interessante da interpretação de Assmann com base em artigo anterior.

A realeza egípcia antiga: formas oficiais, retórica, contexto

vivo que realizava o culto e um beneficiário divino do culto de seus adoradores (veja n. 36). Na XX dinastia, Ramsés IV explicou detalhadamente como alcançou seu *status* tanto pelo valor moral, quanto pelas proezas.[68] Embora também enfatizasse suas proezas — de maneira otimista, como se viu — ele não reivindicou a divinização da mesma forma que Ramsés II. Para os acontecimentos dos períodos subseqüentes, esse estilo de auto-apresentação, muito difundido entre os que não faziam parte da realeza do período, foi mais significativo que a divinização.

Os exemplos que analisei são de períodos de governo centralizado. Quando a realeza era fraca e a gestão geralmente breve, ou havia diversas dinastias em partes diferentes do país, era natural que, mesmo assim, os reis desejassem projetar seu *status*. Embora o registro de alguns períodos seja bastante fragmentário, são tão evidentes projeções complexas do Segundo Período Intermediário quanto dos períodos de governo centralizado. Diversos desses textos utilizam modelos de desempenho de papéis, principalmente dos do "conto régio".[69] Demonstram grande habilidade literária, qualidade muito evidente principalmente mais tarde, na bastante longa estela do século VIII, da vitória do rei cuchita Piye, que quase constitui um renascimento de mão única da cultura egípcia clássica, que evoca, em especial, modelos do Império Médio.[70]

Os períodos intermediários não produziram composições não-régias que correspondessem ao tipo, atestado principalmente em biografias e em textos literários do Império Médio, que atribui ao protagonista responsabilidade quase cósmica. Muitas biografias de todos os períodos preocupam-se com questões alheias à realeza, e isso se aplica, em maior grau, a períodos intermediários, quando algumas

---

[68] Estela de Abido: KITCHEN, K. A. *Ramesside Inscriptions, Historical and Biographical VI*. Oxford, Basil Blackwell, 1983; cf. DERCHAIN, P. "Comment les Égyptiens écrivaient un traité de royauté". *Bulletin de la Société Française d'Égyptologie* 87-88, 1980, pp. 14-17. Sobre outra estela do mesmo local, Ramsés IV afirma ter feito mais por seu deus em quatro anos do que fizera Ramsés II em seus 67: KITCHEN, *Ramesside Inscriptions*, VI, p. 19, linhas 10-16.

[69] Estelas régias da XIII à XVII dinastia: Neferhotep: HELCK, W. *Historisch-biographische Texte der 2. Zwischenzeit und neue Texte der 18. Dynastie*. Wiesbaden, Otto Harrassowitz, 1975, pp. 21-29, n. 32 (somente o texto egípcio). (Kleine Ägyptische Texte); BAINES, J. "The Inundation Stela of Sebekhotpe VIII". *AcOr* 36, 1974, pp. 39-54, e *AcOr* 37, 1976, pp. 11-20; VERNUS, P. "La stèle du roi Sekhemsankhtaouyrê Neferhotep Iykhernofret et la domination Hyksôs". *Annales du Service des Antiquités de l'Égypte* 68, 1982, pp. 129-135; *idem*, "La stèle du pharaon *Mnṯw-ḥtpi* à Karnak (cf., acima, n. 16).

[70] LICHTHEIM, *Ancient Egyptian Literature*, III, pp. 66-84; cf. ASSMANN, *Ägypten: Eine Sinngeschichte*, pp. 356-370.

Parte I • O rei no antigo Oriente Próximo

pessoas, principalmente no Primeiro Período Intermediário, tinham pretensões independentes como governantes locais, enquanto outras, que serviam à realeza, demonstravam altas aspirações, embora não citassem os reis a quem serviam.[71] Essa ausência de repercussão da realeza é importante sinal de fraqueza atual do rei, mas daí não se conclui que a própria instituição estivesse sendo questionada. Até épocas tardias, dificilmente haveria um discurso que questionasse a realeza ou tentasse apresentar problemas apropriados a ela em termos de outras instituições sociais.

A manutenção da ordem em um cosmo limitado

Em contraste com panegíricos e inscrições régias, os materiais descritivos e discursivos tendem a formular idéias a respeito da realeza, não tanto em termos de poder político, mas em relação à ordem do cosmo e à missão do rei e da elite de manter, interpretar, transmitir e intensificar a civilização que personificava essa ordem.[72] Em um movimento característico da realeza em quase toda parte, eles se apropriavam do lado político mundano e colocavam-no em um plano simbólico diferente.

O símbolo essencial que personificava a missão cósmica do rei e da elite era o templo, cujo exterior era decorado com baixos-relevos e inscrições que expunham como a ordem era mantida; essa exposição consistia em ícones do rei matando ritualmente os inimigos, ou na apresentação de campanhas régias (veja obras citadas na nota n. 91). Mesmo esse discurso central dificilmente era dirigido como "propaganda" ao povo como um todo, porque os templos eram, de maneira típica, estabelecidos dentro de recintos, dos quais só um grupo limitado de pessoas se aproximava.[73] Importantes conjuntos de templos com seus recintos eram, entretanto, as estruturas maiores e mais duradouras na maioria das regiões e, apenas com sua presença, falavam ao povo como um todo. Por ocasião das festas, os deuses saíam de seus templos. Para o povo em geral, eles representavam uma presença tanto régia como divina, porque a convenção de que o rei era a única pessoa do mesmo nível que os deuses e, por isso, o único oficiante era do conhecimento geral, embora não houvesse nenhum simulacro de que os executo-

---

[71] Cf., por exemplo, Baines, "The Stela of Emhab" (cf. n. 56).

[72] Baines, J. & Yoffee, N. "Order, Legitimacy, and Wealth in Ancient Egypt and Mesopotamia". In: Feinman, G. & Marcus, J., orgs. *Archaic States*. Santa Fe, School of American Research, 1998, pp. 199-260.

[73] Baines, "Contextualizing Egyptian Representations" (n. 10).

res dos rituais não fossem outros senão os sacerdotes. Essa inserção social mais ampla dos templos ajudava a manter a missão cósmica do rei e da elite.

Uma das poucas declarações explícitas sobre a constituição global do cosmo ordenado afirma que ele consiste nos deuses, no rei, nos mortos e na humanidade — com a omissão apenas de algumas categorias dispensáveis em uma declaração resumida. A passagem está em um de dois textos compostos provavelmente no Império Médio, que parece ter elucidado o sentido do culto do templo para um pequeno grupo iniciado e foi posteriormente gravado em partes remotas de alguns templos do Império Novo. Portanto, a composição não é obra de "propaganda", mas exalta, naturalmente, o papel do rei. Depois de algumas outras declarações que descrevem principalmente o conhecimento que o rei tem do culto solar e de seu significado, conclui que o deus-Sol:

Ra colocou o rei N
na terra dos vivos
para sempre

para julgar a humanidade e propiciar os deuses,
para realizar a ordem (*ma 'at*) e destruir a desordem (*izfet*).
Ele faz oferendas aos deuses
e oferendas mortuárias aos espíritos.

O nome do rei N
está no céu como Ra.

Ele vive na alegria
Como Ra-Harakhte.

A elite alegra-se quando o vê,
e os súditos fazem uma dança de celebração,
em sua forma como um jovem (versões tardias: Ra, a criança).[74]

---

[74] Texto para o dia: Assmann, J. *Der König als Sonnenpriester: Ein kosmographischer Begleittext zur liturgischen Sonnenhymnik in thebanischen Tempeln und Gräbern*. Glückstadt, J. J. Augustin, 1970 (Abhandlungen des Deutschen Archäologischen Instituts, Abteilung Kairo, 7); tradução inglesa: Parkinson, *Voices from Ancient Egypt*, pp. 38-40, n. 4. Texto para a noite: Betrò, M. C. *I testi solari del portale di Pascerientaisu (BN2)*. Pisa, Giardini, 1990 (Università degli Studi di Pisa, Missioni Archeologiche in Egitto, Saqqara, 3); Assmann, J. *Egyptian Solar Religion in the New Kingdom: Re, Amun and the Crisis of Polytheism*. trad. A. Alcock. London/New York, KPI, 1995, pp. 20-22.

O rei é a figura central nessa quádrupla articulação de seres, ao desempenhar atos religiosos para os deuses e os mortos, bem como atos relativamente seculares para a humanidade. Como vimos, a apresentação de oferendas pelo rei domina a decoração dos templos. A noção de que ele é responsável pelas oferendas aos espíritos é articulada alhures na mais difundida de todas as fórmulas textuais, a recitação funerária na qual faz oferendas aos vários deuses mencionados para que eles, por sua vez, façam oferendas aos mortos.[75] Isso não significa que os deuses dependam do rei para seu sustento, mas, antes, que o soberano estimula uma resposta complacente deles que será dirigida aos mortos, os beneficiários da recitação.

Os mortos constituem um campo cósmico moralmente ambivalente. Uma vida futura abençoada é a aspiração humana ideal, mas os mortos podem, na verdade, ser malévolos, embora o texto funerário declare que o criador instituiu a expectativa do outro mundo a fim de manter a reverência da humanidade pelos deuses.[76] Os mortos pertencem mais à noite que ao dia e saúdam o deus-Sol em sua passagem noturna pelo outro mundo, que é também o contexto no qual ele precisa lutar para manter o cosmo. Apesar da provisão do rei de oferendas para os mortos e, nos períodos primitivos, sua criação de uma paisagem mortuária para a elite com seu túmulo no centro, ele tem pouco controle sobre a noite e o domínio dos mortos, como indica sua mínima presença no complemento noturno do texto citado há pouco. Em alguns sentidos, o deus-Sol controla a noite e, em última instância, o cosmo, enquanto o rei é responsável pelo dia e pelo Egito.

Essa limitação dos poderes do rei faz parte da interdependência de rei, deuses e outras categorias da existência. Todos participam juntos da manutenção do cosmo. O deus-Sol é tão ameaçado em sua passagem cotidiana pelo outro mundo quanto o rei na manutenção da ordem neste mundo. O rei oferece aos deuses seu sucesso nessa realização, mas também depende deles para as condições prévias do sucesso. Como a defesa e a provisão do cosmo pelo deus-Sol, sua defesa deste mundo não está assegurada e exige vigilância constante. Em seu serviço aos deu-

---

[75] Barta, W. *Aufbau und Bedeutung der altägyptischen Opferformel*. Glückstadt, J. J. Augustin, 1968. (Ägyptologische Forschungen, 24.)

[76] Textos de esquifes, fórmula mágica 1130; cf., por exemplo, Lichtheim, *Ancient Egyptian Literature*, I, pp. 131-133; Parkinson, *Voices from Ancient Egypt*, pp. 32-34, n. 1.

ses, o rei está também obrigado a não apenas manter os limites do reino ordenado, mas, se possível, estendê-los — ideal que muitas vezes ele era incapaz de alcançar.[77]

O texto citado anteriormente também evoca ambivalência na atitude dos deuses para com o rei e a humanidade. A palavra *shtp*, traduzida por "propiciar", subentende que os deuses devem ser incentivados a demonstrar "favor" (*htp*, entre outras palavras possíveis) pelo mundo humano. Embora deuses, rei e humanidade participem juntos do cosmo, os deuses podem ficar zangados com razão — ou, como as pessoas, até mesmo por capricho — com os que estão abaixo deles na hierarquia cósmica. Idéias de volição e capricho divinos estão bem atestadas do Império Novo em diante, provavelmente devido a progressos tanto no decoro como na crença, e abrangem relações entre rei e deus e também entre indivíduo e deus.[78] Um texto como o citado anteriormente sugere que tais idéias eram intrínsecas à religião desde um período mais primitivo, possibilidade que parece também apresentar-se nas *Advertências* literárias pessimistas, texto provavelmente originário do Império Médio.[79]

O fato de que o cosmo é ameaçado constitui forte legitimação da autoridade régia: embora alguns textos apresentem um rei sujeito à moralidade humana, sua missão cósmica significa que ele pode agir de maneira autoritária, além de quaisquer constrangimentos morais normais, porque muita coisa está em jogo.[80] O texto citado resume a ordem sob o conceito central de *ma'at*. Na sociedade humana, *ma'at* é noção essencialmente positiva que personifica idéias de sociabilidade, preocupação pelos outros e a manutenção de redes sociais através das gerações.[81] Em termos cósmicos, outras questões diferentes estão em jogo e são

---

[77] HORNUNG, E. "Politische Planung und Realität im alten Ägypten". *Saeculum* 22, 1971, pp. 48-58.

[78] Cf. interpretações contrastantes em: BAINES, J. "Society, Morality, and Religious Practice". In: SHAFER, B. E., org. *Religion in Ancient Egypt: Gods, Myths, and Personal Practice*. Ithaca, NY, Cornell University Press; London, Routledge, 1991, pp. 172-186; ASSMANN, *Egyptian Solar Religion*, pp. 190-192; *idem*, *Ägypten: Eine Sinngeschichte*, pp. 259-277.

[79] PARKINSON, *The Tale of Sinuhe*, p. 185 (p. 12 do original); LICHTHEIM, *Ancient Egyptian Literature*, I, pp. 159-160.

[80] Diversas passagens da *Instrução para Merikare* apresentam de maneira eficiente essas duas alternativas: PARKINSON, *The Tale of Sinuhe*, pp. 212-234; LICHTHEIM, *Ancient Egyptian Literature*, I, pp. 97-109.

[81] Cf., principalmente, ASSMANN, J. *Ma'at: Gerechtigkeit und Unsterblichkeit im alten Ägypten*. München, Beck, 1990; versão francesa preliminar: *Maât, l'Egypte pharaonique et l'idée de la justice sociale*. Paris, Julliard, 1989.

PARTE I • O rei no antigo Oriente Próximo

destiladas na oposição entre realizar a ordem e destruir a desordem: a palavra *izfet* estende-se da oposição interna ao caos ilimitado, extracósmico, mas sempre presente. Atividades práticas desse interesse são evidentes nas provisões mágicas contra seres nocivos, por exemplo nos "textos de execração".[82] Esses seres variam de povos estrangeiros por meio de egípcios insignificantes, que fazem parte de relações globais da humanidade, a pessoas conhecidas específicas que presumivelmente caíram em descrédito. O rei podia perseguir os inimigos internos, além dos externos, porque ameaçavam a ordem cósmica geral.

Embora, presumivelmente, as legitimações transmitidas por meio de textos escritos e de monumentos tivessem pouco impacto nos egípcios como um todo, isso não significa que essas idéias fossem sem importância, mas sim que tinham o caráter reflexivo da ideologia de elite comum em muitas sociedades e serviam tanto para reforçar o sentido de missão do rei e da elite como para comunicar com mais amplitude. Na verdade, a extravagância dos meios utilizados na manutenção da ordem faz desses meios quase um fim em si mesmos, um vasto aparato de produção primordialmente artística que satisfaz os requisitos de deuses, rei e elite (e dos mortos) e se torna institucionalizado por causa do conhecimento necessário para criá-lo e mantê-lo. Esse aparato reflete-se também nos versos finais do texto citado anteriormente: a resposta apropriada à reafirmação da ordem é o entusiasmo de todos os participantes humanos (o único ponto em que o texto menciona "súditos"). Outros textos enfatizam a alegria que os deuses sentem ao contemplar a chegada do rei e ver as obras que realizou para eles. Essa atmosfera de celebração, que culmina nas composições dos templos do período greco-romano, corporifica o triunfo da ordem e, o que é notável, o banimento da desordem.

Assmann considera a evocação pelo rei da ordem geral parte do caráter de "religião primordial" das crenças egípcias: a "religião" egípcia é de uma sociedade ou civilização única e não pode ser separada da ordem social dessa sociedade.[83] O mundo da Bíblia Hebraica era um mundo de fé declarada e de compromisso com uma divindade e um sistema religioso determinados por grupos principalmente de elite em uma sociedade organizada relativamente pequena que se in-

---

[82] Cf. PARKINSON, *Voices from Ancient Egypt*, pp. 125-126, n. 46.

[83] Cf. ASSMANN, J. *Ägypten: Theologie und Frömmigkeit einer frühen Hochkultur*. Stuttgart, W. Kohlhammer, 1984, pp. 9-23.

A realeza egípcia antiga: formas oficiais, retórica, contexto

surgiu contra outras sociedades circundantes, mas também tinha aspirações universalizantes; suas crenças normativas também eram objeto de intensa discussão interna. Para Assmann, essa discussão, o contraste com as sociedades circundantes e a possibilidade de suscitar alguma distinção entre religião e sociedade são características de religiões supra-sociais "secundárias" — em última instância, budismo, judaísmo, cristianismo e islamismo. Sua perspectiva, que, por intermédio de S. N. Eisenstadt[84] e Karl Jaspers, deriva de pensadores como Alfred e Max Weber, talvez esconda alguns pontos de comparação entre civilizações mais primitivas e mais tardias, mas a estrutura geral é útil e realça os diversos contextos sociais da realeza no Egito e na Bíblia Hebraica. Nesta última, a posição da divindade é muito mais dominante que a de qualquer divindade do Egito, enquanto a realeza é instituição não aceita com naturalidade e que não tem a autoridade automática e a inserção cósmica da realeza egípcia. Embora uma ou duas fontes particulares egípcias sejam francas sobre as limitações de determinados reis,[85] e os reis pareçam desacreditados em alguns contos,[86] não há nada na corrente da tradição que se compare com a hostilidade à realeza da tradição deuteronômica na Bíblia Hebraica. A poderosa ancoragem do governo na missão cósmica, em determinada sociedade, é comum ao Egito e a muitas outras sociedades do Oriente Próximo e de outros lugares e dá atenção restrita às realidades do cenário político.[87] O Egito é um dos casos em que Estado, civilização e cosmo eram quase coextensivos.

Questionamento e argumentação sobre a realeza; "Messias" e salvação

Em conclusão, em vez de tentar inutilmente resumir o sentido da realeza egípcia, faço uma breve análise da maneira como sua imagem evoluiu em perío-

---

[84] Cf. Eisenstadt, S. N., org. *The Origins and Diversity of Axial Age Civilizations*. Albany, suny Press, 1986 (suny series in Near Eastern Studies); sobre o Egito, cf. Assmann, J. "Große Texte ohne eine Große Tradition; Ägypten als eine vorachsenzeitliche Kultur". In: Eisenstadt, S. N., org. *Kulturen der Achsenzeit* II. *Ihre institutionelle und kulturelle Dynamik*, 3. Frankfurt & Main, Suhrkamp, 1992, pp. 245-280.

[85] Cf. Wente, E. F. *Letters from Ancient Egypt*. Atlanta, Scholars Press, 1990, p. 183, n. 301. (SBL Writings from the Ancient World, 1.)

[86] Posener, *De la Divinité du Pharaon*, pp. 89-103; *idem, Le Papyrus Vandier*. Cairo, Institut Français d'Archéologie Orientale, 1985. (Bibliothèque Générale, 7.)

[87] Cf., principalmente, Liverani, M. *Prestige and Interest: International Relations in the Near East c. 1600-1100 B.C.* Padua, Sargon, 1990, pp. 33-78. (History of the Ancient Near East, Studies, 1.)

PARTE I • O rei no antigo Oriente Próximo

dos de declínio da instituição nativa e comparo-a sucintamente com a posição da realeza no mundo da Bíblia Hebraica (da qual este livro oferece amplos indícios).

O I milênio a.C. começou com um período de vários séculos nos quais o Egito estava dividido, continuou com invasões estrangeiras e períodos mais breves de restauração e poder egípcio e terminou com o domínio estrangeiro dos imperadores ptolemaicos e romanos. Foi marcado por uma crescente integração do Egito no Oriente Próximo e no Mediterrâneo, bem como uma uniformidade cultural menor dentro do país. Quanto a indivíduos, no I milênio há menos biografias do que antes para celebrar a proximidade entre seus protagonistas e o rei.[88] O reflorescimento cultural nas XXV, XXVI e XXX dinastias produziu algumas inscrições régias na tradição mais primitiva, enquanto diversos dos textos não-régios mais característicos são de períodos excepcionais, principalmente dos dois domínios persas.[89] Exemplo raro de manifestação de serviço régio é o grupo de biografias dos sumos sacerdotes de Mênfis. Uma das últimas, a de Psherenptah (41 a.C.), o marido da mais conhecida Taimhotep, descreve o estreito relacionamento do protagonista com o rei (presumivelmente Ptolomeu XII Neo-Dioniso Auletes, que morreu uma década antes), usando notáveis circunlocuções para referir-se a Alexandria e transformando o conjunto em ficção.[90] O texto está impregnado da cultura egípcia clássica e mostra uma assimilação fortemente qualificada da dinastia estrangeira. Já que foi composto mais ou menos na época em que Cleópatra VII voltou ao Egito com Marco Antônio, isso não nos surpreende; o que é, talvez, mais surpreendente é o grau em que o domínio ptolemaico foi reconhecido nele.

---

[88] RÖßLER-KÖHLER, U. *Individuelle Haltungen zum ägyptischen Königtum der Spätzeit*. Wiesbaden, Otto Harrassowitz, 1991. (Göttinger Orientforschungen, 4.21.) É análise valiosa, apesar da crítica de alguns comentaristas, e faz uma apresentação matizada da maneira como as pessoas exibiam seu relacionamento com a realeza. Cf. também BAINES, "Kingship, Definition of Culture, and Legitimation".

[89] CLÈRE, J. J. "La Statue du Fils Aîné du Roi Nectanabô". *RÉg* 6, 1951, pp. 135-156; BAINES, J. "On the Composition and Inscriptions of the Vatican Statue of Udjahorresne". In: MANUELIAN, org., *Studies in Honor of William Kelly Simpson* (n. 51), I, pp. 83-92, com refs.; inscrição de Petosiris: LICHTHEIM, *Ancient Egyptian Literature*, III, pp. 44-54.

[90] REYMOND, E. A. E. *From the Records of a Priestly Family from Memphis*, I. Wiesbaden, Otto Harrassowitz, 1981, n. 19, pp. 136-150 (tradução insatisfatória). (Ägyptologische Abhandlungen, 38.) Cf. também QUAEGEBEUR, J. "The Egyptian Clergy and the Cult of the Ptolemaic Dynasty". *Ancient Society* 20, 1989, pp. 93-116, que argumentou haver uma aceitação egípcia nativa maior do culto régio ptolemaico do que estudiosos como Erich Winter admitem.

A realeza egípcia antiga: formas oficiais, retórica, contexto

De modo geral, a imagem do rei no I milênio bifurcou-se. Os templos, em especial no período greco-romano, continuaram a tradição e produziram uma enorme elaboração da ideologia do rei como o perfeito parceiro subalterno dos deuses e intermediário em relação à humanidade,[91] enquanto uma discussão mais crítica apareceu alhures, notadamente na *Crônica demótica* e em uma seção da compilação religiosa do papiro Jumilhac.

Esses textos participam de movimentos mais amplos do Mediterrâneo oriental. A *Crônica demótica*, que data do Período Ptolemaico mais primitivo, está expressa como um conjunto de oráculos que predizem um fim prematuro para a maioria dos reis das últimas dinastias egípcias e esperam um soberano que virá de Heracleópolis, no Médio Egito, para devolver a prosperidade ao país.[92] Os reis que devem fracassar vão fazê-lo principalmente por causa da falta de desvelo para com os deuses. A disposição do texto em forma de profecia tem um precedente antigo nas *Palavras de Nefertiti* (cf. n. 26), mas também se relaciona com a literatura "profética" do Oriente Próximo. Tem caráter diferente do texto egípcio mais primitivo porque o soberano de Heracleópolis é uma expectativa escatológica não realizada, enquanto o "esperado" salvador de Nefertiti era Amenófis I, da XII dinastia. Como nos textos "proféticos" acádicos, em especial,[93] a colocação das profecias cumpridas com a expectativa futura no fim do texto aumenta o poder de persuasão desta última. Como outras composições do período, sem dúvida a *Crônica* também tinha literatura oracular em seus antecedentes.

A seção do papiro Jumilhac é uma reunião de informações cultuais e mitológicas que se relacionam, em primeiro lugar, com um nome ao norte do Alto

---

[91] DERCHAIN, P. "Le Rôle du Roi d'Égypte dans le Maintien de l'Ordre Cosmique". In: DE HEUSCH, L. *et al.* *Le Pouvoir et le Sacré*. Brussels, s.n., 1962, pp. 61-73 (Université Libre de Bruxelles, Institut de Sociologie, Annales du Centre d'Étude des Religions, 1); BAINES, J. "Temples as Symbols, Guarantors, and Participants in Egyptian Civilization". In: QUIRKE, S., org. *The Temple in Ancient Egypt: New Discoveries and Recent Research*. London, British Museum Press, 1997, pp. 216-241. Obra fundamental sobre templos, com análise geral de seu simbolismo: ARNOLD, D. *Die Tempel Ägyptens: Götterwohnungen, Kultstätten, Baudenkmäler*. Zurich, Artemis & Winkler, 1992.

[92] JOHNSON, J. "The Demotic Chronicle as a Statement of a Theory of Kingship". *Journal of the Society for the Study of Egyptian Antiquities* 13, 1983, pp. 61-72. Tradução: BRESCIANI, E. *Letteratura e poesia dell'antico Egitto*. 2. ed. Torino, Einaudi, 1994, pp. 803-814.

[93] Cf., em geral, VANDERKAM, J. C. "Prophecy and Apocalyptics in the Ancient Near East". In: SASSON, J. M. *et al.*, orgs. *Civilizations of the Ancient Near East*, III. New York, Charles Scribner's Sons, 1995, pp. 2083-2094; *Canadian Society for Mesopotamian Studies Bulletin* 23, 1992: *The Origin of Prophecy*, esp. BIGGS, R. D. "The Babylonian Prophecies", pp. 17-20.

Parte I • O rei no antigo Oriente Próximo

Egito. A seção relevante está muito próxima da parte do *Asclépio* preservada em latim, e ambas relacionam-se com o *corpus* da literatura "escatológica" do Egito greco-romano, agora preservado principalmente em grego.[94] Essas obras não se concentram muito na realeza. O papiro Jumilhac apresenta a ruína que acontecerá na terra se não forem feitas oferendas aos deuses e se não forem mantidos os templos. Essas responsabilidades eram inerentes ao rei, mas o texto não o menciona de modo algum, deixando suas atividades preventivas, defensivas e de apoio em segundo plano, de modo que os deuses e os valores apreendidos e passíveis de generalização da civilização egípcia são os focos de interesse provavelmente. Embora o próprio papiro Jumilhac se originasse do meio intelectual do templo, as composições que reúne não estavam sujeitas às mesmas restrições que os baixos-relevos dos templos.

Essas ocorrências ressaltam como a civilização egípcia tradicional estava longe de produzir qualquer coisa parecida com a figura de um "Messias". Embora o rei salvasse o país do caos ameaçador, isso era um elemento institucional central em seu papel; estava integrado à visão geral do cosmo e voltado para o presente, não para um objetivo futuro. Como outras civilizações, o Egito tinha um sentimento de perda, visto que a sociedade humana representava a queda de uma época de ouro ideal, quando os deuses reinavam na terra, mas, antes de épocas tardias, a única noção parecida com a de "salvação" era política e relacionava-se com a chegada de novas dinastias ou novos soberanos — como nas *Palavras de Nefertiti*, que é obra ficcional e um tanto propagandista. A afirmação e restauração da ordem era um processo cíclico imaginado em modelos de um dia a um ano, reinado, dinastia, ou período histórico. Com exceção da *Crônica demótica* e de alguns outros textos do período greco-romano que esperam realmente um salvador ou uma catástrofe, a ideologia egípcia em geral não imaginava um redentor escatológico que devolveria o mundo a um estado perfeito. A idéia da salvação pessoal existia e era evocada em preces pietistas a diversos deuses e na personificação Shed "Salvador",[95] mas este era uma divindade menor, não um rei ou um ser humano.

---

[94] Cf. Derchain, P. "L'auteur du Papyrus Jumilhac". *RÉg* 41, 1990, pp. 9-30 (25-28). Contexto intelectual geral: Fowden, G. *The Egyptian Hermes: A Historical Approach to the Late Pagan Mind*. Cambridge, Cambridge University Press, 1986; Assmann, *Ägypten: Eine Sinngeschichte*, esp. pp. 418-430.

[95] Cf., por exemplo, Fecht, G. *Literarische Zeugnisse zur "persönlichen Frömmigkeit" in Ägypten*. Heidelberg, Carl Winter, 1965, texto 9 (Abhandlungen der Heidelberger Akademie der Wissenschaften, philosophisch-historische Klasse, 1965.1.); Brunner, H. "Sched". In: Helck, W. & Westendorf, W., orgs. *Lexikon der Ägyptologie*, V. Wiesbaden, Otto Harrassowitz, 1984, cols. 548–549.

Assim, as visões "messiânicas" que pretendiam aperfeiçoar o mundo atual em algum momento próximo ou distante no futuro estavam, em grande parte, ausentes do Egito. O destino último do cosmo era uma desintegração que afetaria os deuses e também o mundo humano.[96] A visão egípcia da ordem era tanto espacial como temporal. O mundo santificado dos deuses existia no céu e na passagem do deus-Sol pelo além. O rei e a humanidade aspiravam a juntar-se a esse mundo depois da morte. No mundo presente, havia domínios de maior e menor santidade e perfeição, que saíam do santuário do templo, passavam pelo conjunto do templo e, de forma comparativa, pelo palácio real e seu conjunto, e chegavam ao mundo exterior em geral.[97] O culto recomendava aos deuses que habitassem suas estátuas e este mundo. De maneira mais ampla, o Egito como um todo era domínio e paisagem "sagrados", para serem lançados contra a desordem circundante. Esses graus diferentes de santidade abrangiam o rei e até certo ponto funcionavam por meio dele, porque ele e seu palácio eram, em parte, mediadores entre o mundo exterior e o templo.

Nesses assuntos, as crenças egípcias estavam longe da tradição judaico-cristã, que se origina de uma sociedade que existia em oposição aos vizinhos e se distinguia por ter a missão de criar um mundo ideal. A realeza egípcia incorporava valores sociais de maneira preventiva e legitimadora. O Egito afirmava ser a única sociedade, em vez de uma sociedade voltada contra as outras. A sociedade egípcia era maior em escala e muito menos comunitária em etos que a da Bíblia Hebraica. Admitia a idéia de o rei ser essencial e indispensável e só a desprezou muito tarde. As concepções de realeza em algumas sociedades vizinhas eram muito mais maleáveis e dispensáveis.

A centralidade da realeza egípcia, seu papel essencial para articular o cosmo e criar ordem, e sua autoridade religiosa, política e moral permeiam o testemunho antigo. As formas iconográficas e verbais nas quais a realeza estava incorporada e era celebrada revelam atitudes nuançadas que eram elaboradas conceitual e artisticamente e variavam conforme o contexto e o período. Esse

---

[96] Esp. Hornung, *Der Eine und die Vielen*, pp. 166-179 (ET *Conceptions of God*, pp. 172-185).

[97] Cf. O'Connor, D. "Mirror of the Cosmo: the Palace of Merneptah". In: Freed, R. E. & Bleiberg, E., orgs. *Fragments of a Shattered Visage: The Proceedings of the International Symposium on Ramesses the Great.* Memphis, TN, Memphis State University, 1993, pp. 167-198. (Monographs of the Institute of Egyptian Art and Archaeology, 1.)

registro complexo dá a medida da importância da instituição e da maneira como se desenvolveu e foi constantemente renegociada, como elementos essenciais de toda civilização. Os indícios conservados dessas negociações precisam também ser estabelecidos no contexto vivo perdido, que era, sem dúvida, tão elaborado quanto os materiais de alta cultura que foram conservados. Em vez de perguntar, por exemplo, se o rei "era" um deus, é preferível cotejar esses materiais mais diretamente em sua complexidade. O rei procurava ser muitas coisas para a humanidade e também para os deuses.

Resumo cronológico do antigo Egito

Período pré-dinástico	*c*. 5000-3000 a.C.
Período dinástico primitivo	
I-III dinastias	*c*. 2950-2575 a.C.
Império Antigo	
IV-VIII dinastias	*c*. 2575-2150 a.C.
Primeiro Período Intermediário	
IX-XI dinastias	*c*. 2150-1980 a.C.
Império Médio	
XI-XIII dinastias	*c*. 1980-1630 a.C.
Segundo Período Intermediário	
XIV-XVII dinastias	*c*. 1630-1520 a.C.
Império Novo	
XVIII-XX dinastias	*c*. 1540-1070 a.C.
Terceiro Período Intermediário	
XXI-XXV dinastias	*c*. 1070-715 a.C.
Período Tardio	
XXV-XXX dinastias, Segundo Período Persa	715-332 a.C.
Período Macedônio	332-305 a.C.
Período Ptolemaico	305-30 a.C.
Período Romano	30 a.C.-395 d.C.
Período Bizantino	395-640 d.C.
Conquista muçulmana	640 d.C.

Esse é um guia rudimentar; as datas dos períodos mais primitivos foram deliberadamente arredondadas. Datas e números de dinastias sobrepostos são intencionais. Uso o esquema um tanto polêmico de KRAUSS, R. *Sothis- und Monddaten: Studien zur astronomischen und technischen Chronologie Altägyptens* (Hildesheimer, Hildesheim Gerstenberg, 1985. [Ägyptologische Beiträge, 20.]). Ainda não se chegou a um consenso sobre a cronologia egípcia.

Nota bibliográfica

Há uma vasta quantidade de escritos sobre a realeza egípcia. O livro mais recente, O'CONNOR, D. & SILVERMAN, D.P., orgs. *Ancient Egyptian Kingship*. Leiden, E. J. Brill, 1995. (Probleme der Ägyptologie, 9.), tem uma extensa bibliografia (pp. 300-329) e também notas no final de alguns capítulos. Uma apresentação histórica de escritos sobre o assunto forma a primeira parte de meu "Kingship, Definition of Culture, and Legitimation", enquanto o ensaio inicial dos organizadores também analisa a literatura (pp. xxi-xxvii); P. Derchain faz uma crítica valiosa em *BO* 53 (1996), cols. 690–692. Entre os livros relacionados na bibliografia principal da obra, os mais importantes são: FRANKFORT, H. *Kingship and the Gods: A Study of Ancient Near Eastern Religion as the Integration of Society and Nature*. Chicago, University of Chicago Press. 1948; POSENER, G. *De la divinité du pharaon*. Paris, Imprimerie Nationale, 1960. (Cahiers de la Société Asiatique, 15.); BLUMENTHAL, E. *Untersuchungen zum ägyptischen Königtum des Mittleren Reiches* I. *Die Phraseologie*. Berlin, Akademie Verlag, 1970 (o v. II ainda não foi publicado). (Abhandlungen der Sächsischen Akademie der Wissenschaften, 61.1.). *Pharaon: les secrets du pouvoir*, de BONHÊME, M.-A. & FORGEAU, A. (Paris, Armand Colin, 1988), é uma síntese, útil principalmente para os períodos mais tardios, que não apresenta muito progresso em relação às obras que acabei de citar. O material mais antigo é agora interessante principalmente por razões históricas; cf. a análise introdutória de POSENER, *De la divinité du pharaon*, pp. vii-xv. Importante análise sintetizadora, em especial para a iconografia (muito pouco abordada neste capítulo), é WILDUNG, D. "Göttlichkeitsstufen des Pharao". *OLZ* 69, 1973, cols. 549–565. O livro que Wildung revisou — HABACHI, L. *Features of the Deification of Ramses II*. Glückstadt, J. J. Augustin, 1969. (Abhandlungen des Deutschen Archäologishen Instituts, Abteilung Kairo, Ägyptologische Reihe, 5.) — é importante por seus próprios méritos. HORNUNG, E. *Der Eine und die Vielen*. Darmstadt, Wissenschaftliche Buchgesellschaft, 1971 (ET *Conceptions of God in Ancient Egypt: The One and the Many*. BAINES, J., rev. e trad. Ithaca, NY, Cornell University Press, 1982; London, Routledge, 1983), tem uma breve seção útil a respeito da realeza, pp. 135-142, em uma análise de "imagens" e manifestações de deuses.

GRIMAL, N.-C. *Les termes de la propagande royale de la XIXe dynastie à la conquête d'Alexandre*. Paris, Boccard, 1986 (Mémoires de l'Académie des Inscriptions et Belles-

PARTE I • O rei no antigo Oriente Próximo

letres, NS 6.), é oportuna coletânea de materiais, mas quase sem análise ou síntese relacionada. Um complemento mais perspicaz para um período mais primitivo é HORNUNG, E. "Zur geschichtlichen Rolle des Königs in der 18. Dynastie". *Mitteilungen des Deutschen Archäologischen Instituts Abteilung Kairo* 15, 1957, pp. 120-133.

Um volume de conferências sobre a realeza pretende ser o início de uma série: GUNDLACH R. & RAEDLER, C., orgs. *Selbstverständnis und Realität: Akten des Symposiums zur ägyptischen Königsideologie, Mainz, 15–17.6.1995.* Wiesbaden, Otto Harrassowitz, 1997. (Ägypten und Altes Testament, 36; Beiträge zur Ägyptischen Königsideologie, 1.)

Muitos textos relevantes são apresentados em tradução por LICHTHEIM, M. *Ancient Egyptian Literature.* 3 v. Berkeley, University of California Press, 1973-1980. Sobre os textos literários clássicos, cf. PARKINSON, R. B. *The Tale of Sinuhe and other Ancient Egyptian Poems, 1940-1640 BC.* Oxford, Clarendon Press, 1997.

Este capítulo busca estender a análise concentrando-se na maneira como o contexto influencia o que é dito a respeito do rei, com base em meus artigos: "Kingship, Definition of Culture, and Legitimation" e "Origins of Egyptian Kingship". In: O'CONNOR & SILVERMAN, orgs., *Ancient Egyptian Kingship*, pp. 3-47, 95-156; e "Kingship before Literature: The World of the King in the Old Kingdom". In: GUNDLACH & RAEDLER, orgs., *Selbstverständnis und Realität*, pp. 125-174.

A realeza na antiga Mesopotâmia

W. G. Lambert

Representações de governantes de alguns períodos e áreas, dentro da antiga Mesopotâmia, em diversas formas de arte são bem conhecidas, mas por si sós não esclarecem muita coisa. Em alguns casos, chega a haver dúvida se a referência é a um rei ou a um deus. Fontes escritas são o requisito prévio para um entendimento das instituições e — embora a verdadeira escrita, isto é, um sistema de registro da fala humana em um meio de comunicação, tenha surgido na Mesopotâmia apenas em c. 3200 a.C., a princípio restrita a documentos administrativos e listas copiadas de sinais e palavras — por volta de 2600 a.C. ela estava suficientemente desenvolvida para registrar dados relevantes para nosso assunto, a saber, inscrições régias, textos literários e cartas. A princípio, a escrita era pictográfica ou simbólica, mas a escrita na argila com um estilo resultou na degradação dos pictogramas ou símbolos em grupos de marcas cuneiformes que, de vez em quando, também eram copiados em outros instrumentos como pedra e metal. Esse sistema de escrita espalhou-se da Suméria para os semitas, rio acima, para os elamitas, no sudoeste do Irã, e alhures, e desenvolveu-se para expressar toda uma variedade de línguas no milênio durante o qual foi usado. Por fim, durante o século II d.C., sucumbiu às escritas alfabéticas infinitamente mais simples. Mas, depois da queda do Império Persa, ficou restrito a regiões da Babilônia em si. A escrita cuneiforme era, em toda parte, a especialidade de escribas profissionais, empregados muito pouco ou nunca pela gente comum e geralmente pelo rei, altos funcionários e ricos comerciantes. Assim, a realeza figura com freqüência nos documentos conservados, mas a crítica a seu respeito foi — por razões óbvias — raramente preservada.

A Mesopotâmia não era uma entidade cultural no mundo antigo, e só conhecemos coisas relevantes a nosso assunto quando documentos suficientes do tipo certo foram conservados. Em geral, quanto mais poderoso e próspero o Estado, mais documentação ele produzia. Mas a conservação dessa documentação é

Parte I • O rei no antigo Oriente Próximo

menos previsível. Na Mesopotâmia, as tabuinhas de argila secavam somente com a ajuda do ar e, se os edifícios onde estavam guardadas fossem destruídos pelo fogo, eram mais bem preservadas em conseqüência do incêndio impremeditado. Mas arquivos e outros documentos considerados obsoletos e irrelevantes eram jogados fora e usados como entulho de construção. A destruição repentina e completa de uma cidade ou de edifícios públicos bem podia resultar na preservação melhor possível de documentos cuneiformes. Entre as fontes que restaram da região e que são muito relevantes para nosso tema, três áreas principais destacam-se como dignas de estudo: a Suméria no III milênio a.C., o extremo sul da planície do Tigre e do Eufrates; em seguida, a Babilônia *c.* 2000-539 a.C., que incluía a antiga Suméria, com mais terra rio acima até um pouco além da moderna Bagdá; e a Assíria, pequena região do alto Tigre que abrangia a Mosul atual, *c.* 2000-612 a.C. A história dessas áreas é complicada, com altos e baixos nas posições relativas das culturas que vou examinar.

Em um único aspecto essas três culturas eram unânimes. Os soberanos governavam pela autoridade expressa dos deuses e deviam criar uma terra próspera e bem administrada. Os documentos de origem real com freqüência declaram que esse objetivo foi alcançado, mas não sabemos até que ponto os súditos desses soberanos concordariam com essa declaração. Todavia, em muitos aspectos essas áreas tinham diferenças importantes, nas instituições régias e em seus objetivos específicos. A palavra moderna "rei" é inadequada e potencialmente enganosa, por causa das implicações que traz e também por ser a tradução ocidental convencional de duas palavras antigas, a suméria *lugal* e a acádica *šarru*. Nem todos os soberanos sumérios usavam *lugal* com referência a si mesmos. Havia outras palavras em uso. Enquanto *šarru*, conforme usada por babilônios e assírios, corresponde mais plenamente a "rei", o fato de ser o equivalente etimológico do hebraico *šar* induz a erro. Conforme é usada, a palavra acádica *šarru* equivale ao hebraico *melek*, mas o equivalente acádico dessa palavra pela etimologia, a saber, *malku*, é, comparativamente, usado raras vezes a respeito de reis babilônicos ou assírios e, com mais freqüência, de reis estrangeiros (para eles).

Suméria

A Suméria era, por tradição, uma terra de cidades-Estados, cada uma com seu deus protetor, que era, imaginariamente, o poder supremo naquele Estado e vivia em forma de estátua, em sua "casa", o templo principal da cidade. Em todas as cidades de qualquer tamanho, havia diversos ou mesmo muitos templos, e cada um deles possuía terras irrigadas fora dos muros da cidade, além de rebanhos e manadas, e edifícios próprios. Assim, os templos eram importantes empregadores e unidades econômicas completas, algo como herdades medievais em grande escala, mas com uma superestrutura teocrática. O deus protetor da cidade morava em sua "casa" com a família divina e cortesãos, e recebia duas refeições por dia, roupas e tudo o mais que seres humanos ricos teriam esperado na época. Sob esse sistema, o soberano da cidade era imaginado como uma espécie de intendente agrícola, que administrava as propriedades dos deuses. A realidade, já se vê, é muito diferente de pressuposições teológicas. Havia soberanos sumérios que eram imperialistas agressivos, de modo algum satisfeitos com a condição de "administradores agrícolas". Mas as pressuposições modificavam realmente o pensamento humano na época.

Fenômeno estranho é a ausência de um termo de aceitação geral para "soberano da cidade".[1] Estes são os encontrados com mais freqüência:

nam-šita, literalmente, "senhor do cetro";

ensi, que significa "senhor do si";

en, que significa "senhor" ou "sumo sacerdote"

lugal, que significa, literalmente, "homem grande".

O primeiro desses títulos, escrito ŠITA + GIŠ + NÁM, mas que deve ser lido nám-^{giš}šita, ocorre como primeiro item em uma lista de títulos de funcionários conhecida desde c. 3000 a.C., a partir de cópias da cidade de Uruc. Dados escritos mais tardios, mas não inscrições régias, confirmam que significa "rei".[2] As palavras ensi e lugal não ocorrem em nenhuma das listas lexicais de Uruc datadas daquela época, por isso, pelo que se sabe até o presente, nam-šita é o termo mais antigo que corresponde a nossa palavra "rei". Mas parece que muito cedo saiu de uso, pois as inscrições régias, desde que apareceram na segunda

---

[1] Cf., em geral, HALLO, W. W. *Early Mesopotamian Royal Titles*. New Haven, American Oriental Society, 1957. (AOS, 43.)

[2] LAMBERT, W. G. "Studies in UD.GAL.NUN". *OrAnt* 20, 1981, pp. 94-97.

metade do III milênio a.C., não a usam. Conhecemos melhor o termo *ensi*, escrito com três sinais: PA.TE.SI, o último dos quais é claramente um sinal fonético. A palavra é uma combinação de genitivo: *"en* do *si"*. A primeira parte, *en*, pode ser o substantivo comum, "senhor", mas o significado de *si* é problemático. Pode-se desconfiar que seja um rébus. O substantivo sumério "pastor" é *sipa(d)*, mas escrito PA + LU, porém, se lidos *ugula udu*, os sinais significam "capataz das ovelhas". De modo semelhante, PA.TE pode ser lido como *ugula temen*, "capataz do recinto sagrado (do templo)", o que ainda não é incontestável, porque até agora não se conhece nenhuma palavra suméria *si*, que se refira a um recinto de templo, e a palavra inteira, *ensi*, foi tomada de empréstimo pelo acádico como *išši'akkum*, em referência a um agricultor de posição social, o que parece enfatizar as propriedades do templo, e não os edifícios do templo. Outra dificuldade é que, na cidade de Adab em especial, a palavra escrevia-se com quatro sinais — PA.TE.SI e GAR —, o que até agora é inexplicável. Fossem quais fossem os problemas da palavra e os sinais usados para escrevê-la, os contextos nas inscrições régias e sua ausência evidente em quaisquer outros sentidos apóiam esse vocábulo como a palavra que expressa o conceito sumério tradicional de governo por um homem que administra as propriedades dos deuses. Como já foi mencionado, a palavra *en* é substantivo comum, "senhor", mas, como título, é usada para governante. Em meados do III milênio, uma sucessão de quatro reis de Uruc — En-šakušanna, Lugal-kiginne-dudu, Lugal-kisal-si e Lugalzaggesi — usa ambos, *en* e *lugal*, em referência a si mesmos, em uma única sentença. O primeiro denomina-se *"en* de Kengi (= Suméria), *lugal* da terra", enquanto os outros preferem ou *"en* de Uruc, *lugal* de Ur" ou *"lugal* de Uruc, *lugal* de Ur".[3] Todos eram propriamente reis da cidade de Uruc, embora também governassem Ur. Assim, não aceito a sugestão usual de que aqui *en* significa simplesmente "senhor", mas prefiro o outro significado, "sumo sacerdote". Sob o sistema sumério de cidades-Estados, o soberano de uma cidade tinha estreita ligação com a divindade protetora de sua cidade. Podia conquistar outras cidades, mas sua ligação com as divindades protetoras dessas cidades era muito menor, de modo a não ofender seu verdadeiro protetor. Sua posição sobre as cidades conquistadas era resultante apenas da força, e talvez a palavra "mandachuva" comunique isso, pois, em sumério, *lugal* não

---

[3] BEHRENS, H. & STEIBLE, H. *Die altsumerischen Bau- und Weihinschriften*, II. Wiesbaden, Franz Steiner, 1982, pp. 293-337. (Freiburger altorientalische Studien, 5.); cf. HALLO, *Titles*, p. 5.

se restringia a soberanos de cidades, mas aplicava-se ao proprietário de um campo ou um escravo: ele era o "homem grande" de quem ou do que ele dominasse.

Assim, o equivalente sumério de "rei" não corresponde realmente a essa palavra nas línguas ocidentais. Idealmente, ele estava subordinado, em sua cidade, à divindade principal e era responsável, perante essa divindade, pela administração justa e eficiente da cidade, na terra dessas cidades-Estados. A realidade pode ter sido diferente, mas a ideologia perdurou durante muito tempo. "Pastor" era título régio por metáfora e persistiu muito tempo depois que os sumérios deixaram de existir.

O intervalo acádico

Por volta de 2350 a.C., a Suméria foi sacudida por uma revolução política e cultural. Um dos semitas vindos rio acima fez-se primeiro rei de uma das cidades semíticas, Kish, e depois prosseguiu, em etapas, até tornar-se senhor de toda a Mesopotâmia meridional, à qual, com o tempo, acrescentou o resto da Mesopotâmia e áreas fora dela. Seu nome, Sargon (*šarru-kīn*), que significa "o rei confiável", foi, obviamente, adotado como nome de autoridade real em algum ponto de sua ascensão à supremacia, mas também mostra a consciência da posição subentendida por esse termo. Embora suas confissões de devoção e de dependência em relação aos deuses sumérios e semíticos brotem livremente, o conceito sumério de soberano da cidade como intendente agrícola é francamente rejeitado. Ele construiu uma cidade nova, Acad, para capital e vangloria-se em suas inscrições régias: "Ele atracou os navios de Meluḫḫa, Magan e Tilmun no cais de Acad [...]. 5.400 homens comem diariamente na presença de Sargon [...]".[4] Antes disso, os templos eram as maiores organizações econômicas, mas Sargon fez todo o possível para estabelecer uma economia palaciana. Navios comerciais das três áreas citadas abaixo do golfo atracavam no cais de sua recém-construída capital, Acad, sem dúvida por sua determinação, e os 5.400 homens que comiam à sua custa formavam, sem dúvida, um exército de prontidão. As tropas sumérias anteriores eram formadas por trabalhadores agrícolas em épocas em que não havia trabalho no campo. Por isso, não é surpresa que Sargon atribua a si mesmo o

---

[4] FRAYNE, D. R. *Sargonic and Gutian Periods*. Toronto, University of Toronto Press, 1993, pp. 28-29. (The Royal Inscriptions of Mesopotamia, Early Periods, 2.)

título *lugal* em inscrições sumérias e *šarru* em inscrições acádicas. Poderio e força eram parte importante do etos régio dessa dinastia. Nem *ensi* nem *sipa(d)* são usados a respeito de Sargon ou de seus sucessores ao trono de Acad. Escavações em Ebla, no oeste da Síria, revelaram um palácio mais ou menos contemporâneo de Sargon que também servia de residência real e de importante centro econômico. Os arquivos revelam vastas quantidades de lã e tecidos que eram negociadas no palácio, talvez com monopólio régio. Assim, a inovação de Sargon, na Mesopotâmia meridional, de desenvolver sua nova capital como empório internacional não era idéia original dele, mas apenas a importação de uma prática bem conhecida entre os semitas da Alta Mesopotâmia e da Síria.

Outra inovação da dinastia acádica, na Suméria, foi a realeza divina. Embora Gilgamesh, rei de Uruc *c.* 2700 a.C., apareça em uma lista de nomes de deuses aproximadamente um século depois, em que é um deus menor,[5] isso não era um acontecimento usual. Em geral, quando morriam, os soberanos sumérios não experimentavam nenhuma apoteose. A crença em uma alma imortal resultava em profusas preparações para a vida futura, como se sabe principalmente pelos túmulos reais de Ur, mas isso não é deificação. O novo conceito só surgiu com Narām-Sîn, o quarto rei da dinastia, e é conhecido graças a inscrições contemporâneas, uma das quais declara que a cidade de Acad suplicou a oito deuses importantes: "Ishtar em E'anna, Enlil em Nipur, Dagān em Tuttul, Ninḫursaga em Kish, Ea em Eridu, Sîn em Ur, Shamash em Sipar e Nergal em Cuta, para que ele [i.e. Narām-Sîn] fosse o deus de sua cidade Acad e, por isso, construíram um templo para ele em Acad".[6] A realidade dessa concepção confirma-se na arte, no bem conhecido baixo-relevo em uma estela que mostra o rei usando os chifres de divindade na cabeça enquanto derrota os inimigos.[7] Além disso, algumas de suas inscrições régias usam o determinante divino com seu nome. Também o filho e sucessor de Narām-Sîn, Sharkāli-sharri, às vezes, mas nem sempre, tem o determinativo divino com seu nome nas inscrições régias. Depois do reinado de Shar-kāli-sharri, a dinastia desmoronou em caos, o que deu aos guteus, do Curdistão, a oportunidade de conquistar a Suméria

---

[5] MANDER, P. *Il Pantheon di Abu-Ṣālabīkh*. Napoli, Istituto Universitario Orientale, Dipartimento di Studi Asiatici, 1986, p. 86, col. verso iii, 25. (Series Minor, 26.)

[6] GELB, I. J. & KIENAST, B. *Die altakkadischen Königsinschriften des dritten Jahrtausends v. Chr*. Stuttgart, Franz Steiner, 1990, pp. 81-82, linhas 24-56. (Freiburger altorientalische Studien, 7.)

[7] FRANKFORT, H. *The Art and Architecture of the Ancient Orient*. Harmondsworth, Penguin Books, 1954, Pl. 44.

durante um período, embora depois de algumas gerações fossem expulsos e surgisse uma dinastia local, a terceira dinastia de Ur, *c.* 2113-2004 a.C., o que deu à Suméria um século de paz e prosperidade.

A terceira dinastia de Ur

A intervenção dos guteus, lembrados como bárbaros rudes que profanavam o país todo, levantou um problema teológico. Por que os deuses permitiram que isso acontecesse? A única resposta era que Narām-Sîn havia ofendido o principal deus sumério, Enlil, e por isso os guteus foram importados para punir o país. Assim, a nova dinastia de Ur tinha de reconstruir o que os guteus destruíram ou negligenciaram e evitar os pecados da dinastia de Acad. Era, então, reacionária, em sentido próprio: uma tentativa de restaurar os bons valores sumérios antigos. Entretanto, não se voltou simplesmente ao passado. Um único soberano governava, de Ur, o país todo. Não foi feita nenhuma tentativa de restaurar uma terra de cidades-Estados. Mas a devoção e a preocupação com os deuses eram marcantes. Sob o segundo rei da dinastia, Shulgi, foi estabelecida uma burocracia para reunir e distribuir animais como impostos de doze cidades importantes, cada uma tendo a responsabilidade de suprir tais necessidades durante um mês do ano. Os grandes templos eram beneficiários desse sistema, embora outras necessidades oficiais também fossem satisfeitas por esse suprimento. O epíteto "pastor" foi novamente usado para o rei, mas *ensi* não era o título régio usado; *lugal* continuou desde o período de Acad, sem dúvida porque *ensi* era apropriado para o governante de uma cidade, não para o soberano de um país. Mas o etos das cidades-Estados sumérias mais antigas renasceu: soberanos que se preocupavam com o bem-estar dos deuses e agiam com piedade e benevolência. O exemplo da dinastia de Acad, porém, também resultou em certo imperialismo. Foi erigido um império a leste do Tigre, e, em sua maioria, os soberanos da terceira dinastia de Ur eram divinizados durante a vida e tinham santuários onde se faziam oferendas.

Babilônia

Esse Estado bem-intencionado não durou muito em termos de história. Houve um movimento de amorreus do deserto sírio para a Mesopotâmia, e os soberanos da terceira dinastia de Ur subestimaram a proporção da ameaça (foi

Parte I • O rei no antigo Oriente Próximo

construído um muro para mantê-los fora) ou não tinham forças militares adequadas para repeli-los. Houve também traição entre os governantes da cidade. Embora, presumivelmente, o movimento básico fosse de nômades que se movimentavam com seus rebanhos, de algum modo surgiram exércitos com equipamento razoável e liderança efetiva, o que resultou no desenvolvimento de um sério estímulo, ajudado, finalmente, pelos elamitas, que desferiram o golpe de misericórdia. Mas os elamitas prontamente se retiraram e, assim, deixaram os chefes amorreus livres para instalar-se, o que muitos fizeram, tornando-se os novos soberanos do país. Desse modo, da civilização anterior de "Sumer e Acad" (os sumérios localizados mais próximos ao golfo, os acádios semíticos mais rio acima), surgiu uma civilização semítica mais homogênea, governada, em grande parte, pelos amorreus. Como língua falada, o sumério desapareceu, e surgiu um novo dialeto que chamamos "babilônico". A língua amorréia dos novos soberanos e seus companheiros de invasão não está registrada em uma única inscrição, embora milhares de antropônimos sejam claramente amorreus, e não babilônicos; por exemplo, Hamurábi (ou Hamurápi: a etimologia do segundo elemento não é certa) começa com o que no hebraico bíblico é Ammi-, com 'ayin.

É bastante curioso que o resultado da conquista fosse novamente uma terra de cidades-Estados, quando vários líderes tribais e outros se impuseram no país. Exatamente como no deserto as tribos tinham de observar certas convenções e agir com comedimento para sobreviver, agora, nas cidades recém-conquistadas, observavam-se concessões mútuas semelhantes. Mas havia também os soberanos de cidades mais ambiciosos que aspiravam ao império, e o último e mais conhecido desses foi Hamurábi, que transformou a Babilônia de cidadezinha em capital da Mesopotâmia meridional, posição que só perdeu finalmente para o persa Ciro.

O tipo de realeza resultante era uma forma modificada do que acontecera imediatamente antes. A divindade dos reis não continuou. No vale de Diyalih e em algumas cidades da Babilônia, perdurou durante curto espaço de tempo, depois da queda da terceira dinastia de Ur, mas acabou por desaparecer de vez. É de presumir que os amorreus não tivessem nenhuma simpatia pelo conceito. Nessa época, o sistema econômico centralizado e burocraticamente organizado do terceiro período de Ur não podia, já se vê, perdurar em uma terra de cidades-Estados, e mesmo dentro das cidades isoladas as coisas mudaram. Os templos permaneceram como grandes organizações econômicas, mas o capitalismo privado floresceu, o que, sem dúvida, os reis amorreus toleraram, ou estimularam. No deserto, não havia instituições como templos ou propriedades dos templos, e reis astutos logo calcularam que a fragmentação do sistema econômico anteriormente centralizado diminuiria quaisquer ameaças que ele representasse para seu poder. O dever do rei de reinar com sabedoria, justiça e eficiência, sob a égide de certos deuses, continuou como antes. A maior mudança ideológica foi o aparecimento na Babilônia, pela primeira vez, do conceito de direito divino à realeza, baseado na descendência de determinada linhagem. Embora o filho com freqüência sucedesse ao pai na Suméria do III milênio, em nenhum lugar há indicação alguma de que determinada linhagem fosse divinamente dotada de direito à realeza. Era questão de natureza humana que os pais muitas vezes desejassem que os filhos lhes sucedessem e os preparassem para isso. A origem amorréia do novo conceito está clara. Do reinado de *Ammi-ṣaduqa*, tetraneto de Hamurábi e rei da Babilônia *c.* 1647-1626 a.C., foi conservada uma lista de 28 antepassados falecidos desse rei.[8] O documento é cultual, isto é, origina-se de um rito no qual as sombras desses antepassados eram convidadas a participar de oferendas de comida e bebida oferecidas a eles por seu descendente atual, *Ammi-ṣaduqa*. Era um culto de antepassados mortos. Os nove últimos da lista eram todos reis da Babilônia. Alguns dos 19 anteriores eram, sem dúvida, homens de verdade, mas há os que parecem ser nomes de tribos, em vez de indivíduos. Naturalmente, em alguns aspectos, Gênesis 10 é comparável. O culto de antepassados mortos da família reinante é conhecido também na Ebla pré-amorreus e em Ras Shamra/Ugarit, por isso era, obviamente, uma tradição semítica do período.[9]

Embora a família reinante amorréia da Babilônia acabasse por unir-se às classes altas babilônicas, e conquanto a linhagem real tenha-se interrompido quando os cassitas do Curdistão invadiram e se instalaram na Babilônia, durante uns 450 anos (*c.* 1600-1150 a.C.), a expulsão desses soberanos cassitas e a res-

---

[8] FINKELSTEIN, J. J. "The Genealogy of the Hammurapi Dynasty". *JCS* 20, 1966, pp. 95-118; LAMBERT, W. G. "Another Look at Hammurabi's Ancestors". *JCS* 22, 1968, pp. 1-2; CHARPIN, D. & DURAND, J.-M. " 'Fils de Sim'al': Les Origines Tribales des rois de Mari". *RA* 80, 1986, pp. 141-183, esp. pp. 159-170.

[9] A respeito de Ebla, cf. ARCHI, A. "Die ersten zehn Könige von Ebla". *ZA* 76, 1986, pp. 213-217. Na tabuinha ali publicada, entende-se o sinal para DEUS, antes de cada nome divino, como determinativo ou como substantivo comum, mas o resultado é o mesmo: eram reis divinizados. A respeito de Ugarit, cf. PARDEE, D. G. *Les Textes Paramythologiques de la 24ᵉ Campagne (1961)*. Paris, Éditions Recherche sur les Civilisations, 1988, pp. 168 e 169, verso, em que todos os soberanos divinizados têm, prefixado a seus nomes, *'il*, que só pode ser o substantivo comum "deus". (Ras Shamra-Ougarit, 4.)

PARTE I • O rei no antigo Oriente Próximo

tauração de uma dinastia nativa, a segunda dinastia Isin, revelam a firmeza com que essa doutrina outrora nova de descendência real tinha-se enraizado. O rei mais bem-sucedido da segunda dinastia Isin foi Nabucodonosor I, 1125-1103 a.C., que se vangloriava de descender de Emeduranki, um dos reis sumérios antediluvianos, segundo a lista de reis sumérios:

> Nabucodonosor, rei da Babilônia, que supervisiona todos os centros de culto e confirma as oferendas,
>
> descendente distante da realeza, semente preservada desde antes do dilúvio,
>
> filho de Emeduranki, rei de Sipar [...].[10]

Sem dúvida, alguma justificativa para essa afirmativa obviamente falsa era conhecida e apresentada na época, mas até agora não a conhecemos. Depois da segunda dinastia Isin, houve, de 1025 a 732 a.C., uma sucessão de pequenas dinastias pouco conhecidas, a maioria dos reis não tendo, com toda a certeza, nenhuma relação com a linhagem de Nabucodonosor I. Em seguida, de 732 a 626 a.C., houve uma sucessão de soberanos na Babilônia, em sua maioria reis da Assíria que governavam como conquistadores, mas alguns naturais da Babilônia. Entre esses reis da Babilônia, de 1025 a 626 a.C., alguns eram de origem araméia e, assim, com certeza, sem nenhuma relação com os reis naturais da Babilônia, de qualquer período. Um desses era Merodac-Baladã II (722-710 a.C.), conhecido no Antigo Testamento por sua embaixada a Ezequias. Ele se descreve na frase "duradoura semente de realeza",[11] frase essa, ao que saibamos, empregada pela primeira vez por Hamurábi, entre todos os reis da Babilônia. Assim, o conceito de legitimidade ao trono por descendência da família certa tornou-se normal na Babilônia depois de 2000 a.C., com a chegada dos amorreus.

Os pontos de vista da dinastia cassita são os menos conhecidos. Mas uma inscrição régia de Agum II (*c.* 1600 a.C.?), que nem todos aceitam como genuína, remonta a descendência do rei ao deus cassita Shuqamuna, e também usa as

---

[10] LAMBERT, W. G. "The Seed of Kingship". In: GARELLI, P., org. *Le Palais et la Royauté*. Paris, Geuthner, 1974, pp. 432 e 435. (XIXe Rencontre Assyriologique Internationale.)

[11] LAMBERT, "Seed", p. 431.

A realeza na antiga Mesopotâmia

frases "semente pura, semente de realeza",[12] o que sugere a adesão dos reis cassitas ao conceito babilônico usual de descendência real própria. O filho e sucessor de Hamurábi, Samsu-iluna, usa a frase "duradoura semente dos deuses"[13] para descrever a si mesmo, o que sugere que os amorreus tinham idéias sobre a divindade dos pais das famílias reais. Todavia, a lista que conhecemos começa com +ar+ar ou Ara(r), que não é conhecido em parte alguma como divindade.

Embora a dinastia babilônica tardia (626-539 a.C.) seja particularmente bem conhecida, seu conceito de realeza não está explicado com clareza. Os reis alardeavam sua dependência em relação aos deuses e eram "pastores", com as responsabilidades em relação aos súditos que essa palavra subentende, mas sua ascendência não está explicada. Em lugar algum em suas inscrições régias, o fundador, Nabopolassar, nem ao menos dá o nome de seu pai. Ele alcançou proeminência como general nomeado pelos assírios, mas, mais tarde, voltou-se com sucesso contra eles e foi em parte responsável pela destruição do império e do poderio assírios. Seu filho, Nabucodonosor II (o Nabucodonosor bíblico), costuma citar o pai, mas nenhum outro antepassado. Seu filho, Evil-Merodac, é muito pouco conhecido e teve um reinado breve. Dos três últimos reis, o primeiro, Nergal-sar-usur (Neriglisar), cita o nome do pai, Bēl-shuma-ishkun, e lhe dá o título de "nobre sábio", o que é tudo o que conhecemos dele. O filho de Neriglisar, Labashimarduk, reinou só alguns meses e não deixou inscrições régias que chegassem até nós. O último rei, Nabônides, dá o nome do pai como Nabû-balāṭsu-iqbi, com o título de "nobre sábio"; seu reino foi derrotado pelo persa Ciro. O famoso cilindro de Ciro, documento babilônico composto para glorificar o soberano persa, traz um resumo de sua genealogia persa e acrescenta a frase "duradoura semente de realeza".[14] Assim, é provável que o conceito de descendência régia da família certa estivesse vivo durante o império babilônico tardio, mas era óbvio demais que as verdadeiras linhagens dos soberanos não estavam de acordo com esse conceito, impossibilitando que se fechasse questão em torno delas. De maneira curiosa, a palavra *iššakku* (do sumério *ensi*) teve grande reflorescimento nas

---

[12] Sobre a bibliografia, cf. BRINKMAN, J. A. *Materials and Studies for Kassite History*, I. Chicago, The Oriental Institute, 1976, p. 97. Não existe tradução adequada. As linhas são a coluna i 1-4: "Agum-kakrime, filho de Urshigurumash, semente pura de Shuqamuna", e a coluna i 20: "semente pura, semente de realeza".

[13] LAMBERT, "Seed", p. 429.

[14] LAMBERT, "Seed", p. 431.

67

PARTE I • O rei no antigo Oriente Próximo

inscrições régias babilônicas tardias, em geral na frase *"iššakku* exaltado",[15] mas não sabemos que nuança essa frase transmitia na época.

A luz sobre a realeza babilônica tardia vem dos textos rituais. Havia uma série de tabuinhas que traziam os vários rituais realizados em Esagil, o templo de Marduc na Babilônia. Da série toda, só foram conservadas algumas tabuinhas, umas de bibliotecas assírias tardias (c. 750-650 a.C.), outras em cópias babilônicas dos períodos dos selêucidas ou mesmo dos partos.[16] Os textos em si foram provavelmente compostos depois de 1000 a.C. e registram os ritos conforme realizados talvez desde essa data até a queda da Babilônia nas mãos dos persas, em 539 a.C. Como Marduc era o deus protetor da cidade da Babilônia, a capital do país, o rei participava com freqüência dos ritos. Em Esagil, no dia 4 do mês nisã, no decorrer da festa de Ano-Novo, o texto ritual prescreve o seguinte:[17]

> É trazida água para as mãos do rei, e ele é conduzido a [Esag]il. Os artesãos partem para a porta. [...] Quando Bel chega, o sumo sacerdote sai e pega o cetro, o diadema, a clava [e...]. Pega sua (i.e. do rei) coroa real, leva-os [diante de] Bel e coloca-os em uma cadeira. Em seguida, sai e esbofeteia a face do rei. Põe [...] atrás dele e o conduz [i.e. o rei] à presença de Bel. [...] arrasta-o pelas orelhas e o faz ajoelhar-se no chão [...] o rei recita isto uma vez:

> "[Não] pequei, senhor das terras, não negligenciei tua divindade,

> [Não] destruí a Babilônia, não ordenei sua debandada,

> [Não] [...], Esagil, não esqueci seus ritos,

> [Não] esbofeteei a face de nenhum cidadão, [não] os humilhei,

> [Cuidei] da Babilônia, não destruí suas muralhas".

Faltam alguns versos nesse ponto, mas, de algum modo, surge uma resposta de Bel para o rei, provavelmente por intermédio do sumo sacerdote, e, dessa resposta, grande parte foi preservada:

---

[15] SEUX, M.-J. *Épithètes Royales Akkadiennes et Sumériennes*. Paris, Letouzey & Ané, 1967, p. 111.

[16] THUREAU-DANGIN, F. *Rituels Accadiens*. Paris, Leroux, 1921, pp. 127-154; SACHS, A. J., trad. In: *ANET*, pp. 331-334; ÇAĞIRGAN, G. & LAMBERT, W. G. "The Late Babylonian Kislimu Ritual for Esagil". *JCS* 43-45, 1991-1993, pp. 89-106; PONGRATZ-LEISTEN, B. *Ina šulmi īrub*. Mainz, Von Zabern, 1994, pp. 228-232; LAMBERT, W. G. "Processions to the Akītu House". *RA* 91, 1997, pp. 49-80.

[17] THUREAU-DANGIN, *Rituels Accadiens*, pp. 144-145, linhas 413-452.

A realeza na antiga Mesopotâmia

"Não temas, [...]

O que Bel ordenou [...]

Bel [ouviu] tua prece [...]

Ele engrandeceu tua autoridade [...]

ele exaltou tua realeza [...]

Faze [...] no dia da festa *ešeš*.

Lava as mãos na Abertura da Porta,

Dia e noite [...]

da Babilônia, sua cidade. [...]

de Esagil, seu templo [...]

dos babilônios, seus cidadãos. [...]

Então Bel te abençoará [...] para sempre,

destruirá teu inimigo e derrubará teu adversário."

Depois que ele disser isso, o rei [...], ele apresentará o cetro, o diadema, a clava e a coroa e [os dará] ao rei. Esbofeteará a face do rei e se quando [esbofetear] sua face as lágrimas correrem, Bel é favorável. Se as lágrimas não correrem, Bel está zangado: um inimigo surgirá e provocará sua queda.

Assim, nesse acontecimento anual, o rei era despojado das insígnias reais pelo sumo sacerdote, que, então, esbofeteava seu rosto e o fazia recitar uma declaração de inocência. Em resposta, uma mensagem de Bel assegurava ao rei o apoio de Bel e ordenava-lhe sustentar a cidade, o templo principal e os cidadãos dele e, em troca, assegurava-lhe prosperidade e sucesso contra os inimigos. Em seguida, as insígnias reais eram devolvidas ao rei, mas sua face era esbofeteada uma segunda vez, e o derramamento de lágrimas era garantia do apoio de Bel, e a falta de lágrimas, garantia de desastre.

O ritual representa notável humilhação anual do rei da Babilônia perante o deus protetor da cidade.[18] Não há, já se vê, indícios diretos desses atos sendo postos em prática, mas inscrições régias de Nabucodonosor II aludem a outro

---

[18] Entretanto, em outro ritual de Esagil, K 3446+ (cf. LAMBERT, "Processions"), aparentemente também do ritual de Ano-Novo, o sumo sacerdote pede a uma longa seqüência de deuses uma série de bênçãos para o rei, talvez para contrabalançar o tratamento ríspido anterior.

assunto presente nas mesmas tabuinhas, por isso, é de presumir que os preceitos das tabuinhas rituais devam ser levados a sério.

Assíria

Lido com o período entre *c.* 2000 e 612 a.C. porque, embora com certeza a Assíria existisse antes de 2000, não se conhece o bastante a seu respeito para proporcionar elementos a essa pesquisa. Os assírios extinguiram-se como poder político e como grupo cultural logo depois da queda de Nínive, em 612 a.C. Os problemas de seu Estado foram causados pelo tamanho pequeno e pela falta de fronteiras naturais. É possível que, no III milênio a.C., eles tivessem vizinhos culturalmente próximos, mas, no período entre *c.* 2000 e 612 a.C., estavam isolados, sendo os únicos que falavam seu dialeto do acádico, que chamamos "assírio". Em religião, na organização do Estado e em outros assuntos, eram peculiares, embora com freqüência influenciados pelos vizinhos estabelecidos rio abaixo. Em geral, os assírios são apresentados como grande poder militar, mas isso só é verdade de *c.* 1300 para a frente, quando tinham realmente ótimos exércitos e generais, de modo que, durante breve período, dominaram todo o Oriente Próximo. Antes de 1300 a.C., não eram excepcionais em questões militares. Seu rei mais bem-sucedido a esse respeito foi Shamshi-Adad I, contemporâneo sênior de Hamurábi da Babilônia, mas Shamshi-Adad era um amorreu que se impôs à Assíria, e quando seu herdeiro e sucessor foi deposto e Puzur-Sin, assírio nato, tomou o poder, este último falou com desprezo de sua vítima, que "não tinha parentesco com a cidade de Assur".[19] Durante os primeiros séculos do II milênio a.C., os assírios sobressaíram-se no comércio internacional, quando procuraram construir uma área de livre comércio entre eles próprios e vários Estados babilônicos, e conseguiram criar uma organização na Anatólia, que na ocasião era governada por vários soberanos nativos. Colônias de assírios, instaladas fora (ou talvez também dentro) de cidades importantes, reconheciam a autoridade dos soberanos anatolianos, mas eram, em grande parte, governadas por leis e regras próprias, sendo controladas por seus anciãos na Assíria. Exploravam o comércio entre a Assíria e a Anatólia, e também o comércio anatoliano interno. Parece que havia

---

[19] GRAYSON, A. K. *Assyrian Rulers of the Third and Second Millenia BC*. Toronto, University of Toronto Press, 1987, p. 77, linhas 1-14. (The Royal Inscriptions of Mesopotamia, Assyrian Periods, I.)

A realeza na antiga Mesopotâmia

uma aristocracia abastada que dominava esse comércio e, desse modo, tinha grande poder no Estado assírio, chegando a limitar a autoridade do rei. Migrações e agitações políticas acabaram por interromper esse comércio no século XVII a.C., e, durante algum tempo, a Assíria esteve em franco declínio. Então foi absorvida pelo império Mitani, e parece que essa experiência transformou os assírios em nação militar, característica que mantiveram até o fim.

Um rei governava *de jure*, mas está claro que existia uma aristocracia militar, da qual, na verdade, normalmente o rei se originava, e que lhe servia de contrapeso. Enquanto o rei governava e agia de acordo com o etos do Estado, sua autoridade era suprema. Mas, se deixava de prover o que se esperava, tinham início rumores de descontentamento que aumentavam e resultavam na remoção do rei do trono. Dois reis assírios, ambos acusados de empreendimentos ideologicamente questionáveis, foram assassinados por parentes próximos. A sucessão ao trono era outro assunto potencialmente explosivo. O rei podia designar, e com freqüência designava, um dos filhos para ser "príncipe herdeiro" e, desse modo, antecipava-se ao problema, mas se a aristocracia militar fizesse objeção, ou ficasse dividida a respeito do assunto, por ocasião da morte do rei surgiam dificuldades, que chegavam até mesmo à guerra civil. Obviamente, a aristocracia achava que tinha o direito, ou até o dever, de intervir em assuntos da coroa quando o bem-estar do Estado corria perigo. Não havia aristocracia similar na Babilônia.

A língua, como já observamos, foi algo que ajudou a criar o sentimento de identidade assíria. A religião também cumpriu esse papel. A capital religiosa da Assíria era Assur, uma colina na margem direita do Tigre. O lugar era numinoso e tão deificado quanto Assur, o deus do Estado.[20] Na primeira metade do II milênio a.C., a cidade e o deus eram intercambiáveis quando escritos, mas o deus Assur moldou-se ao padrão de outros deuses mais pessoais e assim, posteriormente, a cidade e a terra "Assur" não se confundiam com o deus. Por isso, o *status* do deus Assur era diferente do dos deuses babilônios, em que a multiplicidade de cidades, cada uma com seu deus protetor, muitos mais veneráveis que Marduc (Bel) de Babilônia, significava que Marduc não tinha o mesmo *status* que Assur na Assíria, mesmo quando foi elevado a "rei dos deuses", *c.* 1100 a.C.

---

[20] LAMBERT, W. G. "The God Aššur". *Iraq* 45, 1983, pp. 82-86.

Uma inscrição de sinete em documentos das colônias mercantes anatolianas começa: "Assur é rei (*šarru*), Silulu é *iššakku* de Assur".[21] Em ambos os casos, o nome Assur é escrito com o determinativo para lugares, não para deuses. Silulu era o que chamaríamos rei da Assíria. Em um ritual de coroação do período assírio médio (composto *c.* 1200 a.C.), o sacerdote que preside diz a certa altura: "Assur é rei! Assur é rei".[22] No texto todo, o rei humano é chamado pela mesma palavra. O hino de coroação do período assírio tardio para Assurbanipal (669 a.C.) declara: "Assur é rei. Assur é, na verdade, rei, Assurbanipal é [o]. [...]. de Assur".[23] O estado avariado da tabuinha impede a leitura de uma palavra-chave, mas o sentido é claro, e a continuidade da tradição é notável. Teologicamente, o deus nacional assírio era rei, e o rei humano era seu regente. Isso está na antiga tradição suméria, e o sinete de Silulu até usa o empréstimo, *ensi*. Note-se que o título '*iššakku* de Assur" é comumente usado para reis assírios através dos séculos.[24] Esse conceito também ajuda a explicar por que a lealdade ao Estado sobrepunha-se ao dever para com o rei humano, no interesse nacional.

Embora afirmassem sua pureza racial quando a família governante amorréia foi expulsa, os assírios também podem ter sido influenciados por ela. A lista de reis assírios, que tem sua existência atestada pela primeira vez em uma inscrição de Tukulti-Ninurta I (1245-1208 a.C.),[25] começa com uma lista de "total: 17 reis que viviam em tendas".[26] Alguns desses nomes também aparecem na lista de antepassados dos reis amorreus da Babilônia, e outros são do mesmo tipo. O estudo detalhado das partes iniciais da lista revela que uma lista genealógica de Shamshi-Adad I foi incorporada a uma seleção de nomes de reis assírios primitivos. Em séculos mais recentes, de Tukulti-Ninurta I (1245-1208 a.C.) a Assurbanipal (669-627 a.C.), as frases "duradoura semente [de realeza]", "semente de

---

[21] GRAYSON, *Assyrian Rulers*, pp. 12-13.

[22] MÜLLER, K. F. *Das assyrische Ritual*, I. Leipzig, J. C. Hinrichs, 1937, pp. 8-9, linha 29. (MVAG [E.V.], 41.3.)

[23] LIVINGSTONE, A. *Court Poetry and Literary Miscellanea*. Helsinki, Helsinki University Press, 1989, p. 26, linha 15. (State Archives of Assyria, 3.)

[24] SEUX, *Épithètes Royales*, p. 111.

[25] LAMBERT, W. G. "Tukulti-Ninurta I and the Assyrian King List". *Iraq* 38, 1976, pp. 85-94.

[26] "Königslisten und Chroniken". In: *Reallexikon der Assyriologie*, VI. Berlin, W. de Gruyter, 1980-1983, pp. 101-103.

Assur [lugar]" e outras semelhantes ocorrem em inscrições régias.[27] Demonstram que os assírios desses séculos partilhavam com os babilônios o ideal de reis membros de determinada família real, mas não sabemos se os assírios já tinham esse ideal antes da invasão amorréia ou só depois dela. Pelo menos na Assíria, com sua aristocracia, é mais provável que os reis fossem, através dos séculos, parentes consangüíneos, do que no caso dos reis babilônios.

Messianismo

O conceito bíblico de messianismo, que vai além da simples instituição da realeza, tem dois aspectos principais: primeiro, o Messias tem de descender da linhagem de Davi, o primeiro rei israelita com aprovação divina; segundo, o Messias é um rei ideal. O conceito mesopotâmico de legitimidade ao trono por descendência da família certa foi tratado anteriormente. E, como já comentamos brevemente, era um truísmo do pensamento mesopotâmico antigo de que os deuses designavam os reis e estes seriam modelos de liderança. Inscrições régias de todo tamanho com freqüência afirmam isso e alegam que o rei em questão tinha sido exatamente assim. As inscrições régias têm até a tradição de dar uma lista de preços de artigos básicos, para mostrar como a subsistência do povo era bem provida por seu rei iluminado e capaz. Nesse sentido, a antiga Mesopotâmia era verdadeiramente messiânica, embora os historiadores demonstrem certa incredulidade quando encontram tais afirmações. Talvez o melhor exemplo desse conceito de governo ideal seja dado por uma carta do erudito e escriba *Adad-shumu-uṣur* a Assurbanipal, na qual o autor faz um pedido ao rei e acha que um pouco de bajulação vai ajudar. Depois da introdução formal da carta, ele começa:

> Assur, [rei dos deuses], designou [o rei] meu senhor para reinar sobre a Assíria, e Shamash e Adad, por seu harúspice fidedigno, confirmaram o rei meu senhor como rei do mundo. Há um belo reinado: dias de segurança, anos de justiça, chuvas bem fortes, cheias possantes, preços baixos. Os deuses são propícios, a religião sobeja, os templos estão bem providos, os grandes deuses do céu e do reino dos mortos são exaltados no tempo do rei meu senhor. Os velhos dançam, os jovens cantam. Mulheres e garotas estão felizes e exultam. As mulheres casam-se

---

[27] Lambert, "Seed", pp. 430-431.

e ganham argolas (para as orelhas). Filhos e filhas nascem, a procriação floresce. O rei meu senhor perdoa aquele cujos crimes o condenaram à morte. Soltaste o prisioneiro sentenciado a muitos anos. Os que estiveram doentes durante muitos dias recuperaram-se. Os famintos foram alimentados, os ressequidos foram ungidos com óleo, os nus foram vestidos com trajes.[28]

Apesar do final interesseiro dessa carta, a descrição de um reinado ideal dá a imagem correta do que o bom rei mesopotâmico devia realizar: o contentamento messiânico.

---

[28] Parpola, S. *Letters from Assyrian and Babylonian Scholars*. Helsinki, Helsinki University Press, 1993, pp. 177-178, n. 226, linha 15. (State Archives of Assyria, 10.)

PARTE II

REI E MESSIAS NO ANTIGO TESTAMENTO

A herança cananéia da monarquia israelita

JOHN DAY

Em termos do antigo Oriente Próximo, a monarquia surgiu em Israel bastante tarde, um pouco antes do ano 1000 a.C. Antes disso, consta que as tribos de Israel eram governadas por juízes (*šōpᵉṭîm*), palavra que tinha conotações mais amplas que nosso vocábulo "juiz", pois o julgamento legal parece ter tido apenas uma parte pequena em seu papel, e é citado apenas em Jz 4,5 e 1Sm 7,16-17. O sentido básico é, antes, de "governantes": podemos cotejar outras passagens do Antigo Testamento em que *šōpēṭ* tem claramente o sentido de "governante", por exemplo em Is 16,5; Os 7,7; Am 2,3; Dn 9,12 e também na expressão "juízes da terra" (Sl 2,10; 148,11; Is 40,23), bem como em *šāpiṭum*, usado para um governador da Mari acádica e nos *suffētes* púnicos, magistrados que acumulavam a autoridade política e a judiciária.[1] Embora a ameaça filistéia pareça ter contribuído bastante para o surgimento de uma forma de governo mais forte e mais centralizada, a monarquia, essa pode não ter sido a única razão; a monarquia começou nos Estados da Transjordânia, mais ou menos na mesma época (as datas precisas são controvertidas), por isso existe a possibilidade de alguma evolução sociológica natural. Como isso era novidade para Israel, era inevitável que seguisse o modelo de precedentes estrangeiros. Em 1Sm 8,19-20, o povo diz a Samuel: "[...] teremos um rei *e seremos, nós também como as outras nações* [...]". Ao procurar as influências na nova monarquia de Israel, é muito natural que prestemos atenção a Canaã, Síria e Transjordânia, pois estavam mais próximas e, em todo caso, o

---

[1] Cf. NIEHR, H. *Herrschen und Richten: Die Wurzel špṭ im alten Orient und im Alten Testament*. Würzburg, Echter Verlag, 1986 (FzB, 54); LIPIŃSKI, E. "Suffète". In: LIPIŃSKI, E., org. *Dictionnaire de la Civilisation phénicienne et punique*. Turnhout, Brepols, 1992, p. 429.

Egito e a Mesopotâmia eram fracos e não tinham influência na época, fraqueza que, sem dúvida, facilitou o surgimento do império davídico-salomônico.[2] As cartas de el-Amarna do século XIV a.C. nos recordam que Canaã era dividida em muitas cidades-Estados com reis próprios, entre elas Jerusalém (Urusalim), que Davi faria sua capital.

O rei como sacerdote segundo a ordem de Melquisedec

O indício mais claro da influência cananéia, na verdade jerusolimita-jebuséia, sobre monarquia de Israel está no Sl 110, de coroação. No v. 4, são dirigidas ao rei estas palavras: "Tu és sacerdote para sempre, segundo a ordem de Melquisedec". Melquisedec era, já se vê, o rei–sacerdote jebuseu pré-israelita de Jerusalém que, segundo Gn 14, se encontrou com Abraão. Há aqui, portanto, prova explícita da fusão da ideologia régia de Israel com a dos jebuseus. Ao dizer isso, pressupomos (1) que Sl 110,4 é dirigido ao rei, (2) que Salém, a cidade de Melquisedec, era Jerusalém e (3) que a fusão de ideologias ocorreu logo. Todos esses pontos são questionados por estudiosos.

(1) A opinião de que Sl 110,4 não foi dirigido ao rei davídico é defendida por H. H. Rowley,[3] que afirmou estarem suas palavras sem dúvida relacionadas com Sadoc, sacerdote de Davi em Jerusalém. Mas, como tem sido observado com freqüência, dois pontos depõem contra isso: primeiro, todos os outros versículos do salmo relacionam-se com o rei davídico; portanto, seria estranho se esse versículo fosse a única exceção. Segundo, em Gn 14, Melquisedec é citado como sacerdote e *rei*, de modo que, segundo sua ordem, alguém não deveria ser simplesmente sacerdote, mas também rei.

(2) De vez em quando tem sido proposto que a Salém onde Melquisedec era rei–sacerdote, em Gn 14,18, não era Jerusalém, mas sim um outro lugar cha-

---

[2] Não vejo razão para duvidar da existência de Davi e Salomão, como fazem alguns biblistas radicais modernos. Cf. KNOPPERS, G. N. "The Vanishing Monarchy: The Disappearance of the United Monarchy from Recent Histories of Ancient Israel". *JBL* 116, 1997, pp. 19-44, embora Knoppers reconheça que, atualmente, os indícios da existência de Davi e Salomão são maiores que os de seu império.

[3] ROWLEY, H. H. "Zadok and Nehushtan". *JBL* 58, 1939, pp. 113-141 (124-125); *idem*, "Melchizedek and Zadok". In: BAUMGARTNER, W. *et al.*, orgs. *Festschrift Alfred Bertholet*. Tübingen, J. C. B. Mohr [Paul Siebeck], 1950, pp. 461-472 (468-472); *idem*, "Melchizedek and David". *VT* 17, 1967, p. 485.

A herança cananéia da monarquia israelita

mado Salém.[4] J. A. Emerton[5] fez uma análise crítica que mostra como esse ponto de vista não tem fundamento. Em Sl 76,3, Salém é, de maneira clara, igualada a Sião — note o paralelismo: "Sua tenda está em Salém e sua moradia em Sião" — e Sl 110,2 deixa claro que o rei–sacerdote governa a partir de Sião. Seja como for, dificilmente seria possível que o monarca davídico estivesse ligado a outro lugar chamado Salém de pouca significância.

(3) A ocasião mais lógica para a ideologia régia israelita ter-se unido à do cananeu Melquisedec é logo depois da conquista de Jerusalém por Davi.[6] John Van Seters,[7] entretanto, argumentou que a fusão foi, certamente, um caso de sincretismo no período pós-exílico. Ele observa que a expressão "sumo sacerdote do Deus Altíssimo" (i.e. El-Elyon) foi adotada pelos reis asmoneus no período macabeu (cf. Josefo, *Ant.* XVI, 163; *AssMos* 6,1) e acredita que só se tenha originado tardiamente com o sacerdócio jerosolimita pós-exílico. Todavia, isso é muito implausível, pois, para o sacerdócio pós-exílico, era importante ser aarônico (i.e., descendente de Aarão), o que Melquisedec não poderia reivindicar. Além disso, os sumos sacerdotes pós-exílicos não eram reis, mesmo que se tivessem apropriado do simbolismo régio, o que é discutível.[8] Ao contrário do que afirma Van Seters, era muito natural que os asmoneus adotassem o título "sumo sacerdote do Deus Altíssimo", de Gn 14, já que, considerado juntamente com Sl 110,4, esse título serviria para justificar seu *status* não-aarônico.

Em Gn 14, consta que Melquisedec era rei e sacerdote. Há muitos indícios que apóiam a idéia de que os reis cananeus também eram sacerdotes. Conforme relata Josefo (*Apião* I, 18), Menandro de Éfeso diz que Itóbalo, rei de Tiro

---

[4] GAMMIE, J. G. "Loci of the Melchizedek Tradition of Genesis 14:18-20". *JBL* 90, 1971, pp. 365-396; KIRKLAND, J. R. "The Incident at Salem: A Re-examination of Genesis 14:18-20". *Studia Biblica et Theologica* 7,1, 1977, pp. 3-23.

[5] EMERTON, J. A. "The Site of Salem". In: EMERTON, J. A., org. *Studies in the Pentateuch*. Leiden, E. J. Brill, 1990, pp. 45-71. (VTSup, 41). GOULDER, M. D. *The Psalms of Asaph and the Pentateuch*. Sheffield, Sheffield Academic Press, 1996 (JSOTSup, 233), tenta sem sucesso evitar os argumentos de Emerton. Sua própria opinião de que o Sl 76 era originalmente um salmo do Norte é altamente especulativa.

[6] Cf. EMERTON, J. A. "The Riddle of Genesis xiv". *VT* 21, 1971, pp. 403-439, para argumentos a favor dessa opinião e contra visões alternativas.

[7] VAN SETERS, J. *Abraham in History and Tradition*. New Haven, Yale University Press, 1975, pp. 306-308.

[8] Cf. contribuição de ROOKE, Deborah W. nesta obra e sua monografia a ser publicada, *Zadok's Heirs: The Role and Development of the High Priesthood in Ancient Israel*. Oxford, Clarendon Press.

(= Etbaal, pai de Jezabel), era também sacerdote de Astarte. De modo semelhante, inscrições fenícias falam de Tabnit, rei de Sidônia, como "sacerdote de Astarte", e seu pai, o rei Esmunazar I, é também "sacerdote de Astarte".[9] Portanto, ao herdarem o papel de Melquisedec, Davi e os reis israelitas de Jerusalém assumiram o papel de sacerdotes; Sl 110,4 é prova conclusiva de que os reis israelitas realmente atuavam como sacerdotes, o que é consistente com o fato de Davi estar cingido com um éfode de linho, vestimenta sacerdotal, quando levou a Arca para Jerusalém (2Sm 6,14) e com várias referências aos reis que ofereciam sacrifícios — Saul em Guilgal (1Sm 13,9-10), Davi em Jerusalém (2Sm 6,13.17-18; 24,25), Salomão em Gabaon (1Rs 3,4.15), em Jerusalém para a dedicação do Templo (1Rs 8,5.62-64) e depois nas três grandes festas do ano (1Rs 9,25). Embora em alguns casos possa ser atribuído o significado de que o rei "mandou oferecer sacrifícios", isso não se ajusta a 2Rs 16,12-15, onde Acaz sobe ao novo altar que mandou construir, oferece o primeiro sacrifício e, em seguida, ordena ao sacerdote que continue a liturgia ali; além disso, em 1Rs 12,33 consta que Jeroboão "subiu ao altar para queimar incenso" (cf. 13,1-2), o que é interessante para esclarecer a natureza sagrada da realeza no reino do Norte, assunto em que é compreensível termos menos informações. Além do mais, Davi e Salomão abençoam o povo no santuário (2Sm 6,18; 1Rs 8,14), rito que Nm 6,22-27 e 1Cr 23,13 reservam aos sacerdotes.

Está claro que o sacerdócio do rei não era ocupação em tempo integral, mas um sacerdócio especial, pois a manutenção geral do culto era tarefa dos sacerdotes profissionais.

Sadoc era realmente sacerdote jebuseu?

Aparentemente, a monarquia davídica herdou o sacerdócio jebuseu. E a teoria de que Sadoc era também sacerdote jebuseu, adotado por Davi quando este conquistou Jerusalém?[10] As razões que costumam ser dadas para essa teoria são as seguintes:

---

[9] Cf. *KAI*,13,1.2.

[10] Mowinckel, S. *Ezra den Skriftloerde*. Kristiania, O. Norlis, 1916, p. 109, n. 2, foi quem propôs pela primeira vez que Sadoc era sacerdote jebuseu, e essa idéia foi posteriormente seguida e defendida mais plenamente em Rowley, "Zadok and Nehushtan", pp. 113-132. Hauer, C. E. "Who was Zadok?" *JBL* 82, 1963, pp. 89-94, dá uma interpretação original a essa teoria, ao afirmar que Sadoc passou para o lado de Davi antes da conquista de Jerusalém por este último.

A herança cananéia da monarquia israelita

(1) Alega-se que Sadoc aparece repentinamente no texto bíblico em Jerusalém sob Davi, sem se saber de onde. A primeira referência está em 2Sm 8,17, na lista dos altos funcionários de Davi. Entretanto, notamos que vários dos outros funcionários ali relacionados também não foram mencionados antes (Josafá, Saraías e Banaías, 2Sm 8,17-18) e, como a lista se relaciona com o primeiro período de Davi em Jerusalém, seria compatível com isso supor que Sadoc (e os outros) já tinha estado com Davi em Hebron.

(2) Alega-se que Sadoc não tem genealogia genuína. Considera-se fictícia a atribuição a ele de uma ascendência aaronita (levítico-eleazariana) pelo cronista (1Cr 5,27-34), e alega-se que a genealogia em 2Sm 8,17 está deturpada. 2Sm 8,17 fala dos sacerdotes de Davi como "Sadoc, filho de Aquitob, e Aquimelec, filho de Abiatar". Em geral, concorda-se que deveríamos ler "Abiatar, filho de Aquimelec", em vez de "Aquimelec, filho de Abiatar", pois Abiatar é o nome do sacerdote de Davi alhures. Mas a conjetura, comum a partir de Wellhausen, de que Sadoc originalmente não tinha patronímico, e que a referência a ele era seguida de "Abiatar, filho de Aquimelec, filho de Aquitob", é criticada com base no fato de em nenhum outro caso, nas três listas de altos oficiais que temos (2Sm 8,16-18; 20,23-26; 1Rs 4,2-19), encontrarmos a citação do avô, além do pai. É, portanto, preferível ler "Sadoc, filho de Aquitob", com o MT e todas as Versões — e não deixar Sadoc sem patronímico.[11]

(3) Afirma-se que a origem jebuséia de Sadoc apóia-se na ocorrência da mesma raiz, *ṣdq*, nos nomes dos reis jebuseus mais primitivos: Melquisedec (Gn 14,18) e Adonisedec (Js 10,1.3). Mas o elemento *ṣdq* é, de fato, bastante comum em nomes pessoais semíticos ocidentais, como Cross observou,[12] sem precisar, portanto, indicar uma origem jebuséia para Sadoc.

Além disso, há problemas com a idéia de que Sadoc era sacerdote jebuseu. É improvável que Sadoc tivesse sido o *rei*–sacerdote de Jerusalém, pois seria política perigosa para Davi manter um ex-rei como chefe dos sacerdotes. Na hipótese de Sadoc ter sido sacerdote, mas não rei, jebuseu, evitar-se-ia esse problema específico, embora não na interpretação de Rowley, de acordo com quem a

---

[11] Cf. Cross, F. M. *Canaanite Myth and Hebrew Epic*. Cambridge, MA, Harvard University Press, 1973, pp. 211-214.

[12] Cf. Cross, *Canaanite Myth and Hebrew Epic*, p. 209.

PARTE II • Rei e Messias no Antigo Testamento

alusão de Sl 110,4 ao sacerdote segundo a ordem de Melquisedec refere-se a Sadoc, pois, como já vimos, Melquisedec era rei e também sacerdote, e Sl 110,4 deve, antes, referir-se ao rei davídico, como o resto do salmo. E que dizer da opinião de que Sadoc tinha sido sacerdote jebuseu não-régio, sem ligá-lo a Sl 110,4? Essa é a forma da tese menos sujeita a objeções, mas ainda traz este problema fundamental: sabemos que Davi tinha dois sacerdotes, Abiatar e Sadoc, e que Abiatar era do Norte (1Rs 2,27, descendente de Eli de Silo). Seria natural supormos que Sadoc fosse do Sul, o que estaria de acordo com a intenção de Davi de unir o Norte e o Sul, como comprova a escolha de Jerusalém para capital, em território neutro. Causaria estranheza um dos dois chefes dos sacerdotes de Davi ser do Norte e o outro jebuseu, absolutamente sem nenhum representante do Sul, principalmente por esse ser o lugar de origem de Davi. Davi foi ungido rei em Hebron, no Sul, e ali reinou durante sete anos e meio antes de conquistar Jerusalém, por isso é natural esperarmos que ele ali tivesse um sacerdote, que seria mantido.[13] Não temos certeza da veracidade de 1Cr 12,29 ao mencionar Sadoc como um dos guerreiros de Davi quando este ainda era rei em Hebron,[14] mas com certeza seria errado impor esse versículo do falecido cronista. Assim, em conclusão, parece que Sadoc era sacerdote judaíta, provavelmente de Hebron, e não jebuseu.[15]

O culto jebuseu de Elyon

Quer Sadoc fosse, quer não fosse sacerdote jebuseu, pela alusão no Sl 110 a Melquisedec está claro que a conquista de Jerusalém por Davi levou ao sincretismo com o culto jebuseu de Elyon. Fora do Antigo Testamento, as únicas

---

[13] Cf. CROSS, *Canaanite Myth and Hebrew Epic*, pp. 208-215. HARAN, M. "Studies in the Account of the Levitical Cities". *JBL* 80, 1961, pp. 156-165 (161), já havia ligado Sadoc a Hebron.

[14] OLYAN, S. "Zadok's Origins and the Tribal Politics of David". *JBL* 101, 1982, pp. 177-193, também rejeita a origem jebuséia de Sadoc e o considera judaíta nato, mas coloca-o no extremo sul de Judá. Olyan dá muita importância a 1Cr 12,29 e relaciona Sadoc estreitamente com o aaronita Joiada, mencionado no versículo anterior (1Cr 12,28), que identifica com Joiada (chamado sacerdote em 1Cr 27,5), pai de Banaías e originário de Cabseel, no sul de Judá, segundo 2Sm 23,20. Todavia, não há indícios de que o lugar de origem de Sadoc em Judá tenha de ser idêntico ao de Joiada.

[15] JONES, G. H. *The Nathan Narratives*. Sheffield, JSOT Press, 1990 (JSOTSup, 80), alega que Natã também era jebuseu. Entretanto, os argumentos são bastante hipotéticos (de fato, muito mais do que no caso de Sadoc), e parece natural vê-lo como israelita nato, javista tradicional.

referências ao deus Elyon estão no tratado aramaico de Sefire, que data do século VIII a.C., e no relato da mitologia fenícia preservado por Fílon de Biblos. No tratado de Sefire,[16] "El e Elyãn" fazem par em uma lista de divindades que testemunharam o tratado. Em Fílon de Biblos,[17] consta que Elioun (como é chamado) é pai de Urano (Céu) e de Gaia (Terra). Este último ponto é extremamente interessante, pois faz notável paralelo com Gn 14,19 e 22, em que El-Elyon é descrito como quem "criou o céu e a terra". Já que Fílon de Biblos com certeza não depende da Bíblia e, de qualquer modo, sua descrição de Elioun é mais mítica (ele é chamado "pai" do céu e da terra divinizados), Gn 14,19 e 22 sem dúvida refletem concepções genuinamente cananéias a respeito do deus Elyon. A referência a ele como criador do céu e da terra sugere que Elyon é semelhante a El, embora o tratado aramaico de Sefire e Fílon de Biblos o diferenciem de El.

Ao admitirmos que a conquista de Jerusalém por Davi resultou em sincretismo com o culto jebuseu de Elyon ou El-Elyon, surgem, naturalmente, duas perguntas: (1) Outras passagens do Antigo Testamento que mencionam o nome Elyon ainda retêm traços do deus jebuseu? (2) Além do sacerdócio de Melquisedec, o que realmente se origina do culto a El-Elyon?

Com respeito a (1), parece haver boas razões para crermos que as referências veterotestamentárias a Elyon, algumas vezes pelo menos, fazem alusões que se originam do deus em questão. Já mencionei a alusão a ele em Gn 14,19 e 22 como criador do céu e da terra e as referências paralelas em Fílon de Biblos que recordam o deus El. Quando também encontramos, em outras passagens do Antigo Testamento, o nome Elyon associado a características semelhantes às de El, presumimos lidar com genuínas apropriações cananéias. Um exemplo disso é Sl 46,5, que, ao falar de Jerusalém, diz: "Há um rio, cujos braços alegram a cidade de Deus, santificando as moradas do Altíssimo (Elyon)". Não há, já se vê, nenhum rio de verdade em Jerusalém, e isso deve ser imagem mítica aplicada à fonte de Geon ali existente. Como Elyon se assemelhava a El, imediatamente nos lembramos dos textos ugaríticos, segundo os quais El habitava a nascente dos rios, o que, em última análise, presumimos estar por trás da imagem de Sl 46,5, por

---

[16] Cf. *KAI*, 222 A,11.

[17] Fílon de Biblos, in Eusébio, *Praeparatio evangelica*, 1,10,15. A propósito, cf. Attridge, H. W. & Oden, R. A. *Philo of Byblos: The Phoenician History*. Washington, DC, Catholic Biblical Association, 1981, p. 47. (CBQMS, 9.)

Parte II • Rei e Messias no Antigo Testamento

intermédio do culto de Elyon. Sl 82,6 também se refere aos deuses como "filhos de Elyon", o que nos lembra os deuses como filhos de El em ugarítico. Além disso, Is 14,13-14 associa Elyon à montanha da Assembléia, assim como El é associado com a montanha da Assembléia em ugarítico. Mas parece que Elyon também tinha algumas características baalitas. Is 14,13-14 fala da residência de Elyon nos confins do Norte (Safon), que, nos textos ugaríticos, é a residência de Baal e aplica-se a Jerusalém em Sl 48,3. Ora, o Sl 48 tem o mesmo tema que o Sl 46, a saber, o conflito com as nações e a inviolabilidade de Sião, e Elyon já foi mencionado em Sl 46,5, como dissemos anteriormente. O conflito com as nações também aparece no Sl 110, salmo que, com sua referência a Melquisedec, sugere influência jebuséia. Portanto, há uma boa justificativa para a idéia de que os israelitas adotaram o culto jebuseu de Elyon para criar o tema da proteção contra os ataques e o conflito com as nações dadas a Sião por Iahweh. Presumivelmente, o culto jebuseu de El-Elyon era praticado em um templo jebuseu de Jerusalém, mas não ouvimos falar nele. Lemos que, quando levou a Arca para Jerusalém, Davi depositou-a em uma tenda (2Sm 6,17), não em um santuário já existente. O templo de Salomão, no qual a Arca foi posteriormente alojada, baseava-se claramente em precedentes cananeus, o que não é surpreendente, já que foi construído por operários fenícios (de Tiro). Os paralelos cananeus foram bem relatados, por exemplo, a estrutura tripartida do templo (compare Hasor, Tell Tainat) e as duas colunas diante dele — compare as duas colunas do templo de Melcart (Héracles) em Tiro, que Heródoto (2,44) menciona. Um biblista alemão, K. Rupprecht,[18] afirmou que Salomão simplesmente renovou um santuário jebuseu já existente, mas, embora a idéia seja perfeitamente plausível, não há indícios positivos para apoiá-la.

Unção régia

Como bem sabemos, no Antigo Testamento, o termo *māšîaḥ*, "Ungido" (daí a palavra "Messias"), refere-se ao rei israelita presente, não ao futuro rei escatológico. O termo relaciona-se claramente com o ato de ungir por ocasião da coroação do rei. De onde se originou esse rito? Com freqüência se supôs

---

[18] Rupprecht, K. *Der Tempel von Jerusalem*. Berlin, W. de Gruyter, 1976. (BZAW, 144.)

que se originava dos heteus ou dos egípcios.[19] Os primeiros ungiam seus reis, e os segundos ungiam altos funcionários e vassalos sírios. (Sobre estes últimos, veja a carta de el-Amarna 51, em que Adadnirari escreve ao faraó que "Manaḫpiya [= Tutmósis III], rei do Egito, teu ancestral, fez de [T]a[ku], meu ancestral, rei em Nuḫašše, derramou óleo sobre sua cabeça e falou como se segue: "A quem o rei do Egito fez rei, [e em cuja cabeça] ele derramou [óleo], ninguém [deve] [...]".[20]

Entretanto, parece-me muito improvável que os israelitas tenham derivado a unção diretamente dos heteus ou dos egípcios. Havia muito que o império heteu deixara de existir; o Egito era fraco no tempo da fundação da monarquia — uma das razões pelas quais Davi conseguiu expandir seu império — e nem ele nem Saul, o primeiro que consta como ungido, tinham algum relacionamento com o Egito. Ao contrário, o lugar preferido de Saul (e de Davi) era Canaã. É muito natural supormos que a unção dos reis fosse tomada dos cananeus. Mas que indícios temos de que os cananeus ungiam seus reis? Poderíamos indicar o apólogo de Joatão, em Jz 9, que, nos vv. 8 e 15, subentende a unção de reis cananeus. Mas, naturalmente, a idade dessa passagem é incerta, e talvez atribua conceitos israelitas a Canaã. Dois fragmentos de indícios ugaríticos parecem apoiar a noção de que os cananeus ungiam seus reis. Um é o texto dos rafaim ugaríticos (KTU^2 1,22,II,15-18):

---

[19] Uma origem hetéia tem o apoio de NOTH, M. "Amt und Berufung im Alten Testament". In: *Gesammelte Studien*, I. 2. ed. München, Chr. Kaiser Verlag, 1960, p. 321 (TBü, 6) (ET "Office and Vocation in the Old Testament"). In: *The Laws in the Pentateuch and Other Essays*. Trad. D. R. Ap-Thomas. Edinburgh, Oliver & Boyd, 1966, p. 239. Uma origem egípcia é defendida por DE VAUX, R. "Le Roi d'Iräel, Vassal de Yahvé". In: *Bible et Orient*. Paris, Cerf, 1967, pp. 299-300 (Cogitatio dei, 24) (ET "The King of Israel, Vassal of Yahweh"). In: *The Bible and the Ancient Near East*. Trad. D. McHugh. London, Darton, Longman & Todd, 1972, p. 165. KUTSCH, E. *Salbung als Rechtsakt im Alten Testament und im alten Orient*. Berlin, Alfred Töpelmann, 1963, pp. 52-63 (BZAW), por outro lado, divide a unção régia israelita em unção pelo povo e unção por Iahweh, e acha que a primeira reflete a influência hetéia, e a segunda é de caráter egípcio.

[20] Cf. MORAN, W. L. *Les Lettres d'El-Amarna*. Paris, Cerf, 1987, p. 221 (ET *The Amarna Letters*. Baltimore, The John Hopkins University Press, 1992, p. 122).

šmn. prst [	]	Óleo...
ydr. hm. ym [	]	Ele jurou, Se
'ṣ.[21] *'amr. y'u ḫ[d.ks'a. mlkh]*		Ao (meu?) comando, ele toma[rá o trono de seus parentes],
nzt.[22] *kḫt.dr[kth]*		o lugar de descanso da sede de [seu] domí[nio].

Nessa passagem, o óleo é mencionado em ligação com a entronização de alguém como rei. Talvez houvesse outro texto ugarítico que subentende unção régia, se aceitássemos a tradução que J. A. Emerton fez de uma passagem a respeito da entronização do deus Attar como rei (*KTU*² 1,6,I,50-52): *dq. 'anm. lyrẓ 'm. b'l. ly'db.mrḥ 'm. bn. dgn. ktmsm*, "Que o mais fino dos pigmentos seja moído; Que o povo de Baal prepare ungüentos; (Que) o povo do filho de Dagan (prepare) ervas espremidas".[23] Infelizmente, porém, a tradução dessa passagem é incerta.

O rei como "filho de Deus" e "deus"

Como bem sabemos, no antigo Egito, o faraó era considerado deus e também filho de um deus: era filho de Ra, encarnação de Hórus, e, depois da morte, incorporava-se a Osíris. Na Mesopotâmia, o rei só era divinizado nos tempos mais antigos — o período sumério. Posteriormente, os reis eram considerados representantes do deus. No mundo cananeu, que é a parte do antigo Oriente Próximo com maior probabilidade de ter influenciado os israelitas em questões de monarquia, devido à proximidade geográfica, temos alguns indícios de o rei ser um deus e também o filho do deus El. Assim, na lista de reis ugaríticos, a palavra *'il*, "deus", precede cada um dos nomes dos reis mortos (*KTU*² 1,113).[24]

---

[21] *KTU*² sugere que se leia *'l* (i.e. "ao") em vez de *'ṣ* ("árvore"), o que, na verdade, faz mais sentido.

[22] Há uma concordância geral de que se deve ler *nḫt* "lugar de descanso", onde está *nzt*, por causa de passagens paralelas em que isso ocorre.

[23] EMERTON, J. A. "Ugaritic Notes". *JTS* N S 16, 1965, pp. 438-443 (441-443). Essa tradução requer que se ligue *'anm* com o egípcio *'wn*, "cor, pigmento", *yrẓ* com o hebraico *rṣṣ*, "espremer", *mrḥ* com o egípcio *mrḥt*, "ungüento", e *ktmsm* como a forma constructa do substantivo *kt* da mesma raiz do hebraico *ktt*, "bater, esmagar batendo", seguido por um mem enclítico e um substantivo, *sm*, cognato do hebraico bíblico *sammîm*, "condimentos" etc. (*KTU*² lê *lyrq* enquanto os estudiosos em geral lêem *lyrẓ*.)

[24] A respeito da lista de reis ugaríticos, cf. KITCHEN, K. A. "The King List of Ugarit". *UF* 9, 1977, pp. 131-142. SCHMIDT, B. B. *Israel's Beneficent Dead*. Tübingen, J. C. B. Mohr (Paul Siebeck), 1994, pp. 67-71 (Forschungen zum Alten Testament, 11) e "A Re-evaluation of the Ugaritic King-list (*KTU* 1.113)". In:

O texto ugarítico a respeito de Keret revela que a divindade do rei não era simplesmente uma questão posterior à morte, como entre os heteus. Quando o rei Keret adoece, seu filho Yaṣṣib diz (*KTU*[2] 1,16,I,10-23): "É, então, Keret o filho de El, a descendência de Laṭipan e do Santo? [...] Regozijamo-nos em tua vida, pai nosso, exultamos (em) tua imortalidade [...] Vais então morrer, pai, como os homens [...] Como se pode dizer (que) Keret é o filho de El, a descendência de Laṭipan e do Santo. Ou os deuses morrem? A descendência de Laṭipan não vai viver?" Posteriormente, a filha de Keret, Titmanat, lamenta o pai com palavras em grande parte idênticas (*KTU*[2] 1,16,II,36-49).

Percebemos alguma influência dessa concepção cananéia na idéia israelita do rei? Em geral, ao contrário do ponto de vista da antiga Escola de Mito e Ritual, parece que os israelitas não consideravam o rei divino. Observamos a ausência de crítica das pretensões divinas dos reis de Israel por parte dos profetas (compare Is 14,12-15; Ez 28,2-10) e também a ausência de indícios do culto dos soberanos em Israel. O rei era o filho de Deus por adoção, não um verdadeiro filho de Deus de nascença (Sl 2,7: "Tu és meu filho, eu hoje te gerei"). Contudo, o rei ainda era chamado filho de Deus, e parece provável que isso fosse tirado dos cananeus (como a expressão plural "filhos de Deus" para os anjos, originalmente deuses, e, basicamente, derivada da expressão cananéia "filhos de El", atestada em Ugarit). A origem especificamente cananéia ganha apoio do obscuro Sl 110,3 — um versículo antes da referência a Melquisedec, que pode ser traduzido: "Desde o seio da aurora tens o orvalho com o qual te gerei".[25] Compare Shaḥar e Shalem, "Aurora" e "Crepúsculo", as divindades ugaríticas, e Shalem no nome Jerusalém, "fundação de (do deus) Shalem".

WYATT, N.; WATSON, W. G. E.; LLOYD, J. B., orgs. *Ugarit, Religion and Culture. Proceedings of the International Colloquium on Ugarit, Religion and Culture, Edinburgh, July 1994: Essays Presented in Honor of Professor John C. L. Gibson*. Münster, Ugarit-Verlag, 1996; pp. 289-304 (UBL), procura mostrar que *'il* se refere, em todos os casos, à divindade da dinastia régia, em vez de indicar a divinização do rei, mas essa opinião parece uma súplica especial e é pouco seguida.

[25] A tradução desse versículo segue JOHNSON, A. R. *Sacral Kingship in Ancient Israel*. 2. ed. Cardiff, University of Wales Press, 1967, p. 131. Subentende a leitura de *yᵉlidtîkā*, "eu te gerei", em vez do TM *yalᵉdūtêkā*, "tua juventude", que tem o apoio de muitos manuscritos hebraicos, o texto hebraico de Orígenes, LXX e a Peshiṭta. Além disso, é coerente com a referência a "desde o seio", faz o salmo concordar com Sl 2,7 (parte de outro salmo de coroação) e não envolve retificação do texto consonantal. Os biblistas em geral retificam o hápax *mišḥār* para *šaḥar*, "aurora", pois o *m* talvez seja uma ditografia da última letra da palavra anterior, *mēreḥem*.

Parte II • Rei e Messias no Antigo Testamento

Parece que a noção cananéia da divindade do rei deixou ligeiros traços na ideologia régia israelita, pois em Sl 45,7, salmo de matrimônio régio, temos a impressão de que o rei israelita é chamado de *ᵉlōhîm* no vocativo, "ó Deus". Como isso faz sentido? Há duas amplas categorias de interpretação desse versículo, a primeira das quais afirma que aqui o rei é, de fato, chamado "deus" (em sentido literal ou hiperbólico), enquanto a segunda contorna o problema ao tentar traduzir o versículo de maneira algo diferente.

Os que são a favor do segundo tipo de interpretação alegam que a passagem não teria paralelo no Antigo Testamento se o rei fosse aqui chamado de "Deus". Afirmam ser possível traduzir o hebraico como "Teu trono é como o de Deus para sempre e eternamente", entendendo-se que a palavra para "como" (*kᵉ*) foi omitida,[26] talvez por razões de eufonia, posto que a palavra traduzida por "teu trono" (*kisᵉᵃkā*) já contém dois cafes. Alguns biblistas, até mesmo C. R. North,[27] compararam o Cântico dos Cânticos, no qual, onde em 1,15, o homem diz à mulher: "teus olhos são pombas" (*ênayik yônîm*), em contraste com 5,12, em que a mulher diz a respeito do homem: "seus olhos são como pombas" (ou "olhos de pomba") (*ênāyw kᵉyônîm*). Alternativamente, foi sugerido que se traduza a passagem de Sl 45,7 como: "Teu trono é de Deus, para sempre e eternamente",[28] o que também evita chamar o rei de deus. Essas duas traduções correspondem à idéia que se encontra em 1Cr 28,5, em que consta que Salomão foi escolhido "para ocupar o trono da realeza de Iahweh" (cf. 1Cr 29,23).

Embora tudo isso seja possível, é preciso reconhecer que a maneira mais natural de entender *ᵉlōhîm* em Sl 45,7 é como vocativo, daí "Teu trono, ó Deus, é para sempre e eternamente",[29] como em todas as versões antigas. O que me inclina ainda mais a isso é o fato de, em Is 9,5, o rei futuro ideal ser, de modo semelhante, citado como "Deus-forte" (*ʾēl gibbôr*). Alguns biblistas, como A. R.

---

[26] NORTH, C. R. "The Religious Aspects of Kingship". *ZAW* 50, 1932, pp. 8-38 (29-31); EMERTON, J. A. "The Syntactical Problem of Psalm XLV.7". *JSS* 13, 1968, pp. 58-63.

[27] NORTH, "Religious Aspects", p. 30.

[28] MULDER, J. S. M. *Studies on Psalm 45*. Nijmegen, Offsetdrukkerij Witsiers, 1972, pp. 33-80.

[29] Os que seguem essa opinião tomam, às vezes, a linguagem literalmente, por exemplo PORTER, J. R. "Psalm xlv.7". *JTS* 12 NS, 1961, pp. 51-53, embora outros a considerem simplesmente linguagem hiperbólica, por exemplo KRAUS, H.-J. *Psalmen 1–59*. 5. ed. Neukirchen-Vluyn, Neukirchener Verlag, 1978, pp. 490-491 (BKAT, 15,1) (ET *Psalms 1–59*. Trad. H. C. Oswald. Minneapolis, Augsburg, 1988, p. 455). Defenderei o segundo ponto de vista mais adiante.

Johnson,[30] evitam essa conclusão na suposição de que *'ēl gibbôr* possa ser traduzido por "deus de um herói", sendo "deus" entendido como superlativo, daí "herói forte". Entretanto, contra isso é preciso notar que em todos os outros exemplos de *'ēl gibbôr* ou *hā'ēl haggibbôr*, no Antigo Testamento, o sentido é claramente "(o) Deus forte", "o Deus grande" ou "Deus grande e forte" (Is 10,21; Dt 10,17; Ne 9,32; Jr 32,18). (Compare *ᵃbî 'ad*, "Pai-eterno", também em Is 9,5, outra expressão que sugere Deus; compare também "pai de anos", usado para El em Ugarit, e "Ancião [de Dias]" em Dn 7,9.) Contudo, nem Sl 45,7, nem Is 9,5 precisam ser entendidos como se o rei fosse literalmente considerado um deus, o que seria contrário à perspectiva veterotestamentária do rei. É possível que aqui tenhamos exemplos de hipérbole ou estilo da corte, que se originam de noções cananéias de realeza divina, mas já não eram entendidas literalmente. Podemos comparar o fato de a palavra *ᵉlōhîm* ser usada alhures no Antigo Testamento a respeito de seres que não eram deuses de verdade, mas tinham sido considerados como tais em um período mais primitivo, a saber, espectros ou espíritos (1Sm 28,13; Is 8,19). (Compare os textos ugaríticos, nos quais os mortos são "deuses", *KTU²* 1,6,VI,46-48.) De modo semelhante, com o crescimento do monoteísmo absoluto, quando foram rebaixados ao *status* de anjos, os deuses continuaram a ser chamados *ᵉlōhîm* ou *bᵉnê hā' ᵉlōhîm*. A palavra usada no Sl 45 e em Is 9 pode, portanto, ter passado a significar algo como "sobre-humano". É interessante que, tanto no Sl 45 como em Is 9, o contexto é o do rei guerreiro, o que também sugere a ligação desses versículos e talvez indique que é especificamente o poder sobre-humano do rei como guerreiro que se tem em mente.

A suposta imortalidade do rei

A crença cananéia de que o rei era um deus levou, naturalmente, à crença de que ele também era imortal. Assim, a passagem a respeito de o rei Keret ser deus, à qual aludi anteriormente, também fala de sua suposta imortalidade: "Regozijamo-nos em tua vida, pai nosso, exultamos em tua imortalidade (*blmt*)". Há, no Antigo Testamento, quaisquer traços dessa concepção? Há, segundo John Healey, que afirmou isso em um artigo da *Festschrift* a Dahood.[31] O artigo de

---

[30] JOHNSON, *Sacral Kingship*, pp. 30-31, n. 1.

[31] HEALEY, J. "The Immortality of the King: Ugarit and the Psalms". *Or* 53, 1984, pp. 245-254.

Healey apela a vários salmos, na tentativa de oferecer uma alternativa mais moderada ao ponto de vista de Dahood,[32] segundo o qual referências à imortalidade estão espalhadas em todo o saltério, com a alegação de que há muitos casos em que ela se refere ao rei, de daí estendendo-se, mais tarde, no período pós-exílico, ao povo em geral. Entretanto, o argumento de Healey é fraco, pois as passagens às quais recorre tendem a ser associadas ao rei apenas de maneira incerta (ele tende a seguir a abordagem maximalista de Eaton, imaginando dezenas de salmos régios[33]), ou só falam na imortalidade de maneira vaga, e, em alguns casos, a suposta referência ao rei e também à imortalidade é incerta. Assim, é muito provável que, para o salmista, Sl 73,24 fale de justificação depois da morte, mas não há nada que sugira que o sujeito é um rei. Em geral, esse é considerado um salmo sapiencial pós-exílico. Por outro lado, o Sl 21 é, sem dúvida, régio, mas não há boa razão para achar que o v. 5 aluda à imortalidade ("ele te pediu a vida e tu a concedeste, dias sem fim, para sempre"). E a respeito do Sl 91, ao qual Healey também recorre, é bastante incerto se é régio, quase de todo improvável que aluda à imortalidade. Sl 91,16 diz: "Vou saciá-lo com longos dias", o que não corresponde à imortalidade. É verdade que Sl 61,7 declara: "Acrescenta dias aos dias do rei, sejam seus anos gerações e gerações", mas isso parece ser um desejo piedoso hiperbólico, como os que existem nas cerimônias britânicas de coroação ("Que o rei viva para sempre!"), em vez de expectativa confiante.

Ética régia: o ideal e a realidade

O Antigo Testamento considera claramente tarefa do rei assegurar que o direito e a justiça prevaleçam na terra e considera seu papel proteger os interesses das viúvas e dos órfãos, dos pobres e indigentes. Isso se encontra, por exemplo, no Salmo régio 72 e reaparece de forma escatológica em várias profecias messiânicas, como a de Is 11.

---

[32] DAHOOD, M. J. *Psalms*, I. Garden City, NY, Doubleday, 1965-1966, p. xxxvi (AB, 16); *Psalms*, II. 2. ed. Garden City, NY, Doubleday, 1973, pp. xxvi-xxvii (AB, 17); *Psalms*, III. Garden City, NY, Doubleday, 1970, pp. xli-lii (AB, 17a).

[33] EATON, J. H. *Kingship and the Psalms*. 2. ed. Sheffield, JSOT Press, 1986. (The Biblical Seminar, 3.)

A herança cananéia da monarquia israelita

Assim, é interessante observar que o mesmo ideal de realeza está presente em dois dos textos épicos ugaríticos,[34] os concernentes a Keret e a Daniel. Desse modo, lemos que Daniel "levantava-se (e) sentava-se à entrada da porta entre os homens fortes que estavam perto da eira; julgava a causa da viúva, julgava o caso do órfão" (*KTU²* 1,17,V,6-8).[35] Mais uma vez, quando o rei Keret fica doente, o filho Yaṣṣib o repreende com as palavras:

Enquanto bandidos atacam, viras as costas

e acolhes rivais contendores.

Foste destruído por teu poder enfraquecido.

Não julgas a causa da viúva,

não sentencias o caso do importuno.

Não expulsas os que extorquem os pobres,

não alimentas o órfão que está diante de ti,

(nem) a viúva que está por trás de ti.

(*KTU²* 1,16,VI,43-50; cf. 1,16,VI,30-34.)

Em conseqüência, Yaṣṣib declara que Keret deve descer do trono. E. Hammershaimb,[36] primeiro biblista a chamar a atenção para essas referências,

---

[34] Há também alguns textos acádicos de Ugarit que falam do papel do rei como juiz supremo em disputas. Cf. ABOUD, J. *Die Rolle des Königs und seiner Familie nach den Texten von Ugarit*. Münster, Ugarit-Verlag, 1994, pp. 108-111. (Forschungen zur Anthropologie und Religions-geschichte, 27.)

[35] É amplamente aceito que Daniel é citado como rei em *KTU²* 1,19,III,46. Nas linhas 45-46, lê-se: *qr.my[m] mlk. yṣm. ylkm. qr. mym*, "O rei amaldiçoou Qor-may[im], 'Ai de ti, Qor-mayim'". Pelo contexto, isso só pode referir-se a Daniel. As tentativas de evitar a referência a Daniel como rei foram infrutíferas. Assim, DRESSLER, H. em "The Identification of the Ugaritic Dnil with the Daniel of Ezekiel". *VT* 29, 1979, pp. 152-161 (152-153) e "Reading and Interpreting the Aqht Text". *VT* 34, 1984, pp. 78-82 (81), afirma que *mlk* deve ser dividido em duas palavras, *m* sendo a última letra de *qr.mym*, enquanto o resto da segunda palavra fica na linha anterior, sendo *lk* "contra ti"; daí, "'Qor-mayim, contra ti', ele insultou, "ai de ti, ó Qor-mayim". Mas parece altamente improvável que a palavra *mym* se espalhasse por duas linhas sem um divisor de palavras para separá-la de *lk*. Em "Studia Ugaritica II". *UF* 8, 1976, pp. 137-192 (175-176) e em "Interpreting the Story of Aqht". *VT* 30, 1980, pp. 361-365 (364), MARGALIT, B. também evita traduzir *mlk* como "rei", traduzindo a passagem como: " 'Que teu caminho seja amaldiçoado, ai de ti, curso d'água' ". Mas isso envolve o procedimento dúbio de encontrar aqui um *hapax legomenon ml*, cognato do arábico *mayl*, "inclinação, declive", e sufixo pronominal masculino da segunda pessoa do singular.

[36] HAMMERSHAIMB, E. *"Some Aspects of Old Testament Prophecy from Isaiah to Malachi.* Copenhagen, Rosenkilde & Bagger, 1966, pp. 68, 81.

PARTE II • Rei e Messias no Antigo Testamento

ficou impressionado com a nobreza dessa concepção, que contrasta com o tratamento ruim que os cananeus recebem nas páginas do Antigo Testamento.

Outra indicação da importância do direito e da justiça como ideal régio cananeu vem de um fragmento da carta de um rei ugarítico ao faraó egípcio, descoberto há apenas alguns anos, em Ras Ibn Hani (RIH 78/3 + 30 = KTU^2 2,81):[37]

> [Ao Sol], o grande rei, o rei do Egito, [o bo]m [rei], o rei justo, [o rei dos re]is, o senhor de toda a terra [do Egi]to, digo: Mensagem de [Ammištam]ru, teu servo: "Aos pés de [meu senhor] eu [me prostro]. Que tudo esteja bem com meu senhor; [que tudo esteja bem?] com teu pessoal, com tua terra, [com] teus [cavalos], com teus carros, [com teu X], com tudo o que pertence [ao Sol], o grande [r]ei, o rei do Egi[to, o bom rei], o rei ju[sto], [o rei dos reis...]".

A terminologia "rei correto" e "rei justo" sugere mais uma formação semítica que egípcia e, portanto, nos diz algo sobre os ideais da ideologia régia cananéia.

Mas a realidade da monarquia cananéia não era só direito e justiça, não mais que a monarquia israelita. Em 1Sm 8 há um discurso posto nos lábios de Samuel — parte da chamada versão "antimonárquica" da fundação da monarquia — que destaca o lado cruel e tirânico da monarquia:

> Este é o direito do rei que reinará sobre vós: Ele convocará os vossos filhos e os encarregará dos seus carros de guerra e dos seus cavalos e os fará correr à frente do seu carro; e os nomeará chefes de mil e chefes de cinqüenta, e os fará lavrar a terra dele e ceifar a sua seara, fabricar as suas armas de guerra e as peças de seus carros. Ele tomará as vossas filhas para perfumistas, cozinheiras e padeiras. Tomará os vossos campos, as vossas vinhas, os vossos melhores olivais, e os dará aos seus oficiais. Das vossas culturas e das vossas vinhas ele cobrará o dízimo, que destinará aos seus eunucos e aos seus oficiais. Os melhores dentre os vossos servos e as vossas servas, os vossos bois[38] e os vossos jumentos, ele os tomará

---

[37] A parte citada aqui é do anverso, linhas 1-12. Cf. BORDREUIL, P. & CAQUOT, A. "Les Textes en Cunéiformes Alphabétiques Découverts en 1978 à Ibn Hani". *Syria* 57, 1980, pp. 343-373 (356-358); MILANO, L. "Gli Epiteti del Faraone in una Lettera Ugaritica da Ras Ibn Hani". In: CARRUBA, O., org. *Studi Orientalistici in Ricordo di Franco Pintore*. Pavia, GJES Edizioni, 1983, pp. 141-158. (Studia Mediterranea, 3.)

[38] Lendo, em vez de *baḥûrêkem*, "os vossos adolescentes", *biqrêkem*, "os vossos bois" com a LXX, que combina mais com o contexto.

para o seu serviço. Exigirá o dízimo dos vossos rebanhos, e vós mesmos vos tornareis seus escravos (1Sm 8,11-17).

I. Mendelsohn[39] mostrou como a imagem apresentada aqui reflete, em todos os detalhes, a dos textos acádicos de Ugarit. Ali o rei designava os encarregados dos carros, os *maryannu* (cf. vv. 11b-12a), expropriava terra para a coroa, que dava para sua família, altos oficiais de Estado e outros (cf. v. 14), exigia dízimos dos produtos do campo e dos rebanhos (cf. vv. 15.17a) e empregava trabalhos forçados (vv. 12b-13.16).

Oficiais da corte

É natural que o rei tenha uma corte com funcionários, e, como estes também foram uma inovação com o surgimento da monarquia, é natural que se baseassem em modelos estrangeiros. Uma opinião difundida na última metade do século passado é que se baseavam em modelos egípcios — o que afirmaram biblistas como Begrich e De Vaux e, mais recentemente, Mettinger.[40] Mas, ultimamente, biblistas como U. Rüterswörden, B. Mazar, S. C. Layton e Stuart Weeks[41] têm apresentado fortes argumentos afirmando que os funcionários da corte de Israel eram mais modelados por precedentes cananeus.

Isso parece inteiramente provável. Os biblistas às vezes falam em "oficiais do Estado salomônico", e acredita-se que, com seus contatos egípcios, Salomão adotou diretamente do Egito a idéia de ter esses funcionários. Mas contra isso é preciso mencionar que, no reinado de Davi, muitos dos altos oficiais da corte de Israel já ocupavam seus postos — cf. as listas em 2Sm 8,16-18 e 20,23-26 —, e

---

[39] MENDELSOHN, I. "Samuel's Denunciation of Kingship in the Light of the Akkadian Documents from Ugarit". *BASOR* 143, 1956, pp. 17-22.

[40] DE VAUX, R. "Titres et Fonctionnaires Égyptiens à la Cour de David et de Salomon". *RB* 48, 1939, pp. 394-405; BEGRICH, J. "*Sōfēr* und *Mazkīr*". *ZAW* 58, 1940, pp. 1-29; METTINGER, T. N. D. *Solomonic State Officials*. Lund, C. W. K. Gleerup, 1971. (ConBOT, 5.)

[41] RÜTERSWÖRDEN, U. *Die Beamten der israelitischen Königszeit*. Stuttgart, W. Kohlhammer, 1985, pp. 77-91, 120-121 (BWANT, 117); MAZAR, B. "King David's Scribe and the High Officialdom of the United Monarchy of Israel". In: *The Early Biblical Period*. Jerusalem, Israel Exploration Society, 1986, pp. 126-138; LAYTON, S. C. "The Steward in the Ancient Near East: A Study of Hebrew ('*ăšer*) '*al-habbayit* in its Near Eastern Setting". *JBL* 109, 1990, pp. 633-649; WEEKS, S. *Early Israelite Wisdom*. Oxford, Clarendon Press, 1994, pp. 115-129.

PARTE II • Rei e Messias no Antigo Testamento

parece que Davi não teve nenhum relacionamento especial com o Egito, que, de qualquer modo, nesse tempo era fraco. Em vez disso, o lugar preferido de Davi era Canaã e a Transjordânia, que têm, portanto, maior probabilidade de ser a fonte. Em todo caso, se, como vimos, a monarquia de Israel foi influenciada por Canaã, é provável que isso também seja verdade a respeito dos oficiais da corte.

Argumentos detalhados sobre casos específicos também parecem apoiar isso. Por exemplo, o intendente encarregado do palácio real era chamado *ᵃšer 'al-habbayit*, "o que zela pelo palácio", ou *sōkēn*, "intendente" — ambos os títulos estão claramente igualados em Is 22,15, a respeito de Sobna. Ora, é interessante que a palavra *skn* seja empregada com referência a um oficial ugarítico, *Baal-ṣaduq*, em *KTU²* 7,63 (RS 15,117),[42] em que também é chamado de porteiro (linhas 4-7), o que está de acordo com a imagem em Is 22,22, em que o *sōkēn*, Sobna, tem a chave da casa de Davi.[43] Por outro lado, o *mazkîr*, ou arquivista, foi comparado com o oficial egípcio *wḥmw*, "informante, arauto", mas esse título egípcio é extremamente raro depois de 1100 a.C., bem antes do início da monarquia em Israel, e não existe no tempo de Davi e Salomão.[44] Naturalmente, é discutível se, embora os oficiais da corte de Israel fossem adotados dos cananeus, os próprios cananeus não os adotaram dos egípcios. Entretanto, isso não parece muito provável, pois, etimologicamente, em geral os nomes não parecem traduções de títulos egípcios.

Conclusão

Apesar de muitos dos indícios serem circunstanciais, a conclusão deste ensaio é que a influência cananéia foi fator significativo nas origens da monarquia israelita. Canaã era o modelo mais próximo, e, de qualquer modo, o Egito e a Mesopotâmia eram fracos nessa época. De maneira específica, com a referência

---

[42] Citado erroneamente por LAYTON, "Steward", p. 647, como RS 15,177.

[43] Cf. LAYTON, "Steward".

[44] REDFORD, D. B. "Studies in Relations between Palestine and Egypt during the First Millennium B.C.". In: WEVERS, J. W. & REDFORD, D. B., orgs. *Studies on the Ancient Palestinian World Presented to F. V. Winnett*. Toronto, University of Toronto Press, 1972, pp. 141-156 (p. 144, n. 7); KITCHEN, K. A. "Egypt and Israel during the First Millennium B.C.". In: EMERTON, J. A., org. *Congress Volume Jerusalem 1986*. Leiden, E. J. Brill, 1988, pp. 107-123 (113).

ao sacerdócio régio davídico segundo a ordem de Melquisedec, o rei–sacerdote jebuseu, Sl 110,4 sugere a influência jebuséia, embora pareça improvável que Sadoc fosse jebuseu. Também é provável a influência cananéia no conceito do rei como "filho de Deus", embora essa idéia já não indicasse divindade, e sim adoção filial por Deus, e na referência ocasional ao rei como "deus" (Sl 45,7; Is 9,5), apesar de, mais uma vez, isso não ser literal, mas hiperbólico. Entretanto, não merece crédito o ponto de vista externado por Healey de que a idéia cananéia de imortalidade régia reflete-se em alguns salmos. Talvez o costume de ungir os reis tenha sido adotado de Canaã, embora os indícios não sejam tão fortes como desejaríamos. Ademais, o ideal ético que afirmava ser o rei responsável pelo direito e pela justiça para com os pobres e indigentes foi adotado dos cananeus, bem como alguns aspectos mais opressivos da monarquia. Finalmente, parece provável que os oficiais da corte de Israel tenham-se originado de modelos cananeus, e não de egípcios, como se supôs com freqüência no passado.

Além de Sl 110,4, um argumento geral a favor da influência especificamente jebuséia na realeza davídica é o contraste com seu predecessor Saul. A realeza de Saul era muito mais simples e rústica, semelhante à de um juiz permanente, enquanto Davi tinha toda a pompa de uma corte e harém etc. Como, nesse ínterim, Davi conquistou Jerusalém e fez dela sua capital, faz sentido acreditar que as tradições jerosolimitas o influenciaram, embora ele também incorporasse outras cidades-Estados cananéias a seu reino, tendo acesso, assim, a outras fontes de influência cananéia.

A relação de Davi com Moisés: os contextos, o conteúdo e as condições das promessas davídicas

GARY N. KNOPPERS

Em uma avaliação bastante criteriosa das promessas davídicas, Jon Levenson distingue duas abordagens fundamentalmente diferentes do relacionamento entre a aliança sinaítica (ou mosaica) e a aliança davídica.[1] Os biblistas que buscam uma abordagem "integracionista" pressupõem características comuns entre a aliança sinaítica e a davídica e traçam vínculos entre ambas.[2] Alguns até consideram a segunda — a aliança davídica — modificação ou codicilo da primeira — a aliança sinaítica. Os biblistas que defendem uma abordagem "segregacionista" enfatizam diferenças entre as duas alianças e vêem, quando muito, poucas semelhanças entre elas. Enquanto a aliança mosaica estrutura a relação de Deus com Israel pelo instrumento da lei, a aliança davídica anuncia a graça divina para uma determinada dinastia.[3] A primeira é expressamente obrigatória e condicional; a segunda é promissória e incondicional. Devido a essa maneira de

---

[1] LEVENSON, J. D. "The Davidic Covenant and its Modern Interpreters". *CBQ* 41, 1979, pp. 205-219.

[2] Por exemplo, WIDENGREN, G. "King and Covenant". *JSS* 2, 1957, pp. 1-32; GUNNEWEG, A. H. J. "Sinaibund und Davidsbund". *VT* 10, 1960, pp. 335-361; SEYBOLD, K. *Das davidische Königtum im Zeugnis der Propheten*. Göttingen, Vandenhoeck & Ruprecht, 1972, p. 44. (FRLANT, 107.)

[3] Por exemplo, ROST, L. "Sinaibund und Davidsbund". *TLZ* 72, 1947, cols. 129-134; MENDENHALL, G. E. *The Tenth Generation: The Origins of the Biblical Tradition*. Baltimore, The Johns Hopkins University Press, 1973; WEINFELD, M. *Deuteronomy and the Deuteronomic School*. Oxford, Clarendon Press, 1972. pp. 77-81; WEINFELD, M. '*B^erît* - Covenant vs. Obligation'. *Bib* 56, 1975, pp. 120-128; BRIGHT, J. *Covenant and Promise*. Philadelphia, Westminster Press, 1976, pp. 56-77.

Parte II • Rei e Messias no Antigo Testamento

entender a questão, muitos segregacionistas consideram as duas alianças antitéticas entre si.[4]

É possível dar mais um passo na perspectiva de Levenson a respeito do contraste entre os segregacionistas e os integracionistas. As diferenças há muito existentes entre ambas as abordagens não diminuíram com a publicação e a análise de milhares de textos diplomáticos originários de várias terras do antigo Oriente Próximo. Na verdade, os proponentes da abordagem integracionista e os da segregacionista recorrem a indícios do antigo Oriente Próximo, principalmente heteus e neo-assírios, para fortalecer suas posições.[5] Os integracionistas propõem analogias dos tratados de vassalagem do antigo Oriente Próximo com a aliança (*berît*) entre Iahweh e Israel no monte Sinai (Ex 19–24), renovada no Deuteronômio, e também com a aliança entre Iahweh e Davi (2Sm 7,1-17; Sl 89 e 132; 1Cr 17,1-15).[6] Alguns integracionistas consideram a promessa divina incondicional de continuar a dinastia davídica análoga à promessa de um suserano de apoiar a dinastia de seu cliente nos tratados heteus de vassalagem.[7]

Os segregacionistas discordam. Embora reconheçam que talvez os tratados heteus e neo-assírios formem algum tipo de paralelo com a aliança sinaítica, os segregacionistas hesitam muito em empregar tratados heteus ou assírios como qualquer tipo de paralelo com as promessas davídicas. Esses biblistas consideram as promessas davídicas distintamente diferentes de quaisquer tratados do

---

[4] BRIGHT, J. *A History of Israel*. 3. ed. Philadelphia, Westminster Press, 1981, pp. 224-227, 294-298 [Ed. bras.: *História de Israel*. São Paulo, Paulus, 1978]; MENDENHALL, G. E. "The Monarchy". *Int* 29, 1975, pp. 155-170. WEINFELD, M. "The Covenant of Grant in the Old Testament and in the Ancient Near East". *JAOS* 90, 1970, pp. 184-203.

[5] McCARTHY, D. J. *Treaty and Covenant*. 2. ed. Rome, Pontifical Biblical Institute, 1978, pp. 29-153 (AnBib, 21A) fornece uma proveitosa visão geral.

[6] Ver as análises de McCARTHY, D. J. *Old Testament Covenant: A Survey of Current Opinions*. Oxford, Basil Blackwell, 1972; ODEN, R. A. "The Place of Covenant in the Religion of Israel". In: MILLER, P. D.; HANSON, P. D.; McBRIDE, S. D., orgs. *Ancient Israelite Religion: Essays in Honor of Frank Moore Cross*. Philadelphia, Fortress Press, 1987, pp. 429-447; KITCHEN, K. A. "Rise and Fall of Covenant, Law and Treaty". *TynBul* 40, 1989, pp. 118-135.

[7] CALDERONE, P. J. *Dynastic Oracle and Suzerainty Treaty*. Manila, Ateneo University Publications, 1966, pp. 41-71 (Logos, 1); DE VAUX, R. "Le Roi d'Israël, Vassal de Yahvé". In: *Mélanges Eugène Tisserant*. I. *Écriture Sainte: Ancien Orient* Vatican, Biblioteca Apostolica Vaticana, 1964, pp. 119-133 (Studi e testi, 231).

A relação de Davi com Moisés

antigo Oriente Próximo.[8] Entretanto, alguns segregacionistas propõem um outro modelo do antigo Oriente Próximo para as promessas davídicas: concessões régias de terra.[9] Como as concessões régias no antigo Oriente Próximo, as alianças com Abraão e Davi têm o sentido de dádivas concedidas a indivíduos que se distinguiram servindo a seus senhores com lealdade. Como na aliança davídica, essas concessões de terra supostamente representam promessas de superiores a clientes que não dependem de nenhuma condição.

Neste ensaio, meu propósito não é reexaminar os indícios do antigo Oriente Próximo a favor da posição integracionista, nem da segregacionista.[10] Tampouco é minha intenção tentar resolver as diferenças fundamentais entre as definições eruditas de aliança.[11] Antes, este ensaio concentra-se nas principais referências às promessas davídicas — 2Sm 7, Sl 89 e 132 e 1Cr 17. De maneira específica, desejo contestar algumas suposições subjacentes às posições integracionista e isolacionista. Ao fazer isso, espero chamar a atenção para alguns aspectos negligenciados da concessão davídica régia, tais como as diferenças significativas entre as quatro versões e as várias maneiras pelas quais esses textos discrepantes ligam as promessas davídicas a instituições e eventos tradicionais da vida israelita.

---

[8] HILLERS, D. R. *Covenant: The History of a Biblical Idea*. Baltimore, The Johns Hopkins University Press, 1969, pp. 98-119; CLEMENTS, R. E. *Abraham and David*. Naperville, IL, Allenson, 1967, pp. 47-60 (SBT, 5); KRUSE, H. "David's Covenant". *VT* 35, 1985, pp. 139-164 (148-149).

[9] Primeiramente, WEINFELD, "Covenant of Grant", p. 185; WEINFELD, M. "Addenda to *JAOS* 90 (1970), pp. 184ff". *JAOS* 92, 1972, pp. 468-469.

[10] Em ensaio publicado há algum tempo, "Ancient Near Eastern Royal Grants and the Davidic Covenant: A Parallel?" *JAOS* 116, 1996, pp. 670-697, discordo da analogia das concessões de terra com as promessas davídicas. A estrutura, a forma e o conteúdo das concessões régias são muito mais complicados do que a tipologia proposta admite. Os indícios para os paralelos lingüísticos entre a aliança davídica e as concessões de terra do antigo Oriente Próximo foram interpretados erroneamente. Alguns dos melhores paralelos com as promessas dinásticas originam-se de tratados. Há, além disso, indícios significativos de que as concessões de terra do antigo Oriente Próximo eram predominantemente condicionais em natureza e função. Todas essas considerações tornam duvidosa a proposição de que as concessões de terra são a melhor analogia para o privilégio davídico régio.

[11] Alguns biblistas entendem a aliança como uma obrigação ratificada por um juramento, enquanto outros a concebem como um contrato. Inclino-me a um entendimento bilateral da aliança, mas reconheço que os autores bíblicos empregam *bᵉrît* de várias maneiras. Cf. também BARR, J. "Some Semantic Notes on the Covenant". In: DONNER, H.; HANHART, R.; SMEND, R., orgs. *Beiträge zur alttestamentliche Theologie*: *Festschrift für Walther Zimmerli zum 70. Geburtstag*. Göttingen, Vandenhoeck & Ruprecht, 1977, pp. 25-34.

Parte II • Rei e Messias no Antigo Testamento

Primeiro, há uma suposição comum de que as promessas davídicas são incondicionais.[12] Iahweh informa Davi de que seus descendentes continuarão a reinar, mesmo que esses descendentes pequem (2Sm 7,14-16; Sl 89,30-38). Como seria de esperar, os críticos reconhecem que alguns dos textos que tratam das promessas davídicas (p. ex. Sl 132) são claramente condicionais, mas esses textos são considerados revisões mais tardias de um decreto incondicional anterior (e normativo).[13]

Segundo, há uma suposição comum de que a questão da incondicionalidade relaciona-se estreitamente com a importância crescente da aliança davídica na vida do antigo Israel. Julga-se que os autores bíblicos que apresentam as provisões de Iahweh para Davi como condicionais enfraquecem a força da aliança davídica. Além disso, ao subordinarem a continuação do governo davídico à fidelidade de Davi, Salomão ou seus descendentes, os autores bíblicos supostamente abrandaram as ramificações políticas das promessas davídicas depois do fim do governo davídico no exílio babilônico de 586 a.C. Em outras palavras, há uma ligação tácita entre condicionalidade, o término do reino davídico e a irrelevância (futura) das promessas davídicas. Assim, por exemplo, a interpretação das passagens do livro pós-exílico das Crônicas que subordinam o futuro da dinastia davídica à obediência de Salomão (1Cr 22,12-13; 28,7-10; 2Cr 7,17-18) é que elas limitam a importância social e política estável de Davi. A dinastia davídica desempenhou papel próprio na conquista de Jerusalém, na designação dos levitas e sacerdotes e na construção do Templo tão aguardado, mas as promessas davídicas não têm conseqüência presente (programática, monarquista), nem futura (messiânica, escatológica) para os residentes de Yehud.[14]

---

[12] Essa "era uma espécie de aliança que era simplesmente uma promessa de Deus e era válida independentemente de qualquer coisa que Israel fizesse" (McCarthy, *Survey*, p. 47).

[13] A esse respeito, é excepcional a posição de Veijola, T. *Verheißung in der Krise: Studien zur Literatur und Theologie der Exilszeit anhand des 89. Psalms*. Helsinki, Suomalainen Tiedeakatemia, 1982 (Annales Academiae Scientiarum Fennicae, series B, 220), porque ele situa a origem das promessas dinásticas incondicionais no exílio babilônico; *idem*, "Davidverheißung und Staatsvertrag: Beobachtungen zum Einfluß altorientalischer Staatsverträge auf die biblische Sprache am Beispiel von Psalm 89". *ZAW* 95, 1983, pp. 9-31.

[14] Riley, W. *King and Cultus in Chronicles: Worship and the Reinterpretation of History*. Sheffield, JSOT Press, 1993 (JSOTSup, 160); e Pomykala, K. E. *The Davidic Dynasty Tradition in Early Judaism*. Atlanta, GA, Scholars Press, 1995, pp. 69-111.

Por último, alguns biblistas acham que as promessas davídicas tratam essencialmente da sucessão. Supõe-se que a questão de continuidade do governo davídico esteja no centro do compromisso divino com Davi. Justamente por essa razão, Levenson afirma que todo o debate em torno das promessas davídicas é exagerado.[15] Quanto a qual das alianças — a sinaítica ou a davídica — é mais importante, a resposta parece relativamente simples. Uma lida com a administração divina do povo israelita, "a base da lei e da moralidade em toda uma sociedade", enquanto a outra só lida com a sucessão dentro de uma única linhagem, "a questão de que família deve manter o trono.[16]

O estudo cuidadoso dos contextos e do conteúdo das quatro passagens principais que tratam das promessas davídicas complica todas essas suposições. Começando com a questão da incondicionalidade, este ensaio argumenta que a própria definição das promessas divinas feitas a Davi era objeto de disputa no antigo Israel. Alguns dos mesmos autores que defendem a importância de Davi também fazem referência aos mandamentos de Iahweh. As referências à lei sinaítica ou aliança mosaica indicam, entre outras coisas, que a questão da integração — a relação das promessas davídicas com a aliança mosaica — não é apenas uma preocupação moderna. Uma variedade de autores israelitas antigos procurou relacionar as primeiras com a segunda. Justamente por isso, superestimou-se a importância de as promessas serem incondicionais ou condicionais. A justificação é que os autores dos dois tipos de passagens promovem a importância da dinastia davídica.

A atenção que os biblistas modernos dedicam à questão da sucessão régia também está um tanto mal empregada e evidencia uma abordagem essencialista das promessas davídicas — a tentativa de chegar ao âmago dos compromissos de Iahweh com Davi. Tal preocupação é compreensível, mas inerentemente problemática. O estudo cuidadoso das principais passagens que tratam das promessas davídicas revela que essas promessas não apresentam estrutura, forma e conteúdo consistentes, mas variam conforme a maneira como diferentes autores bíblicos as configuram. Embora seja verdade que a sucessão é assunto presente nas quatro passagens, cada um desses textos contextualiza a sucessão de maneira dife-

---

[15] LEVENSON, "Davidic Covenant", pp. 216-217.

[16] LEVENSON, "Davidic Covenant", pp. 215, 217.

Parte II • Rei e Messias no Antigo Testamento

rente. Além disso, cada texto manifesta uma preocupação com muito mais que a alternância régia, ligando as promessas da divindade a Davi a outros assuntos importantes da vida israelita. Não se deve, portanto, citar a questão da sucessão para menosprezar as promessas davídicas. Pelo contrário, os vínculos que os autores israelitas antigos traçam entre o destino da dinastia davídica e o destino de outras instituições demonstram a relevância das promessas davídicas para a vida nacional.

1. Templo, dinastia e povo em 2Sm 7

A história deuteronomista dá extensa cobertura à instituição das promessas davídicas e à maneira como essas promessas afetam a história da monarquia unificada, o surgimento da monarquia do Norte e a história independente de Judá. O início de 2Sm 7 deixa claro que a preocupação do deuteronomista vai bem além da simples sucessão régia. Ali, uma dinastia ainda não está à vista. Depois de alcançar sucesso na guerra, Davi, como todo bom monarca do antigo Oriente Próximo, deseja construir um templo a sua divindade protetora.[17] A resposta de Natã (2Sm 7,2-16) complica muito o plano de Davi, mas o assunto de um templo continua a conduzir a trama. A palavra de Iahweh a Natã primeiro questiona o plano de Davi para construir um santuário fixo (2Sm 7,5-7). O retrospecto histórico que se segue, no qual Iahweh destaca suas provisões para Davi (2Sm 7,8), introduz as promessas da divindade relativas ao futuro de Israel, à construção do Templo e ao estabelecimento de uma dinastia estável (2Sm 7,9-16). A palavra de Iahweh a Natã assegura a Davi a derrota dos inimigos (v. 9), o estabelecimento do descanso para Israel (vv. 10-11) e a construção do Templo por uma semente gerada das entranhas de Davi (vv. 12-13). Enquanto o Sl 89 nunca menciona o Templo de Jerusalém, 2Sm 7,1-16 joga com as diversas conotações de "casa" (*bayit*) para ligar a bem-sucedida construção do Templo por um descendente de Davi ao estabelecimento divino de uma dinastia estável. Em suma, as promessas de Natã referem-se a uma variedade de temas interligados — a derrota dos inimigos de Davi, a sucessão de um de seus filhos, a inauguração de uma era de paz nacional, a construção de um santuário central e o estabelecimento de um trono estável.

---

[17] Hurowitz, V. *I Have Built You an Exalted House: Temple Building in Light of Mesopotamian and Northwest Semitic Writings*. Sheffield, JSOT Press, 1992, pp. 171-223. (JSOTSup, 115.)

A relação de Davi com Moisés

Quanto a Davi, não é passivo. A própria aceitação por uma das partes da promessa solene da outra parte acarreta, normalmente, um grau de envolvimento na vida do beneficiário, sua família ou seu reino pela outra parte. Davi acolhe esse envolvimento divino. Em sua oração, Davi responde à profecia de Natã implorando repetidamente a Iahweh que guarde suas promessas na vida de Israel e da casa de Davi (2Sm 7,18-29).

As promessas de Natã e as súplicas de Davi encontram continuidade no reinado de Salomão. Na verdade, como muitos biblistas reconhecem, 2Sm 7 desempenha papel formativo na história deuteronomista.[18] A ascensão de Salomão ao trono, o estabelecimento de fronteiras seguras e uma economia próspera cumprem algumas das promessas de Natã e criam as condições necessárias para realizar as esperanças davídicas de um santuário régio. A mensagem de Salomão a Hiram, que redefine as objeções de Natã ao Templo, esclarece essa interpretação deuteronomista da história (1Rs 5,17-19).[19] A princípio, Natã tinha rejeitado a proposta de Davi para construir o Templo, porque Iahweh satisfazia-se perfeitamente em andar "debaixo de uma tenda" (2Sm 7,3-7), mas, na versão deuteronomista dos eventos, o plano de Davi era simplesmente prematuro. A construção tinha de esperar o tempo de paz divinamente prometido, o ensejo da sucessão de seu filho (1Rs 5,17). A obtenção de tal tranqüilidade, no tempo de Salomão, incentiva a construção do Templo. Como Salomão explica a Hiram, ele não pode ignorar essas condições propícias à construção de um santuário central.[20] A auspiciosa construção e dedicação desse santuário em Jerusalém iniciam a época em que o Templo desempenha papel essencial na vida israelita. Os reis são julgados positiva ou negativamente com base em sua exclusiva fidelidade a esse san-

---

[18] McCARTHY, D. J. "II Samuel 7 and the Structure of the Deuteronomic History". JBL 84, 1965, pp. 131-138; CROSS, F. M. *Canaarite Myth and Hebrew Epic*. Cambridge, MA, Harvard University Press, 1973, pp. 249-260; VEIJOLA, T. *Die ewige Dynastie: David und die Entstehung seiner Dynastie nach der deuteronomistischen Darstellung*. Helsinki, Suomalainen Tiedeakatemia, 1975, pp. 32-48 (Annales Academiae Scientiarum Fennicae, series B, 193); METTINGER, T. N. D. *King and Messiah: The Civil and Sacral Legitimation of the Israelite Kings*. Lund, C. W. K. Gleerup, 1976, pp. 48-63 (ConBOT, 8); HALPERN, B. *The Constitution of the Monarchy in Israel*. Chico, CA, Scholars Press, 1981, pp. 19-20 (HSM, 25); McCARTER, P. K. *II Samuel*. Garden City, NY, Doubleday, 1984, pp. 217-231 (AB, 9); KRUSE, "David's Covenant", pp. 148-155; JONES, G. H. *The Nathan Narratives*. Sheffield, JSOT Press, 1990, pp. 59-92 (JSOTSup, 80).

[19] FISHBANE, M. *Biblical Interpretation in Ancient Israel*. Oxford, Clarendon Press, 1985, pp. 394-396.

[20] Na verdade, devido à ordem deuteronômica para construir um santuário central quando Israel encontrar paz em sua terra prometida (Dt 12,10), é incumbência de Salomão começar a construir o Templo.

PARTE II • Rei e Messias no Antigo Testamento

tuário especial.[21] Portanto, as promessas davídicas envolvem muito mais que o problema da sucessão régia. Na monarquia unificada, elas têm muito a ver com o destino de Israel e o bem-estar nacional.

Levando em conta a natureza multifacetada das promessas davídicas na história deuteronomista, são essas promessas incondicionais? Uma olhada rápida na importante passagem que descreve essas promessas divinas — 2Sm 7 — parece justificar essa suposição. As palavras de Iahweh a Natã enfatizam o estreito relacionamento entre Deus e o sucessor de Davi e salientam a irrevogabilidade das promessas dinásticas:

> Eu serei para ele pai e ele será para mim filho: se ele fizer o mal, castigá-lo-ei com vara de homem e com açoites de homens. Mas a minha proteção não se afastará dele, como a tirei de Saul, que afastei de diante de ti. A tua casa e a tua realeza subsistirão para sempre diante de mim, e o teu trono se estabelecerá para sempre (2Sm 7,14-16).[22]

Como os paralelos do antigo Oriente Próximo deixam claro, o uso da terminologia pai–filho é significativo.[23] O emprego da fórmula de adoção, "Eu serei para ele um pai e ele será para mim um filho", para descrever o relacionamento de Iahweh com o sucessor de Davi, é notável, pois expressa uma elevada teologia régia.[24] Além

---

[21] Cf. KNOPPERS, G. N. "Aaron's Calf and Jeroboam's Calves". In: BARTELT, A. H.; BECK, A. B.; FRANKE, C. A.; RAABE, P. R., orgs. *Fortunate the Eyes That See: Essays in Honor of David Noel Freedman in Celebration of His Seventieth Birthday*. Grand Rapids, Eerdmans, 1995, pp. 92-104, e as referências ali relacionadas.

[22] Em 2Sm 7,14, leio *ûbʰhaʿᵘwôtô* (cf. o Siríaco). O TM traz: *ᵃšer bʰhaʿᵘwôtô*. Em 2Sm 7,15, sigo alguns manuscritos hebraicos, a LXX, o Siríaco e a Vulgata, e leio *ʾāsûr*. O TM traz *yāsûr*. Em 2Sm 7,16, o TM traz *bêtʰkā* ("tua casa"), enquanto a LXX interpreta ὁ οΙΚΟϛ ΑΥΤΟΥ ("casa dele"). Sigo o TM (variação máxima). Mais adiante, nesse versículo, sigo o argumento de McCarter (*II Samuel*, p. 195) e leio *lʰpānay wʰkisʰᵘkā* (cf. a LXX, o Cipriano e o Siríaco) em vez de *lʰpānêkā kisʰᵘkā* do TM.

[23] FENSHAM, F. C. "Father and Son as Terminology for Treaty and Covenant". In: GOEDICKE, H., org. *Near Eastern Studies in Honor of William Foxwell Albright*. Baltimore, The Johns Hopkins University Press, 1971, pp. 121-128; KALLUVEETTIL, P. *Declaration and Covenant*. Rome, Pontifical Biblical Institute, 1982, pp. 98-99 (AnBib, 88); DAY, J. *Psalms*. Sheffield, JSOT Press, 1990, pp. 99-100 (OTG).

[24] A respeito das expressões acádicas para adoção (por exemplo *ana māri epēšu*, "fazer como filho", *ana mārūti epēšu*, "pôr na condição de filho", e *ana mārūti leqû*, "levar à condição de filho"), cf. a análise de PAUL, S. M. "Adoption Formulae: A Study of Cuneiform and Biblical Legal Clauses". *MAARAV* 2, 1979-1980, pp. 176-185; e STONE, E. C. & OWEN, D. I. *Adoption in Old Babylonian Nippur and the Archive of Mannum-mešu-liṣṣur*. Winona Lake, IN, Eisenbrauns, 1991, pp. 1-92. Linguagem semelhante aparece em *KTU* 1,15,II, 25-29, Is 9,5 e Sl 2,7-8.

A relação de Davi com Moisés

disso, a adoção do herdeiro de Davi está ligada à concessão de uma dinastia estável.[25] Por intermédio do profeta Natã, Iahweh assegura a Davi que seu trono será confirmado para sempre (*'ad-'ôlām*).

A promessa absoluta de sucessão dentro de determinada dinastia é aspecto admirável da apresentação das promessas davídicas na profecia de Natã e também no Sl 89. Entretanto, em nenhum desses casos os beneficiários das promessas estão isentos de obrigações. 2Sm 7 e Sl 89 também contêm um elemento bilateral. Em ambos os textos, os descendentes de Davi têm a responsabilidade de obedecer a Iahweh (2Sm 7,14; Sl 89,31-33). A desobediência dos herdeiros de Davi trará o castigo divino.[26] De fato, a garantia de sucessão não é atribuída à lealdade dos filhos. Mas esses filhos serão responsáveis por "praticar o mal". Conseqüentemente, as promessas davídicas não são isentas de condições.

As promessas davídicas também não isentam Davi da responsabilidade pessoal diante de Iahweh. A omissão de toda referência direta à conduta de Davi, nas palavras de Iahweh a Natã, é impressionante. A profecia de Natã dá certeza de vitória, paz, sucessão, dinastia e templo, mas não garante à pessoa de Davi paz, sucesso ou prosperidade.[27] Nem o torna imune aos efeitos de qualquer perfídia que cometa no futuro. Na verdade, como demonstra a narrativa do pecado de Davi com Betsabéia, a responsabilidade de Davi diante de Iahweh é muito evidente (2Sm 11,1–12,12).

O problema da responsabilidade também desempenha papel proeminente na apresentação deuteronomista da desunião. Ali, o autor põe a culpa pelo declínio de Israel no desprezo de Salomão pelos mandamentos divinos — as relações sexuais com mulheres estrangeiras, as construções de lugares altos para suas mulheres e o culto de seus deuses (1Rs 11,1-8).[28] A má conduta de Salomão irrita Iahweh, a divindade "que lhe aparecera duas vezes" (1Rs 11,9; cf. 1Rs 3,4-14; 9,1-9).

---

[25] Na opinião de WEINFELD, "Covenant of Grant", p. 191; "Addenda", p. 469, a "casa" (= dinastia), a terra e o povo dados a Davi só seriam legitimados por adoção.

[26] LEVENSON, "Davidic Covenant", pp. 211-212; HALPERN, *Constitution*, pp. 45-50.

[27] A não ser que isenções de tal responsabilidade sejam declaradas expressamente, não devemos supor que o profeta pretenda concedê-las.

[28] A verdadeira citação legal em 1Rs 11,1-2 baseia-se no *traditum* de Dt 7,3-4 e na *traditio* de Js 23,12; KNOPPERS, G. N. "Sex, Religion, and Politics: The Deuteronomist on Intermarriage". *HAR* 14, 1994, pp. 121-141.

Parte II • Rei e Messias no Antigo Testamento

O castigo resultante afeta os negócios externos e internos. As revoltas de monarcas estrangeiros antes sob a hegemonia de Davi e Salomão encerram a *Pax Salomonica* (1Rs 11,14-25), enquanto a revolta do servo de Salomão, Jeroboão, põe fim à monarquia unificada (1Rs 11,26–12,20). O autor apresenta essa dramática mudança de circunstâncias como divinamente sancionada por causa de uma ambigüidade inerente às promessas dinásticas. Natã menciona o estabelecimento do reino do herdeiro (2Sm 7,12), mas a promessa em si é dirigida a sua realeza (*mamlākâ*) e a seu trono (*kissē'*, 2Sm 7,14-16).[29] Como em sua interpretação a palavra de Iahweh a Natã é dirigida à linhagem de Davi, e não ao reino israelita como um todo, o deuteronomista declara que a sobrevivência de Judá sob a liderança davídica confirma as promessas de Natã.[30] Uma única tribo permanece sob o domínio do filho de Salomão, não por causa de Salomão, mas por causa das promessas divinas feitas a Davi (1Rs 11,13.32.34-36; 12,15).

O mesmo entendimento da palavra de Iahweh a Natã permite ao deuteronomista apresentar um início auspicioso do reino do Norte. Consistente com sua atitude de culpar a depravação de Salomão pelo fim da monarquia unificada, o deuteronomista faz o profeta Aías oferecer ao futuro rei das dez tribos do Norte a oportunidade de assegurar "uma casa estável" (*bayit ne'ᵉmān*) como a de Davi, se ele obedecer aos mandamentos de Deus (1Rs 11,31-38).[31] Está claro que o deuteronomista entende que as promessas davídicas têm condições e limites. Embora a continuidade da dinastia esteja garantida, os monarcas estão sujeitos ao governo da lei (divinamente conferida), e a extensão de seus domínios não é assegurada pela promessa dinástica básica.

Há um outro aspecto da descrição da monarquia pelo deuteronomista que diz respeito a seu entendimento do legado de Davi. O deuteronomista promove Davi como modelo de obediência a Iahweh. É verdade que nem todas as muitas referências ao mérito de Davi[32] tratam diretamente das promessas

---

[29] É provável que a omissão de delineamentos de fronteiras em 2Sm 7 seja deliberada; cf. Halpern, B. *The First Historians: The Hebrew Bible and History*. San Francisco, Harper & Row, 1988, pp. 157-167; Knoppers, G. N. *Two Nations Under God: The Deuteronomistic History of Solomon and the Dual Monarchies. I. The Reign of Solomon and the Rise of Jeroboam*. Atlanta, GA, Scholars Press, 1993, pp. 151-160 (HSM 52).

[30] 1Rs 11,11–13,34; 12,15; Knoppers, *Two Nations Under God*, I, pp. 167-223.

[31] O uso de "casa estável" (*bayit ne'ᵉmān*) alude a 2Sm 7,16.

[32] 1Rs 3,6; 11,4.6.33.34.38; 14,8; 15,3.11; 2Rs 14,3; 16,2; 18,3; 22,2.

davídicas em si.[33] Mas elas são relevantes em pelo menos dois aspectos. Primeiro, a introdução do deuteronomista ao surgimento da monarquia do Norte associa a herança divina de uma dinastia duradoura para Davi com a lealdade deste à divindade.[34] Por essa razão, o deuteronomista pressupõe um relacionamento entre os aspectos comparativos e promissórios do patrimônio de Davi.[35] Segundo, a função de Davi como rei paradigmático chama a atenção para a relação entre Davi e Moisés. Ao preservar as promessas davídicas e Davi como paradigma de conduta leal, o deuteronomista equilibra duas preocupações — legitimar a monarquia davídica e exortar seu público a observar os mandamentos de Iahweh.[36]

A citação, a readaptação e os usos estruturais das promessas davídicas na história deuteronomista confirmam a importância do legado davídico.[37] A história da interpretação bíblica interior mostra que os autores e organizadores dessa extensa obra não consideravam, de certo modo, os mandamentos de Iahweh e as promessas feitas a Davi mutuamente antitéticos. A integração era problema bastante antigo, não apenas uma preocupação moderna. A questão pertinente para a maioria dos autores ou organizadores parece ter sido não se a aliança sinaítica era ou não relevante para a aliança davídica, mas sim qual era essa relevância.

2. Incondicional e condicional: as promessas davídicas em Crônicas

Como o deuteronomista, o cronista dá ampla cobertura à inauguração das promessas davídicas, sua redefinição no reinado de Salomão e seu papel para estruturar a história da monarquia dividida primitiva. Entretanto, o desenvolvimento das promessas davídicas pelo cronista difere do realizado pelo deuteronomista. Especialmente na apresentação da monarquia unificada e da divisão, a

---

[33] LEVENSON, "Davidic Covenant", pp. 216-217.

[34] 1Rs 11,37-38; 14,8-11; KNOPPERS, *Two Nations Under God*, I, pp. 199-206.

[35] A respeito da distinção entre os usos comparativos e promissores de Davi em Reis, cf. PROVAN, I. *Hezekiah and the Book of Kings*. Berlin, W. de Gruyter, 1988, pp. 93-99. (BZAW, 172.)

[36] KNOPPERS, G. N. *Two Nations Under God: The Deuteronomistic History of Solomon and the Dual Monarchies.* II. *The Reign of Jeroboam, the Fall of Israel, and the Reign of Josiah.* Atlanta, GA, Scholars Press, 1994, pp. 101-120. (HSM, 53.)

[37] FISHBANE, *Biblical Interpretation*, pp. 465-467; LEVENSON, J. D. *Sinai and Zion: An Entry into the Jewish Bible.* San Francisco, Harper & Row, 1985, pp. 209-216.

PARTE II • Rei e Messias no Antigo Testamento

história do cronista reinterpreta e readapta a profecia dinástica de Natã de maneira característica. As adições ao material que tira de sua *Vorlage* e a nova contextualização desse material proporcionam uma perspectiva singular das provisões de Iahweh para Davi. Como em Samuel–Reis, a negociação das promessas davídicas, dentro da história israelita e judaíta, tem grandes ramificações para o entendimento da configuração da obra maior.

As versões que o cronista dá à profecia de Natã (1Cr 17,1-5) e à oração de Davi (1Cr 17,16-27) são, em grande parte, tiradas de sua *Vorlage* de 2Sm 7.[38] As diferenças relevantes entre ambas resumem-se desta maneira: há forte elo entre Davi e a obra de seu filho (1Cr 17,11-14). Iahweh declara: "manterei depois de ti a tua posteridade: vai ser um de teus filhos, cujo reinado firmarei" (1Cr 17,11). Ao contrário de 2Sm 7, não há nenhum codicilo referente ao comportamento da posteridade de Davi. Não há menção da possibilidade de o(s) filho(s) cometer(em) más ações. Natã faz Iahweh simplesmente anunciar: "[...] firmarei seu trono para sempre [...] não lhe retirarei meu amor, como o retirei daquele que te precedeu" (1Cr 17,12-13). Portanto, se alguém deseja falar de forma absoluta e incondicional das promessas davídicas, 1Cr 17 é melhor candidato que 2Sm 7.

Como o deuteronomista, o cronista pressupõe uma analogia pai–filho entre Iahweh e o herdeiro de Davi (1Cr 17,13; 22,10; 28,6). Mas o cronista vai mais adiante ao pressupor a eleição direta (*bhr*) de Salomão por Iahweh (1Cr 28,5.6). Grande parte do reinado mais tardio de Davi é, de fato, dedicada à preparação do filho divinamente escolhido para cumprir seus deveres como sucessor de Davi (1Cr 22–29). Por meio de esforços ingentes, Davi assegura uma transição suave e sem transtornos para o reinado do filho (1Cr 29,1-25). Todos os líderes, guerreiros e oficiais de Israel prometem lealdade ao herdeiro eleito de Davi (1Cr 29,22-24). Até mesmo os outros filhos de Davi prometem fidelidade ao escolhido Salomão (1Cr 29,24).

Entretanto, o reino que Salomão vai herdar de Davi não é simplesmente o reino de Israel. Na versão da profecia de Natã pelo cronista, Iahweh declara: "Mantê-lo-ei para sempre na minha casa e no meu reino, e seu trono será firme

---

[38] A natureza exata da *Vorlage* do cronista de 2Sm 7,1-16 é controversa. Devido aos indícios proporcionados pelos vários testemunhos textuais a Samuel e Crônicas, não devemos presumir que a *Vorlage* do cronista seja igual à do Samuel do TM; cf. McKENZIE, S. L. *The Chronicler's Use of the Deuteronomistic History*. Atlanta, Scholars Press, 1985, pp. 63-64. (HSM, 33.)

A relação de Davi com Moisés

para sempre" (1Cr 17,14). A referência a uma ligação entre o reino davídico-salomônico e o reino de Iahweh não é acidental. Em três outras ocasiões, o cronista associa o reino davídico ao reino de Deus (1Cr 28,5; 29,11; 2Cr 13,8). De modo semelhante, em três ocasiões associa o trono de Iahweh ao de Davi e Salomão (1Cr 28,5; 29,23; 2Cr 9,8). Levando-se em conta que o cronista escreve durante o período pós-exílico, tais declarações são dignas de nota.

As contribuições do cronista ao reinado de Davi ressaltam a importância das promessas dinásticas (1Cr 22,6-10; 28,6.10.20; 29,1.19). Consistente com sua descrição altamente positiva de Davi e do elo entre Davi e seu herdeiro, na profecia de Natã (1Cr 17,1-15), o cronista une o reinado de Davi e o de Salomão como uma só época de consolidação, prosperidade e realizações israelitas.[39] A esse respeito, a apropriação e a reelaboração das promessas davídicas pelo cronista são relevantes para o problema da (in)condicionalidade. Ele inclui, como vimos, uma versão das promessas dinásticas de 2Sm 7,11-16, que é de natureza incondicional (1Cr 17,10-14), mas também inclui, reelabora e dá novo contexto a algumas passagens encontradas na edição final de Reis (1Rs 2,3-4; 8,25-26; 9,4-9),[40] que tornam o cumprimento das promessas davídicas dependente ou da obediência de Salomão (1Cr 22,12-13; 28,7-10; 2Cr 7,17-18) ou da obediência dos descendentes de Davi (2Cr 6,16-17). O cronista confere a esses textos posição proeminente na narrativa, ao colocar essas reformulações condicionais na boca de Davi (1Cr 22,10-13; 28,7-10) e de Salomão (2Cr 6,16-17; 7,17-18).[41]

O relato do cronista apresenta, portanto, um paradoxo: as promessas dinásticas são incondicionais e também condicionais. Há certa discordância entre os biblistas quanto ao entendimento disso. Como as reformulações condicionais do cronista mencionam repetidamente o Templo, alguns críticos acreditam que as promessas davídicas se cumpram quando Salomão conclui esse edifício.[42] Outros

---

[39] BRAUN, R. L. "Solomonic Apologetic in Chronicles". *JBL* 92, 1973, pp. 503-516; *idem*, "Solomon, the Chosen Temple Builder: The Significance of 1 Chronicles 22, 28 and 29 for the Theology of Chronicles". *JBL* 95, 1976, pp. 581-590; WILLIAMSON, H. G. M. "The Accession of Solomon in the Books of Chronicles". *VT* 26, 1976, pp. 351-361; cf. MOSIS, R. *Untersuchungen zur Theologie des chronistischen Geschichtswerkes.* Freiburg, Herder, 1973, pp. 82-163 (Freiburger Theologische Studien, 92).

[40] KNOPPERS, *Two Nations Under God*, I, pp. 64-65, 99-103, 109-112.

[41] Na história deuteronomista, esses textos só aparecem no reinado de Salomão.

[42] Por exemplo, BRAUN, R. L. *1 Chronicles*. Waco, TX, Word Books, 1986. (WBC, 14.)

PARTE II • Rei e Messias no Antigo Testamento

argumentam que as promessas são reafirmadas (ou mesmo ratificadas) precisamente porque Salomão termina o Templo com sucesso.[43] Dos dois pontos de vista, o último é mais atrativo, por uma variedade de razões. Primeiro, ao contrário do deuteronomista, o cronista descreve Salomão como consistentemente fiel durante todo o seu reinado.[44] Como ordenado por seu pai, Salomão vai até o fim, e constrói e dedica alegremente o tão esperado Templo. O início e o fim do mandato de Salomão são agradáveis e sem incidentes (1Cr 28,1-29,25; 2Cr 1,1-2; 9,1-28). Ao contrário da situação em Reis, em que o reinado de Salomão divide-se em dois períodos — um bom (1Rs 1–10), o outro ruim (1Rs 11) —, em Crônicas, Salomão não decai. Seu reinado representa uma época de paz e prestígio internacional sem precedentes (1Cr 17,8-9; 22,9.18; 29,25; 2Cr 1,7-18). Como, de acordo com as advertências de seu pai (1Cr 28,9), Salomão jamais abandona Iahweh, não há base pela qual as condições desses textos (que se referem a Salomão) seriam preenchidas.

Segundo, o cronista emprega as promessas davídicas (ainda válidas) para estruturar sua história da primitiva monarquia dividida. Em Crônicas, Salomão não leva a culpa pela divisão.[45] Como vimos, Salomão termina o reinado com glória (2Cr 8,1–9,31). Roboão, Jeroboão e os "homens ociosos e sem valor" que o cercavam são responsáveis pela apostasia de Israel.[46] O cronista cita explicitamente a concessão davídica régia para denunciar a indisciplina da secessão do Norte. No discurso do rei Abias a "Jeroboão e vós todos, todo o Israel" (2Cr 13,4-12), que se acredita ser composição do próprio cronista, o monarca judaíta joga com os diferentes sentidos de Israel, ao perguntar: "Não sabeis que Iahweh, o Deus de Israel, deu a Davi para sempre a realeza de Israel? É uma aliança inviolável para ele e para seus filhos" (*hᵃlō' lākem lāda'at kî yhwh ᵉlōhê yiśrā'ēl nātan mamlākâ lᵉdāwîd 'al-yiśrā'ēl lᵉ'ôlām lô ûlᵉbānāyw bᵉrît melaḥ*, 2Cr 13,5).[47] Abias reafirma a validade eterna das promessas

---

[43]   Cf. o tratamento fundamental de WILLIAMSON, H. G. M. "Eschatology in Chronicles". *TynBul* 28, 1977, pp. 115-154.

[44]   WILLIAMSON, H. G. M. *1 and 2 Chronicles*. Grand Rapids, Eerdmans, 1982, pp. 132-137, 192-237. (NCB.)

[45]   VON RAD, G. *Das Geschichtsbild des chronistischen Werkes*. Stuttgart, W. Kohlhammer, 1930, pp. 125-132. (BWANT, 40,3.)

[46]   2Cr 13,6-7. Cf. também KNOPPERS, G. N. "Rehoboam in Chronicles: Villain or Victim?" *JBL* 109, 1990, pp. 429-432.

[47]   DRIVER, S. R. "The Speeches in Chronicles". *The Expositor*, 1, 1985, pp. 241-256; 2, 1985, pp. 286-308; RUDOLPH, W. *Chronikbücher*. Tübingen, J. C. B. Mohr [Paul Siebeck], 1955, pp. 236-237; JAPHET, S. *The Ideology of the Book of Chronicles and Its Place in Biblical Thought* (ET Beiträge zur Erforschung des Alten Testaments und des Antiken Judentums, 9. Frankfurt, Lang, 1989, pp. 453-455); JAPHET, S. *I & II Chronicles*. Louisville, KY, Westminster/John Knox, 1993, p. 691.

A relação de Davi com Moisés

davídicas para todos os que respondem pelo nome de Israel (2Cr 13,4-8). Ao contrário do deuteronomista, o cronista não dá nenhuma qualificação territorial das promessas davídicas. Quem adota a posição de que o cronista considera as promessas davídicas cumpridas na construção do Templo não faz um sentido coerente de sua descrição de desunião.[48] A insistência do cronista em que as promessas davídicas permanecem válidas para todos os elementos de Israel explica por que, ao contrário do deuteronomista, ele não narra a história independente do reino do Norte.

Uma última consideração deve ser feita sobre o modo como o cronista lida com a concessão davídica régia. Como o deuteronomista, o cronista explica a paciência que Iahweh tem com os membros errantes da casa de Davi recorrendo ao aspecto promissório das promessas davídicas. Assim, por exemplo, em 2Cr 21,7, o cronista declara que "Iahweh não quis destruir a casa de Davi por causa da aliança que havia concluído com ele (*habbᵉrît ᵃšer kārat lᵉdāwîd*) e segundo a promessa que lhe fizera de deixar-lhe sempre um domínio (*nîr*), a ele e a seus filhos".[49] Mas, ao contrário do deuteronomista, o cronista emprega tanto Davi como Salomão em um sentido comparativo que estabelece um padrão para os outros seguirem (2Cr 30,26; 33,7; 35,3.4). Esse uso é, já se vê, consistente com a descrição lisonjeira do reino unificado que o autor faz.

Embora o cronista contextualize e interprete as promessas davídicas de maneira diferente do deuteronomista, ambos os autores atribuem papel proeminente a essas promessas dentro de suas histórias. Em ambos os casos, as provisões de Iahweh para Davi têm a ver com muito mais que a sucessão. O cronista emprega as promessas davídicas para implicar uma variedade de interesses nacionais — a humilhação dos inimigos de Israel, a ascensão ao trono do filho divinamente eleito de Davi, a realização da paz para todo o Israel, a construção do Templo pelo herdeiro de Davi e o estabelecimento de seu reino.

Em Crônicas, as promessas davídicas estão inseridas no contexto de uma narrativa contínua, que reinterpreta e redefine os termos do relacionamento esta-

---

[48] KNOPPERS, G. N. "Battling against Yahweh: Israel's War against Judah in 2Chron 13.2-20". *RB* 100, 1993, pp. 516-518.

[49] Sobre a tradução de *nîr* como "domínio (territorial)" ou "feudo" (em vez de "luz" ou "lâmpada"), cf. HANSON, P. D. "The Song of Heshbon and David's *Nîr*". *HTR* 61, 1968, pp. 297-320; BEN ZVI, E. "Once the Lamp Has Been Kindled... A Reconsideration of the Meaning of the MT *Nîr* in 1 Kgs 11:36, 15:4; 2 Kgs 8:19 and 2 Chr 21:7". *AusBR* 39, 1991, pp. 19-30.

Parte II • Rei e Messias no Antigo Testamento

belecido pela profecia de Natã. Para perceber que as promessas davídicas desempenham um papel formativo na apresentação que o cronista faz da monarquia unificada, da divisão e da história independente de Judá, pouco importa que esse registro contenha reformulações condicionais das promessas dinásticas incondicionais.[50] Como o deuteronomista, o cronista preocupa-se bastante com o problema da integração — a relação entre o Sinai e Sião —, mas o cronista coordena ambos de maneira um tanto diferente. A história do reino judaíta torna-se menos um comentário sobre o relacionamento de Iahweh com Davi, como em Samuel–Reis, e mais um comentário sobre o relacionamento de Iahweh com ambos, Davi e Salomão.

3. Condicionais e promissórias: as promessas davídicas no Sl 132

Em seguida a 2Sm 7 e à obra do cronista, o Sl 132 apresenta uma terceira perspectiva característica das promessas davídicas. O autor do Sl 132 comemora as ligações entre a subida da Arca, a participação dos sacerdotes, as provisões para Davi e a escolha de Sião por Iahweh.[51] A comparação entre 2Sm 7, 1Cr 17 e o Sl 132 revela em que medida os autores israelitas contextualizaram e definiram as promessas davídicas de maneira diferente. Ao contrário do cronista, que liga as promessas dinásticas à ascensão ao trono e às atividades de Salomão, o salmista liga as promessas dinásticas à procissão ritual da Arca (vv. 6-8) e à eleição de Sião por Iahweh (vv. 13-16).[52] Enquanto os autores de 2Sm 7 fazem Iahweh pro-

---

[50] As condições de 2Cr 6,16-17, tiradas de 1Rs 8,24-26, são outro assunto, pois abordam a conduta de Salomão e de seus filhos. Não sabemos ao certo que importância devemos dar a essa passagem, pois textos mais tardios de Crônicas afirmam a validade perene das promessas davídicas. Adoto o princípio de que textos claros devem interpretar textos obscuros, não vice-versa.

[51] Essa combinação de características deu origem a um debate crítico-formal: é o Sl 132 um cântico de peregrinação, um cântico de Sião, um salmo régio, ou uma combinação deles todos? Cf. Kraus, H.-J. *Psalmen 60–150*. 5. ed. Neukirchen-Vluyn, Neukirchener Verlag, 1978, p. 1061 (BKAT 15,2) (et *Psalms 60–150*. Trad. H. C. Oswald. Minneapolis, Augsburg, 1993, p. 478).

[52] Fretheim, T. E. "Psalm 132: A Form-Critical Study". *JBL* 86, 1967, pp. 289-300; Hillers, D. R. "The Ritual Procession of the Ark and Psalm 132". *CBQ* 30, 1968, pp. 48-55; Perlitt, L. *Bundestheologie im Alten Testament*. Neukirchen-Vluyn, Neukirchener Verlag, 1969, pp. 51-52 (WMANT, 36); Cross, *Canaanite Myth*, pp. 256-257; Halpern, *Constitution*, pp. 32-33; Veijola, *Verheißung*, pp. 161-162; Kruse, H. "Psalm CXXXII and the Royal Zion Festival". *VT* 33, 1983, pp. 279-297; Seow, C. L. *Myth, Drama, and the Politics of David's Dance*. Atlanta, Scholars Press, 1989, pp. 145-203 (HSM, 44); Kraus, *Psalmen 60–150*, pp. 1053-1066 (et *Psalms 60–150*, pp. 472-483); Patton, C. L. "Psalm 132: A Methodological Inquiry". *CBQ* 457, 1995, pp. 643-654.

A relação de Davi com Moisés

meter a Davi um trono duradouro independentemente do comportamento dos descendentes de Davi, o autor do Sl 132 faz Iahweh atribuir uma dinastia dependente da lealdade desses descendentes. O autor de Crônicas faz Iahweh escolher (*bḥr*) diretamente Salomão, mas o autor do Sl 132 faz Iahweh escolher (*bḥr*) Sião como seu lugar de repouso para sempre (*"dê-'ad*, vv. 13-14). Enquanto na introdução à monarquia dividida em Reis o deuteronomista associa a lealdade de Davi à concessão divina de uma dinastia aos descendentes de Davi (1Rs 11,37-38; 14,7-9), o Sl 132 associa a divina concessão de uma dinastia (vv. 11-12) à escolha de Sião por Iahweh (vv. 13-16). Apesar dessas e de outras diferenças, o salmista partilha com o deuteronomista e o cronista a preocupação com as provisões de Iahweh para Davi, a sucessão nas fileiras davídicas e a integração entre as promessas davídicas e os mandamentos de Iahweh.

O salmo começa e termina com Davi, mas grande parte da atenção concentra-se na Arca e no *status* de Sião. O salmo começa com uma súplica: "Iahweh, lembra-te de Davi, de suas abnegações todas" (*zᵉkôr-Yhwh lᵉdāwîd 'ēt-kol-'unnôtô*),[53] seguida pelo juramento de Davi a Iahweh de que encontraria um lugar apropriado para ele. Davi evita sua casa e não dorme até encontrar uma moradia para "o Poderoso de Jacó" (vv. 3-5). Depois de citar uma convocação para o culto, "Eis que ouvimos dela em Éfrata [...], prostremo-nos diante do seu pedestal" (vv. 6-7), o salmista implora que Iahweh e a Arca vão para o repouso (v. 8). Os sacerdotes vestem-se de justiça, e os fiéis exultam de alegria (v. 9).

Depois de aludir à procissão ritual da Arca para Jerusalém, o salmista volta para Davi, o homem responsável por encontrar "um lugar (*māqôm*) para Iahweh". Por causa de Davi, o salmista suplica a Iahweh que não rejeite a face de seu messias (*māšîaḥ*, v. 10).[54] Assim como antes o salmista recorda que Davi fez um juramento (*šbʿ*) a Iahweh (vv. 2-5), ele agora relata que Iahweh fez um juramento (*šbʿ*) a Davi. Entretanto, as promessas dinásticas, a verdade que Iahweh "jamais desmentirá" (v. 11), são explicitamente condicionais. O Sl 132 atribui a entronização dos descendentes de Davi a sua fidelidade a Iahweh. Deus declara a Davi que vai colocar o fruto do ventre de Davi em seu trono, "se teus filhos guardarem minha aliança e o

---

[53] Sobre a tradução do pual de *'nh*, no v. 1 como se se referisse à humildade ou abnegação, ver meu "Ancient Near Eastern Grants", p. 680.

[54] Sl 132,8-10 é citado pelo cronista em ligação com a dedicação do Templo por Salomão (2Cr 6,41-42).

PARTE II • Rei e Messias no Antigo Testamento

testemunho que lhes ensinei" (v. 12). A promessa também se estende aos filhos deles, que "para sempre (^{a}dê-'ad) irão sentar-se em teu trono" (v. 12).

Dois pontos são relevantes aqui. O primeiro diz respeito à integração. O salmista liga duas instituições monárquicas — a realeza davídica e Sião — a duas instituições mais primitivas — a aliança de Iahweh e a Arca.[55] A menção de "minha aliança", no v. 12 (b^erîtî), refere-se não à aliança davídica, mas ao compromisso divinamente instituído que os membros da casa de Davi devem observar. O salmista não identifica a aliança, mas, devido à referência paralela a meu "testemunho" ('ēdōtî), a aliança sinaítica parece ser a referência mais provável. De qualquer modo, não há oposição declarada nem sugerida entre a aliança que os descendentes de Davi devem guardar e as promessas davídicas em si. A continuidade e a coordenação caracterizam o juramento de Davi a Iahweh, a transladação da Arca (e de Iahweh) para Sião, o juramento de Iahweh e Davi e a eleição de Sião. O conteúdo do Sl 132 dificulta definições simplistas ou parciais das promessas davídicas. As promessas dinásticas estruturam o relacionamento de Deus com Davi e seus descendentes por meio do instrumento da lei; contudo, essas promessas anunciam a graça de Deus a uma determinada dinastia. O arranjo é promissório e também condicional.

O segundo ponto diz respeito ao problema da condicionalidade. Para a avaliação da importância das promessas desse salmo em particular, não é relevante que a perduração da promessa dinástica dependa da fidelidade dos descendentes de Davi. A natureza condicional da promessa dinástica não é apresentada como desvalorização. A atmosfera do Sl 132 é de celebração e de comemoração. O salmista não só proclama a eleição (*bḥr*) de Sião por Iahweh (vv. 13-16), mas também apresenta esse compromisso divino com Sião como base para os compromissos de Iahweh com Davi. Foi Davi quem jurou encontrar um lugar para a Arca (vv. 2-5), e Davi é a base da consideração divina do "messias" de Iahweh (v. 10), mas o salmo associa as promessas de Iahweh a Davi à eleição de Sião por Iahweh.[56] Sião é o lugar de repouso de Iahweh "para sempre" (^{a}dê-'ad); "aí vou habitar,

---

[55] GESE, H. "Der Davidsbund und die Zionserwählung". *ZTK* 61, 1964, pp. 10-26; reimpresso em GESE, H. *Vom Sinai zum Zion*. München, Chr. Kaiser Verlag, 1974, pp. 113-129; METTINGER, *King and Messiah*, pp. 256-257; LAATO, A. "Psalm 132 and the Development of the Jerusalemite/Israelite Royal Ideology". *CBQ* 54, 1992, pp. 49-66.

[56] A esse respeito, o uso da conjunção *kî* no v. 13 é eficaz. Cf. FRETHEIM, T. E. "The Ark in Deuteronomy". *CBQ* 30, 1968, pp. 1-14; PATTON, "Psalm 132", pp. 652-653.

pois eu a desejei" (*'iwwitîhā*, v. 14). De fato, no final do poema, Iahweh faz, a respeito de Sião, um anúncio favorável que se concentra em Davi:

Ali farei brotar uma linhagem ('a*Ṣ*nîah) a Davi,
e prepararei um domínio ao meu Messias (*limᵉšîhî*):
vestirei seus inimigos de vergonha,
e sobre ele vai brilhar seu diadema (Sl 132,17-18).

Nessa versão das promessas davídicas, Sião é o cenário das esperanças dinásticas régias. A história composicional, o ambiente e a forma do Sl 132 continuam a ser tema de considerável debate.[57] Mas não há indícios claros para supor que a formulação das promessas dinásticas deprecie sua significância.

Contra essa interpretação, é possível afirmar que a própria condicionalidade das promessas davídicas tem implicações negativas para sua aplicação política depois do fim do governo davídico, em 586 a.C. Supondo-se que o salmo seja pré-exílico e que o exílio babilônico fosse entendido como julgamento contra a realeza davídica, poder-se-ia afirmar que o reino davídico encerra *ipso facto* o acordo condicional apresentado no Sl 132. Dois pontos podem ser frisados em resposta a essa objeção. Primeiro, a aliança sinaítica é expressamente condicional, mas poucos biblistas acham que ela encerrou-se decididamente no exílio babilônico.[58] Os autores bíblicos culpam invariavelmente as deportações babilônicas por vários pecados israelitas, mas não interpretam essa catástrofe como sinal do fim definitivo da aliança mosaica.

Segundo, com base em indícios do antigo Oriente Próximo, é possível questionar se a ligação entre a deslealdade e o término da aliança é válida. O fato de um soberano deixar de honrar os termos de um tratado não significa que o pacto esteja anulado completamente nem encerrado para sempre. Na verdade, uma violação anularia um acordo, mas também são possíveis outras conjunturas. O suserano talvez preferisse ignorar a infração.[59] Ou, se um pacto fosse ab-rogado

---

[57] KRAUS, *Psalmen 60–150*, pp. 1055-1062 (ET *Psalms 60–150*, pp. 474-479), proporciona uma visão geral.

[58] Questão também levantada por LEVENSON, "Davidic Covenant", p. 212.

[59] Por exemplo, no tratado com Kupanta-Inara de Mirā-Kuwaliya, Muršili II reforça o direito de Kupanta-Inara à casa e à terra do pai (adotado), apesar das transgressões do pai; cf. FRIEDRICH, J. *Staatsverträge des Ḥatti-Reiches in hethitischer Sprache*, I. Leipzig, J. C. Hinrichs, 1926, 3,7,12-22; 24,8-21 (MVAG, 31); BARTON, G. A. *The "Treaty" of Mursilis with Kupanta-KAL*. Paris, Geuthner, 1928, pp. 37, 61 (§ 7,55-65; 24,63-70) (Hittite Studies, 1.2).

PARTE II • Rei e Messias no Antigo Testamento

por um vassalo, esse vassalo podia provocar ou solicitar uma renovação.[60] O senhor decidia retificar o tratado ou impor uma penalidade.[61] Outra opção, não mutuamente excludente em relação às alternativas anteriores, era o suserano honrar o princípio dinástico substituindo o monarca por outro da mesma linhagem.[62] Alternativamente, o suserano podia simplesmente decidir renovar o pacto em si.[63]

Por essas e por outras razões, parece plausível que, ao ouvir ou ler o Sl 132, pelo menos algumas pessoas do exílio babilônico e do período pós-exílico refletissem na restauração da monarquia davídica. Essa conjuntura é ainda mais provável se se considerar o movimento literário dentro do salmo. Os esforços de Davi levam à recuperação da Arca e sua subida a Sião, mas Sião torna-se a base do juramento de Iahweh a Davi. Afinal de contas, é "ali" que Iahweh fará "brotar uma linhagem a Davi" (v. 17). De fato, o contexto normal para o uso do salmo, no período pós-exílico, seria o culto. Mas a recitação do Sl 132 dentro dos pátios do Templo não significa que os ouvintes entendessem o poema em termos puramente cultuais. Pelo contrário, o uso do salmo talvez tenha dado origem a certas aspirações políticas. Levando em conta a(s) volta(s) do exílio e a reconstrução do Templo em Sião, pode bem ter havido judeus desejosos de que Iahweh desse o passo seguinte e renovasse o juramento a Davi.[64]

---

[60] Com respeito ao pacto sinaítico, cf. Ex 32,11-14; 33,4-6; 34,1-28; Dt 7,6–10,5; 2Rs 23,1-3. Cf. 2Rs 11,17-20.

[61] Assim *Šuppululiuma* decide substituir *Šuttarna* (de Mitani) por *Šattiwaza*, embora *Šattiwaza* fosse filho do antigo inimigo de *Šuppululiuma*, *Tušratta*; cf. WEIDNER, E. F. *Politische Dokumente aus Kleinasien: Die Staatsverträge in akkadischer Sprache aus dem Archiv von Boghazköi*. Leipzig, J. C. Hinrichs, 1923, § 2,32 (Boghazköi-Studien, 8). Na literatura bíblica, cf. a formulação da nova aliança em Jr 31,31-34, que anuncia a ajuda da divindade para possibilitar que os israelitas observem "minha lei", isto é, a mesma lei (torá) que a da antiga aliança.

[62] MCCARTHY, *Treaty and Covenant*, pp. 131-132, chama a atenção para o tratamento assírio de Azoto. Sargon substitui Azuri, rei de Azoto (depois que ele se revoltou contra a Assíria), por seu irmão Ashimitu; cf. LUCKENBILL, D. D. *Ancient Records of Assyria and Babylonia*. II. *Historical Records of Assyria from Sargon to the End*. Chicago, Chicago University Press, 1927, pp. 13-14 (§ 1,30). Da mesma maneira, Nabucodonosor substitui o exilado Joaquin por Sedecias (2Rs 24,8-17).

[63] Cf. também MCCARTHY, *Treaty and Covenant*, pp. 259-261, 297-298; BALTZER, K. *The Covenant Formulary in Old Testament, Jewish and Early Christian Writings*. Philadelphia, Fortress Press, 1971.

[64] A esse último ponto, existe a objeção de que talvez os vv. 17-18 sejam uma adição mais tardia ao texto, por exemplo, BRIGGS, C. A. & BRIGGS, E. G. *The Book of Psalms*, II. New York, Charles Scribner's Sons, 1907, pp. 472-473 (ICC). Supondo, para argumentar, a validade dessa objeção, o salmo restante (vv. 1-16) ainda seria uma aclamação positiva para celebrar o relacionamento entre Iahweh, Sião e Davi. Mesmo como glosa, esses versículos são importantes para a história da interpretação. Como os vv. 17-18 falam de um feudo para o Messias de Iahweh e da humilhação dos inimigos de Davi, esse acréscimo expressa a esperança da volta do governo davídico.

4. Incondicionais, contudo rejeitadas: as promessas davídicas no Sl 89

Como as três outras principais apresentações das promessas davídicas, o Sl 89 expõe estrutura, forma e conteúdo próprios. O salmo contém uma aclamação da fidelidade de Iahweh (vv. 2-3), uma declaração da concessão eterna de um trono para Davi por Iahweh (vv. 4-5), a celebração da posição incomparável de Iahweh entre os deuses (vv. 6-8), um resumo de sua atividade criativa (vv. 9-15), uma reflexão sobre a posição privilegiada de Israel (vv. 16-19), uma extensa descrição das promessas davídicas (vv. 20-38) e um lamento que deplora a rejeição por Iahweh de sua aliança com Davi (vv. 39-52). Das quatro passagens principais que tratam das promessas davídicas, o Sl 89 é a mais esmerada e apresenta a imagem mais exaltada da posição de Davi.

O contexto da aliança davídica, no Sl 89, difere do dos outros três textos. A profecia de Natã, em 2Sm 7 e 1Cr 17, trata do pedido de um Templo por Davi quando liga a construção do Templo por um dos descendentes de Davi ao estabelecimento de sua dinastia. Mas o Sl 89 não menciona o Templo de Jerusalém. A promessa divina a Davi, no Sl 132, está associada à subida da Arca e à escolha de Sião por Iahweh, enquanto o cronista fala da escolha do sucessor de Davi, Salomão, por Iahweh. Contudo, a Arca, Sião e o sucessor imediato de Davi não aparecem no Sl 89. As bênçãos concedidas a Davi são apresentadas contra o pano de fundo da inigualável posição e onipotência de Iahweh. O Sl 89 associa as promessas de Iahweh para Davi à incomparabilidade de Iahweh na assembléia celeste (vv. 6-8), às realizações criativas de Iahweh (vv. 9-15) e à segurança que proporciona a seu povo (vv. 16-19). Em vez da escolha de Sião ou de Salomão por Iahweh, o poema fala da escolha de Davi por Iahweh (vv. 4.20).

De fato, a descrição das promessas davídicas (vv. 20-38) recorda a de 2Sm 7. Como 2Sm 7, o Sl 89 combina a descrição da adoção divina com a concessão de uma herança segura (vv. 27.29-30). Como em 2Sm 7 e ao contrário do Sl 132, a promessa que o Senhor faz de sucessão dinástica não depende da continuação da lealdade da descendência (vv. 31-33). Iahweh declara que os descendentes de Davi estão sujeitos a "minha lei" (*tôrātî*) e às "minhas normas" (*mišpāṭay*, v. 31). Contudo, como em 2Sm 7, a promessa dinástica básica não depende do bom comportamento dos descendentes mencionados (vv. 34-37).

Apesar desses paralelos com 2Sm 7, há também diferenças importantes. Os autores do Sl 89 juntam várias fórmulas em sua descrição da realeza davídica.

PARTE II • Rei e Messias no Antigo Testamento

A adoção divina e a concessão de uma herança segura não esgotam a provisão de Iahweh para seu ungido. Iahweh unge Davi com óleo santo e lhe confere *status* de primogênito, "o altíssimo sobre os reis da terra" (Sl 89,21.28).[65] O salmista confirma a posição extraordinária de Iahweh no céu para realçar a posição de seu ungido na terra. A mesma divindade que "confirma" (*kwn*) sua lealdade no céu (v. 3) também "confirma" (*kwn*) o trono de Davi "de geração em geração" (v. 5). Deus estabelece sua fidelidade no céu (v. 3) e declara: "Vou estabelecer sua descendência para sempre, e seu trono como os dias do céu" (v. 30). Israel tem posição privilegiada diante de Iahweh (vv. 16-19), mas o autor escolhe Davi para tratamento especial exaltado como "eleito dentre o povo" (v. 20). O Deus que tem "um braço poderoso", que tem uma "direita elevada" (v. 14), garante que:

(22) é a ele que minha mão estabeleceu,

e meu braço ainda mais o fortificou.

(23) O inimigo não poderá enganá-lo,

nem o perverso humilhá-lo;

(24) diante dele esmagarei seus opressores

e ferirei os que o odeiam.

(25) Estará com ele minha verdade e meu amor,

e por meu nome seu vigor se exaltará.[66]

Imagens de vitória militar também estão presentes em 2Sm 7 e 1Cr 17, mas o poder conferido a Davi no Sl 89 ultrapassa os da espécie humana. A respeito de Davi, o Deus que doma o mar e esmaga o monstro marinho Raab (vv. 10-11) declara: "Colocarei sua mão esquerda sobre o mar, e sua direita sobre os rios" (v. 26). Quanto ao trono de Davi, Iahweh declara que ele "é como o sol à minha frente" (v. 37). Por isso, o salmo fala em termos míticos da posição de Davi.[67]

---

[65] GUNKEL, H. *Die Psalmen*. Göttingen, Vandenhoeck & Ruprecht, 1926, pp. 384-396 (HAT); SARNA, N. M. "Psalm 89: A Study in Inner Biblical Exegesis". In: ALTMANN, A., org. *Biblical and Other Studies*. Cambridge, MA, Harvard University Press, 1963, pp. 29-46, esp. p. 38.

[66] Em Sl 89,23, o TM diz: *lō' yᵉ'annennû*, enquanto o lema da LXX προσθήσει τοῦ κακῶσαι αὐτόν (= *yôsîp lᵉ'annôtô*) iguala-se a 2Sm 7,10 (cf. 1Cr 17,9). Sigo o TM (*lectio difficilior*).

[67] DAY, J. *God's Conflict with the Dragon and the Sea: Echoes of a Canaanite Myth in the Old Testament*. Cambridge, Cambridge University Press, 1985, pp. 25-28. (UCOP, 35.)

A relação de Davi com Moisés

A esse respeito, a ideologia régia expressa no Sl 89 é semelhante à ideologia da monarquia cananéia, na qual o rei goza de certo grau de parentesco com o domínio divino.[68] Embora humano e vulnerável, o rei faz mitologicamente parelha com os deuses.[69] Como o rei de Ḫubur na lenda de Kirta, o Davi do Sl 89 ocupa posição decisiva nos negócios divino-humanos.[70] A associação do trabalho de Iahweh no céu e na terra ao estabelecimento dos filhos de Davi realça a promessa dinástica em Sl 89,20-38.[71]

Precisamente porque o salmo aplica a Davi essa elevada teologia régia, a conclusão do salmo, um lamento porque Iahweh repudiou sua aliança com Davi (vv. 39-46), é muito pungente. Depois de relatar detalhadamente as promessas davídicas (vv. 20-38), o poeta se queixa que Iahweh rejeitou, desprezou e ficou indignado com seu ungido (v. 39). "Renegaste [piel de *n'd*] a aliança do teu servo, até o chão profanaste [piel de *ḥll*] sua coroa" (v. 40). O Sl 89 fala das promessas davídicas nos termos mais exaltados; contudo, é esse salmo, e não a formulação condicional do Sl 132, que fala de Iahweh: "Derrubaste seu trono por terra" (v. 45). É evidente que até uma aliança na qual a promessa dinástica é perpétua pode ser rompida. O mesmo Deus que antes declarou: "Jamais vou profanar minha aliança, nem mudar o que saiu da minha boca" (v. 35) é acusado de fazer exatamente isso. Enquanto antes o salmo afirmou: "O inimigo não poderá enganá-lo, nem o perverso humilhá-lo" (v. 23), o lamento diz de Iahweh: "Exaltaste a direita dos seus opressores, alegraste seus inimigos todos" (v. 43).

Apesar de descrever a rejeição por Deus de sua aliança com Davi em termos tão fortes e claros, o salmo não termina com o fim da aliança davídica. A série de perguntas (vv. 47-50) que se seguem à queixa do autor (vv. 38-46) implora a Deus

---

[68] BERNHARDT, K.-H. *Das Problem der altorientalischen Königsideologie im Alten Testament*. Leiden, E. J. Brill, 1961, pp. 67-90 (VTSup, 8); GRAY, J. "Sacral Kingship in Ugarit". *Ugaritica* 6, 1969, pp. 289-302; AHLSTRÖM, G. W. *Royal Administration and National Religion in Ancient Palestine*. Leiden, E. J. Brill, 1982, pp. 1-25 (SHANE, 1).

[69] FRANKFORT, H. *Kingship and the Gods: A Study of Ancient Near Eastern Kingship as the Integration of Society and Nature*. Chicago, University of Chicago Press, 1948, pp. 251-274.

[70] *KTU²* 1,16,II,40-44. Cf. também meu "Dissonance and Disaster in the Legend of Kirta". *JAOS* 114, 1994, pp. 572-582.

[71] LIPIŃSKI, E. *Le Poème Royal du Psaume lxxxix 1-5. 20-38*. Paris, J. Gabalda, 1967, pp. 21-81 (Cahiers de la Revue Biblique, 6); METTINGER, *King and Messiah*, pp. 51-55; HALPERN, *Constitution*, pp. 33-38; VEIJOLA, *Verheißung*, pp. 32-46; KRAUS, *Psalmen 60–150*, pp. 777-794 (ET *Psalms 60–150*, pp. 197-211).

PARTE II • Rei e Messias no Antigo Testamento

que considere os apuros de seu servo. A possibilidade de que o período de ira divina termine e de que Iahweh olhe novamente para seu ungido com generosidade está implícita nessas perguntas sobre o tempo que Iahweh vai esconder-se e a posição das "primícias do teu amor [...] [que] juraste a Davi pela tua verdade" (vv. 47, 50). Por isso, o autor lembra a Deus as afrontas que seu ungido suportou e que o número de dias que restam antes da morte de seu servo é limitado (vv. 48-49).

Conclusões

Tornou-se comum na crítica bíblica referir-se às promessas davídicas como aliança e fazer comparações entre essa aliança e a aliança mosaica. Em alguns casos, as duas alianças são apresentadas como completamente opostas — uma compulsória e condicional, a outra promissória e incondicional. Mas essa conveniente tipologia não resiste a um exame cuidadoso. Ao tratar da aliança davídica, encontramos quatro passagens principais e muitas referências ancilares.[72] Se a aliança davídica alguma vez existiu como documento legal, não existe mais. Nenhuma das principais passagens é estritamente jurídica por natureza. As diferentes versões da concessão davídica régia ocorrem no contexto de narrativas históricas e de poemas, e não manifestam estrutura consistente nem muito menos uniforme. Todos os autores bíblicos recorrem a um repertório de metáforas e fontes tradicionais — mitológicas, legais, diplomáticas e, no caso do cronista, bíblicas. Cada autor contextualizou, moldou e definiu as promessas davídicas à sua maneira característica. O fato de duas das principais passagens — 2Sm 7 e 1Cr 17 — estarem inseridas em estruturas narrativas maiores, que redefinem e readaptam as promessas de Natã em novos contextos históricos, complica ainda mais qualquer tentativa de falar apenas da aliança davídica. Devido à ampla série de indícios, talvez seja mais exato falar de alianças davídicas do que de um único pacto.

Uma reação bastante comum a essa diversidade é considerar dois dos principais textos — o Sl 132 e 1Cr 17 — como revisões e condicionalidades de um

---

[72] Na verdade, é questionável se todos os autores bíblicos que descreveram as promessas davídicas achavam que elas constituíam uma aliança. Das quatro referências prolongadas às promessas davídicas — 2Sm 7; Sl 89 e 132; 1Cr 17 — só o Sl 89 refere-se explicitamente a essas promessas como *bᵉrît* (vv. 4.29.35.40). Em sua história de Judá, o cronista usa duas vezes a palavra *bᵉrît* ao se referir à profecia dinástica de Natã (2Cr 13,5; 21,7). Cf. também meu "Battling against Yahweh", pp. 515-522.

A relação de Davi com Moisés

decreto incondicional mais primitivo. Há pelo menos dois grandes problemas com essa abordagem. Primeiro, os biblistas não chegaram a um acordo quanto às datas dos quatro textos em questão. No caso do Sl 132, por exemplo, as datas de composição propostas vão do século X ao período macabeu.[73] Devido ao profundo desacordo, fica mais difícil manter uma tipologia cronológica defenida. Poder-se-ia também argumentar que, no antigo Israel, havia idéias discrepantes, até mesmo concorrentes, sobre as promessas davídicas.

Segundo, a tipologia incondicional/condicional da aliança davídica não explica de maneira adequada a série de indícios. Apesar da data tardia do cronista e de sua óbvia dependência de Samuel–Reis, sua história contém versões incondicionais e também condicionais das promessas davídicas.[74] Sua versão principal da aliança davídica real (1Cr 17) é, de fato, mais incondicional que a de 2Sm 7. Ao contrário de 2Sm 7 e do Sl 89, que sujeitam os descendentes de Davi aos preceitos de Iahweh, 1Cr 17 não contém nenhuma condição desse tipo. Para confundir ainda mais a tipologia, o Sl 132 é promissório e também condicional, enquanto o Sl 89 diz que Iahweh repudiou a aliança davídica (incondicional). O problema não reside no fato de todas essas passagens colocarem a mesma ênfase no compromisso humano e na obrigação divina, pois está claro que não o fazem. Antes, essas considerações sugerem que tem sido exagerado o nítido contraste entre versões incondicionais e condicionais da aliança davídica.

Contra isso existe a objeção de que o lamento no Sl 89 e o material em Reis representam reelaborações de uma versão mais original das promessas davídicas encontradas na profecia de Natã. Talvez haja alguma validade nesse argumento. Há discordância legítima a respeito da composição de 2Sm 7[75] e da história

---

[73] DAHOOD, M. *Psalms III. 101–150*. Garden City, NY, Doubleday, 1970, p. 241 (AB, 16A), data o salmo do século X. FRETHEIM, "Ark in Deuteronomy", pp. 1-14, também pressupõe uma data primitiva. KRAUS, *Psalmen 60–150*, p. 1057 (ET *Psalms 60–150*, p. 475), e GESE, "Der Davidsbund", pp. 113-129, optam por uma data pré-exílica, enquanto PATTON, "Psalm 132", pp. 653-654, defende uma composição pós-exílica. BRIGGS & BRIGGS, *Psalms II*, pp. 468-469, datam a conclusão do salmo da época macabéia tardia.

[74] Essa dependência foi questionada por A. G. Auld, segundo quem o(s) deuteronomista(s) e o cronista basearam-se em uma fonte comum. De maneira louvável, Auld formula uma série de perguntas importantes a respeito da relação entre Samuel–Reis e Crônicas; cf. AULD, A. G. *Kings Without Privilege: David and Moses in the Story of the Bible's Kings*. Edinburgh, T. & T. Clark, 1994. Todavia, não creio que sua tese central se confirme. Cf. minha crítica em *Ashland Theological Review* 27, 1995, pp. 118-121.

[75] Cf. a análise recente de CAQUOT, A. & DE ROBERT, P. *Les Livres de Samuel*. Geneva, Labor et Fides, 1994, pp. 421-433. (CAT, 6.)

PARTE II • Rei e Messias no Antigo Testamento

deuteronomista, como há a respeito da redação do próprio Sl 89.[76] Mas, como vimos, a profecia de Natã não é isenta de condições. Se se mostrarem desleais a Iahweh, os reis enfrentarão o castigo divino (2Sm 7,14; Sl 89,31-33). Na realidade, pode-se aprofundar um pouco mais a objeção e argumentar que os codicilos de 2Sm 7,14 e Sl 89,31-33 são eles próprios adições mais tardias ao texto. Ficar-se-ia, então, com uma promessa incondicional pura, não deturpada por complicações ou alusões aos preceitos divinos.[77] Mas qual seriam a base lógica e o impulso dessa análise crítica das fontes ou redacional? Não há razões literárias ou históricas forçosas para dissociar a promessa dinástica da qualificação legal. A promessa dinástica e o codicilo que a acompanha, por exemplo, estão atestados juntos no tratado de vassalagem entre Tudalia IV de Ḫatti e Ulmi-Tešup de Tarḫuntašša.[78]

Mesmo supondo, só para argumentar, a plausibilidade de uma estratégia crítica de fontes que recuperasse uma promessa puramente incondicional, que importância deve ser atribuída a essa especulação? Seria um erro, naturalmente, confundir os estratos reconstituídos mais primitivos com a tradução do texto mais significante e formativa.[79] Em sua maioria, as passagens que tratam das promessas davídicas relacionam essas promessas, de alguma maneira, com os mandamentos de Iahweh. A integração era uma preocupação antiga, e não apenas um procedimento moderno. Para quem deseja discutir o lugar da aliança davídica nas Escrituras hebraicas, bem como sua relação com a aliança sinaítica, parece ilógico deixar de tratar da maioria dos indícios do problema.

O tema da integração suscita um problema maior, o da relativa importância da aliança mosaica e da davídica. Embora seja imprudente subestimar a aliança

---

[76]   Cf. as referências nas notas 65 e 71.

[77]   Assim, L. Rost, por exemplo, isola 2Sm 7,11b.16 como representante do estrato mais antigo dentro das promessas davídicas; cf. ROST, L. *Die Überlieferung von der Thronachfolge Davids*. Stuttgart, W. Kohlhammer, 1926, pp. 106-107 (BWANT, 3) (ET *The Succession to the Throne of David*. Trad. M. D. Rutter e D. M. Gunn, com introdução de E. Ball. Sheffield, Almond Press, 1982, pp. 86-87).

[78]   *Keilschrifttexte aus Boghazköi* 4.10. Cf. DE VAUX, "Le Roi d'Israël", pp. 119-133; CALDERONE, *Dynastic Oracle*, pp. 56-57; BECKMAN, G. M. "Inheritance and Royal Succession Among the Hittites". In: HOFFNER, H. A. & BECKMAN, G. M., orgs. *Kanissuwar: A Tribute to Hans G. Güterbock on his Seventy-fifth Birthday*. Chicago, Oriental Institute, 1986, pp. 19-20 (Assyriological Studies, 23).

[79]   Tal reconstituição poderia também levar os biblistas a dar demasiada importância a uma profecia hipotética como evidência empírica com a qual reescrever a história da religião israelita.

A relação de Davi com Moisés

sinaítica, também é imprudente menosprezar as promessas davídicas julgando que se referem apenas ao problema da sucessão. A preocupação moderna com as questões da (in)condicionalidade e da continuidade régia não deixa ver até que ponto os autores bíblicos ligam as promessas davídicas a outros aspectos importantes da vida israelita. Em todas as quatro passagens principais, a questão não é simplesmente a sucessão dentro da linhagem davídica, mas sua relação com outros interesses nacionais. É precisamente porque estão interessados em mais que a linhagem régia que o deuteronomista e o cronista empregam as promessas davídicas como enigma para estruturar e avaliar o reino unificado, a divisão e a monarquia judaíta.

Pela mesma razão, o considerável interesse moderno pelas promessas davídicas não se explica totalmente pelo recurso às preocupações messiânicas dos antigos intérpretes judeus e cristãos.[80] Antes, a atenção dada às promessas davídicas explica-se melhor pela ligação entre essas promessas e temas mais amplos da vida israelita — a eleição de Sião, a consecução de repouso para Israel, a procissão ritual da Arca, a incomparabilidade divina, o trabalho de Iahweh no céu, a vitória na guerra, o poder sobre a natureza, a instituição do Templo, a sobrevivência do reino do Sul etc. As magníficas associações entre a concessão davídica régia e a vida israelita conferem certa seriedade ao legado davídico. De fato, essas associações podem realmente lançar alguma luz sobre o motivo pelo qual os intérpretes primitivos interessaram-se tanto pela figura de Davi. A diversidade das expectativas messiânicas no judaísmo e no cristianismo primitivos pode ser atribuída, pelo menos em parte, à diversidade das associações dentro da Bíblia Hebraica em si.[81]

---

[80] Com a devida vênia a LEVENSON, "Davidic Covenant", pp. 217-219.

[81] Agradeço aos membros do Seminário Veterotestamentário de Oxford por terem gentilmente me convidado para apresentar uma versão anterior (e parcial) deste ensaio durante meu ano sabático no Centro de Estudos Hebraicos e Judaicos de Oxford.

Os ornamentos da realeza no antigo hebraico

ALISON SALVESEN

Este ensaio representa uma obra em desenvolvimento para o Banco de Dados de Semântica do Antigo Hebraico, que abrange todo o *corpus* da literatura do antigo hebraico (AH), a saber, a Bíblia Hebraica, inscrições, o Eclesiástico e documentos não-bíblicos em hebraico, provenientes de Qumrã.[1] O campo a mim designado é o de "monarquia", que é apropriado ao tema deste volume do Seminário de Oxford, *Rei e Messias*. Como o banco de dados é, primordialmente, ferramenta lexicográfica, não examino aqui as instituições de realeza no antigo Israel, mas sim um conjunto específico de termos "régios", como são usados neste *corpus* do antigo hebraico, quer em um contexto israelita, quer em um contexto estrangeiro ou divino. As palavras discutidas são itens que ocorrem pelo menos de vez em quando em associação com o rei ou outras figuras régias: *nēzer*, *ªṭārâ* e *keter*, livremente traduzidos como "coroa"; *'eṣ'ādâ*, "bracelete"; *kissē'*, "trono", e *hªdōm*, "escabelo"; *šēbeṭ* e *šarbîṭ*, "cetro".

A maior parte do que se segue é encontrada consultando-se um bom dicionário ou os artigos do recém-concluído *Theologisches Wörterbuch zum Alten Testament*.[2] Mas, como no próprio banco de dados, meu objetivo é fornecer uma análise das linhas de debate que levaram a determinada definição de certas palavras. Isso envolve levantamentos dos campos semânticos das palavras, isto é, que

---

[1] Quero agradecer o generoso apoio do Leverhulme Trust para esta pesquisa.

[2] BOTTERWECK, G. J. & RINGGREN, H., orgs. *Theologisches Wörterbuch zum Alten Testament*. Stuttgart, W. Kohlhammer, 1970-1996, 10 v. (ET WILLIS, J. T.; GREEN, D. *et al.*, orgs. *Theological Dictionary of the Old Testament*. Grand Rapids, Eerdmans, 1974-).

Parte II • Rei e Messias no Antigo Testamento

campos de significado estão associados a elas; o seu contexto sintagmático, ou seja, que tipos de verbo e de sujeito são usados com elas; sua possível etimologia e seu relacionamento com palavras de outras línguas semíticas antigas; os problemas textuais ou teológicos associados a elas; e, por fim, algumas definições gerais de sentido. Onde apropriado, faço uma comparação experimental com conhecidos artefatos ou arte do antigo Oriente Próximo.

A principal limitação dos estudos semânticos de um *corpus* escrito em uma língua "morta" é que somos estorvados em nosso conhecimento pelo tipo e pela amplitude dos escritos nos quais se encontra um termo e pela freqüência desse termo. Além disso, a data exata de muitas partes da Bíblia Hebraica é incerta, o que cria outras dificuldades para registrar possíveis mudanças no significado de uma palavra através do tempo. Sínteses globais são, portanto, perigosas, mas não tentá-las seria um tanto covarde e, com certeza, inútil. É preciso não esquecer que só descrevemos os indícios à medida que os descobrimos, e nossas descobertas só são verdadeiras para nosso *corpus*, o que, sem dúvida, é uma representação muito irregular do antigo hebraico literário. Assim, talvez seja melhor considerar minhas definições experimentais como um guia preliminar para nos encaminhar na direção geral do sentido de cada autor bíblico.

Existe um problema para saber até que ponto determinado texto representa a realidade histórica. Por exemplo, há algum mérito na tentativa de recuperar a forma verdadeira da *ªṭārâ* usada por Sedecias na descrição de Ez 21,31? O problema é ainda mais crítico no caso de *keter* em Ester, em que o conteúdo histórico do livro é contestável. Contudo, os autores tinham em mente uma imagem clara dessas formas e de seu valor simbólico, e é o que procuramos alcançar, em vez de uma realidade histórica que pode bem ser uma quimera. Se isso parece excessivamente pessimista, deve ser mencionado que os adereços régios são por natureza muito conservadores, pois representam legitimidade e, por isso, freqüentemente incorporam detalhes tradicionais. Isso pode ser visto nas moedas dos imperadores persas, dos aquemênidas aos sassânidas, período de um milênio. Certos detalhes da touca régia continuam durante gerações ou ressurgem em uma nova dinastia: por exemplo, o turbante persa que remonta aos tempos assírios é muito mais proeminente e significativo no período selêucida sob influência helenística, quando se torna o principal símbolo da monarquia, e continua a ser representado sob a coroa sassânida de estilo mais novo até as

Os ornamentos da realeza no antigo hebraico

conquistas islâmicas.[3] Presumimos que os autores bíblicos tenham tido acesso aos símbolos régios, se não diretamente por meio da corte, então pelas representações artísticas disponíveis na época, apesar do segundo mandamento (Ex 20,4).

Outro problema é a relação entre uma palavra em especial e o contexto teológico ou histórico geral da passagem. De maneira ideal, o sentido da palavra deve exercer um impacto na análise crítica da passagem, em vez de a crítica geral da passagem decidir o sentido da palavra. Mas na prática é sensato e também necessário levar em conta a crítica mais elevada: por exemplo, algum conhecimento da obra do deuteronomista e de "C" esclarece a grande freqüência da expressão "subiu ao trono" (*yāšab 'al-kissē'*), em 1Rs e em Jr.

A coroa e a cobertura para a cabeça real ('*ᵃṭārâ, nēzer* e *keter*)

O fato de haver diversos termos diferentes para a cobertura da cabeça real no AH, inclusive as palavras normalmente traduzidas como "coroa", *nēzer*, *ᵃṭārâ* e *keter*, devia fazer-nos questionar se, de algum modo, a coroa é um símbolo fundamental de realeza. Os contextos nos quais são usadas também deixam claro que essas palavras estão longe de ser sinônimos. *ᵃṭārâ* é a palavra mais comum, e ocorre 23 vezes na Bíblia Hebraica, três vezes no Eclesiástico e três vezes no hebraico de Qumrã.[4] A raiz é '*ṭr*, "rodear". É usada em contextos não-régios com mais freqüência que régios e, metaforicamente, para glória ou júbilo. Os que a usam incluem Mardoqueu, Josué, o sumo sacerdote em Zc 6, os bêbados de Efraim, em Is 28, o rei e *gᵉbîrâ*, em Jr 13, e o *nāśî*, isto é, Sedecias, em Ez 21. As únicas figuras régias incontestáveis com uma *ᵃṭārâ* estão em Jr 13,18 (rei e *gᵉbîrâ*), em Ez 21,31 (*nāśî*) e em Ct 3,11 (Salomão). Em 2Sm 12,30 (= 1Cr 20,2), a pesada coroa de ouro está na cabeça de Melcom, em vez de na do "rei deles", e talvez Davi tenha na cabeça apenas a jóia dela.

---

[3] Como se vê em Hrouda, B. *Die Kulturgeschichte des assyrischen Flachbildes*. Bonn, Habelt, 1965 (Taf. 5, 6); Sellwood, R. D. "Parthian Coins". In: *Cambridge History of Iran*, III,1. Cambridge, Cambridge University Press, 1983, pp. 279-298, e Pls. 1–8; Göbl, R. "Sasanian Coins". In: *Cambridge History of Iran*, III,1, pp. 322-342 e Pls. 25–30.

[4] 2Sm 12,30 // 1Cr 20,2; Is 28,1.3.5; 62,3; Jr 13,18; Ez 16,12; 21,31; 23,42; Zc 6,11.14; Sl 21,4; Pr 4,9; 12,4; 14,24; 16,31; 17,6; Jó 19,9; 31,36; Lm 5,16; Ct 3,11; Est 8,15; Eclo 6,31 (A); 45,12 (B); 50,12 (B); 1QSb 4,3; Rolo do Templo 17,1; 40,11.

Uma *ʿaṭārâ* pode ser feita de ouro, como em 2Sm 12,30 // 1Cr 20,2; Zc 6,11; Sl 21,4; e Est 8,15. A prata também é mencionada em Zc 6,11. Mas o contexto da palavra, em Is 28,1.3.5, indica uma coroa de flores como sinal de festança e celebração, embora talvez a passagem seja uma alusão deliberada à perda de controle por parte do rei, segundo Kraus: ele acredita que o uso da palavra *ṣîṣ* com *ʿaṭārâ* alude ao *nēzer* do rei — mais adiante voltaremos a isso.[5] Em Ez 16,12 e 23,42 a *ʿaṭeret tiperet* é, evidentemente, enfeite de cabeça dado a uma mulher pelo marido ou amante, item de adorno pessoal para um indivíduo em particular. Salomão é, com certeza, descrito como tendo sido coroado com uma *ʿaṭārâ* por sua mãe em Ct 3,11, mas, devido ao contexto — "no dia de suas bodas, dia em que seu coração se enche de alegria" —, parece muito mais provável que fosse uma coroa de flores para a celebração matrimonial, e não um símbolo de realeza.

ʿaṭārâ é usada em sentido metafórico nos Provérbios: a riqueza é a *ʿaṭārâ* dos sábios, os netos são a *ʿaṭārâ* dos anciãos, a mulher forte é a *ʿaṭārâ* do marido etc. (Pr 14,24; 17,6; 12,4). Em Jó 19,9 e 31,36, *ʿaṭārâ* é símbolo de glória e dignidade. A Regra das Bênçãos de Qumrã também toma *ʿaṭārâ* no sentido metafórico: "Que bênçãos eternas sejam a *ʿaṭārâ* de tua cabeça" (1 QSb 4,3), e o mesmo faz o Eclesiástico em duas de suas três ocorrências: a sabedoria é *ʿaṭeret tiperet* (6,31 [A]), e Simão, filho de Onias, o sumo sacerdote, é cercado por seus filhos: *ʿaṭeret bānîm* (50,12 [B]).

Portanto, as principais conotações de *ʿaṭārâ*, na Bíblia Hebraica, são de honra, alegria e cerimonial, mas não de ritual ou do culto de Iahweh. A palavra pode ser associada a realeza, embora não seja símbolo especial de realeza: nem uma *ʿaṭārâ* de ouro se restringe ao rei ou mesmo à família real. Tem muitas semelhanças com a palavra grega στέφανος, que também significa coroa ou grinalda e associa-se a vitória e celebração. Ez 21,31, no qual a palavra está ligada a *miṣnepet*, parece indicar que *ʿaṭārâ* é sinal de realeza, mas mesmo essa passagem parece ter mais a ver com humilhação e perda de alto cargo do que com perda da realeza *per se*. Esse entendimento ajuda a resolver alguns dos problemas de Zc 6, em que o fato de Josué, o sumo sacerdote, receber uma coroa e possivelmente também um trono, o que lhe concede um *status* quase de rei, perturba os biblistas. Mas se uma

---

[5] KRAUS, H-J. *"hôj* als profetische Leichenklage über das eigene Volk im 8 Jahrhundert". *ZAW* 85, 1973, pp. 15-46.

Os ornamentos da realeza no antigo hebraico

ᵃṭārâ não se restringe ao rei, não há verdadeiramente o mesmo problema quando Josué, o sumo sacerdote, usa uma. "Coroa" é um símbolo tão poderoso da monarquia na Grã-Bretanha, até mesmo no início do século XXI, que, para os britânicos, é fácil exagerar na interpretação de *ᵃṭārâ* como símbolo equivalente no AH.

No hebraico rabínico, os significados "grinalda; honra; coroa nupcial" continuam para *ᵃṭārâ*, mas há poucas nuanças régias. Destacam-se, no Rolo do Templo e na literatura rabínica, referências arquitetônicas, como "guarnição de ameias", e também algumas anatômicas.[6]

Nēzer

Nēzer é o termo empregado para alguma coisa usada pelo sumo sacerdote e pelos reis Saul e Joás, mas é muito mais comum referir-se à cabeleira do nazireu e, neste último caso, não é, de modo nenhum, um artefato.[7] Não está claro se ambos os usos, para cobertura da cabeça e para cabelo, vêm de uma única raiz, ou de duas raízes homônimas, e também se há uma ligação, no nível do proto-semítico, entre a raiz *nēzer* e a raiz *ndr*, "consagrar"; é problema tão debatido que não cabe discuti-lo aqui.[8] Görg, seguido por Milgrom, sugere que a etimologia vem do egípcio *nzr.t*, "deusa da serpente", ou do egípcio *nśr.t*, "chama", ambos usados para a serpente Ureus que se projetava da coroa do faraó, que era dispositivo apotropéico.[9] Uma etimologia egípcia é muito improvável, já que a palavra só é usada em egípcio em sentido metafórico e o *z* egípcio desapareceu por volta de 2500 a.C.[10] Assim, no momento é mais seguro presumir uma etimologia do noroeste semítico para *nēzer*.

---

[6] Arquitetônicas: Rolo do Templo 17,1; m. *Ohol*. 14,1; *m. Mid*. 2,8. Anatômicas: *b. Yeb*. 55b; *b. Nid*. 47a, *t. Nid*. 6,4.

[7] Ex 29,6; 39,30; Lv 8,9; 21,12; 2Sm 1,10; 2Rs 11,12 // 2Cr 23,11; Zc 9,16; Pr 27,24; Sl 89,40; 132,18. Nazireu *nzr*: Nm 6 (x 13); Jr 7,29.

[8] Cf. as análises recentes: BERLINERBLAU, J. *The Vow and the "Popular Religious Groups" of Ancient Israel: A Philological and Sociological Inquiry*. Sheffield, Sheffield Academic Press, 1966. Apêndice 4 (JSOTSup, 210); BOYD, J. L. "The Etymological Relationship Between NDR and NZR Reconsidered". *UF* 117, 1986, pp. 61-75.

[9] GÖRG, M. "Die Kopfbedeckung des Hohenpriesters". *BN* 3, 1977, pp. 24-26; *idem*, "Weiteres zu nzr ('Diadem')". *BN* 4, 1977, pp. 7-8; MILGROM, J. *Leviticus 1–16*. New York, Doubleday, 1991, pp. 511-513 (AB, 3).

[10] Comunicação pessoal, professor John Baines, Griffith Institute, Oxford.

Parte II • Rei e Messias no Antigo Testamento

Quando *nēzer* ocorre na Bíblia, no sentido de cobertura da cabeça, só é mencionada como peça do vestuário régio de Saul e Joás, e em Sl 89,40, mas é usada pelo sumo sacerdote. Isso dá origem a um dos argumentos para dizer que, no período pós-exílico, o sumo sacerdote assumiu atributos e funções do rei. Sem desejar comentar essa teoria, a *nēzer* usada na cabeça tem, com certeza, muitas associações cultuais: no mesmo contexto, as palavras *qōdeš*, "consagração" (Ex 29,6; 39,30; Lv 8,9); *ḥillēl*, "profanar" (Lv 21,12; Sl 89,40); *miṣnepet*, "turbante"; *ṣîṣ*, "flor"; *rō'š*, "cabeça"; *māšaḥ*, "ungir" (Lv 21,12; 2Rs 11,12 // 2Cr 23,11). Em Sl 89 e 132, a palavra *bᵉrît*, "aliança", aparece em paralelismo sinônimo a *nēzer*, e a *bōšet* em paralelismo antitético. Tudo isso indica que *nēzer* pertence ao campo do culto e do ritual, na ornamentação cultual e régia. Poder-se-ia notar também que o *nēzer* do nazireu também ocorre em companhia de palavras com nuanças similares: *rō'š*, *qōdeš*, *ṭāhºrâ*, "pureza"; *ṭāmē'*, "impuro"; *ṭimmē'*, "macular". Por isso, talvez haja uma sobreposição semântica entre as duas formas de *nēzer*, mesmo que, no fim, não se reconheça que compartilham a mesma etimologia: um tipo de *nēzer* refere-se a alguma coisa consagrada a Iahweh, colocada na cabeça, o outro *nēzer* é o crescimento da cabeleira dedicado a Deus.

Entretanto, em Qumrã, nenhuma das três ocorrências de *nēzer* refere-se ao voto nazireu, embora esse sentido seja freqüente no hebraico rabínico. Uma ocorrência parece referir-se ao *nēzer* sacerdotal,[11] a segunda é um *nēzer* régio para o descendente de Davi, em cerimônia que envolve vestes bordadas e um trono de honra,[12] e a terceira é muito fragmentária, mas ocorre abaixo das palavras *keter ṣedeq*.[13]

Na verdade, parece muito improvável que *nēzer* fosse uma coroa no sentido moderno da palavra, rígida, de ouro e cilíndrica, com entalhes e jóias. No caso do sumo sacerdote, o *nēzer* era fixado ao *miṣnepet*, o turbante, por meio de um cordão violeta e gravado com as palavras "Consagrado a Iahweh" (Ex 28,36; 39,30). A palavra *nēzer* está justaposta a *ṣîṣ* (Lv 8,9; Ex 28,36; 39,30), que geralmente significa "flor" ou "florescência", mas a LXX e a Vulgata traduzem *nēzer* por "placa de metal". Os rabinos afirmaram que o *nēzer* sacerdotal era uma placa de ouro de

---

[11] 1QSb 4,28.

[12] 4QpIsaª 8–10,19.

[13] *Orações Festivas* (4Q509) 97–98, ii, 3.

130

Os ornamentos da realeza no antigo hebraico

dois dedos de largura, que ia de orelha a orelha,[14] e Josefo descreve-o como uma faixa de ouro, τελαμῶν χρύσεος, sobre a fronte.[15] Mayer acha que o *nēzer* sacerdotal ou régio era uma tira de metal com buracos para laços e decoração, como rosetas, imitação de flores ou pedras preciosas, supostamente para explicar a associação com a palavra *ṣîṣ*.[16] Essa forma era apropriada para uso efetivo, pois o *nēzer* é descrito como sendo usado pelo sumo sacerdote para fazer sacrifícios e pelo rei Saul em combate, talvez sobre um capacete, assim como o sacerdote usava o dele sobre o *miṣnepet*. Não podia assumir uma forma pesada demais, desconfortável ou desajeitada. Do ponto de vista de artefatos arqueológicos, possíveis exemplos desse tipo de cobertura da cabeça eram as tiras de ouro adornadas e o emblema floral circular encontrados em sítios ao sul de Gaza, as primeiras parecidas com o *nēzer* régio e o último com a *ṣîṣ* sacerdotal.[17] A frase de Zc 9,16, '*abnê nēzer mitnôsᵉsôt*, sugere a existência de uma forma de *nēzer* com jóias no período bíblico mais tardio.[18]

Ninguém que não seja sumo sacerdote ou rei — por exemplo, uma mulher — é descrito usando um *nēzer*. Nisso, ele difere da *ᶜᵃṭārâ*, que parece ter sido usada por mulheres e homens não-régios. As associações são fortemente cultuais, em especial pelo uso de termos para impureza e pureza. Os dois tipos de *nēzer*, cobertura para a cabeça e o dedicado ao crescimento da cabeleira, têm, com certeza, elementos em comum no AH: ambos são sinais visíveis da consagração a Iahweh daquele que os usa, ambos estão ligados à cabeça e ambos são vulneráveis à impureza. Entretanto, a influência da fonte sacerdotal em algumas passagens não deve ser esquecida: Nm 6 (nazireus) e Lv 21 (*nēzer* sumo sacerdotal) originam-se ambos de círculos sacerdotais, e até as passagens paralelas 2Rs 11,12

---

[14] *b. Shab.* 63b.

[15] *Ant.* III,178; cf. *G. J.* V, 235 e *A Carta de Aristéias* 98. Cf. as observações de Thackeray nas pp. 398-401 da edição de Loeb das *Antigüidades*.

[16] Mayer, G. "NZR". *ThWAT*, V, pp. 329-334.

[17] Cf. Galling, K. *Biblische Reallexikon.* 2. ed. Tübingen, J. C. B. Mohr [Paul Siebeck], 1977, p. 288, Abb. 75 (22-24). As tiras adornadas datam dos séculos XIV/XIII, e o emblema floral, dos séculos X/IX a.C. As tiras e outras faixas semelhantes para a cabeça encontram-se em Maxwell-Hyslop, K. *Western Asiatic Jewellery c. 3,000-612 BC.* London, Methuen, 1971, p. 226, e Pls. 202, 203. Cf. na Figura 1, adiante, dois possíveis exemplos da coroa *nēzer* da Palestina.

[18] Cf. o diadema de ouro do século III d.C., decorado com vidro, pedras e madrepérola. Jerusalém, Museu de Israel, 1969. Fig. 25. (*Takšîṭîm mēhāᶜōlām heᶜāṭîq*).

Parte II • Rei e Messias no Antigo Testamento

// 2Cr 23,11 envolvem a colocação do *nēzer* no rei por um sacerdote. O *nēzer* pode até simbolizar que quem o usa foi ungido, como o anel dos bispos. Isso é compatível com Ex 29,7; Lv 21,12; 2Rs 11,12 // 2Cr 23,11, e talvez também esteja subentendido em 2Sm 1,10 e 16, em que Davi recebe o *nēzer* de Saul do amalecita e depois o acusa de matar "o ungido de Iahweh".

Está claro que, no período mais primitivo do AH, *nēzer* não era sinônimo de *ᵃṭārâ*. Entretanto, no Eclesiástico há uma referência ao uso pelo sumo sacerdote de uma *ᵃṭārâ paz* sobre o turbante, e Sirac não usa o termo *nēzer*; por isso, talvez no século II a.C. os dois vocábulos fossem mais ou menos sinônimos quando do se referiam a coberturas para a cabeça.[19]

Keter

O vocábulo *keter* só é empregado em Ester, e ali ocorre três vezes: a respeito de algo usado por Vasti (1,11), de algo imposto sobre a cabeça de Ester pelo rei, quando ela se torna rainha (2,17) e de algo posto sobre a cabeça ou de Mardoqueu ou do cavalo do rei, em uma passagem famosamente controversa (6,8).[20] O próprio rei persa não é descrito usando essa ou outra coroa, embora sejam mencionados outros adereços régios seus, tais como o cetro de ouro (*šarbîṭ hazzāhāb*, 4,11; 5,2; 8,4), o trono (*kissē' malᵉkûtô*, 1,2; 5,1) e o anel (*ṭabba'at hammelek*, 3,10.12; 8,2.8.10) e também as vestes e o cavalo real. Mardoqueu usa uma grande *ᵃṭārâ* de ouro em 8,15, mas suas vestes, nesse capítulo, não parecem estar relacionadas com a situação do capítulo 6, no qual ele monta o cavalo que o rei monta e usa vestes que o rei usa, de modo que é improvável que *keter malkût* deva ser identificado com *ᵃṭārâ*.

---

[19] Eclo 45,12 (B).

[20] Por exemplo, Bertheau, E. *Die Bücher Esra, Nechemia und Ester*. Rev. V. Ryssel. 2. ed. Leipzig, Hirzel, 1887, pp. 427-428 (KEH 17); Haupt, P. "Critical Notes on Esther". *AJSL* 24, 1907-1908; reimpresso em Moore, C. A. *Studies in the Book of Esther*. New York, Ktav, 1982, p. 48; Bardtke, H. *Das Buch Esther*. Gütersloh, Mohn, 1963, p. 348, n. 13 (KAT, 17,4-5); Gerleman, G. *Esther*. Neukirchen-Vluyn, Neukirchener Verlag, 1973, pp. 116-118 (BKAT, 21); Wernberg-Møller, P. Crítica de *Esther*, por G. Gerleman. In: *JSS* 20, 1975, p. 242; Berg, S. B. *The Book of Esther: Motifs, Themes and Structure*. Missoula, MT, Scholars Press, 1979, p. 61 (SBLDS, 44); Moore, C. A. *Esther*. Garden City, NY, Doubleday, 1971, p. 65 (AB, 7B).

Costumava-se dizer que *keter* era empréstimo persa, mas ninguém apresentou ou reconstituiu uma palavra persa conveniente.[21] Segundo a terceira edição de Köhler-Baumgartner, há um possível cognato arábico, *katara*, que significa "ter uma grande corcova", e, como quase sempre acontece em dicionários de árabe clássico, tem algo a ver com camelo. Entretanto, o dicionário mais atualizado de árabe clássico, o *Wörterbuch der klassischen arabischen Sprache*, dá apenas um substantivo, *ka/itrun*, "corcova", que é usado metaforicamente, mas só com relação a um monte de pedras ou de tâmaras, ou a espuma amontoada.[22] Uma raiz proto-semítica, *KTR, produziria a corcova do camelo e também a cobertura de cabeça régia? Talvez sim, se transmitisse a idéia de elevação. Entretanto, a etimologia mais plausível está ligada ao hebraico *ktr*, "entregar-se", que está por trás do hebraico *kōteret*, "capitel de pilar".

O que complica a questão etimológica e a situação histórica é a existência da palavra grega *kidaris*, ou *kitaris*, que ocorre freqüentemente na literatura clássica para designar cobertura de cabeça régia persa,[23] e que, segundo muitos filólogos, se relaciona com o AH *keter* e tem base semítica (a palavra aramaica correspondente é *kitra*). Como as fontes clássicas são unânimes em afirmar que só o rei persa podia usar uma cobertura de cabeça chamada *tiara* reta, que não era um semicírculo de diamantes usado por uma princesa ou duquesa, mas provavelmente algum tipo de chapéu de pano, muitos autores antigos e modernos inclinam-se a identificar *kidaris* com a *tiara* reta.[24] Mas outras fontes antigas referem-se às duas como peças independentes, usadas juntas.[25] Se *kidaris* é a *tiara* reta, e *keter*, *tiara* e *kidaris* referem-

---

[21] Cf., por exemplo, DE LAGARDE, P. *Gesammelte Abhandlungen*. Wuppertal, Brockhaus, 1866, p. 207; RAWLINSON, G. Citado em BERTHEAU, *Ester*, p. 390; DRIVER, G. R. *Aramaic Documents of the Fifth Century BC*. 1. ed. Oxford, Clarendon Press, 1951, p. 55, n. 3, refutado por EILERS, W. "Neue aramäische Urkunden aus Ägypten". *AfO* 17, 1954-1956, p. 331, e corrigido na segunda edição de DRIVER em 1957, p. 98. Eilers analisa palavras para coroas na Pérsia e no antigo Oriente Próximo, mas não apresenta nada que corresponda a *keter*. "Vom Reisehut zur Kaiserkrone. A. Das Wortfeld". *Archaeologische Mitteilungen aus Iran* NS 10, 1977, pp. 153-168.

[22] *WKAS*, I, pp. 46, 544.

[23] Por exemplo, CÚRCIO, Rufo. *Historia Alexandri* 3.3.19, *cidarim Persae vocabant regium capitis insigne*; PLUTARCO, *Temístocles* 2,9,7, e *Alexandre* 326d-345d; ARRIANO, *Anábasis* 4.7; CTÉSIAS, Fragmento 15,29.

[24] ARRIANO, *Anábasis* 6,29; PLUTARCO, *Alexandre* 326d-345d; PLUTARCO, *Antônio* 54,8,3; PLUTARCO. *Artaxerxes* 26,4,5; HESÍQUIO, s.v. κίδαρις; Scholia in Platonem, Dial R. Dos autores modernos que são dessa opinião, VON GALL, A. é o mais proeminente: "Die Kopfbedeckung des persischen Ornats bei den Achämeniden". *Archaeologische Mitteilungen aus Iran* NS 7, 1974, pp. 145-161, e Pls. 31-36. Cf. adiante as Figuras 2 e 3.

[25] PLUTARCO, *Antônio* 54,8; Estrabão, *Geografia* 11,13.

Parte II • Rei e Messias no Antigo Testamento

se todos à mesma peça (e, já se vê, talvez não se refiram), por que Ester e Vasti e o cavalo ou Mordoqueu o usavam? Os autores e organizadores de Ester reproduziram autenticamente tantos detalhes da corte persa que é improvável que descrevessem rainhas usando cobertura de cabeça exclusiva do rei. Se *keter* e *kidaris* referem-se ao mesmo objeto, esse deve ser outra coisa, não a *tiara* reta: talvez as altas coroas de metal retratadas nos relevos de Persépolis, que não se restringem ao rei. Entretanto, *keter* é sempre definida como "régia", *keter malkût*, e isso sugere a existência de um tipo comum de *keter*, como acontece com "vestes reais" (*lᵉbûš malkût*, 6,8; 8,15), "palácio" (*bêt hammalkût*, 5,1) e "trono real" (*kissē' malkût*, 5,1).

Xenofonte descreve Ciro usando um *diadema* ou fita de pano ao redor da *tiara* reta, e diz que ela também era usada pelos parentes do rei.[26] Como faixas de cabeça de vários tipos eram uma peça de vestuário extremamente popular no Oriente Próximo (útil para afastar do rosto os cabelos longos) e eram usadas em várias formas e cores por dignitários, pode ser que *keter malkût* fosse isso, uma faixa régia para a cabeça, de tecido fino, com tinturas de grande valor. Além disso, Cúrcio Rufo diz que a *cidaris* era azul com manchas brancas.[27] Outros autores identificam *kidaris* com um *diadema*,[28] e as versões gregas de Ester traduzem *keter* como *diadema*, embora esse pudesse ser um traço helenístico, pois os reis helenísticos e partos usavam um *diadema*.

Recapitulando:

a) A *tiara* reta era, provavelmente, algum tipo de chapéu ou cobertura de pano para a cabeça, usado apenas pelo rei persa. Outros dignitários, como os sátrapas, usavam uma forma desengonçada da *tiara*, mas esta parece ter sido uma peça do vestuário militar medo e, portanto, restrito aos homens.

b) O *diadema* grego consistia em um tecido fino amarrado em volta da cabeça, preso com nós na nuca, da qual caía em forma de serpentina.

c) O adorno persa conhecido como *kidaris* em grego era, em forma e significado, semelhante ao *diadema* grego. O rei usava-o amarrado em volta da *tiara* reta. Seus parentes usavam-no também, mas não usavam a *tiara* reta.

---

[26] *Cyropaedia* 8,3,13.

[27] *Historia Alexandri* 3,3; cf. também 6,6.

[28] Fílon, *Vida de Moisés* 2,116,2; cf. Diodoro da Sicília 17,77.

Os ornamentos da realeza no antigo hebraico

d) Seria muito plausível identificar o hebraico *keter* com o *diadema* persa de fino tecido, o *kidaris*, como símbolo de realeza, mas não restrito apenas ao rei. Não temos informações explícitas de que as rainhas o usavam, e nenhuma informação de que não o usavam: há muito poucas representações de rainhas persas na arte, ou descrições de seus adornos na literatura.[29]

Quanto ao AH fora da Bíblia, o fragmento de Qumrã que menciona um *nēzer* tem as palavras *keter ṣedeq* bem acima dele, e, como acontece com a *ᵃṭārâ* no Eclesiástico, que funciona como *nēzer* sacerdotal, já mencionado, é possível que o hebraico mais tardio tivesse tendência a unir os tipos de cobertura régia para a cabeça.[30] O hebraico rabínico com certeza parece considerar *ᵃṭārâ* e *keter* mais ou menos sinônimos.[31] Entretanto, pode-se encontrar uma reminiscência da função original de *keter* como *diadema* quando a palavra ocorre como termo técnico para as "coroinhas", em modelos de letras: o verbo usado com ele é *qāšar*, "amarrar".

Quando se trata de descrições de reis israelitas em coroas, o material é muito escasso e inútil. Na estela de Salmanasar III, Jeú (ou seu representante) faz um ato de obediência ao rei assírio, mas não está usando uma cobertura de cabeça característica, e, de fato, ele se parece com Sua, o Gilzanita, e também com os carregadores israelitas que transportavam o tributo, pois todos têm os chapéus cônicos com a ponta caída.[32] Mas como Jeú inclina-se perante Salmanasar III, como seu superior, é improvável que usasse algo que fosse símbolo de seu próprio poder régio.

Na Bíblia Hebraica, há só duas cerimônias de coroação, isto é, cerimônias que mencionam a colocação de uma cobertura de cabeça no rei ou na rainha. A primeira é quando Joiada cinge Joás com o *nēzer* (2Rs 11,12 // 2Cr 23,11), e a segunda quando o rei persa impõe a *keter malkût* sobre a cabeça de Ester e a faz

---

[29] A respeito de faixas persas para a cabeça, que se identifiquem com tipos diferentes de *ktr*, cf. von Gall, "Die Kopfbedeckung", Fig. 1, p. 149; Fig. 2., p. 155, para reis (cf. adiante, Figuras 2 e 3) e il. 36,1.2 para sátrapas; e Head, D. *The Achaemenid Persian Army*. Stockport, Montvert Publications, 1992, p. 8, Figs. c-e para sátrapas. Moedas dos partos e dos sassânidas freqüentemente representam reis usando o *diadema*: cf. *Cambridge History of Iran*, III,1; ils. 1-8, 25-30.

[30] *Orações Festivas* (4Q509) 97-98, ii, 3.

[31] Rabinowitz, L. I. "Crowns, Decorative Headdresses, and Wreaths". *EncJud*. V., cols. 1130-1133.

[32] *ANEP*, Fig. 355.

Parte II • Rei e Messias no Antigo Testamento

rainha (Est 2,17). Isso significa ou que as cerimônias de investidura que envolviam uma coroação normalmente não eram dignas de registro, exceto no caso dos acontecimentos dramáticos da coroação do menino Joás como rei de Judá e da substituição de Vasti por Ester, ou então que uma cobertura de cabeça especial não era símbolo essencial de realeza. Em Zc 6,11, parece haver uma cerimônia de "coroação" em que uma ou mais coroas são colocadas na cabeça de Josué, o sumo sacerdote. Mas, como não há nenhuma ligação alhures entre a investidura de um monarca e a *ᵃṭārâ*, com certeza Wolter Rose tem razão ao dizer que a *ᵃṭārâ* não é coroa de coroação, e seja o que for que acontece a Josué, em Zc 6, envolvendo uma *ᵃṭārâ*, não é a cerimônia de coroação de um rei.[33] Quando outros monarcas são investidos na Bíblia, entre as características da cerimônia incluem-se a unção, a entronização, a aliança e a declaração pública; não existe a coroação como tal, isto é, uma coroa ou cobertura para a cabeça não é mencionada nessas outras passagens.[34]

Marc Brettler observa que, no AH, Iahweh nunca é descrito com uma coroa, embora haja muitas descrições alhures no antigo Oriente Próximo de divindades usando diversos tipos de cobertura para a cabeça. Ele sugere que isso se deve ao desejo de evitar representações plásticas de Iahweh, em obediência ao segundo mandamento, ou para evitar que Deus se pareça muito com um rei humano.[35] Mais adiante voltarei a esse problema.

O bracelete ('eṣʿādâ)

Outra peça citada como ornamento régio é o *'eṣʿādâ*, objeto que o amalecita retira do braço de Saul caído por terra, juntamente com seu *nēzer*, e depois leva ambos para Davi (2Sm 1,10). A outra ocorrência dessa forma está em Nm 31,50,

---

[33] Rose, W. "Zerubbabel and tmč. Tese de doutoramento em filosofia, University of Oxford, 1997, Capítulo 5.

[34] Por exemplo, Saul (1Sm 10,1 [unção], 10,24 [aclamação e "direitos e deveres"]); Davi (1Sm 16,13 [unção], 2Sm 5,3 // 1Cr 11,13 [unção e aliança]; Salomão (1Rs 1,34-35.39-46 [unção, aclamação, entronização], 1Cr 29,22-23 [unção, entronização]). O "documento da aliança", a unção e a aclamação também estão descritos em 2Rs 11,12 // 2Cr 23,11. Cf. Mettinger, T. N. D. *King and Messiah: The Civil and Sacral Legitimation of the Israelite Kings.* Lund, C. W. K Gleerup, 1976, pp. 131-150, 185-232 (ConBOT, 8).

[35] Brettler, M. Z. *God is King: Understanding an Israelite Metaphor.* Sheffield, JSOT Press, 1989, p. 78. (JSOTSup, 76.)

Os ornamentos da realeza no antigo hebraico

em que aparece como um dos objetos de ouro (*kᵉlî zāhāb*) tomados como despojos dos madianistas e oferecidos a Iahweh. Uma forma sem o álefe prefixado aparece em Is 3,20, em que, mais uma vez, consta de uma lista de jóias. Há um segundo uso régio quando se aceita a emenda de Wellhausen a 2Rs 11,12 (e a seu paralelo em Crônicas), de modo que, em vez de o sacerdote Joiada entregar a Joás o *ʿēdût*, o "documento da aliança", depois de cingi-lo com o *nēzer*, ele lhe entrega o *ʾeṣʿādâ*. Wellhausen contestou *ʿēdût* alegando que a palavra era adição deuteronomista, mas, em sua maioria, os biblistas seguem von Rad e preservam o texto de TM nesse ponto.[36]

Parece que a raiz da palavra *ʾeṣʿādâ* é *ṣʿd* e, naturalmente, há um verbo, *ṣāʿad*, que significa "andar, marchar". Um substantivo plural, *ṣᵉʿādôt*, aparece em Is 3,20, na lista de ornamentos, e as versões antigas lhe atribuíram o significado de "tornozeleira"; talvez o ligassem a *ṣāʿad*, "andar". Entretanto, está menos claro como o *ʾeṣʿādâ* de Saul, usado no braço, pôde ser relacionado com *ṣāʿad*, "andar". As palavras árabes *ʿaḍud*, "antebraço", *ʿiḍād*, "pulseira", e *ʿaḍād*, "bracelete", talvez sejam cognatos, o que explicaria melhor a origem de *ʾeṣʿādâ*. Braceletes e tornozeleiras são conhecidos no Egito e em muitos outros lugares, mas estão longe de restringir-se à realeza.[37]

Pelos indícios bíblicos, o *ʾeṣʿādâ*, "bracelete", não era peça importante do vestuário em termos de simbolismo régio: uma vez rejeitada a emenda de Wellhausen para 2Rs 11,12, ficamos só com 2Sm 1,10 para ligar *ʾeṣʿādâ* à realeza. É bem possível que o *ʾeṣʿādâ* de Saul fosse um objeto mais pessoal, pelo qual suas tropas o identificavam e, portanto, pelo qual Davi soube com certeza que ele estava morto. A palavra raramente aparece no hebraico rabínico e assim mesmo só como ornamento não-régio.[38]

---

[36] WELLHAUSEN, J. *Die Composition des Hexateuchs und der historischen Bücher des Alten Testaments*. 3. ed. Berlin, G. Reimer, 1899, pp. 292-293, e n. 2; VON RAD, G. *Gesammelte Studien zum Alten Testament*. München, Chr. Kaiser Verlag, 1958, pp. 207-211 (ET *The Problem of the Hexateuch and other Essays*. Trad. E. W. Trueman Dicken. Edinburgh, Oliver & Boyd, 1966, pp. 225-229).

[37] Para exemplos de braceletes egípcios, cf. ANDREWS, C. *Ancient Egyptian Jewellery*. London, British Museum Publications, 1990, pp. 144-163. Para exemplos de braceletes assírios, cf. MAXWELL-HYSLOP, *Western Asiatic Jewellery*, pp. 246-247 e Figs. 139, 142, 143.

[38] Por exemplo, *y. Šab.* 36b; *b. Šab.* 63b.

PARTE II • Rei e Messias no Antigo Testamento

O trono e o escabelo (kissē' e hᵃdōm)

Um símbolo muito mais importante, do ponto de vista do número de ocorrências e também por sua ligação com a realeza no AH, é *kissē'*, palavra basicamente derivada do sumério *gu.za*, "cadeira".[39] *Kissē'* é geralmente traduzido por "trono" em contextos régios, mas a mesma palavra também pode referir-se a uma cadeira comum. Esse uso popular encontra-se principalmente no hebraico mais tardio, de modo que o sentido de "trono" tem de ser esclarecido com a adição de um *nomen rectum*, como *kissē' malkût*, para o trono do rei, e *kissē' hakkābôd*, para o trono de Deus. No hebraico mais tardio, *kissē'* também significa "latrina", e *bêt hakkissē'*, literal e eufemisticamente "casa da cadeira", não significa "sala do trono"!

Em contextos régios, *kissē'* é usado com mais freqüência em sentido metafórico que em sentido literal, em especial na frase "sentar-se no trono", *yāšab 'al kissē'*. Essa expressão é mais ou menos sinônima de *mālak*, "reinar", e *māšal*, "governar", e ocorre com muita freqüência em passagens deuteronômicas. Assim, *kissē'* funciona como símbolo da monarquia legítima, da mesma maneira que "a Coroa" em inglês.

Como *kissē'* se tornou tão fundamental para a idéia de monarquia no AH? A origem pode estar na prática de governantes e juízes se sentarem em uma cadeira a fim de ouvir causas e julgar, e, no antigo Oriente Próximo, reis e deuses são quase sempre descritos entronizados. A expressão "sentar-se no trono", para indicar realeza, encontra-se com bastante freqüência em acádico e ugarítico, e também em hebraico; portanto, a idéia é comum à maioria das sociedades do antigo Oriente Próximo.[40]

Na arte, existem muitas imagens de todos os tipos de cadeiras, principalmente de tronos ou cadeiras de estado. Há uma grande variedade em todo o antigo

---

[39] 135 vezes na Bíblia Hebraica; Eclo 10,14A; 11,5A, 40,3B; 47,11B; 17 vezes em Qumrã: 4QDibrHaMeoroth 4,7; 4QFlor (4Q174) 1,10; 4Qp Isaᵃ 8-10,19; 11QPsᵃ Creat (11Q5) 26,11; 4QShirShabb; 4Q405 20 ii 21-22 2, 20 ii 21-22 8, 23 i 3; 11QShirShabb 3-1-9 5-6, 3-4 1, f 5, k 5; 4QCânticos do Sábio (4QShirᵇ/4Q511) 2 i 10; 4QRegra da Guerra 11 i 12. Para a etimologia, cf. ELLENBOGEN, M. *Foreign Words in the Old Testament: Their Origin and Etymology*. London, Luzac, 1962, p. 89; MURTONEN, A. *Hebrew in its West Semitic Setting: A Comparative Survey of Non-Masoretic Hebrew Dialects and Traditions*. I. *A Comparative Lexicon. Section Ba. Root System: Hebrew Material*. Leiden, E. J. Brill, 1988, p. 189 (Studies in Semitic Languages and Linguistics, 13), e *Section Bb. Root System: Comparative Material and Discussion*. Leiden, E. J. Brill, 1989, p. 235.

[40] FABRY, H.-J. "*kissē'* ". *ThWAT*, IV, pp. 247-272 (ET *TDOT*, VII, pp. 232-259).

Oriente Próximo, e existe uma descrição completa do trono de Salomão em 1Rs 10,18-20: "O rei fez também um grande trono de marfim e revestiu-o de ouro puro. Esse trono tinha seis degraus, um espaldar arredondado na parte superior, braços de cada lado do assento e dois leões em pé perto de braços e doze leões colocados de um lado e de outro dos seis degraus". Apesar destas palavras: "Nada de semelhante se fez em reino algum", a descrição concorda, em grande parte, com elementos encontrados no Egito do Império Novo e também na Mesopotâmia. O trono descrito no sarcófago de Ahiram é também bastante semelhante.[41]

Entretanto, é bem conhecida a emenda de um elemento: o espaldar arredondado de 1Rs 10,19 no TM, *rō'š 'āgōl*, era provavelmente a cabeça de um bezerro, *rō'š 'ēgel* no original, como sugere a tradução da Septuaginta προτομαὶ μόσχων. Isso teria sido censurado mais tarde no hebraico, para eliminar qualquer suspeita de que Salomão estivesse envolvido no culto ao touro.[42] (O versículo paralelo, em 2Cr 9,18, parece ter sido mudado para **kebeś*, "cordeiro", mais tarde lido como **kebeš*, "escabelo)". Entretanto, o texto emendado de 1Rs não corresponde à arte do antigo Oriente Médio, em que cadeiras de espaldar arredondado são comuns (por exemplo, a de Ahiram), mas não se acham cabeças de bezerros nos espaldares.[43] Assim, aqui a crítica textual e a arte estão em desarmonia.

Uma desvantagem da postura sentada ao interrogar suplicantes e emissários é que a pessoa sentada tem de erguer os olhos para eles, o que põe essa pessoa sentada em desvantagem psicológica.[44] Essa é uma das razões para os suplicantes se curvarem ou se ajoelharem, a fim de que o rei ou juiz os olhe de cima. Outra solução é elevar o trono, o que pode ser feito de duas maneiras. O primeiro método é colocá-lo em uma plataforma com uma rampa ou degraus na frente para o rei chegar até ele e, talvez, manter as pessoas a distância. O segundo é mais comum e consiste em fazer o trono mais alto; nesse caso, é necessário um

---

[41] *ANEP*, Fig. 458.

[42] Cf. Josefo, *Ant.* 8,140, ἀνακέκλιτο δ'εἰς μόσχου πρωτοτομὴν τὰ κατόπιν αὐτοῦ βλέποντος. Para uma análise do problema, cf. CANCIANI, F. & PETTINATO, G. "Salomos Thron, philologische und archäologische Erwägungen". *ZDPV* 81, 1965, pp. 88-108.

[43] METZGER, M. *Königsthron und Gottesthron: Thronformen und Throndarstellungen in Ägypten und im vorderen Orient im dritten und zweiten Jahrtausend vor Christus und deren Bedeutung für das Verständnis von Aussagen über den Thron im Alten Testament.* Neukirchen-Vluyn, Neukirchener Verlag, 1985, I, pp. 299-300. 2 v. (AOAT, 15).

[44] KREBS, W. "Der sitzende Gott". *TZ* 30, 1974, pp. 1-10.

Parte II • Rei e Messias no Antigo Testamento

escabelo para quem está sentado no trono subir e descer, e também para evitar que suas pernas fiquem penduradas com deselegância. A plataforma com degraus é indicada na descrição do trono de Salomão, mas escabelos também são mencionados em ligação com tronos no AH.

No AH, Deus não tem coroa, mas tem um trono, que simboliza sua realeza. O trono é uma característica partilhada com o deus El de Ugarit, enquanto a tendência é descrever Baal e Reshef de pé ou caminhando.[45] A descrição régia mais clara de Iahweh está em 1Rs 22,19, em que Miquéias relata a visão que teve de Iahweh assentado sobre seu trono, com todo o exército do céu à sua volta. Mas em Ez 1 o trono real de Deus só é descrito muito vagamente, em contraste com os animais e as rodas. É feito ou está assentado sobre uma pedra de safira que provavelmente representava o céu noturno salpicado de estrelas douradas. No desenvolvimento místico desse tema a partir de Qumrã, o trono identificava-se com o conjunto completo de rodas e animais, e a ele se aludia com os termos *ks' mrkbh*, "carro de trono",[46] ou um masculino plural de majestade, *ks'y kbwd, ksy pl'* etc.[47]

Além de um trono, Deus tem um escabelo. De fato, embora com certeza existissem escabelos em todo o antigo Oriente Próximo, representados na arte e mencionados em textos antigos, as únicas ocorrências no AH são metafóricas.[48] *H^{a}dōm* é símbolo da submissão de seus adoradores a Deus, e da sujeição dos inimigos do rei. (cf. a seguir, na Figura 4, um escabelo que descreve os inimigos do rei.) A etimologia da palavra é difícil: como *hadmu* ocorre em ugarítico e egípcio praticamente na mesma época (XVII dinastia, *c.* 1550-1300), alguns a consideram empréstimo egípcio, enquanto outros dizem que os egípcios a tomaram emprestada do semítico. Se é palavra semítica, tem a raiz *hdm*, relacionada com o árabe *hadama*, "derrubar", ou *dwm*, "fique quieto, silencioso", com prefixo hifil; daí, um lugar para descansar os pés.[49]

---

[45] Cornelius, I. *The Iconography of the Canaanite Gods Reshef and Ba'al: Late Bronze Age and Iron Age Periods (c. 1500-1000 BCE).* Göttingen, Vandenhoeck & Ruprecht, 1994, p. 245 (OBO, 140); Caquot, A. & Sznycer, M. *Ugaritic Religion.* Leiden, E. J. Brill, 1980. (Iconography of Religions, 15,8). A il. 7 mostra El sentado em um trono.

[46] 4QShirShabb 20 ii-21-22 8.

[47] 11QShirShabb 3-1-9, linhas 5-6 e f 5.

[48] Is 66,1; Sl 99,5; 110,1; 132,7; Lm 2,1; 1Cr 28,2.

[49] Fabry, H-J. *"h^{a}dōm". ThWAT,* II, col. 348.

Uma pergunta que surge indiretamente com *kissē'* e *hᵃdōm* está ligada à Arca da Aliança: foi a Arca alguma vez considerada trono ou escabelo de Deus, como sugerem Sl 132,7-8, Is 66,1, Jr 3,16-17 e Lm 2,1?[50] Pode ser que *kissē'* e *hᵃdōm* também estejam implícitos no epíteto dado a Iahweh, *yōšēb hakkᵉrubîm*.[51] Em Is 6,1, talvez o profeta perceba a figura divina normalmente invisível sentada sobre os querubins. Então, os querubins do Templo eram considerados o trono de Deus, e a Arca, seu escabelo, ou os querubins ladeavam um trono invisível, como as esfinges sustentam ou ladeiam os tronos egípcios? Noth rejeita completamente essas idéias e afirma que a posição da Arca no santuário, com suas extremidades e varas curtas projetando-se para o lado de quem a contemplava, impossibilitava concebê-la como trono ou escabelo.[52] Além disso, não há indícios de que havia tronos semelhantes a caixas no antigo Oriente Próximo.[53] Por outro lado, escabelos em forma de caixa realmente existiam, e é possível que a Arca fosse considerada o escabelo sob o trono de querubins. Essa interpretação explicaria as alusões em Sl 132,7-8 e Jr 3,16-17.[54]

Como a equiparação *kissē'* = Arca nunca é feita de maneira explícita, é duvidoso que a idéia seja relevante à *semântica* de *kissē'* e *hᵃdōm*: antes, o significado de *kissē'* estabelecido alhures deve ser pertinente ao debate sobre se a Arca funciona como trono ou escabelo.

Yāšab, usado para um mortal ou uma divindade, indica entronização, mas, como o verbo também tem o sentido de "habitar", expressões como *mākôn lᵉšibtᵉkā*[55] não significam necessariamente "lugar de teu trono", como Mettinger supõe, mas poderiam significar "teu lugar de habitação".[56] O hebraico é ambíguo, e só o con-

---

[50] Cf. a bibliografia sobre a discussão em Fohrer, G. *Geschichte der israelitschen Religion.* Berlin, W. de Gruyter, 1969, p. 100; Fritz V. *Tempel und Zelt: Studien zum Tempelbau in Israel und zu dem Zeltheiligtum der Priesterschrift.* Neukirchen-Vluyn, Neukirchener Verlag, 1977, p. 135, n. 8 (WMANT, 47.)

[51] 1Sm 4,4; 2Sm 6,2 = 1Cr 13,6.

[52] Noth, M. *Könige.* Neukirchen-Vluyn, Neukirchener Verlag, 1964, p. 179. (BKAT, 9,1.)

[53] Clements, R. E. *God and Temple.* Oxford, Basil Blackwell, 1965, pp. 28-36; Metzger, *Königsthron*, p. 354.

[54] Fabry, "'*hᵃdōm*", *ThWAT*, II, col. 355 (ET *TDOT*, III, pp. 332). Sou grato ao dr. John Day por seus valiosos comentários a esta parte.

[55] Ex 15,17; 1Rs 8,13; cf. 1Rs 8,39.43.49 = 2Cr 6,30.33.39 e Sl 33,14.

[56] Mettinger, T. N. D. *The Dethronement of Sabaoth: Studies in the Shem and Kabod Theologies.* Lund, C. W. K. Gleerup, 1982, pp. 26-27. (ConBOT, 18.)

Parte II • Rei e Messias no Antigo Testamento

texto pode decidir: às vezes permanece incerto. Sem *kissē'* ou uma preposição, é difícil determinar se *yāšab* quer dizer "estar entronizado" ou "habitar".

Problema diferente é saber quando *kissē'* é apenas uma cadeira comum. No passado, a cadeira de Eli, em 1Sm 1 e 4, foi considerada uma cadeira normal, mas, recentemente, Polzin e Spina sugeriram que ela simboliza o domínio ou régio ou judicial.[57] Intérpretes recentes atribuíram importância até à cadeira que a sunamita providenciou para Eliseu no quarto que lhe construiu (2Rs 4,10), pois ele é um profeta que tem função quase judicial. Mas, como é difícil entender simbolicamente os outros objetos da lista, isso parece um tanto questionável. Outra ocorrência de *kissē'* que talvez signifique distinção está em 1Rs 2,19, quando Betsabéia vai a Salomão, ele prostra-se diante dela e manda colocar um *kissē'* para ela sentar-se à sua direita. Nessa passagem, *kissē'* é usado para o trono de Salomão, e se o assento de Betsabéia pode ou não ser considerado trono é questão relevante para o debate a respeito do papel e da posição da *gᵉbîrâ* (embora a palavra *gᵉbîrâ* não apareça, de fato, na passagem).[58]

Assim, ainda resta uma série de perguntas, não tanto sobre o significado de *kissē'*, mas sobre sua exata importância para o sentido das passagens nas quais ocorre. Entretanto, em conjunto, está claro que essa palavra é o símbolo fundamental da monarquia no AH, não só do domínio divino e da realeza israelita, mas também de Faraó no Egito (no Pentateuco) e de Assuero na Pérsia (livro de Ester), abarcando o mundo bíblico e sua literatura.

O cetro (šēbeṭ e šarbîṭ)

Por fim, algumas palavras sobre *šēbêṭ*. Esta é apenas uma de um grupo de palavras em hebraico que têm o sentido básico e concreto de "vara": *maṭṭeh* e

---

[57] Polzin, R. *Samuel and the Deuteronomist: A Literary Study of the Deuteronomic History*. II. *1 Samuel*. San Francisco, Harper & Row, 1989, pp. 23, 31, 44; Spina, F. A. *"Eli's Seat: The Transition from Priest to Prophet in 1 Sam. 1–4". JSOT* 62, 1994, pp. 67-75.

[58] Cf., por exemplo, Gray, J. *I and II Kings*. 3. ed. London, SCM Press, 1977, p. 106 (OTL); Noth, *Könige*, pp. 33-34; Ben-Barak, Z. "The Status and Right of the *gᵉbîrâ*. In: Brenner, A., org. *A Feminist Companion te Samuel and kings*. Sheffield, Sheffield Academic Press, 1994, pp. 170-185 (The Feminist Companion to the Bible, 5) [Ed. Bras.: "O *status* e os direitos da *gᵉbîrâ*". In: *Samuel e Reis a partir de uma leitura de gênero*. São Paulo, Paulinas, 2003, pp. 217-235. (A Bíblia: uma leitura de gênero)].

maqqēl são outras duas, com campos que se justapõem a *šēbeṭ*, na medida em que *maṭṭeh* também significa "tribo". As opiniões dividem-se sobre se o significado "tribo" deriva do bastão que simboliza a autoridade do líder sobre o grupo,[59] ou do porrete como símbolo da autonomia do grupo na autodefesa.[60]

No sentido de "cetro", isto é, bastão de autoridade, e não de arma ou vara para castigar ou corrigir, *šēbeṭ* ocorre entre nove e quatorze vezes no AH, dependendo da interpretação das passagens examinadas e da definição da palavra "cetro".[61] Mas muito poucos desses versículos estão definitivamente ligados à autoridade régia, talvez só Sl 45,7, *šēbeṭ mîšōr šēbeṭ malkûtekā*, cujos paralelos mais claros e comuns encontram-se no acádico, e não no AH.[62] *Šēbeṭ* é encontrado três vezes com a raiz *māšal*, "governar" (Is 14,5; Ez 19,11.14), e é usado com *tāmak*, "segurar", em Am 1,5.8. É símbolo de autoridade paralelo a *mᵉḥōqēq*, mas dificilmente régio, em Gn 49,10 e também em Jz 5,14, em que pertence ao *sōpēr*. Mas, em outras passagens, não é tanto símbolo estático quanto arma ou meio de castigo usado com verbos de golpear, esmagar etc., por exemplo, o cetro de ferro de Sl 2,9.

Excluindo-se Sl 45,7, o bastão estático, o cetro da iconografia régia restringe-se às quatro ocorrências de *šarbîṭ* no livro de Ester. O rei segura um cetro de ouro quando se senta no trono e estende-o para conceder a vida a suplicantes não convocados (4,11; 5,2 [duas vezes]; 8,4). Em geral presume-se que *šarbîṭ* é a forma aramaica alongada de *šēbeṭ* (GKC, § 85k), quiçá como *kûrsyâ* é o equivalente aramaico de *kissē'*. Mas Sasson considera a raiz relacionada com o árabe *rabaṭa*, "amarrar, atar", com um prefixo shin causativo, a idéia sendo que o cetro persa era um feixe de varas como os fasces romanos, que se supõe ter origens

---

[59] STOEBE, H. J. "Zepter". In: REICKE, B. & ROST, L., orgs. *Biblisch-Historisches Handwörterbuch*. Göttingen, Vandenhoeck & Ruprecht, 1962, III, col. 2234, 3 v.; FOHRER, G. "Keule". In: *Biblisch-Historisches Handwörterbuch*, II, p. 946; MENDENHALL, G. E. *The Tenth Generation*. Baltimore, The Johns Hopkins University Press, 1973, pp. 184-188.

[60] GOTTWALD, N. K. *The Tribes of Yahweh*. Maryknoll, NY, Orbis Books, 1979, esp. pp. 245-256 [Ed. bras.: *As tribos de Iahweh*. São Paulo, Paulus, 1986]; LEMAIRE, A. " 'Avec un Sceptre de Fer': Ps II,9 et l'Archéologie". *BN* 32, 1986, pp. 25-30.

[61] BDB põe na categoria de "cetro" estas ocorrências: Gn 49,10; Nm 24,17; Jz 5,14; Is 14,5; Ez 19,11.14; Am 1,5.8; Zc 10,11; Sl 2,9; 45,7; 125,3; Pr 22,8. A ambigüidade de Ex 21,15.18 impede uma categorização clara.

[62] OLIVIER, J. P. J. "The Sceptre of Justice and Ps 45:7b". *JNSL* 7, 1979, pp. 45-54.

Parte II • Rei e Messias no Antigo Testamento

persas.[63] Entretanto, o retrato em relevo de Dario mostra uma única vara longa, não um feixe,[64] e, em targums e no hebraico rabínico, *šarbîṭ* é usado como equivalente de *šēbeṭ*, no sentido de "cetro" e "vara".

Conclusões

O que expressamos foi uma visão geral da importância de alguns objetos fundamentais para o ornamento régio no AH. Parece bastante claro que, no sentido de trono, *kissē'* é muito mais essencial para o conceito de realeza no AH que determinado tipo de cobertura para a cabeça. Mesmo assim, o enfeite de cabeça é componente importante dos ornamentos régios: há o altamente especializado *nēzer*, usado pelo sumo sacerdote e também por Saul e Joiada, tendo, assim, nuanças cultuais. Há o termo mais geral *ʿaṭārâ*, que não se restringia à realeza, mas certamente era usado por seus membros como sinal de honra e de um cerimonial mais secular. Segundo Kellermann, *ʿaṭārâ* é um termo superior, *Überbegriff*, para o campo, que inclui *nēzer, ṣānîp, miṣnepet, ṣᵉpîrâ, liwyâ*.[65] Com certeza, justapõe-se a alguns desses, contudo *ṣānîp* e *miṣnepet*, que eram turbantes de pano, dificilmente seriam abrangidos por *ʿaṭārâ*, que é feita de flores ou de metal precioso. Quanto a *keter malkût* no AH, é usado só quando se trata da corte persa, e, se se identificava com o que os autores clássicos chamam *kidaris*, era algum tipo de fita de pano. O bracelete, *'eṣʿādâ*, não tem, absolutamente, importância como símbolo régio e é, provavelmente, objeto pessoal. *Hᵃdōm* representa domínio absoluto, e o punhado de suas ocorrências no AH dá apenas um sentido metafórico. *Šēbeṭ* também tende a ser imagem ou símbolo poético de autoridade, em especial para castigo, mas o cetro régio de cerimonial só aparece em proporção muito pequena do número total de ocorrências. Deus tem um trono e um escabelo e uma vara para infligir derrota ou castigo, mas nenhuma coroa.

---

[63] Sasson, J. M. "A Note on *šarbîṭ*". *VT* 22, 1972, p. 111.

[64] *ANEP*, Fig. 463.

[65] Kellermann, D. "*ʿaṭārâ*". *ThWAT*, VI, cols. 24-26.

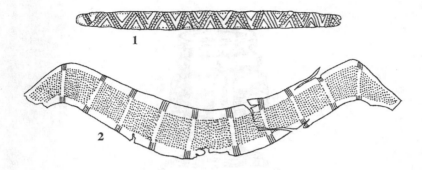

Figura 1. *Exemplos da coroa nēzer da Palestina? 1) Diadema de Tell el-'Aggiûl (ouro, 28 cm, séculos XIV-XIII a.C.) 2) Diadema de Tell Gemme (ouro, 28 cm, séculos X-IX a.C).*

Figura 2. *Possível cobertura keter na cabeça de Dario I, de uma estela fragmentária do canal de Suez.*

Figura 3. *Outra possível cobertura keter na cabeça de um rei. Estatueta de prata do tesouro de Oxus.*

Figura 4. *Trono e escabelo do túmulo de Tutâncamon (c. 1330 a.C.)*

"Realeza feminina" em Israel?
Os casos de Betsabéia, Jezabel e Atalia

CAROL SMITH

Existia, em Israel e Judá, o conceito de "realeza feminina"? Os biblistas discordam sobre a resposta a essa pergunta, que pode ser abordada de diversos ângulos. Aqui, pretendo analisar se é possível começar com uma "definição" de "realeza feminina" ou "rainha" e, então, perguntar se os atributos de alguma das mulheres mencionadas na Bíblia enquadram-se nessa definição. Em seguida, vou analisar duas das palavras usadas para descrever mulheres da realeza no Antigo Testamento e perguntar que conclusões podemos tirar de seu uso. Por último, vou examinar algumas narrativas bíblicas que tratam de mulheres da realeza e perguntar se alguns discernimentos a respeito de "realeza feminina" em Israel e Judá se originam do que elas contêm e como foram escritas.

É difícil começar com uma "definição" de "realeza feminina", pois, com muita freqüência, sua interpretação depende do contexto em que as palavras são empregadas. Se procuramos uma "rainha" que seja equivalente a um rei, então é preciso saber que, pelo menos no que concerne ao autor bíblico, não podemos dizer que Israel e Judá alguma vez tiveram rainha. (Penso que Atalia desempenhou esse papel e deve ser considerada rainha reinante, embora na opinião do deuteronomista ela fosse meramente uma impostora.) Na verdade, mesmo no Reino Unido, onde mulheres podem governar e realmente governam como monarcas, a mulher que é "rainha" não é o equivalente exato do homem que é "rei". O termo "rainha" tem no mínimo dois sentidos diferentes. A esposa do rei é rainha (como a atual rainha-mãe, que era esposa do rei George VI). Uma mulher também pode ser rainha por herdar o trono (como a rainha Elizabeth II), apesar de, nesse caso, o marido não se tornar rei. Embora Elizabeth, esposa de George VI, e Elizabeth II, recebam ambas o título de "rainha", Elizabeth II é monarca, enquanto sua mãe

Parte II • Rei e Messias no Antigo Testamento

não teve direito ao trono por ocasião da morte do marido. Segundo Athalya Brenner, nenhuma dessas duas interpretações de realeza feminina era possível no antigo Israel. Ela afirma[1] que "a sociedade israelita não admitia — ou não queria admitir — que a esposa de um monarca pudesse ser uma rainha por direito ou uma representante real de seu esposo". E conclui:[2] "a instituição da monarquia feminina, embora reconhecida no Antigo Testamento como válida para terras estrangeiras, era considerada inaceitável em Israel e em Judá". Entretanto, contra Brenner, é preciso dizer que certas mulheres ligadas a casas reais não só controlavam vários modos de poder — em certo sentido — mas também apresentavam algumas das características de realeza. Aqui vou examinar narrativas bíblicas de três dessas mulheres — Betsabéia, Jezabel e Atalia — e procurar saber o que elas nos ensinam.

O vocabulário

Duas palavras importantes estão associadas a mulheres da realeza: *malkâ* e *gᵉbîrâ*. *Malkâ* é usada apenas em algumas ocasiões na Bíblia Hebraica e só aparece em Ester (Ester e Vasti), 1Rs 10 e 1Cr 9 (rainha de Sabá) e Ct 6 (no plural). No livro de Ester, é claramente um título atribuído porque as mulheres envolvidas são esposas de um rei. O monarca é rei estrangeiro. Além disso, como Ester é um texto tardio, o uso de *malkâ* nesse livro não é de grande ajuda nas questões em estudo aqui.[3] Embora seja bem possível que, como título da rainha de Sabá, *malkâ* indique ser ela governante por seus próprios méritos,[4] ela também era estrangeira, o que é a primeira razão de estar incluída na Bíblia. O verbo *mlk*, "governar", é usado com um sujeito feminino somente a respeito de Atalia.

A outra palavra usada para mulheres da realeza, *gᵉbîrâ*, talvez seja mais significativa e exija análise cuidadosa, principalmente por haver muita discussão

---

[1] Brenner, A. *The Israelite Woman: Social Role and Literary Type in Biblical Narrative*. Sheffield, JSOT Press, 1985, p. 17 (The Biblical Seminar, 2) [Ed. Bras.: *A mulher israelita: papel social e modelo literário na narrativa bíblica*. São Paulo, Paulinas, 2001, p. 15].

[2] Brenner, *The Israelite Woman*, p. 32 [Ed. Bras.: p. 40].

[3] É provável que um paralelo ao uso de *malkâ* em Ester se encontre no uso do equivalente aramaico em Dn 5,10.

[4] A julgar por textos assírios (cf. *ANET*, pp. 283-286), parece que rainhas (Samsi e Zabibe são especificamente mencionadas) governaram por seus próprios méritos na península Arábica durante o século VIII a.C.

"Realeza feminina" em Israel?

dedicada a seu uso. Ktziah Spanier comenta em uma nota[5] que "o termo *g^ebîrâ* é usado com mais freqüência para descrever a mãe do rei que sua esposa". Como muitos outros, ao longo de todo o seu artigo,[6] Ben-Barak fala em *g^ebîrâ* como se esse termo significasse "rainha-mãe". Embora esse significado seja amplamente aceito, e "rainha-mãe" esteja entre as definições de *g^ebîrâ* no BDB e no novo dicionário Sheffield, não tenho certeza de ser esse o caso. Na forma *g^ebîrâ*, o termo é usado seis vezes: com referência à esposa de Faraó, Táfnis (1Rs 11,19); à mãe [avó, na Bíblia de Jerusalém] de Asa, Maaca (1Rs 15,13; 2Cr 15,16); à mãe dos "príncipes", filhos de Ozias (2Rs 10,13); "ao rei [Joaquin] e à *g^ebîrâ* [de Judá]" (Jr 13,18; note que, embora *g^ebîrâ* seja traduzido por "rainha-mãe", nesse versículo, na NRSV não tem de significar isso); e a *g^ebîrâ* associada ao rei Jeconias (Jr 29,2; mais uma vez, não necessariamente sua mãe, mas talvez a mãe de seus filhos). Entendida literalmente, a palavra significa algo como "grande dama" ou "dama poderosa", e é o equivalente feminino do masculino *geber*, que significa "homem" (como em Dt 22,5) e é também usada na forma *gibbôr*, com o significado de "guerreiro" (como em Js 10,2). Na Bíblia Hebraica, um termo similar, *g^eberet*, refere-se a outras mulheres poderosas além das mães de reis e, em três casos, é traduzido de maneira diferente. Em Gn 16, refere-se a Sara, para indicar sua posição como senhora de servos. Em 2Rs 5,3 (em que se refere à esposa de Naamã) e alhures, também é usado com referência a mulheres que têm a seu cargo famílias grandes. Em geral, os usos na Bíblia Hebraica de *g^ebîrâ* e outros termos relacionados parecem indicar ser esse um termo de respeito que se referia a mulheres poderosas e servia como reconhecimento de sua autoridade. Como tal, não é surpreendente que se referisse a mulheres da realeza. Entretanto, o fato de referir-se a mulheres que eram rainhas-mães não quer necessariamente dizer que *signifique* "rainha-mãe". Podia ser apenas um reconhecimento da posição de poder e de autoridade que elas ocupavam. Quando se referia a uma mulher, o termo

---

[5] SPANIER, K. "The Queen Mother in the Judean Royal Court: Maacah, a Case Study". In: BRENNER, A. *A Feminist Companion to Samuel and Kings*. Sheffield, Sheffield Academic Press, 1984, pp. 186-195 (186, n. 1) (The Feminist Companion to the Bible, 5) [Ed. Bras.: "A rainha-mãe na corte de Judá: Maaca, um estudo crítico". In: *Samuel e Reis a partir de uma leitura de gênero*. São Paulo, Paulinas, 2003, pp. 236-248 (263, n. 1) (A Bíblia: uma leitura de gênero)].

[6] BEN-BARAK, "The Status and Right of *g^ebîrâ*". In: BRENNER, *A Feminist Companion to Samuel and Kings*, pp. 170-185 [Ed.. Bras.: pp. 217-235].

g^e bîrâ significava que ela era a mulher mais importante no reino na ocasião: e, nesse caso, bem podia ser a rainha-mãe, embora talvez não fosse.

O que ora foi dito não elimina a possibilidade de que, quando usado como título, *g^e bîrâ* indicasse uma posição específica, o que é sugerido pelo relato em 1Rs 15, que conta como Asa "chegou a retirar de sua mãe a dignidade de *g^e bîrâ*, porque ela fizera um ídolo para Aserá" (1Rs 15,13a). Nesse caso, a retirada do título parece ser indicação de recusa de *status*, e Asa recebe aprovação competente do autor bíblico por "degradar" Maaca. No entanto, resta a pergunta: o poder e a influência da mulher surgiam por ela ser a *g^e bîrâ*, ou o título lhe era concedido por ela já ser influente e poderosa? Em minha opinião, a resposta está na segunda possibilidade: a mulher considerada poderosa recebia o título em reconhecimento de seu poder, o que significa que uma mulher podia ser *g^e bîrâ* sem ser mãe de um rei e nem mesmo membro da corte, ou ainda ser "rainha-mãe" sem ser designada *g^e bîrâ*. Um dos problemas dessa especulação é que, com freqüência, não há meios de saber se o fato de determinado termo ser usado ou não é casual, ou uma questão de moda ou intenção deliberada.

Rainha-consorte ou rainha-mãe: com quem fica o poder?

Quer *g^e bîrâ* signifique, quer não signifique "rainha-mãe", muitos biblistas usam a palavra como ponto de partida para a discussão do papel da rainha-mãe em Israel e Judá, quase sempre chegando a conclusões conflitantes. Niels-Erik Andreasen argumenta que "o texto deixa claro que a rainha-mãe não só era tratada com deferência pelo monarca, mas também ocupava importante posição política oficial, suplantada apenas pela do rei em pessoa".[7] Em apoio a essa opinião, Ktziah Spanier afirma:[8] "Uma análise dos relatos bíblicos indica que a rainha-mãe era a mulher mais importante na corte do reino de Judá" e aparece "como uma personagem importante no círculo mais íntimo dos súditos do rei". Tomoo Ishida faz eco a isso quando discute o papel das rainhas-mães de assegurar a sucessão de seus filhos. Ele sugere que "a autoridade da rainha-mãe nessa ques-

---

[7] ANDREASEN, N.-E. A. "The Role of the Queen Mother in Israelite Society". *CBQ* 45, 1983, pp. 179-194 (180).

[8] SPANIER, "The Queen Mother in the Judean Royal Court: Maacah, a Case study", p. 186 [Ed. Bras.: p. 236].

tão originava-se de sua posição oficial na corte".[9] Zafrira Ben-Barak[10] contesta essa opinião e comenta o papel da rainha-mãe: "Via de regra, a $g^e b\hat{\imath}r\hat{a}$, ou rainha-mãe, não tinha nenhum *status* político oficial na corte". Acrescenta que não há nenhuma "lei conhecida, nem outro indício direto fornecido pelo AT ou por fontes extrabíblicas", que apóie a suposição feita por alguns biblistas. Ela argumenta que os indícios presentes nos exemplos mais comumente citados — Betsabéia, Maaca, Hamital e Noesta — nos dizem menos sobre o suposto papel "oficial" da rainha-mãe que sobre o fato de cada uma das mulheres envolvidas ser "a mãe de um filho mais jovem sem direito à sucessão, que legitimamente pertencia a um irmão mais velho",[11] e, por isso, seria mais apropriado dizer que "foram mulheres ambiciosas e fortes determinadas a usar todos os meios disponíveis para garantir a sucessão monárquica para seus rebentos".[12]

Em minha opinião, a avaliação correta está em algum ponto entre esses dois extremos. Por mais poderosa e ambiciosa que uma mulher fosse, o fato de ser capaz de lidar com o poder de maneira eficiente deve refletir uma posição na corte que lhe permitia fazer isso. Em outras palavras, seu poder originou-se da posição que ocupava na corte, embora fossem suas qualidades que lhe permitiam lidar com ele de maneira eficiente. Assim, supomos que as mães dos reis tivessem o potencial para serem mulheres que controlavam o poder no reino. Minha dificuldade com a opinião generalizada de que muitas mulheres que ocupavam posições de poder o faziam em virtude de serem as mães de reis é eu não ter, de modo algum, certeza de que, em muitos dos casos citados, o poder da mulher deriva do fato de ela ser mãe em vez de consorte, apesar de, com base na comparação entre o material do antigo Oriente Próximo e os indícios bíblicos, Ishida afirmar que "não havia nenhuma posição oficial de rainha-consorte na corte de Judá".[13] Por exemplo, embora a atenção tenha-se concentrado em Betsabéia como mãe de Salomão (com certa razão), ela também parece ter um papel como mulher de Davi. Embora seja importante para fazer com que Salomão ocupe o trono,

---

[9] ISHIDA, T. *The Royal Dynasties in Ancient Israel: A Study on the Formation and Development of Royal-Dynastic Ideology*. Berlin, W. de Gruyter, 1977, p. 156. (BZAW, 142.).

[10] BEN-BARAK, "The Status and Right", p. 185 [Ed. Bras.: p. 235].

[11] BEN-BARAK, "The Status and Right", p. 181 [Ed. Bras.: p. 230].

[12] BEN-BARAK, "The Status and Right", p. 182 [Ed. Bras.: p. 231].

[13] ISHIDA, *Royal Dynasties*, p. 157.

Betsabéia exerce influência *enquanto Davi ainda vive*. Na verdade, é difícil entender como poderia desempenhar qualquer papel na sucessão de Salomão se já não ocupasse uma posição de certa força. Jezabel é, com certeza, influente como esposa de Acab, embora Ishida contorne essa dificuldade ao afirmar que ela assumiu o papel normalmente reservado à rainha-mãe. Não me parece que o caso fosse necessariamente o de mulheres da realeza se tornarem poderosas quando os filhos se tornavam reis. Antes, elas usavam as posições que já possuíam, em virtude de serem as consortes mais proeminentes — quer devido à preferência do rei, quer pela capacidade ou pelo carisma pessoal, ou pela posição oficial —, para assegurar que *seus* filhos, e não os de outras mulheres, assumissem o trono. Dessa maneira, eram capazes de conservar pelo menos parte da posição que já ocupavam e tinham até a possibilidade de fortalecê-la. Por essas razões, creio ser mais importante focalizar o papel de "mulheres da realeza" do que o de "rainhas-mães".

Rainhas em contexto

Como toda narrativa, as narrativas bíblicas sobre mulheres da realeza não podem ser analisadas sem referência aos contextos em que aparecem. Esse contexto tem três aspectos. O primeiro é o contexto do antigo Oriente Próximo e da luz que isso lance sobre as narrativas. O segundo é o contexto dos autores bíblicos: o tipo de sociedade na qual trabalhavam e suas pressuposições e pretensões culturais. O terceiro é o projeto específico que está em pauta: no caso das narrativas de Betsabéia, Atalia e Jezabel, isso significa o projeto deuteronomista.

O contexto do antigo Oriente Próximo

Alguns biblistas, notadamente Ishida,[14] empreenderam a tarefa de fazer comparações com outras culturas do antigo Oriente Próximo. Ao analisar Jezabel, Ishida argumenta que, "à luz dos casos citados da proeminência da rainha-mãe nos países ocidentais, é improvável que ela só se mantivesse a distância da política no Reino do Norte".[15] Mesmo assim, é possível argumentar que não se pode fazer comparações com outras culturas do antigo Oriente Próximo a fim de escla-

---

[14] ISHIDA, *Royal Dynasties*, pp. 155-160.

[15] ISHIDA, *Royal Dynasties*, p. 157

"Realeza feminina" em Israel?

recer a situação encontrada nas narrativas bíblicas. Creio que talvez algumas comparações sejam possíveis, na suposição de que seria improvável que Israel e Judá fossem completamente diferentes de seus vizinhos com respeito à realeza feminina, quando eram claramente muito parecidos com eles em outros aspectos. Na verdade, uma queixa recorrente dos autores bíblicos é que eram *demasiadamente* parecidos com os vizinhos! De fato, segundo 1Sm 8,5, a instituição da realeza foi introduzida, em primeiro lugar, porque "todos os anciãos de Israel" foram ao encontro de Samuel e lhe pediram: "Constitui sobre nós um rei, o qual exerça a justiça entre nós, como acontece *em todas as nações*". Por outro lado, é necessário cautela ao fazer tais comparações; primeiro, porque há relativamente pouco material relevante disponível, da Bíblia ou de outras fontes do antigo Oriente Próximo, e, segundo, porque as narrativas bíblicas deixam claro que, em alguns aspectos (pelo menos oficialmente), Israel e, mais especialmente, Judá *eram* diferentes dos vizinhos. Talvez seja difícil para nós, a essa distância, avaliar com exatidão até que ponto eles eram diferentes.

O mundo dos autores bíblicos

Biblistas feministas discutiram detalhadamente a maneira como as mulheres eram consideradas nos tempos bíblicos e as atitudes em relação a elas manifestadas nas narrativas bíblicas. Athalya Brenner diz isto:[16] "Afora a política materna e familiar, parece que as mulheres não tiveram quase nenhuma função permitida a elas na vida política e religiosa dos antigos Israel e Judá". Entretanto, algumas mulheres alcançaram de fato posições de poder e influência, e, para as feministas, a questão então é saber se esse poder pode ou não ser considerado de algum valor real. Há quem argumente que sim. Outros dizem que não, porque é, por definição, derivado de homens — a mulher não teria nem mesmo poder em potencial, muito menos poder real, se não tivesse marido ou filho.

O contexto da história deuteronomista

As narrativas sobre as monarquias de Israel e Judá não só refletem o clima predominante a respeito das mulheres, como também revelam indícios das preocupações específicas da escola deuteronomista. Suas preocupações sobre os pe-

---

[16] BRENNER, *A Feminist Companion to Samuel and Kings*, pp. 13-24 [Ed. Bras.: pp. 17-30].

Parte II • Rei e Messias no Antigo Testamento

rigos que as mulheres estrangeiras representavam para a nação têm sido muito discutidas, o mesmo acontecendo com as fórmulas que definem os "bons" governantes como os que (supostamente) correspondiam à idéia que o historiador bíblico tinha do que constituía um bom adorador de Iahweh. Mas, ao considerar as narrativas sobre mulheres da realeza, essas preocupações aumentam. Por exemplo, se o rei deve identificar-se estreitamente com Iahweh, que (pelo menos oficialmente) não tem consorte, então é de esperar que a consorte do rei não tenha o tipo de perfil que teria em outras culturas do antigo Oriente Próximo que possuem divindades femininas e poderosas consortes de deuses. Parece que muitas mulheres da realeza não só cultuavam divindades estrangeiras, até mesmo femininas, mas também se envolviam ativamente nos cultos dessas divindades. Susan Ackerman reflete sobre a natureza do envolvimento de mulheres da realeza no culto e chega a sugerir que "a rainha-mãe tinha responsabilidade oficial na religião israelita: dedicar-se ao culto da deusa-mãe Aserá dentro da corte do rei". Acrescenta que "esse papel cultual era primordial entre suas outras obrigações".[17] Apesar de admitir que os indícios para sua tese não são extensos, Ackerman apresenta argumentos convincentes para o envolvimento de mulheres da realeza em assuntos cultuais. Já que, segundo a própria Bíblia, esse envolvimento não pode ter sido no culto javista ortodoxo, deve ter acontecido em outro lugar e deve ter sido fator significativo para determinar a atitude do deuteronomista para com as mulheres da realeza a respeito das quais escrevia.

Uma compreensão do contexto no qual as narrativas bíblicas sobre mulheres da realeza foram escritas pode ajudar os intérpretes desses relatos. Assim, embora os propósitos, as pressuposições e os preconceitos do autor bíblico perpassem todas as linhas do texto, isso não impede que o leitor judicioso leia nas entrelinhas. Por exemplo, não há dúvida de que o autor bíblico tinha aversão a Atalia e Jezabel. Burke Long fala de Jezabel como alguém que "é exemplo perfeito do mal para o autor [deuteronomista]".[18] No entanto, apesar do desejo óbvio de descrevê-la de modo desfavorável, subsistem indícios das qualidades positivas de Jezabel, o que talvez mostre sua importância. Não devemos esquecer que o historiador deuteronomista não se preocupava apenas em externar seus preconceitos; também pretendia pintar uma espécie de quadro fidedigno dos aconteci-

---

[17] ACKERMAN, S. "The Queen Mother and the Cult in Ancient Israel". *JBL* 112, 1993, pp. 385-401 (388).

[18] LONG, B. O. *2 Kings*. Grand Rapids, Eerdmans, 1991, p. 130. (FOTL, 10.)

mentos. Procurou escrever não só um fluxo de polêmica, mas uma espécie de "história", quaisquer que fossem seus motivos e por mais polêmico que isso se tornasse. Isso cria um tipo de tensão entre os acontecimentos reais e as percepções dos acontecimentos, e é nesse ponto de tensão que a porta se abre para outras interpretações e nuanças possíveis. Dessa maneira, para o leitor perspicaz, são possíveis outras leituras além da mais superficial. Pode bem ser que a importância desse ponto de tensão se torne mais penetrante nas narrativas sobre mulheres, pois é nessas narrativas que os preconceitos do autor bíblico coincidem mais efetivamente com os dos intérpretes tradicionais. Isso explica por que tais narrativas são, com freqüência, tão problemáticas para os intérpretes e também por que são alvos para as estudiosas feministas.

Três mulheres régias: Betsabéia, Jezabel e Atalia

O plano do deuteronomista de descrever (e talvez ajudar a criar?) uma monarquia que só seria considerada eficiente à medida que abraçasse o javismo monolátrico e evitasse todas as coisas estrangeiras, em especial mulheres estrangeiras, é particularmente apropriado para a discussão das narrativas de Betsabéia, Jezabel e Atalia. Não é só importante examinar suas histórias contra esse pano de fundo; é provavelmente impossível examiná-las sem ele. Betsabéia, Jezabel e Atalia são três mulheres notáveis. Suas histórias continuam a fascinar — a ponto de, mesmo para os que nunca leram o relato bíblico de suas atividades, o nome Jezabel continuar evocativo até hoje. Não é possível ver essas três mulheres separadas umas das outras. Suas histórias fazem parte de uma história maior — a da monarquia em Israel e Judá, descrita na própria Bíblia como um todo contínuo. À medida que a narrativa prossegue, o texto move-se constantemente entre os reinos do Norte e do Sul, e há contínuas referências que remontam a Davi, apesar de toda a "história" alcançar sua forma final com uma percepção fundamental da queda de Jerusalém e do exílio.

Betsabéia

Betsabéia é a protagonista em duas narrativas importantes: 2Sm 11–12, que fala do início de sua relação com Davi, e 1Rs 1–2, quando o assunto é a sucessão ao trono. Segundo a Bíblia, a importância de Betsabéia origina-se, primeiramente, de sua beleza e, em segundo lugar, do fato de ser a mãe de Salomão,

PARTE II • Rei e Messias no Antigo Testamento

e esses dois motivos são enfatizados em ambas as narrativas. Em 2Sm 11,2, a beleza de Betsabéia é exaltada. A frase hebraica que se refere a Betsabéia é *hā'iššâ ṭôbat mar'eh mᵉ'ōd*. É quase como se o autor bíblico tentasse explicar a paixão de Davi por Betsabéia, embora não a desculpasse. É a impressão transmitida, mesmo que, como veremos em seguida, seja no mínimo possível que Davi tivesse outros motivos além da concupiscência para suas ações.

Se a primeira fosse a única presença de Betsabéia no Antigo Testamento, talvez pensássemos que, na verdade, ela não tem mais poder que o de um "objeto passivo".[19] Entretanto, sua segunda aparição é muito diferente e, em minha opinião, representa mais que "a paródia irônica de sua primeira aparição na 'história de Davi' " descrita por Cheryl Exum.[20] Em 1Rs 1, quando fica evidente que seu poder está enfraquecendo-se, Davi chama Betsabéia. Longe de ser apenas um membro sem nome do harém, ou mesmo o principal membro dele, Betsabéia é alguém que Davi consulta quando a sucessão está em pauta. Só depois de Betsabéia saber que Davi deseja que Salomão seja o herdeiro, são chamados o sacerdote Sadoc, o profeta Natã e Banaías para cumprirem sua decisão e ungir Salomão rei. De fato, a impressão de que Betsabéia é parte importante desse processo já é dada em 1Rs 1,11-14, pois é para ela que Natã se volta depois que Adonias reivindica o trono. Embora seja personagem poderoso, Natã diz a Betsabéia: "Entrarei depois de ti e apoiarei as tuas palavras" (1Rs 1,14). Mesmo se concordarmos que a chamada "narrativa da sucessão" foi escrita depois do evento, como justificativa da sucessão de Salomão, ainda restará por saber por que se deu tanta ênfase ao envolvimento de Betsabéia. Se o autor bíblico queria frisar ao máximo o episódio, é razoável supor que aduzisse esses fatores que davam maior apoio à sua causa. É bem possível que "a *concessão* do reino por Davi seja, de fato, ilusória"[21] e Betsabéia conspire com Natã em "um ato de impostura deliberada",[22] mas, mesmo assim, tramando ou não, considera-se importante que se saiba da

---

[19] EXUM, J. C. *Fragmented Women: Feminist (Sub)versions of Biblical Narratives.* Sheffield, JSOT Press, 1993, p. 173. (JSOTSupl, 163.)

[20] EXUM, *Fragmented Women*, p. 198.

[21] GUNN, D. M. *The Story of King David: Genre and Interpretation.* Sheffield, JSOT Press, 1978, p. 105. (JSOTSupl, 6.)

[22] GUNN, *The Story of King David*, p. 106. Gunn comenta: "Com certeza é notável que não haja na narrativa nenhuma outra referência a essa promessa crucial" (p. 105).

presença de Betsabéia. Gunn afirma haver "grande possibilidade" de que "onde, em sua senilidade, Davi imagina conceder o reino, na verdade ele lhe está sendo tirado", embora não lhe seja tirado com violência. Ele continua: "Assim, por ironia, é o filho de Betsabéia que dá expressão final ao tema do confisco estabelecido originalmente com a tomada de Betsabéia por Davi".[23] Ainda segundo vista por Gunn, Betsabéia está envolvida em ambos os incidentes — indefesa no primeiro, ela é poderosa no segundo, embora pelo menos um pouco e talvez a maior parte desse poder derive de sua posição como mãe de Salomão e consorte de Davi. (Andreasen sugere a possibilidade de, "como rainha-mãe, Betsabéia exercer a função de conselheira nos assuntos políticos e judiciais da corte e talvez de mediadora entre as facções políticas da nação".[24] Do mesmo modo que é usada para iniciar a proclamação de Salomão como herdeiro, é usada por Adonias quando este tenta assegurar uma base própria de poder ou, talvez, apenas a própria sobrevivência.) É para Betsabéia que Adonias se volta na tentativa de assegurar para esposa Abisag de Sunam. O acesso de Betsabéia a Salomão, agora rei, inicia a eliminação de Adonias e dos que o apóiam. Assim, na estrutura narrativa de 1–2 Reis, Betsabéia é usada pelo autor bíblico para desencadear tanto a proclamação de Salomão como rei quanto a garantia dessa realeza pela eliminação de Adonias.

Lembramo-nos imediatamente de duas maneiras de interpretar a mudança de disposição de ânimo entre a primeira e a segunda aparição de Betsabéia. Uma é sugerir que o contraste é um artifício literário destinado a demonstrar a mudança da falta de poder para o exercício do poder por uma personagem feminina.[25] Esse não é um tema desconhecido na Bíblia, embora se encontre mais comumente em narrativas sobre homens, como as histórias de José, Jacó e até do próprio Davi. Outra possibilidade é que o relato em 2Sm 11–12 contenha indicações de que Betsabéia não era simplesmente uma vítima impotente e que os motivos de Davi ao tomá-la, primeiro como amante e depois como esposa, eram mais que

---

[23] Gunn, *The Story of King David*, p. 106.

[24] Andreasen, "The Role of the Queen Mother", p. 189.

[25] Sugeri que uma interpretação nesse sentido também se aplica à narrativa das filhas de Ló, em Gn 19. Cf. Smith, C. "Challenged by the Text: Interpreting Two Stories of Incest in the Hebrew Bible". In: Brenner, A. & Fontaine, C., orgs. *A Feminist Companion to Biblical Methodologies, Approaches and Strategies*. Sheffield, Sheffield Academic Press, 1997, pp. 124-148. (The Feminist Companion to the Bible, 11.)

PARTE II • Rei e Messias no Antigo Testamento

mera concupiscência. Essa sugestão foi examinada por Randall Bailey[26] e torna-se mais plausível à luz da observação de Gunn de que o relato do encontro inicial entre Davi e Betsabéia é um tanto desapaixonado. Gunn comenta: "O comportamento de Davi com Betsabéia tem caráter curiosamente prosaico".[27] Também parece que Davi não só desposou Betsabéia, como a elevou a uma posição de certa proeminência. Se fosse um casamento baseado apenas na luxúria, não haveria razão para Betsabéia não se tornar simplesmente um membro sem nome (ou quase sem nome) do harém. De fato, se essa fosse uma união baseada em luxúria passageira, seria de esperar que, quando envelhecesse, Betsabéia perdesse o poder sobre Davi. Bailey observa que a primeira designação de Betsabéia não é como mulher de Urias, mas como "filha de Eliam". Ele menciona o aparecimento de um Eliam, "filho de Aquitofel, de Gilo", em 2Sm 23,34, e sugere que, "se essas duas referências são para a mesma pessoa, isso significa que Betsabéia descendia de uma família com influência política, pois Aquitofel é citado como um dos principais conselheiros de Davi" (2Sm 16,23), que depois passou para o lado de Absalão.[28] Se a sugestão de Bailey está correta, então o uso de Betsabéia por Natã é ainda mais compreensível. Bailey chega até a sugerir que, na opinião do autor bíblico, Davi preocupa-se mais com as ligações políticas da mulher que com seu estado civil.[29]

Quer o texto seja considerado como construção literária e Betsabéia um instrumento dentro dele, quer como registro acurado de acontecimentos ou formulação criada pelos partidários de Salomão para justificar sua realeza, Betsabéia aparece nele como figura poderosa e significativa. Como é suposição geral que não se deve esperar isso dentro dos padrões das monarquias israelita e judaíta, essa descrição é digna de nota.

Jezabel

Há dois pontos importantes a lembrar sobre Jezabel: primeiro, era ativa em Israel em uma época de considerável estabilidade e, segundo, é descrita quase

---

[26] BAILEY, R. C. *David in Love and War: The Pursuit of Power in 2 Samuel 10–12*. Sheffield, JSOT Press, 1990, pp. 83-101. (JSOTSup, 75.)

[27] GUNN, *The Story of King David*, p. 99.

[28] BAILEY, *David in Love and War*, p. 87.

[29] BAILEY, *David in Love and War*, p. 87.

"Realeza feminina" em Israel?

exclusivamente como adversária de Elias. Este último ponto talvez seja mais significativo que o primeiro.

1Rs 16,21-23 conta como Amri fomentou um período de estabilidade em Israel, subjugando os adversários e construindo uma capital. O filho de Amri, Acab, marido de Jezabel, reinou vinte e dois anos (1Rs 16,29). Segundo o livro dos Reis, os múltiplos pecados de Acab foram aumentados por seu casamento com Jezabel ("Como se não lhe bastasse imitar os pecados de Jeroboão, filho de Nabat, desposou ainda Jezabel, filha de Etbaal, rei dos sidônios", 1Rs 16,31). Jezabel é culpada pela conversão de Acab ao culto de Baal e por ele construir um poste sagrado (1Rs 16,31-33). Embora pareça ter sido moda os autores bíblicos responsabilizarem as esposas estrangeiras quando os maridos se convertiam ao culto de deuses estrangeiros, essa acusação específica pode bem ter sido verdade. Uma análise do relato bíblico do reinado de Acab sugere que Jezabel não só era a mais forte no relacionamento, como parecia ter mais consciência política que Acab,[30] e provavelmente tenha percebido que esse movimento reforçaria a base de poder de Acab. Sua estratégia parece ter sido bem-sucedida, considerando-se a duração do reinado de Acab e o domínio sobre o povo que aparentemente conseguiram manter. A evidente habilidade política de Jezabel talvez se deva ao fato de vir de uma casa real e ter crescido em um ambiente de poder. Eis o que diz Leah Bronner referindo-se a Jezabel:[31] "Tudo o que sabemos a seu respeito mostra que era uma mulher nascida para governar". Brenner comenta:[32] "Diferente de qualquer outra mulher ou mãe do rei no Antigo Testamento, Jezabel foi uma rainha verdadeira, auxiliar e parceira no governo de seu marido [...]; ela participou efetivamente nos assuntos de governo com o consentimento de seu marido". O interessante é que, embora desaprovem Jezabel, os autores e organizadores bíblicos reconhecem sua importância e seu poder. (Phyllis Trible diz a respeito de Jezabel: "Nenhuma mulher [ou nenhum homem] das Escrituras hebraicas su-

---

[30] Alexander Rofé faz este comentário sobre o relacionamento: "Eles parecem ser diferentes um do outro em natureza e na concepção de realeza. Jezabel é firme, autoconfiante, mestra na arte de governar uma nação. O mesmo não se pode dizer de Acab". ROFÉ, A. "The Vineyard of Naboth: The Origin and Message of the Story". *VT* 38, 1988, pp. 89-104 (91).

[31] BRONNER, L. *The Stories of Elijah and Elisha as Polemics Against Baal Worship*. Leiden, E. J. Brill, 1968, p. 9. (Pretoria Oriental Series, 6.)

[32] BRENNER, *The Israelite Woman*, p. 20 [Ed. Bras.: p. 21].

Parte II • Rei e Messias no Antigo Testamento

porta uma pressão mais hostil que Jezabel", e é provável que esteja certa.[33]) Sua importância está registrada na introdução ao reinado de Ocozias, filho de Acab (1Rs 22,53), que diz a respeito dele: "Fez o mal aos olhos de Iahweh e imitou o comportamento de seu pai e de sua mãe, e o de Jeroboão, filho de Nabat, que levara Israel a pecar". Essa adição da "mãe" à fórmula deuteronomista usual deve ser referência a Jezabel e também indicação de sua importância para os autores e organizadores bíblicos.

Isso me traz ao segundo ponto — a descrição que o autor bíblico faz de Jezabel como diametralmente oposta ao profeta Elias. Elias aparece primeiro em 1Rs 17, quando informa a Acab que haverá uma seca. Jezabel aparece primeiro como protagonista nos assuntos israelitas em 1Rs 18,4, em que é dito que ela "massacrou os profetas de Iahweh", o que fez Abdias fugir com cem colegas e escondê-los em uma gruta. Abdias conta a Elias o que Jezabel fez, desencadeando assim a luta de poder entre ambos, o que é, em si, uma luta de poder entre Iahweh e outros deuses, com seu episódio mais memorável no confronto no monte Carmelo (1Rs 18).

A respeito do relato dos conflitos entre ambos, Phyllis Trible[34] escreve que os autores bíblicos "moldaram uma narrativa na qual Elias e Jezabel (entre outras personagens) surgiram como exemplos perfeitos de opostos: ele é o epítome do bem; ela, o do mal". Trible ressalta as similaridades nas narrativas de Elias e Jezabel e diz:[35] "Em comportamento e modo de ser, Elias e Jezabel são imagens enantiomórficas que assombram as gerações". Ao esboçar esses paralelos, Trible formula uma importante proposição: se Jezabel não fosse uma figura tão poderosa, não seria uma oponente à altura para um gigante como Elias. Em nenhuma outra passagem veterotestamentária, há um confronto dessa magnitude entre um governante e um defensor de Iahweh — e isso suscita dúvidas quanto à importância de o adversário ser mulher.

À medida que a narrativa prossegue, fica claro não só que Acab depende da liderança de sua esposa, mas também que Elias tem medo dela. Em 1Rs 19,1,

---

[33] Trible. P. "Exegesis for Storytellers and Other Strangers". *JBL* 114, 1995, pp. 3-19 (4).

[34] Trible, "Exegesis for Storytellers", p. 3.

[35] Trible, "Exegesis for Storytellers", p. 18.

"Realeza feminina" em Israel?

depois dos incidentes no monte Carmelo, é para Jezabel que Acab se volta e é ela que, então, enfrenta Elias. Além disso, por ter medo de Jezabel, Elias foge para Bersabéia, em Judá.

Embora a narrativa bíblica descreva um conflito entre o javismo e a religião de outros deuses, há também sugestões de que algo mais esteja em jogo. Acab dirige-se a Elias com as palavras: "Estás aí, flagelo de Israel!" (1Rs 18,17), dando a impressão de que Elias traz desassossego a uma nação que só recentemente encontrou estabilidade. Notamos que, em 1Rs 19,16, depois que Elias foge de Jezabel, Iahweh ordena-lhe ungir outro rei, Jeú, para substituir Acab. Se a politicamente astuta Jezabel busca afastar Elias a fim de livrar-se das facções diruptivas do reino, é provável que esteja certa em fazer isso. Tomoo Ishida fala[36] da "revolução javista no Reino do Norte", no contexto de sua repercussão em Judá. O incidente da vinha de Nabot é revelador, não só porque mostra a dependência de Acab em relação ao julgamento de Jezabel e sua própria fraqueza (fica amuado quando não consegue impor sua vontade e espera que ela venha perguntar-lhe o que está errado), mas também porque diz algo ao leitor sobre a motivação de Jezabel. Além disso, o poder de Jezabel é reconhecido pelos súditos de Acab. Ela escreve em nome de Acab para proclamar um jejum (1Rs 21,9-10), mas "os homens da cidade de Nabot, os anciãos e os notáveis que moravam na mesma cidade, fizeram conforme Jezabel lhes havia ordenado, segundo estava escrito nas cartas que ela lhes enviara" (1Rs 21,11). Eles sabiam quem tinha o poder! É Elias que não reconhece a autoridade de Jezabel — *ele* enfrenta Acab (1Rs 21,20-22). As palavras de Jezabel a Acab: "És tu que agora governas Israel?" (1Rs 21,7) deixam claro que, para ela, o assunto da vinha de Nabot envolve a preservação do poder. Por mais injusto e irracional que seja o pedido de Acab, Jezabel sabe que, se não for atendido, Acab perderá parte de sua autoridade — situação que abrirá o caminho para outras dissidências.

Atalia

Atalia assumiu o poder depois do golpe que se seguiu à morte de seu filho Ocozias, golpe no qual ela matou toda a descendência real, exceto Joás, que seus

---

[36] ISHIDA, *Royal Dynasties*, p. 160.

Parte II • Rei e Messias no Antigo Testamento

adversários esconderam.[37] Atalia parece ter sido a única mulher de quem se pode dizer que "reinava sobre a terra" (embora se possa dizer que Jezabel o fez, apesar de seu marido ser nominalmente o soberano), e é óbvio que o autor bíblico lutou com o fato de Atalia tê-lo feito. Cogan e Tadmor observam[38] que, "do ponto de vista do organizador deuteronomista de Reis, não é concedida legitimidade total ao reinado de Atalia, pois não há nenhuma fórmula, nem de abertura nem de encerramento, para seus seis anos". Mesmo assim, insistem[39] que "a narrativa reconhece Atalia como rainha, apesar de ser altamente crítica de sua usurpação do trono".

Os autores bíblicos ligam Atalia a Jezabel. Atalia também forma um elo entre os reinos do Norte e do Sul, em um período crucial de sua história. É descrita como filha de Amri e mãe de Ocozias, filho de Jorão, rei de Judá (2Rs 8,25-27), mas também é citada como filha de Acab (2Rs 8,18). (Se seu pai era Amri ou Acab ainda é tema de debate.) O adversário de Atalia, depois que ela usurpou o trono, é um defensor de Iahweh, o sacerdote Joiada. Segundo o autor bíblico, o reinado de Ocozias caracteriza-se pela semelhança com o de Acab (2Rs 8,27). Como Atalia é claramente mencionada em ligação com ele, a conclusão é óbvia: Atalia encorajava o culto de Baal. Contudo, é perceptível que Atalia não foi acusada de suprimir o javismo. Parece que, embora houvesse culto a Baal, este ocorria em um santuário separado.[40]

Entretanto, há outra interpretação possível dos acontecimentos registrados em 2Rs. Quando Atalia descobre que Joiada declarou Joás rei no Templo de Iahweh, sua primeira reação é: "Traição!" (2Rs 11,14). Ishida afirma[41] que o objetivo de Jorão e Atalia era "estabelecer o regime em total cooperação com a casa de Amri", mas sofreram a oposição dos "nacionalistas", que tinham um plano contrário ao do partido governante, fundado em Jerusalém, cujos membros eram considerados adversários da religião javista. Ishida[42] considera as referências ao "povo da terra",

---

[37] Para um estudo crítico-redacional da narrativa de Atalia em 2Rs 11, cf. Levin, C. *Der Sturz der Königen Atalja*. Stuttgart, Katholisches Bibelwerk, 1982 (SBS, 105). Sou grata ao dr. John Day por indicar essa referência.

[38] Cogan, M. & Tadmor, H. *II Kings*. Garden City, NY, Doubleday, 1988, p. 133. (AB, 11.)

[39] Cogan & Tadmor, *II Kings*, p. 134.

[40] Cogan & Tadmor, *II Kings*, p. 134.

[41] Ishida, *Royal Dynasties*, p. 159.

[42] Ishida, *Royal Dynasties*, pp. 160-161.

"Realeza feminina" em Israel?

que aparecem em relatos de acontecimentos em Judá, como indício de um grupo não ligado à administração régia e prova de uma oposição entre os "da cidade" e os "da terra". Ele sugere que o jovem Joás foi, de fato, levado por representantes desse grupo e depois coroado por eles, o que significa que a pretensão de Atalia ao trono tinha mais a ver com o desejo de manter a estabilidade e o *status quo* que com o de opor-se ao javismo. Essa interpretação é interessante, pois indica certa decepção com a idéia de que Jerusalém e o Templo representavam os centros do verdadeiro javismo. Combina bem com o que sabemos do ministério de Elias no Reino do Norte, mas não com uma teologia deuteronomística centrada no Templo. Assim, pondo de lado o programa javista dos deuteronomistas, é possível ver nas ações de Jezabel e de Atalia indícios de liderança forte e sensata e o desejo de estabilidade. De outro ponto de vista, ambas podem ser vistas como boas governantes. O fato de que o autor bíblico se dá a tanto trabalho para descrevê-las de outra maneira talvez seja indicação da força potencial dessa tradição contrária. Patricia Dutcher-Walls sugere que o desprezo por Atalia tem diversos aspectos:[43] "Independentemente dos atos ou motivos 'históricos' de Atalia, ela é repudiada pela percepção que o deuteronomista tem do mundo para adaptar idéias do mal, de perigo e de poder ilegítimo — todos os quais são inerentes à posição de Atalia, como estrangeira, mulher e apóstata".

Entretanto, pergunto-me se Dutcher-Walls está certa ao afirmar que a condenação de Atalia tinha como uma de suas motivações principais o fato de ela ser mulher. Betsabéia, também mulher, e possivelmente estrangeira (era mulher de um heteu, 2Sm 11,3), evidentemente não sofreu essa condenação. Isso pode bem ter acontecido por ela ser considerada defensora de Iahweh. Se esse era o caso, então a ameaça representada por Atalia originava-se de seu culto a deuses estrangeiros. O mesmo se aplica a Jezabel. Essa interpretação tem a vantagem de coadunar-se com o que o texto diz realmente. Qualquer que fosse o projeto oculto ou subconsciente, os organizadores deuteronomistas consideraram-na a verdadeira ameaça. A possibilidade de a associação de mulheres estrangeiras com cultos estrangeiros ter levado a sua condenação não compromete esse ponto de vista. O que ocorre é apenas uma mudança no debate, que passa a girar em torno

---

[43] DUTCHER-WALLS, P. *Narrative Art, Political Rhetoric: The Case of Athaliah and Joash.* Sheffield, Sheffield Academic Press, 1996, p. 112. (JSOTSup, 209.)

PARTE II • Rei e Messias no Antigo Testamento

da motivação de fundo: a condição mesma de mulher ou o fato de, enquanto tal, cultuar divindades estrangeiras (e, muito provavelmente, femininas).

O autor bíblico tem razão de enfatizar os elos entre Jezabel e Atalia (com Jezabel sendo "parente e o mais próximo equivalente, no Reino do Norte, de Atalia"[44]). Como explica Dutcher-Walls, para o autor bíblico, "Atalia representa uma má e intrusa parente de Amri a qual interrompe a sucessão dinástica em Judá e só pode ser considerada influência violenta e ilegítima".[45] Há, na verdade, paralelos entre elas. Rainer Albertz sugere[46] (em ligação com a dinastia de Amri) que

> é relativamente improvável que a casa real praticasse uma política religiosa agressiva contra a religião de Iahweh, como os textos acusam Jezabel, em particular, de fazer, mas é muito provável que essa política permitisse, se não encorajasse, a justaposição do culto de Iahweh e Baal e, em todo caso, não impedia a revitalização da religião de Baal.

Além disso, ele considera os profetas como parte de um movimento que era, com certeza, religioso, mas também focado em questões sociais. Os profetas, afirma,[47] eram "recrutados principalmente de uma classe operária que, ou não tinha recursos, ou estava empobrecida". Não tendo terras nem outro meio de subsistência, os profetas ganhavam a vida como "curandeiros, exorcistas ou mensageiros de oráculos milagrosos itinerantes". Albertz continua:[48] "Foi só a partir dessa independência econômica e da posição de intruso social que parte da profecia israelita assumiu a função de criticar o sistema". Ele classifica Elias e Eliseu nesse grupo, o que, com certeza, os torna comparáveis ao "povo da terra" já mencionados, cujos líderes populares parecem ter sido clamorosos e ativos em Judá. Albertz afirma[49] que "a tradição mais tardia certamente exagera ao dizer que

---

[44] DUTCHER-WALLS, *Narrative Art, Political Rhetoric*, p. 112.

[45] DUTCHER-WALLS, *Narrative Art, Political Rhetoric*, p. 100.

[46] ALBERTZ, R. *Religionsgeschichte Israels in alttestamentlicher Zeit*. Göttingen, Vandenhoeck & Ruprecht, 1992, I, p. 232 (ET *A History of Israelite Religion in the Old Testament Period*. Trad. J. Bowden. London, SCM Press, 1994, I, p. 150).

[47] ALBERTZ, *Religionsgeschichte*, p. 235 (ET *History*, p. 151).

[48] ALBERTZ, *Religionsgeschichte*, p. 234 (ET *History*, p. 151).

[49] ALBERTZ, *Religionsgeschichte*, p. 241 (ET *History*, p. 154).

"Realeza feminina" em Israel?

Jezabel perseguia e matava os profetas de Iahweh sistematicamente [...], mas a casa real não aceitaria os ataques a sua política religiosa sem adotar medidas defensivas". Isso nos deixa a possibilidade muito real de que Jezabel e Atalia se opusessem a elementos dissidentes em suas nações, a fim de evitar uma séria ameaça à estabilidade e de manter a ordem em seus respectivos reinos.

Comparação e contraste

Há algumas questões interessantes a respeito da maneira como as três mulheres — Betsabéia, Jezabel e Atalia — são descritas. Betsabéia e Atalia têm em comum o fato de parecerem obter o poder principalmente por serem mães de filhos, enquanto Jezabel é rainha-consorte. Jezabel e Atalia têm em comum o fato de aparentemente se oporem a tipos semelhantes de ameaças dentro dos respectivos reinos. As três mulheres têm em comum o fato de serem descritas como aliadas do partido governante e, nos casos de Atalia e de Betsabéia, partidos governantes centralizados em Jerusalém como sede do poder. Isso é interessante, pois os autores bíblicos vêem o apoio aos poderes governantes de maneira positiva, no caso de Betsabéia, e de maneira negativa, no caso de Atalia. É bem possível que isso reflita uma mudança de atitude provocada pela experiência de viver sob esses regimes. De fato, o próprio texto bíblico expressa desilusão com tal governo e remonta essa desilusão ao reinado de Salomão.

Há pontos de comparação e pontos de contraste entre as três mulheres. Jezabel e Atalia são ambas mulheres "régias", oriundas de casas reais e acostumadas aos modos da corte, embora essas cortes fossem estrangeiras. (Não há dúvida de que o fato de ambas as mulheres serem estrangeiras constitui um problema para o autor bíblico. Long refere-se à abordagem do autor deuteronomista do tema da "guerra total entre as forças de Iahweh e Baal" e afirma que, para esse autor, "a doença entra no corpo político pelo casamento".[50]) Betsabéia, porém, era plebéia. Jezabel e Atalia — uma no Reino do Norte, a outra no do Sul — eram vistas como ameaça à religião javista e adversárias dos que a apoiavam. Betsabéia,

---

[50] LONG, *2 Kings*, p. 155. Mais tarde, isso se transformou em um problema ainda maior, como vemos, por exemplo, pelos acontecimentos relatados em Esd 9–10. A ligação de Salomão com mulheres estrangeiras é citada como a causa do fim do reino em 1Rs 11,1-13.

por outro lado, não é ameaça. É considerada adepta da religião ortodoxa nas pessoas de Natã e Sadoc e, naturalmente, na de seu filho Salomão.

As três mulheres parecem ter em comum o fato de seu poder originar-se, pelo menos em parte, dos homens aos quais estavam ligadas. Além disso, parecem ser capazes de exercer o poder com mais eficiência quando há algum tipo de vazio de poder masculino. Acab e Davi têm em comum o fato de parecerem estar estupefatos com suas esposas. Isso não acontece no caso de Atalia. Mesmo assim, como as outras duas, ela parece exercer mais poder quando o poder masculino está ausente ou é desprezível. No caso de Atalia, está ausente; no caso de Betsabéia, é exercido quando Davi está velho e fraco e sua falta de virilidade sexual parece ser uma grande preocupação para os que o rodeiam na corte. O poder de Jezabel parece vir da fraqueza de Acab, à qual o texto faz referência quando descreve o incidente da vinha de Nabot.

Há, então, nas narrativas de Betsabéia, Jezabel e Atalia alguma coisa que nos fale da "realeza feminina" no antigo Israel? Se presumimos não ser realmente possível falar em uma "rainha", a menos que seja especificamente designada como tal, não podemos dizer que as narrativas contribuam muito para a concepção da realeza feminina. Nenhuma delas — Betsabéia, Jezabel ou Atalia — é especificamente chamada "rainha", embora nos seja dito que Atalia "reinava (*mōleket*) sobre a terra" (2Rs 11,3). Entretanto, se examinarmos as narrativas e o que elas nos dizem, parece surgir um padrão. As três mulheres tiveram papéis a desempenhar nos negócios de Estado. Betsabéia foi consultada sobre a questão da sucessão ao trono, e personalidades nacionais importantes consideravam-na pessoa de influência e autoridade. Jezabel, produto de uma casa real e acostumada à máquina do governo, era obviamente o elemento mais forte e mais hábil de seu casamento com Acab. Controla a situação que surge a respeito da vinha de Nabot e desafia o poderoso Elias em questões de religião. O medo que Elias tem de Jezabel é, em si, testemunho da extensão do poder que ela exerce. Atalia reina depois de planejar um golpe, e são necessários seis anos para derrubá-la. Os relatos que o deuteronomista faz dos reinados de Atalia e de Jezabel indicam que, embora fossem inaptas, em termos ortodoxas, para governar Judá e Israel, elas possuíam habilidades consideráveis na arte de governar e exerceram o poder com eficiência. É interessante especular sobre a maneira como suas capacidades na qualidade de governantes seriam avaliadas se o autor bíblico não se comprometesse exclusivamente com determinada compreensão de realeza.

"Realeza feminina" em Israel?

É completamente insensato argumentar que, como o único poder que essas mulheres possuíam originava-se de sua ligação com homens, esse poder não pode ser considerado "real". Era certamente poder real, qualquer que fosse sua proveniência. É óbvio que, se as mulheres obtêm dos homens o poder que exercem, então, quanto mais poderoso o homem, maior o poder potencial da mulher à qual ele está associado. As palavras "poder potencial" são importantes nesse contexto, pois é aqui que se fazem distinções entre as mulheres: algumas perceberam esse poder potencial, outras não. Ainda é preciso mencionar que, embora o poder da mulher derive de um homem, ainda assim é real, já que esse ponto parece ser desprezado com freqüência, pelos biblistas tradicionais e também pelas feministas. O poder das mulheres régias tem sido diminuído por razões patriarcais (na suposição de que ou não é possível que as mulheres tenham ou exerçam poder, ou que qualquer poder que possuam não tem valor) ou por razões feministas (o poder das mulheres, nos tempos bíblicos, só podia derivar dos homens e era, portanto, inexpressivo). Todavia, a opinião predominante dos autores bíblicos é que o poder dos grandes homens da Bíblia origina-se de Iahweh e, mesmo assim, não há sugestão de que, por isso, não tenha valor ou sentido.

Em conclusão

Comecei com uma pergunta: "Existia, em Israel e Judá, o conceito de 'realeza feminina'?" A resposta a essa pergunta tem de ser que, apesar de só raramente receberem o título específico de "rainha", não há dúvida de que as mulheres régias exerceram poder e autoridade em virtude de sua ligação com as cortes reais. Embora, dada a natureza da sociedade em que viviam, seu poder derivasse originalmente dos homens aos quais estavam ligadas, não há dúvida de que esse poder era real e, na verdade, exercido com muita eficiência por algumas mulheres régias. Inevitavelmente, os interesses dos autores bíblicos os levaram a descrever as mulheres régias de maneiras específicas, pertinentes ao plano bíblico, que não refletem necessariamente a extensão de seu poder, nem a forma como o usavam. Mesmo através das lentes distorcidas das sobreposições deuteronomísticas em suas narrativas, Betsabéia, Jezabel e Atalia, em particular, podem ser vistas como mulheres que foram forças consideráveis em seus reinos respectivos e mulheres que, apesar de não serem especificamente designadas "rainhas", certamente o foram em tudo, exceto no nome.

O rei na literatura sapiencial

KATHARINE J. DELL

Provavelmente, a literatura sapiencial não seria a primeira parte do Antigo Testamento à qual alguém se voltaria para buscar informações sobre a realeza em geral ou sobre os reis de Israel em particular. Embora nela procuremos máximas gerais a respeito das expectativas do comportamento real e das atitudes adotadas para com o soberano, com certeza não nos voltamos para ela a fim de buscarmos informações específicas sobre reis israelitas, já que os dois únicos mencionados são Salomão e Ezequias (além do estrangeiro Lamuel, rei de Massa, em Pr 31,1). Eis as duas categorias nas quais o material se divide naturalmente: a primeira categoria contém o material proverbial concernente ao rei e sua posição em relação aos súditos e também a Deus. A segunda diz respeito à menção de certos reis, principalmente em ligação com atribuições dos livros sapienciais. Uma questão mais importante é levantada sobre a extensão da literatura sapiencial. É interessante que no livro de Jó haja apenas três referências a reis: em 12,18, como parte da descrição que Jó faz da arbitrariedade de Deus: "[Ele] desamarra a cintura dos reis e cinge-os com uma corda"; em 29,25, simplesmente como símile: "Como um rei instalado no meio de suas tropas"; e em 36,7, no discurso de Eliú, como parte de uma descrição do procedimento justo de Deus: "[Deus] faz prevalecer os direitos do justo. Quando eleva reis ao trono e se exaltam os que se assentam para sempre". Além disso, no livro de Jó, não há nenhuma atribuição a reis, verdadeira ou implícita,[1] fator que acho significativo ao considerar a classificação de Jó como livro sapiencial.[2] O fato de também serem mínimas, em Jó, as referências gerais às atividades dos reis e o

---

[1] Compare CAQUOT, A. "Traits Royaux dans le Personnage de Job". In: *Maqqél Shâqédh: La Branche d'Amandier. Hommage à Wilhelm Vischer*. Montpellier, Causse, Graille & Castlenau, 1960, pp. 32-45. Caquot argumentou que Jó é descrito como rei no capítulo 29; entretanto, talvez ali devêssemos ver Jó como chefe ou xeique, em vez de rei. É interessante que, no epílogo do livro, na versão da LXX, consta que Jó é rei.

[2] DELL, K. J. *The Book of Job as Sceptical Literature*. Berlin, W. de Gruyter, 1991, pp. 57-88. (BZAW, 197.)

PARTE II • Rei e Messias no Antigo Testamento

uso de metáforas de reis parece dar peso a meu argumento, dependendo da medida em que consideramos esse fator essencial na caracterização de um texto como sapiencial. Devido a isso, excluo Jó de meu debate e concentro-me nos livros sapienciais dos Provérbios e Eclesiastes. De fato, meu enfoque principal é no livro dos Provérbios, já que é nele que se encontra mais sabedoria a respeito do rei.

A segunda categoria de atribuições pode ser tratada bem rapidamente, e, assim, começo com esta. Lemos no início dos Provérbios: "Provérbios de Salomão, filho de Davi, rei de Israel" (1,1). Esse talvez seja o título do livro todo, como costuma ser considerado, embora possa bem referir-se só à primeira parte. Pr 10,1 designa a parte seguinte "Provérbios de Salomão", e 25,1 dá início a uma segunda coleção de "provérbios de Salomão, transcritos pelos homens de Ezequias, rei de Judá". É amplamente aceito que essas atribuições salomônicas não devem ser entendidas literal ou historicamente, mas são declarações tradicionais incluídas no material para dar-lhe maior autoridade. Pode-se perceber que a descrição dos "homens de Ezequias" como editores é provavelmente mais histórica, mas por si só não constitui indício suficiente para elaborar uma hipótese de "corte real" para todo o livro, o que, como veremos, alguns biblistas inclinam-se a fazer. Para isso, é preciso examinar os próprios provérbios. É possível que a transcrição de provérbios em uma coleção fosse iniciada pelos homens de Ezequias, ou algum grupo semelhante.[3] Pode ser que ditos populares fossem coletados e depois reunidos em círculos mais literários nesse período, assim como tiveram nova contextualização em uma época de ressurgimento nacional.[4] Entretanto, grande parte disso continua teórico.

---

[3] A referência aos "homens de Ezequias", em Pr 25,1, leva SCOTT, R. B. Y. "Solomon and the Beginnings of Wisdom in Israel". In: NOTH, M. & WINTON THOMAS, D., orgs. *Wisdom in Israel and in the Ancient Near East*. Leiden, E. J. Brill, 1955, pp. 262-279 (Festschrift H. H. Rowley; VTSup, 3), a argumentar que seu reinado foi uma época de significativa atividade literária. Todavia, recentemente, em "The Men of Hezekiah". *VT* 44, 1994, pp. 289-300, CARASIK, M. argumentou que isso não pode ser afirmado com nenhuma certeza. Ele conclui: "A citação dos 'homens de Ezequias', em Pr 25,1 tanto poderia ser exegética como histórica [...], pois já não se pode considerar a corte de Ezequias o primeiro ponto fixo na transmissão da literatura sapiencial" (p. 300).

[4] FOX, M. V. "The Social Location of the Book of Proverbs". In: FOX, M. V. *et al.*, orgs. *Texts, Temples, and Traditions: A Tribute to Menahem Haran*. Winona Lake, IN, Eisenbrauns, 1996, pp. 227-239, defende a transmissão de provérbios em círculos régios como os mencionados em Pr 25,1, "ou pelo menos a homens que saibam como agir quando perto do rei" (p. 235). Desse modo, ele insere esses provérbios em um contexto possivelmente mais tardio que o período salomônico. Considera forçada a atribuição de provérbios a "gente comum". Para mim, no entanto, forçada é a limitação de provérbios a um contexto régio, porque isso não permite o desenvolvimento de uma base oral mais ampla para um contexto mais educado e literário.

O rei na literatura sapiencial

O sobrescrito do Eclesiastes é igualmente enigmático. É interessante que o autor do Eclesiastes não use diretamente o nome Salomão em 1,1. A atribuição a um personagem famoso daria autoridade ao livro, se por nenhuma outra razão, para facilitar a entrada do livro no cânon.[5] Entretanto, temos de lidar com o fato de que esta não é uma atribuição direta. Se Coélet queria declarar especificamente que Salomão era o autor, por que conservou o nome Coélet? Por que incluiria a referência a "filho de Davi" ou se descreveria como "rei em Jerusalém", a menos que quisesse ser identificado com Salomão? Naturalmente, é possível, por meio de tradução, afirmar que aqui Coélet se declara "proprietário em Jerusalém", em vez de "rei", e que foi a tradução incorreta que levou à interpretação errônea.[6] No entanto, esse ponto de vista não é amplamente defendido pelos biblistas. Outra possibilidade é que Coélet não deva ser lido como nome próprio. Alternativamente, a referência disfarçada a Salomão pode ser um comentário editorial pelos que promoveram a autoria salomônica depois do período em que Coélet escreveu. Nesse sentido, B. S. Childs[7] afirma que a identificação de Coélet com Salomão foi uma técnica canônica deliberada. Ele considera Coélet um mestre com papel suficientemente expressivo para ter impedido a exclusão de seu nome quando, apesar disso, os que adaptaram o livro quiseram lhe dar a autoridade da

---

[5] Cf. a análise em Dell, K. J. "Ecclesiastes as Wisdom: Consulting Early Interpreters". *VT* 44, 1994, pp. 301-329.

[6] Ginsberg, H. L. "The Structure and Contents of the Book of Koheleth". In: Noth & Winton Thomas, orgs., *Wisdom in Israel and in the Ancient Near East*, pp. 138-149, argumenta que *mlk* deve ser vocalizado como *mōlēk*, que significa "proprietário". Ele escreve: "Com toda a certeza, *mlk* não significa 'ser rei', mas 'fazer' em 2,12b ('Que fará o sucessor do rei? O que já haviam feito' — lendo *'aḥarai... hammolek... 'asiti*), cuja posição apropriada é imediatamente depois de 2,11 [...]. Concluímos, portanto, que tudo o que Coélet afirmou na forma original de 1,12 foi: 'Eu, Coélet, fui proprietário em Jerusalém'" (pp. 148-149). Em nota de rodapé, Ginsberg observa que "onde Coélet alardeia ter ultrapassado 'meus predecessores em Jerusalém', ele não fala de reis (1,16; 2,7.9), e, quando relata que acumulou 'as riquezas dos reis' (2,8), não diz 'de *outros* reis' ou '*dos outros* reis', nem alega que ultrapassou reis" (p. 149, n. 1). Cf. também Ginsberg, H. L. *Studies in Koheleth*. New York, Jewish Theological Seminary of America, 1950, pp. 12-15.

[7] Childs, B. S. *Introduction to the Old Testament as Scripture*. Philadelphia, Fortress Press, 1979, p. 584. Childs escreve sobre a função de tal atribuição: "Em sua forma canônica, a identificação assegura ao leitor que o ataque à sabedoria contido no Eclesiastes não deve ser considerado idiossincrasia pessoal de um mestre sem nome. Antes, ao falar fingindo ser Salomão, cuja história já fazia parte da memória da comunidade, conferia a seu ataque à sabedoria o papel oficial de reflexões finais de Salomão. Como fonte da sabedoria de Israel, suas palavras servem de corretivo oficial de dentro da própria tradição sapiencial. Depois de assegurar isso, a ficção literária de Salomão foi abandonada" (p. 584).

atribuição salomônica. Assim, concordaram em fazer uma identificação velada de Coélet com Salomão. A ficção salomônica, já se vê, continuou na passagem Ecl 1,12–2,26, na qual a identidade de Salomão volta a ser sugerida. Entretanto, isso pode ter-se iniciado como narrativa exemplar e depois sido incorporado à preocupação mais ampla pela atribuição. O rei é apresentado como exemplo da máxima sapiencial mais ampla que afirma não ser possível encontrar a felicidade, por mais arduamente que a procuremos, pois "tudo era vaidade e correr atrás do vento" (2,11).

Assim, o que devemos concluir da presença dessas atribuições, qualquer que tenha sido a motivação para incluí-las? Seu papel primordial parece ser dar autoridade literária, talvez até ortodoxia. É uma questão de *status* dos textos e de seu papel como sabedoria oficial, pois Salomão era o rei que tinha sabedoria em grande abundância. Talvez até se transforme em uma questão de *status* divinamente autorizado do material, à medida que forma a palavra competente para as gerações futuras. Vamos conservar isso em mente enquanto passamos à segunda área mais fecunda dos ditos em si.

Minha preocupação principal é com a primeira categoria que mencionei, os ditos a respeito do rei, seu papel e seus relacionamentos. As questões contextuais tendem a ficar em primeiro plano quando consideramos esses textos, pois essa é a área que mais tem preocupado os biblistas nos últimos anos, enquanto procuram entender as estruturas sociais que deram origem aos textos sapienciais. De fato, essas questões costumam prevalecer sobre uma avaliação do conteúdo e do lugar dessas máximas no pensamento sapiencial como um todo, desequilíbrio que vou procurar retificar em minha interpretação desses textos. No contexto de uma crítica de obras eruditas recentes sobre as máximas que tratam de reis nos Provérbios, volto a examinar os ditos dos reis, seu possível contexto e seus temas, considerando seu lugar no empreendimento sapiencial maior e seu significado teológico global.

O rei no livro dos Provérbios

Vamos concentrar-nos primeiro no livro dos Provérbios. O ponto principal debatido pelos biblistas é o seguinte: os provérbios concernentes ao rei pressupõem um círculo palaciano que conhecia intimamente os modos e vícios reais, ou

O rei na literatura sapiencial

existe um contexto mais amplo para esses ditos? Até pouco tempo atrás, presumia-se um contexto palaciano para a sabedoria primitiva, com base nas opiniões dos biblistas mais antigos.[8] Para dar um exemplo, vou resumir os argumentos de W. L. Humphreys.[9] Entretanto, mais recentemente, a obra de Weeks,[10] Golka[11] e Whybray[12] lançou uma série de dúvidas sobre essa suposição.[13] Primeiramente resumirei a posição que cada um desses estudiosos assume, para em seguida analisar cada um dos ditos, à luz desse debate contínuo.

Com base na comparação com temas egípcios do cortesão sábio, W. L. Humphreys afirma que havia estabelecimentos educacionais nas cortes reais de Israel e de Judá que proporcionavam treinamento para funcionários no serviço real, no qual máximas como os ditos sobre o rei desempenhavam importante papel educacional. Ele reconhece que há pouco em matéria de referências bíblicas ou indícios arqueológicos nos quais apoiar-se. Contudo, ao usar material das instruções egípcias de Ptaotep e Cagêmni do Império Antigo e de Ani e Amenemope do Império Novo, seu objetivo é caracterizar a figura do cortesão sábio como o típico homem sábio em termos israelitas. Humphreys argumenta que as instruções egípcias dirigiam-se, em primeiro lugar, a quem estava a serviço do rei, como comprova a autoria de todas as instruções, exceto a de Ani, por cortesãos. Ele

---

[8] Por exemplo, HERMISSON, H.-J. *Studien zur israelitischen Spruchweisheit*. Neukirchen-Vluyn, Neukirchener Verlag, 1968 (WMANT, 28), afirmou que a menção ao rei indicava a origem palaciana do dito. Hermisson escreveu: "Em relação aos provérbios régios podemos ser breves, pois não podem ser considerados patrimônio do povo. Na teoria, é possível pensar que o imaginário popular refletiu sobre o rei e que a partir dessa reflexão nasceram provérbios. No entanto, os provérbios régios no livro dos Provérbios não são desse tipo" (p. 71).

[9] HUMPHREYS, W. L. "The Motif of the Wise Courtier in the Book of Proverbs". In: GAMMIE, J., org. *Israelite Wisdom: Theological and Literary Studies in Honor of Samuel Terrien*. Missoula, MT, Scholars Press, 1978, pp. 177-190.

[10] WEEKS, S. *Early Israelite Wisdom*. Oxford, Clarendon Press, 1994.

[11] GOLKA, F. *The Leopard's Spots: Biblical and African Wisdom in Proverbs*. Edinburgh, T. & T. Clark, 1993.

[12] WHYBRAY, R. N. *Wealth and Poverty in the Book of Proverbs*. Sheffield, JSOT Press, 1990. (JSOTSup, 99.)

[13] Golka recebeu há pouco tempo o apoio de WESTERMANN, C. *Wurzeln der Weisheit*. Göttingen, Vandenhoeck & Ruprecht, 1990 (ET *Roots of Wisdom*. Trad. J. D. Charles. Edinburgh, T. & T. Clark, 1995). Westermann argumenta que os ditos do rei são materiais populares que não se originaram nem na corte, nem na escola. Ele compara a linguagem desses ditos com a de Sl 45, que, segundo ele, não poderia ter sido produzida em lugar nenhum fora da corte real ou de suas imediações. Ele escreve: "Nos ditos régios dos Provérbios, não há menção de esplendor e poder, que se expandiria na corte real e seria sinal de uma imagem ou prova de mérito" (p. 35). Por sua vez, Golka foi atacado em um artigo recente por Fox, "Social Location", que se inclina para o ponto de vista de Humphreys.

Parte II • Rei e Messias no Antigo Testamento

passa a analisar Pr 10–29, observando que, pelo contexto, há poucos indícios de que os cortesãos manipulassem esse material e, por isso, focalizando o conteúdo dos ditos como prova desse contexto. Primeiro considera ditos sobre o rei que, a seu ver, parecem abordar diretamente a situação do cortesão — essa categoria relaciona-se com nossa preocupação. Em seguida, trata de outros ditos sobre chefes, por exemplo, que, em sua interpretação, se referem muitas vezes, embora não exclusivamente, à situação do cortesão,[14] notando, de modo especial, onde ocorrem temas que têm similares nas instruções egípcias.

Em *Early Israelite Wisdom* [Sabedoria israelita primitiva], S. Weeks apresenta algumas modificações desses pontos de vista, sem querer ir tão longe quanto Golka e Whybray; por essa razão, tratarei dele em seguida. Weeks observa que ditos consistentes com um ambiente palaciano não se originam necessariamente ali. Cita von Rad,[15] que reconheceu ser baixa a proporção de ditos voltados para a corte, nos Provérbios, e por isso afirmou que os homens sábios da corte também coligiam material que, na verdade, não se originara ali. Em contraste, Weeks sugere que, em vez de uma porção de material não-palaciano ser coletada na corte, "um pouco de material palaciano foi coletado fora da corte".[16] Em geral, segundo eles os biblistas presumem um contexto palaciano para os provérbios que demonstram estima pelo rei, mas não pelos críticos do rei. Afirma que o material favorável tinha um contexto mais amplo e escreve: "É difícil supor que todos, exceto os cortesãos, detestassem o rei".[17] Inversamente, acrescento que me parece mais provável que os cortesãos detestassem o rei — a maledicência

---

[14] Humphreys considera que Pr 24,5-6, por exemplo, também se refere à situação do cortesão: "Um homem sábio é cheio de força, e o homem de conhecimento confirma o seu vigor; pois é pelos cálculos que farás a guerra, e a vitória vem pelo grande número de conselheiros". Mais uma vez, a passagem pode ser interpretada como observação geral sobre o triunfo da inteligência sobre a força! Whybray a considera observação geral em vez de advertência a conselheiros reais. Humphreys dá ênfase também a Pr 23,1-3, que fala de cautela na presença de um chefe que poderia estar atraindo a pessoa com manjares a fim de enganá-la. Humphreys observa que esse dito apresenta a corte como "lugar de perigo, ambiente complexo e escorregadio onde as aparências enganam" ("Motif", p. 184). Todavia, seu grau de aplicação pode ser considerado mais amplo — quem quer que tenha poder busca influenciar os outros, oferecendo-lhes uma boa refeição.

[15] von Rad, G. *Weisheit in Israel*. Neukirchen-Vluyn, Neukirchener Verlag, 1970, p. 30. (ET *Wisdom in Israel*. London, SCM Press, 1972, p. 17).

[16] Weeks, *Early Israelite Wisdom*, p. 47.

[17] Weeks, *Early Israelite Wisdom*, p. 48.

O rei na literatura sapiencial

pelos que estão mais próximos é ocorrência bastante comum! Weeks afirma que, mesmo que oriundos de uma corte real, os ditos não se originaram em um contexto israelita, mas eram uma convenção herdada de outro lugar, do Egito, por exemplo,[18] que foi simplesmente imitada. Para tanto, baseia-se no fato de haver poucos sinais de inovação nos provérbios a respeito do rei. Sustenta ainda que os provérbios podem ter sido de interesse para redatores ou para uma população israelita mais ampla, e não só para os próprios cortesãos. Observa a estreita ligação dos ditos sobre o rei com os ditos sobre Iahweh, nos capítulos 16 e 22, mas supõe que os ditos se refiram literalmente ao rei ou a chefes, e deseja depreciar o aspecto divino. Assim, embora mencione que, nos ditos a respeito do rei, este é, com freqüência, descrito como "instrumento infalível da vontade divina",[19] Weeks enfatiza mais o distanciamento entre um chefe e Deus em 29,26 (texto que não é, de fato, um dito sobre o rei), ênfase que considero mal aplicada. Vou continuar a discutir essa questão em relação aos ditos sobre o rei.

Em artigo publicado pela primeira vez em 1986,[20] F. Golka argumenta energicamente contra um contexto palaciano para a maioria dos ditos. Usando indícios de paralelos africanos, Golka afirma que provérbios concernentes a um chefe, rei ou soberano surgiram muitas vezes entre os que estavam longe da corte, no que diz respeito à posição social. Conseqüentemente, ele defende com vigor uma origem comum para muitos desses provérbios. É preciso fazer uma advertência a respeito dessa maneira de usar paralelos extrabíblicos, e isso se aplica também à obra de Humphreys sobre paralelos egípcios. O perigo é tomar um modelo de outra parte e, então, interpretá-lo unicamente a essa luz, e, naturalmente, com paralelos africanos estamos em um campo cultural muito diferente dos paralelos egípcios, sendo muito mais remota a possibilidade de dependência. Entretanto, Golka não reivindica nenhum tipo de dependência; antes, mostra que ditos de um tipo determinado podem surgir em certas situações, e ele realmente acha alguns notáveis paralelos ao material que temos nos Provérbios. Seus provérbios africa-

---

[18] Considero a opinião de Weeks a respeito dos paralelos egípcios um pouco ambivalente, pois alhures ele afirma que, embora a interação de idéias entre as culturas egípcia e israelita seja, com toda a probabilidade, inegável, pode-se pressupor isso sem necessariamente afirmar que as instituições eram iguais.

[19] WEEKS, *Early Israelite Wisdom*, p. 47.

[20] Primeiro publicado como GOLKA, F. "Die Königs — und Hofsprüche und der Ursprung der israelitischen Weisheit". *VT* 36, 1986, pp. 130-136; republicado como Capítulo 2 de *The Leopard's Spots*, do qual tiro as citações.

177

PARTE II • Rei e Messias no Antigo Testamento

nos encaixam-se por completo nas categorias a seguir, embora nem todos os seus exemplos sejam explicitamente a respeito do rei e muitos estejam disfarçados em metáforas, e não tendo, por isso, um sentido perfeitamente claro. Ele encontra provérbios que criticam o chefe ou o rei, cita ditos que descrevem a dependência que o chefe tem do povo e examina provérbios que põem o povo acima do chefe e alguns que descrevem a transitoriedade do poder. Observa o temor do chefe pelo homem comum enquanto tema, e encontra ditos que manifestam a dependência do povo em relação ao chefe e alguns que expressam ódio e ameaças contra ele, por exemplo: "A neblina repousa nos vales/ os crocodilos estão deitados nos rios/ os humildes detestam os altivos" (provérbio de Malagasy 1428). Alguns provérbios criticam a submissão na presença do chefe, outros aconselham o chefe a ser persuasivo em vez de autoritário. Alguns tratam o chefe com críticas — por exemplo, os soberanos acham que não serão punidos por não pagar suas dívidas —, enquanto outros indicam os limites da autoridade do chefe dentro de fronteiras geográficas. A lista continua, mas é demonstrado que as pessoas em geral preocupam-se com o relacionamento com seus líderes e com as próprias idéias sobre o comportamento que esse chefe deve ter; não é apenas um privilégio da corte, embora, evidentemente, os cortesãos possam ter mais oportunidade de observar, em primeira mão, o comportamento do rei.

Não só o chefe ou rei é examinado minuciosamente. Golka também encontra muitos ditos populares que criticam a corte, o que demonstra a impopularidade dos que estão próximos ao rei. Com freqüência, quando se deseja discutir alguma coisa com o chefe, é melhor ignorar essas pessoas. O povo aprecia a queda em desgraça de um cortesão, em especial um favorito presunçoso. Também é descrita a inveja que os cortesãos sentem do rei, por exemplo: "O leopardo inveja o lugar de descanso do leão", e isso muitas vezes leva as pessoas a ter certa simpatia pelo chefe. Os problemas no relacionamento das pessoas com o chefe incluem temas de servir a dois senhores, talvez onde haja reivindicações rivais de liderança, ou mais de um líder, e temas de como avaliar sua glória, sua afirmação de fazer justiça e a bênção que ele concede. Contra Hermisson, Golka afirma de maneira convincente "aplicar-se o princípio metodológico de que, entre todos os povos, a origem popular dos provérbios tem de ser presumida até que haja prova em contrário.[21] Ele argumenta

---

[21] GOLKA, *The Leopard's Spots*, p. 27.

O rei na literatura sapiencial

com veemência contra a idéia de que a menção ao rei ou à corte significa que os provérbios se originaram ali, e avalia Pr 10–29 a essa luz.

Wealth and Poverty in the Book of Proverbs [Riqueza e pobreza no livro dos Provérbios], o livro de 1990 de Whybray, contribui de maneira significativa para esse debate. Seu estudo envolve uma avaliação mais ampla do contexto em que o livro dos Provérbios surgiu. Whybray não encontra nenhuma organização meticulosa dos provérbios a respeito de reis[22] e nenhum indício de que foram coligidos para o uso dos cortesãos. Não encontra nenhuma atitude comum expressa para com os reis, e observa o pouco espaço que esses ditos ocupam no contexto dos Provérbios como um todo. Ele escreve: "Não é absolutamente surpreendente que uma coletânea tão grande e abrangente de provérbios contenha um número razoável de provérbios sobre reis: esperaram-se comentários e reflexões de cidadãos comuns a respeito da autoridade suprema pela qual são regidos e por quem suas vidas são, até certo ponto, afetadas".[23] Ele menciona alguns paralelos ocidentais, como: "O gato pode olhar para um rei". Como Golka, Whybray afirma que, em sua maioria, os provérbios régios não subentendem que o locutor seja estreitamente ligado ao rei, e acha muito plausível que pessoas comuns expressem em seus provérbios as próprias opiniões a respeito dos líderes e de seu relacionamento com eles. Considera a teoria da "corte real" demasiado dependente de pressuposições originárias de fontes não-bíblicas e sem apoio dos próprios indícios internos. De modo interessante, observa que nem todos os provérbios egípcios concernentes a reis têm ligações com a corte, em especial as instruções demóticas tardias.

Whybray faz um levantamento completo dos provérbios a respeito de reis, sob as seguintes classificações temáticas: primeiro, "provérbios que atribuem poder absoluto a reis ou soberanos"; segundo, "provérbios que atribuem indiscriminadamente direito e justiça aos reis"; e, terceiro, "provérbios que consideram o poder ou sucesso dos soberanos limitados de várias maneiras e/ou condenam os soberanos que não reconhecem ou excedem esses limites".[24] Isso é incomum

---

[22] Contra Humphreys, que afirma que os ditos sobre o rei moldaram as partes em que se encontram. Weeks também demonstra cautela a respeito desse método.

[23] WHYBRAY, *Wealth and Poverty*, p. 47.

[24] WHYBRAY, *Wealth and Poverty*, p. 48.

Parte II • Rei e Messias no Antigo Testamento

entre os biblistas que tenho estudado, cujas preocupações giram em torno mais do contexto que dos temas. Desejo reiterar que essa é uma área de interesse que a meu ver não pode ser separada de questões contextuais, pois tem ligações com elas de maneira significativa. Afirmo que precisamos fazer três perguntas. A primeira é até onde esses ditos são específicos de um contexto régio ou se são apenas reflexões sobre princípios sapienciais mais amplos, sendo o rei usado em um papel exemplar. Segundo, como essas máximas tratam especificamente o papel do rei? Lidam mais exatamente com questões como justiça e poder em uma escala mais ampla? Whybray formula temas de justiça e poder em suas categorias, mas restringe-os ao papel de "realeza". Devem eles ser considerados de maior alcance que isso? Terceiro, qual a relação entre a instituição humana da realeza e Deus como autoridade suprema?

Vou agora examinar rapidamente as máximas nas quais um rei é especificamente mencionado. Em Pr 10–15, há só duas referências a um rei. A primeira é 14,28: "Povo numeroso é glória para o rei, a falta de gente é ruína para o príncipe". Humphreys classifica como geral essa observação, que pode ser considerada comentário sobre estruturas sociais, em vez de referência a um ambiente palaciano.[25] Golka observa que aqui quem fala é provavelmente o povo, e percebe um tom de crítica. Baseada nas perguntas que formulei, minha interpretação considera o versículo uma reflexão sobre a natureza de mão dupla dos relacionamentos, tais como encontramos alhures na sabedoria. Penso, em especial, na necessidade humana de Deus e na necessidade divina de Deus revelar-se aos seres humanos encontrada no tema da figura da Sabedoria nos Provérbios. Os reis, portanto, precisam de muitos súditos, tanto quanto esses súditos precisam de um rei, quer a razão seja econômica, quer política, quer religiosa. Aqui também há uma questão de poder — sem súditos, o rei não é ninguém. Da mesma maneira, é possível inferir que Deus precisa de seu povo. Assim, essa máxima ilustra um princípio mais amplo do que apenas a reflexão sobre o papel do rei, embora declare uma verdade com referência a isso.

---

[25] Cf. também Toy, C. H. *A Critical and Exegetical Commentary on the Book of Proverbs*. Edinburgh, T. & T. Clark, 1899 (ICC). Toy sugere que essa foi uma observação política referente à atividade industrial e a guerras internacionais.

O rei na literatura sapiencial

Humphreys dá mais ênfase a 14,35: "O favor do rei é para o servo prudente, e a sua cólera para aquele que é indigno", e observa que o versículo parece falar ao cortesão; Weeks também considera o dito consistente com uma origem palaciana. No entanto, Golka argumenta que é bastante possível uma pessoa comum ter experimentado isso. Whybray dá um apoio indireto a essa tese ao mencionar que a maioria dos estudiosos entende esse dito (juntamente com 16,14.15; 19,12; 20,2) como uma advertência aos cortesãos para que evitem irritar o rei, na hipótese de que, em associação com *melek*, a palavra *'ebed* designe um funcionário real ou ministro de Estado. Ele escreve: "Entretanto, *'ebed* tem uma série muito ampla de sentidos, e, de fato, quaisquer ou todos os súditos do rei podem ser descritos como seus "servos".[26] Um contexto mais geral não está, portanto, fora de questão para esse provérbio. Em nível temático, esse provérbio poderia ser interpretado simplesmente como defesa dos benefícios acarretados pelo comportamento sábio em geral — o rei como o supremo árbitro da justiça é o modelo para essa máxima. Aqui o rei pode ser substituído facilmente por Deus.

Pr 16,10–22,16 tem alcance maior. A respeito dos ditos sobre o rei, nos capítulos 16 e 20–21, Humphreys escreve: "Refletem a situação de alguém que pode experimentar o furor ou o favor de um soberano, alguém que dedica a vida ao serviço do rei e que tem a existência ligada intimamente à generosidade régia".[27] Golka, por outro lado, acha que essa passagem mostra a perspectiva de pessoas comuns que clamam a Deus por proteção contra a arbitrariedade do rei. Considera os lavradores e os pequenos burgueses como os criadores desses ditos, e não os diplomatas ou servidores civis. Assim, encontramos em 16,10: "O oráculo está nos lábios do rei; num julgamento, sua boca é sem defeito".[28] Humphreys considera esse um julgamento dos que estão "a par das coisas". Golka encontra paralelos africanos que sugerem que esse tipo de comentário representa a opinião de "gente humilde". Fox ataca a opinião de Golka e afirma que esse versículo

---

[26] WHYBRAY, *Wealth and Poverty*, p. 49.

[27] HUMPHREYS, "Motif", p. 180.

[28] O debate concentra-se no sentido de *qesem*, literalmente "adivinhação", talvez "oráculo". Whybray encontra um pronunciamento semelhante pela mulher sábia de Técua em 2Sm 14,20, em que a sabedoria do rei é igualada à sabedoria de seres divinos, e no final do julgamento de Salomão, em 1Rs 3,16-18, em que a sabedoria de Deus dá ao rei a capacidade de julgar com justiça.

PARTE II • Rei e Messias no Antigo Testamento

representa mera lisonja palaciana.[29] De maneira mais convincente, Whybray classifica-o como provérbio que mostra a "fé sincera na justiça do rei".[30] É interessante notar que a dimensão divina está contida na palavra *qesem*; não se trata apenas de ter fé na justiça do rei; o que ocorre é que o rei pronuncia a palavra divina e age como protetor da justiça de Deus na terra. Há também uma interessante justaposição com um provérbio sobre Iahweh em 16,11, o único provérbio nessa pequena passagem, 16,10-15, que não menciona rei humano. Talvez se deva subentender uma deliberada ênfase divina.

Em 16,12, encontramos o comentário: "Abominação para os reis é praticar o mal, porque sobre a justiça o trono se firma". Os comentaristas dividem-se quanto a se esse versículo fala do mal dos outros que o rei deve abominar, ou se é, de fato, referência ao mal praticado pelo rei. Whybray crê na última hipótese, e o mesmo faz Golka com base em paralelos africanos que consideram o rei a origem da saúde do povo. Humphreys pressupõe a primeira. Seja qual for a hipótese escolhida, o provérbio ainda pode ser considerado como máxima geral, e não é necessário pressupor um ambiente palaciano. Segundo os princípios da sabedoria, cabe a todos evitar o mal. No entanto, para os reis isso é muito mais difícil, porque assumem o papel divino de protetores da justiça.

Em 16,13, lemos: "Os lábios justos ganham o favor do rei, ele ama quem fala com retidão". Esse dito é, para Whybray, outro provérbio que expressa a fé sincera na justiça real e, para Golka, reflete a experiência da "gente humilde" ao lidar com os "de cima"; desse modo, reitera o tema do rei como protetor da justiça. Para Fox, o provérbio "só é relevante para alguém que experimente diretamente o furor do rei e procure abrandá-lo".[31] Whybray considera 16,14 um provérbio que, em sua preocupação com o furor ou favor do rei, imagina-o como monarca absoluto: "O furor do rei é mensageiro da morte, e o homem sábio sabe abrandá-lo".

---

[29] Fox, "Social Location", p. 235.

[30] WHYBRAY, *Wealth and Poverty*, p. 51. Ele também encontra a mesma visão da justiça do rei alhures no Antigo Testamento, principalmente em alguns Salmos e em Isaías, e escreve: "Sem dúvida, poucos súditos tinham acesso ao rei quando ele atuava como juiz, ou em qualquer outra ocasião; os demais não tinham oportunidade de avaliar suas qualidades pessoais em primeira mão. Esse conhecimento pessoal não é o que está por trás desses provérbios. Antes, eles expressam a confiança das pessoas comuns no rei como avalista supremo, abaixo de Deus, da solidez do sistema judiciário" (pp. 51-52).

[31] Fox, "Social Location", p. 235.

O rei na literatura sapiencial

Argumenta que essa aparente atribuição de poderes arbitrários ao rei sugere uma origem nas "mentes um tanto simplórias de pessoas sem conhecimento direto da realidade da realeza israelita",[32] pois no resto do Antigo Testamento não há nada que indique ser o poder do rei ilimitado e, de fato, o rei é, com freqüência, posto em seu lugar. Entretanto, não acho que esse sentido seja inerente aqui. Creio antes que o provérbio simplesmente expressa o fato de, por ter poder, quando está enfurecido, o rei dispõe de meios para punir da forma que lhe convém. Isso não está necessariamente em desacordo com a descrição bastante idealizada do papel do rei encontrada alhures, nem deixa de ser uma alusão mais geral a todos os que têm poder sobre os outros. Aqui, o "homem sábio" pode ser o cortesão que tinha mais experiência que outros do furor do rei, mas pode simplesmente referir-se a quem quer que tivesse contato com uma pessoa poderosa enfurecida — que devia procurar manter-se afastado dela até o furor passar. Mais uma vez, Golka encontra paralelos africanos de acordo com os quais sugere que tais observações podiam ser e foram feitas a respeito do rei por pessoas comuns. Embora isso possa ser verdade, há também um princípio mais amplo a ser compilado aqui.[33] Em 16,15, temos o inverso do v. 14: "Na luz da face do rei está a vida; seu favor é nuvem que traz chuva". Whybray observa: "16,15 não significa necessariamente um conhecimento direto do rei: é declaração geral a respeito do rei como fonte de prosperidade dos súditos".[34] Ele coloca a máxima na seção "o rei como monarca absoluto", e menciona que se trata do rei como árbitro do destino, e não da discussão sobre as qualidades morais do rei. Em minha opinião, essa máxima é sobre poder: o favor do rei é diferente do favor de seres humanos comuns, mas por uma razão teológica — ele representa o lugar de encontro do humano com o divino. A linguagem metafórica é usada, o que é típico da literatura sapiencial, para expressar a posição elevada do rei. Esse provérbio quase pode ser considerado personificação do rei em termos geralmente referidos à figura da Sabedoria e à escolha do caminho para a vida por meio dela.

---

[32] WHYBRAY, *Wealth and Poverty*, p. 50.

[33] Os mesmos comentários feitos sobre 16,14, a respeito do furor do rei, são relevantes para 19,12: "Rugido de leão é a ira do rei, orvalho sobre a relva é o seu favor", e para 20,2: "A cólera do rei é rugido de leão! Quem a excita peca contra si mesmo".

[34] WHYBRAY, *Wealth and Poverty*, p. 49.

PARTE II • Rei e Messias no Antigo Testamento

Passo agora para 20,8: "Um rei que se assenta no tribunal dissipa todo mal por seu olhar", e para 20,26: "Um rei sábio joeira os ímpios e faz passar sobre eles a roda".[35] Ambos estão na categoria de Whybray dos provérbios que expressam a fé sincera na justiça do rei, pela referência que fazem à função judicativa do rei (cf. o comentário sobre 16,10). Está claro que cabe à sabedoria do rei assegurar que os maus sejam castigados. É, mais uma vez, a imagem do rei ideal, encontrada, por exemplo, em Is 16,5. Nesse ideal está contido o princípio mais amplo de justiça e o caráter moral que é essencial à sabedoria, de modo que, do rei para baixo, é esse o comportamento que a sabedoria defende. Whybray também coloca na mesma categoria Pr 20,28: "Amor e fidelidade preservam o rei; ele sustenta no amor o seu trono" (cf. o comentário sobre 16,13). Golka encontra uma origem popular para ambos e vê em 20,28 traços de uma advertência do povo ao rei, mas eu não vejo esses traços aqui. A justiça predomina de maneira clara, e, mais uma vez, o papel do rei no interesse do divino, como protetor da justiça, é a preocupação principal.

Humphreys divulga a sugestão feita por Gese[36] que, nos ditos sobre o rei dessa passagem, o termo *melek* pode ser substituído por Iahweh, pois há muita mistura de ditos sobre o rei com Iahweh, em especial nos ditos dos capítulos 16 e 20–21. Mas, seguindo Skladny,[37] Humphreys preocupa-se em enfatizar a diferença entre o nível de divindade do rei e de Deus. Embora esses ditos mostrem o aspecto divino do papel do rei e de sua autoridade dada por Deus, ele argumenta que provérbios como os encontrados em 21,1 e 21,30-31 põem o rei em seu lugar. A meu ver, esses provérbios ressaltam realmente o controle supremo de Iahweh, mas são muito gerais, só o primeiro sendo um dito sobre o rei, e absolutamente não humilham o rei: "Como ribeiro de água, assim o coração do rei na mão de Iahweh" (Pr 21,1) e "Não há sabedoria, nem entendimento, nem conselho diante de Iahweh. O cavalo prepara-se para o dia da batalha, mas a vitória vem de Iahweh!" (Pr 21,30-31). Em minha opinião, essa passagem demostra a proximidade de papéis entre o rei e Deus, como fez 16,10-15, e me vejo atraída pela opinião de Gese. Humphreys, entretanto, salta dessa observação para a conclusão de que o

---

[35] Ou uma roda da fortuna, ou mais provavelmente uma roda agrícola (conforme WINTON THOMAS, D. "Proverbs 20:26". *JJS* 15, 1964, pp. 155-156) — talvez até algum tipo de castigo.

[36] GESE, H. *Lehre und Wirklichkeit in der alten Weisheit*. Tübingen, J. C. B. Mohr (Paul Siebeck), 1958.

[37] SKLADNY, U. *Die ältesten Spruchsammlungen in Israel*. Göttingen, Vandenhoeck & Ruprecht, 1961.

O rei na literatura sapiencial

ângulo real dado aqui sobre a apresentação do soberano é o do cortesão que põe o rei nas alturas e não o vê com olhos críticos. Sobre a estrutura da passagem, ele escreve: "A inserção significativa dos ditos combinados sobre Iahweh e sobre o rei, no início e quase no fim da coletânea, sugere que ela recebeu sua forma das mãos dos que se preocupavam com o treinamento de futuros cortesãos".[38] Não entendo como ele chega a essa conclusão a partir das provas que apresenta.

Isso nos leva a considerar 21,1, que se refere à dependência que o rei tem do controle divino. Whybray o inclui em sua seção de "justiça do rei", mas como provérbio que ultrapassa a simples afirmação da justiça do rei para confirmar essa afirmação pela ênfase em sua natureza dada por Deus. Ele o interpreta em ligação com os versículos seguintes em Pr 21,2-3, que contrastam a avaliação do comportamento humano com o que é aceitável a Deus. Golka cita McKane, que considerou esse provérbio como uma crítica ao serviço civil, quer dizer, o rei não depende da orientação dos cortesãos, depende de Iahweh. Golka acha que isso fortalece seu argumento de que os locutores são gente do povo, e não cortesãos. Whybray também não vê razão para supor que esse provérbio tenha surgido na corte real. Weeks observa a variedade de interpretações desse versículo e cita McKane e também Skladny, que o consideraram asserção da distância entre até o mais poderoso dos homens e Deus. Minha opinião é que ele expressa a proximidade, e não o distanciamento, de ambos. Finalmente, nessa passagem, temos Pr 22,11: "O que ama a pureza de coração e é grácil no falar terá por amigo o rei", provérbio que Whybray considera tão deturpado que seu indício não pode realmente ser usado para provar nada a respeito do meio em que o provérbio se originou. É claramente uma máxima geral, que usa o exemplo do rei para ressaltar a recompensa suprema da bondade, semelhante a 16,13.

A terceira passagem a considerar é Pr 22,17-24. Humphreys expressa mais uma vez as ligações dessa passagem com a instrução de Amenemope. Compara Pr 22,29 em especial com o capítulo 30 de Amenemope. O provérbio diz: "Vês um homem perito em seu trabalho? Ele será posto a serviço de reis, não será posto a serviço de pessoas obscuras", enquanto Amenemope declara: "Quanto ao escriba que é experiente em sua posição, será digno de ser cortesão". Whybray expressa reservas sobre esse paralelo. Não interpreta *māhîr* como referente a um escriba

---

[38] HUMPHREYS, "Motif", p. 183.

185

Parte II • Rei e Messias no Antigo Testamento

ou oficial, mas antes o considera em sentido geral, representando o homem que é eficiente em seu negócio, e observa que "reis", no plural, é indicação de uma proposição geral. Acha possível que o autor tivesse a profissão de escriba em mente, mas isso não significa que o autor fosse escriba. Pode haver uma ligação contextual com escribas, mas talvez seja apenas um comentário geral sobre o valor do trabalho hábil — poderia simplesmente significar que é apreciado em altas esferas ou sugerir que a habilidade será reconhecida pelos soberanos e recompensada. Alternativamente, pode ser uma mera declaração das possibilidades de realização humana. Em minha opinião, a ênfase no paralelo de Amenemope leva ao excesso de contextualização desse versículo.[39]

O próximo dito sobre o rei está em Pr 24,21-22: "Teme a Iahweh, meu filho, e ao rei; não te mistures com os inovadores, pois, de repente, surgirá a sua perdição, e a ruína de um e de outro, quem a pode conhecer?"[40] Seja qual for a tradução seguida, o ponto principal da máxima parece enfatizar a obediência aos que estão no poder — a Deus, como autoridade suprema, e ao rei, como autoridade temporal. Aqui há notável uso paralelo de Deus e do rei, no qual os dois termos desempenham praticamente o mesmo papel. Mais uma vez, Humphreys declara: "Aqui, a perspectiva parece ser a do cortesão", e, quando passa a caracterizar a estrutura da passagem, argumenta que os ditos influenciados pela instrução de Amenemope mostram traços do tema do cortesão sábio, mas "estendem-se em aplicação para abarcar um grupo mais amplo que o dos que servem aos reis".[41] Em sua disposição final, Humphreys mostra, creio eu, que ele mesmo não está inteiramente convencido de suas conclusões. Whybray considera esses versículos obscuros, mas argumenta que, devido à incerteza do significado de *šônîm*, não podemos tirar nenhuma conclusão sobre a posição social do autor desses versículos. Ele põe mais ênfase em 23,1, reflexo, a seu ver, da posição social do autor dessa parte, que ele acredita ser pessoa culta, mas não necessariamente escriba, cidadão de boa posição na sociedade, mas não da classe alta.

---

[39] Whybray, R. N. "The Structure and Composition of Proverbs 22:17–24:22". In: Porter, S. E.; Joyce, P. M.; Orton, D. E., orgs. *Crossing the Boundaries: Essays in Biblical Interpretation in Honour of Michael D. Goulder*. Leiden, E. J. Brill, 1994, pp. 83-96.

[40] O debate concentra-se na referência de *šônîm* (em geral "aristocrata". AV e RV traduzem "não te intrometas com os que são dados a mudanças"; NIV: "não te juntes aos rebeldes".

[41] Humphreys, "Motif", p. 184.

O rei na literatura sapiencial

Em Pr 25–27, há dois ditos que associam o rei e Deus; de fato, 25,2-6 forma outra passagem comparável a 16,10-15. Em 25,2: "A glória de Deus é ocultar uma coisa, e a glória dos reis é sondá-la". Encontramos, mais uma vez, o rei e Deus mencionados no mesmo versículo, mas aqui é feita uma comparação. Toy[42] encontra uma diferença entre o papel de Deus na natureza e na história, que é inescrutável, e a função dos reis, que deve ser direta no governo. Entretanto, a referência pode bem ser menos específica: é possível assemelhar essa comparação à sabedoria humana e divina e seus respectivos papéis. O rei corporifica essa tensão em sua pessoa, pois é manifestação do divino para os seres humanos e, contudo, tem limitações humanas. Essa tensão está no centro da literatura sapiencial. Skladny considerou esse versículo relacionado com o papel do rei como juiz, que, segundo Golka, é um papel no qual as pessoas comuns se relacionam com ele. Pr 25,3 diz: "A altura do céu, a fundura da terra e o coração dos reis são coisas insondáveis". Segundo Skladny, esse provérbio dá a razão do respeito diante do rei, e, novamente, Golka afirma que a origem é popular. Esse versículo liga, de maneira bastante explícita, o rei à ordem criadora divina e é indicação do elo entre o humano e o divino, afirmado no v. 2. Seguem-se dois ditos sobre a posição do rei: "Tira as escórias da prata, e ela fica totalmente pura; tira o ímpio da presença do rei, e seu trono se firma na justiça. Não te vanglories na frente do rei, nem ocupes o lugar dos grandes; pois é melhor que te digam: 'Sobe aqui!', do que seres humilhado na frente de um nobre" (Pr 25,6-7). A situação de uma festa régia parece proporcionar o contexto imediato, mas, de novo, há um princípio mais amplo. Humphreys conclui que aqui o primeiro destinatário é o cortesão, e encontra na passagem outros temas que lembram os cortesãos egípcios. G. E. Bryce[43] sugere que, em 25,2-7, temos um conjunto de instruções dirigidas a futuros cortesãos com propósitos educacionais, e, o que não é surpreendente, Humphreys acha esse argumento atraente. Essa passagem teria sido incorporada então a uma coleção maior e mais variada, talvez pelos homens de Ezequias (25,1). Whybray levanta fortes dúvidas sobre a teoria de que 25,6-7, em particular, é dirigido ao cortesão ambicioso. Como Plöger[44] observa, esse conselho aplica-se mais amplamente a

---

[42] Toy, *Proverbs*.

[43] Bryce, G. E. "Another Wisdom-'Book' in Proverbs". *JBL* 9, 1972, pp. 145-157.

[44] Plöger, O. "Zur Auslegung der Sentenzensammlungen des Proverbienbuches". In: Wolff, H. W., org. *Probleme Biblischer Theologie: Gerhard von Rad zum 70 Geburtstag*. München, Chr. Kaiser Verlag, 1971, pp. 402-416.

PARTE II • Rei e Messias no Antigo Testamento

todos os que tenham pretensões sociais. Whybray não crê que g*dōlîm e nādîb indiquem determinadas posições na corte. Ele escreve: "Não há, então, nada improvável na opinião de que Pr 25,6-7 é uma advertência geral, a qual não implica necessariamente ligação com uma corte real".[45] Golka concorda, voltando a citar Skladny, que escreveu: "Na Coleção C (Pr 25–27), o rei é olhado com grande respeito, mas da perspectiva de alguém que não priva de sua companhia".[46] No entanto, Skladny afirma que essa é uma adaptação da sabedoria palaciana ao mundo da gente comum, e Fox defende um contexto para isso na hierarquia administrativa, com base em sua semelhança com as numerosas regras de etiqueta encontradas na sabedoria egípcia.[47] Todavia, talvez seja apenas a adaptação plausível de um dito comum para um ambiente palaciano, sem ter origens na administração.

A parte final de Pr 10–29 está nos capítulos 28–29, nos quais há alguns ditos sobre o rei (28,15.16; 29,4.14). Esses ditos tratam da justiça e da ausência dela em razão de um mau governante. Humphreys admite que o tema do cortesão sábio não se encontra de maneira explícita nessa parte. Pr 29,4 diz: "O rei mantém a terra pelo direito, mas o ávido de impostos a transtorna". Golka observa: "Um suspiro profundamente sentido da gente comum, talvez contra os impostos de Salomão?"[48] Whybray comenta que o sentido desse versículo é controverso, mas "é provavelmente um ataque à taxação elevada ou, talvez, à aceitação de suborno pelo rei";[49] por isso, fica em sua categoria de "ditos que criticam os reis". Entretanto, poderia ser um comentário mais amplo sobre a centralidade da justiça e do possível abuso de poder. Novamente, 29,14: "O rei que julga os fracos com verdade firmará o seu trono para sempre", expressa o ideal de justiça — o rei tem responsabilidade moral, apoiada pela bênção divina. Whybray acha que essa máxima estabelece condições para a estabilidade do trono: tem de basear-se na justiça.

---

[45] WHYBRAY, Wealth and Poverty, p. 55.

[46] SKLADNY, Die ältesten Spruchsammlungen, p. 54 (tradução de Golka).

[47] Fox, "Social Location", p. 235. Talvez esse seja o exemplo mais convincente de Fox, mas, a meu ver, não é prova suficiente para servir de base à destruição da hipótese de sabedoria popular. Fox considera a corte como local decisivo de criatividade. Ele escreve: "Tudo o que temos foi canalizado para a corte e por meio dela; não podemos supor que o fluxo se mova em outra direção" (p. 236).

[48] GOLKA, The Leopard's Spots, p. 33.

[49] WHYBRAY, Wealth and Poverty, p. 53.

O rei na literatura sapiencial

Humphreys chega ao fim de sua análise de ditos sobre o rei no capítulo 29, mas Whybray prossegue e considera outra categoria de ditos sobre o rei em Pr 30. Em 30,27-28.31, encontramos metáforas de animais relacionadas com as atividades dos reis: "Os gafanhotos, que não têm rei e marcham todos em ordem; as lagartixas, que se deixam apanhar pela mão, mas entram nos palácios do rei [...]; o galo bem empenado, ou o bode, e o rei na frente do seu povo". Whybray escreve:

Esses provérbios mostram como a idéia de reis e suas características era tão proeminente na mentalidade israelita que vinha facilmente à tona quando se faziam comparações entre fenômenos comuns [...]. Esses provérbios refletem uma imagem de reis e seu ambiente na mente das pessoas comuns, que, na verdade, pouco ou nada sabiam de cortes reais. Um processo de raciocínio semelhante pode muito bem ter dado origem a ditos como Pr 25,6-7.[50]

O orgulho, a dignidade e a autoridade do rei encontram-se todos nessas imagens.

Em Pr 31,1-9, há uma instrução dirigida a um rei jovem e inexperiente, Lamuel de Massa. Sua origem é desconhecida, mas pode vir de fora de Israel. A instrução é da rainha-mãe, que ensina ao filho o comportamento que se espera de reis e os deveres desempenhados por eles. É muito diferente das instruções egípcias, nas quais o pai do aluno é o mestre. Nessa passagem, há grande preocupação com os pobres e com o papel do rei em defesa da justiça. Há advertências contra as mulheres e contra a embriaguez. Parece-me que essa passagem proporciona o argumento mais forte em defesa de um ambiente palaciano para uma parte do livro dos Provérbios e, contudo, raramente se discute esse indício. Por que o material está aqui nos Provérbios? É, afinal de contas, para aumentar a ficção de que essa sabedoria provinha de um contexto régio? Se for assim, por que escolher uma personagem tão obscura à qual atribuir o material? É um apêndice ou adição mais tardia que não deve ser levada em conta? Ou é a expressão de um ideal do qual todos participam, sejam ou não reis? Surgiu depois do exílio como parte da nova contextualização dos Provérbios? Uma opinião mais antiga era que, depois do exílio, os reis se tornaram mais acessíveis ao povo e, portanto, de maior interesse. As perguntas são muitas e as respostas escassas, mas a passagem é intrigante.

---

[50] WHYBRAY, *Wealth and Poverty*, p. 56.

Parte II • Rei e Messias no Antigo Testamento

Em sua conclusão a respeito de Pr 10–29, Humphreys observa que o tema do cortesão sábio desempenha papel limitado nesses capítulos, dominando apenas em Pr 16,1–22,16 e 25,2-37. Humphreys considera as alusões que encontra em algumas passagens, como 22,17–24,22, resquícios de materiais agora dirigidos a um público mais geral. Daí, argumenta que, originalmente, o tema era mais importante, mas pouca coisa foi conservada:

> Pode ter havido centros específicos para o treinamento de cortesãos — e talvez também de filhos de reis (2Rs 10,1-11) — e provavelmente Pr 16,1–22,16 e 25,2- 27 tenha sido planejados para eles. Mas devemos levar em conta a probabilidade de outros círculos, além de um centro educacional palaciano, desempenharem papéis formadores nas etapas intermediárias do desenvolvimento do livro.[51]

Ele também argumenta que o tema era de necessidade menos conspícua na cultura israelita porque o rei e Deus não eram tão intimamente identificados como no Egito e, por isso, havia um conflito potencial de fidelidade para o cortesão que fosse javista. Considera a liberdade do tema de Iahweh um empecilho à idéia do rei como defensor da ordem divina e, portanto, a um entendimento teológico da relação entre Deus e os seres humanos. Ele escreve: "Nesse ambiente, o potencial teológico e ético do tema do cortesão sábio era decididamente restrito".[52] Desejo discordar desse ponto sobre a extensão limitada do relacionamento entre Deus e o rei; ao contrário, tenho procurado mostrar como os papéis de Deus e do rei são muitas vezes sinônimos, e não acho que a natureza do papel régio atribuído por Deus se choque com outros elementos da atividade divina. Sugiro que o tema do cortesão sábio tem limitações precisamente porque a análise erudita não dá muita atenção aos contextos ético e teológico mais amplos. O uso do tema do rei para ilustrar máximas sapienciais mais amplas e a centralidade de Deus na imagem do rei ideal militam contra esse contexto restrito.

O rei em Eclesiastes

Antes de chegar a minhas conclusões, entretanto, desejo fazer uma abordagem sucinta do livro do Eclesiastes, no qual os ditos que incluem referências

---

[51] Humphreys, "Motif", p. 187.

[52] Humphreys, "Motif", p. 188.

ao rei são poucos e geralmente do mesmo tipo encontrado nos Provérbios. A primeira menção aparece depois da atribuição, em 2,12: "Pus-me então a examinar a sabedoria, a tolice e a insensatez. Que fará o sucessor do rei? O que já haviam feito. Observei que a sabedoria é mais proveitosa do que a insensatez, assim como a luz é mais que as trevas". Isso faz parte da ficção salomônica e, contudo, parece ser referência mais geral. O contexto mais amplo é uma análise da vantagem da sabedoria sobre a insensatez, mas há uma nuança de "nada de novo sob o sol" na idéia de que há um limite para o que o homem pode alcançar. Aqui o rei é novamente mencionado como espécie de figura representativa ou pináculo de realização: "Quando se foi um rei bem-sucedido, que mais há para alcançar?", eis o que concluo desse versículo, embora o sentido seja um tanto obscuro. O segundo dito sobre o rei está em 4,13-14: "Mais vale um jovem pobre e sábio do que um rei velho e insensato que não aceita mais conselho. Mesmo que ele tenha saído da prisão para reinar e mesmo que tenha nascido mendigo no reino". Mesmo que outrora tivesse uma referência histórica aos Ptolomeus,[53] nesse contexto é usado claramente como narrativa exemplar, conto moral com aplicação universal. Representa uma inversão dos valores tradicionais, nos quais velhice e sabedoria tendem a ser sinônimos e nos quais os anciãos são venerados na sociedade. É, entretanto, consistente com as idéias de Coélet sobre velhice quando estas se tornam evidentes no fim do livro, em 12,1-8, no poema sobre a velhice. Faz, porém, a observação mais geral, que se encontra em outra sabedoria, de que o obstinação de idéias é ruim e que a sabedoria deve ser valorizada acima de tudo o mais.

A terceira máxima está em 5,7-8: "Se em uma província vês o pobre oprimido e o direito e a justiça violados, não fiques admirado: quem está no alto tem outro mais alto que o vigia, e sobre ambos há outros mais altos ainda. O proveito da terra pertence a todos e até mesmo um rei é tributário da agricultura".[54] Isso representa claro arejamento da questão da justiça: com freqüência, há injustiça aparente, às vezes até perpetuada pelos que estão no alto, mas, em comparação, ter um rei que pelo menos se remete a alguma forma de justiça é melhor do que não ter um último tribunal de apelação. Outra máxima a respeito do rei encontra-se em 8,2-4:

---

[53] BARTON, G. A. *A Critical and Exegetical Commentary on the Book of Ecclesiastes*. Edinburgh, T. & T. Clark, 1912. (ICC.)

[54] O versículo 9 apresenta dificuldades de tradução; cf. a tradução da NIV: "O aumento da terra é assumido por todos; o rei em pessoa recebe lucros do campo", o que muda completamente o sentido.

PARTE II • Rei e Messias no Antigo Testamento

Obedece à ordem do rei, por causa do juramento de Deus; não te apresses em deixar a presença dele, nem te coloques em má situação, porque ele faz o que lhe agrada. Porque a palavra do rei é soberana, e quem lhe diria: "Que estás fazendo?"

Há quem sugira que "rei" aqui não significa mais que governador provincial, e que esses ditos sobre o rei seguem simplesmente uma convenção literária, em vez de expressarem verdades firmemente defendidas. Acho essas duas opiniões insustentáveis; para começar, o sagrado juramento citado pode bem ser um juramento de coroação. O assunto aqui é o poder, e há um forte traço do absolutismo do poder do rei, talvez porque receba sua autoridade de Iahweh. Mais uma vez, apresenta-se a natureza bilateral do poder: o poder corrompe e também defende, e é dever do rei, como líder do povo e representante de Deus, usar seu poder com sabedoria.

Em 9,14-16, há outro conto moral:

Havia uma cidade pequena com poucos habitantes. Um grande rei veio contra ela, cercou-a e levantou contra ela obras de assédio. Nela encontrou um homem pobre e sábio, que salvou a cidade com sua sabedoria, mas ninguém se lembrou desse homem pobre. E eu digo: Mais vale a sabedoria do que a força, mas a sabedoria do pobre é desprezada e ninguém dá ouvidos às suas palavras.

Novamente, a sabedoria é defendida acima de tudo, até mesmo acima do poder aparente dos reis. A passagem poderia estar falando de qualquer monarca poderoso, e as sugestões vão de Davi aos reis persas, mas não é preciso considerar a referência específica. Finalmente, em 10,16-17.20: "Ai de ti, país governado por um jovem, e cujos príncipes comem desde o amanhecer! Feliz o país cujo rei é filho de nobres, e cujos príncipes comem na hora certa para se refazerem, e não para se banquetearem [...]. Nem em pensamento amaldiçoes o rei [...]". Tem sido sugerido que a intenção aqui é fazer uma referência histórica específica, talvez aos Ptolomeus.[55] No entanto, comumente, a referência é entendida em sentido mais geral. A máxima parece manifestar-se contra a realeza hereditária, por cuja sistemática um rei infante pode bem ser investido como rei, sem nenhum poder próprio. A isso é preferível um rei forte, escolhido livremente. O que pare-

---

[55] Por exemplo, Ptolomeu V Epífanes, que subiu ao trono do Egito em 205 a.C., aos cinco anos de idade.

192

O rei na literatura sapiencial

ce estar em discussão é a necessidade de poder para que o rei governe efetivamente. A passagem dá a entender que a vida dos que rodeiam o rei é afetada pela qualidade do comportamento derivado do centro — aqui a advertência é contra a embriaguez dos príncipes, e não do rei (como encontramos em Pr 31,5-7). Haveria aqui uma alusão ao ambiente palaciano, na medida em que provavelmente dessa forma confraternizassem com o rei aqueles que fariam parte de seu círculo íntimo. Deparamos com o poder do rei na idéia de que ninguém deve amaldiçoá-lo, nem em pensamento; mais uma vez, talvez aqui haja a pressuposição de um elemento divino em sua autoridade. A motivação fundamental aqui parece ser o comportamento prudente e sábio, em vez da imprudência e da insensatez, a saber, o que caracteriza a busca da sabedoria deve ficar acima de tudo.

Conclusão

Então, a que nos leva esta análise? Vamos recordar as três categorias temáticas de Whybray: o rei como monarca absoluto, a atribuição indiscriminada de direito e justiça aos reis e as críticas a soberanos. Minha ressalva à primeira categoria é que não existe poder absoluto para os monarcas, já que todos estão subordinados a Deus e aos princípios de direito e justiça nos quais se fundamenta sua liderança. A atribuição indiscriminada de direito e justiça aos reis faz parte da imagem ideal que serve para ressaltar o elo estreito entre a autoridade humana e a divina. Entretanto, há também a questão do poder: muitos provérbios tratam do uso sábio do poder e, com referência ao monarca, isso é ainda mais importante. Esse tema não é tanto de crítica ao rei como de compreensão da importância do apoio ao ideal. São feitos contrastes no estilo sapiencial costumeiro para mostrar que os reis não são infalíveis e muitas vezes não satisfazem o ideal. Em meus comentários, procurei estabelecer a relação dessas máximas com a busca da sabedoria em geral, e vejo-me inclinada à teoria de que, em termos contextuais, não é preciso pressupor um ambiente palaciano. Entretanto, também procurei mostrar as ligações teológicas essenciais desses ditos — o rei desempenha primordialmente o papel de mantenedor da justiça, o supremo tribunal de apelação humana perante o próprio Deus. Ele tem o poder dado por Deus para realizar o bem, poder que, se usado erroneamente, corrompe o próprio rei e os outros. O rei é a suprema autoridade humana e, contudo, seu poder é divinamente legitimado. De fato, ele defende a ordem divina e seu papel foi dado por Deus. Faz parte, portanto, da

Parte II • Rei e Messias no Antigo Testamento

manifestação de Deus à humanidade e está na encruzilhada do divino e do humano, da mesma forma que, alhures na literatura sapiencial, a própria Sabedoria divina faz a mediação entre o humano e o divino. Considero essa tensão teológica característica da busca da sabedoria, até mesmo em suas preocupações aparentemente mais seculares e encontro indícios dessa busca nesses ditos a respeito do rei. Quanto ao contexto, não vejo razão para a imagem de um rei ideal e para o uso de reis como exemplo de comportamento sábio não ser uma das primeiras preocupações da sabedoria, talvez desde o tempo dos próprios reis. No entanto, um importante contexto teológico foi claramente dado a esses ditos, talvez mais tarde, como parte de um processo de recontextualização na época de Ezequias, talvez como parte de sua formulação original. Com certeza, em seu contexto mais tardio, quando as atribuições foram acrescentadas, houve uma tentativa de dar aos livros a mais alta autoridade humana e de assegurar sua autoridade, dentro do cânon da Escritura, como parte da revelação divina à humanidade.

Realeza como sacerdócio: o relacionamento entre o sumo sacerdócio e a monarquia

DEBORAH W. ROOKE

A idéia da monarquia israelita como exemplo de realeza sagrada é parte aceita do conhecimento erudito recebido; e, naturalmente, uma das características da realeza sagrada é conferir a seus ocupantes um papel sacerdotal. Algumas fontes bíblicas provam que isso era verdade a respeito da monarquia israelita e também de outras dinastias do antigo Oriente Próximo, e nem mesmo a proverbial ambivalência deuteronomista a respeito da instituição da monarquia disfarça os inconfundíveis deveres cultuais de que se incumbiam os reis em pessoa (2Sm 6; 1Rs 8 e 12; 2Rs 16). Entretanto, isso levanta a questão do relacionamento entre o papel do monarca e o do sumo sacerdote, na verdade, o do sacerdócio em geral. Havia algo inconfundível a respeito do sacerdócio real que o distinguia do sacerdócio "comum" e, em caso afirmativo, o quê? Este artigo apresenta um comentário sobre o relacionamento entre a monarquia e o sacerdócio que, espero, elucide um pouco seus papéis respectivos. O artigo contém três partes: 1. O monarca e o chefe dos sacerdotes no período pré-exílico; 2. O sumo sacerdote no período pós-exílico; 3. Realeza e sacerdócio no período asmoneu.

1. O monarca e o chefe dos sacerdotes no período pré-exílico

É provavelmente justo dizer que a referência mais explícita às prerrogativas sacerdotais do monarca está em Sl 110,4:

Iahweh jurou e jamais desmentirá:

"Tu és sacerdote para sempre,

segundo a ordem de Melquisedec".[1]

Nem sempre, evidentemente, o salmo foi considerado referência inequívoca ao monarca. É bem sabido que, nos primeiros anos do século XX, os biblistas atribuíram o salmo todo a Simão Macabeu, com base no conteúdo e no acróstico "Simão" ou "Simão é terrível", supostamente identificável nas duas estrofes do salmo.[2] Entretanto, em grande parte desde a aceitação de uma teoria da realeza sagrada para Israel, o conceito de datação macabéia para o salmo ficou em ampla desvantagem, e, em esmagadora maioria, os biblistas agora aceitam que o Sl 110 é um salmo régio, especificamente um salmo de coroação, que data, com muita probabilidade, do primeiro período monárquico.[3] Em apoio à interpretação régia, podemos observar que o salmo trata claramente de uma personagem régia a quem as prerrogativas sacerdotais são subseqüentemente conferidas por juramento divino, e não de uma personagem sacerdotal a quem é conferido algum tipo de governo régio. Além disso, o salmo usa como analogia a figura de Melquisedec, que, em sua única outra aparição nas Escrituras hebraicas (Gn 14,18-20), é apresentado como rei que é também sacerdote. Isso subentende que, para o destinatário do salmo e para Melquisedec, o sacerdócio é função da realeza, em vez de poder governante ser função do sacerdócio, de modo que aquele a quem o salmo é dirigido é, antes de tudo, rei.[4]

Assim, na suposição de que o salmo dirige-se a um rei e confirma ou concede-lhe prerrogativas sacerdotais, a pergunta é se seu sacerdócio difere essencial-

---

[1] Cf., na seqüência, a análise da tradução dessa expressão.

[2] Cf. um exemplo mais recente dessa abordagem em TREVES, M. "Two Acrostic Psalms". *VT* 15, 1965, pp. 81-90 (86), e *The Dates of the Psalms: History and Poetry in Ancient Israel*. Pisa, Giardini Editori e Stampatori, 1988, pp. 84-85.

[3] As exceções a esse padrão geral incluem TREVES; SCHREINER, S. "Psalm CX und die Investitur des Hohenpriesters". *VT* 27, 1977, pp. 216-222; GERLEMAN, G. "Psalm CX". *VT* 31, 1981, pp. 1-19; e ASTOUR, M. C. "Melchizedek". In: *ABD*, IV, pp. 684-686. Desses biblistas, Schreiner acha que o salmo refere-se a Josué, o sumo sacerdote do período da Restauração, e os outros três acham que se refere a Simão Macabeu. A visão que Treves tem do Sl 110 faz parte de sua convicção geral de que todos os salmos, exceto dois ou três, devem datar do período entre 170 e 103 a.C. (*Dates of the Psalms*, p. 9).

[4] Cf. CROSS, F. M. *Canaanite Myth and Hebrew Epic*. Cambridge, MA, Harvard University Press, 1973, p. 211, n. 60: "Gn 14 e Sl 110 estão enraizados na ideologia régia, não na sacerdotal".

Realeza como sacerdócio

mente dos sacerdócios não-régios que o cercam. A fim de responder a essa pergunta, é necessário examinar a base sobre a qual figuras régias e não-régias reivindicam o direito ao sacerdócio e, na verdade, o que se imagina ser a natureza do sacerdócio em si. O sacerdócio é a responsabilidade de atuar como mediador entre o humano e o divino, dentro de determinado contexto de ritual, e aparece nos registros bíblicos com duas características principais. A primeira é sua natureza funcional: o sacerdócio consiste, primordialmente, em *fazer* coisas, realizar rituais e procedimentos, em vez de *ser* um tipo especial de pessoa ou ter uma ascendência genealógica especial. Essa definição parece ter o apoio da própria forma da palavra *kōhēn*; embora o verbo correspondente, que significa "servir como sacerdote", só seja atestado no piel, *kihēn*, tendo sido classificado em BDB como formação denominativa de *kōhēn*,[5] o próprio substantivo *kōhēn* tem a forma de um particípio *qal* e, desse modo, significa que o *kōhēn* é aquele que executa a ação da raiz verbal por trás do substantivo participial. Noth observa:

> A mais antiga tradição veterotestamentária nem uma só vez reconhece um ato especial na concessão da função sacerdotal, pois é óbvio que a expressão tradicional usada [no Antigo Testamento] [...] como termo técnico para a designação de um sacerdote não significa um ato de consagração.[6]

Dessa maneira, argumenta Noth, o sacerdote diferencia-se do profeta e do rei, para quem a eleição divina e o derramamento do Espírito são pré-requisitos necessários para o desempenho de suas tarefas.[7] Também se deduz um algo da natureza funcional do sacerdócio pela descrição dos oitenta e cinco sacerdotes de Nob que Doeg, o edomita, matou por ordem de Saul (1Sm 22,18). Os sacerdotes

---

[5] BDB, p. 464, col. 2.

[6] Noth, M. "Amt und Berufung im Alten Testament (Rektoratsrede an der Rheinischen Friedrich-Wilhelms-Universität zu Bonn 1958". In: *Gesammelte Studien zum Alten Testament*. 3. ed. ampliada. München, Chr. Kaiser Verlag, 1966, pp. 309-333 (311) (ET "Office and Vocation in the Old Testament". In: *The Laws in the Pentateuch and Other Studies*. Trad. D. R. Ap-Thomas. Edinburgh, Oliver & Boyd, 1966; reimpr. London, SCM Press, 1984, pp. 229-249 [231]). Assim também DE VAUX, R. *Les Institutions de l'Ancien Testament*, II. Paris, Cerf, 1960, pp. 196-198 (ET *Ancient Israel: Its Life and Institutions*. Trad. John McHugh. New York, McGraw-Hill, 1961, pp. 346-347); CODY, A. *A History of Old Testament Priesthood*. Rome, Pontifical Biblical Institute, 1969, p. 59 (AnBib, 35). O termo em questão é *millē' yad*, literalmente, "encher a mão".

[7] NOTH, "Amt", pp. 322-331 (ET "Office", pp. 240-247).

Parte II • Rei e Messias no Antigo Testamento

são descritos como *nōśē' 'ēpôd bād*, frase traduzida pela maioria das versões, como a RSV, a NRSV e a Bíblia de Jerusalém, por "que vestiam éfode de linho". Entretanto, se a frase for tratada de acordo com a LXX, de modo a suprimir a palavra *bād* como glosa e a traduzir o verbo *nāśā*, não por "vestir", mas por "levar", que deveria ser a tradução costumeira quando se trata do éfode,[8] a ênfase passará de uma definição descritiva para uma definição funcional dos sacerdotes como "levando o éfode" — em outras palavras, são definidos pelo que fazem, que é levar o éfode e, é de presumir, deliberar, e não pela aparência que têm.

Outro indicador da natureza basicamente funcional do sacerdócio é o fato de, em princípio e à primeira vista, ser algo que qualquer um pode desempenhar,[9] embora pareça que sempre houve preferência por especialistas na condição de levitas. Assim, Micas, o efraimita, investe um de seus filhos como sacerdote do santuário pessoal que constrói em sua casa (Jz 17,1-5), embora fique muito feliz de substituir o filho por um levita que estava de passagem, e considere de seu interesse ter agido desse modo (Jz 17,7-13). Outros exemplos de sacerdotes não-levitas são os filhos de Davi (2Sm 8,18) e Ira, o jairita (2Sm 20,26);[10] e, naturalmente, como parte de seu pecado, consta que Jeroboão designou sacerdotes não-levitas para servir no "templo dos lugares altos" que ele estabeleceu (1Rs 12,31; cf. 2Cr 13,9) e no santuário real de Betel (1Rs 12,32). Tendo em mente a

---

[8] Cf. Caird, G. B. "The First and Second Books of Samuel". In: *IB*, II, pp. 853-1176 (890); Cody, *Priesthood*, p. 75; Davies, P. R. "Ark or Ephod in I Sam XIV.18?" *JTS* ns 26, 1975, pp. 82-87 (85-86).

[9] Noth, "Amt", p. 310 (et "Office", p. 230).

[10] Se esses indivíduos eram ou não sacerdotes em sentido estrito, é uma questão que deu origem a muita discussão. Cf. Cody, *Priesthood*, pp. 103-105; Armerding, C. E. "Were David's Sons Really Priests?" In: Hawthorne, Gerald F., org. *Current Issues in Biblical and Patristic Interpretation: Essays in Honor of Merrill C. Tenney*. Grand Rapids, MI, Eerdmans, 1975, pp. 75-86; Wenham, G. J. "Were David's Sons Priests?" *ZAW* 87, 1975, pp. 79-82; e Haran, M. *Temples and Temple-Service in Ancient Israel* (reimpr. com correções). Winona Lake, IN, Eisenbrauns, 1985 [1978]), pp. 80-81. A sugestão repetida por Wenham de que em 2Sm 8,18 *sōkᵉnîm* ("administradores") foi muito cedo deturpada para *kōhᵃnîm* não convence, principalmente porque é difícil entender por que tal interpretação controversa deveria ser adotada em lugar de uma que pode ser incomum, mas certamente menos provocativa do ponto de vista teológico. Do mesmo modo, a sugestão de Haran de que os filhos de Davi e Ira oficiavam como sacerdotes sacrificais que lidavam com as oferendas do rei só nos lugares altos e em altares afastados contradiz sua própria definição de "sacerdote" como alguém que serve especificamente em um templo, e não em um altar afastado (pp. 16, 64). O próprio fato de serem esses indivíduos designados sacerdotes em um trabalho que alhures mostra preferência pelo sacerdócio levita, em especial quando a ortodoxia mais fortemente levítica e mais tardia do cronista foi incapaz de tolerar a idéia dos filhos de Davi como sacerdotes (cf. 1Cr 18,17), parece ser uma boa indicação de que eram realmente sacerdotes.

Realeza como sacerdócio

natureza obviamente polêmica do episódio todo de Jeroboão, conforme relatado em 1Rs, o tom um tanto sarcástico da observação sobre sacerdotes não-levitas talvez não deva ser levado muito a sério. Deve, antes, ser interpretado como desaprovação deuteronomista do que era prática perfeitamente legítima na época, na mesma linha da reiterada desaprovação deuteronomista dos lugares altos.[11] A limitação absoluta de direitos sacerdotais legítimos a determinados grupos é acontecimento mais tardio, de motivação provavelmente política. Sem dúvida, os conflitos para decidir precisamente quem tinha o direito de servir no Templo de Jerusalém, com sua posição elevada de santuário nacional e régio e mais tarde único local legítimo de culto, exigiam justificação e reivindicação teológicas inconfundíveis para serem apresentadas pelos grupos apropriados.

Isso nos leva à segunda grande característica do sacerdócio que aparece em todos os registros dos períodos mais primitivos, a saber, seu envolvimento com santuários.[12] Assim, o sacerdote investido por Micas, o efraimita, é designado para servir no santuário de Micas (Jz 17,5-12); Eli e seus filhos são sacerdotes no santuário de Silo (1Sm 1,3.9); Aquimelec é sacerdote de Nob, onde há evidentemente um santuário no qual o pão de oblação estava exposto (1Sm 21,2-7). Reconhecidamente, nem todo sacerdote aparece em ligação direta com um santuário; Abiatar faz parte da família sacerdotal em Nob, mas foge do massacre ali e junta-se ao bando itinerante de Davi (1Sm 22,20-23; 1Rs 2,26). Parece que ele, então, funciona como uma espécie de consultor itinerante sobre o éfode para o grupo (1Sm 23,6-14). No entanto, depois de Davi estabelecer-se em Jerusalém, Abiatar é relacionado como sacerdote juntamente com Sadoc (2Sm 8,17) e aparece como encarregado da Arca (2Sm 15,24). De modo semelhante, Aías, filho de Aquitob, filho de Finéias, filho de Eli, o sacerdote em Silo, faz parte do bando de Saul em Gaba (1Sm 14,3), mas tudo o que o vemos fazer é consultar o oráculo para Saul, sem executar nenhum serviço no santuário. Entretanto, também é comentado que a Arca estava presente com o grupo (1Sm 14,18). Conseqüentemente, esses dois sacerdotes "sem vínculo" com o santuário atuam no contexto do símbolo da presença de Iahweh, o que o santuário é, em última análise.

---

[11] O argumento de Haran de que a ascendência levítica é o único sacerdócio legítimo reconhecido em todas as fontes parece originar-se principalmente do desejo de combater as interpretações de Wellhausen que desafiam a antigüidade e a pureza da tradição israelita. Cf. HARAN, *Temples*, pp. 58-71, 76-83.

[12] CODY, *Priesthood*, p. 13; HARAN, *Temples*, pp. 16, 64.

PARTE II • Rei e Messias no Antigo Testamento

Parece então que, em suas raízes, o sacerdócio normal é basicamente função desempenhada por certos membros da população, em benefício do restante dela — um ofício em oposição a uma vocação.[13] Embora, com o tempo, os critérios de pureza ritual e descendência específica limitassem o número dos que estavam habilitados a exercer a função sacerdotal e os elementos precisos envolvidos nessa função mudassem, era o exercício dessa tarefa que tornava os indivíduos sacerdotes, e não sua descendência ou sua natureza como tal (cf. Lv 21,17-23). É o que se pode verificar a partir dos preceitos do Deuteronômio a respeito dos levitas. Em Dt 18,6-7, todo levita oriundo das cidades tem o direito de vir ao santuário central e oficiar em nome de Iahweh (*wᵉšērēt bᵉšēm yhwh*, 18,7), como os outros levitas que permanecem lá na presença de Iahweh (*hā'ōmᵉdîm šām lipnê yhwh*, 18,7). Os verbos usados aqui, *šērēt* e *'āmad*, são usados em 17,12 a respeito daquele que foi especialmente designado sacerdote, "que está ali para servir" (*'āmad lᵉšāret*), e, de modo semelhante, 18,5 fala dos sacerdotes escolhidos para realizarem "o serviço divino (*la'ᵃmōd*) em nome de Iahweh". O uso desses mesmos dois verbos em 18,7 com referência aos levitas, no santuário central, implica que os levitas que "permanecem lá" e também os que "vêm oficiar" dedicam-se a tarefas sacerdotais e, portanto, são efetivamente sacerdotes, enquanto, segundo a descrição, os que não permanecem nem oficiam não são sacerdotes. Além disso, a inclusão do levita com o estrangeiro, o órfão e a viúva (Dt 14,28-29; 16,11.14; 26,12.13) e as freqüentes exortações a não abandonar os levitas (12,12.18-19; 14,27) indicam sua delicada posição econômica na comunidade e sua dependência usual da caridade, em vez da renda regular que lhes adviria das partilhas sacrificais, se fossem realmente sacerdotes.[14] Conseqüentemente, há uma nítida diferença entre os que, em teoria, têm direito de exercer o ministério sacerdotal e os que realmente o exercem, e a transição de não-sacerdote para sacerdote ocorre não por um chamado divino premente, mas pelo desejo do coração (*bᵉkol 'awwat*

---

[13] SABOURIN, L. *Priesthood: A Comparative Study*. Leiden, E. J. Brill, 1973, p. 136. (Studies in the History of Religions, 25.) Isso com certeza faz sentido se, como indica a bênção de Moisés em Dt 33,8, a mais antiga função do sacerdócio era transmitir oráculos, em vez de servir ao altar, e a participação sacerdotal em rituais sacrificais foi, durante um período, consideravelmente menos importante do que se tornou mais tarde. A habilidade de manipular o oráculo era facilmente considerada uma arte transmitida através de gerações, praticada e aprendida pelos que não possuíam nenhum *status* sagrado", que apenas se especializavam nela por qualquer razão. Cf. CODY, *Priesthood*, pp. 59-60, 114-120.

[14] HARAN, *Temples*, pp. 62, 68-69, 71, 72.

napšô, Dt 18,6), frase que Haran interpreta, da maneira mais prosaica, com o significado de grande necessidade econômica.[15]

Em comparação, porém, o sacerdócio do monarca origina-se de um fundamento muito diferente. Ele certamente surge como sacerdote, isto é, em um papel de mediação entre o humano e o divino, em contextos rituais e, especificamente, de lugares sagrados, não por ter procurado emprego em um santuário como funcionário religioso, mas em virtude de sua posição especial diante de Iahweh. Ele detém, portanto, o que se poderia chamar de posição sacerdotal *ex-officio*, decorrente da natureza sagrada de sua realeza. Uma característica importante da realeza sagrada é o entendimento de que, de algum modo, o monarca é a encarnação do deus, ou foi conduzido a uma relação especialmente íntima com a divindade, ao ser escolhido e imbuído do poder divino. A versão israelita desse entendimento era que, desde o dia da entronização, o monarca tornava-se filho adotivo de Deus. Como acontece com a declaração do sacerdócio do monarca, os exemplos principais desse conceito aparecem nos salmos:

> Tu és meu filho, eu hoje te gerei (Sl 2,7).

> Ele me invocará: Tu és meu pai,
> meu Deus e meu rochedo salvador!
> Eu o tornarei meu primogênito,
> o altíssimo sobre os reis da terra (Sl 89,27-28)

A unção, que está ligada à concessão de poder do alto para o novo rei (cf. 1Sm 10,1-10; 16,13), pode ser vista como o símbolo exterior dessa adoção, pois o ungido de Iahweh é separado e inviolável, considerado a encarnação da luz e da vida entre seu povo (Lm 4,20). Como filho adotivo de Iahweh, o monarca era efetivamente o substituto autorizado da divindade na terra, que, por ordem de Iahweh, era o chefe de seu povo (cf. 1Sm 10,1; 2Sm 7,8; Sl 2); e, como tal, era natural que fosse responsável pela nação perante Iahweh e desempenhasse a função de mediador nacional entre o povo e a divindade (Sl 20,7-10; 84,9-10). Quando consideramos a função sacerdotal do rei nesse contexto, fica evidente que é qualitativamente diferente do que pode ser chamado de "papel sacerdotal comum", comentário que tem sido feito por diversos biblistas. De Vaux, por exem-

---

[15] HARAN, *Temples*, p. 62.

PARTE II • Rei e Messias no Antigo Testamento

plo, fala do rei como "pessoa sagrada que mantém um relacionamento especial com Iahweh" e afirma que, embora "em circunstâncias solenes atuasse como chefe religioso do povo, não era sacerdote em sentido estrito".[16] De modo semelhante, Cody considera que, "em certo sentido, [os reis] eram sacerdotes",[17] mas afirma que "a mentalidade hebraica evitava considerar e chamar o rei *kōhēn*",[18] pelo fato de o *kōhēn* estar envolvido com funções do santuário, sempre a serviço de outra pessoa que não, primordialmente, a divindade, elementos que não combinavam com o conceito de realeza. A questão é que o rei não era sacerdote no sentido de ter como função principal executar todas as minúcias dos deveres do santuário, pois sua tarefa principal era governar o país. Mas, mesmo assim, era legítimo e até necessário que desempenhasse o papel sacerdotal de mediador quando os interesses nacionais estavam em jogo, pois era responsável perante Iahweh pelo bem-estar da nação e o canal pelo qual a soberania de Iahweh sobre a nação era exercida,[19] como deixa claro o panegírico do Sl 72.

À luz dessa análise do sacerdócio régio, talvez seja possível sugerir uma interpretação da expressão *kōhēn hārō'š*, que aparece como designação do sacerdote-chefe do Templo de Jerusalém durante o período da monarquia.[20] Se, apesar de seu direito de agir como mediador entre a divindade e o povo, o rei não atuava como sacerdote, no sentido de participar regularmente do ritual cotidiano do Templo, a questão é como interpretar sua participação ocasional no cerimonial. Ocupava efetivamente o lugar que, em circunstâncias normais, cabia ao sacerdote-chefe do Templo e, desse modo, agia *in loco sacerdotis*, ou era tarefa normal do sacerdo-

---

[16] DE VAUX, *Les Institutions de l'Ancien Testament*, 1. Paris, Cerf, 1958, p. 175 (ET *Ancient Israel*, p. 114).

[17] CODY, *Priesthood*, p. 100.

[18] CODY, *Priesthood*, p. 101.

[19] Cf. DE VAUX, "Le Roi d'Israël, Vassal de Yahvé". In: *Bible et Orient*. Paris, Cerf, 1967, pp. 287-301 (ET "The King of Israel, Vassal of Yahweh". In: *The Bible and the Ancient Near East*. Trad. D. McHugh, London, Darton, Longman & Todd, 1972, pp. 152-162).

[20] Embora a principal testemunha desse título seja o cronista, e ele ocorra apenas duas vezes na literatura mais primitiva (2Rs 25,18; Jr 52,24), nenhuma das quais com data anterior ao exílio, parece razoável considerar o título pré-exílico por duas razões. Primeiro, é sempre usado no contexto de temas pré-exílicos; segundo, e talvez mais importante, o título encontrado na literatura que data do período pós-exílico e a ele se refere é *hakkōhēn haggādôl*, enquanto *kōhēn hārō'š* não aparece nesse tipo de contexto. A referência ao *hakkōhēn hārō'š* de Esdras, em Esd 7,5, não é exceção a isso; não está no formato de constructo analisado aqui, nem se refere a um sacerdote-chefe, mas a Aarão, a quem designa como fonte ou criador do sacerdócio (LXX *ho hiereus ho prōtos*).

te-chefe atuar *in loco regis* e realizar o que, do ponto de vista técnico, eram deveres régios delegados em bases cotidianas, para que, quando participasse do culto, o rei efetivamente retomasse do sacerdote-chefe a posição que era sua por direito? À luz da indubitável supremacia do rei em questões cultuais e das repetidas descrições de monarcas que iniciavam práticas e reformas cultuais (1Rs 12,26–13,1; 2Rs 16,10-14; 18,1-4; 22,1–23-24), parece razoável concluir que o rei tinha o direito, se não o dever, de realizar algumas observâncias rituais, mas suas responsabilidades eram, em grande parte, delegadas ao sacerdote-chefe. Essa conjuntura oferece um meio de explicar a construção do título *kōhēn hārō'š* para o sacerdote-chefe, que, à primeira vista, é um tanto desconcertante. Pode ser interpretada como construção apositiva, "o sacerdote que é o chefe/o cabeça" e, na verdade, é assim que está classificada, um tanto experimentalmente, em Gesenius-Kautzsch.[21] Mas a classificação não parece muito satisfatória, não menos porque também ocorre um formato mais diretamente apositivo do título, a saber, *hakkōhēn hārō'š*. Este aparece em 2Cr 31,10, a respeito de Azarias II, em que o motivo de seu uso é, evidentemente, que Azarias responde, em sua condição de *chefe dos sacerdotes*, à pergunta de Ezequias dirigida a todos os sacerdotes e levitas: "Azarias, [o sacerdote-chefe] da casa de Sadoc, respondeu-lhe". Apoio a essa interpretação como correta, ou pelo menos digna de crédito, vem da passagem anterior em 2Cr 24,6, em que o rei Joás manda chamar o sacerdote Joiada para perguntar por que as medidas tributário do Templo exigidas pelo rei não foram executadas pelos levitas. Joiada é simplesmente citado como *hārō'š*, pois age aqui na condição de chefe dos sacerdotes; portanto, a designação *rō'š* não é titular, mas apositiva ("Joiada, o chefe"). A semelhança entre a posição de Joiada, em 2Cr 24,6, e a de Azarias, em 2Cr 31,10, é tanta que parece inteiramente razoável interpretar a designação de Azarias, *hakkōhēn hārō'š*, como construção apositiva, em vez de forma alternativa do título *kōhēn hārō'š*. Entretanto, justamente por isso, parece injustificado interpretar a construção gramaticalmente mais obscura de *kōhēn hārō'š* como formulação apositiva, pois as regras normais de aposição não se aplicam à justaposição dos substantivos *kōhēn* e *rō'š*.

Entretanto, se *kōhēn hārō'š* for considerado um genitivo subjetivo e traduzido não como "o sacerdote-chefe", mas como "o sacerdote do chefe", isto é, o sacerdote do rei (cf. Is 7,8.9), então será possível interpretá-lo como referência

---

[21] GKC, § 131 *b* (p. 423).

203

ao sacerdote autorizado a representar o rei nas ocasiões cultuais em que o rei, por alguma razão, não exerça o direito de servir na qualidade de sacerdote ou, na verdade, em outras ocasiões nas quais tal representação seria apropriada. As Escrituras hebraicas contêm diversos exemplos de um sacerdote-chefe que representa o monarca em contextos cultuais e não-cultuais. Quando consagra um novo altar de desenho damasceno para a casa de Iahweh, fazendo ele próprio oferendas sobre o altar, Acaz ordena a Urias, evidentemente o sacerdote-chefe na época, que ofereça sobre ele, entre outras coisas, o holocausto e a oblação do rei (2Rs 16,12-15). Que Acaz está perfeitamente capacitado para fazer suas oferendas, é comprovado pelo fato de fazê-lo para o primeiro uso do altar; mas, em seguida, ele delega a responsabilidade de suas oferendas a Urias, o sacerdote-chefe, que, desse modo, atua em seu lugar (2Rs 16,16). Em um contexto não-cultual, o *kōhēn hārō'š* Amarias é designado pelo rei Josafá para assumir uma responsabilidade judicial juntamente com Zabadias, chefe da casa de Judá; Amarias deve ficar responsável por todos os assuntos de Iahweh, e Zabadias, por todos os assuntos do rei (2Cr 19,11). Parece inquestionável que, se esse episódio tem base histórica e tais designações foram, de fato, feitas, os funcionários que as executavam atuavam efetivamente em nome do rei; e, se é esse o caso, então, apesar do contexto não-cultual, o título *kōhēn hārō'š* é aqui usado no contexto de substituição sacerdotal para a realeza.[22] Um pouco mais tarde, o *kōhēn hārō'š* Azarias envolve-se em um confronto com o rei Ozias, que quer queimar incenso, mas ouve de Azarias que isso compete aos sacerdotes (2Cr 26,16-20). Talvez se deva conjeturar que, por trás desse episódio, está alguma tensão entre o monarca e o sacerdote-chefe, quem sabe um ciúme crescente entre os sacerdotes ou da parte do *kōhªnê hārō'š* para conservar o privilégio de atuar como representante do rei ou para proteger sua autonomia profissional, na medida em que as tentativas do monarca para reafirmar seus direitos sagrados encontraram certo descontentamento.[23]

---

[22] BARTLETT, J. R. "The Use of the Word varas a Title in the Old Testament". *VT* 19, 1969, pp. 1-10 (5-6). Argumenta, a partir do mesmo incidente, que o título era concedido ao sacerdote-chefe por causa de sua função judiciária *per se*, e não em virtude de substituição do monarca que tal função implicaria.

[23] Cf. JAPHET, S. *The Ideology of the Book of Chronicles and its Place in Biblical Thought.* (ET) Frankfurt am Main, Peter Lang, 1989, pp. 425-427; *I & II Chronicles.* London, SCM Press, 1993. p. 885 (OTL).

Naturalmente, é desnecessário dizer que o sacerdote designado como representante do rei também era o sacerdote-chefe no sentido de ser o mais antigo entre os sacerdotes do Templo. Por isso, em Jr 52,24, Saraías, o *kōhēn hārō'š*, é seguido por Sofonias, *o kōhēn hammišneh*, em um arranjo evidentemente hierárquico.[24]

Parece, então, que o sacerdote para sempre, que tem por modelo Melquisedec, é um sacerdote diferente dos comuns e, de fato, a diferença está resumida em Sl 110,4:

Iahweh jurou e jamais desmentirá:

"Tu és sacerdote para sempre,

segundo a ordem de Melquisedec".

A parte importante do versículo para esclarecer o sacerdócio régio não é, no entanto, a referência a Melquisedec, o que faria a definição da natureza do sacerdócio do rei depender da definição do sacerdócio "segundo a ordem de Melquisedec". Na verdade, a tradução "segundo a ordem de Melquisedec" baseia-se no *kata tēn taxin Melchisedek* da LXX, ao passo que o hebraico *'al-dibrātî malkî-ṣedeq* significa "por causa de" ou "para o bem de Melquisedec", em vez de "segundo a ordem de Melquisedec". Quando se segue o hebraico e se dá preferência à tradução "por causa de" ou "para o bem de Melquisedec", Melquisedec, de fato, não aparece como fundador ou elemento definidor de uma sucessão de sacerdotes à qual se incorpora o monarca hebreu atual — não é questão de o rei ser "sacerdote segundo a ordem de Melquisedec". Antes, os dois aspectos distintivos do sacerdócio régio são sua concessão por juramento divino (Iahweh jurou e jamais desmentirá) e sua eternidade (Tu és sacerdote para sempre). Melquisedec é, assim, citado como paradigma ou precedente para esse sacerdócio (por causa de Melquisedec), mas é um acessório da mensagem principal, e não parte de sua substância. O argumento para tal interpretação é este: se o sacerdócio é, em geral, definido em bases funcionais, de modo que os que realmente fazem o trabalho é que são os sacerdotes, e não simplesmente os que são elegíveis para fazer o trabalho, então a participação ocasional do rei em cerimônias cultuais não é base real para considerá-lo sacerdote, pois

---

[24] A interpretação que a maioria dá à passagem paralela em 2Rs 25,18 refere-se a Sofonias como *kōhēn mišneh*, sem o artigo definido, mas o sentido hierárquico dos termos *rō'š* e *mišneh* permanece imutável.

PARTE II • Rei e Messias no Antigo Testamento

ele não faz o tipo de trabalho que normalmente se espera que o sacerdote faça a fim de ser chamado "sacerdote". Entretanto, foi-lhe feito o juramento de que ele *é* sacerdote, e sacerdote *para sempre*, de modo que, embora não seja sacerdote no sentido de alguém que desempenha as funções regulares, de servidor do santuário, por causa de sua vocação e de seu relacionamento com Iahweh, ele é, não obstante, sacerdote *ex-officio*, mediador entre seu Deus e seu povo, e assim permanecerá enquanto viver; ninguém pode privá-lo de seu *status* sacerdotal mediador. Na verdade, isso também poderia ser considerado uma espécie de aviso de que, para o rei, não há como fugir à responsabilidade da mediação, não há como escolher não ser sacerdote ou não desempenhar deveres sacerdotais, ao contrário de outros que tinham permissão pela linhagem, mas talvez fossem incapazes ou não tivessem vontade de servir como sacerdotes.

2. O sumo sacerdote no período pós-exílico

Até aqui, a análise concentrou-se no relacionamento entre a monarquia e o sacerdócio no período em que coexistiram, a saber, o período pré-exílico, e apresentou um modo de interpretar a relação entre o monarca e o sacerdote-chefe, bem como o sacerdócio régio em si. Entretanto, também é necessário considerar o relacionamento entre o sumo sacerdócio pós-exílico e a monarquia, questão que a tendência de equiparar as funções sacerdotais do monarca às do sumo sacerdote torna ainda mais premente. A imagem mais abrangente do sumo sacerdócio é a que se encontra na fonte Sacerdotal (P), e, quando se compara essa imagem com a imagem da monarquia, não se pode negar que existem importantes correspondências entre ambas. Primeiro, o monarca e o sumo sacerdote aparecem em seus contextos respectivos como representantes de toda a comunidade perante Iahweh. Na dedicação do novo Templo (1Rs 8,1-66), o deuteronomista relata que Salomão ofereceu sacrifícios e orações em nome de todo o povo reunido, enquanto o sumo sacerdote da fonte Sacerdotal tem o dever de oficiar em nome do povo quando este é contaminado coletivamente por um pecado involuntário de toda a comunidade (Lv 4,13-20). Quaisquer que tenham sido as origens do cerimonial para o Dia das Expiações, o entendimento preservado em Lv 16 é que, como em Lv 4, o sumo sacerdote representa a comunidade ao realizar ritos para sua purificação, bem como para a purificação do santuário (Lv 16,17.21.24.32-33). Segundo, além de representarem a comunidade diante de Iahweh, em um contexto cerimonial, o rei e o sumo sacerdote são considerados propensos a contaminar toda a comunidade por seu pecado pessoal. Assim, Iahweh mandou a peste a toda a nação israelita por causa do pecado de Davi (2Sm 24), e, do mesmo modo, Lv 4,3 afirma que o pecado do sumo sacerdote torna "o povo culpado". Terceiro, uma área mais material de semelhança entre os dois está em suas vestes: o barrete e o peitoral foram evidentemente tomados de empréstimo das vestes régias, dando a impressão de que o sumo sacerdote tornou-se equivalente ao monarca na sociedade pós-exílica, depois do fim da linhagem davídica. Por último, rei e sumo sacerdote afiguram-se como personagens ungidas, escolhidas especificamente por Iahweh para seu serviço, aparentemente obscurecendo o limite entre o ofício do sacerdócio e a vocação da realeza. Na verdade, das sete referências da fonte P ao sumo sacerdote como "ungido", quatro estão no contexto da oficiação em nome da comunidade como um todo (Lv 4,3.5.16; 16,32), sublinhando, ao que tudo indica, a harmonia entre o sumo sacerdócio e a monarquia como posição vocacional vital para o bem-estar de toda a comunidade sagrada.

Entretanto, as semelhanças formais compreensíveis entre o sacerdócio exercido pelo monarca e o exercido pelo sumo sacerdote são só parte do quadro. Para determinar precisamente como ambos se relacionam, e portanto se, na forma em que aparece em P, o sumo sacerdote pode verdadeiramente ser considerado rei substituto ou mesmo figura messiânica, é necessário averiguar com mais exatidão a natureza do sumo sacerdócio. Já mencionamos que o monarca é descrito como filho adotivo de Iahweh e que seu direito, na verdade seu dever, de ser chamado sacerdote dependia de sua atuação como representante do rei divino, o que lhe permitia ter um relacionamento especial com a divindade, mais do que o do sacerdócio comum. Todavia, quando examinamos a descrição que P faz do sumo sacerdócio, fica claro que ali o sumo sacerdote é igual a qualquer outro sacerdote; isto é, seu sacerdócio revela as mesmas características funcionais dos sacerdotes comuns, e não há indicação de que um carisma divino seja necessário para capacitá-lo a desempenhar suas tarefas específicas de mediação, nem para algum outro relacionamento íntimo específico entre o sumo sacerdote e a divindade. Ao contrário, sua posição elevada é definida em termos de reforço das características sacerdotais comuns, e isso pode ser visto de duas maneiras.

A primeira indicação é o relacionamento do sumo sacerdote com o santuário. Já mencionamos que os sacerdotes ligavam-se aos santuários, o que também

PARTE II • Rei e Messias no Antigo Testamento

é verdade quando se trata do sumo sacerdote, que P mostra ligado à Habitação. Na verdade, a escolha de Aarão para sumo sacerdote e de seus filhos para sacerdotes (Ex 28,1–29,37) segue de perto a descrição da Habitação e seus acessórios (Ex 25,1–27,21). Entretanto, a ligação do sumo sacerdote com o santuário é muito mais estreita que a dos sacerdotes comuns. Deduzimos isso do éfode e do peitoral de suas vestes cerimoniais, que são feitos do mesmo material que o véu da Habitação (*ḥōšēb*, Ex 26,31; 28,6.15), enquanto os sacerdotes comuns oficiam vestidos de linho branco; está também evidente nos deveres reservados só ao sumo sacerdote, todos os quais exigem que ele seja o oficiante a entrar na Habitação. Os deveres em questão são queimar incenso no altar dos perfumes e preparar as lâmpadas da Habitação (Ex 30,1-10); arrumar os pães todo sábado (Lv 24,5-9); fazer sacrifícios por seu pecado e pelo de toda a comunidade de Israel, quando necessário (Lv 4,1-21); e oficiar no Dia das Expiações (Lv 16). Os outros sacerdotes servem ao altar fora, no átrio, mas não entram na Habitação propriamente dita. Entretanto, embora os sacerdotes comuns não partilhem os deveres da Habitação com o sumo sacerdote, este, aparentemente, partilha com eles as responsabilidades sacerdotais cotidianas fora da Habitação, pois, em duas ocasiões dos acontecimentos no deserto relatados por P, Iahweh chama Aarão e dá-lhe instruções para todo o sacerdócio, instruções essas transmitidas na segunda pessoa do plural e que, por isso, incluem o próprio Aarão em seus termos (Lv 10,9-11; Nm 18,1.5). Especialmente dignos de nota são Nm 18,5: "Respondereis pelos encargos do santuário e pelos serviços do altar", e Nm 18,7: "Tu e os teus filhos assumireis as funções sacerdotais em tudo o que se refere ao altar e em tudo o que está atrás do véu". Nenhuma das duas passagens faz distinção alguma entre o serviço do altar no átrio da Habitação e o serviço dentro da Habitação em si. Portanto, o sacerdócio do sumo sacerdote parece incluir todos os deveres do santuário que dizem respeito aos sacerdotes comuns, além dos deveres adicionais reservados apenas para ele.

Uma segunda característica tipicamente sacerdotal que se refere ao sumo sacerdote é a posse dos objetos sagrados da sorte, Urim e Tummim. Com efeito, de acordo com P, é exclusivamente o sumo sacerdote que possui esses objetos; eles são colocados no "peitoral do julgamento" (*ḥōšen mišpāṭ*, Ex 28,15), parte das vestimentas de festa do sumo sacerdote, provavelmente adaptado de uma bolsa pendurada ao pescoço, usada outrora pelos sacerdotes comuns para guardar os objetos da sorte. Mas a fonte P nunca mostra o sumo sacerdote realmente usando esses objetos da sorte, de modo que, embora ele seja supostamente diferenciado

Realeza como sacerdócio

dos outros sacerdotes por tê-los, a diferença prática que fazem em termos de seu *status* é insignificante. De fato, nos acontecimentos do deserto relatados por P, os objetos da sorte são redundantes, pois todas as indagações do Todo-Poderoso são tratadas por intermédio de Moisés, que fala com Iahweh face a face. Por isso, não se justifica considerar os objetos da sorte como indicação de um tipo especial de intimidade entre o sumo sacerdote e a divindade que não seja acessível a outros sacerdotes e, portanto, indique uma diferença qualitativa entre sumo sacerdócio e sacerdócio comum. O sumo sacerdote é o epítome do *sacerdócio*, como comprovam suas funções no santuário e sua posse dos objetos da sorte, mas é o epítome do sacerdócio e de nada mais nem menos que isso. Seu sacerdócio é quantitativa, mas não qualitativamente, diferente do dos outros sacerdotes; ele faz tudo o que os outros fazem e mais ainda, e não algo completamente diferente deles, de modo que a diferença entre o sumo sacerdócio e o sacerdócio comum é de grau, e não de espécie. Assim, o sumo sacerdote é, efetivamente, um funcionário sagrado, como todos os outros sacerdotes.

Os títulos que P usa para a função comprovam que essa é, realmente, a visão que P tem do sumo sacerdócio. Em Lv 21,10, a designação *hakkōhēn haggādôl mē'eḥāyw* é usada para o sumo sacerdote, designação que, na forma truncada *hakkōhēn haggādôl*, é o título pós-exílico mais comumente usado para o sumo sacerdote.[25] No formato encontrado em Lv 21,10, esse título parece ser uma descrição comparativa ou relativa, que talvez se refira ao sacerdote mais velho ou mais antigo e, como tal, é ontológico em vez de funcional — isto é, descreve o sumo sacerdote em termos de seu relacionamento com os outros sacerdotes, em vez de realmente definir o que ele faz em virtude de ser sumo sacerdote. Por isso, embora o sumo sacerdote seja exaltado em sua santidade em comparação com os

---

[25] Ag 1,1.12.14; 2,2.4 (Bíblia de Jerusalém: "grão-sacerdote"); Zc 3,1.8; 6,11; Ne 3,1.20; 13,28. O título também está na fonte P, em Nm 35,25.28 e, como variante textual para *hakkōhēn*, em Nm 35,32. Em contraste, MILGROM, Jacob. *Leviticus 1–16*. New York, Doubleday, 1991, p. 231 (AB, 3), argumenta que *kōhēn hārō'š* é o título pós-exílico, enquanto *hakkōhēn haggādôl* é pré-exílico, mas parece não haver nenhum indício nesse sentido. Com certeza, a alegação de Milgrom de que *kōhēn hārō'š* é usado "treze vezes em Esdras, catorze vezes em Neemias e noventa e uma vezes nas Crônicas", em apoio da qual ele não cita referências, é bastante incrível. A forma do construto *kōhēn hārō'š*, significando "sacerdote-chefe" ou "sumo sacerdote", não ocorre nem em Esdras, nem em Neemias, e ocorre, de maneira inequívoca, só duas vezes em Crônicas (2Cr 19,11; 26,20). Cf. outra análise da terminologia para o sumo sacerdócio em minha monografia sobre o sumo sacerdote *Zadok's Heirs: The Role and Development of the High Priesthood in Ancient Israel*. Oxford, Clarendon Press, 2000.

PARTE II • Rei e Messias no Antigo Testamento

outros sacerdotes, o título subentende que é mais do mesmo tipo de santidade do que alguma coisa muito diferente. Todavia, é preciso notar que Aarão, apresentado em Ex 28 como o epítome do sumo sacerdócio, é sempre citado apenas pelo nome, ou então como Aarão *hakkōhēn* (Ex 31,10; 39,41; Lv 7,34; 13,2; 21,21; Nm 3,6; 18,28; 26,64; 33,38).[26] Isso significa que nem sempre fica claro se Aarão age ou não especificamente na qualidade de sumo sacerdote, se *hakkōhēn* deve ser entendido com o significado de "sacerdote" ou de "sumo sacerdote" (cf. Lv 4), ou mesmo se, quando necessário, o nome "Aarão" deve ser entendido como referência aos sacerdotes em geral (cf. Nm 16,11; 18,28). O obscurecimento do limite entre Aarão/o sumo sacerdote e os demais sacerdotes também é comprovado no costume que P tem de referir-se a Aarão e seus filhos como um grupo sem nenhuma diferença evidente entre seus membros (por exemplo, Ex 28,40-43; 29,44; Lv 7,31.35-36; Nm 6,22-27). Essa abordagem é consistente com a interpretação de *hakkōhēn haggādôl* como efetivamente uma designação relativa, já que ambas descrevem o sumo sacerdote como fundamentalmente um sacerdote igual a qualquer outro.

Parece, então, que a origem do sacerdócio e os fundamentos do sumo sacerdócio são os mesmos, na medida em que compartilham um conceito comum da natureza de seu sacerdócio como o papel de um funcionário sagrado, e que o sumo sacerdote é, efetivamente, *primus inter pares* que, apesar de ter responsabilidades pessoais próximas do Santo dos Santos e funções representativas em nome da comunidade como um todo, também tem o mesmo tipo de responsabilidades rotineiras que os outros sacerdotes. Conseqüentemente, o sumo sacerdote é sacerdote no verdadeiro sentido da palavra, ao contrário do monarca, que não compartilhava as responsabilidades sacerdotais mais rotineiras.

À luz do que expusemos, é questionável se, quando o sumo sacerdote aparece como mediador no interesse de toda a comunidade, sua ação tem o mesmo significado que a intercessão do monarca teria em circunstâncias semelhantes. Na verdade, é discutível se, quando oficia em nome da comunidade como um todo, o sumo sacerdote o faz, não primordialmente como o responsável pelo povo

---

[26] Isso não inclui as referências potencialmente ambíguas em Ex 38,21; Nm 3,32; 4,16.28.33; 7,8; 17,2, que contêm a frase: "Fulano, filho de Aarão, o sacerdote". Nesses casos, tanto Aarão como seu filho poderiam ser "o sacerdote" — "Fulano, filho do sacerdote Aarão", ou "O sacerdote Fulano, filho de Aarão".

Realeza como sacerdócio

diante de Iahweh, mas como uma espécie de "guardião do santuário", cuja tarefa é manter o santuário livre da contaminação causada pelo pecado. Essa interpretação origina-se de uma teologia que Milgrom descreve como "*O Retrato de Dorian Gray* sacerdotal",[27] isto é, o conceito de ritual e de impureza moral como fortes poluentes que maculam o santuário e que, por isso, precisam ser eliminados dele, para que a santidade do lugar seja mantida. O grau de profanação depende da gravidade da ofensa cometida; o pecado individual, inadvertido, contamina o altar dos holocaustos no átrio, mas o pecado de toda a comunidade (ou do sumo sacerdote) resulta na contaminação do altar de incenso no interior da Tenda, e, mais grave, o pecado intencional contamina a própria Arca dentro do véu. É por isso que o sumo sacerdote tem de oficiar dentro da tenda quando a expiação é exigida para esse pecado — ele efetivamente purifica essas áreas interiores da profanação que o pecado lhes causou.[28] Dessa maneira, ainda guarda os interesses da comunidade em relação à divindade, assegurando que a contaminação do santuário não se acumule a ponto de afastar a presença divina, o que não se consegue por meio de nenhum relacionamento pessoal entre sumo sacerdote e divindade em nome da comunidade. Pelo contrário, é a ligação suprema do sumo sacerdote com o santuário e, nesse sentido, o fato de ser um exemplo perfeito do estilo de sacerdócio funcional, não-vocacional, que lhe permite alcançar para a comunidade o mesmo que a intercessão do monarca alcançaria por sua posição de intimidade com Iahweh.

É possível argumentar que a ordem a Moisés para chamar Aarão e fazer dele e de seus filhos os únicos sacerdotes legítimos (Ex 28,1) expressa o tipo de sacerdócio vocacional sugerido para a monarquia, mas isso não está confirmado. Apesar da evidente designação de Aarão por Iahweh para ser seu sacerdote, como já mencionamos, não há sinal de nenhum carisma que acompanhe a designação, circunstância que fica mais clara quando o artesão Beseleel, filho de Uri, que deve construir a Tenda, recebe um chamado divino pessoal e fica cheio do espírito de Deus (Ex 31,1-3). Há pouca cordialidade no relacionamento de Iahweh e Aarão; é verdade que, como sumo sacerdote, Aarão tem consentimento para entrar no lugar santíssimo, mas só quando Iahweh especifica e, então, só com o

---

[27] MILGROM, *Leviticus*, p. 260.

[28] Para uma discussão mais ampla dessas questões e de outros aspectos da oferenda de purificação, ver MILGROM, *Leviticus*, pp. 253-261.

Parte II • Rei e Messias no Antigo Testamento

sangue de sacrifícios (Lv 16,1). Além disso, de toda a legislação da fonte P, inclusive a que trata do sacerdócio e do sumo sacerdócio, só duas partes são dirigidas a Aarão em pessoa, a restante sendo reservada a Moisés. De fato, a presença de Moisés ao lado de Aarão salienta a fragilidade do relacionamento entre Iahweh e Aarão, em contraste com o relacionamento entre Iahweh e Moisés. Moisés parece entrar e sair muito à vontade do Santo dos Santos (Nm 17,19.22.23.25-26), e é ele, não Aarão, que fala face a face com Iahweh, e também recebe a maior parte da legislação. Na verdade, é justo dizer que entre o relacionamento entre Iahweh e Moisés e o relacionamento entre Iahweh e Aarão, o primeiro, com seu sentido de indivíduo divinamente escolhido e encarregado de conduzir o povo de Iahweh e, portanto, autorizado a atuar como mediador em nome desse povo, é, dos dois, com certeza o mais próximo do relacionamento entre Iahweh e o monarca.

O problema dos elementos régios nas vestimentas cerimoniais do sumo sacerdote é também menos direto do que parece à primeira vista. Os elementos em questão são o peitoral, o turbante e o sinal da consagração, todos os quais parecem igualar-se a itens identificados alhures como partes do vestuário régio, o que parece subentender algum tipo de equivalência de *status* entre o sumo sacerdote e o monarca. O peitoral, com suas filas de pedras semipreciosas (Ex 28,15-29), assemelha-se ao desenho de um peitoral régio encontrado em Biblos.[29] O turbante (*miṣnepet*, Ex 28,37.39) aparece em Ez 21,31 (Bíblia de Jerusalém: "diadema"), em paralelismo com a palavra "coroa" (*ᵃṭārâ*), em um oráculo dirigido ao príncipe de Israel,[30] subentendendo assim que, como a coroa, o turbante era cobertura para a cabeça. O sinal da consagração santa (*nēzer*, Ex 29,6) aparece uma vez como alternativa e duas vezes como descrição suplementar da placa de ouro puro (literalmente, "flor", *ṣîṣ*, Ex 28,36), que é atada ao turbante,[31] e, se o artigo em questão era verdadeiramente um diadema ou uma coroa, a inferência parece ser com certeza que seu usuário ocupava posição de realeza.[32] Entretanto, um exame

---

[29] Noth, *Das zweite Buch Mose: Exodus*. Göttingen, Vandenhoeck & Ruprecht, 1959, pp. 181-182 (ATD, 5) (et *Exodus*. Trad. J. S. Bowden. London, SCM Press, 1962, pp. 222-223 [OTL]).

[30] De acordo com o uso em outras passagens de Ezequiel, a designação "príncipe" (*nāśîʾ*), em 21,30, certamente deve ser entendida como título régio.

[31] Ex 28,36 fala simplesmente de *ṣîṣ zāhāb*, e Ex 29,6 de *nēzer haqqōdeš*, enquanto Ex 39,30 refere-se a *ṣîṣ nēzer haqqōdeš*, e Lv 8,9 usa a frase *ṣîṣ hazzāhāb nēzer haqqōdeš*.

[32] Haran, M. "Priesthood, Temple, Divine Service: Some Observations on Institutions and Practices of Worship". *HAR* 7, 1983, pp. 121-135 (123).

Realeza como sacerdócio

mais minucioso deixa claro que os artigos não são os indicadores inequívocos de *status* régio que parecem ser. Isso fica mais evidente no caso do diadema. É inquestionável que a palavra *nēzer* é usada em contextos régios (por exemplo, Sl 132,18); entretanto, a raiz *nzr* significa separação e consagração, como na designação nazireu, para aquele que faz voto de separação e consagração (Nm 6,1-21). Daí que o *nēzer* como parte das vestimentas do sumo sacerdote pode bem indicar separação e consagração a Iahweh, em vez de *status* régio. De fato, dada a natureza sacra da monarquia israelita, o uso da raiz *nzr* em contextos *régios* deve-se, igualmente, a sua conotação de consagração; nesse caso, seu uso a respeito do monarca e do sumo sacerdote seria por causa dos aspectos sacerdotais da monarquia, e não por causa de supostos aspectos régios do sacerdócio. O peitoral também é peça ambígua; embora sua aparência assemelhe-se à do peitoral régio, ele é, definitivamente, sacerdotal, em seu feitio e em sua função. Como já mencionamos, ele é feito do mesmo tipo de material que o éfode (Ex 28,15), de modo que partilha com ele as conotações sacerdotais de santidade e as ligações com a Habitação. Também funciona como bolsa para o Urim e o Tummim (Ex 28,30), que eram sempre responsabilidade sacerdotal, nunca régia (cf. Dt 33,8; 1Sm 14,3.18-19). Finalmente, embora o turbante seja mencionado uma vez como artigo usado pelo príncipe de Israel, do mesmo modo que o diadema, é concebível que isso se deva às nuanças sacerdotais da monarquia, e não a aspectos monárquicos do sumo sacerdócio, em especial porque, das doze ocorrências de *miṣnepet* na Bíblia Hebraica, onze estão na fonte P e referem-se à cobertura para a cabeça do sumo sacerdote. Tais evidências indicam de forma esmagadora o turbante como item sacerdotal, não régio. Assim, devemos concluir que não é possível usar as vestimentas cerimoniais do sumo sacerdote, de maneira convincente, para afirmar que o sumo sacerdote é quase um monarca; entretanto, o que elas parecem indicar é o quase-sacerdócio da monarquia.

Outra característica do sumo sacerdócio que costuma ser aceita como indicação de sua natureza monárquica é o óleo da unção. No entanto, mais uma vez, as impressões iniciais são enganadoras. Milgrom menciona que o sumo sacerdote era ungido não a fim de receber atributos divinos, como no caso da unção régia,[33] mas para promover uma mudança em seu *status* para que oficiasse no domínio

---

[33] Cf. Noth, "Amt", pp. 321-322 (et "Office", pp. 239-240); Johnson, A. R. *Sacral Kingship in Ancient Israel*. 2. ed. Cardiff, University of Wales Press, 1967, pp. 14-16.

Parte II • Rei e Messias no Antigo Testamento

sagrado;[34] em outras palavras, a unção régia destinava-se a capacitar, enquanto a unção do sumo sacerdote destinava-se a santificar (cf. Ex 28,41; 30,30; Lv 8,12). Certamente, nos relatos da primeira monarquia, a unção com óleo e a concessão do espírito divino resultam uma da outra (1Sm 10,1-10; 16,13), enquanto o sumo sacerdote nunca aparece como tendo recebido o Espírito de Iahweh, mesmo depois de ser ungido (cf. Lv 8,12). Além disso, a unção de Saul e de Davi é seguida por sucesso em combate — em outras palavras, ambos são ungidos a fim de poderem sair para o domínio do não-sagrado e desempenhar os deveres da realeza. Em contraste, o resultado da unção de Aarão é que ele fica mais estreitamente que nunca fechado no domínio sagrado da Tenda (Lv 10,7; 21,10-12), separado do domínio profano, em vez de ser imerso nele, como os reis. O indício reconhecidamente tardio do Talmude babilônico distingue entre a unção de um rei, feita em forma de guirlanda, e a unção de um sacerdote, feita em forma da letra grega qui [χ],[35] distinção que indica que também os rabinos percebiam uma diferença na unção do rei e na do sumo sacerdote. Não devemos, portanto, interpretar a imagem que a fonte P faz do sacerdote ungido em termos de realeza hierocrática ou equivalência monárquica, mas sim em termos de santificação para responsabilidade ritual e cultual.

3. Realeza e sacerdócio no período asmoneu

Parece certo concluir uma dissertação sobre o relacionamento entre a monarquia e o sumo sacerdócio com um breve comentário a respeito dos asmoneus, já que aparentemente eles sintetizavam a combinação de realeza e sumo sacerdócio. Contudo, os registros conservados indicam que muitos de seus compatriotas viam com ambivalência o período de ascendência asmonéia, e, à luz da análise precedente, talvez seja possível sugerir por quê. Embora fossem de ascendência

---

[34] Milgrom, *Leviticus*, pp. 553-555; cf. também Budd, P. *Leviticus*. Grand Rapids, Eerdmans; London, Marshall Pickering, 1996, p. 137 (NCB); Houtman, C. "On the Function of the Holy Incense (Exodus xxx 34-38) and the Sacred Anointing Oil (Exodus xxx 22-33)". *VT* 42, 1992, pp. 458-465, argumenta que, assim como a fragrância singular do incenso sagrado usado na Habitação designa o santuário como domínio de Iahweh, também a fragrância singular do óleo da unção sagrada designa os que a têm como sacerdotes de Iahweh, que os marca com sua personalidade e os capacita a servir no altar sem conseqüências fatais. Por isso, a unção dos sacerdotes serve para manter os limites entre o sagrado e o profano.

[35] *b. Hor.* 12a.

sacerdotal, os líderes da resistência, Jônatas e Simão Macabeu, ganharam proeminência entre os judeus, não por causa da linhagem sacerdotal, mas em virtude da bravura militar e das habilidades de liderança, na medida em que a apologia em estilo reconhecidamente deuteronomista de 1Mc retrata, de maneira bastante feliz, sua ascensão e governo em termos da ascensão da monarquia israelita. Sua aceitação do sumo sacerdócio seguiu-se a sua ascensão à proeminência, e talvez seja comparável à maneira como o rei do Sl 110 também recebe o sacerdócio como função de sua realeza. Em 1Mc 14,4-15, Simão recebe um elogio messiânico positivo baseado no Sl 72, e é óbvio que os asmoneus mais tardios julgavam-se primordialmente reis, apesar de suas origens sacerdotais. E, contudo, não eram nem verdadeiros sumos sacerdotes, nem verdadeiros reis. Como sacerdotes, eram de ascendência aarônida, que, nessa época, era critério aceito para o sacerdócio comum, mas não eram de ascendência sadoquita, quando a linhagem sadoquita era a norma para o sumo sacerdote. Entretanto, uma acusação ainda mais grave era o fato de não pertencerem à linhagem davídica, à qual se acreditava ter sido a monarquia prometida de maneira irrevogável (cf. 2Sm 7,8-16; Sl 89,36-38), nem, apesar da apologia em estilo deuteronomista, Jônatas e Simão serem descritos como tendo a vocação e a unção de realeza que seria compreensível considerar substitutas das promessas davídicas, e sem as quais a verdadeira monarquia seria inconcebível. Embora sem dúvida houvesse aqueles para quem o principal empecilho era o fato de o sumo sacerdócio dos asmoneus não ser sadoquita, havia também aqueles para quem era impensável que não-descendentes de Davi usurpassem a monarquia, como comprovam os *Salmos de Salomão*:

> Tu, Senhor, escolheste Davi para rei de Israel e juraste-lhe a respeito de seus descendentes que seu reino não fracassaria diante de ti. Mas, por causa de nossos pecados, pecadores levantaram-se contra nós, caíram sobre nós e expulsaram-nos; aqueles a quem não fizeste nenhuma promessa destituíram-nos pela força. Não glorificaram teu estimado nome com glória; preferiram um reino ao que era sua verdadeira coroa; devastaram o trono de Davi com gritos arrogantes (*SlSal.* 17,5-8).

De fato, com base na análise apresentada aqui, pode bem ser que a usurpação percebida da monarquia fosse um crime muito mais abominável que a presunção ilegítima do sumo sacerdote. Afinal de contas, o sacerdote é, basicamente, um funcionário religioso, e os asmoneus eram, ao menos, de ascendência sacerdotal; mas, se a monarquia é uma vocação, uma eleição pela divindade e

Parte II • Rei e Messias no Antigo Testamento

uma elevação para ser o filho adotivo do divino, proclamar monarcas quando inexiste a prova de uma tal adoção ou eleição equivale a uma blasfêmia da pior espécie. Isso, naturalmente, sem considerar as tentativas de descrever Simão em termos particularmente messiânicos.

O relacionamento entre a monarquia e o sumo sacerdócio é, portanto, irregular. O monarca pode cumprir deveres sacerdotais por causa da natureza de sua realeza, mas, igualmente, por causa da natureza de seu sacerdócio, o sumo sacerdote não pode ser rei, nem deve jamais ser confundido com uma figura messiânica. A realeza pode bem ser sacerdócio em certo sentido, mas com certeza o sacerdócio, mesmo o sumo sacerdócio, não é realeza.

O Messias nos Salmos: uma questão da história da recepção e o Saltério

S. E. Gillingham

Introdução

No último século, uma das questões dominantes nos estudos sálmicos era saber até que ponto o entendimento da formação religiosa de salmodia fora influenciado por preocupações eisegéticas, tanto quanto havia sido por preocupações exegéticas. A história da erudição, com suas numerosas propostas a respeito da data, autoria e proveniência dos diversos salmos, sugere que muito freqüentemente se trata de ler *nos* salmos atividade cultual e asserções teológicas que de fato talvez não estejam presentes ali. Devido à linguagem estereotípica e ao anonimato dos salmistas, o método histórico-crítico e as interpretações teológicas refletem um programa que foi trazido aos salmos, e, em minha opinião, isso nos revela mais a respeito dos intérpretes que a respeito dos salmos em si.[1]

Ao aplicar essas observações iniciais à questão diante de nós, creio ser difícil propor que a intenção fosse uma interpretação messiânica, tanto nas primeiras etapas da composição de salmos específicos como nos estágios mais tardios da formação do Saltério como um todo. No período pré-exílico, e provavelmente

---

[1] Isso é ilustrado na vasta diferença de abordagens usadas pela Escola da História das Religiões e o Movimento de Teologia Bíblica. A primeira, com seus interesses em "mito e ritual", depende de dados de religião comparativa para suas suposições sobre realeza sacra, a entronização de Iahweh, uma festa de Ano-Novo etc. A outra abordagem presume um esquema de "profecia e realização", adotando uma estrutura cristológica pela qual os salmos são vistos como textos proféticos que testemunham um tempo de realização futura, condição que foi preenchida pela pessoa e pela obra de Cristo. Assim, ambas abordagens examinam os salmos "de fora para dentro". Sobre essa questão, cf. Clements, R. E. "The Messianic Hope in the Old Testament". *JSOT* 43, 1989, pp. 3-19.

PARTE II • Rei e Messias no Antigo Testamento

durante algum tempo depois do exílio, parece que o termo *māšîaḥ* significava simplesmente "ungido" e referia-se a alguém que exercia uma função, quer de profeta, quer de sacerdote, quer de rei. Por isso, é de supor que, nos salmos, o termo se referisse a uma pessoa específica, com função determinada no culto israelita. Nesse contexto sociorreligioso, é difícil entender como os salmistas usariam o termo para denotar um título de uma figura idealizada vindoura.[2] Mesmo no período pós-exílico, o futuro que os salmistas indicam parece ser o da geração presente ou da seguinte, e não o de uma grande e dourada era que surgiria no futuro. Como os profetas, a orientação futura era de curto prazo, contemporânea e imediata, e só se tornou de mais longo prazo e idealizada por causa da influência de gerações mais tardias.[3] Grandes expectativas escatológicas, e muito menos esperanças messiânicas específicas, não parecem ter feito parte do plano dos que compuseram ou reuniram os salmos — mesmo nos salmos que usam (ou subentendem) o termo *māšîaḥ*.[4] Isso significa que este estudo vai fazer cuidadosa dis-

---

[2] Sobre esse assunto, cf. HORSLEY, R. A. "Messianic Movements in Judaism". In: *ABD*, IV, pp. 791-797. Observe como a unção de reis revelava certo elemento revolucionário e condicional (p. 792). Cf. também ROBERTS, J. J. M. "The Old Testament's Contribution to Messianic Expectation". In: CHARLESWORTH, J. H., org. *The Messiah: Developments in Earliest Judaism and Christianity*. Minneapolis, Fortress Press, 1992, pp. 39-51, que conclui que, com exceção de Is 45,1 (a respeito de Ciro), toda ocorrência do termo no material bíblico refere-se ao rei israelita contemporâneo, para indicar a relação estreita entre Iahweh e seu escolhido (p. 39).

[3] Cf. BARTON, J. *Oracles of God*. London, Darton, Longman & Todd, 1986, pp. 96-140.

[4] A esse respeito, cf. CLEMENTS, "The Messianic Hope", pp. 8-14. Por um lado, muitos estudiosos da história da religião, que enfatizam os elementos míticos e rituais na salmodia primitiva, entendem que isso também significava uma visão escatológica primitiva do mundo. Cf., por exemplo, OESTERLEY, W. O. E. *The Evolution of the Messianic Idea: A Study in Comparative Religion*. London, Pitman, 1908; GRESSMANN, H. *Der Messias*. Göttingen, Vandenhoeck & Ruprecht, 1929 (FRLANT, 40); BENTZEN, A. *Messias-Moses Redivivus-Menschensohn*. Zürich, Zwingli, 1948 (ATANT, 17) (ET *King and Messiah*. London, Lutterworth Press, 1955). Em contraste, S. Mowinckel é mais cauteloso e entende que, nos tempos pré-exílicos, o messias nacional era "em origem uma figura política que pertencia a este mundo, que não se adapta facilmente aos pensamentos e anseios transcendentais e sobrenaturais da nova escatologia"; cf. *Han som kommer*. Copenhagen, G. E. C. Gad, 1951, p. 185 (ET *He That Cometh*. Trad. G. W. Anderson, Oxford, Basil Blackwell, 1956, p. 280); também *Offersang og Sangoffer*. Oslo, H. Aschehoug & Co., 1951, cap. III, pp. 57-59 (ET *The Psalms in Israel's Worship*, I. (Trad. D. R. Ap-Thomas, Oxford, Basil Blackwell, 1962, cap. 3, pp. 46-48). Mowinckel defende uma posição intermediária a esse respeito, pois o outro lado da linha divisória é marcado pelos que levam a mais sério o papel condicional do rei expresso na literatura narrativa; cf., por exemplo, NOTH, M. "Gott, König, Volk im Alten Testament". In: *Gesammelte Studien*. München, Chr. Kaiser Verlag, 1957, pp. 188-229 (TBü, 6) (ET "God, King, and Nation in the Old Testament". In: *The Laws in the Pentateuch and Other Studies*. Trad. D. R. Ap-Thomas.London, SCM Press, 1966, pp. 145-178, em especial pp. 161-178); BERNHARDT, K.-H. *Das Problem der*

O Messias nos salmos

tinção entre a função de um messias (m minúsculo) e o título Messias (M maiúsculo). O primeiro indica a figura do rei e seu governo dinástico e, assim, refere-se a muitas figuras sucessivas; o segundo, em contraste, pressupõe uma figura definitiva que ou virá no fim dos tempos ou irá anunciá-lo.

Este ensaio vai abordar a questão em três partes. A primeira etapa determinará precisamente quais salmos devem ser usados no debate. Aqui, podem ser propostas três categorias: (a) salmos que empregam o termo *māšîaḥ* (cerca de oito salmos ao todo); (b) salmos que descrevem uma figura régia cuja identidade corresponde ao *māšîaḥ* na lista de salmos precedente, embora o termo em si não seja usado (outros cinco salmos, todos os quais podem ser chamados "salmos régios"); e (c) salmos que sugerem de maneira mais implícita uma figura régia e que alguns críticos, por isso, classificam como defensores de uma ideologia régia (outros catorze salmos).[5] A segunda etapa vai ser avaliar como os salmos régios propostos foram usados no período pós-exílico, depois do fim da monarquia — para perguntar se, nessa época, foram adaptados com um propósito escatológico ou se, no processo de organização e compilação, foram preservados apenas para "santificar" a memória da casa de Davi. Levando a sério a maneira como, não obstante, intérpretes judeus e cristãos leram os salmos de uma forma messiânica, a terceira etapa vai procurar avaliar como e por que essa mudança de ênfase messiânica aconteceu em sua história da recepção.

1. Os chamados salmos messiânicos

Salmos com uso explícito do termo māšîaḥ

Māšîaḥ (forma nominal adjetival com conotações passivas da forma verbal √ *mšḥ*) encontra-se em oito salmos; sete usam a forma nominal, e um oitavo foi

---

altorientalischen Königsideologie im Alten Testament. Leiden, E. J. Brill, 1961, pp. 82-90 (VTSup, 8); e, mais recentemente, ALBERTZ, R. Religionsgeschichte Israels in alttestamentlicher Zeit, I. Göttingen, Vandenhoeck & Ruprecht, 1992, pp. 174-185 (ET A History of Israelite Religion in the Old Testament Period, I. Trad. J. Bowden. London, SCM Press, 1994, pp. 116-122), que considera o papel do rei nos salmos como o de um testa-de-ferro político e cultual apenas.

5   Cf. CROFT, S. J. L. The Identity of the Individual in the Psalms. Sheffield, JSOT Press, 1987, pp. 73-132. (JSOTSup, 44) a respeito do indivíduo como rei, que apresenta critérios para uma extensa lista de salmos régios. Cf. uma abordagem mais cautelosa em DAY, J. Psalms. Sheffield, JSOT Press, 1990, pp. 21-25, 88-90 (OTG).

PARTE II • Rei e Messias no Antigo Testamento

incluído porque usa o termo em sua forma verbal. Desses oito, seis podem ser classificados como salmos régios, e dois sugerem composições pós-exílicas.

Sl 2,2 fala de povos hostis que conspiram contra "Iahweh e contra o seu Messias":

> Os reis da terra se insurgem,
>
> e, unidos, os príncipes conspiram
>
> contra Iahweh e contra o seu Messias.

A referência aos poderes inimigos (*mal^{e}kê-'ereṣ w^{e}rôz^{e}nîm*, versos 1 e 2) sugere não tanto uma época messiânica idealizada, mas antes a ameaça de distúrbios internacionais por ocasião da coroação do rei davídico.[6] A promessa do decreto vitorioso de Deus sobre o poder das nações (vv. 4-6 e 7-8) explica por que o salmo foi usado escatologicamente em épocas mais tardias, mas essa crença na realeza de Deus é suficientemente primitiva (cf., por exemplo, Sl 24,1-2; 47,3.9; Is 6,8) para sugerir que uma data pré-exílica é mais que provável. De modo semelhante, a idéia do domínio universal do rei (vv. 7-8) explica por que o salmo foi usado mais tarde para descrever uma era messiânica, mas esse também é um aspecto comum na ideologia régia (cf., por exemplo, Sl 18,44-48; 72,8-11; 89,26) e, assim, mais uma vez não exclui um contexto pré-exílico.[7] Nesse salmo, a preocupação é com o futuro imediato de uma figura régia recém-ungida: é um salmo de coroação, muito provavelmente composto para ser usado por todo rei davídico, em uma época típica de inquietação política como as que se seguiam à morte do monarca anterior.[8] A mudança de locutores sugere o uso litúrgico do salmo, provavelmente na ocasião da coroação do rei.[9] Em conjunto, isso indica que o uso de

---

[6] Cf. CRAIGIE, P. C. *Psalms 1–50*. Waco, TX, Word Books, 1983, p. 66 (WBC, 19): "[...] a referência do termo no contexto do uso inicial do salmo é simplesmente ao rei *humano*, para quem se realizou a coroação".

[7] Cf. KRAUS, H.-J. *Psalmen 1–59*. 5. ed. Neukirchen-Vluyn, Neukirchener Verlag, 1978, pp. 145-148 (BKAT, 15,1) (ET *Psalms 1–59*. Trad. H. C. Oswald. Minneapolis, Augsburg, 1988, pp. 126-128).

[8] Cf. ANDERSON, A. A. *Psalms*, I. Grand Rapids, Eerdmans, 1972, pp. 64-65 (NCB); também WEISER, A. *Die Psalmen*. 5. ed. Göttingen, Vandenhoeck & Ruprecht, 1959, pp. 341-342 (ET *The Psalms*. Trad. H. Hartwell. London, SCM Press, 1962, pp. 109-110).

[9] Nos vv. 1-2, um líder cultual dirige-se à congregação; no v. 3, as nações inimigas falam por si mesmas; nos vv. 4-6, o líder volta a dirigir-se à congregação e apresenta um oráculo de Deus; nos vv. 7-9, dirige-se ao rei e proclama outro oráculo de Deus; e, nos vv. 10-12, o líder (? e a congregação) dirige-se às nações inimigas.

w^e'al-m^{e}šîḥô, no v. 2, refere-se ao rei recém-ungido. Os que supõem que esse salmo era messiânico desde o início parecem fazê-lo por preocupações eisegéticas.[10]

Sl 18,51 fala de Iahweh demonstrando um amor imutável por seu ungido:

Ele dá grandes vitórias ao seu rei

e age pelo seu ungido com amor,

por Davi e sua descendência para sempre.

O paralelismo desse versículo ("ao seu rei" [*malkô*], verso 1; "pelo seu ungido" [*lim^{e}šîḥô*], verso 2; "por Davi e sua descendência" [*l^{e}dāwid ûl^{e}zar'ô*], verso 3) com certeza coloca a referência a "seu ungido" no contexto da verdadeira dinastia davídica. Os arcaísmos na linguagem teofânica, com correspondências reconhecidas em outra poesia do antigo Oriente Próximo,[11] e o tema da ação de graças por vitórias militares apresentam paralelos com poemas antigos de batalha, tais como em Ex 15 e Jz 5; a diferença é que, no Sl 18, o enfoque está em uma figura régia por intermédio da qual Deus concede vitórias.[12] Como no Sl 2, podemos observar as mesmas crenças no poder universal do rei e no poder vitorioso de Deus (vv. 14-15 e vv. 47-51), e, mais uma vez, isso não exclui um ambiente préexílico. Enquanto o Sl 2 serve de salmo de coroação, para uso de qualquer rei judaíta por ocasião da ascensão ao trono, o Sl 18 é um salmo de ação de graças, para uso de qualquer rei davídico depois de uma vitória militar sobre nações inimigas (vv. 44-46). Como no Sl 2, a figura ungida é o próprio rei: o futuro imaginado é o da continuação da dinastia davídica. Seja qual for o uso que o salmo tenha tido muito depois do fim da monarquia, em seus estágios mais primitivos ele rememorava a figura representativa de Davi como base para a fé nas promes-

---

[10] Cf., por exemplo, KAISER, W. C. *The Messiah in the Old Testament*. Grand Rapids, Zondervan, 1995, p. 90: "Com elogios tão elevados, não há dúvida de que o ungido não é simplesmente um dos indivíduos terrenos escolhidos por Deus na linhagem davídica; ele tem [*sic*] o celeste escolhido de Deus, Jesus Cristo".

[11] Cf. KRAUS, *Psalmen 1–59*, pp. 291, 294-295 (ET *Psalms 1–59*, pp. 261, 264-265); ANDERSON, *Psalms*, I, pp. 157-160; CRAIGIE, *Psalms 1–50*, pp. 169-172, 173-174.

[12] Cf. OESTERLEY, W. O. E. *The Psalms*. Guildford, SPCK, 1939, p. 162, que considera o rei (talvez Josias) o locutor. KRAUS, *Psalmen 1–59*, p. 296 (ET *Psalms 1–59*, p. 266) observa: "Metáforas e formulações míticas estão misturadas na narrativa. Mas nem o mito nem o drama cultual predominam. O segredo dos salmos régios está na dimensão histórica".

Parte II • Rei e Messias no Antigo Testamento

sas divinas; não há nenhuma indicação de que o salmista aguardasse a vinda de uma figura definitiva.[13]

Sl 20,7 fala da ajuda de Iahweh a seu ungido:

Agora eu sei que Iahweh

dá a salvação ao seu messias;

ele responde do seu santuário celeste

com as proezas de sua direita salvadora.

As preocupações militares desse salmo harmonizam-se com o Sl 18, que o antecede, e com o Sl 21, que o segue. Mowinckel considera o Sl 20 um "salmo nacional de intercessão pelo rei, antes de este último partir para a guerra", usado como parte do ritual para o dia de preparação para a batalha, no sentido de 1Sm 7,9 e 13,9-12.[14] Como no Sl 2, as mudanças de locutor sugerem uso litúrgico: os vv. 2-6 formam a oração votiva pelo rei, o v. 7 (o versículo citado anteriormente) é uma declaração de vitória para o rei, provavelmente por um profeta cultual, e os vv. 8-10 são o louvor da congregação. O salmo pode bem ser de uma festa anual em comemoração das várias vitórias do rei, ou pode ter um uso mais específico em um serviço que antecede um tempo crítico de batalha.[15] Quer usado anualmente, quer em ocasiões específicas, está claro que esse é um salmo de guerra, e o ungido que depende da vitória prometida por Deus (*big^{e}burôt yēša' y^{e}mînô*, v. 7, verso 2) é o monarca reinante.

Sl 89,39 inicia uma lamentação a respeito da derrota do rei:

Tu, porém, rejeitaste e desprezaste,

ficaste indignado com teu ungido.

O sentido da indignação de Iahweh (*hit'abbartā*) contra seu ungido ('*im m^{e}šîḥekā*, verso 2) está em contraste total com o que vimos nos Sl 2, 18 e 20. O tom

---

[13] Esse ponto é reforçado pela inclusão do mesmo salmo em 2Sm 22, em que seu contexto narrativo exemplifica uma leitura mais histórica que escatológica. Veremos mais adiante como a reflexão sobre Davi como figura do *passado* (e não sobre Davi como figura idealizada para uma época futura) também influenciou os que preservaram esses salmos régios.

[14] *Offersang og Sangoffer*, pp. 221, 228 (et *The Psalms in Israel's Worship*, I, pp. 219 e 225).

[15] Sobre essa segunda opinião, cf. Craigie, *Psalms 1–50*, pp. 185-188, que nota um padrão semelhante em 2Cr 20,5-12 (= vv. 1-5); 20,13-17 (= v. 6), 20,18-19 (= vv. 7-9).

O Messias nos salmos

negativo continua nos vv. 51-52, parte da mesma lamentação, quando termina com uma súplica pela libertação:

Lembra-te, Senhor, do opróbrio do teu servo,

levo em meu seio todas as afrontas dos povos;

Iahweh, teus inimigos ultrajaram,

ultrajaram as pegadas do teu ungido!

Dentro do contexto da lamentação, a descrição do ungido sendo afrontado e ultrajado (*ḥērᵉpû... mᵉšîḥekā*, verso 4) pelos inimigos de Deus (*'ôyᵉbêkā*, verso 3) sugere uma época de crise nacional em que o rei é gravemente ameaçado pelas nações inimigas. Naturalmente, é impossível estabelecer a crise real: talvez se refira à época da morte de Josias; poderia ser a época do exílio de Joaquin, embora a data mais provável seja 586, por ocasião do fim completo da monarquia sob Sedecias. Quem quer que fosse o monarca efetivo, as referências à aliança feita com o servo de Deus e renegada (v. 40a) e à coroa profanada no chão (v. 40b), bem como as referências à perda do cetro e do trono (v. 45), sugerem, em conjunto, ser essa uma lamentação composta para uma ocasião histórica específica que ameaçava a continuação da dinastia davídica.[16] Isso não implica, necessariamente, a humilhação ritual do rei, de cujo simbolismo dramático pode ter-se desenvolvido alguma esperança escatológica; a figura dos vv. 39-52 parece humana demais para ser típica e idealizada.[17] No Sl 89 como um todo, o hino que glorifica a realeza de Iahweh nos vv. 2-19, juntamente com a adaptação das promessas da Aliança a respeito de Davi (cf. 2Sm 7) nos vv. 20-38, torna-se um meio dramático pelo qual, nos vv. 39-52, o compositor da lamentação contrasta o destino presente do rei com as promessas passadas de Deus.[18] Por isso, longe de aguardar um

---

[16] Essa lamentação do Sl 89 sobre a monarquia encerra o terceiro livro do saltério, e o quarto livro passa logo para o tema de Deus como Rei, o que sugere que esse salmo foi colocado aqui com o propósito de testemunhar o fim de toda a monarquia. Cf. n. 46.

[17] Cf. KRAUS, H.-J. *Psalmen 60–150*. 5. ed. Neukirchen-Vluyn, Neukirchener Verlag, 1978, p. 792 (BKAT, 15,2) (ET *Psalms 60–150*. Trad. H. C. Oswald. Minneapolis, Augsburg, 1989, p. 210); também OESTERLEY, *The Psalms*, p. 397.

[18] A respeito da adaptação de 2Sm 7 pelo poeta do Sl 89, cf. FISHBANE, M. *Biblical Interpretation in Ancient Israel*. Oxford, Clarendon Press, 1985, pp. 466-467, citado em TATE, M. E. *Psalms 51–100*. Dallas, Word Books, 1990, pp. 417-418 (WBC, 20). Cf. a influência de 2Sm 7 (ou da tradição por trás dessa passagem) em outros salmos régios, e as implicações que isso tem em uma leitura não-escatológica desses salmos, na n. 21, a respeito do Sl 132.

Parte II • Rei e Messias no Antigo Testamento

futuro grande e glorioso, o propósito da lamentação, na última parte do Sl 89, é possibilitar ao salmista rememorar a época em que a dinastia davídica era mais estável. A figura do ungido (*māšîaḥ*) faz parte, portanto, da mesma linhagem de Davi: a continuidade com o passado é vital. É difícil ver conotações messiânicas (de Messias, M maiúsculo) no uso que esse salmo faz de *māšîaḥ*.

Em Sl 132,10, o salmista pede a Deus que ouça a oração de seu ungido:

Por causa de Davi, teu servo,
não rejeites a face do teu messias.

Sl 132,17 é a citação de um oráculo e refere-se tanto a Jerusalém como à dinastia davídica. Aqui o salmista recorda as promessas de Deus, que preparará "uma lâmpada para seu Messias":

Ali farei brotar uma linhagem a Davi
e prepararei uma lâmpada ao meu Messias.

Quer por meio da oração (v. 10), quer por meio do oráculo (v. 17), o paralelismo nesses dois versículos indica que o ungido é verdadeiramente um rei davídico. Como no Sl 89, a atenção do poeta está no passado e concentra-se na fundação da dinastia davídica por meio da transladação da Arca para Jerusalém. A única orientação futura nesse salmo está em sua firme crença de que Deus não deixará de cumprir suas promessas feitas no passado a Davi: ele vai assegurar a continuação da dinastia davídica (vv. 11-12), isto é, o rei da linhagem de Davi. Como nos Sl 2 e 20, pode-se detectar certa composição litúrgica, que, nesse caso, sugere uma procissão ritual com o envolvimento do papel da Arca.[19] Os vv. 1-10 repetem a narrativa da transladação da Arca para Sião, em forma de uma oração poética, e os vv. 1-2, 3-5 e 6-10 sugerem responsos antifônicos entre o líder cultual e a congregação. Os vv. 11-18 consistem em dois oráculos, o primeiro a respeito de Davi (vv. 11-12) e o segundo a respeito de Sião e do lugar de Davi ali (vv. 13-16.17-18).

---

[19] A referência à Arca em um contexto ritual também sugere ser esse um salmo pré-exílico; a narração dessa tradição também foi usada pelos deuteronomistas, e nesse salmo serve simplesmente às necessidades imediatas da comunidade. Cf. ALLEN, L. C. *Psalms 101–150*. Waco, TX, Word Books, 1983, pp. 209-211 (WBC, 21).

O Messias nos salmos

As referências a chifre, lâmpada e diadema, no segundo oráculo (vv. 17-18: *qeren, nēr, nizrô*), sugerem todas um monarca reinante verdadeiro, que teve o reinado ratificado pelas promessas dinásticas que outrora Deus fizera a Davi.[20] Além disso, até no período pós-exílico, esse salmo serviu a um propósito semelhante, o de criar nova fé nas promessas passadas de Deus. 2Cr 6,41 usa Sl 132,8-10 ("Levanta-te, Iahweh, para o teu repouso, tu e a arca da tua força"), e seu propósito ali é assegurar à comunidade da restauração a importância de Sião por meio da referência à fundação de Sião por Davi. Longe de ter um propósito escatológico de preparar o caminho para um futuro grande e glorioso, o Sl 132 serviu a um propósito histórico, não só em tempos pré-exílicos, mas também na comunidade pós-exílica, pois suas antigas promessas confirmavam ao povo suas origens e sua eleição desde os tempos da antiguidade.[21]

Em Sl 45,8, o rei é tratado como aquele que foi ungido por Deus. Aqui é usada a forma Qal do verbo (√ *mšḥ*), em vez do substantivo *māšîaḥ*, como nos salmos anteriores. A referência ao "óleo da alegria" (*šemen śāśôn*, verso 2) indica a cerimônia pela qual o rei "torna-se" o *māšîaḥ*:

> Eis por que Deus, o teu Deus, te ungiu
>
> com o óleo da alegria, como a nenhum dos teus rivais.

Inseridas no contexto da linguagem cortês elevada do v. 7, quanto ao fato de o trono do rei ser como o trono de Deus,[22] os dois versículos juntos mostram a intimidade do rei com Deus em sua função representativa. Em sua forma verbal,

---

[20] Como no Sl 89, aqui, novamente, há alguma ligação com 2Sm 7. Cf. ALLEN, *Psalms 101–150*, pp. 208-209, e KRAUS, *Psalmen 60–150*, pp. 1058-1059 (ET *Psalms 60–150*, pp. 476-477), que se refere a ROST, L. *Die Überlieferung von der Thronnachfolge Davids*. Stuttgart, W. Kohlhammer, 1926 (BWANT, 3,6), sugerindo ter sido esse salmo composto para uma festa régia. Cf. também nn. 28 e 36.

[21] O fato de ser usado na segunda parte do Cântico das Subidas mostra ainda mais seu propósito como salmo de Sião. Sem cabeçalho davídico, celebra a fundação de Sião, tanto quanto a inauguração da dinastia davídica. Cf. ROBERTS, "The Old Testament's Contribution", pp. 42-43, a respeito da forma como o Sl 132 foi usado para apoiar a teologia da Sião régia.

[22] No que diz respeito a *kis'ᵊkā ʾĕlōhîm ʿôlām wāʿed šēbeṭ mîšōr šēbeṭ malkûtekā*, CRAIGIE, *Psalms 1–50*, p. 337, prefere "Teu trono, ó Deus, é para sempre e eternamente", lendo *ʾĕlōhîm* como vocativo; KRAUS, *Psalmen 1–59*, pp. 486-487 (ET *Psalms 1–59*, pp. 451-452), lê: "Teu trono, ó divino, (permanece) para sempre e eternamente", considerando que o discurso é dirigido ao rei. A tradução preferida é tirada de EMERTON, J. A. "The Syntactical Problem of Psalm XLV.7". *JSS* 13, 1968, pp. 58-63: "Teu trono é como o trono de Deus para sempre e eternamente"; cf. KRAUS, *Psalmen 1–59*, p. 487 (ET *Psalms 1–59*, p. 452).

PARTE II • Rei e Messias no Antigo Testamento

a expressão *mᵉšāḥᵃkā ʾᵉlōhîm* indica a maneira como o rei é "diferenciado" pelo ritual de unção para seu cargo régio. O salmo é um epitalâmio composto por um poeta da corte para o rei, como o v. 2 parece subentender:

> Eu dedico a minha obra a um rei,
>
> minha língua é a pena de um escriba habilidoso.

Todo o poema é dirigido a um esposo régio, e, assim, o ungido do v. 8 é o monarca reinante, provavelmente de Judá.[23] A especificidade da referência nos vv. 9-10, a respeito das riquezas do rei e de seu séquito, sugere ainda mais que o cenário é a corte do rei. Embora seja impossível determinar se havia algum decreto ritual de matrimônio sagrado por trás desse poema, como afirmam alguns comentaristas,[24] está claro, entrentanto, que a ocasião tem tudo a ver com o reinado atual do soberano e pouco a ver com alguma expectativa em relação a uma figura idealizada que viria em algum momento futuro.

Dois outros salmos usam o termo *māšîaḥ*. Podem ser contrastados com os seis anteriores, que são salmos régios, mas mesmo assim confirmam minhas observações anteriores. O Sl 28,8 fala de Iahweh como refúgio salvador de seu ungido:

> Iahweh é a força de seu povo,[25]
>
> a fortaleza que salva o seu messias.

O salmo, que nesse caso pode bem ser uma composição pós-exílica, é uma combinação de lamentação individual (vv. 1-5) e ação de graças pela libertação (vv. 6-7), à qual se acrescentou uma prece de intercessão do povo como um todo. Assim, a referência a *mᵉšîḥô* no v. 8 tem várias interpretações possíveis: se é pré-exílica, é possível que mais uma vez se refira ao rei, que (como pode ser visto no paralelismo) representa o povo como um todo. Mas é mais provável que seja pós-

---

[23] Ver. ANDERSON, *Psalms*, I, p. 346; WEISER, *Die Psalmen*, pp. 243-245 (ET *The Psalms*, pp. 361-363); cf. DAY, *Psalms*, p. 93.

[24] Por exemplo, BENTZEN, A. *Introduction to the Old Testament*, I. 4. ed. Copenhagen, G. E. C. Gad, 1952, p. 129; WIDENGREN, G. *Sakrales Königtum im Alten Testament und im Judentum*. Stuttgart, W. Kohlhammer, 1955, p. 78. Contra essa idéia, cf. DAY, *Psalms*, p. 105.

[25] Aqui emendando *lāmô* ("sua força") para lᵉʿammô ("de seu povo"), conforme alguns MSS hebraicos, a Septuaginta e a Peshita.

O Messias nos salmos

exílica. Nesse caso, cabe uma interpretação mais coletiva, devido ao fim da monarquia, com o qual o povo se apropriou das promessas outrora feitas a Davi: isso se assemelha à democratização das promessas régias sugerida por Is 55,3.[26] Outra possibilidade, também considerando o salmo como composição pós-exílica, é que seja uma referência ao sumo sacerdote ungido, mas o paralelismo no versículo (lendo '*ōz-lᵉ'ammô* ["a força de seu povo"] e vendo-a em paralelismo com *ûmā'ôz... mᵉšîḥô* ["a fortaleza que salva o seu messias"]) torna a primeira opção preferível. Ao assumir uma forma de designação usada anteriormente para o rei, a comunidade como um todo lembra-se e participa do domínio antigo (outrora régio) da salvação. Aqui, mais uma vez, *mᵉšîḥô* é usado como referência ao passado; o termo ainda não tem implicações escatológicas.[27]

O último uso explícito de *māšîaḥ* nos salmos encontra-se em Sl 84,10, em que ocorre em uma oração na qual se pede a Deus que olhe a face de seu ungido:

> Vê o nosso escudo, ó Deus,
>
> olha a face do teu messias.

Como o Sl 132, esse salmo celebra a importância de Sião no desígnio de Deus para seu povo e pode bem ser um salmo de peregrinação entoado diante das portas do Templo. Como o Sl 28, seu tom refletivo mais pessoal sugere ser também uma composição pós-exílica. Nesse caso, a pergunta é que propósito tem uma oração para o bem-estar do "teu messias" (*mᵉšîḥekā*, verso 2) no centro desse salmo. Em vez de ter aplicação comunitária, como no Sl 28, é mais provável que aqui o termo recorde a memória do rei: o paralelismo de *māginnēnû* ("nosso escudo") com *mᵉšîḥᵉkā* ("teu messias") parece sugerir uma designação régia. Se o salmo é *pré-exílico*, então a explicação pode simplesmente ser que o salmista, no santuário régio, reza pelo bem-estar de seu protetor, o rei davídico, de cuja prosperidade o bem-estar do santuário depende em parte. Se o salmo é *pós-exílico*,

---

[26] Cf. também o uso da expressão "meus ungidos" (hebraico) em Sl 105,15, *'al-tiggᵉ'û bimᵉšîḥāy wᵉlinᵉbî'ay ' 'al-tārē'û*, em que a referência é aos patriarcas e profetas, mais uma vez em sentido democratizado. Isso tem semelhanças com a maneira como o servo é usado para denotar a comunidade toda em Is 41,8 e 44,1.

[27] Cf. Kraus, *Psalmen 1–59*, p. 375 (ET *Psalms 1–59*, p. 342), que, ao falar dos que preferem uma interpretação escatológica e messiânica desse versículo, declara: "[...] a 'ideologia régia' [...] é incapaz de ver a distintiva relação da 'participação individual no mistério do domínio régio da salvação'; amplia os 'elementos régios' e encobre as lamentações individuais com uma categoria interpretativa ideológica fictícia".

PARTE II • Rei e Messias no Antigo Testamento

como sugeri, então essa oração para o rei não é necessariamente anacrônica: ao recordar a promessa divina feita ao rei em tempos antigos, o salmista sente-se capaz de entrar no mesmo domínio régio privilegiado da salvação.[28] Seja qual for a data de composição aceita, nesse salmo o termo *māšîaḥ* não tem nada a ver com implicações messiânicas: é usado para apontar para o passado, não para o futuro.

Para concluir: onde é usado nos seis salmos régios, *māšîaḥ* diz respeito ao monarca reinante vivo e seus sucessores; seu significado é inteiramente político e imediato.[29] Citando J. Becker: "Um messianismo pré-exílico é quase uma contradição em termos, pois o rei salvador está, de fato, presente".[30] Mesmo considerando o uso da oração nos dois salmos que podem bem ser pós-exílicos, eles rememoram tempos antigos, usando a lembrança da monarquia como meio de evocar uma nova fé na proteção divina no presente. Em nenhum desses salmos, o termo *māšîaḥ* é usado com orientação escatológica.

Salmos que se referem implicitamente a um "ungido"

Cinco outros salmos também falam do rei em elevado estilo cortês, embora *māšîaḥ* não seja usado. Contudo, a figura régia parece possuir a mesma posição social e religiosa na comunidade que nos seis salmos régios mencionados antes. Nos Sl 21 e 144, ele é um líder na batalha, no sentido dos Sl 18 e 20; no Sl 110, é uma figura sagrada no culto, que dá autoridade às tradições de Sião e sugere uma celebração de sua ascensão ao trono, no estilo dos Sl 2 e 132. Os Sl 72 e 101 distinguem-se das categorias anteriores e subentendem, ao contrário, uma forma de juramento de coroação pelo qual o rei promete defender os valores de justiça e sabedoria durante todo o reinado. Esses chamados "salmos

---

[28] Essa mesma observação foi feita com referência ao uso de Sl 132,8-10 em 2Cr 6,41 em tempos pós-exílicos. Isso também se ajusta ao modo em que são usadas outras orações pós-exílicas sobre o bem-estar do rei, como em Sl 61,6 e 63,11. Cf., em seguida, comentário a respeito desses dois salmos.

[29] Cf. ROBERTS, "The Old Testament's Contribution", p. 42 (com referência aos Sl 2 e 110): "As promessas divinas contidas nesses textos foram feitas para determinados reis ou seus súditos em tempos específicos na história da monarquia. Não eram profecias que davam esperança para um futuro distante, mas oráculos que conferiam expressão a expectativas políticas, sociais e religiosas para o reinado de um rei contemporâneo que acabou de ser entronizado. Como tal, cumpriam uma função política e também religiosa [...]".

[30] BECKER, J. *Messiaserwartung im Alten Testament*. Stuttgart, Katholisches Bibelwerk, 1977, p. 33 (ET *Messianic Expectation in the Old Testament*. Trad. D. E. Green. Philadelphia Fortress Press, 1980, p. 38).

O Messias nos salmos

régios" refletem certo uso pelo próprio monarca; como nos salmos anteriores, têm, assim, o propósito de servir às necessidades imediatas do culto régio e de presumir que qualquer inclinação escatológica significa, em primeiro lugar, não compreender seu uso original.

As partes relevantes do Sl 21 são os vv. 2 e 8:

Iahweh, o rei se alegra com tua força,
e como exulta com tua salvação! (v. 2)

Sim, o rei confia em Iahweh,
e, com o amor do Altíssimo, jamais vacilará. (v. 8)

Esses versículos, oferecidos ao rei por um líder cultual, talvez um profeta, são orações que suplicam sucesso em proezas militares. Não está claro se a referência é a um determinado período de crise nacional ou a uma festa anual comum. Mas, como nos salmos anteriores, vemos o rei em estreito relacionamento diante de Deus, que, ao protegê-lo na batalha, também defende o bem-estar de seu povo (vv. 9-13), de modo que a vitória régia leva à exaltação do próprio Deus (v. 14). E aqui, mais uma vez, isso parece referir-se ao próprio monarca reinante; não há nenhuma sugestão de alguma figura definitiva que deva vir no futuro.

O Sl 144, o outro salmo de batalha, é uma queixa régia (vv. 1-11) seguida por uma oração de bênção (vv. 12-15). Como oração a respeito de vitória em batalha, tem estreita relação com o Sl 18 e, portanto, também com 2Sm 22. Nesse caso, o rei não é mencionado explicitamente, embora a figura em questão pareça ter certa posição na comunidade. Há tantas associações com outros salmos que isso sugere uma criação mais tardia dissimulando um salmo régio.[31] Como o Sl 84, é um meio pelo qual o salmista (provavelmente por causa dos empréstimos, depois do exílio) toma formas mais antigas a fim de dar autoridade a suas palavras "entrando no domínio régio".[32] O fato de a Septuaginta e os targums terem dado ao salmo um contexto histórico específico na luta de Davi com Golias ilustra mais essa interpretação "historicizada". O salmista usa categorias régias de pensamento

---

[31] Cf. os empréstimos que o Sl 144 tomou de outros salmos: v. 5b/Sl 104,32b; v. 9/Sl 33,21-22; v. 15b/Sl 33,39; v. 4b/Sl 102,12; 109,23.

[32] Sobre essa expressão, cf. os comentários anteriores a respeito dos Sl 28 e 84.

PARTE II • Rei e Messias no Antigo Testamento

para edificar a fé da comunidade: rememora a linha dinástica de Davi, em vez de aguardar um futuro escatológico.

O Sl 110 apresenta uma interessante série de interpretações do relacionamento entre o davídico e o messiânico, ou entre o histórico e o escatológico. Kidner, por exemplo, entendendo que o salmo é messiânico desde o princípio, propõe que, no v. 1a ("Oráculo de Iahweh ao meu senhor [...]"), o rei presta homenagem a alguém maior que ele; isso indica a própria subordinação do rei Davi a outra figura que há de vir e é, portanto, profecia implícita sobre um rei messiânico futuro.[33] Mas, por causa da linguagem arcaica e das deturpações textuais controversas, muitos comentaristas presumem que o salmo se refira indiretamente a ritos sagrados antigos do culto régio, embora o ambiente exato desses ritos seja incerto. Os três oráculos (vv. 1.3.4) sugerem que isso era parte de alguma liturgia pela qual (como no Sl 20) um profeta cultual dirigia-se ao monarca reinante e assegurava-lhe o sucesso e a prosperidade que lhe eram devidos (v. 4 e vv. 5-6). Dessa maneira, o Sl 110 assemelha-se ao Sl 132, por recordar a tradição davídica a fim de exaltar também a proteção divina de Sião. Como o Sl 132, era usado pelo monarca reinante a fim de recordar a tomada de Jerusalém e a ascensão de Davi ao trono jebuseu. Dentro desse contexto religioso e político, dificilmente poderia referir-se a um ideal escatológico no futuro distante.[34]

O Sl 72 é um salmo de ascensão ou coroação, com o qual o povo e um líder cultual rezam para o rei defender a justiça, a fim de que a paz e a prosperidade marquem seu reinado. É muito provável que essa oração fosse para ser usada na ascensão de um novo rei. Nesse caso, de todos os chamados salmos messiânicos, vemos aqui certa fusão de uma realidade política presente com uma esperança futura idealizada; nesse sentido, é possível argumentar que esse salmo está mais aberto que outros a uma interpretação escatológica.[35] Entretanto, há limitações

---

[33] Cf. KIDNER, D. *Psalms 1–72*. Leicester, Inter-Varsity Press, 1973, pp. 391-392 (TOTC).

[34] Cf. KRAUS, *Psalmen 60-150*, pp. 929-930 (ET *Psalms 60–150*, p. 346-347); ANDERSON, *Psalms*, II, pp. 767-772; ALLEN, *Psalms 101–150*, pp. 83-86.

[35] Cf. HEIM, K. "The Perfect King of Psalm 72". In: SATTERTHWAITE, P. E.; HESS, R. S.; WENHAM, G. J., orgs. *The Lord's Anointed: Interpretation of Old Testament Messianic Texts*. Carlisle, Baker Books, 1995, pp. 223-248. Ao falar do contexto cultual original do salmo, de seu ambiente literário mais tardio (no final do livro dois) e de seu lugar na história da recepção judaica e cristã mais tardia, Heim conclui que a oração é uma intercessão para o rei atual, e a resposta era esperada durante sua vida (p. 231), mas sua colocação no saltério, com a doxologia final, demonstra que seu conteúdo começou a "incentivar uma

O Messias nos salmos

nesse ponto de vista. Por exemplo, as referências a realidades políticas, na descrição da responsabilidade do rei para proteger os pobres e oprimidos (vv. 12-14), dificilmente correspondem às condições de um grande e glorioso tempo messiânico; e, além disso, o povo ainda intercede pelo bem-estar do rei (vv. 15-17), que só poderia ser uma figura humana — um Messias maior (com M maiúsculo) rezaria por eles. Portanto, ainda é muito provável que, por causa da linguagem intercessora, o salmo tenha sido composto para um monarca davídico, e o futuro esperado diga respeito ao reinado daquele rei em particular — ou, pelo menos, os reinados de seus descendentes. O título salomônico indica também o interesse na sucessão *histórica* de reis depois de Davi.

O Sl 101 é semelhante ao Sl 72 e, de muitas maneiras, confirma as observações anteriores. Foi composto para a ocasião da coroação do rei ou para uma festa anual que comemorava a ascensão do rei ao trono: como o Sl 72, sugere um voto ou uma promessa a respeito das responsabilidades do rei durante todo o seu reinado. As referências ao séquito, à casa (vv. 2.7) e à autoridade judicial sobre malfeitores (vv. 6.8) indicam que, apesar da linguagem típica, o locutor do voto é muito provavelmente o monarca reinante. O salmista concentra-se mais nas realidades presentes de sua promessa e menos em um futuro idealizado, como vimos no Sl 72. Não é necessária nenhuma interpretação escatológica do Sl 101 em suas ambientações mais primitivas.

Quer esses cinco salmos sejam régios, quer sejam imitações mais tardias de salmos régios (possivelmente o caso do Sl 144), a figura a que se referem consistentemente é o rei davídico, tendo como foco da aliança divina feita em tempos mais primitivos o soberano contemporâneo ou o próprio Davi.[36] Quer servindo como salmos de batalha (21; 144), quer como salmos que rememoram a ascensão do rei (110), ou como salmos de decreto régio (72; 101), todos refletem

---

interpretação messiânica" (p. 248), de modo que a discrepância entre a não-realização da Aliança davídica e a promessa de Deus deu lugar a certa esperança futura. Em *Psalms*, I, p. 519, Anderson afirma a mesma coisa: "O salmo deve ter olhado não só para o presente, mas também para o futuro [...] quando os ideais e esperanças expressos por esse poema seriam realizados". Cf. também WEISER, *Die Psalmen*, pp. 341-342 (ET *The Psalms*, p. 502).

[36] As tradições da fundação de Sião e das promessas feitas por intermédio de Natã ao rei Davi (como em 2Sm 7) são da máxima importância aqui; sem dúvida, essa tradição influenciou os Sl 2, 89 e 132, explicitamente, e também os Sl 72 e 110 aos quais nos referimos aqui.

Parte II • Rei e Messias no Antigo Testamento

raízes políticas, históricas, terrenas. Não há necessidade de dar a esses salmos uma interpretação messiânica, quando basta o sentido material e natural.[37] Parece mais seguro supor, com Mowinckel, que "[...] a matéria da esperança messiânica foi tirada da ideologia régia, e não o contrário".[38]

Outros salmos que talvez se refiram a uma figura régia

Há muito, os biblistas reconheceram que os assim chamados salmos régios talvez incluam um grupo muito maior, considerando-se que o suplicante parece ter certa autoridade sobre o povo, e também o grau de intimidade com Deus que seria de esperar de um rei.[39] Além disso, porque alguns desses salmos (principalmente os Sl 22 e 69) formam a base de muita interpretação messiânica nos tempos neotestamentários, e porque são salmos fundamentais para os que levam a sério um esquema de profecia e realização na salmodia, seu potencial como salmos messiânicos é questão relevante.[40]

Os exemplos mais claros dessa categoria incluem os Sl 9–10; 22; 40; 41; 49; 56; 59; 68; 69; 86; 88; 91 e 116. No escopo deste ensaio, é impossível examinar cada um desses salmos em detalhe; no entanto, por serem mais enigmáticos a respeito de determinado monarca reinante, sem falar em nenhuma figura vindoura específica, rotulá-los de "messiânicos" cria grandes dificuldades de interpretação. Creio que os melhores exemplos talvez sejam os Sl 22 e 69. Ambos são salmos mistos: 22,2-22 é uma lamentação, e 22,23-32 é uma ação de graças; de modo semelhante, 69,2-30 é uma lamentação, e 69,31-37 é louvor. Uma razão importante para os intérpretes cristãos considerá-los régios é que talvez o sofredor se refira à humilhação ritual e à posterior restauração do rei; isso se torna,

---

[37] Essa interpretação concorda bem com o fato de haver muito pouca percepção messiânica em outro material pré-exílico e nenhuma na história deuteronomista e nos profetas clássicos. Cf. Roberts, "The Old Testament's Contribution", pp. 44-49; também Pomykala, K. E. *The Davidic Dynasty Tradition in Early Judaism. Its History and Significance for Messianism*. Atlanta, Scholars Press, 1955. Capítulo 2, "The Biblical Background", pp. 11-68 (SBLEJL, 7).

[38] Cf. Mowinckel, *Han som kommer*, p. 88 (et *He That Cometh*, p. 124).

[39] Por exemplo, cf. Croft, *The Identity of the Individual*, pp. 179-181, que relaciona quarenta e sete supostos salmos régios.

[40] Sobre essa questão, em especial a de profecia e realização na salmodia, cf. McConville, J. G. "Messianic Interpretation of the Old Testament in Modern Context". In: Satterthwaite; Hess; Wenham, orgs. *The Lord's Anointed*, pp. 1-17, esp. pp. 9-15.

então, um "tipo" para a eisegese cristológica. Entretanto, há problemas nessa abordagem: por exemplo, podem não ser pré-exílicos e, por isso, o sofredor pode não ser, afinal de contas, o rei; ou ainda, mesmo que sejam pré-exílicos, não se pode determinar com certeza nenhuma humilhação ritual, pois as experiências que descrevem talvez sejam mais reais e pessoais que típicas e rituais.

Uma abordagem mais cautelosa entende que esses dois salmos, bem como os outros listados anteriormente, são significativos *não* por causa de um ideal régio e messiânico escrito neles no princípio, mas por serem bons exemplos de como os salmos *tornam-se* messiânicos por causa do que é incluído neles (principalmente em termos cristológicos). Assim, estudar esse grupo de salmos nos levaria longe demais nas complexidades da história da recepção de determinados salmos. Em vez disso, devemos, portanto, voltar a tratar da questão de saber se alguma interpretação messiânica foi dada aos outros salmos que examinamos — se não nos tempos pré-exílicos, ao menos nas fases mais tardias de sua história litúrgica e literária.

2. A questão de uma orientação "messiânica" na salmodia, no início do período do Segundo Templo

Se os Sl 84 e 144 são composições pós-exílicas, então proporcionam um interessante ponto de partida para entender a orientação régia da salmodia no período do Segundo Templo. E, mesmo que não sejam, outros salmos demonstram o mesmo ponto. As orações davídicas adicionadas a salmos pós-exílicos, tais como 61,7-8: "Acrescenta dias aos dias do rei, sejam seus anos gerações e gerações", e 63,12: "Mas o rei vai alegrar-se em Deus; quem por ele jura se felicitará [...]", exemplificam como as formas de oração buscavam modelar-se na devoção de reis reverenciados — de novo, sem sugerir nenhum sentido escatológico, mas um sentido refletivo, exemplar.

Durante o processo de desenvolvimento do Saltério no período pós-exílico, dois outros fatores significativos mostram que, nessa época, a salmodia ainda era entendida mais em termos de sua orientação para o passado, para a época da dinastia davídica, que para o futuro, em termos de um grande e glorioso reino messiânico. O primeiro diz respeito aos subtítulos davídicos; o segundo, às três coletâneas régias normalmente conhecidas como "Saltérios davídicos".

Parte II • Rei e Messias no Antigo Testamento

Embora biblistas como Brevard Childs, preocupados em demonstrar o estreito relacionamento teológico entre o Antigo e o Novo Testamento, acreditassem que os subtítulos davídicos eram messiânicos,[41] é mais provável que seu propósito fosse descrever Davi como a figura ideal da devoção. A vida e os tempos do rei Davi, vistos nos treze subtítulos históricos dos salmos,[42] tornam-se um "tipo" para os outros seguirem. Outros cinqüenta e nove salmos receberam um cabeçalho davídico: qualquer que seja a conclusão a respeito da data e da proveniência do subtítulo recorrente "Salmo de Davi" (*mizmôr lᵉdāwid*), não podemos negar que serviu para promover a memória do culto régio, conferindo, desse modo, autoridade à antigüidade da salmodia por meio da referência a seu patrono.[43] Assim, esses subtítulos davídicos exemplificam a maneira como os compiladores e organizadores *remontavam* à figura representativa de Davi, tanto quanto *ansiavam* por uma figura messiânica ideal por vir.[44] Esse processo da salmodia tem similaridades interessantes com o uso que o cronista faz das tradições de Davi; apesar de alguns biblistas sugerirem que o cronista tem realmente tendência escatológica, é igualmente possível que sua apropriação das muitas tradições davídicas combine com a abordagem histórica dos salmistas.[45] Embora isso não seja negar inteiramente nenhuma orientação futura nos livros das Crônicas, a preocupação do cronista em legitimar o culto do Segundo Templo, baseado no

---

[41] Cf. Childs, B. S. *Introduction to the Old Testament as Scripture*. London, SCM Press, 1979, pp. 515-517.

[42] Sl 3; 7; 18; 34; 51; 52; 54; 56; 57; 59; 60; 63; 142.

[43] Cf. Day, *Psalms*, pp. 114-115; Gillingham, S. E. *The Poems and Psalms of the Hebrew Bible*. Oxford, Oxford University Press, 1994, pp. 246-248.

[44] Cf. Wilson, G. H. *The Editing of the Hebrew Psalter*. Chico, CA, Scholars Press, 1985, pp. 171-173 (SBLDS, 76), segundo quem o propósito dos subtítulos históricos era realçar a narrativa por meio de comentário poético, refletindo, assim, uma leitura historicamente orientada desses salmos.

[45] Para uma visão positiva da escatologia em Crônicas, cf. von Rad, G. *Das Geschichtsbild des chronistischen Werkes*. Stuttgart, W. Kohlhammer, 1930, pp. 119-131, que considera a esperança messiânica. Em contraste, cf. Noth, M. *Überlieferungsgeschichtliche Studien*. 2. ed. Tübingen, Max Niemeyer, 1957, pp. 179-180 (ET *The Chronicler's History*. Trad. H. G. M. Williamson com introdução. Sheffield, JSOT Press, 1987, pp. 105-106 [JSOTSup, 50]), segundo quem a esperança futura existente está na restauração da dinastia davídica. Sobre esse ponto, cf. também Williamson, H. G. M. "Eschatology in Chronicles". *TynBul* 28, 1979, pp. 115-154. Cf. uma visão mais reservada, de que o cronista usa Davi para legitimar a comunidade do Templo atual por meio da referência a tradições régias da antigüidade, em Freedman, D. N. "The Chronicler's Purpose". *CBQ* 23, 1961, pp. 436-442; também Japhet, S. *The Ideology of Chronicles and Its Place in Biblical Thought* (ET Beiträge zur Erforschung des Alten Testaments und des Antiken Judentums, 9. Frankfurt am Main, Peter Lang, 1989, pp. 493-504).

O Messias nos salmos

fato de suas raízes remontarem à antigüidade régia, tem muitas ligações com as formas nas quais os Sl 110 e 132 foram usados nesse período. Um apelo a Davi era um apelo à fundação de Sião e, a partir daí, justificação para o restabelecimento da teologia de Sião por meio da construção do Segundo Templo. Refletir nas promessas feitas outrora por meio da Aliança davídica dava algum sentido ao conflito atual entre a fé e a experiência: por isso, rememorar Davi era, em parte, um meio de evocar uma figura típica de devoção, mas, mais importante, em termos sociopolíticos, era também um meio de obter legitimização para o culto do Segundo Templo. Mesmo quando as tradições davídicas parecem aludir a uma esperança futura (ilustrada, não em Samuel e Reis, por algumas referências à eterna Aliança feita com Davi, por exemplo em 1Cr 16,17, tiradas de Sl 105,1-15), a alusão pode ser considerada essencialmente "régia" (isto é, uma esperança pela restauração da própria dinastia davídica), em vez de particularmente "escatológica": em outras palavras, o cronista ainda pensa em termos messiânicos (referentes ao messias com m minúsculo, não com M maiúsculo). Durante todo o tempo em que os salmos foram organizados e coligidos, o Davi *histórico* parece ter sido um fator tão importante quanto tinha sido nos tempos pré-exílicos.

Uma segunda indicação dessa rememoração de Davi encontra-se nas três coletâneas davídicas. As observações de McCann a esse respeito são importantes. Ele nota que a inserção de salmos régios estratégicos nas junções do primeiro, segundo e terceiro livro dá ao Saltério uma seqüência de acontecimentos críticos na vida da monarquia — primeiro, a inauguração da Aliança com Davi (Sl 2); em seguida, a declaração a respeito da responsabilidade do rei davídico (Sl 72); e, finalmente, o relato da queda da dinastia (Sl 89).[46] Depois do livro três, encontramos um suposto salmo de Moisés (Sl 90), que recorda uma aliança diferente daquela com Davi; na seqüência, temos os muitos salmos que exaltam Deus como Rei (p. ex., Sl 93; 95–99), concentrando-se no governo soberano sempre presente de Deus na ausência do governo dinástico do rei.

Duas observações se seguem a isso. Primeiro, *há* um elemento escatológico na salmodia do quarto e do quinto livro, expresso nos salmos de entronização e

---

[46] Cf. McCann, J. C. "Books I-III and the Editorial Purpose of the Hebrew Psalter". In: McCann, J. C., org. *The Shape and Shaping of the Psalter*. Sheffield, JSOT Press, 1993, pp. 93-107 (JSOTSup, 159). Também Wilson, G. H. "Shaping the Psalter: A Consideration of Editorial Linkage in the Book of Psalms". In: McCann, org., *The Shape and Shaping*, pp. 72-82.

Parte II • Rei e Messias no Antigo Testamento

nos outros hinos de louvor que falam do governo régio de Deus.[47] Quando essa esperança futura é expressa, é ainda por meio da referência à garantia de um futuro melhor para a comunidade do Templo, naquela geração ou na seguinte; embora não possamos examinar esses salmos em detalhe aqui, nenhum deles sugere a escatologia idealizada que descreve uma nova era, com um Libertador que virá para realizar um futuro novo e diferente, em um tempo só conhecido de Deus. Conseqüentemente, as outras coletâneas davídicas fragmentárias incluídas no quarto e quinto livro não serverm a nenhum propósito messiânico. Salmos como 101, 110, 132 e 144, discutidos anteriormente, que enfocam a figura histórica do rei davídico, quando muito indicavam a esperança na restauração da dinastia davídica e, assim, podem ser considerados messiânicos em um sentido régio. Por meio do processo de organização do Saltério como um todo, a fé expressa nos cinqüenta e sete salmos *l^{e}dāwid* ainda está enraizada na lembrança da monarquia, e, embora haja um elemento de esperança na reiteração dessas promessas, seu propósito principal (especialmente nos Sl 110 e 132, como já vimos) é defender a legitimidade do Templo e, com isso, o culto de Deus ali.[48]

Em vista disso, podemos concluir que, nas etapas mais primitivas e mais tardias do desenvolvimento do Saltério, as preocupações teológicas dos organizadores e compiladores pós-exílicos eram tão "não-messiânicas" quanto as dos compositores pré-exílicos. Portanto, uma interpretação "messiânica" dos salmos ocorreu em uma etapa mais tardia. Então, quando e por que uma consciência messiânica influenciou a interpretação da salmodia?

---

[47] Muitos dos salmos régios têm essa mesma ênfase no governo régio de Deus; isso sugere que seu principal atrativo teológico, durante o período de restauração, não era só sua crença em um messias régio que haveria de vir, mas também, mais fundamentalmente, sua crença em *Deus* como rei. Foi essa última ênfase que influenciou escritos apocalípticos como Zc 14 e Dn 7; cf. GILLINGHAM, S. E. "Psalmody and Apocalyptic in the Hebrew Bible: Common Vision, Shared Experience?" In: BARTON, J. & REIMER, D. J., orgs. *After the Exile: Essays in Honour of Rex Mason*. Macon, GA, Mercer University Press, 1996, pp. 147-169, em especial p. 163, que trata da influência dos Salmos da Realeza nos modos apocalípticos de pensar.

[48] Esse aspecto do quarto e quinto livros também explica um problema a respeito dos Sl 2; 72 e 89, os salmos nas junções dos primeiro, segundo e terceiro livros. Esses três salmos não têm cabeçalho *davídico*. Sl 2 não tem cabeçalho algum, Sl 72 é atribuído a Salomão, e Sl 89, a Etã. Pode ser que os temas da Realeza de Deus e o lugar de Sião nesses três salmos fossem suficientes; é certamente estranho que, se o objetivo era uma interpretação régia e/ou escatológica, não tenham recebido nenhum subtítulo davídico.

3. A ascensão das expectativas messiânicas e seu impacto na salmodia

Entre o período da organização e da compilação dos salmos, quando a interpretação messiânica régia parece ter sido secundária, e o período cristão, quando mais da metade do Saltério parece ter sido adaptada a uma interpretação messiânica,[49] está claro que alguma coisa aconteceu na tradição judaico-cristã para provocar essa mudança de ênfase. Os cristãos não foram os iniciadores dessa orientação messiânica: foi uma tradição que eles popularizaram, mas haviam herdado das práticas dos *midrashes* que os precederam.[50]

Há três exemplos de como se formou esse processo gradual da interpretação messiânica. Primeiro, a tradução do Saltério na Septuaginta; segundo, exemplares de salmodia encontrados em Qumrã; e, terceiro, os salmos apocalípticos nos *Salmos de Salomão*. Nenhum deles apresenta provas de uma mudança realmente radical de direção, mas os dois últimos, em especial, revelam um relacionamento interessante entre a salmodia e a apocalíptica e, por isso, ilustram a maneira como a linguagem da liturgia harmonizou-se com as expectativas escatológicas específicas da época.[51]

A tradução do Saltério na Septuaginta costuma ser datada de entre os séculos II e I a.C. Uma comparação entre a versão grega e a hebraica revela algumas pequenas diferenças e adaptações, mas mesmo assim interessantes, não só em termos de uma perspectiva escatológica geral, mas também em termos de

---

[49] Cf. SABOURIN, L. *The Psalms: Their Origin and Meaning*. New York, Alba House, 1974, pp. 163-171, que relaciona 360 citações dos salmos empregadas no Novo Testamento, muitas das quais têm uma interpretação messiânica. Cf. também KAISER, *The Messiah*, pp. 92-135, que examina onze salmos a seu ver empregados dessa maneira no Novo Testamento.

[50] Cf. CHARLESWORTH, J. H. "From Messianology to Christology: Problems and Prospects". In: CHARLESWORTH, org., *The Messiah*, pp. 3-35; POMYKALA, *The Davidic Dynasty Tradition*, pp. 270-271, que também faz a importante afirmação de que com certeza não há uma tradição única invariável de messianismo davídico, quer na tradição judaica, quer na cristã. Além disso, é importante entender que a eisegese cristã estava, quase sempre, em descontinuidade radical com a tradição judaica: salmos régios como Sl 2; 89; 110 e 132, que tinham sido previamente usados para legitimar os judeus como nação perante as nações estrangeiras, pela qual a "figura messiânica" destruiria a força dos poderes inimigos, foram usados para mostrar que essa figura iria destituir o próprio povo judeu, a favor da comunidade cristã *contra* os judeus. Cf., por exemplo, CLINES, D. J. A. *Interested Parties: The Ideology of Writers and Readers of the Hebrew Bible*. Sheffield, JSOT Press, 1995 (JSOTSup, 205), em especial "Psalm 2 and the MLF (Moabite Liberation Front)", pp. 244-275, sobre uma interpretação tipicamente cristã do Sl 2.

[51] Cf. GILLINGHAM, "Psalmody and Apocalyptic", pp. 163-169.

PARTE II • Rei e Messias no Antigo Testamento

alguns exemplos específicos de messianismo.[52] A obra de Schaper sobre o Saltério grego é original a esse respeito, principalmente sua asserção de que a teologia dos tradutores revela certas tendências antiasmonéias e protofarisaicas.[53]

Dois exemplos do que agora podemos chamar *"eisegese* messiânica" devem bastar. São importantes porque cada um deles ocorre em salmos que já examinamos (Sl 72 e 110), e podemos ver como uma figura anteriormente humana e régia agora recebe uma posição transcendente, até mesmo preexistente, transformando desse modo uma função messiânica em título messiânico.

Sl 72,17 (grego 71,17) diz:

ἔστω τὸ ὄνομα αὐτοῦ εὐλογημένον εἰς τοὺς αἰῶνας,

πρὸ τοῦ ἡλίου διαμενεῖ τὸ ὄνομα αὐτοῦ·

καὶ εὐλογηθήσονται ἐν αὐτῷ πᾶσαι αἱ φυλαὶ τῆς γῆς,

πάντα τὰ ἔθνη μακαριοῦσιν αὐτόν.

Mencionemos brevemente a mudança de ênfase no verso 1 desse versículo, em que o nome do rei é abençoado (εὐλογημένον); isso se compara ao hebraico *yᵉhî šᵉmô lᵉʿôlām*, implicando que o nome do rei deve permanecer (eufemisticamente, deve ser "lembrado") para sempre, o que antecipa a importância da bênção do rei nos versos 3 e 4, mas o verso 1 é uma mudança de sentido. Mudança mais significativa encontra-se no verso 2 do v. 17: a emenda πρὸ τοῦ ἡλίου διαμενεῖ τὸ ὄνομα αὐτοῦ ("Antes de o sol ser criado, seu nome permanecerá!") com certeza alude a uma crença na preexistência dessa figura, e certamente muda o sentido, por exemplo, do hebraico *lipnê-šemeš yinnôn šᵉmô* e da tradução da RSV e da Bíblia de Jerusalém: "e [que] sua fama dure sob o sol!" O texto hebraico é reconhecidamente difícil, sobretudo por causa de sua hipérbole poética, mas o fato de, em hebraico, o sujeito ser o monarca reinante é evidente pelo contexto do salmo e também pelo paralelismo no verso anterior:

---

[52] Cf. SCHAPER, J. *Eschatology in the Greek Psalter*. Tübingen, J. C. B. Mohr (Paul Siebeck), 1995 (WUNT, 2,76), em especial pp. 26-30, "On the Question of Eschatology and Messianism", e pp. 144-164, "Eschatological and Messianic Expectations".

[53] Cf. SCHAPER, *Eschatology*, pp. 138-144; também POMYKALA, *The Davidic Dynasty Tradition*, pp. 128-131, e, de maneira mais específica, a respeito da Septuaginta, pp. 270-271.

O Messias nos salmos

Que seu nome permaneça para sempre,
e sua fama dure sob o sol!

Isso com certeza parece ser uma invocação para que o nome do rei seja lembrado por sucessivas gerações depois de seu reinado,[54] o que também combina com uma idéia semelhante expressa antes no salmo:

Que ele dure sob o sol e a lua (v. 5).[55]

Na análise anterior do Sl 72, mencionei como o salmo aproximou-se da concepção de um futuro idealizado que fazia parte de uma interpretação mais messiânica; conseqüentemente, é possível argumentar que esse salmo se presta bem à maneira como os tradutores gregos decidiram reinterpretar o sentido original. É interessante que a representação dessa figura como misteriosa e preexistente harmonize-se com a mesma idéia de um Messias preexistente em escritos apocalípticos como *1Hen* 48,2-3: "Antes de o sol ser criado, seu nome era citado diante do Senhor dos Espíritos".

Outro exemplo desse mesmo tipo de "eisegese messiânica" encontra-se na segunda metade de Sl 110,3 (grego 109,3). Há dificuldades óbvias para traduzir e também para entender o sentido desse versículo. A parte relevante do versículo diz:

Desde o seio da aurora
a ti o orvalho da tua juventude.

Como observamos antes a respeito desse salmo, seu contexto sugere um ambiente cultual por meio do qual uma figura profética apresenta um oráculo sobre as bênçãos devidas ao monarca agora reinante.[56] Ao contrário do Sl 72,

---

[54] A respeito do Sl 72, cf., por exemplo, ANDERSON, *Psalms*, I, p. 256, que se refere à maneira como algumas traduções substituem *š°mô* (seu nome) por *zar'ô* (seus descendentes) e, desse modo, recordam as promessas abraâmicas no Gênesis quanto ao nome, à terra e aos descendentes, salientando a interpretação régia e política desse versículo. Cf. também TATE, *Psalms 51–100*, pp. 224-225, e KRAUS, *Psalmen 60–150*, pp. 659, 661 (ET *Psalms 60–150*, pp. 79-80), que preferem a interpretação literal comum do v. 17 e também do v. 5.

[55] Note que a Septuaginta também mudou o sentido desse versículo, de modo que o hebraico *yîrā'ûkā* ("eles vão te temer") é traduzido como συμπαραμενεῖ, lendo o hebraico como *ya°rîk* ("ele durará"), que combina teologicamente com as mesmas mudanças feitas no v. 17.

[56] A respeito desse salmo, cf. acima.

PARTE II • Rei e Messias no Antigo Testamento

esse salmo não pode ser interpretado escatologicamente como salmo régio em um contexto pré-exílico. Certamente, nada sugere que o salmista se preocupe com a posição do rei antes do nascimento.[57] Mas a Septuaginta lê Sl 110,3c (grego 109,3c) de maneira semelhante à leitura de Sl 72,17 (grego 71,17): ἐκ γαστρὸς πρὸ ἑωσφόρου ἐξεγέννησά σε, que pode ser traduzido: "Desde o seio eu te gerei antes da estrela da manhã".[58] Mais uma vez, isso sugere que o tema do salmo é uma figura concebida antes até da própria terra; de novo, é uma figura preexistente e, pela releitura da bênção de Melquisedec no v. 4, cuja obra se harmonizava com preocupações tanto *sacerdotais* como *régias*.[59] Por isso, novamente, toda sugestão de que esse salmo se refere ao rei davídico pré-exílico, com seu papel sagrado no culto do Templo, agora está encoberta por uma interpretação mais sobre-humana. Usando minha terminologia anterior, nesse salmo, o *status* do Messias já não é com m minúsculo, mas sim com M maiúsculo.

Dois versículos dos dois salmos dificilmente fazem justiça a todo o alcance desse argumento, mas pelo menos servem para demonstrar, em parte, a mudança do modo histórico para o modo escatológico de interpretação. Os que precisam de mais persuasão a respeito das tendências escatológicas e messiânicas dos salmos gregos devem consultar a obra de Joachim Schaper, que abrange não só os salmos discutidos anteriormente, mas também alguns outros salmos "não-régios".[60]

Um segundo exemplo dessa mudança de interpretação encontra-se nos escritos de Qumrã. Do lado negativo, a falta de *Pešārîm*, ou comentários bíblicos a respeito dos salmos relevantes, significa que temos muito poucas informações sobre o uso messiânico de nossos salmos canônicos em Qumrã.[61] Além disso, a existência de outros salmos como o 151, que descreve a luta de Davi contra Golias,

---

[57] ALLEN, *Psalms 101–150*, pp. 80-81, traduz assim: "Do seio da aurora, terás o orvalho da tua juventude". KRAUS, *Psalmen 60–150*, p. 934 (ET *Psalms 60–150*, p. 350) acha que o orvalho significa a força que dá vida ao rei. Ambas as interpretações exemplificam como isso se aplica ao monarca reinante verdadeiro.

[58] Cf. SCHAPER, *Eschatology*, pp. 101-107 e 129.

[59] Cf. SCHAPER, *Eschatology*, pp. 140-142, segundo quem os tradutores viam no salmo uma combinação ideal de tendências messiânicas sacerdotais (v. 3) e transcendentes (v. 4), como um meio de discordar da ascendência da casa asmonéia.

[60] Cf. SCHAPER, *Eschatology*, pp. 26-30 e pp. 138-139 sobre o desenvolvimento desse tema.

[61] Por exemplo, *Commentary on the Psalms* (4Q171; 4Q173) trata principalmente do Sl 37, um salmo não-régio, aplicando-o aos conflitos atuais a respeito do Mestre da Justiça e do Sacerdote Ímpio, sem nenhuma reorientação messiânica.

O Messias nos salmos

pode sugerir que um modo importante de entender a figura de Davi era considerá-lo um exemplo de devoção — novamente, em termos históricos em vez de escatológicos.[62] Contudo, a comunidade de Qumrã de fato oferece alguns exemplos interessantes de interpretação escatológica da salmodia, nas *cópias* de salmos que usam idéias apocalípticas expressas em linguagem litúrgica. Os exemplos mais óbvios encontram-se nos *Salmos de Ação de Graças* ou *Hôdāyôt* (1QH). Um exemplo é o hino na col. XI (antes III), em que os vv. 5-18 falam do nascimento do Messias e da destruição dos ímpios; além de usar a linguagem profética de Is 9,2-6 e 11,1-9, grande parte da linguagem sálmica é também evidente no hino todo:[63]

Porque dos estertores da Morte

dá à luz um varão,

e surge das dores do Xeol,

do crisol da prenhe,

um admirável conselheiro com sua força,

e o homem é liberado do útero.[64]

Apesar do *Hôdāyôt*, muitos estudiosos de Qumrã são, com razão, cautelosos quanto à existência de indícios suficientes de uma figura messiânica nos Rolos. A posição de Pomykala é, assim, interessante no contexto desse ensaio. Acre-

---

[62] Cf. 11QPsª, embora, naturalmente, isso também se aplique à Septuaginta, que também tem uma versão grega do Sl 151.

[63] MARTÍNEZ, F. G. *Textos de Qumrã*. (Trad. para o português: Valmor da Silva). Petrópolis, Vozes, 1995, p. 377. Cf. VERMES, G. *The Complete Dead Sea Scrolls in English*. London, Allen Lane, Penguin Press, 1977, p. 259. Cf. também SCHIFFMAN, L. H. "Messianic Figures and Ideas in the Qumran Scrolls". In: CHARLESWORTH, org., *The Messiah*, pp. 116-129, que é cauteloso em propor uma figura messiânica nos manuscritos (pp. 128-129). Cf. também POMYKALA, *The Davidic Dynastic Tradition*, pp. 212-214, segundo quem os documentos de Qumrã também falam de uma figura messiânica régia, mas subordinada a um líder messiânico sacerdotal (1QSa 2,11-21).

[64] Outro exemplo pode ser o *Rolo de Melquisedec* (11QMelqu), a respeito do "Príncipe celeste Melquisedec". Embora não seja nem tradução nem comentário do Sl 110 em si, como documento de cerca de treze fragmentos, descreve Melquisedec (em vez de uma figura régia) como libertador celeste que proclama a liberdade dos cativos no fim dos tempos e, nesse sentido, é um tipo de *midrash* sobre a tradição do Sl 110. A respeito de 11QMelqu 2,4-18, cf. GRABBE, L. L. *An Introduction to First Century Judaism*. Edinburgh, T. & T. Clark, 1996, pp. 88-93, que considera esse o texto *mais primitivo* a respeito de um Messias celeste; embora seja um desenvolvimento da tradição sálmica, por causa da apropriação sacerdotal, não é tão notável quanto o exemplo do *Hôdāyôt*.

Parte II • Rei e Messias no Antigo Testamento

ditando que os escritos da comunidade com freqüência demonstram uma posição antiasmonéia (semelhante à que Schaper propôs da parte dos tradutores da Septuaginta), ele toma cinco documentos (4Q504, 4Q252, 4Q174, 4Q161 e 4Q285) e mostra como descrevem uma figura conhecida como "broto de Davi" (*semah dāwid*) que ia surgir nos últimos dias. Essa é uma figura vindoura, que realiza a Aliança davídica (assim, passagens como 2Sm 7 e Sl 89 e 132 são parte essencial dessa tradição), cuja vida reflete qualidades tipicamente régias (por exemplo, justiça, sabedoria e poder, conforme vistos no Sl 72) e tem o propósito principal de lutar contra os filhos das trevas. Pomykala conclui que, embora essa figura não seja de forma alguma tão característica quanto na literatura apocalíptica, há, mesmo assim, indícios suficientes para crer que a comunidade de Qumrã interpretava de maneira messiânica a tradição dinástica davídica que forma o centro dos salmos.[65]

O terceiro exemplo do uso messiânico das tradições sálmicas encontra-se nos *Salmos de Salomão*, em especial em *SlSal* 17. Esse salmo é particularmente importante porque se refere à tomada de Jerusalém por Pompeu e ao exílio de Aristóbulo II, mas se cala a respeito da revolta de Alexandre, em 57 a.C., e, assim, sua data pode ser estabelecida entre 61 e 57 a.C. Fornece importantes discernimentos específicos a respeito das expectativas messiânicas da época. O v. 4 depende da mesma tradição histórica do soberano davídico que se encontra em 2Sm 7 e em salmos régios como 89 e 132:

> Senhor, escolheste Davi para ser rei de Israel,
>
> e juraste-lhe sobre seus descendentes para sempre,
>
> que seu reino não fracassaria diante de ti.[66]

Na seqüência, o salmo explica como impostores usurparam a linhagem davídica, como Deus castigou os pecadores pela mão de um estrangeiro e como essa figura, por sua vez, dispersou os virtuosos, de modo que a terra e o povo, agora corrompidos pelo pecado, precisam do resgate que só Deus pode proporcionar. Como escassas referências veladas à ascensão da dinastia asmonéia, à toma-

---

[65] Cf. Pomykala, *The Davidic Dynastic Tradition*, pp. 232-246; entretanto, Pomykala acha que essa esperança não floresceu realmente antes do período herodiano.

[66] A tradução é de *OTP*, II, pp. 665-666.

O Messias nos salmos

da de Jerusalém por Pompeu e às conseqüências que isso teve para a comunidade do Templo, a oração do v. 21 tem um contexto histórico próprio:

Olha, Senhor, e para eles eleva seu rei,

o filho de Davi, para governar teu servo Israel

no tempo conhecido de ti, ó Deus.

A súplica para "elevar um rei" demonstra que a crença no Davi histórico transforma-se cada vez mais em esperança escatológica. Esse libertador que há de vir purificará Jerusalém — não tanto com poderio militar, como em Qumrã, mas com direito e justiça. Assim como ao monarca régio de Sl 2,9 foi prometido que teria sucesso em seu reinado, quebrando as nações com um cetro de ferro, assim o "Filho de Davi" (primeira vez que esse título foi usado em escritos judaicos) que há de vir esmagará com cetro de ferro *seus* adversários — desta vez, não só os gentios, mas também os pecadores no meio de seu povo (v. 24). Os versículos 32-43 desenvolvem essa interpretação messiânica de maneira ainda mais explícita: como o próprio Davi, esse é um rei divinamente designado, mas, ao contrário dos soberanos dinásticos davídicos, que dependiam de sucessivos líderes, a figura aqui é a de um Libertador para todos os tempos. E, enquanto a casa real de Davi devia estabelecer continuamente a paz e a ordem de uma geração para a outra, a figura em *SlSal* 17, vindo em uma época de caos, quando toda a ordem foi rompida (dentro e fora da comunidade do Templo), foi designada por Deus para produzir uma ordem universal inteiramente *nova*.

Portanto, é evidente que *SlSal* 17 apresenta o primeiro exemplo realmente claro de uma interpretação messiânica dos salmos davídicos. Até o próprio termo *māšîaḥ* encontra-se em *SlSal* 17,32.[67] Podemos mencionar as observações de Pomykala a respeito da maneira como *SlSal* 17 proporcionou um importante ponto decisivo no desenvolvimento da expectativa messiânica por causa do desapontamento com os asmoneus na época:

Assim, *SlSal* 17 é o primeiro indício para a expressão de esperança de um messias davídico na literatura judaica primitiva. O surgimento dessa interpretação da tradição dinástica davídica, em meados do século I a.C., baseou-se na utilidade

---

[67] O termo também se encontra em *SlSal* 18,5.7 e no subtítulo desse salmo. O espaço impede uma análise mais completa desse outro salmo.

243

PARTE II • Rei e Messias no Antigo Testamento

do conceito de um Filho de Davi para negar a legitimidade da casa real asmonéia e para prever uma ordem social e política ideal, livre de opressão e impureza, e caracterizada pela piedade, pela justiça e pela sabedoria.[68]

Portanto, em diversos períodos, a partir do governo selêucida, no século II, e em especial no tempo dos asmoneus, em meados do século I a.C., vários partidos judaicos dissidentes possibilitaram que a interpretação messiânica dos salmos ganhasse certa credibilidade. Os asmoneus, de um partido sacerdotal, que se atribuíam os títulos de reis davídicos, embora não tivessem ascendência davídica, criaram a necessidade, por parte dos dissimuladores, de almejar a inauguração de uma época nova e genuinamente davídica — época essa que marcaria a realização da antiga Aliança davídica, mas (por causa do fim da monarquia e, portanto, do rompimento na própria dinastia) também seria inteiramente diferente dela, em termos das origens sobrenaturais e da natureza definitiva do Libertador Régio: *SlSal* 17 é, assim, exemplo notável desse modo de pensar (que assumiu muitas facetas), pois nos mostra como essa nova maneira de interpretar a salmodia foi influenciada por fatores sociopolíticos e teológicos.[69] Naturalmente, isso também se evidencia, em um vasto conjunto de literatura não-litúrgica a partir desse tempo: textos como *1Hen* 45,3; 46,3; 48,2.6; 49,2; 53,6; 54,4; 55,4 e também *2Br* 29, *4Esd* 7; 12; 13, e Eclo 36,1-13 servem como exemplos diversos da mesma abordagem. A busca de uma figura messiânica que trouxesse uma nova era, não obstante se desenvolvesse de maneira diferente em tradições diferentes, é bem a característica desse período. Isso é importante, pois mostra que o que vimos aqui como evidente na interpretação dos salmos é apenas uma parte menor de um processo muito maior.[70]

---

[68] Cf. POMYKALA, *The Davidic Dynastic Tradition*, p. 169. Cf. também GRABBE, *An Introduction*, pp. 66-71, a respeito de *SlSal* 17, que expressa opinião semelhante.

[69] Além de Pomykala e de Schaper, que defendem essa visão da história da recepção da salmodia, cf. BECKER, *Messiaserwartung im Alten Testament*, Capítulo 14: "Messianische Erwartung an der Schwelle des Neuen Testaments", pp. 82-87 (ET *Messianic Expectation in the Old Testament*, Capítulo 14: "The Threshold of the New Testament", pp. 87-92); também MOWINCKEL, *Han som kommer*, Capítulo 9: "Den nasjonale Messias" (ET *He That Cometh*, Capítulo 9, "The National Messiah").

[70] Sobre essa questão, cf., por exemplo, HORSLEY, R. A. "'Messianic' Figures and Movements in First-Century Palestine". In: CHARLESWORTH, org., *The Messiah*, pp. 261-275. Esse processo não é evidente só na tradição judaica; outros povos do antigo Oriente Próximo também privados da identidade nacional pelos gregos usaram suas ideologias de realeza de modo escatológico semelhante. Cf., por exemplo, COLLINS, J. J. *The Apocalyptic Vision of the Book of Daniel*. Missoula, MT, Scholars Press, 1977, pp. 192-193 (HSM, 16), que se refere à crônica demótica egípcia, ao Oráculo do Oleiro e ao oráculo persa de Histaspes.

A expansão da expectativa messiânica, no século I a.C., também explica como e por que os salmos eram usados dessa maneira pelos cristãos, que simplesmente continuaram a tradição que estava diante deles. Além disso, explica por que essa abordagem da salmodia continuou na tradição judaica depois da era *cristã*: a adaptação messiânica cristã dos salmos era uma pequena parte de um processo judaico muito maior que a precedeu e continuou ao lado dela.[71]

Conclusões

Podemos, portanto, concluir que, embora proporcionassem o terreno para a eisegese messiânica, os salmos certamente não foram escritos como composições messiânicas. No período pré-exílico, quando os salmos régios foram compostos e usados pela primeira vez, sua orientação era presente, imediata, literal e régia; esse enfoque continuou no período pós-exílico, com a dimensão régia oferecendo agora à comunidade do Templo de Jerusalém um sentimento particular de sua identidade em Sião, com base nas promessas divinas a Davi no passado. Nessa fase, o uso da figura davídica nas coletâneas sálmicas não era mais que o uso da figura salomônica nos escritos sapienciais, ou a figura de Moisés no material referente à lei: na época, nem Moisés nem Salomão eram concebidas em sentido escatológico desenvolvido; nem Davi, ao que parece.

Conseqüentemente, deve estar claro que a pergunta acerca do "Messias nos salmos" não tem resposta positiva dentro da salmodia canônica; a resposta só se encontra na história da recepção mais tardia da tradição sálmica. A pergunta não é sobre a natureza da composição, organização e compilação dos salmos nas etapas mais primitivas, mas sobre sua adaptação e uso depois que foram incluídos em uma coletânea litúrgica identificável. Desde que essa distinção seja feita e reconhecida, é possível falar sobre o Messias nos salmos — não como programa teológico originário dos próprios salmos, mas como programa que lhes foi imposto.

---

[71] Cf., por exemplo, SIMON, U. *Four Approaches to the Book of Psalms from Saadiah Gaon to Abraham Ibm Ezra* (ET trad. L. J. Schramm). New York, State University of New York Press, 1991, sobre os quatro usos dos salmos na tradição judaica mais tardia, dos quais um é o uso continuado dos salmos como "Orações proféticas obrigatórias" (pp. 59-111).

Textos messiânicos em Isaías 1–39

H. G. M. WILLIAMSON

O objetivo deste ensaio é reexaminar quatro das cinco passagens messiânicas clássicas da primeira parte do livro de Isaías. Entretanto, na situação atual da pesquisa de Isaías, seria irresponsável ignorar sua inserção no livro maior como um todo. Portanto, antes de nos voltarmos para uma análise das passagens em si, dois assuntos introdutórios exigem atenção, na crença de que nos ajudem a fazer um ligeiro progresso no que, deve-se admitir, é um tópico aliás bastante gasto.[1]

Com exceção dos cabeçalhos padronizados em Is 1,1 e 6,1, o primeiro personagem do livro de Isaías a ser chamado rei é "Iahweh dos Exércitos" (6,5), que, segundo a descrição, está sentado sobre um trono alto e elevado, em seu santuário (*hêkāl*), provavelmente com vestes régias (6,1),[2] e rodeado pelos atendentes da corte celeste.

Às vezes tem-se afirmado que essa descrição representa um contraste deliberado com o rei humano, pois o capítulo começa com a menção da morte do rei Ozias e é seguido por um capítulo que muitos comentaristas consideram forte crítica a seu sucessor, Acaz. Quer seja, quer não seja verdade, isso nos indica a prudência de examinar os temas da realeza divina e humana, ambos presentes no livro de Isaías. Quando os examinamos, surgem certas observações que estabelecem algumas diretrizes críticas e teológicas fundamentais para controlar o estudo exegético mais detalhado de determinadas passagens.

---

[1] A respeito desses e de outros tópicos examinados adiante, cf. o tratamento mais completo (com bibliografia mais extensa do que é possível aqui) em meu livro *Variations on a Theme: King, Messiah and Servant in the Book of Isaiah*. Carlisle, Paternoster Press, 1998. Ali também tento investigar os temas relevantes nas partes mais tardias do livro, coisa que as limitações de espaço impedem aqui.

[2] Para uma nota de advertência sobre isso, cf. BRETTLER, M. Z. *God is King*: *Understanding an Israelite Metaphor*. Sheffield, JSOT Press, 1989, pp. 79-80. (JSOTSup, 76.)

O primeiro ponto a observar é que nas partes do livro que, segundo o consenso geral, se originaram no período exílico ou mais tardio, a realeza divina destaca-se, enquanto, de modo inverso, a realeza humana desaparece de vista completamente, pelo menos no que diz respeito a Israel.

No Dêutero-Isaías, Deus é chamado "rei de Jacó" (41,21), "rei de Israel" (44,6) e "vosso rei [i.e. de Israel]" (43,15). Além disso, a frase *mālak* *ᵉlōhāyik* ocorre em um dos principais clímaces do livro, em 52,7. Em contraste, a única referência a Davi está em 55,3, em que fica claro que a aliança que Deus havia feito anteriormente com sua casa agora será transferida ao povo como um todo. Não se diz absolutamente nada a respeito de um papel continuado para a dinastia régia, e na verdade, de acordo com as expectativas de 55,3, a linguagem mais abertamente régia nos chamados cantos do Servo surge precisamente em 42,1-4, a passagem do servo que parece mais fácil e naturalmente se referir, em seu contexto, a Israel como um todo. Finalmente, como bem se sabe, o título *māšîaḥ* é atribuído a Ciro em 45,1. Embora complexos esquemas teológicos tenham às vezes sido criados a partir desse uso, em minha opinião não devemos dar tanta importância a ele. Quando nos lembramos de que em nenhuma outra passagem do Antigo Testamento o título tem o sentido técnico mais tardio de um futuro rei, de que se aplica a outras funções além da de rei e de que Deus ordenou que pelo menos um outro rei estrangeiro fosse ungido por um profeta (Hazael de Damasco, 1Rs 19,15), não parece necessário concluir que aqui se diz outra coisa, além de que Deus encarregou Ciro de uma tarefa específica. Naturalmente por si só isso já pode ser considerado bastante notável,[3] e é confirmado pela justificação elaborada para a declaração com a qual o profeta achou necessário iniciar seu anúncio (44,24-28). Além disso, é impossível negar a maneira espantosa em que é descrita a relação de Ciro com Deus (45,4-5). Entretanto, nada disso corresponde a uma interpretação de "Messias" da maneira como séculos de uso mais tardio nos instruíram, e, na verdade, o emprego aqui sugere que a palavra ainda não tinha esse sentido técnico. Para este nosso assunto, talvez a única conclusão muito importante seja o ponto negativo de que o agente da esperada restauração não será um rei israelita ou davídico. Mas, então, no Dêutero-Isaías, como já vimos, não devíamos esperar que fosse.

---

[3] Principalmente em vista do fato de sua tarefa ser positiva em relação a Israel, ao contrário dos reis da Assíria e da Babilônia, no período pré-exílico; cf., por exemplo, Is 10,5-15; Jr 25,9; 27,6.

Textos messiânicos em Isaías 1–39

No Trito-Isaías, Deus nunca é expressamente intitulado *melek*,[4] mas a linguagem régia é usada em estreita ligação com ele em algumas ocasiões. A mais notável dessas passagens é 66,1, em que se diz que ele tem um trono e um escabelo para os pés. O uso retórico dessa linguagem, porém, não visa ressaltar seus atributos régios como tais, mas enfatizar que ele não se preocupa com um templo material, visto como lugar do trono divino; antes, "Eis para que estão voltados os meus olhos, para o pobre e para o abatido, para aquele que treme diante da minha palavra" (66,2). Um ponto semelhante é feito em 57,15, em que o título "aquele que está nas alturas, em lugar excelso (*rām wᵉniśśāʾ*)", é alusão óbvia ao rei divino de 6,1. Entretanto, aqui também essa linguagem é apenas preparatória para o notável contraste: "Eu habito em lugar alto e santo, mas estou junto ao abatido e humilde".[5] Parece, portanto, que o autor considera tão natural a idéia da realeza divina que a usa como base aceita para seu ulterior desenvolvimento em termos da surpreendente condescendência divina. Notamos também que ele não faz nenhuma referência a uma restauração da monarquia davídica ou a um rei futuro.

Dentro de Is 1–39 em si, é geralmente aceito que diversas passagens extensas datam do período exílico ou pós-exílico. Uma delas é o Apocalipse de Isaías, nos capítulos 24–27. Aqui encontramos, mais uma vez, uma referência explícita à realeza de Deus, em 24,23 (*kî mālak yhwh ṣᵉbāʾôt*), talvez em associação com seu divino conselho,[6] enquanto 25,6-8, muitas vezes caracterizado como "banquete messiânico", foi convenientemente descrito por Day como "banquete em comemoração da entronização de Iahweh[7]". Algumas outras referências nesses capítulos que recordam o mito da vitória de Baal também sugerem que o conceito de realeza divina talvez fundamente ainda mais esse material.

Finalmente, Is 33 contém duas notáveis referências a Deus como rei — no v. 17, em que novamente há uma provável alusão ao cap. 6, e no v. 22. Aqui

---

[4] A respeito de 57,9, cf. DAY, J. *Molech: A God of Human Sacrifice in the Old Testament*. Cambridge, Cambridge University Press, 1989, pp. 50-52. (UCOP, 41.)

[5] Cf., com maior amplitude, meu *The Book Called Isaiah: Deutero-Isaiah's Role in Composition and Redaction*. Oxford, Clarendon Press, 1994, pp. 232-233.

[6] Como sugerido por WILLIS, T. M. "Yahweh's Elders (Isa 24,23): Senior Officials of the Divine Court". *ZAW* 103, 1991, pp. 375-385.

[7] DAY, J. *God's Conflict with the Dragon and the Sea: Echoes of a Canaanite Myth in the Old Testament*. Cambridge, Cambridge University Press, 1985, p. 148. (UCOP, 35.)

também, como no caso do Apocalipse de Isaías, a ênfase considerável na importância de Sião não é igualada por nenhuma alusão à restauração ou ao papel continuado da monarquia davídica. Se é permitido o argumento do silêncio, parece que a ênfase na realeza divina suplanta completamente a do rei humano.

Esse breve exame do tratamento da realeza nas partes comprovadamente não-isaianas do livro de Isaías mostra notável consistência de abordagem. Apesar de abrangerem os períodos exílico e pós-exílico, essas passagens não demonstram nenhum interesse pela monarquia davídica como instituição. E isso, devemos enfatizar, é verdade a respeito não só da segunda metade do livro como um todo, mas também de material mais tardio que foi acrescentado à primeira metade. Portanto, a menos que devamos considerar o desenvolvimento do livro como obra de grupos completamente independentes, com pontos de vista opostos (opinião que fica mais difícil defender, à medida que cada vez mais ligações literárias de ambos os lados das fronteiras tradicionais são recuperadas), parece que somos forçados a concluir que uma data pré-exílica é muito plausível para aquelas quatro ou cinco passagens que tratam substancialmente da questão da monarquia davídica e seu futuro. Esse argumento não é, evidentemente, conclusivo, nem aponta necessariamente para uma data no século VIII, em vez de no século VII, ou até no início do século VI. Indica, no entanto, um ambiente firmemente pré-exílico como o contexto mais plausível dentro do qual iniciar a tarefa de interpretação, coisa que a estrutura do próprio livro sugere. Também chama a atenção para o fato de algumas recentes tentativas de situar todas essas passagens no período pós-exílico[8] contrariarem bastante o que podemos recuperar do desenvolvimento ideológico da tradição isaiânica como um todo. Elas deixam esses autores presumidamente mais tardios sem nenhuma iniciação na obra como a teriam conhecido, que os faria adotar essa tendência de uma diferença tão radical, em primeiro lugar. Postular esse procedimento é contrário à maior parte da pesquisa recente sobre Is 1–39, que tende a demonstrar quanto os organizadores mais tardios edificaram com o que já estava diante deles.

O segundo tópico introdutório que requer atenção surge como conseqüência direta do primeiro. Se estou certo em sugerir que as principais passagens a

---

[8] P. ex., WERNER, W. *Eschatologische Texte in Jesaja 1–39: Messias, Heiliger Rest, Völker.* Würzburg, Echter Verlag, 1982, pp. 17-88. (FzB, 46.)

Textos messiânicos em Isaías 1–39

serem consideradas devem ser estudadas no contexto do material isaiânico pré-exílico, então é necessário conhecer um pouco a ideologia fundamental desse material. A razão disso é que as supostas passagens messiânicas foram com freqüência consideradas um tanto separadas desse contexto. Se, ao contrário, linhas de continuidade forem discernidas, então isso vai ajudar mais a fixá-las *prima facie* no lugar que lhes cabe.

Outra vez o ponto de acesso mais fácil nos chega por intermédio de Is 6. Como já mencionamos,[9] a visão de Deus "alto e elevado" e três vezes santo parece ter exercido profunda influência em todo o pensamento de Isaías.[10] Isso se expressa da maneira mais óbvia nas diversas passagens em que Isaías condena pessoas ou instituições com base no orgulho e arrogância delas, pois essa atitude equivale a desafiar a posição suprema de Deus. Assim, no cap. 2, por exemplo, uma passagem que parece ter sido extensamente interpretada ou ampliada afirma que Deus terá um dia "contra tudo o que é orgulhoso e altivo (*rām*), contra tudo o que se exalta (*niśśa'*), para que seja humilhado" (v. 12), e isso é então exemplificado por uma lista de coisas, como montes e outeiros, algumas das quais estão qualificadas com os mesmos adjetivos. Tudo isso serve para enfatizar que "o olhar altivo do homem se abaixará, a altivez do varão será humilhada; naquele dia só Iahweh será exaltado" (v. 11), sentimento repetido no v. 17, depois da lista ilustrativa.

Esse bem conhecido aspecto da teologia de Isaías repete-se de várias maneiras em muitas ocasiões, quase literalmente em 5,15-16 e, com referência a diferentes segmentos da população, em 3,16-17; 9,7-11 e 28,1-4, por exemplo. Também salienta sua atitude para com algumas das nações estrangeiras, a mais famosa das quais é a Assíria, em 10,5-15 (outra passagem que parece ter sido objeto de elaboração mais tardia). Embora eu não possa entrar em detalhes aqui, o tema foi tomado e desenvolvido em várias direções por organizadores mais tar-

---

[9] Cf., por exemplo, VRIEZEN, T. C. "Essentials of the Theology of Isaiah". In: ANDERSON, B. W. & HARRELSON, W., orgs. *Israel's Prophetic Heritage: Essays in Honor of James Muilenburg*. London, SCM Press, 1962, pp. 128-146; HOLLADAY, W. L. *Isaiah: Scroll of a Prophetic Heritage*. Grand Rapids, Eerdmans, 1978, pp. 25-45; ROBERTS, J. J. M. "Isaiah in Old Testament Theology". *Int* 36, 1982, pp. 10-43; WILLIAMSON, H. G. M. "Isaiah and the Wise". In: DAY, J.; GORDON, R. P.; WILLIAMSON, H. G. M., orgs. *Wisdom in Ancient Israel: Essays in Honour of J. A. Emerton*. Cambridge, Cambridge University Press, 1995, pp. 133-141.

[10] Ou, se esse não é um relato do chamado inicial de Isaías (como estou inclinado a crer), para ser redigido em terminologia que deu determinada expressão a esse pensamento. Quanto à influência do capítulo na tradição mais tardia de Isaías, cf. WILLIAMSON, *The Book Called Isaiah*, pp. 30-56.

Parte II • Rei e Messias no Antigo Testamento

dios, por exemplo, no insulto contra o rei sem nome de Babilônia, em 14,4-21, na reversão do tema, em 30,25, e na intenção declarada de Deus, em 33,10.

Desse princípio fundamental da teologia de Isaías, podemos deduzir que o profeta tinha forte percepção de que tudo deve ocupar o lugar apropriado dentro da ordem divina das coisas, quer natural, quer internacional, quer social. Seu entendimento da realidade era claramente hierárquico. É por essa razão que considera com horror e, na verdade, como expressão do julgamento divino o colapso da ordem natural da sociedade, à medida que ela resvala para um estado de anarquia, como em 3,1-12 (e note como 3,12b repercute em 9,15), ou de guerra civil, como em 9,18-20. Mais uma vez, a idéia de filhos que desobedecem aos pais é uma violação do mesmo princípio auto-evidente e não requer outra explicação (1,2-3; 30,8-9). De modo semelhante, os líderes devem liderar, e, assim, uma sociedade que rejeita seus líderes ou onde os próprios líderes são corruptos está automaticamente condenada; cf., por exemplo, 1,23; 3,14-15; 5,18-24; 9,15; 10,1-4; 28,7-15; 30,10-11.

Se agora perguntarmos sobre as qualidades fundamentais de uma sociedade apropriadamente ordenada sob Deus, não precisaremos ter nenhuma hesitação ao responder que são a justiça (*ṣedeq/ṣᵉdāqâ*), o direito (*mišpāṭ*) e a verdade ou fidelidade (*ᵉmet* e o adjetivo a ele associado *neᵉmān*).[11] Essas qualidades caracterizam o direito e a justiça de Deus (5,16; 28,6.17), eram distintivas do período áureo de Sião e o serão novamente quando Deus restaurá-la (1,21-26; 28,17; 32,16-17; 33,5) e ele as procura e exorta regularmente o povo para esse fim no

---

[11] Naturalmente, em Isaías e alhures, quando ocorrem sozinhas, essas palavras têm uma vasta gama de sentidos. É seu uso em combinação (em especial as duas primeiras) que quase as transforma em frase de propaganda para o entendimento que Isaías tinha da sociedade ideal. Em outras passagens do Antigo Testamento e no antigo Oriente Próximo em geral, esse par de palavras é característico do governo régio ideal; cf., por exemplo, Weinfeld, M. Justice and Righteousness, — משפט וצדקה — The Expression and its Meaning". In: Graf Reventlow, H. & Hoffman, Y., orgs. *Justice and Righteousness: Biblical Themes and their Influence*. Sheffield, Sheffield Academic Press, 1992, pp. 228-246 (JSOTSup, 137). Embora esteja claro que Isaías dependia dessa fraseologia estereotípica, tentei demonstrar, no primeiro capítulo de *Variations on a Theme*, que o uso que fazia dela era característico por cobrir uma série muito mais ampla de questões do que apenas "justiça social" (conclusão resumida de Weinfeld). Cf. a importância desses termos para o messianismo em Isaías, no recente Schibler, D. "Messianism and Messianic Prophecy in Isaiah 1–12 and 28–33". In: Satterthwaite, P. E.; Hess, R. S.; Wenham, G. J., orgs. *The Lord's Anointed: Interpretation of Old Testament Messianic Texts*. Carlisle, Paternoster Press; Grand Rapids, Baker Book House, 1995, pp. 87-104.

Textos messiânicos em Isaías 1–39

presente ou condena sua ausência ou transgressão (1,17; 3,10; 5,7.23; 10,1-2). Embora diversas das referências que acabamos de relacionar venham das mãos de organizadores mais tardios, elas demonstram que aqui também os praticantes mais tardios estavam de pleno acordo com os princípios fundamentais da teologia de Isaías.

É digno de nota que, em todas as passagens citadas nesse breve resumo de alguns dos temas principais de Isaías, a pessoa do rei receba pouca ou nenhuma menção. Como veremos, algumas dessas considerações, em especial a citada por último, encontram expressão nas passagens que vamos examinar, mas talvez seja significativo que (ao contrário, por exemplo, de Jeremias), o rei não esteja relacionado entre os líderes corruptos, nem a perda da realeza seja citada como parte do colapso da ordem social. Assim, as passagens sobre a realeza parecem estar um tanto isoladas do restante da obra de Isaías, o que, à primeira vista, apóia a impressão da maioria observada anteriormente. Por um lado, entretanto, isso sugere mais uma vez que não havia muito incentivo para fazer com que autores mais tardios acrescentassem esse material, se eles foram responsáveis por essas importantes passagens em sua totalidade; unida a minha observação anterior sobre a direção ideológica que o desenvolvimento do livro de Isaías tomou, parece cada vez mais provável que pelo menos alguma coisa a respeito da realeza humana deve ter estado presente na obra de Isaías desde o início. Por outro lado, o desafio que enfrentamos é ver se essas passagens (e quais delas) integram-se harmoniosamente no quadro da teologia de Isaías que acabamos de esboçar. É com essas questões em mente que agora passo a examinar cada uma das quatro passagens. A análise inicial segue a ordem canônica. Na conclusão, volto a considerações diacrônicas.

Isaías 7,1-17

Uma significativa questão preliminar que determina a interpretação dessa passagem muito discutida[12] relaciona-se com a possibilidade de fazer parte de uma "Autobiografia de Isaías" original, que abrange 6,1–8,18 (ou 9,6), menos

---

[12] A inclusão de referências bibliográficas completas está fora de questão aqui. Para uma análise recente de abrangência relativa sobre essa passagem e sobre a maioria das examinadas em seguida, ver WEGNER, P. D. *An Examination of Kingship and Messianic Expectation in Isaiah 1–35*. Lewiston, NY, Edwin Mellen Press, 1992.

PARTE II • Rei e Messias no Antigo Testamento

várias adições mais tardias. Essa visão foi amplamente adotada em conseqüência da monografia de Budde de 1928,[13] embora nos últimos anos tenha sofrido diversas refutações importantes.[14]

De acordo com o entendimento geral, a sugestão é que o próprio Isaías pôs por escrito a forma original da passagem como registro de seu ministério durante a crise siro-efraimita. Se isso fosse verdade, a opinião cada vez mais popular de que Emanuel era filho do profeta,[15] e não uma criança régia, teria motivos para ser recomendada, sobretudo em vista de 8,16-18.[16] Sendo assim, a passagem

---

[13] BUDDE, K. *Jesajas Erleben: Eine gemeinverständliche Auslegung der Denkschrift des Propheten (Kap. 6,1–9,6)*. Gotha, Leopold Klotz Verlag, 1928. Budde esboçou a teoria primeiro em "Ueber das siebente Capitel des Buches Jesaja". In: *Études Archéologiques, Linguistiques et Historiques Dédiées à Mr. le Dr. C. Leemans*. Leiden, E. J. Brill, 1885, pp. 121-126, embora, até onde sei, ele tenha usado pela primeira vez o termo *Denkschrift* (sem outra introdução) em "Zwei Beobachtungen zum alten Eingang des Buches Jesaja", *ZAW* 38, 1919-1920, p. 58. A noção básica também se encontra (embora sem o emprego da palavra *Denkschrift*) no comentário clássico de DUHM, B. *Das Buch Jesaia*. Göttingen, Vandenhoeck & Ruprecht, 1892.

[14] Essas refutações assumem duas formas. Por um lado, há os que efetivamente rejeitam a teoria por completo, tais como GRAF REVENTLOW, H. "Das Ende der sog. 'Denkschrift' Jesajas". *BN* 38–39, 1987, pp. 62-67; IRVINE, S. A. "The Isaianic *Denkschrift*: Reconsidering an Old Hypothesis". *ZAW* 104, 1992, pp. 216-231. Por outro lado, alguns ainda usam a linguagem da biografia, mas, na verdade, solapam sua atração mais forte, argumentando que não representa um "livro" primitivo independente, mas é o resultado de compilação redacional mais tardia: p. ex. DIETRICH, W. *Jesaja und die Politik*. München, Chr. Kaiser Verlag, 1976, pp. 60-99 (BEvT, 74); WERNER, W. "Vom Prophetenwort zur Prophetentheologie. Ein redaktionskritischer Versuch zu Jes 6,1-8,18". *BZ* NS 29, 1985, pp. 1-30; KAISER, O. *Das Buch des Propheten Jesaja: Kapitel 1–12*. 5. ed. Göttingen, Vandenhoeck & Ruprecht, 1981, pp. 117-209 (ATD, 17) (ET *Isaiah 1–12: A Commentary*. 2. ed. London, SCM Press, 1983, pp. 114-218 [OTL]); KILIAN, R. *Jesaja 1–12*. Würzburg, Echter Verlag, 1986, pp. 47-69 (DNEB, 17); mais sutilmente, SWEENEY, M. A. *Isaiah 1–39, with an Introduction to Prophetic Literature*. Grand Rapids, Eerdmans, 1996, pp. 132-188 (FOTL, 16). Cf. uma exposição muito mais completa de minhas próprias dificuldades com a teoria no cap. 3 de *Variations on a Theme*.

[15] Essa já era a opinião de Jerônimo, Rashi e Ibn Ezra. Em época mais recente, tem sido adotada principalmente por STAMM, J. J., em uma longa série de artigos que começam com "La Prophétie d'Emmanuel". *RHPR* 23, 1943, pp. 1-26; GOTTWALD, N. K. "Immanuel as the Prophet's Son". *VT* 8, 1958, pp. 36-47; ROBERTS, J. J. M. "Isaiah and his Children". In: KORT, A. & MORSCHAUSER, S., orgs. *Biblical and Related Studies Presented to Samuel Iwry*. Winona Lake, IN, Eisenbrauns, 1985, pp. 193-203; e CLEMENTS, R. E. "The Immanuel Prophecy of Isa. 7:10-17 and Its Messianic Interpretation". In: BLUM, E. et al., orgs. *Die Hebräische Bibel und ihre zweifache Nachgeschichte: Festschrift für Rolf Rendtorff zum 65. Geburtstag*. Neukirchen-Vluyn, Neukirchener Verlag, 1990, pp. 225-240; reimpresso em *Old Testament Prophecy: From Oracles to Canon*. Louisville, KY, Westminster/John Knox, 1996, pp. 65-77.

[16] Entretanto, restaria a dificuldade da designação da mãe da criança como 'almâ. Embora seja aceito que isso não precisa, pelo menos em seu contexto original, referir-se a uma virgem no sentido técnico, é igualmente aceito que não se refere a uma mulher que já deu à luz um filho alguns anos antes. Para evitar o problema que isso levanta com relação a Sear-Iasub, é necessário recorrer a explicações (tais como que a primeira mulher de Isaías morreu, e ele casou-se de novo) que não se originam do texto, nem encontram apoio nele.

Textos messiânicos em Isaías 1–39

como um todo teria muito menos relevância para nossa consideração atual do que tradicionalmente se pensa. Quando muito (como Clements argumenta), a interpretação messiânica seria uma mudança redacional secundária devido à inclusão de 8,23–9,6 no final da biografia, com Emanuel agora identificado como Ezequias.

Entretanto, parece-me que essa abordagem da composição da passagem não leva em consideração diversos aspectos dignos de nota. Primeiro, enquanto os caps. 6 e 8 estão expressos na primeira pessoa do singular, 7,1-17 é narrativa na terceira pessoa. Budde e muitos dos que o seguem supõem que, originalmente, essa passagem também estivesse na primeira pessoa e emendam o texto para pô-lo nessa pessoa — um claro argumento circular. Admitimos que as mudanças necessárias não sejam tão drásticas como a princípio possa parecer, mas mesmo assim não há indícios que apóiem essa mudança. Na verdade, em vista do contexto prevalecente, parece muito improvável que a forma atual do texto surgisse de modo secundário. Isso lança, imediatamente, sérias dúvidas quanto à hipótese da biografia da maneira como costuma ser imaginada.

Segundo, Budde argumentou que a ligação original entre o fim do cap. 5 e 9,7–10,4 foi interrompida pela inserção da biografia como um livrinho preexistente. De fato, entretanto, a "ligação original" não está bem definida, e, conseqüentemente, Budde teve de argumentar que havia inopinada desordem adicional na época da inserção da biografia — outro argumento circular. Sem, em geral, reconhecer o estrago causado à teoria de Budde, muitos biblistas de hoje afirmam que o arranjo do texto, em especial no fim do cap. 5, é o resultado de atividade redacional deliberada[17] e, assim, não dá nenhum apoio à hipótese da biografia.

Terceiro, Budde argumentou que, como Is 6 descreve a vocação de Isaías, deve originalmente ter estado no início da obra. Entretanto, isso por si só não é necessariamente verdade, como revela a comparação com Am 7, mas, em todo caso, não é de modo algum certo que Is 6 seja a descrição de uma vocação inicial. Pela crítica formal, difere de maneira significativa das narrações de vocação de Jeremias ou Amós, por exemplo, enquanto, de modo inverso, sua analogia veterotestamentária mais próxima é com a visão de Miquéias, filho de Jemla, em

---

[17] Naturalmente, as opiniões precisas a esse respeito variam. Cf. minha proposta, com mais alguma bibliografia, em *The Book Called Isaiah*, pp. 125-143 e em "Isaiah xi 11-16 and the Redaction of Isaiah i–xii". In: EMERTON, J. A., org. *Congress Volume, Paris 1992*. Leiden, E. J. Brill, 1995, pp. 343-357 (VTSup, 61).

PARTE II • Rei e Messias no Antigo Testamento

1Rs 22.[18] Isso sugere que, como acontece com Miquéias, a visão relaciona-se com a incumbência para uma tarefa específica, dada no decorrer do ministério do profeta, e não necessariamente em seu início.

Assim, se os principais argumentos de Budde a favor da hipótese da biografia são insubsistentes, é necessário sugerir uma alternativa para explicar o material de Is 6–8 e, em especial, do cap. 7. Como antes, há diversos pontos a considerar.

Primeiro, é do conhecimento geral que 7,1 é mais ou menos igual a 2Rs 16,5, em que se encaixa perfeitamente no relato histórico do reinado de Acaz. A menos que nos deixemos levar pela especulação comum, mas gratuita, de que foi acrescentada mais tarde a uma biografia original de Isaías, talvez possamos perguntar se isso é uma indicação de que a narrativa de Is 7, que ela introduz, foi tirada em sua inteireza de outro lugar, um lugar muito mais próximo dos círculos que produziram a própria história deuteronomista.

O segundo ponto reforça essa impressão, pois, nos últimos anos, alguns biblistas observaram que há notáveis conexões entre esse relato do cap. 7 e as narrativas a respeito do rei mais tardio, Ezequias, nos caps. 36–39.[19] Essas conexões estendem-se desde aos gerais e abrangentes até as específicas e particulares, e não é possível relacioná-las todas aqui. Só para dar um gostinho, podemos

---

[18] Cf. ZIMMERLI, W. *Ezechiel. I. Ezechiel 1–24.* Neukirchen-Vluyn, Neukirchener Verlag, 1969, pp. 16-21 (BKAT, 13,1) (ET *Ezekiel I. A Commentary on the Book of the Prophet Ezekiel, Chapters 1–24.* Trad. R. E. Clements. Philadelphia, Fortress Press, 1979, pp. 98-100 (Hermeneia).

[19] Cf., por exemplo, ACKROYD, P. R. "Isaiah 36–39: Structure and Function". In: DELSMAN, W. C. et al., orgs. *Von Kanaan bis Kerala: Festschrift für Prof. Mag. Dr. J.P.M. van der Ploeg O. P. zur Vollendung des siebzigsten Lebensjahres am 4. Juli 1979.* Kevelaer, Butzon & Bercker, Neukirchen-Vluyn, Neukirchener Verlag, 1982, pp. 3-21 (AOAT, 211) (reimpresso em *Studies in the Religious Tradition of the Old Testament.* London, SCM Press, 1987, pp. 105-120); BLENKINSOPP, J. *A History of Prophecy in Israel from the Settlement in the Land to the Hellenistic Period.* London, SPCK, 1984, pp. 109-110; SMELIK, K. A. D. "Distortion of Old Testament Prophecy: The Purpose of Isaiah xxxvi and xxxvii". In: VAN DER WOUDE, A. S., org. *Crises and Perspectives: Studies in Ancient Near Eastern Polytheism, Biblical Theology, Palestinian Archaeology and Intertestamental Literature.* Leiden, E. J. Brill, 1986, pp. 70-93 (OTS, 24); SWEENEY, M. A. *Isaiah 1–4 and the Post-Exilic Understanding of the Isaianic Tradition.* Berlin, W. de Gruyter, 1988, pp. 12-13 (BZAW, 171); CONRAD, E. W. "The Royal Narratives and the Structure of the Book of Isaiah". *JSOT* 41, 1988, pp. 67-81, reproduzido substancialmente em CONRAD, E. W. *Reading Isaiah.* Minneapolis, Fortress Press, 1991, pp. 34-51; SEITZ, C. R. *Zion's Final Destiny: The Development of the Book of Isaiah. A Reassessment of Isaiah 36–39.* Minneapolis, Fortress Press, 1991, pp. 89 e 195-196; idem, *Isaiah 1–39.* Louisville, KY, John Knox Press, 1993, p. 64.

Textos messiânicos em Isaías 1–39

mencionar que, em ambas as passagens, o rei enfrenta um exército invasor que ameaça Jerusalém (7,1; 36,2), que ele quase entra em pânico (7,2; 37,1) e que Isaías apresenta-lhe um oráculo para que não tenha medo (7,4-9; 37,6-7), apoiado, em cada caso, pela oferta de um "sinal" (7,11; 37,30; cf. também 38,7.22). Embora em ambas as narrativas o rei e a cidade sejam poupados, segue-se o anúncio de um desastre pior no futuro (7,15-25; 39,6-7). Detalhe notável é a referência, em ambos os casos, ao "aqueduto da piscina superior, na estrada que conduz ao campo do Pisoeiro" (7,3; 36,2), o que dificilmente é uma coincidência. Entretanto, ao lado dessas semelhanças, há contrastes marcantes entre as reações dos reis: Acaz rejeita a forma de libertação oferecida pelo profeta, enquanto Ezequias segue o caminho da fé e é libertado de maneira espetacular. Com base nessas e em outras comparações, concordamos com os que concluíram que há uma tentativa consciente de contrastar as respostas dos dois reis, uma negativa e a outra afirmativa.

Ora, isso contribui para nossa consideração mais ampla, quando recordamos que a narrativa mais longa, nos caps. 36–39, também é relatada em termos praticamente idênticos em 2Rs 18–20. Creio não haver dúvida de que foi tirada de Reis, em geral apenas com mudanças muito superficiais, e inserida em seu cenário atual no livro de Isaías por um organizador mais tardio.[20] Ao mesmo tempo, porém, há alguns aspectos desses capítulos que os diferenciam da maior parte do outro material em Reis e que os associam com o que podemos chamar vagamente de círculos isaianos. Também aqui, uma simples amostra dos indícios deve bastar para confirmar essa alegação.[21] Esses capítulos diferem do resto dos livros de Reis pelo fato, por exemplo, de serem a única passagem da história deuteronomista a mencionar na narrativa um profeta que tem seus ditos registrados separadamente nos livros dos Profetas Posteriores e por incluírem material poético. Por outro lado, há elos com o resto da tradição isaiana que ultrapassam os já citados com o cap. 7, por exemplo, (i) Sobna e Eliacim (36,3) são também o tema de 22,15-25; (ii) o uso do título divino "o Santo de Israel" (37,23) é peculiarmen-

---

[20] Procuro defender essa opinião comum contra algumas alternativas propostas recentemente em *The Book Called Isaiah*, pp. 189-211, e em "Hezekiah and the Temple". In: Fox, M. V. et al., orgs. *Texts, Temples, and Traditions: A Tribute to Menahem Haran.* Winona Lake, IN, Eisenbrauns, 1996, pp. 47-52.

[21] Cf. relatos mais completos nas obras citadas na n. 19, juntamente com Groves, J. W. *Actualization and Interpretation in the Old Testament.* Atlanta, Scholars Press, 1987, pp. 191-201. (SBLDS, 86.)

Parte II • Rei e Messias no Antigo Testamento

te característico do livro de Isaías; (iii) a ênfase na "confiança", nos discursos do copeiro-mor (36,4.5.6.7.9.15), lembra 30,15; (iv) a ênfase na impotência do Egito, apesar de todos os seus carros e cavalos (36,6.9), lembra bastante os oráculos de Isaías contra o Egito (30,1-5; 31,1-3); e (v) 37,30-32 tem ligações claras com a tradição de Isaías, em especial no que diz respeito ao resto, à estrutura da primeira parte do v. 32, que tem estreito paralelo em 2,3b, e, o mais notável, ao final do v. 32, que é verbalmente idêntico ao final de 9,6, "o zelo de Iahweh dos Exércitos fará isto". À luz desses e de outros indícios comparáveis, precisamos imaginar duas etapas no desenvolvimento dessa parte do livro. Originalmente composta em uma forma sobre a qual só podemos especular por meio desses círculos isaianos, o autor de Reis usou-a como fonte juntamente com muitas outras a sua disposição. Foi depois reutilizada em data mais tardia por um organizador do livro de Isaías.

As semelhanças temáticas e estilísticas que observei entre esse material e Is 7 levam-me a concluir que também esse capítulo mais tardio foi composto como parte da mesma obra em alguma ocasião entre a época de Isaías e a composição dos livros de Reis.[22] Assim, deve ser diferenciado muito claramente de uma biografia na primeira pessoa pelo próprio Isaías, conclusão que a análise anterior já revelou. Portanto, o próximo passo é examinar por que foi colocado onde está por um organizador mais tardio.

Podemos começar mencionando que a forma geral de Is 6–8 não é sem paralelo na literatura profética. Am 7–8 é intimamente comparável[23] — um relato em primeira pessoa que é interrompido por uma narrativa em terceira pessoa. Alhures argumentei com independência[24] que a narrativa de Am 7,9-17 foi acrescentada por círculos deuteronômicos, a fim de demonstrar sua conhecida opinião

---

[22] Por um caminho diferente, Bickert, R. "König Ahas und der Prophet Jesaja: Ein Beitrag zum Problem des syrisch-ephraimitischen Krieges". *ZAW* 99, 1987, pp. 361-384, chega a conclusão semelhante para o que considera a forma original de Is 7,1-9. Entretanto, sua radical cirurgia crítico-literária nesses versículos levanta questões a respeito da confiabilidade de seus resultados.

[23] Em vista dos muitos elos entre Amós e Isaías que há muito foram observados (cf., em especial, Fey, R. *Amos und Jesaja: Abhängigkeit und Eigenständigkeit des Jesaja*. Neukirchen-Vluyn, Neukirchener Verlag, 1963 [WMANT, 12]), é surpreendente que essa ligação tenha sido negligenciada pelos críticos. Sem dúvida, tem algo a ver com a força da hipótese de biografia prevalecente.

[24] Williamson, H. G. M. "The Prophet and the Plumb-Line: A Redaction-critical Study of Amos vii". In: van der Woude, A. S., org. *In Quest of the Past: Studies on Israelite Religion, Literature and Prophetism*. Leiden, E. J. Brill, 1990, pp. 101-121 (OTS, 26).

Textos messiânicos em Isaías 1–39

de que foi a rejeição da advertência profética que selou o destino de Israel. A narrativa que se segue às três primeiras visões de Amós exemplifica essa rejeição de maneira pessoal e é então seguida pela quarta visão com sua declaração categórica: "Israel, meu povo, está maduro para seu fim" (8,2).

Em Is 6–8, a situação é semelhante. No material da primeira pessoa, nos caps. 6 e 8, encontramos uma preocupação pela nação como um todo, caracterizada sempre pelo título "este povo" (6,9.10; 8,6.11.12). Naturalmente, podemos presumir que Isaías escreveu o cap. 8 em parte para indicar como, apesar da promessa contida no nome Maer-Salal Has-Baz, no início do capítulo, "este povo" selou seu próprio destino (cf. 6,9-10) porque preferiu a intriga política ao caminho de Deus indicado pelo profeta; ouviu, mas não entendeu.

Essa situação relativamente direta foi, entretanto, elaborada em uma etapa posterior pela adição do cap. 7. Aqui o enfoque é diferente. Não há referência a "este povo", mas o rei em pessoa é individualmente confrontado pelo profeta. A forma geral dos acontecimentos pode ser semelhante à que encontramos no cap. 8, mas, embora a teologia fundamental seja comparável desse modo, agora ela tem como alvo um público diferente. Assim como no caso de Amós, também aqui o destino da nação é considerado muito mais ligado às decisões que seus líderes tomam a respeito da palavra profética. Em vista do que já vimos, não é surpreendente que também isso seja característico dos deuteronomistas. Assim, concluímos que, com a inserção de Is 7, os organizadores refletiram preocupações mais tardias a fim de acrescentar outra dimensão à interpretação do difícil dito endurecedor de Is 6,9-10.[25]

À luz de todas essas considerações, estamos evidentemente livres para examinar o cap. 7 em seus termos, no primeiro caso. Quando o fazemos, e de acordo com nossa última conclusão, é difícil não ficarmos impressionados pela ênfase específica colocada do começo ao fim no presente e no futuro da dinastia.[26] Primeiro,

---

[25] A fim de evitar possíveis mal-entendidos, quero enfatizar que essa conclusão não tem nenhuma relação necessária com o valor histórico de Is 7, nem significa que a primeira parte do livro esteja sujeita a organização deuteronômica sistemática, como parece ser verdade no que se refere a Amós.

[26] Cf., especialmente, WÜRTHWEIN, E. "Jesaja 7,1-9: Ein Beitrag zu dem Thema: Prophetie und Politik". In: *Theologie als Glaubenswagnis: Festschrift zum 80. Geburtstag von Karl Heim*. Hamburg, Furche-Verlag, 1954, pp. 47-63 (reimpresso em *Wort und Existenz: Studien zum Alten Testament*. Göttingen, Vandenhoeck & Ruprecht, 1970, pp. 127-143). Compare OLLENBURGER, B. C. *Zion the City of the Great King: A Theological Symbol of the Jerusalem Cult*. Sheffield, JSOT Press, 1987, pp. 124-127 (JSOTSup, 41).

PARTE II • Rei e Messias no Antigo Testamento

ambas as partes da passagem são explicitamente dirigidas "à casa de Davi (*bêt dāwid*)" (vv. 2 e 13; cf. também o v. 17). Segundo, em contraste com o relato dos mesmos acontecimentos em 2Rs 16, o principal objetivo da coalizão hostil é especificamente substituir o Acaz davídico por um fantoche aparentemente arameu (v. 6), enquanto o pedido de socorro de Acaz à Assíria não é mencionado. Assim, aqui o enfoque da narrativa restringe-se a suas implicações dinásticas, em contraste com a apresentação diferente em Reis. Terceiro, a conclusão não-expressa, porque óbvia, a tirar da ênfase de Isaías em Rason e no filho de Romelias como "cabeça" de Damasco e Samaria, respectivamente nos versículos 8a e 9a, é que Acaz é a cabeça divinamente designada de Judá e de Jerusalém e, portanto, pode enfrentar o inimigo em batalha com confiança.[27] Quarto, essa confiança é reforçada pela lembrança do oráculo de Natã no dito (possivelmente proverbial) do v. 9b: "Se não o crerdes, não vos mantereis firmes" (veja 2Sm 7,16 e cf. 1Sm 25,28; 1Rs 11,38; Sl 89,29.38; Is 55,3). A forma plural de tratamento nesse dito sugere que toda a "casa de Davi" está em vista, não apenas Acaz como indivíduo. E, finalmente, a passagem conclui, no v. 17, com uma referência à divisão da monarquia depois da morte de Salomão, incidente que também recorda a crença de que, por mais que um rei davídico se afastasse do caminho indicado por Deus, a promessa de que a dinastia continuaria permanecia de pé.

Esse último ponto, juntamente com o contexto de dinastia prevalecente da passagem como um todo, parece oferecer a base mais plausível para a interpretação do oráculo de Emanuel. Acaz foi desafiado (v. 9b) e encorajado (v. 11) a ter fé, com base nas promessas a Davi de que sua posição está garantida, mas rejeitou o convite (v. 12). A essa altura, Isaías volta as costas à casa de Davi: é notável que a abordagem (*šim'û*), o sufixo pessoal (*mikkem*) e o verbo principal (*tal°'û*) estejam todos no plural, o que indica claramente que o que se segue vai além do indivíduo Acaz; isso parece remontar à formulação comparável da segunda pessoa do plural no v. 9b. Além do mais, como tem sido freqüentemente mencionado, Isaías consi-

---

[27] Acredito ser esse também o propósito do v. 4, embora a interpretação desse versículo seja controversa. Com freqüência, interpretam-no com o significado de que Acaz não devia fazer nada, apenas confiar em Deus para a libertação. Todavia, entre os "oráculos de guerra", o mais próximo do estilo de Is 7,4 é Dt 20,3-4, passagem que mostra que a promessa de ajuda divina não é contrariada pelo envolvimento humano; antes, a ajuda de Deus é prometida precisamente na batalha que está prestes a acontecer. O mesmo pensamento proporciona uma base plausível para Is 7, apesar dos protestos de diversos comentaristas.

dera que Deus apóia sua posição, e não a daqueles a quem se dirige, como a mudança de "teu Deus", no v. 11, para "meu Deus", no v. 13, deixa claro.

Alguns críticos são de opinião que, apesar da aparente impaciência de Isaías demonstrada pelo v. 13, o profeta continuou a dar apoio resoluto a Acaz e a sua posição política neutra, e que o oráculo de Emanuel é indicação desse apoio.[28] O problema com essa interpretação é que não leva a sério a natureza condicional do v. 9b. Como Isaías continuou a enfatizar que a coalizão inimiga fracassaria (cf. v. 16), não é a segurança geral da terra que se torna condicional. Antes, deve ser a própria continuidade da dinastia davídica, como sugere a alusão ao oráculo de Natã no v. 9b.[29] É isso que Acaz evidentemente perdeu por sua demonstrável falta de fé e que terá outras conseqüências sérias na forma de intervenção assíria nos negócios de Judá, como indicam passagens posteriores. Mesmo dentro do horizonte restrito de 7,1-17, isso encontra expressão no v. 17. Examinado à parte e sem a referência ao rei da Assíria, que, em geral, é considerado uma glosa mais tardia com o intuito de historicizar, esse versículo pode ser, e tem sido, considera-do ou uma promessa ou uma ameaça. Naturalmente, a decisão se é uma ou outra depende em larga medida de como cada comentarista entende os difíceis versículos precedentes, nos quais se encontram ambigüidades semelhantes. Sem entrar nos problemas dos vv. 15-16, entretanto, podemos declarar que, à luz de nosso enten-dimento da passagem como um todo, o que agora se torna claro, parece ser melhor entender o v. 17 como ameaça terrível, não só contra a pessoa de Acaz, mas também contra toda a sua dinastia (*bêt 'ābîkā*), em contraste com a promessa a Emanuel, nos versículos anteriores. Em apoio suplementar dessa abordagem, podemos observar que *hēbî'* + *'al* costuma ser ameaçador por natureza, e também que essa interpretação tem a vantagem de não deixar que a suposta glosa, no fim do versículo (que deve ser ameaçadora), vire de ponta-cabeça a intenção do resto do versículo, como os que acham uma promessa original nesse versículo têm de supor sem cerimônias.

---

[28] HAMMERSHAIMB, E. *Some Aspects of Old Testament Prophecy from Isaiah to Malachi*. Copenhagen, Rosenkilde og Bagger, 1966, pp. 19-20; HØGENHAVEN, J. *Gott und Volk bei Jesaja: Eine Untersuchung zur biblischen Theologie*. Leiden, E. J. Brill, 1988, pp. 87-93 (Acta Theologica Danica, 24); IRVINE, S. A. *Isaiah, Ahaz, and the Syro-Ephraimitic Crisis*. Atlanta, Scholars Press, 1990, pp. 164-171 (SBLDS, 123).

[29] IRVINE, *Isaiah*, pp. 158-159, reconhece a força do v. 9b nesse sentido ("o profeta adverte a corte real de que essa promessa divina será perdida"), mas depois não tira as conseqüências óbvias.

Parte II • Rei e Messias no Antigo Testamento

O que, então, vamos dizer de Emanuel, à luz dessa discussão? Dois pontos parecem resultar. Primeiro, há uma clara sugestão que representa uma descontinuidade radical com os herdeiros atuais da família davídica, que, coletivamente, não viveram de acordo com as expectativas que seria razoável esperar deles. E, segundo, como o elemento de sinal deve, predominantemente, ser procurado em seu nome, e não circunstâncias de seu nascimento,[30] ele também representa continuidade de um tipo diferente, a saber, a continuidade em termos da providência divina de efetiva liderança para seu povo. O nome em si contém uma óbvia alusão à tradição de Sião, como está comprovado especialmente em Sl 46,8.12 e Mq 3,11, com o que, naturalmente, a dinastia régia estava estreitamente associada (cf. principalmente 2Sm 23,5). Parece, portanto, que o compromisso de Deus com seu povo supera uma preocupação específica com qualquer dinastia histórica em particular.

Tudo isso significa que Is 7,14 tem um pouco mais de gostinho "messiânico" do que muitos comentaristas mais recentes estão dispostos a admitir. Isto é, mesmo entre os que ainda aceitam uma interpretação amplamente régia do oráculo, a tendência é considerar o nascimento de Emanuel simplesmente como o nascimento do sucessor de Acaz: Acaz é rejeitado, mas o futuro da dinastia já está assegurado. Entretanto, essa interpretação reducionista não faz justiça ao elemento de descontinuidade para o qual chamei a atenção. Nada é dito sobre a natureza biologicamente davídica do menino, mesmo quando ele assume o lugar que o descendente ideal de Davi deveria ocupar. Por outro lado, é desnecessário dizer que, no contexto imediato, a predição de seu nascimento liga-se seguramente às circunstâncias históricas prevalecentes do reinado de Acaz, de modo que uma predição messiânica de longo prazo está descartada, pelo menos em primeiro plano. A passagem parece enquadrar-se firmemente entre esses dois extremos.

---

[30] Isso não tem a finalidade de negar, mas apenas de situar na perspectiva apropriada, o fato de que o oráculo do nascimento, em 7,14, cai em um padrão atestado em Ugarit e alhures no Antigo Testamento. Os paralelos foram freqüentemente estabelecidos por outros, p. ex. Müller, H.-P. "Glauben und Bleiben: Zur Denkschrift Jesajas Kapitel vi 1–viii 18". In: *Studies on Prophecy: a Collection of Twelve Papers.* Leiden, E. J. Brill, 1974, pp. 25-54 (38-40) (VTSup, 26); Wildberger, H. *Jesaja.* I. *Jesaja 1–12.* 2. ed. Neukirchen-Vluyn, Neukirchener Verlag, 1980, p. 289 (BKAT, 10,1) (et *Isaiah 1–12: A Commentary.* Trad. T. H. Trapp. Minneapolis, Fortress Press, 1991, p. 307; Høgenhaven, *Gott und Volk bei Jesaja*, pp. 88-90.

Agora é possível avaliar a contribuição da passagem para nosso tema mais amplo e, como se verifica, essa contribuição é relativamente modesta. Como a ênfase do sinal está no nome dado ao menino, não há nada sobre o caráter ou a natureza de seu governo nos termos que esbocei na conclusão de meus comentários iniciais. A única coisa que aprendemos é que Isaías comprometeu-se profundamente com o fato de um líder popular divinamente designado dentro da estrutura dos propósitos mais amplos de Deus para Sião (Emanuel não é, já se vê, explicitamente designado como rei) e que esse líder terá fé implícita em Deus. Dá-se toda oportunidade para esse papel ser preenchido por um membro da casa de Davi, mas a descendência davídica não é a única e nem mesmo uma condição necessária. De acordo com o que vimos antes, Isaías não concebe uma sociedade ideal sem liderança hierárquica, mas, nos mais amplos dos termos, Deus deseja garantir a qualidade dessa liderança até mesmo à custa de julgar e, por implicação, remover os representantes da atual família dinástica. Assim, para nossos propósitos, é o simples fato da liderança divinamente designada que emerge com mais força. Onde tal convicção se encaixa cronologicamente é questão que só podemos discutir depois de considerar outro material relevante.

Isaías 8,23b–9,6

A extensão e a complexidade dos problemas exegéticos suscitados por essa passagem são grandes demais para serem tratados integralmente aqui. Sendo assim, vou concentrar-me de maneira um tanto minuciosa no que pode ser razoavelmente estabelecido com segurança a respeito do entendimento que a passagem tem do caráter e da natureza da realeza.

Em primeiro lugar, a realeza humana ganha expressão apenas nos dois últimos versículos da passagem, em que forma a terceira razão para a alegria do povo introduzida no v. 1.[31] Essa alegria é explicitamente o resultado da atividade divina no v. 2 (*hirbîtā* e *higdaltā*) e no primeiro versículo explicativo (3, *haḥittōtā*), de modo que devemos, sem dúvida, entender que essa atividade também está por trás do segundo versículo explicativo (4), expresso de maneira impessoal. Deus é também, portanto, o sujeito lógico óbvio dos verbos passivos do v. 5, o que se

---

[31] Aqui vou usar a numeração dos versículos em hebraico.

PARTE II • Rei e Messias no Antigo Testamento

confirma pela enfática oração conclusiva do v. 6.[32] Assim, o nascimento[33] do rei não deve ser visto primordialmente como a chegada da figura de um salvador por seus próprios méritos, mas, antes, como parte da libertação que Deus vai operar para o povo. Os verbos passivos do v. 5a reforçam essa impressão, e o fato de a figura não se encontrar explicitamente intitulada *melek* pode estar relacionado.[34] O principal enfoque da passagem está, portanto, na atividade direta de Deus em benefício de seu povo, e a providência da figura régia é considerada parte dela. Essa figura serve de sinal da natureza graciosa dessa atividade e é um agente primordial por meio do qual Deus vai operar.

Segundo, o propósito por trás da providência divina dessa personagem ganha expressão no v. 6b e nos vv. 5 e 6a (nos quais a maioria dos biblistas concentra a atenção) e assemelha-se mais a uma descrição preparatória.[35] É estabelecer e então apoiar seu reino com *mišpāṭ* e *ṣᵉdāqâ*, precisamente os termos que, como já vimos, eram essenciais às noções que Isaías tinha da ordem apropriada da sociedade. Como os vv. 3-4 falam da obra divina para a libertação da opressão estrangeira, sem referência a nenhuma atividade humana, podemos sugerir que a idéia aqui é que o papel do rei deve relacionar-se com a ordem interna da vida da nação.[36] Assim, esse papel o atrai para o centro de uma das principais preocupações de Isaías, algo que faltava nas declarações de cunho mais geral do tema em outras passagens do livro.

---

[32] A sugestão de que essa oração final é adição mais tardia (p. ex. RENAUD, B. "La Forme Poétique d'Is 9, 1-6". In: CAQUOT, A.; LÉGASSE, S.; TARDIEU, M., orgs. *Mélanges bibliques et orientaux en l'honneur de M. Mathias Delcor*. Kevelaer, Butzon & Bercker; Neukirchen-Vluyn, Neukirchener Verlag, 1985, pp. 331-348 (AOAT, 215) não encontrou aceitação geral.

[33] Ou a ascensão, como pensam os que seguem ALT, A. "Jesaja 8,23–9,6: Befreiungsnacht und Krönungstag". In: *Festschrift Alfred Bertholet zum 80. Geburtstag gewidmet*. Tübingen, J. C. B. Mohr (Paul Siebeck), 1950, pp. 29-49 (reimpresso em *Kleine Schriften zur Geschichte des Volkes Israel*, II. München, Beck, 1953, pp. 206-225). Entretanto, essa visão enfrenta significativas dificuldades, a respeito das quais cf. WEGNER, P. D. "A Re-examination of Isaiah ix 1-6". *VT* 42, 1992, pp. 103-112, e idem, *Examination of Kingship*, pp. 169-176.

[34] Cf. HARRELSON, "Nonroyal Motifs in the Royal Eschatology". In: ANDERSON, B. W. & HARRELSON, W., orgs. *Israel's Prophetic Heritage*, pp. 147-165.

[35] NRSV é enganosa ao transformar a segunda metade do v. 6 em uma sentença separada e independente. Era preferível a RSV original.

[36] Pode-se objetar que o próprio menino também inaugura as condições de *miśrâ* (que a comparação com o v. 5 sugere ser uma referência à libertação da opressão externa) e de *šālôm* (que talvez se refira à mesma liberdade dentro da qual, em primeiro lugar, o oráculo dinástico foi dado), já que esse filho é chamado

Terceiro, o v. 6 não deixa dúvida de que a figura é um membro da dinastia davídica; além disso, o uso combinado de palavras como *kissē', mamlākâ, lᵉhākîn* e *'ad-'ôlām* sugere que o estilo do oráculo de Natã está por trás da formulação da passagem. Embora 2Sm 7,12-17 proporcione o ponto de comparação mais próximo, o uso de linguagem semelhante em muitas outras passagens[37] lembra-nos que isso pode não ser tanto uma alusão a uma autoridade textual específica quanto a uma tradição que estava em circulação mais ampla e continha uma linguagem estereotípica própria. A essa luz, torna-se atraente ler o contexto mais amplo com isso em mente. Em especial, a referência ao "bastão do opressor", no v. 3, pode ser alusão à possibilidade de um rei precisar ser castigado "com vara de homem" (2Sm 7,14), mesmo enquanto a promessa a respeito da dinastia como um todo está assegurada *'ad-'ôlām* (v. 6; 2Sm 7,13).

Portanto, se há fortes motivos a favor da opinião de que as promessas à dinastia davídica fundamentam essa passagem, certamente não deixa de ser importante que aqui a tradição toda seja subserviente às responsabilidade do direito e da justiça. Talvez isso possa ser considerado uma "distorção" de Isaías em um tema familiar, pois aqui é prometido o que é pedido em oração, por exemplo, no Sl 72. Para Isaías, a reta ordem da sociedade é a própria razão de ser da dinastia. Em última análise, o interesse divino não está na dinastia davídica como tal, mas em seu propósito mais amplo de estabelecer o direito e a justiça. É a tarefa que importa, não o agente.

Finalmente, em vista das discussões sobre os "tempos" dos verbos nessa passagem, sem falar nas incertezas mais gerais quanto a esse aspecto do sistema verbal no hebraico clássico, é possível mencionar que uma estrutura de tempo segura para a perspectiva do autor é fornecida pelo v. 6 — *mē'attâ wᵉ'ad-'ôlām*.

śar šālôm e, como *'ēl gibbôr*, ele usa o poder militar para alcançar isso. Em resposta, é possível chamar a atenção para a proposta de Wegner (n. 33) de que se deve entender que o v. 5 dá ao menino dois nomes teofóricos: o "Conselheiro-maravilhoso (é o) Deus forte" e o "Pai-eterno (é o) Príncipe-da-paz". (Observe, em especial, que *'ēl gibbôr* é certamente entendido como referência a Deus em 10,21.) Essa proposta, que ainda tem de ser plenamente avaliada, associa esses nomes à prática israelita comum, evita a necessidade de condescender com alegações especiais para explicar como títulos divinos podiam ser atribuídos a um rei humano (isso seria bastante difícil em um oráculo de ascensão, e praticamente impossível no caso de esse ser, de fato, um anúncio de nascimento) e adapta-se à idéia predominante da passagem como um todo de que o estabelecimento da paz é obra de Deus.

[37] Cf. a análise em KRUSE, H. "David's Covenant". *VT* 35, 1985, pp. 139-164.

Isso indica que a libertação e o novo estilo de governo estão no ponto de inauguração e que a perspectiva é em direção ao futuro. Esse entendimento parece ser eminentemente apropriado por ocasião de um nascimento régio, talvez principalmente quando o rei anterior sofreu opressão estrangeira, interpretada teologicamente como período de disciplina divina. Argumentei alhures que as esperanças de Isaías em relação ao futuro desenvolveram-se no decorrer de seu longo ministério,[38] de uma expectativa de mudança iminente, em seus primeiros anos, mais primitivos, para a percepção, em seus anos mais tardios, de que essa mudança seria adiada para um futuro indefinido. Na suposição de que essa passagem seja dele, sua perspectiva parece encaixar-se no ponto médio desse desenvolvimento, estritamente de acordo com o que encontramos em 8,16-18; na verdade, é notável nessa ligação que em 8,18 Isaías fale dos "filhos que Iahweh me deu", com o que a primeira linha de 9,5 é similar.

Há muitos aspectos da interpretação desses versículos iniciais de Is 9 que não examinamos aqui. Restringindo-nos aos tópicos mais próximos de nossa preocupação central, concluímos que a passagem como um todo parece anunciar que seus leitores vivem em um ponto crítico do destino da dinastia e que o reinado há muito esperado do direito e da justiça está prestes a começar. Nada disso implica uma quebra do governo dinástico nem uma restauração da monarquia. O pensamento predominante da passagem não exige, nem mesmo é particularmente adequado a, uma data pós-exílica.[39] As esperanças investidas no Ezequias primitivo ou no Josias primitivo parecem historicamente possíveis, e um motivo para ambas foi discernido por importantes estudos recentes.[40] Entretanto, como já enfatizamos,

---

[38] Cf. WILLIAMSON, *The Book Called Isaiah*, pp. 95-106.

[39] Cf. outras considerações em meu "First and Last in Isaiah". In: McKAY, H. A. & CLINES, D. J. A., orgs. *Of Prophets' Visions and the Wisdom of Sages: Essays in Honour of R. Norman Whybray on his Seventieth Birthday*. Sheffield, Sheffield Academic Press, 1993, pp. 95-108 (JSOTSup, 162).

[40] Cf., por exemplo, BARTH, H. *Die Jesaja-Worte in der Josiazeit: Israel und Assur als Thema einer produktiven Neuinterpretation der Jesajaüberlieferung*. Neukirchen-Vluyn, Neukirchener Verlag, 1977, pp. 141-177 (WMANT, 48); VERMEYLEN, J. *Du Prophète Isaïe à l'Apocalyptique: Isaïe, I–XXXV, Miroir d'un Demi-millénaire d'Expérience Religieuse en Israël*, I. Paris, J. Gabalda, 1977, pp. 232-245; CLEMENTS, R. E. *Isaiah 1–39*. Grand Rapids, Eerdmans; London, Marshall, Morgan & Scott, 1980, pp. 103-109 (NCB); SWEENEY, *Isaiah 1–39*, pp. 175-199. Outros pensam antes em um "rei ideal"; cf. THOMPSON, M. E. W. "Isaiah's Ideal King". *JSOT* 24, 1982, pp. 79-88; LAATO, A. *Who is Immanuel? The Rise and Foundering of Isaiah's Messianic Expectations*. Abo, Abo Academic Press, 1988, pp. 173-196; WEGNER, *Examination of Kingship*, pp. 139-215. IRVINE, *Isaiah, Ahaz, and the Syro-Ephraimitic Crisis*, acha que o oráculo refere-se a Acaz, mas cf. comentários anteriores a respeito de 7,1-17.

esse ponto em particular não é a principal preocupação da passagem, e essa pode bem ser uma das razões pelas quais tem sido tão difícil definir sua data com mais segurança. É inevitável que sugerir uma inserção original dentro do ministério de Isaías seja especulativo, mas sua atual localização redacional como conseqüência da crise siro-efraimita não é, de modo algum, irracional. Pode ser que a proximidade de 8,18 apóie isso. Veja em seguida sua possível reinterpretação depois da inserção redacional do cap. 7.

Isaías 11,1-5

Nas análises dessa passagem, a maior parte da atenção concentra-se no primeiro versículo. No entanto, antes de chegarmos a ele, há algumas questões mais diretas nos vv. 2-5 que são de inequívoca relevância para um estudo amplo. A fim de não deixar que essas questões sejam obscurecidas pelo que, de certo ponto de vista, é uma questão secundária de "autenticidade", é conveniente tratar delas primeiro.

É-nos dito primeiro que o espírito de Iahweh repousará sobre a figura que está sendo descrita (*wenāḥâ ʿālāyw rûaḥ yhwh*). A frase usada aqui não é a expressão costumeira para o dom carismático dos reis, ou de seus predecessores, no chamado período dos juízes. O paralelo mais próximo está em Nm 11,25-26, em que Deus toma parte do espírito que repousava sobre Moisés e transfere-o para os setenta anciãos a fim de que possam ajudar Moisés nas funções administrativas. De modo semelhante, em 2Rs 2,15, o espírito de Elias repousa sobre seu sucessor, Eliseu. Em nenhum dos dois casos o espírito em questão é explicitamente designado como espírito de Iahweh, embora provavelmente isso esteja subentendido no primeiro caso. Um importante elemento de Is 11,2 fica, assim, sem paralelo. Ao juntarmos esses dois pontos, surge uma imagem clara. Por um lado, as analogias mais próximas em termos de fraseologia indicam que o papel em questão é de representante, assistente ou sucessor, enquanto, por outro lado, a qualificação explícita do espírito como espírito de Iahweh deixa claro que a passagem fala da dotação da figura a fim de agir nesse papel em relação a Deus. Embora expresso de maneira diferente, isso não está longe das conclusões a que cheguei a respeito da figura no capítulo 9, e é bastante interessante que haja mais apoio para a comparação, pois o "espírito de conselho e de fortaleza (*ʿēṣâ ûgebûrâ*)" pode bem

PARTE II • Rei e Messias no Antigo Testamento

ser um eco consciente do que foi interpretado anteriormente (n. 36) como o primeiro dos dois nomes teofóricos em 9,6.

Segundo, o papel para o qual essa figura é tão bem adequada está descrito nos vv. 3-5[41] e é, sem dúvida, primordialmente judicial. Essas noções estão de pleno acordo com as tradições davídicas mais amplas, como se confirma em especial no Sl 72, e, além disso, são partilhadas em escala considerável com idéias mais amplas de realeza do antigo Oriente Próximo.[42]

Terceiro, tudo isso significa, então, que essa passagem tem menos a contribuir para nosso tema abrangente que o cap. 9? Pelo contrário! Gostaria de sugerir que a descrição um tanto convencional do papel do rei, no v. 4, foi estruturada por material que, como no caso do cap. 9, lhe dá uma "distorção" peculiarmente isaiana.

Por um lado, o v. 3 é surpreendentemente similar a 6,10. A probabilidade de devermos associar esses dois versículos é fortalecida pela observação de que a linguagem de 11,3 não tem paralelo no Antigo Testamento.[43] Como o parágrafo relevante em Is 6 exerce uma influência difusa em muitas partes do livro de Isaías,[44] parece provável que essa seja também a explicação para a linguagem sob outros aspectos sem paralelo de 11,3. O propósito, evidentemente, foi traçar um contraste entre os contemporâneos de Isaías descritos no cap. 6 e o caráter do rei ideal vindouro, mas aplicado agora em particular à esfera jurídica.

---

[41] Há fortes motivos para defender a opinião de que 3a, "no temor de Iahweh estará a sua inspiração", deve ser anulado como ditografia do verso anterior.

[42] Apesar das aparências iniciais, o v. 4b faz pouco mais que amplificar o papel judicial dos versos anteriores. Em primeiro lugar, WILDBERGER, *Jesaja*, p. 454 (ET *Isaiah 1–12*, p. 477), menciona paralelos egípcios e mesopotâmicos, e segundo, mesmo que conservemos o *'ereṣ* do TM, em vez da emenda mais provável para *'āriṣ*, o verso anterior deixa claro que se refere estritamente à região, não universalmente a toda a terra (compare Sl 2,8-9).

[43] *Mišma' 'ōzen* não ocorre em nenhum outro lugar; *mar'ēh'ênayîm* ocorre ocasionalmente alhures, mas não em contextos legais ou judiciais, nem em ligação com ouvir dizer.

[44] Cf. CLEMENTS, R. E. "Beyond Tradition-History: Deutero-Isaianic Development of First Isaiah's Themes". *JSOT* 31, 1985, pp. 95-113 (reimpresso em *Old Testament Prophecy*, pp. 78-92), e "Patterns in the Prophetic Canon: Healing the Blind and the Lame". In: TUCKER, G. M., PETERSEN, D. L. & WILSON, R. R., orgs. *Canon, Theology, and Old Testament Interpretation: Essays in Honor of Brevard S. Childs*. Philadelphia, Fortress Press, 1988, pp. 189-200; cf. também WILLIAMSON, *The Book Called Isaiah*, pp. 46-51.

Textos messiânicos em Isaías 1–39

O estilo do v. 5, a outra metade de nossa "estrutura", também é sugestivo. A linguagem de justiça e fidelidade remete-nos ao âmago do grupo de vocabulário que introduzimos antes. *Ṣedeq* assimila explicitamente o papel judicial do v. 4a, mas, ao pô-lo agora em paralelo com a "fidelidade" mais ampla (*ᵉmûnâ*; cf. 1,21.26), sugere que esse papel deve ser visto somente como exemplo da característica mais ampla que marca a obra do rei ideal. Na verdade, talvez essa preocupação explique por que aqui não encontramos a expressão mais comum "direito e justiça" que foi tão fundamental para a passagem no cap. 9. Esse rei julgará (*šāpaṭ*) "com justiça"; se "direito" (*mišpāṭ*) tivesse, então, aparecido no v. 5, seríamos tentados a considerar o versículo mera recapitulação do v. 4. Nessas circunstâncias, porém, a introdução da linguagem alternativa de "fidelidade" leva a passagem como um todo à esfera mais ampla do rei como protetor da sociedade ideal.

Resumindo o que foi dito até agora, concluímos que há estreito paralelo entre o rei descrito aqui e seu papel deduzido do cap. 9. Em ambos os casos, embora de maneira diferente, sua função como (apenas) representante de Deus é enfatizada[45] e conquanto o ideal comum, no antigo Oriente Próximo, do rei como supremo juiz de seu povo seja mais marcante no cap. 11, ambas as passagens, em última análise, atestam seu papel importante para estabelecer o tipo de sociedade que Deus deseja para seu povo.

Voltemos para o primeiro versículo do capítulo. É nele que se concentra o foco da discussão dos biblistas. Em especial, julgam que ele fornece a principal evidência para considerar-se pós-exílica a data da passagem como um todo, e também para apresentar análises do cenário redacional da passagem dentro de seu contexto mais amplo no livro.

É mais conveniente começarmos por expressar nossa concordância com os que, pelo menos desde a época de Herder,[46] afirmam que a divisão de capítulos com a qual estamos familiarizados é infeliz nesse ponto. Não só o versículo come-

---

[45] Esse ponto também é enfatizado por ROBERTS, J. J. M. "The Divine King and the Human Community in Isaiah's Vision of the Future". In: HUFFMON, H. B.; SPINA, F. A.; GREEN, A. R. W., orgs. *The Quest for the Kingdom of God: Studies in Honor of George E. Mendenhall*. Winona Lake, IN, Eisenbrauns, 1983, pp. 127-136.

[46] VON HERDER, J. G. *Vom Geist der ebräischen Poesie. II. Eine Anleitung für die Liebhaber derselben und der ältesten Geschichte des menschlichen Geistes*. 3. ed. Leipzig, Barth, 1825, pp. 406-408.

Parte II • Rei e Messias no Antigo Testamento

ça com uma combinação, mas também a metáfora de uma árvore que foi abatida parece continuação direta dos dois últimos versículos do cap. 10.

Entretanto, estabelecer esse elo não soluciona imediatamente todos os nossos problemas, pois ainda se discute se 10,33-34 refere-se ao julgamento dos assírios ou ao julgamento do povo de Judá. Ambas as interpretações têm motivos que as justificam.

Considero a análise realizada por Nielsen a mais útil para pôr em ordem essa ambigüidade.[47] Em resumo, Nielsen demonstra que a primeira interpretação depende da inserção redacional atual da passagem. Começando em 10,5, a passagem toda está elaborada em dois quadros paralelos de três partes cada um. Deixando de lado glosas e adições secundárias, temos 10,5-15 e 10,28-32, que descrevem a vaidade assíria, seguida, em ambos os casos, por um oráculo de julgamento (10,16-19 e 10,33-34) e, finalmente, por uma indicação de que a queda da Assíria levará a um futuro positivo para Israel (10,20-27 e 11,1-9). Notamos também que o oráculo de julgamento usa metáforas de árvores em cada um dos quadros — um incêndio florestal, no primeiro caso, e a derrubada de florestas, no segundo.

Pouca gente duvidaria que foi reunido material de várias origens para fazer esse arranjo meticuloso; segue-se, naturalmente, que a data mais primitiva para essa interpretação seria a data do que é considerado a última parte do todo. Mais que isso, entretanto, tal datação também nos deixa livres para indagar sobre a importância de todas as partes constituintes, antes que fossem reunidas em seu contexto atual mais amplo. Então, se examinarmos 10,33-34 em separado, sua comparabilidade com 2,9-17 é o que nos impressiona imediatamente. Compartilha grande parte de um vocabulário comum e também uma similaridade de tema geral. Há, assim, muita probabilidade de que originalmente representasse uma ameaça comparável contra tudo quanto é vaidade na terra. Nesse caso, 11,1 não se refere tanto a uma restauração depois de invasão estrangeira quanto à esperança de um novo começo, quando Deus tiver purificado seu povo por algum meio não declarado.

---

[47] Nielsen, K. *There is Hope for a Tree: The Tree as Metaphor in Isaiah*. Sheffield, JSOT Press, 1989, pp. 123-144 (JSOTSup, 65).

Sobre essa base, é possível montar um argumento razoável para a opinião de que Isaías é o autor dos versículos iniciais do cap. 11.[48] Se minha compreensão do desenvolvimento redacional dos caps. 10–11 como um todo está correta, essa passagem em particular deve ser anterior à ênfase na prometida queda da Assíria. Parte convincente do pensamento atual data essa promessa de algum momento durante o reinado do rei Josias,[49] enquanto outra parte ainda afirma que ela é de Isaías. De qualquer modo, a passagem foi escrita pela primeira vez antes disso e, originalmente, tinha um propósito diferente. Em apoio adicional dessa conclusão, podemos mencionar, com muitos outros comentaristas, que 10,33-34 parece ser totalmente isaiano, no tema e no estilo, e que o papel de uma figura davídica na restauração da sociedade, depois da purificação divina, é estreitamente paralelo ao que já vimos no cap. 9. Outro argumento, que não vi mencionado em lugar nenhum, origina-se de uma consideração de 11,10. Esse versículo remete claramente a 11,1, mas interpreta "a raiz de Jessé" em termos do "sinal para as nações" que se segue no v. 12, em que está associado à reunião dos exilados dispersos. Isso se parece muito com o tipo de desenvolvimento da compreensão das idéias de realeza que vimos serem típicas do livro de Isaías como um todo, e sugere que, com sua indicação de um novo soberano davídico, 11,1 é anterior à interpretação dada a ele no desenvolvimento exílico–pós-exílico que a segunda metade do cap. 11 compartilha.

O único argumento sério contra essa conclusão é a proposta de que o "tronco de Jessé", em 11,1, pressupõe a queda da monarquia davídica. Se esse versículo

---

[48] Um pequeno argumento adicional é apresentado por CAZELLES, H. "De l'Idéologie Royale". *JANESCU* 5, 1973, pp. 59-73, que observa que o paralelismo de *ṣedeq* com *mîšôr*, no v. 4, está próximo do uso primitivo, em especial fenício, ao passo que, com base nos Salmos, parece ter saído de uso no período pós-exílico.

[49] Na verdade, podemos mencionar que alguns biblistas argumentaram que, em 11,1-5 (9), o rei é Josias; cf. VERMEYLEN, *Du Prophète Isaïe à l'Apocalyptique*, pp. 269-275; SWEENEY, *Isaiah 1–39*, pp. 204-205. O argumento a partir da juventude da figura davídica é mais forte com respeito a 11,6, que, de qualquer modo, considero mais tardio; que 11,1 se refere a um rei jovem é pura suposição. Além disso, nos termos dos que argumentam a favor de uma redação josiânica das palavras de Isaías, com base no fato de só então a retirada assíria ser uma possibilidade realista, essa situação não prevaleceria já na ascensão de Josias; cf. NA'AMAN, N. "The Kingdom of Judah under Josiah". *Tel Aviv* 18, 1991, pp. 3-71. Naturalmente, é mais que provável que essa passagem tenha sido lida com esperanças renovadas no tempo de Josias, mas isso não é argumento suficiente para datar sua composição dessa época. É digno de nota que nenhum dos dois principais proponentes de uma redação josiânica faça isso: Barth crê que essa é uma autêntica passagem de Isaías, enquanto Clements data-a do período pós-exílico.

Parte II • Rei e Messias no Antigo Testamento

for lido como continuação direta de 10,33-34, entretanto, a metáfora do tronco pode ser considerada originária diretamente da imagem de julgamento ali descrita e, assim, não pressupõe necessariamente nenhum incidente histórico específico.[50] Mas e Jessé? O fato de que o autor remonta a um tempo anterior a Davi significa que a casa de Davi caiu? Se a intenção fosse essa, podemos supor antes que ele se teria referido ao tronco de Davi, exatamente como Am 9,11 fala da "tenda desmoronada de Davi".[51] O problema da referência a Jessé parece, antes, ser não tanto insistir negativamente na natureza do julgamento que desabou, mas insistir positivamente em que o novo soberano será um segundo Davi. Embora a metáfora seja completamente diferente, a idéia fundamental não parece estar muito afastada da de 28,16-17, em que o estabelecimento de uma Sião nova ou renovada fala de uma pedra angular, sem que os comentaristas cheguem necessariamente à conclusão de que a velha Sião foi fisicamente arrasada. Em ambos os casos, a necessidade de tal metáfora subentende, com certeza, forte crítica do *status quo* predominante. Entretanto, em nenhum dos casos há alguma implicação necessária de que a instituição em questão já seja coisa do passado. O máximo que se pode deduzir (e isso já é assunto de certa importância) é que Isaías não parece particularmente preocupado com uma sucessão dinástica de definição estrita. Seu compromisso não é tanto com o próximo rei, na linha biológica de sucessão, mas mais com o ideal davídico de liderança como tal.

Concluo, portanto, que a princípio 11,1-5 expressava uma esperança comparativamente modesta, por parte de Isaías, de que a nova sociedade, cujo estabelecimento, segundo sua previsão, ocorreria depois do julgamento ameaçado,

---

[50] Na verdade, há quem acredite que o objetivo antijudaíta original desse dito (em oposição a sua reutilização redacional antiassíria mais tardia) incluía uma referência velada ao julgamento de Deus do rei davídico que reinava na ocasião, pois 10,33a talvez se refira a uma única árvore, e o Líbano também tem implicações régias em diversos outros contextos. Se isso é verdade, "10,33–11,9 forma uma entidade conscientemente criada que interpreta a *queda do orgulhoso rei de Judá* como resultante do castigo justo de Iahweh, mas então proclama que mesmo assim a dinastia vai perdurar; um novo rei, um *novo Davi* surgirá [...]. A ligação entre a derrubada de árvores e um novo rebento é tão orgânica quanto se possa imaginar: o novo rei de Judá nasce da linhagem do velho rei" (Nielsen, *There is Hope for a Tree*, em seguida a uma análise detalhada).

[51] Nessa ligação, é digno de nota que nas diversas referências a essa passagem nos manuscritos de Qumrã, em que uma interpretação messiânica parece desenvolver-se, diz-se que o "tronco de Jessé" é o "ramo de Davi"; para referências e análise, cf. convenientemente Pomykala, K. E. *The Davidic Dynasty Tradition in Early Judaism: Its History and Significance for Messianism*. Atlanta, Scholars Press, 1995, pp. 171-216.

Textos messiânicos em Isaías 1–39

seria conduzida de maneira judiciosa e mais ampla por um justo descendente de Davi. A mudança na ênfase, que ocorreu mediante a reutilização redacional de 10,33-34 com referência à queda da Assíria, acarretou um movimento simultâneo em direção a uma aplicação mais "messiânica" de 11,1-5,[52] embora, aparentemente, o novo Davi permaneça dentro do *continuum* histórico e ainda não tenha recebido o papel de figura escatológica.

Isaías 32,1-5[53]

Como é de esperar, tem havido muitas identificações propostas para o rei citado no primeiro versículo dessa passagem (tais como Ezequias, Josias ou o Messias) e também discordâncias quanto ao versículo ter sido escrito pelo próprio Isaías, por um de seus primeiros organizadores (pré-exílicos), ou por um redator pós-exílico tardio.[54]

Nesta ocasião, creio ser possível eliminar grande parte do debate propondo que a natureza desse versículo tem sido, em geral, mal compreendida. Como logo veremos, ele possui alguns aspectos que o diferenciam dos que analisei até agora, aspectos esses que alguns comentaristas aproveitaram para afirmar que a passagem não vem de Isaías. Entretanto, seria um erro passar diretamente desse comentário para uma discussão sobre autenticidade. Antes, isso nos deve levar, em primeiro lugar, a examinar com mais cuidado a forma desse versículo. Em

---

[52] Se os vv. 6-9 são, na verdade, uma adição secundária à passagem (como me inclino a pensar, por outros motivos), então terão contribuído enormemente para essa mudança de interpretação.

[53] Limitações de espaço impedem-me de dar atenção à passagem messiânica freqüentemente negligenciada em 16,4-5. Os problemas levantados por sua ambientação dentro do oráculo de Moab, nos caps. 15–16, são enormes; cf. análises recentes com novas propostas próprias em Jones, B. C. *Howling over Moab: Irony and Rhetoric in Isaiah 15–16*. Atlanta, Scholars Press, 1996; e Smothers, T. G. "Isaiah 15–16". In: Watts, J. W. & House, P. R., orgs. *Forming Prophetic Literature: Essays on Isaiah and the Twelve in Honor of John D. W. Watts*. Sheffield, Sheffield Academic Press, 1996, pp. 70-84 (JSOTSup, 235). No cap. 2 de *Variations on a Theme*, procurei defender sumariamente a opinião de que a figura davídica é aqui apresentada sob uma forma escriba ou sacerdotal, e que a passagem originou-se no período pós-exílico. Embora certamente seja significativo que ela se vale do importante suprimento de vocabulário que foi nossa preocupação, e essa seja a passagem mais abertamente messiânica na primeira parte do livro de Isaías, está fora da linha principal do argumento que está sendo desenvolvido neste estudo.

[54] Mais uma vez, as várias opiniões foram analisadas proveitosa e recentemente por Wegner, *Examination of Kingship*, pp. 275-301.

273

PARTE II • Rei e Messias no Antigo Testamento

suma, com base nos discernimentos dos poucos biblistas[55] que consideram esse versículo hipotético na forma ("Se...") e por isso ligam-no diretamente ao versículo seguinte ("Então..."), sugiro que ele assume a forma de provérbio.

Entre as razões para essa conclusão, vamos mencionar suscintamente os argumentos a seguir. Ao contrário de todas as passagens que analisei até agora, essa se refere, de maneira explícita, a um rei (*melek*), mas sem o artigo definido e colocado em paralelo com "príncipes". Considerados em conjunto, esses pontos sugerem que aqui não lidamos com um rei específico, mas com qualquer rei — até mesmo reis em geral. A questão não é destacar um rei dos outros, mas referir-se a ele como líder do povo, exatamente como os príncipes. Em seguida, no original, os verbos desse versículo estão no imperfeito, e em cada um dos casos o verbo e o substantivo derivam da mesma raiz — *yimlok-melek* e *śārîm... yāśōrû*. Esses dois aspectos estilísticos são apropriados, cada um a sua maneira, para a forma proverbial. Além disso, as palavras-chave "direito" e "justiça" (aqui *ṣedeq*, em vez da palavra geralmente preferida, *ṣᵉdāqâ*) estão na ordem inversa. A antecipação de *ṣedeq*, conferindo-lhe maior proeminência, alinha o versículo com a perspectiva dos autores sapienciais. De maneira significativa, quando retomadas e desenvolvidas mais adiante no capítulo (v. 16), essas palavras-chave são empregadas na forma e na ordem usuais, dando a impressão de uma interpretação isaiana de um dito não-isaiano. E, finalmente, vários versículos que se seguem a esse, na mesma passagem, são também de natureza proverbial, como muitos comentaristas reconhecem (cf. com certeza os vv. 6-8, mas, com probabilidade, também os vv. 4 e 5), de modo que não seria surpreendente encontrar o v. 1 assumindo a mesma forma. Podemos, portanto, propor esta tradução: "Vê! Um rei deve reinar de modo a trazer[56] a justiça, e os príncipes devem governar de modo a manter o direito".

---

[55] Cf., por exemplo, KISSANE, E. J. *The Book of Isaiah*, I. Dublin, Browne & Nolan, 1941, pp. 357-363; SCOTT, R. B. Y. *IB*, V, pp. 342-343; KAISER, O. *Der Prophet Jesaja, Kapitel 13–39*. Göttingen, Vandenhoeck & Ruprecht, 1973, pp. 254-256 (ATD, 18) (ET *Isaiah 13–39: A Commentary*. London, SCM Press, 1974, pp. 320-322 [OTL]); IRWIN, W. H. *Isaiah 28–33: Translation with Philological Notes*. Rome, Biblical Institute Press, 1977, p. 120 (BibOr, 30); WATTS, J. D. W. *Isaiah 1–33*. Waco, TX, Word Books, 1985, pp. 411-412 (WBC, 24).

[56] A tradução da preposição *l* tem sido motivo de várias discussões. Seu entendimento como expressão de propósito e também como revelação das fraquezas, em outros pontos de vista (embora difundidos), é cuidadosamente defendido por OLLEY, J. W. "Notes on Isaiah xxxii 1, xlv 19, 23 and lxiii 1". *VT* 33, 1983, pp. 446-453, e sua posição é adotada aqui.

Tanto o estilo como o sentimento desse versículo têm algumas paralelos estreitos na literatura sapiencial.[57] O exemplo mais notável é Pr 8,15-16, em que, na primeira metade de cada versículo, encontramos precisamente os mesmos sujeitos e verbos que em nosso versículo, além de uma perspectiva semelhante de modo geral:

É por mim que reinam os reis (*m^elākîm yimlōkû*),

e que os príncipes decretam a justiça (*ṣedeq*);

por mim governam os governadores (*śārîm yāśōrû*),

e os nobres dão sentenças justas (*ṣedeq*).

Que um rei e governadores devem governar de maneira a estabelecer o direito é também pensamento comum nos Provérbios, por exemplo, em 16,10.13; 20,8.26; 29,4.14; 31,4-5.

Em Is 32,1, temos, portanto, um dito geral sobre o modo de governar. Não é possível decidir se foi inventado por Isaías ou se estava em circulação geral para ele citá-lo. As ligeiras diferenças das formulações costumeiras de Isaías que notei talvez nos inclinem levemente para a segunda possibilidade.

Nos versículos seguintes, são expostas as conseqüências do seguimento dessas diretrizes. Primeiro, no v. 2, esses governadores serão um refúgio para seu povo. Como Wildberger demonstrou,[58] a metáfora usada aqui era difundida na ideologia régia do antigo Oriente Próximo. Entretanto, com respeito à Bíblia Hebraica em si, esse não é o caso; antes, o uso mais comum dessas imagens está, em grande parte, associado ao papel de Deus em relação a seu povo.[59] Entretanto, pelo que já vimos antes, não seria surpreendente se Isaías aplicasse isso à conseqüência de um governo justo, pois para ele o governo de Deus e o de seu rei designado coincidem rigorosamente. É interessante que o paralelo mais estreito

---

[57] Há uma longa história de discussão sobre as ligações entre Isaías e a tradição sapiencial. Procurei resumir isso e apresentar algumas diretrizes para um trabalho futuro, em WILLIAMSON, "Isaiah and the Wise" (cf. n. 9).

[58] WILDBERGER, H. *Jesaja*, III. *Jesaja 28–39: Das Buch, der Prophet und seine Botschaft*. Neukirchen-Vluyn, Neukirchener Verlag, 1982, pp. 1255-1256 (BKAT).

[59] ROBERTS, "The Divine King", pp. 133-134.

com esse versículo ocorra no chamado Apocalipse de Isaías, em Is 25,4-5, em que a metáfora se aplica mais uma vez a Deus. As coincidências de vocabulário são tão fortes aqui que parece claro que temos uma alusão literária direta. Esse assunto foi cuidadosamente analisado por Sweeney, que mostra ser característico do Apocalipse de Isaías fazer citações de outras passagens da tradição de Isaías (e também de outras passagens da Bíblia Hebraica), em uma direção consistentemente "universalizadora", de modo que devemos afirmar com certeza ser esse o caso aqui.[60] Essa é uma conclusão importante, pois demonstra que essa parte de Is 32 é anterior ao Apocalipse de Isaías. É evidente que isso não estabelece sua data em sentido absoluto, mas está claramente de acordo com a direção que tenho tomado.

O versículo seguinte, 32,3, fornece-nos outras evidências para apoiar nosso ponto de vista. É óbvio que a bênção antecipada citada aqui é inversão da passagem do "endurecimento", em 6,9-10. Como já observamos com referência ao cap. 11, o tema dessa passagem exerce influência particularmente forte sobre o conjunto da tradição de Isaías. Entretanto, a essa altura, precisamos mencionar, com um pouco mais de detalhe, como esse tema se desenvolveu a fim de determinar a posição desse versículo em seu bojo. Resumindo, os principais pontos a observar são que, na segunda metade do livro, há certa mudança, visto que as palavras específicas "cegos" e "surdos" são introduzidas na fraseologia, como se houvesse um movimento do metafórico para o literal,[61] e esse aspecto se tornasse ainda mais marcante em passagens referentes ao tema que, embora incluídas na primeira metade do livro, devem, sem dúvida, ser consideradas adições ainda mais tardias — notavelmente em 29,18 e 35,5-6. Em ambos os casos, a cura, como agora se tornou, é posta no futuro escatológico. Entretanto, Is 32,3 é diferente nesses aspectos. Não há referência aos cegos e aos surdos como tais, e o contexto global não é o do futuro escatológico. Em contraste, a linguagem está muito mais próxima da do próprio Isaías. Além do fato de "os olhos dos que vêem" e "os ouvidos dos que ouvem" serem tão semelhantes quanto o contexto permite a "veja com os olhos" e "ouça com os ouvidos", em 6,10, devemos observar em especial que o verbo infreqüente *š"* é usado em ambos os versículos. Esse

---

[60] SWEENEY, M. A. "Textual Citations in Isaiah 24–27: Toward an Understanding of the Redactional Function of Chapters 24–27 in the Book of Isaiah". *JBL* 107, 1988, pp. 39-52. Eu mesmo procurei ampliar os discernimentos de Sweeney em *The Book Called Isaiah*, pp. 180-183.

[61] Clements faz menção especial a isso em "Patterns in the Prophetic Canon".

Textos messiânicos em Isaías 1–39

verbo também ocorre duas vezes em 29,9, versículo que geralmente se acredita ser da autoria do próprio Isaías. Na verdade, essas referências respondem pela soma total de usos desse verbo no Antigo Testamento, embora seja difícil ter certeza por causa da possível confusão entre ele e o similar *š'h* em outras passagens.[62] De qualquer modo, não há dúvida de que a palavra é característica de Isaías e não ocorre nos autores mais tardios que se baseiam nesse tema em outras partes do livro. Finalmente, é possível chamar a atenção para uma justaposição característica de palavras no v. 4, *ûl'bab nimhārîm yābîn lāda'at*. Três dessas quatro palavras também ocorrem juntas em 6,9-10, de uma forma que, como procurei mostrar alhures, também exerceu influência na tradição mais tardia.[63]

De todos esses indícios, concluo que a formulação de 32,3 é, com certeza, mais primitiva que o principal desenvolvimento na tradição de Isaías, que aconteceu durante o exílio, e que, com toda a probabilidade, deve ser atribuída ao próprio Isaías. *A fortiori*, o mesmo se aplica a 32,1, e proponho que a avaliação de que esse versículo é proverbial responde a todos os argumentos que foram apresentados a fim de sugerir que é pós-exílico. Talvez Isaías tenha citado, e não escrito, o versículo, mas, mesmo assim, deve ser incluído entre as provas de sua visão de realeza. Sua inserção perto do fim do que era provavelmente a forma mais primitiva de seu livro é, portanto, apropriada. Entretanto, não é um texto messiânico no sentido usual desse termo.

Conclusões

É chegado o momento de juntar os fios deste estudo. Primeiro, se correta, a análise de 32,1-5 demonstra que, afinal de contas, Isaías expressou-se mesmo de maneira geral (quer dizer, sem referência a um rei presente ou futuro específico) sobre a temática da realeza em ligação com um dos principais tópicos de sua obra que foi introduzido no início. Desse modo, o versículo liga nosso principal tópico a sua estrutura ideológica mais ampla, de uma forma que parecia estar faltando em minha análise inicial. Isso, então, configura um forte ponto de junção

---

[62] Na verdade, há alguma confusão no texto a respeito dessa questão, em 32,3, embora o contexto não deixe dúvida de que a linha adotada anteriormente é a correta; cf. a discussão em *The Book Called Isaiah*, p. 254.

[63] Cf. WILLIAMSON, *The Book Called Isaiah*, pp. 48-50.

Parte II • Rei e Messias no Antigo Testamento

entre seu pensamento e o enfoque no direito e na justiça, nas passagens régias dos caps. 9 e 11. Ao desejar um rei melhor no futuro, ele o fez na esperança de que o rei fosse um representante de Deus na inauguração de uma sociedade mais de acordo com o que imaginava ser a vontade de Deus.

Segundo, embora essas mesmas duas passagens mostrem conhecimento das origens davídicas da monarquia em Jerusalém e, especificamente, certa familiaridade com a promessa dinástica, esse aspecto não surgiu como enfoque central. A ênfase é sempre no papel, e não na pessoa do rei. Até certo ponto, esse já era o caso no cap. 9, e é ainda mais proeminente no cap. 11, em que a referência a Jessé recorre à origem da família real mais próxima para a esperança de um segundo Davi — em outras palavras, um novo começo. Não encontramos indícios de que Deus estivesse ligado de maneira imutável ao descendente davídico, de que Deus o protegeria contra os inimigos, independentemente de sua conduta.

Terceiro, embora a linguagem em que essas idéias estão expressas seja quase sempre familiar de outras passagens dentro e fora do Antigo Testamento, é submetida ao que chamei de "distorção" peculiar por Isaías. É fácil não tomar conhecimento desse ponto, passando diretamente dos paralelos de linguagem para a pressuposição de que as mesmas idéias estão sendo expressas. No caso de Isaías, entretanto, isso seria enganoso, pois é a variação pequena mas significativa por ele introduzida que revela alguns dos aspectos mais característicos de seu pensamento. Mais uma vez, isso reforça a concepção de que seu interesse principal não estava na realeza como tal, mas sim na natureza mais ampla da sociedade que o rei governava e de sua adequada ordenação por Deus.

Até agora, não há nada nisso que possamos apropriadamente denominar "messiânico". Vimos, no entanto, que houve um movimento nessa direção, depois da época do próprio Isaías, na inserção redacional de pelo menos um de seus ditos régios no contexto da queda antecipada da Assíria. A possibilidade de agir nesse sentido deve ter sido favorecida pelo fato de, no fim de seu ministério, as esperanças de Isaías em relação ao futuro terem sido aparentemente lançadas no futuro mais distante (cf. 30,8) e por sua relativa indiferença para com a descendência davídica imediata. Foi certamente de acordo com a direção principal do pensamento de Isaías que suas esperanças se voltaram para um futuro mais remoto.

Entretanto, proponho que a mudança decisiva nessa direção originou-se da incorporação do cap. 7, provavelmente na época da queda de Jerusalém para os babilônios, com a conseqüente perda da realeza. O entendimento dessa passagem conforme a explicação precedente sugere que, independentemente de sua formulação anterior original na esteira da crise siro-efraimita que agora é, provavelmente, impossível de lembrar, sua atitude atual em relação à dinastia davídica assemelha-se à encontrada em Jr 22–23, por exemplo. Nessa última passagem, em sua forma atual, há igual franqueza quanto à possibilidade do fim da dinastia (22,24-30), expressa em termos categóricos. Ao mesmo tempo, porém, encontramos logo depois a expectativa de que Deus suscitará "a Davi" outro rei, que reinará conforme os antigos ideais de inteligência, direito e justiça (23,5-6). A essa luz, a inserção de Is 7 é, muito provavelmente, reflexo da queda da dinastia davídica pelos babilônios.[64] Seu intuito era explicar o julgamento que se havia abatido, à luz da passagem endurecedora do cap. 6.

Depois dessa ocorrência, era inevitável que as passagens nos caps. 9 e 11 fossem igualmente lidas em um contexto similar. Apesar de ser anacrônico falar em esperança messiânica (em sentido estrito) em ligação com o Isaías histórico de Jerusalém, o desenvolvimento do livro, à luz dos eventos subseqüentes, levou nessa direção de maneira inevitável e, podemos afirmar, justificada. Em última instância, uma vez estabelecida essa direção geral na interpretação, a tendência posterior a uma leitura atomística da Escritura abriu caminho até mesmo para 7,14 ser interpretado messianicamente dentro da Igreja cristã.

Finalmente, em vista da ênfase que discernimos no papel, e não na pessoa, do rei vindouro, consideramos que até as direções radicais em que esses temas se desenvolveram nas partes mais tardias do livro não são, de modo algum, inteiramente inadequadas. Embora ali a preocupação se volte para o povo em lugar de para o rei davídico, há correspondências fáceis de traçar entre a tarefa do povo, no estágio universal, e a do rei, no estágio nacional. No livro como um todo, a esperança messiânica diz respeito ao representante de Deus na inauguração de uma sociedade baseada nos princípios de justiça, entendidos em sentido amplo — verdadeiramente um servo de Iahweh.

---

[64] Sem referência a Is 7, o argumento mais forte em defesa de uma redação exílica alhures foi formulado por CLEMENTS, R. E. "The Prophecies of Isaiah and the Fall of Jerusalem in 587 B.C.". *VT* 30, 1980, pp. 421-436.

Rei e Messias no Deuteronômio e na história deuteronomista

J. G. McConville

O Deuteronômio e os livros históricos que a ele se seguem (Josué, Juízes, Samuel e Reis) têm importância especial para o tema da realeza no Antigo Testamento, por duas razões. Primeiro, o Deuteronômio contém a única lei a respeito da realeza no Antigo Testamento (Dt 17,14-20) e, segundo, o texto fundamental para a promessa de Iahweh à dinastia davídica encontra-se em 2Sm 7,11b-16. Como veremos, esses dois textos constituem os pólos de um diálogo sobre a natureza da realeza em Israel que se desenrola entre a lei e a narrativa nesse grande corpo de literatura. O contexto do diálogo é a teoria e a prática da realeza na cultura do antigo Oriente Próximo, do qual Israel fazia parte. O ponto para interpretação é saber até onde nossa literatura oferece um entendimento alternativo caracteristicamente israelita do papel do rei. E, por consequência, que conteúdo e força tem a teologia "messiânica" da realeza que se encontra especialmente nos livros de Samuel (o único lugar da história deuteronomista em que o termo *māšîaḥ* aplica-se a reis)?

Entretanto, os dados para nossa análise não se reduzem aos dois textos mencionados anteriormente, pois as questões que envolvem a liderança em Israel são igualmente fundamentais para a temática da literatura. A história da realeza resume-se ao seguinte: o Deuteronômio permite que Israel designe um rei (Dt 17,14-20), escolhido entre seus "irmãos" em Israel e visivelmente menos poderoso do que o comum entre os reis orientais. A realeza não aparece abertamente em Josué, em que o próprio Josué é o comandante supremo de Israel na guerra contra as nações de Canaã. (Mas, como veremos, Josué é, às vezes, praticamente considerado rei, "mon-arca" e protótipo de Josias. Na verdade, também Moisés foi tido como rei.) A realeza passa a ser um assunto com nova força em

Juízes, em que aparece como uma espécie de alternativa sombria à liderança carismática dos "juízes". Nas ambiguidades da renúncia de Gedeão (Jz 8,22-23), no infortúnio de Abimelec (Jz 9), na advertência de Joatão (Jz 9,7-15) e na descrição do caos de Israel sem rei (Jz 17–21), há prenúncios da decisão a respeito da liderança que vai provocar discórdia entre Samuel e o Israel de seu tempo. Isso chega ao auge em 1Sm 8–12, que (em sua forma atual) considera o pedido de um rei "como acontece em todas as nações" uma rejeição de Iahweh como rei (1Sm 8,7). Se Saul é o malfadado produto desse acordo, sua sucessão por Davi, "um homem conforme ao seu coração [de Deus]" (1Sm 13,14; 16), parece prenunciar coisas melhores. A instalação da Arca da Aliança em Jerusalém por parte de Davi (2Sm 6), a promessa que Iahweh lhe fez de uma casa dinástica "para sempre" (2Sm 7,11b-16) e seu sábio exercício do poder (2Sm 8,15) dão certo fecho à expectativa deuteronômica (Dt 12,5; cf. 12,10 e 2Sm 7,1).

Entretanto, o apogeu do esplendor régio só é alcançado com Salomão, o filho de Davi que construiu o Templo e tornou-se exemplo de riqueza e sabedoria (1Rs 3–10). Ao contrário de Davi, ele é expressamente obrigado a observar a Torá (1Rs 2,2-4). No final, sua glória é manchada pela idolatria e por suas mulheres estrangeiras (1Rs 11), e ele inicia a crônica dos reis, em reinos divididos, do Norte e do Sul, reis esses que, com algumas exceções significativas, deixam manifestamente de igualar-se ao ideal régio (quer deuteronômico, quer davídico). Nessa narrativa do fracasso da Aliança, a certeza de que a promessa continua válida para os descendentes de Salomão "por consideração para com meu servo Davi e para com Jerusalém" (1Rs 11,32) introduz uma nota ambígua. Entre os reis, os maiores elogios acumulam-se sobre Josias de Judá, insuperável antes e depois (2Rs 23,25), e evocam ecos davídicos e mosaicos. Ele é tão elogiado que para muitos se afigura como o verdadeiro clímax de uma narrativa que viu nele a realização da promessa davídica. Contudo, em vez da época gloriosa assim anunciada, a narrativa tem um fim amargo, com o declínio de Judá na aniquilação política e o cativeiro babilônico administrado pelos últimos sucessores de Josias e de Davi (2Rs 23,31–25,30).

Há enormes tensões nessa narrativa, das quais a menor não é a desconcertante dissonância entre a grandeza de Josias e a rapidez da ruína depois dele. Mas a tensão subjacente é a evidente discrepância entre, por um lado, a descrição deuteronômica do rei subordinado à Torá e de poder limitado e, por outro, a perpetuidade ligada à promessa davídica; na verdade, a idealização de Davi, mormente de Salomão, em moldes que parecem dever muito ao mundo antigo. Em nenhuma outra parte o contraste entre a lei e a narrativa é mais marcante que na descrição de Salomão.

Conseqüentemente, logo de início podemos identificar uma questão crucial para nosso estudo, a saber, se o Deuteronômio e os livros históricos falam ou não com voz única sobre o tema da realeza. Quando aprova Salomão por sua oração pedindo sabedoria para governar o povo, Iahweh concede-lhe a riqueza que o código deuteronômico nega (1Rs 3,13; Dt 17,17), simbolizada em ambos os lugares, aparentemente, por grandes estábulos (1Rs 5,6; Dt 17,16).[1] Os biblistas encaram esse problema de várias maneiras. Para alguns, o código de leis e as narrativas resultantes estão basicamente em harmonia. A lei proporciona uma "norma" para a história.[2] Em geral, isso significa que a lei está favoravelmente disposta quanto ao estabelecimento da realeza em Israel e tem ligações naturais com partes da narrativa interpretadas de maneira semelhante. Assim, H. J. Boecker encontra a atitude do deuteronomista em textos que são favoráveis à monarquia em 1Sm 8–12. Ele cita a instrução de Iahweh para entronizar um rei em 1Sm 8,22 e o desenvolvimento disso em 10,17.20-21b, em que o próprio Iahweh toma a iniciativa no "sorteio". O "direito do rei" (*mišpaṭ hammᵉlukâ*, 10,25) de Samuel também cabe aqui.[3] O deuteronomista, no entanto, incluiu em sua imagem algumas das antigas tensões que tinham existido a respeito da monarquia, e critica a realeza em seu aspecto de maquinação política, descrito em 1Sm 8, e também à medida que ela é exigida para os propósitos de guerra, desse modo pondo de lado Iahweh em seu antigo papel como guerreiro santo.[4] Boecker, portanto, vê o problema da interpretação em termos de elementos que são favoráveis ou desfavoráveis ao conceito de monarquia como tal. Sua resposta a esse problema é descobrir a verdadeira voz do deuteronomista nos textos que falam positivamente da realeza,

---

[1] Ver KNOPPERS, G. N. "The Deuteronomist and the Deuteronomistic Law of the King". *ZAW* 108, 1996, pp. 337, 339-342.

[2] BOECKER, H. J. *Die Beurteilung der Anfänge des Königtums in den deuteronomistischen Abschnitten des 1. Samuelbuches*. Neukirchen-Vluyn, Neukirchener Verlag, 1969, pp. 28-29 (WMANT, 31). Ele distancia-se da visão de Noth e, antes dele, Kuenen, que consideravam o código deuteronômico apenas negativo a respeito da realeza; cf. *Beurteilung*, p. 28, n. 3.

[3] BOECKER, *Beurteilung*, p. 89.

[4] BOECKER, *Beurteilung*, pp. 91-92.

PARTE II • Rei e Messias no Antigo Testamento

para argumentar que estão de acordo com o Deuteronômio, e considerar outros textos como divergentes da linha principal. Nisso ele é seguido por alguns outros biblistas.[5] Em seu estudo da tendência antimonárquica na história deuteronomista, F. Crüsemann descobriu que ela divergia da linha principal do deuteronomista, que era ser ouvido nos textos positivos, tais como 1Sm 10,17-27.[6] Entretanto, não está claro se esses estudos abordam a questão mais importante, a respeito da natureza da realeza em Israel.

Em contraste, outros estudos enfatizam a nítida discrepância entre a lei deuteronômica e a voz dominante nas narrativas. Jon D. Levenson utilizou o postulado de Noth de que o deuteronomista inserira o código em sua narrativa, e procurou estabelecer isso identificando temas teológicos a respeito dos quais o deuteronomista divergira seriamente do código deuteronômico. Predominante entre eles estava o conceito de aliança. Para Levenson, a Aliança davídica "incondicional" (ou, como ele diz, "ancestral") não se harmonizava com a versão deuteronômica "condicional" (ou "contemporânea").[7] Segundo, o conceito de rei, na história deuteronomista, é totalmente diferente daquele do Deuteronômio. Seguindo Noth, ele lembra que, ao promulgar a lei deuteronômica, Josias o desafia, pois o Deuteronômio teria, mais provavelmente, destinado a um profeta o papel que ele desempenha na reforma.[8] O papel que o deuteronomista atribui ao rei é, de fato, "não-deuteronômico e um obstáculo para qualquer argumento que afirme ter o deuteronomista colocado o Deuteronômio como frontispício e idéia básica de sua obra".[9]

---

[5] Cf. GALLING, K. "Das Königsgesetz im Deuteronomium". *TLZ* 76, 1951, cols. 133-138. Galling achava que, embora restringisse a realeza em certos aspectos, a lei era mais positiva que 1Sm 8, invariavelmente hostil à realeza; ver cols. 134-135 e cf. BOECKER, *Beurteilung*, p. 29, n. 1.

[6] CRÜSEMANN, F. *Der Widerstand gegen das Königtum: Die antiköniglichen Texte des Alten Testaments und der Kampf um den frühen israelitischen Staat*. Neukirchen-Vluyn, Neukirchener Verlag, 1978 (WMANT, 49).

[7] LEVENSON, J. D. "Who Inserted the Book of the Torah?" *HTR* 68, 1975, pp. 203-233 (224-227).

[8] LEVENSON, "Book of the Torah", pp. 227-228; cf. NOTH, M. *Überlieferungsgeschichtliche Studien*. 2. ed. Tübingen, Max Niemeyer, 1957, p. 94 (ET *The Deuteronomistic History*. Trad. H. G. M. Williamson. Sheffield, JSOT Press, 1981, p. 82 (JSOTSup, 15); VON RAD, G. "Die deuteronomistische Theologie in den Königsbüchern". In: *Gesammelte Studien zum Alten Testament*. München, Chr. Kaiser Verlag, 1958, pp. 189-204 (202, n. 13) (TBü, 8) (ET "The Deuteronomic Theology of History in I and II Kings". In: *The Problem of the Hexateuch and Other Essays*. Trad. E. Trueman Dicken. London, SCM Press, 1984, pp. 205-221 [218, n. 14]).

[9] LEVENSON, "Book of the Torah", p. 228.

Levenson também observa diferenças entre a lei e a narrativa sobre o sacrifício, o casamento com estrangeiras e o sacerdócio.[10]

Com espírito semelhante, G. N. Knoppers argumenta que o deuteronomista "atribui ao rei um papel muito mais formativo do que os autores do Deuteronômio jamais aprovaram".[11] Ele defende essa tese em relação à riqueza de Salomão, seus cavalos e suas esposas. Embora alguns biblistas achem que o tratamento dado pelo deuteronomista aos dois últimos subentenda uma crítica a Salomão segundo o código deuteronômico,[12] Knoppers argumenta que, em todos esses casos, o deuteronomista pretende mostrar que, na verdade, Salomão foi abençoado em sua realeza por Iahweh. A enorme riqueza de Salomão representa o cumprimento da promessa que Iahweh lhe fez em Gabaon (1Rs 3,13).[13] A impressionante quantidade de carros e de cavaleiros demonstra a amplitude de sua administração e está catalogada entre suas realizações.[14] E seu vasto harém não significa nenhuma crítica em si, pois o deuteronomista admite a legitimidade da poligamia régia no caso de Davi (2Sm 12,8); só o casamento misto é criticado.[15]

Assim, Knoppers argumenta que, ao fazer do rei o agente supremo em assuntos cultuais, o deuteronomista afastou-se do Deuteronômio e adaptou-se a uma visão do papel do monarca oriunda do antigo Oriente Próximo. Embora o deuteronomista possa valer-se do Deuteronômio, também pode ser independente dele e até "subverter o próprio código que insere em sua história".[16] Apesar de, assim, ter elementos em comum com Boecker, ao descobrir uma visão positiva da realeza na história deuteronomista, Knoppers é muito diferente, pois não vê mais a lei atuando como "norma", pelo menos não de maneira direta. A história deuteronomista é totalmente independente aqui.

Além disso, no modo de ver de Knoppers, o principal problema para a interpretação foi corretamente identificado como a natureza da realeza. Minha

---

[10] LEVENSON, "Book of the Torah", pp. 228-230.

[11] KNOPPERS, "The Deuteronomist", p. 333.

[12] P. ex. BRETTLER, M. Z. "The Structure of 1 Kings 1–11". *JSOT* 49, 1991, pp. 91-93; e ver KNOPPERS, "The Deuteronomist", pp. 339, 343, para mais bibliografia.

[13] KNOPPERS, "The Deuteronomist", p. 339.

[14] KNOPPERS, "The Deuteronomist", p. 340.

[15] KNOPPERS, "The Deuteronomist", pp. 343-344.

[16] KNOPPERS, "The Deuteronomist", pp. 344-345.

PARTE II • Rei e Messias no Antigo Testamento

observação inicial de tensões entre os dois blocos foi aguçada: o Deuteronômio tem uma visão radical e característica da realeza em relação ao mundo antigo? E a história deuteronomista a promove, aperfeiçoa ou rejeita? Para procurar responder a essas perguntas, volto-me agora para a própria lei, a fim de ver se seu ambiente e sua função podem ser estabelecidos; em seguida, compararei e avaliarei os textos relevantes da história deuteronomista.

Cenário para a lei do rei

É evidente que o Deuteronômio pretende, de algum modo, circunscrever ou restringir os poderes do rei.[17] O rei apresentado aqui difere enormemente do costumeiro conceito do antigo Oriente Próximo do rei como o executivo principal em todos os aspectos da vida da nação. Os limites em seu poder são prenunciados pela introdução repetitiva da lei que reafirma ter sido Iahweh quem deu a terra (17,2); aqui não há sinal do rei como aquele que concede terras. Além disso, sua realeza não está na ordem natural das coisas; esse rei precisa esperar o pedido do povo e depois a nomeação por ele (17,14-15; cf. 28,36). Não é uma figura militar; a qualificação que o povo faz de seu pedido em 1Sm 8,20c ("[...] irá à nossa frente e fará as nossas guerras") é variação significativa da letra dessa lei.[18] A proibição de muitos cavalos (Dt 17,16) pode ser entendida nessa ligação; a proibição do aumento da cavalaria destina-se a impossibilitar um exército efetivo particular com uma classe permanente de oficiais.[19] As proibições de adquirir riquezas e ter muitas esposas (17,17) podem ser vistas como contrárias a uma administração régia centralizada, que concentra a riqueza da nação por meio de um sistema de tributos e usa o casamento régio como instrumento de diplomacia internacional. De maneira mais significativa, o rei não é o "filho" de Deus, nos termos da teolo-

---

[17] RÜTERSWÖRDEN, U. *Von der politischen Gemeinschaft zur Gemeinde: Studien zu Dt 16,18–8,22.* Frankfurt am Main, Athenäum, 1987, pp. 90-91 (BBB, 65).

[18] BOECKER, *Beurteilung*, pp. 91-92.

[19] LOHFINK, N. "Distribution of the Functions of Power: The Laws Concerning Public Offices in Deuteronomy 16:18–18:22". In: CHRISTENSEN, D. L., org. *A Song of Power and the Power of Song.* Winona Lake, IN, Eisenbrauns, 1993, pp. 336-352 (345); originalmente, "Die Sicherung der Wirksamkeit des Gotteswortes durch das Prinzip der Gewaltenteilung nach den Ämtergesetzen des Buches Deuteronomium (Dt 16,18–18,22)". In: WOLTER, H., org. *Testimonium Veritati.* Frankfurt am Main, Knecht, 1971, pp. 144-155 (Festschrift Wilhelm Kempf, Frankfurter theologische Studien, 7).

Rei e Messias no Deuteronômio e na história deuteronomista

gia de Sião (Sl 2,7). Essa metáfora é antes aplicada a Israel (1,31 — desse modo aproximando o Deuteronômio mais de Ex 4,22-23 e de Os 11,1 do que de passagens que refletem a ideologia de Sião). Na verdade, o conceito de realeza de Sião é sutilmente contestado na fórmula deuteronômica de escolha divina, que se aplica apenas ao local de culto (12,5 etc.) e ao rei.[20] Esse par de objetos de escolha corresponde aos da teologia de Sião (Sl 2,6). Mas o anonimato do primeiro, no Deuteronômio, e o lugar humilde concedido ao segundo evidenciam um modo de pensar diferente a respeito da natureza da organização de Israel. Longe de ser filho de Deus, de forma especial, o rei é um irmão israelita (17,15b.20). Sua subordinação à Torá (vv. 18-19) corresponde a essa igualdade fundamental de posição com seus semelhantes. Na verdade, será seguido no trono por seus filhos; mas essa dinastia não se parece com a poderosa administração centralizada da linhagem davídica.

O alcance da restrição dos poderes do rei emerge mais plenamente quando a lei é vista no contexto da série de leis do Deuteronômio que preceituam uma constituição para Israel (Dt 16,18–18-22). Essas leis dispõem sobre o estabelecimento de juízes, tanto nas cidades de Israel como no santuário central (16,18-20; 17,9); sobre os sacerdotes levíticos, quanto à sua capacidade como juízes (17,9) e com respeito a seus deveres cultuais (18,1-8); e sobre o profeta (18,9-22). Dessas funções, só a do rei não é efetivamente preceituada por Iahweh. O programa para a vida política de Israel (seu "sistema de governo", tomando de empréstimo a expressão usada por S. Dean McBride[21]) provê o que Lohfink chama de "distribuição das funções de poder" entre as repartições.[22] No contexto dessa distribuição de poderes, o rei ocupa uma posição considerada menos influente que a do sacerdote[23]

---

[20] O povo também é escolhido (7,6), assim como a tribo sacerdotal de Levi (18,5). Mas só o rei e o local do culto são objetos de promessas a respeito da escolha futura de Iahweh.

[21] McBride, S. D. "Polity of the Covenant People: The Book of Deuteronomy". *Int* 41, 1987, pp. 229-244; reimpr. em Christensen, org., *Song of Power*, pp. 62-77.

[22] Lohfink, "Distribution", pp. 339, 347-349.

[23] Rüterswörden, *Gemeinschaft*, p. 110, considera os sacerdotes levíticos o "executivo" da Torá, enquanto o profeta tem a função de "legislativo" em relação a ele. McBride aplica ao rei o termo "executivo" e conjetura que ele participava da atividade de administrar e interpretar a lei com os sacerdotes levíticos. Concorda, contudo, que "os sacerdotes levíticos exercem potencialmente mais poder que o rei sobre a nação israelita" ("Polity of the Covenant People", pp. 74-75). Contrastar Lohfink, "Distribution", p. 340, que considera a prerrogativa real de julgar anulada aqui; cf. Rüterswörden, *Gemeinschaft*, pp. 90-91: "Im Deuteronomium ist der König weder an der Legislative, Judikative, noch am Militärwesen beteiligt".

PARTE II • Rei e Messias no Antigo Testamento

ou a do profeta.[24] Entretanto, acima de todas as funções está a entidade que nessa parte do Deuteronômio é tratada por "tu". É melhor considerar esse destinatário simplesmente como o próprio Israel, como um corpo,[25] ou, com B. Halpern, como a assembléia devidamente constituída.[26] A aliança deuteronômica é entre Deus e Israel, não mediada pelo rei. Na verdade, em relação ao exercício do poder, o povo assume a prerrogativa especificamente régia de presidir seus diversos aspectos.

A questão imediata é se essa imagem representa um programa real para o exercício da realeza e de outros poderes, no antigo Israel. Embora a descrição que a história deuteronomista faz da monarquia seja naturalmente atribuída a reflexões exílicas em seu fim, a data da lei deuteronômica do rei não é estabelecida com tanta facilidade, nem de fato sabemos se realmente faz parte de uma fonte. A questão que normalmente se formula é se se trata de uma lei pré-exílica destinada a ser imposta no Estado israelita (ou judaíta). Ou é uma teoria utópica, planejada no exílio e jamais destinada à execução, nem hábil para isso?

Essa última opinião é representada por L. Perlitt.[27] Ele acredita que Dt 16,18–18,22 não podia ser uma constituição para Israel, por muitas razões. Dt 16,18 não parece iniciar uma nova parte do livro.[28] A lei do rei é, em especial, dependente do conceito deuteronomista de história, por causa de seu preâmbulo histórico ("Quando tiveres entrado na terra [...]").[29] Em todo caso, a lei não é realista, pois de modo algum corresponde às condições políticas reais das monarquias israelita e judaíta. Nenhum rei podia defender um território sem cavalos. Na verdade, o Deuteronômio não contém nenhuma teoria a respeito de uma monarquia e absolutamente nada a respeito de um rei. A lei, na realidade, não é

---

[24] LOHFINK, "Distribution", p. 351; RÜTERSWÖRDEN, *Gemeinschaft*, pp. 92-93, e ver a nota anterior. Cf. também KNOPPERS, "The Deuteronomist", p. 334.

[25] Com VON RAD, G. *Das Gottesvolk*. Stuttgart, W. Kohlhammer, 1929, p. 17 (BWANT, 47).

[26] HALPERN, B. *The Constitution of the Monarchy in Israel*. Chico, CA, Scholars Press, 1981, pp. 188-216 (HSM, 25). É menos provável ser o *'am hā'āreṣ*, com a devida vênia de CAZELLES, H. "Droit Public dans le Deutéronome". In: LOHFINK, N., org. *Das Deuteronomium: Entstehung, Gestalt und Botschaft*. Leuven, Leuven University Press, 1985, pp. 101-102 (BETL, 68); cf. RÜTERSWÖRDEN, *Gemeinschaft*, pp. 94-95.

[27] PERLITT, L. "Der Staatsgedanke im Deuteronomium". In: BALENTINE, S. E. & BARTON, J., orgs. *Language, Theology and the Bible: Essays in Honour of James Barr*. Oxford, Oxford University Press, 1994, pp. 182-198.

[28] PERLITT, "Staatsgedanke", p. 186.

[29] PERLITT, "Staatsgedanke", p. 188. Aqui ele segue a análise que Lohfink faz de RÜTERSWÖRDEN, *Gemeinschaft*, em *TLZ* 113, 1988, cols. 425-430; sobre RÜTERSWÖRDEN, ver mais adiante.

Rei e Messias no Deuteronômio e na história deuteronomista

mais que uma invenção deuteronômica, baseada em 1Sm 8 e destinada a dar bases ideológicas à crítica profética dos reis.[30] A lei deuteronômica (Dt 12–18) não aborda a questão de uma constituição para Israel; é, em essência, o documento de uma reforma cultual e religiosa, e a base (com a tradição P) da separação judaica entre a religião e o Estado.[31]

A problemática literária de Perlitt é importante. É difícil sustentar que Dt 16,18–18,22 é, em si, a constituição para o antigo Israel, pois essa passagem está inserida na parênese do Deuteronômio. Entretanto, não está muito claro que as leis dessa passagem não tenham nenhuma base na política primitiva de Israel. A abordagem de Perlitt volta-se resolutamente para o exílio. Se o Deuteronômio não trata do assunto da realeza, é porque seu tempo já passou. Os ecos dos debates de 1Sm 8 encontrados na lei do rei só podem significar que a lei é tardia e derivativa. Contudo, há problemas com a posição de Perlitt. É muito sério que não atribua peso à provável influência, no antigo Israel, de uma posição de autoridade à parte da corte real, refletida em 1Sm 8–12 e em outros textos.[32] De certo modo, sua visão do Deuteronômio como "religioso", e não político, apropria-se antecipadamente da discussão desse ponto. E a idéia de que a lei do rei é invenção deuteronomista para embasar a crítica profética dos reis enfrenta dois problemas: (1) o deuteronomista parece congratular-se com pelo menos um rei (Josias), que é tão centralista (assim, contra os termos da lei do rei) como qualquer outro; e (2) a crítica que o deuteronomista faz dos reis concentra-se na apostasia, e não na presunção de um poder régio centralizado em si.

Há, portanto, um motivo para examinar a teoria de que a lei do rei tem base na vida do antigo Israel. A crença de que tem origens pré-exílicas é bastante aceita. Em termos crítico-literários, ela consiste essencialmente na tripla proibição de multiplicar cavalos, esposas e riquezas (Dt 17,16-17), ideal que talvez tenha raízes proféticas.[33] Entretanto, são mais importantes as teorias que (com a

---

[30] PERLITT, "Staatsgedanke", pp. 189-193.

[31] PERLITT, "Staatsgedanke", pp. 194-197.

[32] Veja mais adiante.

[33] MAYES, A. D. H. *Deuteronomy*. London, Marshall, Morgan & Scott, 1979, p. 270 (NCB). Entretanto, é comum Dt 17,18-19 ser considerado deuteronomista, por causa da ênfase na Torá escrita, que se refere à lei toda apenas aqui, no código (MAYES, *Deuteronomy*, p. 273). Cf. RÜTERSWÖRDEN, *Gemeinschaft*, p. 108, segundo o qual o conceito dos sacerdotes levíticos como executivo da constituição é deuteronomista (comparar o sacerdote único em 17,12).

Parte II • Rei e Messias no Antigo Testamento

devida vênia de Perlitt) consideram a função das leis dos funcionários como um todo uma "constituição" para o Israel pré-exílico. A mais ambiciosa tentativa desse tipo foi feita por Halpern. Seus argumentos procuram estabelecer que, na prática, a lei funcionava como regra para controlar a realeza no antigo Israel e podem ser resumidos ou agrupados como se segue. (1) É improvável que uma lei "utópica" surgisse tarde em Israel, depois do fim da monarquia. Contudo, é igualmente pouco provável que Josias aceitasse ou promovesse tal lei, pois teria restringido seus poderes.[34] Portanto, essa lei já devia existir em seu tempo. (2) Em importantes aspectos, a lei corresponde ao relato do começo da realeza na história deuteronomista. Nessa argumentação, é fundamental a visão de Halpern de que é o próprio Israel que toma a iniciativa de estabelecer o rei em 1Sm. A idéia da fraternidade dos israelitas, contida no Deuteronômio, corresponde a essa ideologia da constituição de um povo, do mesmo modo que a "distribuição de poderes" reverenciada no Deuteronômio e encontrada também em Samuel–Reis, em especial entre sacerdote e profeta. Há, além disso, estreitos elos verbais entre Dt 17,14-15 e 1Sm 8,4.20. (A relação entre lei e narrativa precisa ser retomada em seguida.) (3) A lei não foi concebida como protesto contra Salomão: a essa altura, não trata da principal preocupação da história deuteronomista, e que condena Salomão por apostasia, não por "governo grande".[35] (4) Há ligações entre a lei e outra literatura veterotestamentária primitiva. A idéia de um rei constrangido pela Torá está no Sl 132, e os profetas parecem conhecer uma lei como a do Deuteronômio (Os 8,4; 10,3-4; Is 30,2; 31,1).

A análise de Halpern tem repercussão em duas outras obras recentes. U. Rüterswörden encontra em Dt 16,18–18,22 um esboço constitucional deuteronômico que abrange as funções de juiz, sacerdote, rei e profeta, delimitando sua instituição, suas funções, a natureza de sua autoridade e a sucessão.[36] Ao objetar o que chamou de visão "reducionista" de von Rad e outros, de que o livro é apenas ensinamento religioso, S. Dean McBride também considerou o

---

[34] HALPERN, *Constitution*, pp. 228, 226. Os pontos que se seguem baseiam-se nos argumentos de Halpern das pp. 226-233.

[35] HALPERN, *Constitution*, pp. 226-227; cf. LEVENSON, "Book of the Torah", p. 230, que contrastou a preocupação da história deuteronomista com a apostasia e a proibição pelo Deuteronômio de muitas esposas.

[36] RÜTERSWÖRDEN, *Gemeinschaft*, pp. 89-90. Seu centro deuteronômico é Dt 16,18*.19.21-22; 17,8-10.12-15.16aa.17*.20; 18,1*.3-4.6-8.9-15.

Deuteronômio uma lei constitucional, um "sistema de governo" para o Israel pré-exílico.[37] Em seu ponto de vista, a intenção de sancionar esse sistema de governo já é declarada em 1,3.5 e depois especificada para incluir testemunhos, estatutos e normas (4,44-45). Nesse contexto, o papel do rei é o de "juiz", que consulta a Torá a fim de cumprir suas obrigações como presidente de um conselho de juízes e levitas. Em 17,11, "Torá" ("instrução") deve ser entendida como sistema de governo, e o rei assume o papel de juiz especificado em 17,9-12.[38] Para estabelecer essa visão, McBride inclui em sua imagem passagens da "Torá" que outros (até mesmo Rüterswörden) tinham excluído da lei original (17,11.18-19).[39]

Essas interpretações fazem do Deuteronômio um documento radical no mundo antigo. A imagem das responsabilidades do rei não é imagem pós-exílica de piedade ideal, mas conceito convincente da supremacia da Torá, ou lei constitucional, na vida do povo. É essa a característica inconfundível do Deuteronômio no antigo Oriente Próximo, a saber, fortalecer e proteger o indivíduo na comunidade política. Por essa razão, o Deuteronômio é algo "genuinamente novo, a licença para uma teocracia constitucional".[40]

Embora haja polêmica a respeito da origem e da data da lei, está claro que ela prepara um tipo de realeza radicalmente diferente da realeza conhecida por meio do costume e da prática no antigo Oriente Próximo. O problema é só saber se ela surge como programa alternativo real para essa prática (quer estritamente "davídica", quer simplesmente do antigo Oriente Próximo), ou se é rejeição crítica, em retrospecto, de uma instituição que acabou por fracassar. Nessa segunda visão, Halpern está certo, creio eu, ao afirmar que ela é prejudicada pela necessidade de postular o rei ideal em uma época de muita desilusão com a realeza em geral (cf. Jr 22,30).[41] Na verdade, a lei torna-se altamente especulativa a respeito da natureza do pensamento e do debate sobre a realeza no exílio.[42] De maneira

---

[37] McBride, "Polity", pp. 65-66.

[38] McBride, "Polity", p. 75.

[39] Ver n. 36.

[40] McBride, "Polity", pp. 69-71; cf. Halpern, *Constitution*, pp. xx-xxviii.

[41] Halpern, *Constitution*, p. 229.

[42] Ver Veijola, T. *Die ewige Dynastie*. Helsinki, Suomalainen Akatemia, 1975, pp. 130, 139-140, 142 (Annales Academiae Scientiarum Fennicae, series B, 193); cf. Dietrich, W. *Prophetie und Geschichte*. Göttingen, Vandenhoeck & Ruprecht, 1972, pp. 142-143; e n. 55.

PARTE II • Rei e Messias no Antigo Testamento

específica, embora apresentem relatos favoráveis, discutivelmente "ideais", de Ezequias e também de Josias, os livros dos Reis acabam por não dar esperança de uma restauração da monarquia (1Rs 8,46-53).

A visão da monarquia na história deuteronomista

Se o Deuteronômio promove uma visão específica da realeza, que visão está expressa na história deuteronomista? Seguindo Wellhausen, uma geração mais antiga de biblistas descobriu nos livros históricos fontes pró e anti-monárquicas. Para ele, o apoio à monarquia representava a posição pré-exílica natural e universal, enquanto a crítica da monarquia ocorreu apenas durante ou depois da época do exílio.[43] O entendimento que Noth tem do deuteronomista como cronista exílico do bem merecido fim de Judá, rei e povo, seguiu-lhe os passos. A dinastia davídica está condenada por não manter a Aliança de maneira consistente: "A censura (que o deuteronomista faz) da monarquia como institui-ção e sua descrição dela como fenômeno secundário na história da nação são decisivas para sua abordagem da história".[44]

Entretanto, a partir de Noth, a questão do entendimento da função da pro-messa dinástica a Davi (2Sm 7,11b-16), no contexto da história como um todo, voltou com nova força. Ao expor a tese de um único autor que escreveu no exílio, Noth concentrou-se no fim da narrativa, com sua implicação de julgamento final do povo e da dinastia. Contudo, como outros depressa objetaram, isso dificilmen-te fazia justiça à promessa dinástica. Von Rad encontrou provas da inclusão, na histó-ria deuteronomista, de expectativas messiânicas que subsistiram no exílio, e alegou que o decreto eterno da promessa dinástica jamais é negado na história subseqüente.[45] Mas o contraponto decisivo a Noth foi proporcionado por F. M. Cross.

Cross, para quem a história deuteronomista é, em essência, produto do apogeu da monarquia judaíta no tempo de Josias, considera-a a história de uma

---

[43] WEUHAUSEN, J. *Prolegomena zur Geschichte Israels*. Berlin, Georg Reimer, 1883, pp. 259-268 (ET *Prolegomena to the History of Israel*. Trad. J. S. Black & A. Menzies. Edinburgh, A. & C. Black, 1885, pp. 247-256).

[44] NOTH, *Überlieferungsgeschichtliche Studien*, p. 110 (ET *Deuteronomistic History*, p. 99).

[45] VON RAD, G. *Deuteronomium-Studien*. Göttingen, Vandenhoeck & Ruprecht, 1947, pp. 52-64, esp. pp. 59-63 (ET *Studies in Deuteronomy*. Trad. D. Stalker. London, SCM Press, 1953, pp. 74-91, esp. pp. 84-89 [SBT, 9]).

Rei e Messias no Deuteronômio e na história deuteronomista

promessa indestrutível. Nessa história, a análise de 2Sm 7 desempenha papel importante. Em sua opinião, a promessa dinástica forma o centro do propósito deuteronomista nesse capítulo. (O primeiro oráculo, a respeito da construção de um templo, é oposto ao programa deuteronomista e é aqui um tema menor. Para o deuteronomista, a relutância de Iahweh a respeito de um templo é apenas moratória.[46]) Por sua vez, no centro da promessa, está o v. 14, que estabelece um relacionamento de filiação entre Iahweh e o rei. Está à vontade na liturgia judaíta de coroação, e por trás dele se encontra a ideologia cananéia de filiação, que foi absorvida pela corte de Jerusalém e que era, por natureza, permanente, ou "eterna".[47] Essa permanência surge de uma série de textos veterotestamentários (Sl 89,28-29; Is 9,5-6). Entretanto, outros textos usam uma formulação da Aliança e podem ser condicionais (Sl 132,11-12), incondicionais (Sl 89,20-38) ou ambíguos (2Sm 23,5).[48] Cross conclui que duas correntes de pensamento independentes a respeito da realeza, do decreto e da Aliança, ambas visíveis em Sl 89,20-38, fundiram-se no Israel primitivo. O deuteronomista, entretanto, entendeu que o oráculo de Natã era um decreto divino eterno.[49] A linguagem da Aliança é, no deuteronomista, um verdadeiro remanescente dos tempos davídicos, que reflete o entendimento que esse rei tinha de sua relação com Iahweh. Todavia, dentro do culto régio de Salomão, ocorreu uma transformação que resultou na remitificação da antiga aliança patriarcal em termos da ideologia régia cananéia do mito de Baal.[50]

A interpretação que Cross dá ao oráculo dinástico liga-se estreitamente a sua descrição da obra histórica no tempo de Josias e no espírito de expansão régia confiante. Essa edição caracterizou-se por dois grandes temas, que solucionaram a história dos dois reinos até aquele ponto em relação ao oráculo dinástico. Esses temas eram, primeiro, o pecado de Jeroboão, que explicou a queda do reino do Norte em termos de apostasia persistente, e, segundo, a promessa de benefício à linhagem davídica, "por consideração para com o meu servo Davi e para com Jerusalém, que escolhi" (1Rs 11,12.13.32.34.36; 15,4; 2Rs 8,19; 19,34; 20,6). A história da promessa dinás-

---

[46] CROSS, F. M. *Canaanite Myth and Hebrew Epic*. Cambridge, MA, Harvard University Press, 1973, pp. 241-243, 246-247, 255.

[47] CROSS, *Canaanite Myth*, pp. 256-258.

[48] CROSS, *Canaanite Myth*, p. 259.

[49] CROSS, *Canaanite Myth*, p. 260.

[50] CROSS, *Canaanite Myth*, pp. 262-265.

Parte II • Rei e Messias no Antigo Testamento

tica para a reforma de Josias é um desenvolvimento desse tema e só pode ser explicada como expressão da ideologia da monarquia na Judéia no tempo de seu maior sucesso. (O relato que o deuteronomista faz da reforma está definido como 2Rs 22,1–23,25.) É uma solução para o problema da promessa dinástica muito diferente da de von Rad, cujo deuteronomista era exílico como o de Noth e cuja teoria (na opinião de Cross) apoiava-se em uma base limitada, sem posição convincente.[51] Cross considerava os últimos capítulos de 2Rs (2Rs 23,26–25,30) como adição exílica de um segundo deuteronomista.[52] Assim, ele interpretou a história original como favorável, em princípio, à monarquia davídica como instituição. Foi uma reformulação do deuteronomista, que, dali em diante, se tornou não um crítico da monarquia, mas um de seus maiores apologistas. Fez também da promessa dinástica, com suas associações "messiânicas", a chave para toda a história.[53] Entretanto, um corolário de sua análise é que o código deuteronômico não se integra prontamente ao propósito do deuteronomista. Em um trecho, Cross atribuiu-o à "tradicional lei da Aliança", embora "nunca tivesse sido reformulada em um código formal de leis". Em outra nota, ele diz que o código surgiu da polêmica contra Salomão.[54] Além disso, os elementos "condicionais" são, em geral, considerados não-deuteronomistas. A antiga visão "condicional" da realeza foi retomada pelo segundo e exílico deuteronomista, que reviu a história como proclamação de ruína.

A obra de Cross afetou fortemente a discussão mais recente. Predominou cabalmente sobre o outro grande desenvolvimento de Noth, a saber, a tendência a identificar diferentes mãos exílicas em ação para compor a história deuteronomista.[55]

---

[51] Cross, *Canaanite Myth*, pp. 276-289, esp. pp. 278, 281-283.

[52] Cross, *Canaanite Myth*, pp. 285-287.

[53] Sobre a centralidade do oráculo dinástico na teologia da história deuteronômica, ver também McCarthy, D. J. "II Samuel 7 and the Structure of the Deuteronomic History". *JBL* 84, 1965, pp. 131-138.

[54] Cross, *Canaanite Myth*, p. 221, n. 9; pp. 222-223.

[55] Essa teoria inicia-se com Smend, R. "Das Gesetz und die Völker". In: Wolff, H. W., org. *Probleme biblischer Theologie: Gerhard von Rad zum 70. Geburtstag*. München, Chr. Kaiser Verlag, 1971, pp. 494-509. É mais bem representada em nosso tópico atual por Veijola, que postulou um deuteronomista geral básico pró-davídico, seguido de uma redação "profética" hostil (o deuteronomista profético) e, finalmente, de uma voz "nômica" moderadora (o deuteronomista nômico) em *Die ewige Dynastie*. A análise que Veijola faz de 2Sm 7 concorda com a de Cross em alguns pontos: seu deuteronomista geral considera a proibição da construção do Templo apenas temporária, e sua análise amplia uma promessa mais antiga de um sucessor para que seja "para sempre" (p. 78). Ver a crítica da escola de Smend em Knoppers, G. N. *Two Nations under God: The Deuteronomistic History of Solomon and the Dual Monarchies*. Atlanta, Scholars Press, 1993, pp. 38-42 (HSM, 52, 2 v.).

Rei e Messias no Deuteronômio e na história deuteronomista

E sua influência pode ser vista na obra de G. N. Knoppers,[56] S. L. McKenzie[57] e outros, que consideram o centro da história deuteronomista como uma produção josiânica, com várias adições exílicas. Esse é o contexto em que Knoppers propôs seu ponto de vista de que o deuteronomista apresentou Salomão, descrito em sua glória e sabedoria, como o rei ideal. A pesquisa da procedência da história deuteronomista no tempo da reforma de Josias resultou em um entendimento do sentido da história muito diferente do proposto por Noth. E sua tendência é abrir uma brecha entre a história e a lei do Deuteronômio. Será, então, que a história deuteronomista é, em contraste com o Deuteronômio, uma apologia do princípio da realeza dinástica? Outras considerações de aspectos da história deuteronomista sugerem que essa visão é simples demais.

A pesquisa de uma ideologia régia na história deuteronomista. I. Josué

A convicção de que a história deuteronomista faz parte do programa de reforma de Josias deu credibilidade à interpretação das personagens da narrativa como figuras régias ideais. O tratamento que G. E. Gerbrandt dá à realeza na história deuteronomista culmina em Josias e, conseqüentemente, ele limita o relato de Ezequias e Josias — para ele, o texto principal — a 2Rs 18–23.[58] Para Gerbrandt, o deuteronomista idealizou Ezequias como modelo de confiança em Deus e almejou demonstrar que a esperança para Judá estava nesse tipo de realeza.[59] Além disso, a tendência a encontrar figuras régias na história deuteronomista não se restringe a reis de verdade. Visto como narrativa dos líderes de Israel de Moisés a Josias,[60] o próprio Moisés torna-se figura "quase régia", e o mesmo acontece com Josué depois dele. Para M. Weinfeld, Moisés e Josué estão à frente de uma sucessão que, em Israel, passa deles para Davi e Salomão e daí para outros reis (cita Js 1,7-8; 8,30-35; 22,5; 23,6). Ele escreve: "[...] Parece que o

---

[56] Importantíssimo em seu *Two Nations*.

[57] McKENZIE, S. L. *The Trouble with Kings: The Composition of the Book of Kings in the Deuteronomistic History*. Leiden, E. J. Brill, 1991 (VTSup, 42).

[58] GERBRANDT, G. E. *Kingship According to the Deuteronomistic History*. Atlanta, Scholars Press, 1986 (SBLDS, 87).

[59] GERBRANDT, *Kingship*, pp. 78-79, 85-89.

[60] O'BRIEN, M. A. *The Deuteronomistic History Hypothesis Reassessed*. Göttingen, Vandenhoeck & Ruprecht, 1989, p. 288 (OBO, 92). A tese de O'Brien deve algo a Smend e também a Cross; contudo, ele nota uma importante ligação entre a autoria da história deuteronomista e Josias, o que reflete a influência de Cross.

PARTE II • Rei e Messias no Antigo Testamento

deuteronomista não imaginou o cumprimento da lei moral contida no 'livro da Torá' na ausência da monarquia ou de uma figura quase régia como Josué".[61]

Muitos estudos enfatizam as semelhanças entre Josué e reis. Primeiro, Josué cumpre o que é prescrito a um rei justo em Dt 17,14-20, por meio de sua obediência à Torá (Js 1,7-8; 8,30-35).[62] Segundo, é descrito como sucessor de Moisés. Essa proeminência nos relatos a respeito de Josué levou alguns biblistas a pensar que a sucessão tem origem nas cerimônias de entronização. A conquista e distribuição de terra e a renovação da Aliança realizadas por Josué também são consideradas atos régios.[63] A análise que N. Lohfink faz de Js 1,2-9 como transferência de uma função (ou, antes, das duas funções de Moisés, de conquista e distribuição) é usada em apoio desse argumento, embora Lohfink não a tenha apresentado como função de realeza.[64] Também têm sido indicados paralelos específicos entre Josué e Josias. R. D. Nelson, por exemplo, vê nos dois líderes exemplos da ideologia régia antiga.[65] E L. Rowlett considera o livro de Josué um tratado sobre Josias.[66]

Embora haja, na verdade, uma espécie de sucessão a partir de Moisés, que passa por Josué e chega a Davi (a promessa de Iahweh: "Eu estarei contigo", Ex 3,12; Js 1,5.17; 1Sm 18,12-14, é uma linha vermelha que atravessa as narrativas), ainda não se sabe se esses primeiros líderes devem ser chamados "reis". A idéia de Josué como rei, em especial, apresenta alguns problemas óbvios, principalmente na questão da sucessão: como, acertadamente, O'Brien afirmou, Josué sucede a Moisés, só no que diz respeito à tarefa de tomar posse da terra; além disso, quando morre, ninguém lhe sucede.[67] Quanto à problemática geral, os lí-

---

[61] WEINFELD, M. *Deuteronomy and the Deuteronomic School*. Oxford, Clarendon Press, 1972, pp. 170-171.

[62] Aparentemente, essa observação remonta a DILLMANN, A. *Die Bücher Numeri, Deuteronomium und Josua*. 2. ed. Leipzig, Hirzel, 1886, p. 444 (KEH, 13). Ver SCHÄFER-LICHTENBERGER, C. *Josua und Salomo: Eine Studie zu Autorität und Legitimität des Nachfolgers im Alten Testament*. Leiden, E. J. Brill, 1995, p. 219 (VTSup, 58).

[63] PORTER, J. R. "The Succession of Joshua". In: PORTER, J. R. & DURHAM, J. I., orgs. *Proclamation and Presence*. London, SCM Press, 1970, pp. 102-132 (Festschrift G. H. Davies); cf. GERBRANDT, *Kingship*, pp. 116-123.

[64] LOHFINK, N. "Die deuteronomistische Darstellung des Übergangs der Führung Israels von Moses auf Josua". *Scholastik* 37, 1962, pp. 32-44.

[65] NELSON, R. D. "Josiah in the Book of Joshua". *JBL* 100, 1981, pp. 531-540.

[66] ROWLETT, L. "Inclusion and Marginality in the Book of Joshua". *JSOT* 55, 1992, pp. 15-23.

[67] O'BRIEN, *Deuteronomistic History*, pp. 28-30.

Rei e Messias no Deuteronômio e na história deuteronomista

deres de Israel desempenham funções que, em outros lugares (ou em outras ocasiões), cabem aos reis; mas isso parece só levantar a questão sobre se Israel é, portanto, "como as nações" ou, de fato, muito diferente, já que essas funções são desempenhadas por pessoas que não são precisamente reis. A lógica que diz que funções "régias" só podem ser exercidas por reis recebeu severas críticas de C. Schäfer-Lichtenberger.

Ao chamar Josué de "Mon-Arca", ela aborda a questão do tipo de sua liderança, do ponto de vista sociológico, mencionando três modalidades de liderança nas quais a autoridade é investida em uma pessoa, a saber, realeza, monarquia e monocracia. Os princípios "monocráticos", argumenta (citando Max Weber), estão presentes em todas as *nicht kollegial bestimmten Herrschaftsformen* [formas de poder que não possuem uma determinação colegial]. Além disso, *"nicht jede Mon-Archie folgt den Strukturen dynastisch verfasster Monarchie"* [nem toda a mon-arquia segue as estruturas de uma monarquia dinasticamente constituída].[68] Ela critica, em especial, o tipo de interpretação que faz dos textos da "sucessão" (Dt 17,14-20; Js 1,7-8; 8,30-35) provas diretas de Josué como rei, porque isso requer que se postule uma "relação linear" (*linearen Inbeziehungssetzung*) entre eles e, também, "uma suposição implícita de relações monocausais entre a lei do rei, no Deuteronômio, e a figura verdadeira de líder, no livro de Josué".[69]

É mais fiel aos contornos da narrativa da história deuteronomista reconhecer nela, com O'Brien, "um sentido de continuidade dentro de uma trajetória maior de mudança e desenvolvimento" na transição para a realeza em Israel.[70] A teoria de que a história deuteronomista é produto ou programa da reforma de Josias pode obscurecer certas questões históricas e teológicas que devem ser suscitadas aos textos.

A pesquisa de uma ideologia régia na história deuteronomista. II. Salomão

A pesquisa de uma ideologia régia na história deuteronomista concentra-se, talvez de maneira mais significativa, em Salomão. Observamos no início que a imagem de Salomão, que descreve a realeza no auge de sua glória, foi considera-

---

[68] SCHÄFER-LICHTENBERGER, *Josua und Salomo*, p. 220 e n. 555.

[69] SCHÄFER-LICHTENBERGER, *Josua und Salomo*, p. 220.

[70] O'BRIEN, *Deuteronomistic History*, p. 30.

PARTE II • Rei e Messias no Antigo Testamento

da demonstração da diferença fundamental entre o ideal régio no Deuteronômio e o que encontramos na história deuteronomista.[71] Estudos da história deuteronomista, que encontram uma variedade de concepções sobre a realeza na narrativa, muitas vezes afirmam ter sido preservada uma tradição altamente favorável a Salomão. Para Noth, o deuteronomista expressou, quando muito, uma aprovação qualificada de Salomão como construtor do Templo.[72] Mas, em essência, ele incluiu o material positivo a respeito de Salomão porque aí encontrou suas fontes e "por um respeito escrupuloso pelo fato histórico".[73] Por outro lado, o "deuteronomista geral" de Veijola é, em essência, favorável ao rei, embora ache que materiais hostis a ele, como a descrição da maneira implacável de livrar-se dos inimigos (1Rs 1), foram inevitavelmente preservados como parte do débito do deuteronomista geral a suas fontes.[74]

Mais uma vez, são os proponentes da edição josiânica que proporcionam uma análise racional eficaz para a descrição da gloriosa realeza de Salomão, em termos da ideologia régia judaíta. Tanto Cross como Nelson incluíram a parte principal da oração dedicatória salomônica (1Rs 8) no material que julgaram ter sido usado pelo deuteronomista para promover essa ideologia.[75] E, como vimos, Knoppers acredita que o deuteronomista adotou um ponto de vista positivo da sabedoria, da riqueza e das muitas mulheres de Salomão como parte de sua promoção de um estilo de realeza essencialmente cananeu no Judá de Josias.[76]

O Deuteronômio e a história deuteronomista: um "projeto para a realeza"?

Nessa pesquisa da teoria da realeza da história deuteronomista, as glórias de Salomão e a excelência de Josias mostraram-se fatores poderosos. Onde se acredita que o Deuteronômio e a história deuteronomista apresentam um ponto

---

[71] Veja nn. 7-16.

[72] Noth, *Überlieferungsgeschichtliche Studien*, p. 105 (ET *Deuteronomistic History*, pp. 94-95).

[73] Noth, *Überlieferungsgeschichtliche Studien*, p. 108 (ET *Deuteronomistic History*, p. 98).

[74] Veijola, *Die ewige Dynastie*, pp. 24-26. Ver Jones, G. H. *The Nathan Narratives*. Sheffield, Sheffield Academic Press, 1990, pp. 53-57 (JSOTSup, 80), segundo o qual o relato em 1Rs 1 deriva de uma tradição dos jebuseus que celebrava o triunfo de Salomão sobre o hebronita Adonias e que não fez nenhuma tentativa para encobrir a decepção de Natã com isso.

[75] Cross, *Canaanite Myth*, pp. 278, 282; Nelson, R. D. *The Double Redaction of the Deuteronomistic History*. Sheffield, JSOT Press, 1981, p. 70 (JSOTSup, 18).

[76] Ver nota anterior, juntamente com n. 12-15.

de vista coerente, o enredo foi concebido como narrativa de liderança que culmina em Josias, o mais perfeito cumprimento da promessa dinástica a Davi. Onde a total diferença entre o ideal deuteronômico e o Estado régio salomônico foi reconhecida, acredita-se que a história deuteronomista rejeita abertamente o código de leis como norma a esse respeito. Embora diferentes, essas abordagens concordam que a descrição do rei ideal feita pela história deuteronomista encontra-se no eixo Salomão–Josias. Entretanto, a segunda abordagem tratou de maneira mais realista o problema da lei e da narrativa: a lei não tolerava um rei todo-poderoso.

Resta considerar se a lei e a narrativa não podem, afinal de contas, partilhar um conceito de realeza, e se a descrição dos reis de Israel e de Judá deve ser interpretada de forma que leve mais em conta as notas de crítica contidas nela. Já vimos que alguns biblistas acreditam que a lei, na verdade, dá a norma para a narrativa. Entretanto, a mais rigorosa tentativa de estabelecer um elo foi feita por Halpern. Já mencionamos o argumento de Halpern de que, juntamente com as leis que dispunham sobre outras funções em Israel, a lei do rei teve papel efetivo na constituição do povo. Todavia, Halpern foi além e argumentou que o relato do início da realeza em Israel estava de acordo com os requisitos dessa constituição. Assim como o Deuteronômio proporcionou a separação dos poderes da autoridade sacra e da assembléia de Israel, com o próprio Iahweh exercendo uma escolha soberana, também o autor de 1Sm descreve os papéis independentes do próprio Samuel (efetivamente, a autoridade sacra) e dos representantes do povo na instituição de um rei, que aqui também acontece em conseqüência da escolha de Iahweh. (1Sm 10,17-19 organiza os protagonistas e monta o cenário.)

A história é relatada principalmente no que ele chama de narrativa "B" em 1Sm 8–12 (1Sm 8,4-22; 10,17-25), que mostra haver tensão, originalmente, entre a autoridade sacra e a assembléia.[77] Entretanto, isso se resolveu quando Samuel mostrou ao povo que um rei exigiria o direito de cobrar impostos (o *mišpaṭ hammelek*, 8,11-18), mas concordou com ele sobre as limitações dos poderes do rei, fazendo uma aliança com o povo, na qual esses poderes eram governados pelo *mišpaṭ hammᵉlukâ* (10,25). Halpern diferencia o *mišpaṭ hammelek* e o *mišpaṭ hammᵉlukâ* como, respectivamente, os "direitos do rei" e "a lei que governava a realeza".[78]

---

[77] HALPERN, *Constitution*, p. 185.

[78] HALPERN, *Constitution*, pp. 216-225.

Parte II • Rei e Messias no Antigo Testamento

Com esse acordo em vigor, a realeza de Saul ficava, de fato, limitada ao poder de unificar as tribos e proteger o povo na terra. Ele não tentou nenhuma centralização administrativa.[79] Além disso, as tribos continuaram a ter poder real em Israel, refletido no apoio de muitos em Israel a Absalão e Adonias e até na luta entre Acab e as forças sociais às quais Nabot apelou.[80] A história deuteronomista, então, tem um conceito do rei "sob a Torá" que a faz semelhante ao Sl 132 e à lei do rei no Deuteronômio.[81] Os ecos verbais da lei na narrativa (Dt 17,14-15; 1Sm 8,5.20) sugerem que o autor de Samuel tinha em mente a lei.[82] Halpern crê haver outro indício de que a lei anima a narrativa e até de que Davi a conhecia e seguia.[83] Entretanto, seu primeiro argumento é que a lei e as suposições da narrativa são inteiramente compatíveis. Sua análise é avanço importante em comparação com as de Boecker, Crüsemann e outros, pelo fato de procurar basear a continuidade entre o Deuteronômio e 1Sm em uma teoria a respeito da constituição pré-monárquica de Israel. Além disso, as tensões em Israel, refletidas em 1Sm 8–12, também passam por uma análise racional em termos dessa constituição.

Se a reconstituição de Halpern está correta, então a história dos reis deve ser lida de forma muito diferente da proposta pelos que pensam que a história deuteronomista promove a ideologia régia judaíta. Nesse ambiente, o dispositivo radical do Deuteronômio para um rei, como alguém que desempenha um papel limitado na administração, ao lado de outros detentores de cargos, é uma demitização da realeza oriental. Pode-se dizer que os sistemas de governo da Babilônia e de Canaã estavam simbolizados no domínio divino,[84] e o rei é a figura essencial nesse mundo simbólico. O Deuteronômio destina o rei a um papel administrativo que, sempre levando em conta o elemento da escolha de Iahweh, pode ser chamado de secular. A história deuteronomista também rejeita as teorias orientais sacras. Aqui,

---

[79] Halpern, *Constitution*, pp. 237, 240.

[80] Halpern, *Constitution*, pp. 241-242, 247.

[81] Halpern, *Constitution*, p. 230.

[82] Halpern, *Constitution*, pp. 227-228.

[83] Halpern, *Constitution*, pp. 231-233. Ele encontra isso no fato de Davi jarretar os cavalos do inimigo na guerra contra Adadezer (2Sm 8,4), em uma alusão ao *mišpāṭ* dos sacerdotes (Dt 18,3) em 2Sm 2,12-13 (juntamente com outros ecos verbais) e em uma suposição da lei do profeta em 1Rs 22.

[84] Sobre a Babilônia, ver Halpern, *Constitution*, pp. 52-60; sobre Canaã, ver Handy, L. *Among the Host of Heaven: The Syro-Palestinian Pantheon as Bureaucracy*. Winona Lake, IN, Eisenbrauns, 1994, por exemplo, sua análise de *mlk*, pp. 111-113.

Rei e Messias no Deuteronômio e na história deuteronomista

as panacéias da realeza oriental estão sempre no pano de fundo como perigo e advertência. Longe de ser uma figura "quase régia", Josué é destituído de todas as pretensões régias (e sacras), até quando assume o papel de auxiliar humano do guerreiro divino celeste no ato da conquista de território.[85] E é Salomão que emite a nota de perigo em tom mais alto; ele "viola sistematicamente toda limitação imposta pelas tribos".[86] Em teoria, leis e convenções os refreiam, mas, quando são bastante poderosos, os reis ultrapassam os limites e, na prática, desviam-se para os caminhos de seus vizinhos poderosos. Nesse argumento, há ecos do tipo mais crítico-literário de abordagem dos textos de 1Sm, que perceberam que mesmo textos pró-realeza tinham de admitir que os reis se arrogavam demasiado poder. Entretanto, aqui, mais uma vez, a questão ganha mais substância quando a análise dos textos é feita em confronto com a ideologia do antigo Oriente Próximo.

A tese esboçada concorda com interpretações de Salomão oriundas de interesses muito diferentes. Alguns biblistas argumentam que as indicações negativas circundantes ofuscam por completo a descrição aparentemente positiva do rei (por exemplo em 1Rs 3). Sua crueldade para reprimir toda ameaça potencial a seu controle único do poder (1Rs 1–2) emerge agora por completo (onde, já vimos, por vezes era atenuada como débito inevitável às fontes).[87] 1Rs 3,1-3, omitida na análise de H. Kenik,[88] significa possivelmente que Salomão foi remisso ao atrasar a construção do Templo. O casamento com a filha de Faraó é mais uma alusão a falsas prioridades (1Rs 3,1; cf. 9,24), e a aceitação de Gazer como presente de Faraó (1Rs 9,16) prejudica a imagem de Salomão como todo-poderoso na região. Por razões como essa, há quem pense que Salomão é retratado negativamente do começo ao fim de 1Rs 3–11 e até comparado de maneira desfavorável com Josias.[89]

---

[85] HALPERN, *Constitution*, pp. 88-94, esp. pp. 93-94.

[86] HALPERN, *Constitution*, p. 245.

[87] Ver WALSH, J. T. *Berith Olam: 1 Kings*. Collegeville, MI, Liturgical Press, 1996, p. 77.

[88] O argumento de que o comentário em 3,2-3 não significa uma afronta, mas apenas reflete a prática do período anterior ao Templo, está em KENIK, H. *Design for Kingship: The Deuteronomistic Narrative Technique in 1 Kings 3:4-15*. Chico, CA, Scholars Press, 1983, p. 204 (SBLDS, 69).

[89] SWEENEY, M. A. "The Critique of Solomon in the Josianic Edition of the Deuteronomistic History". *JBL* 114, 1995, pp. 607-622, argumenta que esse rei funciona como contraste a Josias. Sobre a leitura de 1Rs 1–11 com "desconfiança", cf. McCONVILLE, J. G. "Narrative and Meaning in the Books of Kings". *Bib* 70, 1989, pp. 31-49. Ver também SCHÄFER-LICHTENBERGER, *Josua und Salomo*, pp. 264-265, 267-270, 334-335, para quem o que os segue contrabalança os textos que subentendem algo negativo (como 3,1-3; 9,24-25). Contudo, nesse último caso, ela admite que o texto é indício de que a apostasia está próxima.

Biblistas como L. Eslinger e A. G. Auld aplicam uma hermenêutica de desconfiança ainda mais radical. Para Eslinger, em sua oração dedicatória (1Rs 8), Salomão adota, com engenhosidade, a linguagem de devoção, a fim de proclamar que as promessas a Davi se cumprem nele. Na verdade, "a retórica de Salomão objetiva constranger Deus, ao dizer que ele fez exatamente as coisas que o narrador e a narrativa mostram que não fez".[90] Auld também acha que o deuteronomista usa a alta teologia da oração dedicatória para criticar a monarquia davídica.[91]

Se essas últimas análises levam a "desconfiança" interpretativa muito longe, há, mesmo assim, fortes motivos para pensar que a história deuteronomista deseja mostrar que, até quanto a seus heróis, a história da realeza afasta-se do ideal régio do Deuteronômio. Kenik, que tanto enfatiza a dádiva divina da autoridade do rei como acha que Josias representava o ideal da história deuteronomista para a realeza, reconhece que esse ideal também incluía a submissão à Torá, o que Salomão deixou de exemplificar.[92] Ela insere seu estudo em um contexto mais amplo e vê a história deuteronomista como "uma controvérsia entre profetas e reis, dialética já prevista na interpretação de Moisés como profeta por excelência contrabalançado por Salomão, um dos reis infiéis".[93] Knoppers leva em conta uma crítica mais qualificada de Salomão, como parte de uma demonstração da seqüência de pecado, julgamento e promessa renovada.[94]

E a intenção aplica-se à narrativa dos reis como um todo. Se a descrição de Salomão em toda a sua glória não pode ser julgada por sua aparência de hino de louvor à dinastia davídica, será que as mesmas restrições se aplicam à descrição de Josias? Afinal de contas, será que Noth estava certo ao supor que a narrativa da queda de Judá era parte integrante do argumento de Reis, e não apenas uma adição tardia contrária a sua tendência principal? Também esse ponto de vista encontrou seus mais recentes defensores, notavelmente H.-D. Hoffmann, que demonstrou com grande poder de convicção que o ciclo de reforma e declínio

---

[90] ESLINGER, L. *Into the Hands of the Living God*. Sheffield, Sheffield Academic Press, 1989, pp. 174-175 (JSOTSup, 84).

[91] AULD, A. G. *Kings Without Privilege*. Edinburgh, T & T. Clark, 1994, pp. 40-41.

[92] KENIK, *Design for Kingship*, pp. 56, 206.

[93] KENIK, *Design for Kingship*, p. 173. Entretanto, ela acha que Josias satisfez o ideal.

[94] KNOPPERS, G. N. *Two Nations*, pp. 138-139.

subseqüente era essencial para a estrutura e o conceito dos livros dos Reis,[95] e J. Van Seters, no contexto de sua tentativa de restabelecer a teoria de um único deuteronomista exílico.[96] Esses autores recomendam que, ao ler a narrativa da reforma, como a de Salomão, estejamos atentos à intenção fundamental da narrativa. Se resultam em Joaquim e, em última análise, em Nabucodonosor, as glórias de Josias empalidecem.

Teologia messiânica em Deuteronômio-história deuteronomista?

Este estudo demonstrou que não há caminho fácil de nossos textos para uma teologia messiânica. As interpretações dos textos diferem e são, por sua vez, apoiadas por reconstituições literárias e históricas um tanto diferentes. Entretanto, os parâmetros de uma teologia messiânica são claros. Seu primeiro ponto de referência é a lei do rei em Dt 17,14-20, que institui o conceito radical de um rei com poderes limitados, um rei cujo poder não deve ser equiparado ao do Estado, mas que exerce autoridade em conjunto com outros e que, mais importante, está "sob a Torá". O mesmo conceito encontra-se na narrativa da fundação da realeza em Israel (1Sm 8–12). A significação desse relato não é completamente entendida nas distinções crítico-literárias entre fontes "pró e antimonárquicas" nesses capítulos. Antes, a colocação dessa parte no início da narrativa de transição para a monarquia em Israel estabelece critérios para a avaliação dos reis que ainda estão por vir. O conceito de um rei que está, ele próprio, sob autoridade, que, na verdade, não é nem mesmo imprescindível para a constituição de Israel (como sacerdotes, juízes, profetas e mesmo a assembléia do povo evidentemente são), deve ser considerado uma das contribuições especiais da literatura deuteronômica e até do Antigo Testamento. Sou de opinião que o conceito é antigo em Israel, pois é improvável ter sido inventado tanto para o programa mais régio de Josias como pela sabedoria exílica depois do evento. Deve ser considerado parte da demitização veterotestamentária da ideologia oriental. Como tal, já se vê, pode não parecer promissor para a teologia "messiânica". O dispositivo do Deuteronômio para a

---

[95] HOFFMANN, H.-D. *Reform und Reformen: Untersuchungen zu einem Grundthema der deuteronomistischen Geschichtsschreibung.* Zürich, Theologischer Verlag, 1980. Cf. HOBBS, T. R. *2 Kings.* Waco, TX, Word Books, 1985 (WBC); e MCCONVILLE, "Narrative and Meaning"

[96] VAN SETERS, J. *In Search of History.* New Haven, Yale University Press, 1983.

Parte II • Rei e Messias no Antigo Testamento

realeza é permissivo, não prescritivo, e é significativo que linhas "messiânicas" tenham sido seguidas a partir de sua lei do profeta, pelo menos na tradição samaritana. Mesmo assim, o conceito de um rei sob a Torá não se perde nem com a entrada de conceitos dinásticos davídicos na história. E é instrutivo observar as ligações com o ensinamento do Messias no evangelho de Mateus.[97]

O outro ponto de referência inevitável para uma teologia da realeza em nossa literatura é a promessa dinástica a Davi, especificamente por causa de seu caráter permanente ou eterno, origem principal da força do messianismo veterotestamentário. Parece que aqui as idéias mitológicas não estão muito distantes. A questão difícil para a interpretação é como reconciliar essa teoria — com seu papel exaltado para o rei, suas associações mitológicas, sua aparente garantia para a casa de Davi e a ausência de requisitos claros, em termos da Torá, de seu texto clássico — com o pensamento revolucionário do Deuteronômio.

Soluções críticas das fontes estão à mão, com sua oferta de elementos divergentes mais ou menos "condicionais" de tradição. Em sua análise já revista, Cross pensou em uma confluência do "decreto eterno" cananeu com o pensamento israelita patriarcal da Aliança. Talvez isso tenha validade. Mas sua análise específica — de que o deuteronomista defendia o decreto eterno, enquanto recebia e transmitia literatura que também preservava idéias da Aliança — não era irrefutável. O eterno e o condicional tiveram uma solução nítida demais com seus primeiro e segundo deuteronomista. A idéia de uma aliança régia está presente também nas tradições de Samuel (2Sm 23,1-7), bem como em outros textos veterotestamentários antigos (Sl 89; 132).[98]

A idéia de uma "trajetória" na narrativa, que vai de Moisés ao exílio, é mais proveitosa. Leva em conta a individualidade das diversas fases da narrativa e de suas personagens, de uma forma que concorda com o entendimento que Schäfer-Lichtenberger tem de Josué, por exemplo.[99] Também permite a ocorrência de um diálogo genuíno entre o programa fundamental do Deuteronômio e os desenvolvimentos verdadeiros da monarquia. A promessa dinástica surge em uma cadeia de eventos na qual atores importantes desempenham seus papéis consti-

---

[97] Ver o ensaio de Christopher Rowland neste livro, pp. 491-514.

[98] Ver nn. 46-52.

[99] Quanto a Schäfer-Lichtenberger, ver nn. 69-70.

Rei e Messias no Deuteronômio e na história deuteronomista

tucionais (1Sm 8–12). O resultado é a síntese de um entendimento constitucional da realeza baseado na Torá com uma promessa ou decreto que tem validade permanente ou eterna. Expressa em termos estritamente teóricos, essa síntese parece impossível. Mas, se os conceitos puderem ser formados pela narração de eventos na história, talvez se alcance uma solução, afinal. Não por acaso, a história relatada termina com uma nota que é, na melhor das hipóteses, ambígua para o futuro da dinastia (2Rs 25,27-30) e, provavelmente, infausta (cf. 1Rs 8,46-53, com sua falta de esperança na recuperação da terra); contudo, o texto clássico para a promessa dinástica conserva uma posição proeminente e ainda pode ser considerado cheio de expectativa. A tendência moderna a uma leitura dos livros da história deuteronomista como obras independentes,[100] cada um com seu viés e teologia, apóia uma interpretação da história deuteronomista que permite à teologia messiânica de Samuel sobreviver, embora o resultado da narrativa específica seja sombrio. Uma maneira pela qual o Novo Testamento anuncia um fim para a história é a descrição que Mateus faz de Jesus, como o rei davídico e como "o profeta Jesus, o de Nazaré da Galiléia" (Mt 21,8-11).

---

[100] VON RAD, G. *Theologie des Alten Testaments*, I. München, Chr. Kaiser Verlag, 1957, p. 344 (ET *Old Testament Theology*, I. Trad. D. M. G. Stalker. Edinburg, Oliver & Boyd, 1962, p. 347) [Ed. bras.: *Teologia do Antigo Testamento*, I. Trad. F. Catão. São Paulo, Aste, 1973]. Em um desenvolvimento característico, WESTERMANN, C. *Die Geschichtsbücher des Alten Testaments: Gab es ein Deuteronomistisches Geschichtswerk?*. Gütersloh, Chr. Kaiser Verlag, 1994 (TBü, 87), defende a produção e o desenvolvimento independentes dos livros da história deuteronomista. Outros estudos modernos trataram dos livros de Samuel como entidade literária independente, p. ex. KEYS, G. *The Wages of Sin: A Reappraisal of the "Succession Narrative"*. Sheffield, Sheffield Academic Press, 1996, pp. 53-57 (JSOTSup, 221).

O rei abandonado (por Deus) do Salmo 89: pesquisa histórica e intertextual

KNUT M. HEIM

O Sl 89, relacionado com 2Sm 7,1-16 em quase todos os aspectos, é também a base para Is 55,3-5 e Ap 1,5, duas passagens que repercutem algumas das preocupações mais importantes do salmo.[1] Parte do significado histórico e da contínua relevância da passagem origina-se de seu relacionamento com esses outros textos.[2] Em vista não só de sua posição histórica original, mas também de sua posição no cânon bíblico, o salmo ganha implicações messiânicas que um enfoque exclusivo em seu *Sitz im Leben* original deixa de revelar por completo. A experiência exílica dos primeiros destinatários do salmo suscitou perguntas a respeito da relação entre a promessa divina e a realidade política que continuam de pé, como atesta o material bíblico mais tardio.

1. Estrutura, data e ambiente do Sl 89

O Sl 89 consiste em três partes principais, vv. 1-19, 20-38 e 39-52, com uma nota editorial no v. 53 que opera principalmente no nível de todo o Saltério, mas também influencia a recepção do salmo (cf. 2.2.1 seguinte).[3]

---

[1] Sou grato a Daniel P. Bailey por ler (e reler!) o manuscrito deste ensaio, fazendo muitas sugestões proveitosas.

[2] Cf. GOLDINGAY, J. "Isaiah 40–55 in the 1990s: Among Other Things, Deconstructing, Mystifying, Intertextual, Socio-Critical, and Hearer-Involving". *BibInt* 5, 1997, pp. 225-246 (234).

[3] Neste artigo, a versificação do Sl 89 segue consistentemente o hebraico.

Parte II • Rei e Messias no Antigo Testamento

1. Os versículos 1-19 formam uma composição hínica que louva a constância e a fidelidade divinas reveladas na promessa de Deus a Davi de que sua dinastia se estabeleceria para sempre. A onipotência de Iahweh é enfatizada.

2. Os versículos 20-38 são expansão poética do oráculo de Natã (2Sm 7,1-16), que promete a perpetuidade da dinastia davídica em Israel: "Sua descendência será perpétua, e seu trono é como o sol à minha frente" (Sl 89,37). O compromisso solene e a obrigação legal de Iahweh para com essa promessa são especialmente enfatizados: "Por minha santidade eu jurei uma vez: jamais vou mentir a Davi!" (Sl 89,36).

3. Os versículos 39-52 formam uma lamentação em que se acusa Iahweh de renegar essa aliança, culminando em um apelo apaixonado em prol do restabelecimento da boa sorte do rei.

Não há consenso sobre a data do Sl 89: é impossível datá-lo com precisão (embora haja tentativas nesse sentido).[4] Também não se sabe ao certo se o salmo ou as partes que o constituem foram criados antes ou depois do exílio. Embora a repetição da íntegra do debate seja desnecessária, alguns argumentos relevantes a esta pesquisa merecem atenção. Há dois argumentos decisivos a favor de uma data pré-exílica. (1) O rei davídico parece estar vivo e falando em Sl 89,51-52.[5] (2) O salmo não menciona a destruição de Jerusalém e do Templo, nem a deportação de grande número de israelitas.[6]

O argumento decisivo a favor de uma data exílica ou pós-exílica não é o relato da derrota do rei *per se*, mas sua nota de determinação: o Senhor "renegou

---

[4] Um dos argumentos mais precisos e convincentes para uma data pré-exilica específica (735-734 a.C.) foi fornecido por Sarna, N. M. "Psalm 89: A Study in Inner Biblical Exegesis". In: Altmann, A., org. *Biblical and Other Studies*. Cambridge, MA, Harvard University Press, 1963, pp. 29-46 (42-45).

[5] Cf., p. ex., Day, J. *God's Conflict with the Dragon and the Sea: Echoes of a Canaanite Myth in the Old Testament*. Cambridge, Cambridge University Press, 1985, p. 26 (UCOP, 35); mas cf. agora sua datação exílica em Day. J. *Psalms*. Sheffield, JSOT Press, 1990, p. 95 (OTG); Ward, J. M. "The Literary Form and Liturgical Background of Psalm LXXXIX". *VT* 11, 1961, pp. 321-339 (337-339); Clifford, R. J. "A Lament Over the Davidic Ruler's Continued Failure". *HTR* 73, 1980, pp. 35-47 (47). Ver também Heim, K. M. "The Perfect King of Psalm 72: An 'Intertextual' Approach". In: Satterthwaite, P. E.; Hess, R. S.; Wenham, G. J., orgs. *The Lord's Anointed: Interpretations of Old Testament Messianic Texts*. Grand Rapids, Eerdmans, Carlisle, Paternoster Press, 1995, pp. 223-248 (224-226).

[6] Sarna, "Psalm 89", pp. 39-42, menciona nada menos que nove argumentos.

O rei abandonado (por Deus) do Salmo 89

a aliança" com seu servo (v. 40; cf. vv. 39-46). Segundo o Sl 89, as estipulações da aliança não excluíam a derrota militar e a catástrofe nacional. Contanto que a monarquia davídica persistisse, a aliança permaneceria intata. A passagem do oráculo no Sl 89 (vv. 20-38) "não promete que os reis de Judá jamais serão derrotados. Pelo contrário, prevê ser bem possível que sofram contratempos de diversos tipos, até mesmo catástrofes militares, como castigo por infidelidade à aliança".[7] Entretanto, essa catástrofe que inspirou a lamentação no Sl 89 não é simplesmente *qualquer* derrota, que não teria provocado a queixa ousada dos vv. 39-52, em que o Senhor é implicitamente acusado de infidelidade às estipulações da aliança (em especial no v. 50).[8] Assim, com toda a probabilidade, o Sl 89 é uma reação devota ao desastre histórico do exílio.[9]

Também não há acordo sobre a proveniência de 2Sm 7,1-16 e da maioria dos outros textos veterotestamentários relacionados com a tradição davídica da aliança, que incluem o Sl 132; 2Sm 23,5; 1Rs 2,3-4; 6,12; 8,25; 1Cr 17,1-15 (cf. também 1Cr 28,1-10). Há quem considere cada um desses textos uma composição literária historicamente confiável e unificada, enquanto outros questionam ambos os aspectos. De fato, textos individuais têm sido datados em períodos que chegam a ter 600 anos de diferença.[10] "*Es fehlt der 'Urtext'!*" [falta o texto original].[11] É impossível determinar a manifestação textual original da promessa dinástica com nosso conhecimento atual dos dados.[12] Portanto, este estudo adota uma abordagem diferente, a partir do que conhecemos historicamente a respeito da *interpretação* dos textos bíblicos.

---

[7]   FLOYD, M. H. "Psalm LXXXIX: A Prophetic Complaint about the Fulfillment of an Oracle". *VT* 42, 1992, pp. 442-457, esp. pp. 454-455, citação p. 455; cf. também p. 455, n. 21.

[8]   Cf. FLOYD, "Prophetic Complaint", p. 455.

[9]   Embora essa reconstituição do ambiente do salmo seja presumida para o restante deste estudo, o argumento não depende absolutamente dela, porque, em grande parte, este trabalho diz respeito à recepção do Sl 89.

[10] WASCHKE, E. J. "Das Verhältnis alttestamentlicher Überlieferungen im Schnittpunkt der Dynastiezusage und die Dynastiezusage im Spiegel alttestamentlicher Überlieferungen". *ZAW* 99, 1987, pp. 157-179 (159); cf. a literatura citada por Waschke na n. 8.

[11] WASCHKE, "Verhältnis", p. 163.

[12] Cf. SAEBØ, M. "Zum Verhältnis von 'Messianismus' und 'Eschatologie' im Alten Testament: Ein Versuch terminologischer und sachlicher Klärung". In: DASSMANN, E. et alii, orgs. *Der Messias*. Neukirchen-Vluyn, Neukirchener Verlag, 1993, pp. 25-55 (48) (Jahrbuch für Biblische Theologie, 8), e a literatura citada na n. 101.

PARTE II • Rei e Messias no Antigo Testamento

2. Interpretação do Sl 89 à luz de 2Sm 7

A passagem oracular do Sl 89 é descrita como citação de um discurso do passado:[13] "Outrora (*'āz*) falaste numa visão, dizendo aos teus fiéis" (Sl 89,20). Para leitores e ouvintes que conhecem 2Sm 7, a referência só pode ser ao discurso ali relatado. Essa conclusão é inevitável, pois a estrutura narrativa de 2Sm 7,4-5 indica essas palavras como o discurso de Iahweh ao profeta Natã na noite anterior ao recebimento da promessa por Davi. No nível literário, então, o *Urtext* da promessa dinástica é 2Sm 7.

2.1. O desenvolvimento da promessa dinástica no salmo

Uma comparação entre o Sl 89 e 2Sm 7 revela que o salmista demonstrou considerável liberdade ao mudar e adaptar o oráculo de Natã de outrora. Conseqüentemente, a fidelidade do salmo à tradição original por vezes tem sido questionada (cf. 2.1.2 adiante). Embora este ensaio chegue a uma conclusão mais positiva sobre da continuidade do salmo em relação à tradição (cf. 2.1.3 adiante), é necessário primeiro elucidar em detalhe o desenvolvimento da promessa dinástica.

2.1.1. O desenvolvimento elucidado

A lista a seguir mostra algumas das mudanças do salmo quanto ao oráculo original. Descobrimos que:[14]

1. não há descanso para o povo (cf. 2Sm 7,10-11);

2. a expansão do domínio de Davi em âmbito mundial torna-se explícita (Sl 89,26);

3. a fórmula de adoção (cf. 2Sm 7,14) foi mudada para realçar a responsabilidade de Deus para proteger Davi (Sl 89,27-28);

4. a adoção recai no próprio Davi, não em seu sucessor (Sl 89,27-28);

---

[13] Para isso e o que se segue, cf. KRAUS, H.-J. *Psalmen*, II. 5. ed. Neukirchen-Vluyn, Neukirchener Verlag, 1978, pp. 788-792 (BKAT, 15,2) (ET *Psalms 60–150*. Trad. H. C. Oswald. Minneapolis, Augsburg, 1989, pp. 207-210).

[14] Cf. SARNA, "Psalm 89", pp. 37-38; FISHBANE, M. *Biblical Interpretation in Ancient Israel*. Oxford, Clarendon Press, 1985, p. 467; DUMORTIER, J.-B. "Un Rituel d'Intronisation: Le Ps. lxxxix 2-38". *VT* 22, 1972, pp. 176-196 (193-196).

O rei abandonado (por Deus) do Salmo 89

5. o castigo divino foi transferido do sucessor imediato de Davi (cf. 2Sm 7,14) para a dinastia toda (Sl 89,31-33);

6. a promessa oracular transformou-se em aliança madura (Sl 89,4. 35.40.50).

Uma conseqüência desse afastamento da promessa de descanso para o povo (ponto 1) é que a sobrevivência da dinastia davídica torna-se agora a única garantia de paz e tranqüilidade para todo o povo. A ênfase no domínio universal do rei davídico (ponto 2) traz à tona o agudo contraste com a humilhação militar descrita no salmo (Sl 89,39-46) e realça os problemas teológicos envolvidos nessa aparente "quebra de contrato". A expressão mais pessoal da fórmula de adoção (ponto 3) sublinha o estreito relacionamento entre o rei davídico e Iahweh, bem como sua fragilidade e dependência da proteção de Deus, o que enfatiza a responsabilidade divina de proteger a linhagem davídica (cf. vv. 22-26). A segurança é o benefício mais importante que o relacionamento do "primogênito" deve proporcionar. O enfoque da adoção apenas em Davi (ponto 4) não é uma limitação da promessa, mas trata Davi como símbolo de sua dinastia. A extensão do castigo divino à linhagem davídica (ponto 5) significa que Davi tornou-se "símbolo dinástico".[15] Ao converter a promessa em aliança (ponto 6), o salmista faz uso de uma tradição exegética bastante primitiva (cf. "as últimas palavras de Davi", 2Sm 23,5), o que ressalta ainda mais a responsabilidade do Senhor e o faz responsável pela sobrevivência da dinastia.

Essas mudanças parecem cuidadosamente planejadas para servir aos propósitos do poeta. A comparação entre o Sl 89 e 2Sm 7 realça a maneira como as mudanças no salmo fortalecem hábil e vigorosamente a natureza inviolável do compromisso do Senhor com a dinastia. No Sl 89, a promessa/aliança davídica permanece *incondicional* e introduz a terminologia legal de aliança para enfatizar a *certeza imutável* dessa promessa incondicional e perpétua:

Se seus filhos abandonarem minha lei [...], eu punirei sua transgressão com vara [...], mas sem deles retirar meu amor [...]. Jamais vou profanar minha aliança (Sl 89,31-35).

---

[15] SARNA, "Psalm 89", p. 38.

Parte II • Rei e Messias no Antigo Testamento

Examinaremos adiante (2.1.3) por que o Sl 89 não mudou realmente a natureza incondicional da promessa/aliança, como outros textos fizeram.

2.1.2. O questionamento sobre a fidelidade do salmo ao oráculo original

Em vista das numerosas mudanças e desenvolvimentos ora observados, uma pergunta óbvia é se o Sl 89 é ou não fiel ao oráculo de Natã encontrado em 2Sm 7. Fishbane, que presume ser o Sl 89 uma exegese consciente de 2Sm 7, critica o modo como esse salmo maneja a tradição, conforme a longa citação a seguir exemplifica:

> O antigo documento régio de 2Sm 7 [...] foi claramente reaplicado a uma nova situação histórica, e suas ambigüidades e enfoques originais foram reformulados de modo adequado. Aqui é especialmente importante o grau em que o Sl 89 reflete uma realidade na qual se acreditava que oráculos divinos eram vitais, potências "geradoras de eventos", e o fato de sua credibilidade teológica ser tão básica e efetivamente tão importante que foram necessários ajustes sutis para assegurar a validade oracular. Na verdade, essa motivação cognitivo-teológica era tão forte que nosso salmista não se exime de citar erroneamente as palavras oraculares de Yahweh, retomando para si [...], e até reforça o antigo oráculo com outra mudança exegética. Finalmente, o Sl 89,4.35-36.40.50 refere-se, de maneira admirável, à profecia em termos legais de aliança. Nenhuma referência desse tipo encontra-se na versão em prosa do oráculo dinástico, em 2Sm 7.[16]

Fishbane concluiu que a exegese do oráculo de Natã, no Sl 89, é "claramente falsa" por causa das numerosas mudanças tendenciosas que vão bem além de qualquer sentido implícito.[17] Presumiu que essas mudanças tivessem sido introduzidas porque a validade do oráculo divino e, por implicação, a credibilidade teológica do próprio Deus de Israel estavam ameaçadas pelas novas circunstâncias históricas da derrota militar. Entretanto, as considerações a seguir demonstram que o Sl 89 é uma composição poética altamente artística. Talvez *transcenda* o texto que lhe serve de fonte, mas não vai *contra* ele.

---

[16] Fishbane, *Biblical Interpretation*, p. 467.
[17] Fishbane, *Biblical Interpretation*, p. 534.

312

O rei abandonado (por Deus) do Salmo 89

2.1.3. Afirmação do oráculo e apelo pela realização

Como observamos anteriormente, o tratamento que o salmo dá à tradição parece cuidadosamente planejado, extraindo criativamente as conseqüências implícitas em 2Sm 7.

O entendimento de Fishbane de que os desenvolvimentos ou mudanças do salmo foram introduzidos principalmente para proteger a validade do oráculo original deixa de ser convincente quando notamos que mudanças mais eficazes com esse propósito podiam ter sido introduzidas. Contudo, o Sl 89 ainda afirma que a promessa–aliança davídica é *incondicional*, embora mudar a natureza do salmo de incondicional para condicional poria a aliança mais de acordo com a realidade política e resolveria o problema teológico. Essa transformação fazia parte dos conhecimentos do salmista, pois muitos outros textos empregaram exatamente esse tipo de mudança (p. ex. Sl 132,12; 1Rs 2,3-4; 6,12; 8,25).[18]

Na verdade, as mudanças no Sl 89 parecem destacar nitidamente o contraste entre a previsão oracular e a realidade da época do salmista (vv. 39-46), enquanto a teoria de Fishbane parece predizer que elas seriam menosprezadas. Primeiro, pela omissão do descanso para o povo (ponto 1), a sobrevivência da dinastia davídica continua a ser a única garantia de paz. Contudo, a situação do rei davídico é o principal enfoque da parte da lamentação (vv. 39-46). Segundo, a adição em Sl 89,26 (ponto 2) salienta o contraste entre o prognóstico oracular de superioridade política e a derrota militar infligida ao soberano atual. Terceiro, a fórmula de adoção mais elaborada (ponto 3) contrasta a fragilidade e a dependência da parte inferior em relação à aliança, o que atribui mais responsabilidade à parte superior para cumprir suas obrigações na aliança. E isso leva à quarta mudança. Ao converter a promessa em aliança, o caráter legalmente obrigatório do acordo do Senhor para proteger a dinastia davídica torna-se manifesto.[19]

Elementos específicos de vocabulário e tema apontam na mesma direção. A passagem inicial do Sl 89 está cheia de expressões que, por um lado,

---

[18] Seybold, K. *Die Psalmen*. Tübingen, J. C. B. Mohr (Paul Siebeck), 1996, p. 498 (HAT, 1,15).

[19] Sobre a suposta afinidade entre a promessa dinástica ou aliança davídica com tratados do antigo Oriente Próximo, ver Veijola, T. "Davidverheißung und Staatsvertrag". *ZAW* 95, 1983, pp. 9-31, e, em especial, Weinfeld, M. "The Covenant of Grant in the Old Testament and in the Ancient Near East". *JAOS* 90, 1970, pp. 184-203. Cf. uma forte crítica da suposta analogia em Knoppers, G. N. "Ancient Near Eastern Royal Grants and the Davidic Covenant: A Parallel?" *JAOS* 116, 1996, pp. 670-697.

Parte II • Rei e Messias no Antigo Testamento

denotam a fidelidade (vv. 2.3.4.9.15.17) e o cuidado do Senhor por seu povo (vv. 2.3.4.16.18.19) e, por outro lado, seu poder ilimitado (vv. 7-8.9.10.11.12.13.14.18) e a validade perpétua de sua proteção para seu povo (vv. 3.4.5). Na mentalidade do salmista, a fraqueza e a incapacidade divinas não são explicação válida para o evidente fracasso de Deus. Antes, por meio dessas expressões, o Senhor torna-se responsável pelo trono de Jerusalém. Com base em Sl 89,2-19, parece impensável que o Senhor fosse capaz de desamparar seu ungido e seu povo. Como conseqüência, a pergunta carregada emocional e teologicamente: "Onde estão as primícias do teu amor, ó Senhor? Juraste a Davi pela tua verdade" (v. 50), praticamente acusa o Senhor de quebra de contrato. Assim, o título deste ensaio pode bem acabar sendo uma designação incorreta. O Sl 89 parece muito mais preocupado com o *Deus* que aparentemente quebrou sua aliança que com o fracasso do rei que ele desamparou.

Outra distorção sutil mas eficiente na versão que o salmo dá ao oráculo é que, segundo o v. 36, Deus não promete simplesmente a perpetuidade dinástica a Davi, mas realmente "jura" por sua "santidade", detalhe aparentemente inocente assimilado no apelo por ajuda (v. 50). Assim, na versão que o salmo dá ao oráculo de Natã, a integridade do Senhor está em jogo.

Tudo isso sugere que o compositor do Sl 89 não moldou o material contido em 2Sm 7 em uma apologética. Antes, o salmo parece levar a sério a discrepância entre a promessa dinástica e a atual realidade política. Ao formular as implicações do que a promessa dinástica passara a significar em sua época, mostra que ou o Senhor *traiu* Davi (v. 36) e renegou sua promessa (vv. 40.50), ou precisa ajudar seu ungido. Nesse sentido, o salmo é *adaptável*, e aguarda ansiosamente a ação do Senhor, na esperança obstinada de que a promessa divina expressa no oráculo de Natã ainda seja válida.

2.2. O desenvolvimento das implicações escatológicas do oráculo no salmo

Em geral, é agora reconhecido que o Antigo Testamento não contém uma desenvolvida "doutrina das últimas coisas".[20] Mesmo assim, contém tradições que consideram desenvolvimentos futuros radicais que constituem significativa

---

[20] Cf. Schmidt, W. H. "Aspekte der Eschatologie im Alten Testament". In: Dassmann et al., orgs., *Der Messias*, pp. 3-23, esp. pp. 5-6; Saebø, " 'Messianismus' und 'Eschatologie' ", p. 36.

O rei abandonado (por Deus) do Salmo 89

ruptura com as realidades contemporâneas e podem, portanto, ser chamadas "escatológicas".[21] Esses complexos de tradição evoluíram com o tempo, e as diversas tradições por vezes ficaram em tensão umas com as outras.[22] Assim, não é surpreendente descobrir que existem quase tantas abordagens da "escatologia" no Antigo Testamento quantos são os estudiosos que investigam o conceito.[23] Particularmente contestadas (além do problema de definição e terminologia) são as questões da verdadeira importância da "escatologia" no Antigo Testamento e de quando certos aspectos e tradições surgiram.[24]

Embora nem todo desenvolvimento para a compreensão de assuntos escatológicos seja seguramente delineável em um esquema histórico, mesmo assim parece claro que situações históricas importantes, em especial crises nacionais e comunais, proporcionaram uma boa sementeira para futuras expectativas e ajudaram a moldar as noções escatológicas existentes.[25] Os acontecimentos traumáticos que envolveram a queda de Jerusalém, em 587 a.C., parecem ter sido o único catalisador muitíssimo influente no processo do pensamento escatológico.[26] As perspectivas mais elaboradas, de orientação futura, a respeito das realidades atuais desenvolveram-se depois do exílio[27] e, na época pós-exílica tardia, culminaram no "apocaliptismo".[28]

O Sl 89 desenvolve as implicações escatológicas da promessa davídica à luz das circunstâncias. Reconhecidamente, não há, no Sl 89, sinais evidentes de expectativas escatológicas. Entretanto, isso não significa a inexistência de espaço para uma perspectiva de orientação futura, como revelam os pontos a seguir.

---

[21] SMEND, R. "Eschatologie, II: Altes Testament". In: *TRE*, X, pp. 256-264 (257).

[22] PETERSEN, D. L. "Eschatology (OT)". *ABD*, II, pp. 575-579.

[23] SAEBØ, " 'Messianismus' und 'Eschatologie' ", pp. 25-30.

[24] Cf. as avaliações do meio acadêmico em SAEBØ, " 'Messianismus' und 'Eschatologie' ", pp. 26-39, e SMEND, "Eschatologie", pp. 257-259, esp. p. 259. Ver também os artigos reunidos em PREUSS, H. D. *Eschatologie im Alten Testament*. Darmstadt, Wissenschaftliche Buchgesellschaft, 1978 (Wege der Forschung, 480).

[25] Cf. PETERSEN, "Eschatology", pp. 578-579.

[26] Cf. PETERSEN, "Eschatology", p. 576.

[27] Cf. CLEMENTS, R. E. "The Messianic Hope in the Old Testament". *JSOT* 43, 1989, pp. 3-19, esp. p. 13.

[28] Ver SAEBØ, " 'Messianismus' und 'Eschatologie' ", pp. 40-43; cf. SMEND, "Eschatologie", p. 257. Sobre o termo "apocalíptica", ver COLLINS, J. J. "Early Jewish Apocalypticism". *ABD*, 1, pp. 282-288 (283-284).

Parte II • Rei e Messias no Antigo Testamento

2.2.1. O pós-escrito do salmo prevê a intervenção divina

O pós-escrito no v. 53, geralmente aceito como encerramento do terceiro livro do Saltério, louva a Deus, apesar da tensão não resolvida na lamentação precedente. A adição do v. 53 ("Bendito seja Iahweh para sempre! Amém! Amém!"), imediatamente após as lamentações e queixas emocionais dos vv. 39-52, é inexplicável ou cínica, a não ser que se presuma que o v. 53 expressa a crença de que o Senhor vai, com certeza, responder às súplicas dos vv. 39-52. Embora em geral se reconheça que o pós-escrito atua no nível editorial do Saltério como um todo, ainda assim parece improvável que os que inseriram o v. 53 não tivessem consciência nem se interessassem pela evidente inadequação do v. 53 no contexto dos versículos precedentes. É mais provável a suposição de que acreditassem que o Senhor com certeza atenderia às súplicas dos vv. 39-52.[29] Como alternativa, os organizadores podem ter acreditado que o Senhor realmente respondeu no tempo deles. Isso, entretanto, só seria plausível durante o breve período em que os exilados tinham acabado de voltar a Judá e investiram altas esperanças no descendente de Davi, Zorobabel, até que essas expectativas também foram frustradas.[30]

2.2.2. A promessa dinástica é ilimitada

A aliança com Davi inclui sua linhagem dinástica, sem que um ponto final seja identificado. A promessa é ilimitada desde o início (vv 29-30.34-38), não importa o que as expressões temporais reais do salmo signifiquem ou tenham significado. Com certeza, até a abolição da monarquia, nenhum ponto final foi percebido nem pelo autor do salmo, nem por seus leitores. Na verdade, mesmo depois do fim da monarquia, textos como 2Sm 7 e o Sl 89 ainda não eram lidos de uma maneira que considerasse o fim total da dinastia davídica. Essa circunstância motivou a justa indignação que transparece nas acusações carregadas de retórica (vv. 39-40), nos versos iniciais da passagem de lamentação: o Senhor não manteve sua parte das estipulações da aliança.

---

[29] Cf. Wilson, G. H. *The Editing of the Hebrew Psalter*. Chico, CA, Scholars Press, 1985 (SBLDS, 76).

[30] Cf. Ag 2,20-23; Zc 3,8; 4,6-10; 6,11.12-13.

O rei abandonado (por Deus) do Salmo 89

2.2.3. A conclusão do salmo exige uma resposta

A lamentação vai até o término do salmo propriamente dito. A tensão entre a promessa divina e seu evidente fracasso não encontra solução. A *Urklage*, "Até quando [...], ó Iahweh [...]?" (v. 47), paira no ar, à espera da resposta divina. As perguntas do v. 47 são retóricas e subentendem uma resposta negativa: Não, Iahweh não se esconderá para sempre; sua cólera arde, mas *não* como fogo, pelo menos não até o ponto em que o objeto ao qual se pôs fogo seja inteiramente consumido. De modo semelhante, a pergunta do v. 50, "Onde estão as primícias do teu amor, ó Senhor? Juraste a Davi pela tua verdade", faz uma reivindicação legal a Deus para que cumpra suas obrigações na aliança. A tensão do salmo não se aliviará enquanto o Senhor não responder.[31] Em um contexto exílico ou pós-exílico, sem a soberania nacional restabelecida e sem a restauração da linhagem davídica no trono, o pedido do salmo para que o Senhor cumpra suas obrigações na aliança continua a soar com insistência.

Isso leva à conclusão de que o tema central do Sl 89 é a súplica pela intervenção do Senhor para terminar o exílio por meio da restauração da monarquia davídica — na verdade, uma importante ruptura com as realidades históricas contemporâneas.

3. Interpretação de Is 55,1-5 à luz do Sl 89

Enquanto o Sl 89 procurava reverter a calamidade que sobreviera ao rei e ao país com um apelo devoto a Iahweh pela restauração da dinastia, de acordo com a aliança davídica, Is 55,1-5 contém o apelo de Iahweh aos exilados na Babilônia para que *o* reconheçam como a fonte de sua libertação da mesma calamidade. Esse apelo é acompanhado pela promessa de restabelecer a aliança davídica no futuro (próximo), bem como de promessas de reconhecimento internacional de Israel por sua transmissão do culto de Iahweh a todo o mundo.[32]

---

[31] Ver resposta semelhante, quase com certeza ligada à queda de Jerusalém, em Lm 5,20-22.

[32] Cf. EISSFELDT, O. "The Promises of Grace to David in Isaiah 55:1-5". In: ANDERSON, B. W. & HARRELSON, W., orgs. *Israel's Prophetic Heritage: Essays in Honor of James Muilenburg*. Philadelphia, Fortress; London, SCM Press, 1962, pp. 196-207 (202-203). Embora os paralelos conceituais e verbais entre Sl 89 e Is 55 restrinjam-se aos vv. 3-5, o entendimento apropriado desses versículos só é conseguido no contexto literário proporcionado pelos vv. 1-2.

Parte II • Rei e Messias no Antigo Testamento

Considerado isoladamente, o número de aspectos comuns ao Sl 89 e a Is 55,3-5 é limitado, em parte devido à concisão da passagem. Em conseqüência, a ligação entre Is 55,3-5 e o Sl 89 algumas vezes tem sido posta em dúvida (cf. 3.2 adiante), enquanto até os biblistas que aceitam o elo questionam a maneira exata em que o salmo foi aplicado ao Dêutero-Isaías (cf. 3.3 adiante). Esses pontos só podem ser discutidos depois de estabelecermos a ligação entre Is 55,3-5 e o Sl 89.

3.1. O elo esclarecido

A comparação entre o Sl 89 e Is 40–66 revela alguns aspectos comuns que sugerem que talvez o salmo tenha influenciado Is 55,1-5.

1. As duas passagens tratam do mesmo tema, a restauração da aliança davídica.

2. O Dêutero-Isaías e o Sl 89 apóiam as súplicas pela intervenção salvífica de Iahweh ou a promessa de restauração com uma referência ao poder de Iahweh (cf. Sl 89,7-14 e Is 41,12-31; 51,9-11).[33]

3. O Dêutero-Isaías e o Sl 89 empregam com freqüência as mesmas palavras e expressões, que são raras alhures (a lista de Eissfeldt cobre quase toda uma página).[34]

4. A "aliança eterna" prometida a Davi (Is 55,3) encontra ecos estreitos em Sl 89,2.25.50, e o conceito é fundamental em ambas as passagens.[35]

5. Is 55,3 apresenta "uma aliança eterna", que assegura "as graças prometidas a Davi" (ver ponto 4; ver, mais adiante, paralelos com o Sl 89).

Esses paralelos exigem uma explicação. Os vários argumentos, tanto pró como contra o uso deliberado do Sl 89 pelo autor de Is 55,1-5, servem para ressaltar o problema literário e teológico.

---

[33] Eissfeldt, "Promises", p. 199.

[34] Eissfeldt, "Promises", pp. 199-200; cf. Day, *Conflict*, p. 92.

[35] Eissfeldt, "Promises", pp. 196-207 (195). Cf. uma forte defesa dessa versão (genitivo-objetiva) em vez de "fidelidade eterna de Davi" (genitivo-nominativa) em Williamson, H. G. M. " 'The Sure Mercies of David': Subjective or Objective Genitive?". *JSS* 23, 1978, pp. 31-49.

3.2. O elo contestado e defendido

Fohrer rejeitou a idéia de Is 55,3-5 depender do Sl 89. Entretanto, seus argumentos não convencem. Primeiro, ele presumiu que o conceito de aliança não fosse importante para o Dêutero-Isaías, de modo que sua rejeição da aliança davídica é aqui uma espécie de raciocínio circular. Segundo, Fohrer pressupôs que a razão primordial para a menção da aliança com Davi no presente contexto é que, para o Dêutero-Isaías, a aliança davídica já se demonstrara perpétua.[36] Terceiro, Fohrer achava que a única característica da aliança davídica enfatizada em Is 55,3-5 era a função de Davi como testemunha do poder divino superior. Para Fohrer, então, a referência à aliança davídica seria simplesmente "material ilustrativo" (*Anschauungsmaterial*).[37]

Os três argumentos empregados por Fohrer não têm base firme. Primeiro, mesmo que o conceito de aliança não fosse importante para o Dêutero-Isaías, isso não significa que ele não o usou *neste contexto específico*. A lista de paralelos entre o Sl 89 e o Dêutero-Isaías ocupa toda uma página de Eissfeldt (ver item 3). Como qualquer das outras alianças entre o Senhor e seu povo poderia ter sido usada a contento no contexto atual, a aliança com Davi deve ter sido empregada com propósito específico. Contudo, a razão para esse emprego nada tem a ver com o segundo argumento de Fohrer. Longe de ser considerada uma comunhão perpétua ("*andauernde, beständig erwiesene Gemeinschaft*" [uma comunhão perpétua constantemente comprovada], nas palavras de Fohrer) entre o Senhor e Davi, o autor de Is 55,1-5 entendeu exatamente o contrário: a aliança presumivelmente *eterna* e *incondicional* com Davi foi *rompida*! Assim, é a *restauração* dessa aliança rompida que é prometida, e em nenhum outro lugar os três aspectos da aliança, "eterna", "incondicional" e "rompida", são tratados de maneira tão abrangente e apaixonada quanto no Sl 89.[38] Esses paralelos entre o salmo e o uso da aliança

---

[36] Eis o texto em alemão: "An dieser Stelle handelt es sich denn auch um den Bund mit *David*, der näherhin als *andauernde, beständig erwiesene Gemeinschaft* bestimmt wird, so daß der Begriff Bund letztlich die feste unauflösliche Beziehung meint" [Nesse lugar, trata-se também da aliança com *Davi*, cuja definição mais exata é uma *comunhão perpétua constantemente comprovada*, de forma que o conceito aliança por fim significa uma relação indissolúvel]; FOHRER, G. *Jesaja 40–66: Deuterojasaja/Tritojesaja*. 2. ed. Zürich, Theologischer Verlag, 1986, p. 177. (Zürcher Bibelkommentare AT, 19:3); grifo dele.

[37] FOHRER, *Jesaja*, pp. 177-178 e n. 160.

[38] Cf. esp. EISSFELDT, "Promises", pp. 205-206.

PARTE II • Rei e Messias no Antigo Testamento

davídica, em Is 55,3, também respondem ao terceiro argumento de Fohrer. A aliança de Davi não só é mencionada com referência a sua função como testemunha do poder divino, mas também alude à integridade do Senhor. É sinal de que a sorte de Israel vai mudar!

Parece impossível *provar* que alguma das duas composições, o Sl 89 ou Is 55,1-5, dependa diretamente da outra, embora a opinião da maioria afirme que o Dêutero-Isaías conhecia o Sl 89 e usou-o.[39] Uma prova decisiva de sua interdependência, entretanto, não é essencial para esse argumento. Antes, o número de elos intertextuais é suficiente para estabelecer um processo de interpretação que leve em conta ambos os textos e os combine com referência a seus propósitos específicos. Mas como os dois textos interagem nesse processo interpretativo? A fim de responder a essa pergunta, é necessária uma análise mais acurada de alguns dos conceitos de Is 55,1-5.

3.3. O elo interpretado

Muitos exegetas notam significativa mudança na versão da aliança davídica dada pelo Dêutero-Isaías. Aparentemente, Is 55,3-5 não contém nenhuma referência à promessa divina de que um representante davídico sempre se sentaria no trono de Jerusalém e governaria as outras nações.[40] De acordo com eles, as invioláveis promessas divinas de graça a Davi são feitas agora a Israel como um todo — e, portanto, *não* mais à dinastia de Davi.[41] Os comentaristas falam de *transferência* (*Übertragung*) da promessa original dos descendentes de Davi para Israel. Entretanto, é discutível se essa transferência incluía necessariamente a destituição da dinastia régia de seus privilégios de aliança. Reconhecidamente, esse entendimento é plausível, à *prima facie*, visto que, depois da destruição de Jerusalém, a aliança

---

[39] P. ex. EISSFELDT, "Promises", p. 199; WESTERMANN, C. *Das Buch Jesaja: Kapitel 40–66*. 5. ed. Göttingen, Vandenhoeck & Ruprecht, 1986 (1966), p. 228 (ATD, 19) (ET *Isaiah 40–66*. Trad. D. M. G. Stalker. London, SCM Press, 1969, pp. 283-284 [OTL]).

[40] Cf. EISSFELDT, "Promises", p. 203.

[41] Cf. KRAUS, H.-J. *Das Evangelium der unbekannten Propheten: Jesaja 40–66*. Neukirchen-Vluyn, Neukirchener Verlag, 1990, p. 162 (Kleine Biblische Bibliotek); WESTERMANN, *Jesaja*, p. 228 (ET *Isaiah 40–66*, pp. 283-284); NORTH, C. R. *The Second Isaiah: Introduction, Translation and Commentary to Chapters XL–LV*. Oxford, Clarendon Press, 1964, p. 258; KAISER, O. *Der königliche Knecht: Eine traditionsgeschichtlich-exegetische Studie über die Ebed-Jahwe-Lieder bei Deuterojesaja*. 2. ed. Göttingen, Vandenhoeck & Ruprecht, 1962, esp. pp. 132-134 (FRLANT, 70).

O rei abandonado (por Deus) do Salmo 89

davídica dava a impressão de ser obsoleta. Contudo, o Sl 89 parece sugerir um forte desejo de restauração da monarquia de Davi. Assim, a oferta da "aliança eterna" original de Davi a todo o povo talvez não seja tanto uma transferência quanto uma *extensão* — *Ausweitung* em vez de *Übertragung*, o termo usado por muitos biblistas alemães. Desse modo, a controvérsia sobre se o versículo "é messiânico" ou "democratiza" a aliança davídica pode ter criado uma falsa dicotomia. Is 55,3 inclui claramente todo o povo na prometida renovação da aliança, razão pela qual pode ser justificadamente chamado de "democrático",[42] sem de modo algum excluir a dinastia davídica (embora a inclusão de um rei davídico não torne o versículo necessariamente messiânico). A idéia da extensão de conceitos legais de indivíduos a Israel como um todo é fundamental para o desenvolvimento da mensagem de esperança contida no Dêutero-Isaías. Por exemplo, no chamado quarto canto do Servo (Is 52,13–53,12), o Servo *representa* o povo. Isso é relevante no contexto de Is 55,3-5, pois os caps. 54–55 formam a alegre reação ao que se passou antes.[43] Em outras palavras, é provável que o convite de Is 55,1-5 se caracterize como resultado direto do sofrimento substituto do Servo sofredor (em vez do povo, excluindo o povo) e da justificação representativa (que inclui o povo).[44]

---

[42] WILLIAMSON, "Subjective or Objective Genitive?", p. 44, n. 1.

[43] Poucos biblistas levam em consideração as relações contextuais entre os caps. 54–55 e as partes precedentes do livro, talvez porque Is 52,13–53,12 tenha sido identificado como um dos chamados cantos do Servo que — segundo a teoria de Duhm — devem ser completamente isolados de seu ambiente textual; cf. DUHM, B. *Das Buch Jesaja*. Göttingen, Vandenhoeck & Ruprecht, 1892, 4. ed. rev., 1922, p. 407 (HKAT, 3,1). Entretanto, Motyer salienta que os caps. 54–55 respondem ao que o Servo fez pelo povo, conforme descrito em Is 53; cf. MOTYER, J. A. *The Prophecy of Isaiah*. Leicester, Inter-Varsity Press, 1993, ed. repr. 1994, p. 444; outros estudos que enfatizam a importância do contexto na interpretação dos cantos do Servo incluem METTINGER, T. N. D. *A Farewell to the Servant Songs: A Critical Examination of an Exegetical Axiom*. Lund, C. W. K. Gleerup, 1983, pp. 23-28, esp. p. 26; KAISER, *Der königliche Knecht*, p. 10; e YOUNG, E. J. *The Book of Isaiah: The English Text, with Introduction, Exposition, and Notes*, III. Grand Rapids, Eerdmans, 1972, pp. 360 e 374 (NICOT).

[44] Ver esp. JANOWSKI, B. "Er trug unsere Sünden: Jes 53 und die Dramatik der Stellvertretung". In: JANOWSKI, B. & STUHLMACHER, P., orgs. *Der leidende Gottesknecht: Jesaja 53 und seine Wirkungsgeschichte*. Tübingen, J. C. B. Mohr (Paul Siebeck), 1996, pp. 27-48.(Forschungen zum Alten Testament, 14); HERMISSON, H.-J. "Das vierte Gottesknechtslied im deuterojesajanischen Kontext". In: JANOWSKI, B. & STUHLMACHER, P., orgs. *Gottesknecht*, pp. 1-25, esp. p. 18. Cf. uma exposição mais abrangente do pensamento de Janowski na parte final de BAILEY, D. P. "Concepts of *Stellvertretung* in the Interpretation of Isaiah 53". In: BELLINGER, W. H. & FARMER, W. R., orgs. *Jesus and the Suffering Servant: Isaiah 53 and Christian Origins*. Valley Forge; Trinity Press International, 1998, pp. 225-252 (247-252). Ver também o breve sumário de Hermisson: BAILEY, D. P. "The Suffering Servant: Recent Tübingen Scholarship on Isaiah 53". In: BELLINGER & FARMER, orgs., *Jesus and the Suffering Servant*, pp. 253-261 (256-257).

Parte II • Rei e Messias no Antigo Testamento

A contribuição de Westermann, típica de muitos comentaristas de Is 55,3-5, vai ser examinada em profundidade. Westermann ressalta que o conflito entre a promessa do oráculo de Natã e a realidade histórica do exílio abalou gravemente a confiança judaica na integridade de Iahweh. Ele nota duas reações distintas que visam dirimir esse dilema: (1) a esperança em um novo rei, da mesma linhagem, mas totalmente diferente dos predecessores, o Messias, e (2) a "modificação" encontrada em Is 55,3-5, a transferência da antiga promessa dinástica para todo o povo. Sua análise estrutural dos vv. 3b-5, representada adiante, depende disso.[45] O versículo 3b contém a promessa da nova aliança com o povo:

Farei convosco uma aliança eterna,
assegurando-vos as graças prometidas a Davi.

O versículo 4 aperfeiçoa a antiga aliança davídica:

Com efeito, eu o pus como testemunha aos povos,
como regente e comandante de povos.

O versículo 5a coteja a antiga promessa com a "nova" aliança, sendo o suposto contraste entre os vv. 4 e 5 indicado pela repetição da partícula dêitica *hēn*, "com efeito", "assim", "veja", "eis", "note bem", "repare", no início de cada versículo:

Assim, tu chamarás por uma nação que não conheces,
sim, uma nação que não te conhece acorrerá a ti.

O versículo 5b introduz o propósito com o qual essa "nova" aliança foi feita:

por causa de Iahweh teu Deus, à busca do Santo de Israel,
porque ele te cobriu de esplendor.

Entre outros, Motyer chega a sugerir que "a obra do Servo relativa à aliança é a percepção 'das graças prometidas a Davi' (55,3)", e conclui que as imagens do Servo e do rei, no livro de Isaías, são "facetas de uma só pessoa messiânica" (Motyer, *Prophecy*, p. 13; cf. também, na p. 14, detalhes de seu argumento). Para uma completa investigação do rei no livro de Isaías, com literatura relevante e mais argumentos para uma identificação do Servo e do rei, ver Schultz, R. L. "The King in the Book of Isaiah". In: Satterthwaite & Wenham, orgs., *The Lord's Anointed*, pp. 141-165, esp. pp. 154-159. Cf. uma posição que entende o Servo como figura régia sem, no entanto, identificar o rei de Is 1–39 com o Servo dos caps. 40–66, em Kaiser, *Der königliche Knecht*, esp. pp. 11-12 e 134.

[45] Ver Westermann, *Jesaja*, pp. 226 e 228-230 (ET *Isaiah 40–66*, pp. 283-286).

O rei abandonado (por Deus) do Salmo 89

Ao contrário da "antiga" esperança em um novo rei davídico, atestada em outras partes do livro de Isaías, a nova promessa, a "modificação" da antiga esperança em Is 55,3-5, aparece isolada; assim, seria de esperar uma *explicação mais detalhada* dessa nova esperança nos versículos subseqüentes. Contudo, é precisamente isso o que não acontece, como o próprio Westermann admite. Seria de esperar uma descrição detalhada das bênçãos que se originam dessa nova promessa, mas — *surpreendentemente* (e não só na opinião de Westermann) — os vv. 4-5 mal tocam no assunto. Uma única conseqüência da suposta transferência das bênçãos davídicas ao povo é explicada, o que é característico do Dêutero-Isaías, mas *que só remotamente corresponde* (*nur ganz entfernt*) às bênçãos davídicas no v. 4 (assim Westermann). O cumprimento da suposta nova promessa é que o povo de Israel será um novo tipo de testemunha para Deus, não por meio de proezas militares, mas porque outras nações desejam voluntariamente pertencer a Israel, *por amor a seu Deus*.

Embora a explicação que Westermann dá do texto seja possível, grande parte dela parece forçada. As observações críticas a seguir estão, portanto, integradas a uma explicação alternativa e mais simples dos dados.

Primeiro, a rigorosa atenção ao relacionamento entre Is 55,1-5 e o Sl 89, combinada com as considerações anteriores sobre a extensão da aliança davídica a todo o Israel, revela que a explicação detalhada da promessa no v. 3 é desnecessária, pois, em essência, a promessa permanece a mesma. As bênçãos da aliança válidas para a dinastia de Davi *são* as bênçãos esperadas para todo o Israel — exatamente como eram desde o início[46] —, e assim não precisam ser detalhadas nesse contexto. Desse modo, o silêncio do texto a respeito das bênçãos esperadas não é surpreendente, mas natural.

Segundo, conforme Westermann sugere, o contraste entre os vv. 4 e 5 complica desnecessariamente as relações estruturais em Is 55. Em vez de forçar uma separação entre os vv. 4 e 5, é essencial reconhecer a dinâmica interna da passagem. O contraste entre os vv. 4 e 5 não é entre Davi e o povo, como Westermann supõe, mas entre outrora e agora, passado e futuro. Contudo, esse contraste temporal não é um contraste de opostos, mas indica forte continuidade e também

---

[46] Cf. o Sl 72, pré-exílico.

323

Parte II • Rei e Messias no Antigo Testamento

desenvolvimento. Assim como Davi foi testemunha do poder superior de Deus por suas vitórias militares do passado (v. 4), também Israel agora se tornará testemunha da fidelidade e do poder de Deus, manifestos na intervenção milagrosa que inicia a volta do povo do exílio. Isso resulta em um testemunho ainda mais convincente da força e da fidelidade do Senhor, suscitando nas nações o desejo de acorrer a Israel (v. 5).[47]

Terceiro, a relação entre os vv. 4 e 5 não é "remota", como Westermann foi forçado a reconhecer, mas lógica e clara. A explanação de Westermann deixa de explicar a função do v. 4. O Dêutero-Isaías não aduz *"não mais* que [...] um fato da história" na segunda metade do versículo, nem a declaração sobre o testemunho de Davi, na primeira parte, é "uma interpretação sua" (*eigene Deutung*).[48] Na interpretação de Westermann, o v. 4a só pode significar que, por meio de suas proezas militares, Davi testemunhou o poder do Deus de Israel, que é simplesmente um fato histórico. Contudo, do ponto de vista do Israel exílico, esse testemunho foi, na verdade, peculiar. Pois, nesse ínterim, a aliança davídica desmoronou com a dissolução da monarquia, e, nas circunstâncias atuais, a menção das vitórias passadas de Davi é antes um grave embaraço ao poder e à integridade divinos.

Assim, a função do v. 4a é insinuar o alcance mais profundo da volta do exílio: significa a restauração da aliança davídica. Do mesmo modo que costumava ser no passado, antes do exílio, assim será novamente no futuro, depois do exílio. Os efeitos temporários da destruição de Jerusalém serão eliminados e a fidelidade de Deus tornar-se-á novamente manifesta. E, como a suspensão temporária da aliança davídica teve conseqüências nacionais, também seu restabelecimento terá de ocorrer em escala nacional, com resultados internacionalmente reconhecidos (v. 5). De modo semelhante, a função pragmática do v. 4b tem relação estreita com o v. 5. Enquanto, no passado, a função testemunhal de Davi foi imposta por força militar humana (v. 4b), a prometida restauração da aliança será assegurada pelo próprio Deus de Israel. Entretanto, é significativo que a ação futura de Deus em benefício de seu povo não vá aumentar as tensões internacionais, mas, de maneira pacífica, ajudar a resolvê-las (v. 5b). Assim, o v. 4b proporciona mais

---

[47] "A volta do exílio na Babilônia é uma nova criação e também um novo êxodo". Day, *Conflict*, p. 92; cf. referências ao Dêutero-Isaías em Day, *Conflict*, p. 92, n. 13.

[48] Westermann, *Jesaja*, p. 229 (et *Isaiah 40–66*, p. 285).

O rei abandonado (por Deus) do Salmo 89

que um detalhe histórico meramente circunstancial. Está redigido com cuidado, para realçar os *meios* pelos quais se alcança a glória divina.

Resumindo, dentro de seu contexto no Dêutero-Isaías e com referência especial ao Sl 89, a interpretação de Is 55 leva à conclusão de que é possível ler Is 55,1-5 como resposta divina à questão em aberto do Sl 89 que está fadada a continuar pendente até que se realize a restauração de Judá como monarquia. É significativo para a tese deste ensaio que o Dêutero-Isaías não tenha modificado a tradição da aliança da maneira imaginada por Westermann e outros: a resposta divina não consiste em uma transferência da promessa original dos descendentes de Davi a Israel, mas na promessa de restauração para a dinastia davídica. Essa promessa não se cumpriu no futuro imediato, nem mesmo a médio prazo da composição do Dêutero-Isaías. Contudo, essa demora não levou a uma desilusão generalizada nos textos bíblicos que ainda existem, mas a uma expectativa continuamente voltada para o futuro, baseada na promessa divina. A contestação da integridade do Senhor, motivada por seu aparente fracasso em cumprir suas obrigações da aliança, pode ser respondida à luz do uso que o Dêutero-Isaías faz do Sl 89.[49]

Será que o Dêutero-Isaías desenvolveu a tradição da aliança e, em caso positivo, de que maneira? Será que, como outras passagens de Isaías, Is 55,3-5 expressa esperança em um rei novo e diferente, o Messias? A fim de responder a essas perguntas, é preciso primeiro entender a percepção de Davi no Sl 89 e, por conseqüência, a percepção de cada rei davídico sucessivo. Para o Dêutero-Isaías, a restauração de Israel, em Is 55,3-5, é, com efeito, o restabelecimento da aliança davídica. A questão é por que essa recordação da aliança parecia uma resposta tão natural à nova perspectiva da restauração.

4. A idealização de Davi no Sl 89

De fato, seria perfeitamente natural o Dêutero-Isaías ter recordado a aliança davídica no contexto de sua nova esperança, se o Sl 89 tivesse ocasionado a atribuição de aspectos messiânicos a Davi entre leitores mais tardios,

---

[49] Depois de terminar este manuscrito, deparei com um argumento de SEITZ, C. R. *Word Without End: The Old Testament as Abiding Theological Witness*. Grand Rapids, Eerdmans, 1998, pp. 154-158, 160-161, 163, que chega a conclusões semelhantes às minhas a respeito da relação entre o Sl 89 e Is 55,1-5, argumentando especialmente contra Westermann (SEITZ, *Word Without End*, pp. 155-157, 160).

PARTE II • Rei e Messias no Antigo Testamento

incluindo o Dêutero-Isaías. Se, na verdade, há fortes paralelos entre Davi e Iahweh no salmo original, como J.-B. Dumortier argumentou,[50] então os pré-requisitos materiais para uma leitura mais messiânica, mais tardia, já estão a nosso alcance.

Dumortier mostrou que há estreita relação entre o hino de abertura (vv. 1-19) e a passagem oracular (vv. 20-38), em matéria não só de vocabulário, mas também de conteúdo e tema. Demonstrou que a parte grandemente expandida do oráculo (vv. 20-28) revela notáveis paralelos entre qualidades creditadas a Davi e características atribuídas ao Senhor no hino precedente (vv. 6-19). Seis delas estão relacionadas abaixo (segundo Tate).[51]

1. Davi possui poder comparável ao do Senhor (cf. vv. 6-19 e 22-28).

2. O braço poderoso e a mão forte do Senhor, com os quais estabeleceu e mantém seu governo universal (v. 14), são usados para fortificar Davi, de sorte que nenhum inimigo o derrote (vv. 22-24).

3. O Senhor levanta a fronte de seu povo fiel (v. 18) e, por seu divino nome, exalta o vigor de Davi (v. 25).

4. Davi governará os rios e o mar (com sua "mão", v. 26), do mesmo modo que o Senhor domina as águas do caos (com seu "braço poderoso", vv. 10-11) e, na verdade, o universo (com seu "braço poderoso" e sua "mão forte", v. 14). (Cf. Sl 72,8.)

5. Justiça e direito são a base do trono do Senhor (v. 15), enquanto sua verdade e seu amor acompanham sua presença com Davi (v. 25; cf. Pr 16,12).

6. Davi recebe o *status* de "altíssimo" (v. 28), epíteto comum para Deus. Embora esse epíteto não ocorra com referência ao Senhor no Sl 89, ainda assim ele é descrito como o chefe da assembléia celeste (vv. 6-9; cf. Sl 82,6), exatamente como Davi se eleva sobre os reis terrenos.[52]

---

[50] Cf. DUMORTIER, "Rituel d'Intronisation", pp. 185-189.

[51] Cf. TATE, M. E. *Psalms 51–100*. Dallas, Word Books, 1990, p. 423 (WBC, 20).

[52] Cf. TATE, *Psalms 51–100*, p. 424.

Dumortier observou que

> o rei, verdadeiro lugar-tenente (sic) de Iahweh na terra, possui poderes *diretamente* proporcionais ao poder divino. É nesse tipo de perspectiva que se entende o aparente excesso de reivindicações régias. De fato, vemos que as diversas promessas que concretizam a "eleição" régia são apenas um eco ligeiramente enfraquecido das manifestações do poder divino que o hino cósmico precedente canta.[53]

A tradução de Clifford ("lugar-tenente") da palavra original de Dumortier, *"lieutenant"*, obscurece o fato de ser essa expressão de Dumortier (lit. "representante") um trocadilho teológico sobre o rei davídico como *vicarius dei*.[54] Em outras palavras, as características atribuídas a Davi no Sl 89 são tão próximas das atribuídas ao Senhor que parece impossível deixar de concluir que o autor pretendeu dar certo grau de idealização ao rei israelita. No Novo Testamento, certas características desse Davi idealizado foram, na verdade, atribuídas ao Messias.

5. O Sl 89 no livro do Apocalipse

Um texto neotestamentário diretamente relacionado com o Sl 89 é a passagem inicial do livro do Apocalipse, outra obra voltada para o futuro. O quadro a seguir mostra expressões em Ap 1,5 que recordam Sl 89,28 + 38. Há três casos de paralelos verbais, e a exatidão de cada um sugere que o elo intertextual entre Ap 1,5 e o Sl 89 é intencional.

Ap 1,5	Sl 89 (LXX 88), 28 e 38
Ἰησοῦ Χριστοῦ, ὁ μάρτυς ὁ πιστός	ὁ μάρτυς ἐν οὐρανῷ πιστός (v. 38)
e da parte de Jesus Cristo, a Testemunha fiel	um verdadeiro testemunho nas nuvens
ὁ πρωτότοκος τῶν νεκρῶν	πρωτότοκον θήσομαι αὐτόν (v. 28a)
o Primogênito dos mortos,	Eu o tornarei meu primogênito,
ὁ ἄρχων τῶν βασιλέων τῆς γῆς	ὑψηλὸν παρὰ τοῖς βασιλεῦσιν τῆς γῆς (v. 28b)
o Príncipe dos reis da terra	*o altíssimo sobre os reis da terra*

---

[53] CLIFFORD, "Lament", p. 45, tradução de DUMORTIER, "Rituel d'Intronisation", p. 187; grifo meu.

[54] DUMORTIER, "Rituel d'Intronisation", p. 193.

PARTE II • Rei e Messias no Antigo Testamento

Como os três casos em Ap 1,5, todas as referências veterotestamentárias no Apocalipse são alusões, e não citações diretas. Com 636 alusões, o verbete Apocalipse, no "Index of Allusions and Verbal Parallels" [Relação de alusões e paralelos verbais] da quarta edição do *UBSGNT*, é de longe o mais extenso.[55] No passado, muitos estudos do uso do Antigo Testamento no Novo Testamento concentravam-se em descobrir se determinado autor neotestamentário "respeitou o contexto" dos textos veterotestamentários aos quais aludiu. Entretanto, o fato de não haver no Apocalipse uma única citação direta, embora esteja repleto de alusões e situações alusivas, sugere que talvez esses estudos fizessem a pergunta errada. Muitas vezes, alusões não usam seu texto-fonte como padrão e evocam associações de tipo diferente. Os leitores são convidados a buscar o sentido maior do texto no contexto original. Até certo ponto, todas as citações e alusões tiram o material absorvido de seu contexto.[56] Portanto, "a pergunta relevante a respeito da presença de citações ou alusões veterotestamentárias no Novo Testamento não é: 'o autor respeitou o contexto?', mas 'de que forma os dois contextos interagem?' ".[57]

Caird afirmou que dois pequenos ajustes em Ap 1,5 deram um caráter distintamente cristão ao texto veterotestamentário ao qual Ap 1,5 alude. O acréscimo de τῶν νεκρῶν depois de ὁ πρωτότοκος mudou a referência de poder régio terreno para uma realeza que precisa ser entendida à luz da cruz e, conseqüentemente, πρωτότοκος precisa ser entendido como declaração sobre a ressurreição de Cristo. "Cristo é rei, mas é uma realeza conquistada pelo sofrimento e morte", de modo que, para Caird, "em vez de ser título honorífico, *primogênito* é a garantia de que outros vão passar com ele pela morte para chegar à realeza".[58] Para Caird, então, os títulos dados a Cristo foram escolhidos para expressar as preocupações parenéticas do Apocalipse, e não a fim de aplicar o Sl 89 a Cristo. A longa citação seguinte demonstra como Caird interpretou o impacto pragmático de Ap 1,5a:

---

[55] Uma contagem manual das referências em *UBSGNT*[4], pp. 900-911, resultou em 636 referências, exatamente uma a mais que as 635 encontradas em NA[26].

[56] MOYISE, S. *The Old Testament in the Book of Revelation*. Sheffield, Sheffield Academic Press, 1995, pp. 18-19 (JSNTSup, 115).

[57] MOYISE, *Old Testament in Revelation*, p. 19.

[58] CAIRD, G. B. *The Revelation of St. John the Divine*. 2. ed. London, A. & C. Black, 1984, pp. 16-17 (BNTC) (ênfase original); também citado em MOYISE, *Old Testament in Revelation*, p. 117.

O rei abandonado (por Deus) do Salmo 89

Seus amigos foram chamados a dar o precioso testemunho do martírio, crendo que, em sua morte, Cristo foi *testemunha fiel* da maneira divina de superar o mal; de olhar nas mandíbulas abertas da morte, lembrando-se de que ele ressuscitou como o *primogênito* de muitos irmãos; para desafiar a autoridade da Roma imperial em nome de um *soberano* a quem o próprio César precisa curvar-se.[59]

Como podemos ver, Caird não só negligenciou a alusão veterotestamentária, mas também sua reconstituição do motivo ou *Sitz im Leben* do livro como um todo influenciou indevidamente seu entendimento da passagem, levando-o a ignorar a forma básica do texto. O esboço a seguir demonstra que os vv. 4b-6 não são, de modo algum, forçados: não há nenhum "chamado" a fazer nada. Antes, Ap 1,4-6 contém elementos razoavelmente típicos do início de uma carta contemporânea.[60]

remetente (v. 4a)	João
destinatário(s) (v. 4a)	às sete Igrejas que estão na Ásia:
saudações/bênçãos(v. 4b)	a vós graça e paz
remetente (vv. 4b-5)	d'Aquele-que-é, Aquele-que-era e Aquele-que-vem,
	da parte dos sete Espíritos que
	estão diante do seu trono,
	⁵e da parte de Jesus Cristo,
	a Testemunha fiel,
	o Primogênito dos mortos,
	o Príncipe dos reis da terra.
ação de graças/doxologia	Àquele que nos ama, e que nos
(vv. 5b-6)	lavou de nossos pecados com seu sangue, ⁶e
	fez de nós uma Realeza e Sacerdotes para Deus,
	seu Pai, a ele pertencem a glória e o domínio
	pelos séculos dos séculos. Amém.

---

[59] CAIRD, *Revelation*, p. 16 (ênfase original); citado também em MOYISE, *Old Testament in Revelation*, p. 117.

[60] Cf. ROLOFF, J. *Die Offenbarung des Johannes*. 2. ed. Zürich, Theologischer Verlag, 1987, p. 31 (Zürcher Bibelkommentare NT, 18) (ET *The Revelation of John*. Trad. J. E. Alsup. Minneapolis, Fortress Press, 1993, pp. 22-23) e FEE, G. D. *Paul's Letter to the Philippians*. Grand Rapids, Eerdmans, 1995, pp. 2-7.

PARTE II • Rei e Messias no Antigo Testamento

Essa passagem, incluindo as alusões, não é forçada, mas descreve Cristo.[61] Suas bênçãos são impostas às sete Igrejas. Essas bênçãos nada têm a ver com "martírio" nem com "desafiar a Roma imperial", mas consistem em graça e paz! As descrições de Cristo não servem como incentivo para agir de determinada maneira, mas destinam-se a encorajar os destinatários pela alusão a algumas das características de Cristo, de quem devem fluir essa graça e paz, com base na saudação/bênção. Entretanto, essa declaração não é uma "garantia de que outros vão passar com ele pela morte para chegar à realeza" (Caird). Antes, a ênfase está exclusivamente no pensamento positivo de que os que crêem em Cristo vão ressuscitar de acordo com seu paradigma de primogênito, não importa o que tenham de sofrer no tempo presente (cf. Cl 1,18, que provavelmente também alude a Sl 89,28). Caird elimina, com efeito, a alusão ao Sl 89; não lhe dá nenhuma função retórica, apesar de reconhecê-la.

Comentaristas mais antigos, como Charles e Swete, levaram mais a sério a alusão ao Sl 89. Entretanto, entenderam a alusão apenas como referência ao poder. Segundo Charles, πρωτότοκος deve ser entendido em seu sentido secundário de "soberania".[62] Segundo Swete, o título triplo "serve ao tríplice propósito do Apocalipse, que é, ao mesmo tempo, testemunho divino, revelação do Senhor ressuscitado e previsão dos problemas da história".[63] Mas mesmo essas declarações permanecem na superfície da alusão. Ao responder a Charles, Swete e Caird, Moyise afirmou a importância da alusão, mencionando o contexto do próprio Sl 89. Caracterizou as correspondências (não alusões) entre o Sl 89 e o Apocalipse em geral como se segue:

> O salmo fala do eleito de Deus (v. 20; cf. Ap 1,1.2.4 etc.), cujo trono será estabelecido para sempre (v. 29; cf. Ap 3,21). Promete que seu vigor se exaltará (v. 25; cf. Ap 5,6) e que sua verdade e seu amor (vv. 2.3.6.9.15.25.34.50) estarão com ele (v. 25; cf. Ap 1,5; 3,14). Finalmente, o salmo termina com o grito "Até quando [...], ó Iahweh [...]?" (v. 47; cf. Ap 6,10).[64]

---

[61] Mas cf. ROLOFF, *Offenbarung*, p. 32 (ET *The Revelation of John*, p. 24), que acha que a referência é aos sete "anjos da Presença", que, segundo concepções judaicas, são mediadores da vontade divina.

[62] CHARLES, R. H. *A Critical and Exegetical Commentary on the Revelation of St John*, I. Edinburgh, T. & T. Clark, 1920, p. 14 (ICC); citado também em MOYISE, *Old Testament in Revelation*, p. 116.

[63] SWETE, H. B. *The Apocalypse of St. John*. 3. ed. London, Macmillan, 1911, p. 7; citado também em MOYISE, *Old Testament in Revelation*, como SWETE, *Revelation*, p. 7.

[64] MOYISE, *Old Testament in Revelation*, p. 117; é provável que Moyise queira dizer que a *Urklage* "Até quando [...], ó Iahweh [...]?" inicia a parte final do salmo.

O rei abandonado (por Deus) do Salmo 89

Moyise conclui que as conotações de poder régio e estabilidade cósmica tiradas do Sl 89,28 e 38 são relevantes para as necessidades dos destinatários de João. Além disso, o salmo não foi "silenciado", como Caird afirmou. O exame mais atento do contexto do Sl 89 e de suas correspondências com Ap 1 revela que o salmo funciona como mais que uma caixa de surpresas para alusões. De modo semelhante, Ap 1 é mais que uma área de despejo de referências vagas ao Antigo Testamento.

Observamos anteriormente que as alusões ao Sl 89 em Ap 1,5 fazem parte do início da carta formal. São títulos que descrevem a natureza daquele de quem se deseja a "graça" e a "paz" para os destinatários da carta. A tripla alusão complementada pela doxologia nos vv. 5b-6, que se refere exclusivamente à segunda pessoa da Trindade, mostra que a ênfase não está nem nos "sete Espíritos", nem, de fato, no Senhor, mas sim em Cristo. As três alusões foram tiradas da parte do meio do salmo, a transformação poética do oráculo de Natã em aliança dinástica (vv. 20-38). Em Ap 1, cada alusão faz uma declaração sobre Jesus Cristo que o identifica como a resposta à pergunta apresentada no Sl 89.

5.1. Cristo como a Testemunha fiel

Sl 89,35-38 promete perpetuidade à descendência davídica (lit. "sua semente") como o sol e a lua, ambos os quais são "um verdadeiro (ou fiel) testemunho nas nuvens".[65] Ap 1,5 converte a comparação em símile e faz do próprio Cristo a "testemunha fiel". Para os que estão a par do elo intertextual entre Sl 89 e Ap 1,5, essa transformação sutil assegura que Cristo garante a fidelidade do Senhor a seu juramento (v. 35). Iahweh não mente a Davi. Sua aliança ainda está de pé, agora renovada, para consumar-se na volta gloriosa de Cristo prenunciada no livro do Apocalipse.

---

[65] Com Veijola, T. "The Witness in the Clouds: Ps 89:38". *JBL* 107, 1988, pp. 413-417, seguindo Brockelmann, C. *Hebräische Syntax*. Neukirchen-Vluyn, Neukirchener Verlag, 1956, parágrafo 58, contra Mullen, E. T. "The Divine Witness and the Davidic Royal Grant: Ps 89:37-38". *JBL* 102, 1983, pp. 207-218; cf. também Mosca, P. G. "Once Again the Heavenly Witness of Psalm 89:38". *JBL* 105, 1986, pp. 27-37.

Parte II • Rei e Messias no Antigo Testamento

5.2. Cristo como o Primogênito dentre os mortos

É possível resolver a controvérsia sobre se "primogênito" refere-se primordial ou exclusivamente à morte e ressurreição de Cristo ou à sua soberania sobre os mortais atentando para o contexto de Sl 89,28. Ali a palavra "primogênito" está em paralelismo sinônimo com "o altíssimo sobre os reis da terra", o que mostra que a noção de soberania está obviamente presente na alusão. Entretanto, a "mudança" aparente por meio da adição de "dentre os mortos" alegada por Caird encontra eco no contexto mais amplo do Sl 89. Nos vv. 47,51, o lamento chega a um forte clímax, que culmina em uma série de perguntas insistentes. Para esta análise, a mais relevante é a do v. 49: "Quem viverá sem ver a morte, para tirar sua vida das garras do Xeol?". As duas partes da pergunta são retóricas e supõem uma resposta negativa: Não, ninguém viverá sem morrer! Ninguém escapará ao Xeol! Contudo, em total contraste com essa situação, o livro do Apocalipse apresenta aquele que consegue fazer isso. Os leitores descobrem haver um "rei" davídico que morreu, mas viveu e escapou ao Xeol. Contrariando Caird, então, o paradigma para as Igrejas da Ásia não é a morte de Cristo, mas sua ressurreição. Quando os destinatários cristãos do Apocalipse sofrem e enfrentam a ameaça de morte violenta, são tranqüilizados e encorajados pelo que sofreu como eles, mas venceu a morte e reina sobre todos os reis da terra — até mesmo os que ameaçam suas vidas. Essa segunda alusão reassegura aos leitores do Apocalipse que Cristo está no controle. Mas a ênfase está em sua ressurreição.

5.3. Cristo como o Príncipe dos reis da terra

Essa alusão refere-se, clara e exclusivamente, à soberania universal de Cristo dada por Deus. No Sl 89, essa declaração é em parte hiperbólica (cf. Sl 72). É deste mundo e fala da soberania política e da influência internacional do rei israelita como *vicarius dei*. No Apocalipse, a importância dessa declaração pode ser semelhante. Os cristãos asiáticos a quem o livro se dirige são incentivados a ter confiança na intervenção direta e poderosa de Cristo a seu favor, livrando-os do perigo imediato. Entretanto, essa declaração assume um significado mais amplo quando vista contra o pano de fundo de todo o livro que ela inicia. O resto do Apocalipse prossegue para descrever como Cristo, em uma seqüência de eventos escatológicos, acaba por adquirir domínio universal sobre as forças sombrias do universo, e os cristãos são lembrados de que ele abençoa suas vidas agora e no futuro, com resultados tangíveis neste mundo. Ademais, isso oferece a resposta escatológica à pergunta aberta de Sl 89,50: "Onde estão as primícias do teu amor, ó Senhor? Juraste a Davi pela tua verdade". Para o Apocalipse, a resposta está em Jesus Cristo, mas as interpretações atuais do Sl 89 também podem ser aprofundadas pela apreciação de seu uso no Apocalipse.

6. Conclusão

O Sl 89 reagiu a uma situação na qual a sobrevivência política do Estado judaico e a credibilidade do Deus de Israel estavam em jogo. Ao fazer isso, agravou a tensão entre a obrigação pactual que o Senhor tinha de proteger a dinastia davídica e seu aparente fracasso em cumpri-la. Talvez o salmo tenha destacado o contraste até mais pronunciadamente que o necessário — realçando o problema da teodicéia. Nesse sentido, o tema do salmo é não só a sobrevivência da dinastia davídica, mas também a credibilidade do Senhor. O rei davídico depende do Senhor, e vice-versa. Só com a restauração da monarquia esse problema teológico seria solucionado, e a luta contínua com essa questão é testemunhada em escritos bíblicos subseqüentes, dos quais só alguns foram abordados aqui.

O conjunto de tradições que envolveu o oráculo de Natã está no centro de um processo de reinterpretação que foi motivado por grave crise política e teológica. Estudos de uma *Wirkungsgeschichte* do texto bíblico (história da recepção), tais como o que apresentamos aqui, têm seu lugar entre outros métodos históricos de interpretação. O resultado desse processo histórico de reinterpretação, que em muitos casos precisou envolver a pesquisa do questionamento e da reconsideração teológicos (como atestam os textos bíblicos tratados aqui), foi o crescimento gradual de um novo conceito teológico, a expectativa de um rei davídico diferente: o Messias.

Rei e Messias em Ezequiel

PAUL M. JOYCE

A tarefa primordial do profeta Ezequiel (como a de seu contemporâneo profético Jeremias) foi estabelecer uma interpretação teológica da calamidade que estava subjugando sua nação. A primeira etapa da ruína da nação acontecera, de fato, em 597 a.C., com a queda de Jerusalém pelos babilônios e a deportação inicial, antes de seu chamado para ser profeta, em *c.* 593 a.C. Mantendo a tradição dos profetas clássicos do século VIII, Ezequiel afirma que os acontecimentos catastróficos de sua época não são meramente caóticos e sem sentido; trata-se, antes, das ações poderosas e justas do Deus de Israel, que age com justiça para castigar a geração atual de israelitas por seus pecados. Na geração atual, o julgamento recai em especial sobre os líderes e, entre eles, de maneira mais específica, sobre os líderes régios da nação. São muitas as condenações de reis e príncipes no livro. Mais adiante, considerarei o uso de termos hebraicos, mas, no momento, falarei dos líderes régios como um todo.

Julgamento de líderes régios

Na explicação que o profeta fornece da calamidade, o julgamento dos governantes régios de Israel desempenha um papel muito importante. Há inúmeras referências, quer para relatar a derrota desses líderes, quer para condenar explicitamente seus pecados. Essas referências serão aqui examinadas sucintamente, na ordem bíblica. O segundo versículo do livro menciona o tema de maneira indireta, pois define a data da visão inicial como o "quinto ano do exílio do rei Joaquin" (1,2). O contexto do livro é, assim, definido desde o início em termos de julgamento divino sobre a casa real. Após referências a profeta, sacerdote e anciãos, lemos em 7,27: "O rei estará de luto, o príncipe se cobrirá de desolação [...]. Agirei com eles de acordo com o seu comportamento; julgá-los-ei de acordo com os seus julgamentos". O capítulo 12 contém o sinal estranho de abrir um buraco no muro e carregar

Parte II • Rei e Messias no Antigo Testamento

bagagem através dele, o que é interpretado no v. 10: "Este oráculo se refere a Jerusalém e a toda a casa de Israel que reside no meio deles". O "príncipe que está entre eles" é, provavelmente, Sedecias. O versículo 11 declara: "irão para o exílio, para o cativeiro", e os vv. 12 e 13 continuam: "O príncipe que está entre eles porá sobre os ombros a sua carga [...] e o conduzirei para a Babilônia [...] ele morrerá ali".

O capítulo 17 traz a alegoria das duas águias e a vinha. Os versículos 2-10 apresentam as imagens, e então, nos vv. 11-21, há uma interpretação. O rei da Babilônia veio a Jerusalém e conduziu seu rei (presumivelmente Joaquin) para a Babilônia (v. 12). Tomou um dos descendentes da casa real (presumivelmente Sedecias) e fez uma aliança com ele (v. 13). Entretanto, esse vassalo rebelou-se, enviando mensageiros ao Egito (v. 15). E, assim, o v. 16 nos diz que "ele morrerá na terra do rei que lhe deu o trono [...]; morrerá na Babilônia". O capítulo 19 contém uma lamentação sobre os príncipes de Israel. Há, primeiro, a alegoria da leoa, que representa Judá. Um leãozinho, que representa uma figura régia, em geral considerada Joacaz, é levado ao Egito (vv. 3-4). Um segundo leãozinho, representando outra figura régia, variavelmente entendida como Joaquin ou Sedecias, é levado à Babilônia (vv. 5-9). Uma segunda alegoria, nos vv. 10-14, fala de uma vinha, novamente representando Judá. No v. 11, lemos: "Tinha cepas vigorosas que se tornaram cetros reais". Não está claro se aqui deveríamos ler singulares ou plurais. O texto massorético traz plurais, enquanto a LXX tem formas singulares. Seguem-se sujeitos singulares, mesmo no hebraico, e isso (juntamente com o fato de o hebraico do v. 14 apresentar o singular em uma frase muito parecida com a do v. 11) leva a maioria dos comentaristas a considerar o v. 11 singular (e a interpretar a referência como a Sedecias). A vinha foi transplantada para uma terra seca, de modo que "ela já não terá o seu cetro poderoso, seu cetro real" (vv. 13-14).

Volto-me, em seguida, para parte do oráculo da espada, no cap. 21. O v. 17 declara que a espada se dirige "contra todos os príncipes de Israel, que foram entregues à espada, juntamente com o meu povo". O v. 30 traz: "Quanto a ti, príncipe de Israel, ímpio e perverso, cujo dia se aproxima com o tempo da iniqüidade final [...]", e o versículo seguinte continua: "Tirai-lhe o diadema, removei a sua coroa".[1] No mesmo capítulo, surge a questão controversa da "vara

---

[1] A palavra hebraica aqui usada para "coroa", *°ṭārâ*, é de pouca intensidade, utilizada para cobrir a cabeça em muitos sentidos e contextos, tanto não-régios como régios; esse é um dos diversos aspectos que aqui se juntam para a depreciação de uma figura régia, provavelmente para ser considerada como Sedecias.

336

desprezada" [BJ: "refugo de toda madeira"] ou "cetro desdenhoso" [BJ: "cetro de refugo"] nos vv. 15b e 18a, que talvez estejam ligados a esses problemas. Esses versículos obscuros talvez se refiram simplesmente à falta de respeito pelo castigo, como na tradução que a NRSV faz do v. 15b: "Por que nos regozijaremos? Desprezaste a vara e toda a sua disciplina". Por outro lado, Allen argumenta de maneira persuasiva que devemos encontrar, no v. 15b e no v. 18a, uma referência à monarquia davídica condenada, descrita em termos teológicos como "o cetro desdenhoso".[2]

O capítulo 22 concentra-se na "cidade sanguinária". No v. 6, lemos: "Com efeito, os príncipes de Israel, cada um conforme as suas forças, estão absorvidos, no meio de ti, em derramar sangue". Mais adiante no capítulo, há uma referência que poderia ser relevante. O versículo 25 declara que "os seus príncipes no meio dela são como os leões rugidores ao despedaçarem sua presa". Aqui o texto massorético refere-se a profetas, mas a LXX traz "príncipes", e, nessa base, o aparato da *BHS* propõe a emenda do hebraico para referir-se a príncipes em vez de profetas.

O capítulo 34 tem importância especial para nosso tema. Apresenta uma polêmica sustentada contra os "pastores" de Israel. Tanto o contexto aqui como o uso alhures indicam que essa é uma referência a líderes régios. O v. 2 menciona o tema: "Profetiza contra os pastores de Israel [...]. Ai dos pastores de Israel que se apascentam a si mesmos!". O versículo 4 continua: "Dominastes sobre elas com dureza e violência", e o v. 5 enuncia: "Por falta de pastor, elas dispersaram-se". No v. 10, lemos: "Eis-me contra os pastores. Das suas mãos requererei prestação de contas". O castigo dos pastores só é explicitado mais adiante no capítulo; no v. 16, encontramos: "Quanto à gorda e vigorosa, guardá-la-ei e apascentá-la-ei com o direito", e então, nos vv. 17-22, o tema do julgamento desenvolve-se para incluir o julgamento divino entre ovelha e ovelha, carneiros e bodes.

---

[2] ALLEN, L. C. "The Rejected Sceptre in Ezekiel xxi 15b, 18a". *VT* 39, 1989, pp. 67-71. Allen entende o v. 15b como glosa marginal transposta de 21,3, e sugere a tradução: "Toda árvore: ou o(s) soberano(s) de Israel, o cetro desdenhoso". Allen entende o v. 18a como glosa marginal transposta de 21,32b, e sugere a tradução: "Pois a investigação foi feita, qual o problema de também o cetro desdenhoso não continuar?".

Comentando ainda as palavras de 21,3, "Eis que acenderei um fogo no meio de ti, o qual consumirá no teu seio toda árvore verde e toda árvore seca", Allen sugere a possibilidade de que a "árvore verde" represente Joaquin e a "árvore seca", Sedecias.

Parte II • Rei e Messias no Antigo Testamento

Assim, podemos afirmar que, na explicação da calamidade dada pelo profeta, o julgamento dos governantes régios de Israel desempenha um papel bastante significativo.[3] Isso deve ser qualificado em dois aspectos. Primeiro, é notável que o diagnóstico dos males da nação feito por Ezequiel remonte o sentimento de declínio moral e social ao período anterior à ascensão da monarquia; na verdade, Ezequiel é o único a examinar a história de pecado de Israel desde a estada no Egito (20,8; 23,8), sem nenhum período pré-monárquico de "lua-de-mel", como se encontra, por exemplo, em Os 2,16-17 e Jr 2,2. Segundo (e de maneira paradoxal), como podemos observar, Ezequiel frisa que, por mais terrível que seja a história de pecado da nação (cf. caps. 16, 20 e 23), só as faltas da geração atual é que estão sendo punidas na crise exílica (cf. especialmente o cap. 18). Por essa razão, ele não compartilha a idéia do deuteronomista de culpar o notoriamente mau rei Manassés (cf. 2Rs 23,26).

Apesar dessas duas qualificações, continua a ser verdade que, na explicação da calamidade nacional dada pelo profeta, o julgamento dos governantes régios de Israel desempenha um papel particularmente proeminente. Os governantes atuais exemplificam todos os piores aspectos da longa história de pecado da nação, monárquica e pré-monárquica (como está em 16,44: "tal mãe, tal filha"); pelos pecados da nação na época de Ezequiel, dos quais os crimes dos governantes régios são, em muitos aspectos, os mais escandalosos, a nação é submetida a um julgamento cataclísmico.

Mesmo nos caps. 40–48, com sua orientação para o futuro e seu tom positivo, a polêmica contra os governantes régios continua, por exemplo, em 43,7b.9; 45,8.9; 46,18. Considerarei esses textos dos caps. 40–48 mais adiante, dentro do contexto teológico de esperança futura.

Esperanças futuras atribuídas a figuras régias

Encontramos em Ezequiel esperanças futuras atribuídas a uma figura régia que possamos, sensatamente, pelo menos naquele sentido mínimo, chamar de

---

[3] A. R. Mein argumenta que uma parte importante do julgamento divino enunciado por Ezequiel relaciona-se com pecados que só a "elite" da sociedade da Judéia (da qual os líderes régios são exemplares) cometia, principalmente pecados no campo da política externa e do ordenamento do culto no Estado: Mein, A. R. *Ezekiel and the Ethics of Exile*. Oxford, Clarendon Press, 2001.

"messiânicas"?[4] Mais uma vez, vamos rever concisamente o material de relevância potencial em ordem bíblica. Primeiro, 17,22-24. Esta é uma dentre apenas quatro passagens de esperança confirmadas nos caps. 1–24 (as outras são 11,14-21; 16,59-63; 20,40-44). A esse respeito, o material não é típico dos caps. 1–24. Um esquema editorial talvez tenha organizado o livro (em contraste com Jeremias), mas essas quatro passagens são as exceções a esse meticuloso padrão. Ez 17,22-24 retoma a linguagem da alegoria das duas águias e a da vinha encontradas nos vv. 2-10, que estão (como vimos) interpretadas nos vv. 11-21. Essa parte mais primitiva do capítulo falava de uma grande águia (representando o rei da Babilônia) que apanha o cimo de um cedro (o rei de Judá). Isso tudo, naturalmente, estava no contexto do julgamento de Judá. Mas agora diz Iahweh: "Tomarei do cimo do cedro, da extremidade dos seus ramos um broto e plantá-lo-ei eu mesmo sobre um monte alto e elevado" (17,22) e "à sua sombra habitará toda sorte de aves" (v. 23). Embora falte uma linguagem régia mais explícita, uma imagem de grande bênção é pintada dessa maneira, por meio da retomada e da inversão da linguagem de um oráculo de julgamento da casa real de Judá.

Passo agora para Ez 21,32b, talvez o mais marginal dos casos abordados nesta análise: "Antes de vir aquele a quem pertence o julgamento e a quem eu o entregarei". O contexto é proporcionado pelo julgamento do "príncipe de Israel, ímpio e perverso", em 21,30-31, analisado antes. É difícil saber como interpretar a frase precedente em 21,32: "Como não existiu", mas esse parece ser o clímax da passagem de julgamento. As palavras seguintes — as que nos dizem respeito — com certeza parecem mais positivas, mas são difíceis e enigmáticas: "Antes de vir aquele a quem pertence o julgamento e a quem eu o entregarei". Aqui não há nenhuma linguagem abertamente régia ou "messiânica", mas, no contexto do julgamento do "príncipe", essas palavras subentendem um futuro recebedor régio digno do favor e da bênção divinos. É a interpretação mais provável, em vista de

---

[4] A definição da palavra "messiânico" é, evidentemente, difícil. Talvez ajude a conjeturar um *continuum* que se estenda de *qualquer* esperança futura de uma figura régia, por mais modesta ou mundana que seja essa esperança, passando pelas evoluções mais elevadas dessas idéias encontradas no judaísmo mais tardio e no cristianismo. Quando as palavras "messias" e "messiânico" são usadas a seguir (sempre entre aspas), não há nenhuma insinuação de que crenças do tipo mais desenvolvido estejam necessariamente presentes. Para uma discussão útil dessas questões e de outras com elas relacionadas, ver CLEMENTS, R. E. "The Messianic Hope in the Old Testament". *JSOT* 43, 1989, pp. 3-19; reimpresso em CLEMENTS, R. E. *Old Testament Prophecy: From Oracles to Canon*. Louisville, KY, Westminster John Knox, 1996, Capítulo 3.

PARTE II • Rei e Messias no Antigo Testamento

uma possível alusão aqui a Gn 49,10.[5] (Convém mencionar que, nesse contexto, o Targum de Ezequiel fala da herança da coroa de Sedecias por Godolias, mas só temporariamente, e não desenvolve o texto em uma direção mais "messiânica".[6])

Isolado em meio aos oráculos contra o Egito (caps. 29–32), há um versículo que é muitas vezes considerado referência "messiânica", a saber 29,21: "Naquele dia suscitarei um novo rebento para a casa de Israel e permitirei que se abra a boca no meio dela e saberão que eu sou Iahweh". A linguagem desse versículo é significativa: notamos, principalmente, a fórmula escatológica inicial: "Naquele dia", e também o uso das palavras "rebento" (lit. "chifre") e "suscitarei" (lit. "farei brotar"); (compare, em especial, Sl 132,17: "Ali farei brotar uma linhagem a Davi, e prepararei uma lâmpada ao meu Messias").

Restam-nos os dois capítulos com linguagem de esperança abertamente "messiânica", a saber, os caps. 34 e 37. Primeiro, o cap. 34. Em seguida à crítica severa dos "pastores", os governantes régios que fracassaram em seus deveres, lemos no v. 23: "Suscitarei para elas um pastor que as apascentará, a saber, o meu servo Davi: ele as apascentará, ele lhes servirá de pastor". E, outra vez, no v. 24: "E eu, Iahweh, serei o seu Deus e meu servo Davi será príncipe entre elas. Eu, Iahweh, o disse". Esse é, com certeza, um exemplo claro e importante (embora, conforme veremos, *Iahweh* como "pastor" seja discutivelmente um tema ainda mais proeminente nesse capítulo que o de um novo "pastor" davídico). Voltemo-nos para o cap. 37. Em seguida à imagem das duas achas de lenha (que representam Judá e Efraim) unidas como uma só acha de lenha, lemos no v. 22: "E farei deles uma só nação na terra, nos montes de Israel, e haverá um só rei para todos eles. Já não constituirão duas nações, nem tornarão a dividir-se em dois reinos". O v. 24 traz: "O meu servo Davi será rei sobre eles, e haverá um só pastor para todos", e depois o v. 25: "Davi, o meu servo, será o seu príncipe para sempre". Mais uma vez, isso é indício claro e importante de esperança futura atribuídas a uma figura régia. Entretanto, a preocupação primordial aqui parece ser a renovada unidade do povo (podemos comparar as aspirações de recuperar o Norte no tempo de Josias), em vez da renovação da monarquia como fim em si mesma. Além disso, é

---

[5] É interessante observar uma semelhança extraordinária com o siríaco de Gn 49,10.

[6] SPERBER, A., org. *The Bible in Aramaic*. III. *The Latter Prophets according to Targum Jonathan*. Leiden, E. Brill, 1992, p. 312. LEVEY, S. H. *The Targum of Ezekiel*. Edinburgh, T. & T. Clark, 1987, p. 68 (The Aramaic Bible, 13).

Rei e Messias em Ezequiel

pelo menos possível (como veremos mais adiante) que o v. 22 se refira a *Deus* como o único rei que governa sobre a nação reunida, e não a um rei humano.

Essa, então, é a lista de passagens que parecem atribuir esperanças futuras a figuras régias. A questão sobre primário e secundário (ou autêntico e inautêntico) é, já se vê, recorrente no estudo dos livros proféticos: no caso presente, quanto se origina do profeta Ezequiel em pessoa? Embora a procedência direta da maior parte do material sobre julgamento no livro não seja comumente questionada, é em relação a passagens auspiciosas de Ezequiel que essas questões incomodam com mais freqüência a maioria dos estudiosos. E, na verdade, a autenticidade de todos os casos auspiciosos que acabamos de examinar tem sido contestada. Siegfried Herrmann, por exemplo, julgou secundário o material auspicioso como um todo em Ezequiel,[7] mas já argumentei alhures que a esperança relaciona-se integralmente com o julgamento na teologia de Ezequiel, estando os dois temas enraizados na convicção que o profeta tinha a respeito da santidade de Iahweh.[8] Não devemos considerar que a esperança em si mesma constitua, necessariamente, prova de procedência secundária. Contudo, algumas dúvidas específicas precisam ser admitidas. Ez 17,22-24 forma um apêndice auspicioso para um capítulo de outro modo reprovativo; além disso, sua presença na primeira metade do livro também indica origem redacional. Talvez 21,32b tenha todo direito à autenticidade, mas — de maneira paradoxal — é a mais enigmática das referências potencialmente "messiânicas". Inversamente, 29,21 é uma das mais claras referências "messiânicas", mas a causa para sua autenticidade é relativamente fraca, isolada como está, mesmo dentro de seu contexto imediato, e encoberta entre os oráculos das nações estrangeiras. Os biblistas dividem-se a respeito da "autenticidade" das referências nos caps. 34 e 37. Mas, em toda essa discussão, precisamos ficar atentos à homogeneidade da tradição de Ezequiel e à conveniência de um agnosticismo apropriado sobre quanto sabemos com certeza a respeito da autoria.[9] Com Clements, creio ser muito provável que o livro de Ezequiel estivesse

---

[7] HERRMANN, S. *Die prophetischen Heilserwartungen im Alten Testament: Ursprung und Gestaltwandel.* Stuttgart, W. Kohlhammer, 1965, pp. 241-291 (BWANT, 85).

[8] JOYCE, P. M. *Divine Initiative and Human Response in Ezekiel.* Sheffield, JSOT Press, 1989, pp. 116-117 (JSOTSup, 51).

[9] JOYCE, P. M. "Synchronic and Diachronic Perspectives on Ezekiel". In: DE MOOR, J. C., org. *Synchronic or Diachronic? A Debate on Method in Old Testament Exegesis.* Leiden, E. J. Brill, 1995, pp. 115-128 (OTS, 34).

Parte II • Rei e Messias no Antigo Testamento

essencialmente completo no final do século VI a.C.;[10] isso é mais provável no caso de nosso tema presente, pois no final daquele século as realidades políticas enfraqueceram as aspirações, e muitas expectativas foram alteradas pelos acontecimentos históricos. Talvez o melhor que possamos fazer com segurança é falar do testemunho do século VI dado pelo livro de Ezequiel a respeito desses temas de rei e "messias".

Terminologia

Até aqui, falei de "governantes régios", mas, naturalmente, mais de um termo hebraico é usado. Precisamos nos voltar agora para esse assunto. À parte expressões que são incomuns (pelo menos nesse contexto), tais como "pastor" (em todo o cap. 34) e "cetro real" (19,11-14), os dois termos recorrentes são *melek*, geralmente traduzido por "rei", e *nāśî'*, via de regra traduzido por "príncipe".

Entre esses termos, *nāśî'* é especialmente problemático. A palavra é usada alhures, a maioria das vezes dentro do que se convencionou chamar material "sacerdotal", com a maior concentração no livro dos Números (56 vezes). É o termo técnico para o líder de um clã, e é sempre aplicado a autoridades subordinadas a uma autoridade maior (p. ex. ao lado de Moisés, em Ex 16,22). De maneira comparável, o termo *nāśî'* é usado em Esd 1,8 para Sasabassar, líder dos exilados que retornaram — obviamente alguém sob a autoridade persa.

Voltando a Ezequiel, *nāśî'* é empregado mais vezes nesse livro que em qualquer outro na Bíblia Hebraica, com a única exceção do livro dos Números. No total, são 33 vezes, das quais quase a metade (16) ocorre nos caps. 40–48. Em Ezequiel, *nāśî'* é, com certeza, empregado às vezes para governantes subordinados, de acordo com o uso geral indicado anteriormente (27,21, para Cedar; 32,29, para Edom; 39,18, para os aliados de Gog). Contudo, é um tanto surpreendente que também seja usado para reis poderosos (p. ex., 30,13, do Egito). Especialmente estranho é o uso do termo para Gog como "príncipe e cabeça" (38,2-3; 39,1). É natural que esses casos nos levem ao aspecto realmente característico do uso de Ezequiel. É o

---

[10] CLEMENTS, R. E. "The Chronology of Redaction in Ezekiel 1–24". In: LUST, J., org. *Ezekiel and his Book: Textual and Literary Criticism and their Interrelation*. Leuven, Leuven University Press and Peeters, 1986, pp. 283-294 (BETL, 74); reimpresso em CLEMENTS, R. E. *Old Testament Prophecy: From Oracles to Canon*. Louisville, KY, Westminster John Knox, 1996, capítulo 10.

Rei e Messias em Ezequiel

uso de *nāśî'* para designar o rei de Israel, não só ao falar do passado e do presente, mas também ao falar do futuro. A palavra *melek* é usada às vezes, como seria de esperar, mas com menos freqüência que o termo *nāśî'*.[11]

Parece provável que essa mudança para a palavra *nāśî'* represente uma degradação da linguagem régia. Em alguns casos, isso está no contexto do julgamento do passado, por exemplo em 12,10.12 e em 21,30, que provavelmente se refiram a Sedecias, cuja descrição como *nāśî'* é apropriada à sua condição de simples vassalo.[12] Em outros casos, refere-se ao lugar dado à realeza no futuro (34,24; 37,25). Na única ocorrência fora de Ezequiel em que um rei de Israel é chamado *nāśî'* (Salomão em 1Rs 11,34), o propósito parece ser precisamente a limitação da autoridade régia. Speiser e outros afirmam, com razão, que o uso que Ezequiel faz de *nāśî'* para reis de Israel representa uma arcaização deliberada, um eco dos padrões de liderança do Israel pré-monárquico, como descrito no livro dos Números.[13] Isso parece estar não só na crítica do passado e do presente, mas também no pensamento do futuro. Além disso, a evocação do Israel primitivo é mais significativa, visto que Ezequiel — ao contrário de outros — não idealiza de modo algum o período pré-monárquico.

Uma questão importante é como o uso incomum de *nāśî'* para o rei, nos caps. 1–39, relaciona-se com o que encontramos nos caps. 40–48. Nos caps. 40–48, *nāśî'* é, em essência, o principal patrono da liturgia, responsável pelo suprimento dos materiais requeridos para o sistema sacrifical do culto. Ele não tem praticamente mais nada para fazer — seu papel com certeza é limitado, embora seja um papel de prestígio e influência. Os caps. 40–48 constituem um caso especial, desconforme com os caps. 1–39? Ou a ênfase está antes na continuidade? Alguns estudiosos, como Hammershaimb e Caquot, enfatizam a continuidade entre os caps. 1–39 e 40–48,[14] enquanto outros realçam a descontinuidade. Um exemplo

---

[11] Duguid elaborou um precioso estudo dos líderes de Israel descritos em Ezequiel, incluindo uma análise detalhada do uso de *melek* e *nāśî'*: DUGUID, I. M. *Ezekiel and the Leaders of Israel*. Leiden, E. J. Brill, 1994, pp. 10-57 (VTSup, 56).

[12] Ver também n. 1.

[13] SPEISER, E. A. "Background and Function of the Biblical *nāśî'*". *CBQ* 25, 1963, pp. 111-117.

[14] HAMMERSHAIMB, E. "Ezekiel's View of the Monarchy". In: HVIDBERG, F., org. *Studia Orientalia Ioanni Pedersen Septuagenario... Dicata*. Copenhagen, E. Munksgaard, 1953, pp. 130-140 (reimpresso em HAMMERSHAIMB, E. *Some Aspects of Old Testament Prophecy*. Copenhagen, Rosenkilde og Bagger, 1966, pp. 51-62); CAQUOT, A. "Le Messianisme d'Ézéchiel". *Sem* 14, 1964, pp. 5-23.

PARTE II • Rei e Messias no Antigo Testamento

recente característico é o de Tuell, que força uma separação decisiva entre o *nāśî'* de 34,24 e 37,25 e o *nāśî'* que se apresenta nos caps. 40–48.[15] Para Tuell, consistente com sua tese geral que envolve uma interpretação bastante "realista" dos caps. 40–48, o *nāśî'* dos caps. 40–48 não é outro senão o governador da província persa de Yehud.[16] Levenson oferece um valioso meio-termo entre continuidade e descontinuidade; argumenta que, embora no uso do termo *nāśî'*, especialmente nos caps. 40–48, tenha o desejo de definir e restringir os poderes da monarquia a fim de evitar abuso de poder, isso não exclui importantes elementos de continuidade nem, na verdade, subentende uma negação da natureza davídica em relação à liderança futura.[17]

As bases para uma distinção nítida entre o uso nos caps. 1–39 e 40–48 certamente não são fortes. O *nāśî'* que aparece com freqüência nos caps. 40–48 está em continuidade essencial com a figura dos caps. 34 e 37, embora isso não negue a elaboração redacional dos caps. 40–48, nem mesmo algumas mudanças de ênfase. Em outras palavras, o entendimento de *nāśî'* nos caps. 40–48 representa uma exegese das referências "messiânicas" ao *nāśî'* de 34,24 e 37,25. Do mesmo modo que a mudança para *nāśî'* como título do futuro rei de Israel, em 34,24 e 37,25, representa uma degradação da linguagem régia, também vemos a continuação desse processo no papel limitado designado ao *nāśî'* nos caps. 40–48.[18]

Assim, *nāśî'* substitui *melek*, a fim de desfazer o mal feito no passado pelos líderes régios. Agora, porém, precisamos falar mais sobre o contexto teológico de tudo isso em Ezequiel.

---

[15] TUELL, S. S. *The Law of the Temple in Ezekiel 40–48*. Atlanta, GA, Scholars Press, 1992, p. 108 (HSM, 49).

[16] TUELL, *The Law of the Temple*, pp. 115-120.

[17] LEVENSON, J. D. *Theology of the Program of Restoration of Ezekiel 40–48*. Missoula, MT, Scholars Press, 1976, pp. 55-107 (HSM, 10). De modo semelhante, ao comentar o texto massorético, RAURELL, F. "The Polemical Role of the ΑΡΧΟΝΤΕΣ and ΑΦΗΓΟΥΜΕΝΟΙ in Ez LXX". In: LUST, J., org. *Ezekiel and his Book: Textual and Literary Criticism and their Interrelation*. Leuven, Leuven University Press and Peeters, 1986, pp. 85-89 (BETL, 74). O principal propósito de Raurell é apresentar uma análise do uso grego nessa área, na LXX de Ezequiel. Na LXX, ele encontra uma nítida antítese entre os caps. 1–39, com seu uso de ἄρχοντες para reis ímpios e os caps. 40–48, em que ἀφηγούμενοι é empregado para reis idealizados.

[18] Nesse contexto, é possível fazer referência ao uso do plural em 45,8, em que lemos: "Para que os meus príncipes não voltem a explorar o meu povo". Pode bem ser que esse uso do plural represente outra degradação, que destrói qualquer lugar singular de honra.

Iahweh como rei em Ezequiel

Não é possível entender o papel de rei e "messias" em Ezequiel sem considerar o tema de Deus como rei no livro. Esse tema é persistente, se não penetrante, e, com freqüência, quando não está explícito, está implícito. Deve ser considerado manifestação do teocentrismo radical de Ezequiel, que veremos ser a chave para nosso ponto de debate no livro.

Há muito foi reconhecida a estreita inter-relação de linguagem sobre as estruturas políticas humanas e os modelos do divino.[19] Um estudo de bases amplas desse fenômeno nos tempos modernos foi apresentado em dois volumes pelo falecido David Nicholls, *Deity and Domination* [Divindade e dominação] e *God and Government in an "Age of Reason"* [Deus e governo em uma "idade da razão"].[20] No estudo da Bíblia Hebraica, Ronald Hendel, em seu exame das origens da tradição simbólica no Israel primitivo, ligou a proibição de imagens divinas na tradição hebraica a atitudes negativas para com a instituição política humana da realeza e sua iconografia no Israel primitivo.[21] Marc Zvi Brettler apresentou uma análise detalhada de Deus como rei na Bíblia Hebraica, com sensibilidade especial para a função de metáfora.[22] Mesmo os que, como John Eaton, argumentam que, dentro da ideologia e da teologia régias do antigo Israel, a realeza divina é primordial e o governo humano é mediador do divino, têm de reconhecer que a realidade social e cultural é mais complexa e permutável que isso.[23] As realidades políticas humanas foram projetadas para o céu, e, de modo recíproco, o discurso teológico tem profunda influência nas percepções do governo humano.

Em Ezequiel, encontramos primeiro temas régios de Deus no importante capítulo 1, com sua visão do trono. À medida que o capítulo aproxima-se do clímax (a declaração, no v. 28, de que essa aparência "era algo semelhante à Glória de Iahweh"), lemos no v. 26: "Por cima da abóbada que ficava sobre suas

---

[19] Essa idéia, evidentemente, é lugar-comum nas ciências sociais, no rastro da influência sobretudo de Marx, Durkheim e Weber.

[20] NICHOLLS, D. *Deity and Domination: Images of God and the State in the Nineteenth and Twentieth Centuries*. London, Routledge, 1989, e *God and Government in an "Age of Reason"*. London, Routledge, 1995.

[21] HENDEL, R. S. "The Social Origins of the Aniconic Tradition in Early Israel". *CBQ* 50, 1988, pp. 365-382.

[22] BRETTLER, M. Z. *God is King: Understanding an Israelite Metaphor*. Sheffield, JSOT Press, 1989 (JSOTSup, 76).

[23] EATON, J. H. *Kingship and the Psalms*. 2. ed. Sheffield, JSOT Press, 1986 (The Biblical Seminar, 3).

PARTE II • Rei e Messias no Antigo Testamento

cabeças havia algo que tinha aparência de uma pedra de safira em forma de trono, e sobre esta forma de trono, bem no alto, havia um ser com aparência humana". É impressionante contrastar com essa visão de Iahweh reinando ativamente, mesmo na Babilônia, a referência, no mesmo capítulo, ao exílio passivo do rei Joaquin (1,2). Na verdade, lembramo-nos de Is 6, com seu contraste entre a morte relatada do rei humano Ozias e a visão do Rei, Iahweh dos Exércitos, reinando no Templo (Is 6,1.5). Ao contrário do rei humano, Iahweh continua a reinar no exílio.

O capítulo 1 é, já se vê, o primeiro exemplo de um aspecto que se mantém no livro todo — o movimento da Glória divina. A partida da Glória de Jerusalém é relatada no contexto da visão dos caps. 8–11, em que a referência ao trono é novamente explícita em 10,1, e, de modo inverso, a volta da Glória a Jerusalém é um aspecto da visão ampliada do Templo dos caps. 40–48 (veja especialmente 43,1-5). Em 43,7, lemos: "Filho do homem, este é o lugar do meu trono e o lugar da planta dos meus pés, onde habitarei no meio dos filhos de Israel para sempre". De modo significativo, a segunda metade desse mesmo versículo liga isso a uma difamação de reis humanos: "A casa de Israel — ela e os seus reis — não tornará a profanar o meu nome santo com as suas prostituições e com os cadáveres dos seus reis [...]" (43,7b).

Voltando à ordem bíblica, passamos em seguida para o cap. 20, especificamente o v. 33, que produz o único uso explícito, no livro, da raiz *mlk* de Iahweh. Depois de examinar a história de pecado da nação, o profeta, no v. 30, dirige-se a seus contemporâneos: "Também vós vos contaminais com o modo de viver dos vossos pais?" A partir daí, sabemos que o contexto do v. 33 é a situação exílica. O v. 33 diz: "Por minha vida, oráculo do Senhor Iahweh, eu juro certamente com mão forte e com braço estendido — derramando sobre vós a minha cólera — hei de reinar sobre vós" (é usado o verbo *mlk*, "reinar" ou "ser rei"). Os vv. 34-35 prosseguem para falar de Deus, que conduz os exilados das terras de sua dispersão ao deserto, onde os julgará face a face. Mais uma vez, é notável que, de volta a uma situação de deserto, sem nenhum rei humano, seja Iahweh quem reina como rei divino e julga seu povo.

Passo agora para o cap. 34. Depois da condenação dos "pastores", os líderes régios de Israel, mas antes de chegarmos às referências, nos vv. 23 e 24, a Davi como "pastor" e "príncipe", Iahweh é apresentado declarando, nos vv. 11 e 12:

346

"Certamente eu mesmo cuidarei do meu rebanho e o procurarei", e no v. 15: "Eu mesmo apascentarei o meu rebanho". Esse tema parece receber primazia sobre o "pastoreio" davídico renovado, e é impressionante notar que, depois das referências a Davi, o capítulo culmina no v. 31 com a seguinte formulação: "Vós, minhas ovelhas, [...] e eu sou o vosso Deus, oráculo do Senhor Iahweh".[24] Também podemos citar aqui algumas palavras encontradas bem no fim do cap. 36: "Tais serão as cidades arrasadas, cheias de um rebanho humano, e saberão que eu sou Iahweh" (36,38).

E passamos a 37,15-28, que talvez proporcione outro caso relevante. Sugeri que o tema primordial aqui é a reunificação da nação. Observei que o governo davídico renovado está explicitamente prometido nos vv. 24-25. Entretanto, é concebível que a referência anterior nessa passagem seja ao governo por *Deus* como rei. O versículo em questão é o 22: "E farei deles uma só nação na terra, nos montes de Israel, e haverá um só rei para todos eles" (tal interpretação talvez seja a mais possível, à luz das palavras do versículo seguinte, 23: "Para que sejam o meu povo e eu seja o seu Deus"). Se a referência aqui, no v. 22, é ao rei divino, a esse respeito essa passagem se parece com o padrão "de duas camadas" do cap. 34, que apresenta figuras régias divinas e humanas em paralelo, naturalmente com a figura humana subordinada à divina, como um vice-rei. Entretanto, pensando bem, a interpretação mais natural de 37,22 é, provavelmente, como uma referência a um rei humano.

Esses, então, são os casos em que Iahweh é, direta ou indiretamente, apresentado como "rei" no livro de Ezequiel.[25] O tema da realeza divina é particularmente importante por causa do padrão discernível com o qual a decadência do governo régio humano, no livro de Ezequiel, reflete o aumento da influência régia de Deus. Enquanto uma diminui, a outra aumenta, e vice-versa. Esse fenômeno encaixa-se naturalmente dentro do contexto do teocentrismo radical característi-

---

[24] Esse aspecto foi acentuado por AYTOUN, W. R. "The Rise and Fall of the 'Messianic' Hope in the Sixth Century". *JBL* 39, 1920, pp. 24-43 (ver, em especial, pp. 28-29). Entretanto, Aytoun exagerou desnecessariamente o caso ao extirpar do cap. 34, como glosas pós-exílicas, todas as referências ao governo humano futuro.

[25] Há outro caso que pode ser sugerido. Em 16,12.13, Israel é apresentado como rainha (se bem que desgraçada), em relação a Iahweh, e, pelo menos por implicação, podemos dizer que essa passagem apresenta Iahweh como rei.

PARTE II • Rei e Messias no Antigo Testamento

co de Ezequiel.[26] Um bom exemplo disso é proporcionado pela analogia que parece estar esboçada em 17,22-24. Como nos vv. 3-4 a águia (que representa Nabucodonosor) colheu um ramo (que representa a casa de Davi), assim agora, no v. 22, o próprio Iahweh toma um broto, que se torna uma árvore magnífica. É razoável argumentar que o próprio Iahweh é agora para o "messias", o que Nabucodonosor foi para a casa davídica. Como os reis da Judéia só permaneceram no trono pela tolerância de seus suseranos, assim também, na visão que Ezequiel tem do futuro, o "messias" só vai reinar na medida em que seu governo permanecer sujeito à vontade declarada de Iahweh.[27]

Na expectativa futura de Ezequiel, *nāśĭʾ* é, na melhor das hipóteses, um "vice-rei" para Iahweh como rei. Naturalmente, na ideologia régia de Israel, sempre foi assim, mas agora isso acontece em marcante detrimento da figura humana, que nem sempre tem ao menos a honra que a palavra vice-rei sugere. Mencionamos que a polêmica com os líderes régios continua, mesmo nos caps. 40–48, com sua orientação futura e seu tom positivo. Imediatamente depois de 43,7a, com sua referência ao trono de Iahweh, lemos em 43,7b: "A casa de Israel — ela e os seus reis — não tornará a profanar o meu nome santo com as suas prostituições e com os cadáveres dos seus reis [...]". E, novamente, em 43,9: "Contudo, agora vão afastar para longe de mim as suas prostituições e os cadáveres dos seus reis, pelo que habitarei no meio deles para sempre". E então notamos diversos textos que circunscrevem o comportamento do príncipe ou dos príncipes e advertem contra excessos. Em 45,8, lemos: "Para que os meus príncipes não voltem a explorar o meu povo, mas deixem a terra à casa de Israel e às suas tribos". E, outra vez, no v. 9: "Assim diz o Senhor Iahweh: Basta, príncipes de Israel! Afastai-vos da extorsão e da exploração; praticai o direito e a justiça; parai com as violências praticadas contra o meu povo, oráculo do Senhor Iahweh". Em 46,18, lemos: "O príncipe não poderá tomar nada da herança do povo, desapropriando-o do que é propriedade sua [...] a fim de que o meu povo não venha a ser desapropriado daquilo que lhe pertence". A nota protetora

---

[26] Nesse contexto, poderíamos perguntar se o aumento da influência de Iahweh em Ezequias, na verdade a apresentação radicalmente teocêntrica do livro como um todo, é, até certo ponto, responsável por um aspecto negativo dessa tradição, a saber, a misoginia que marca em especial os caps. 16 e 23. Algumas críticas feministas argumentam que esse pode ser o caso, e que tal aspecto de Ezequiel deve ser visto com desconfiança — isso, porém, é assunto para outro ensaio.

[27] Cf. LEVENSON, *Theology*, pp. 79-81.

aqui transmitida pela frase "*meu* povo" é particularmente admirável. Esses textos lembram-nos do tom da chamada "lei do rei" de Dt 17, do mesmo período da história de Israel: partilham com aquele material o que pode ser descrito como crítica dialética da monarquia, concedendo-lhe um lugar dentro do sistema de governo divinamente ordenado, mas só quando radicalmente subordinado à vontade de Deus e às reais necessidades e interesses da comunidade do povo de Deus. Na verdade, dentro dos caps. 40–48, a descrição do *nāśî'* é quase a de um funcionário da comunidade de culto como um todo. Talvez seja apropriado comparar isso com um aspecto de outro texto praticamente do mesmo período que Ezequias, a saber, a provável "democratização" da linguagem davídica em Is 55,3, que imagina antigos privilégios régios sendo transformados para o benefício da comunidade.

A importância, em Ezequiel, da recorrente "fórmula de reconhecimento" ("E saberão que eu sou Iahweh" e similares) é amplamente reconhecida e merece menção aqui. A fórmula é, com muita freqüência, acrescentada a julgamentos de figuras régias (p. ex. 7,27 e 12,15). Além disso, é até mesmo agregada a bênçãos "messiânicas" de uma forma que parece "completá-las" (p. ex. 17,24 e 29,21). Percebemos que nessas formulações mais características da esperança futura em Ezequiel não há nenhum papel basicamente significativo para os mediadores régios; a função dos reis dissolveu-se, dominada — ao que parece — pela ênfase no Deus Santo.[28] A figura "messiânica" está, quando muito, nas margens do que, para Ezequiel, é o verdadeiro foco da expectativa futura, a saber, o santuário restaurado.[29] No final do cap. 37, lemos: "A minha Habitação estará no meio deles: eu serei o seu Deus e eles serão o meu povo. Assim saberão as nações que eu sou Iahweh, aquele que santifica Israel, quando meu santuário estiver no meio deles para sempre" (37,27-28). E, por último, bem no fim do livro: "E o nome da cidade, a partir deste dia, será: 'Iahweh está ali' " (48,35). Aqui procuramos em vão uma figura "messiânica", pois o teocentrismo radical de Ezequiel ofusca todas as referências a líderes humanos.

---

[28] D. I. Block expôs com sabedoria: "A questão não é a volta de Davi, mas a presença de Iahweh". BLOCK, D. I. "Bringing David Back: Ezekiel's Messianic Hope". In: SATTERTHWAITE, P. E.; HESS, R. S.; WENHAM, G. J., orgs. *The Lord's Anointed: Interpretation of Old Testament Messianic Texts.* Carlisle, Paternoster Press; Grand Rapids, Baker Book House, 1995, pp. 167-188 (187). Cf. AYTOUN, "Rise and Fall" (ver, em especial, p. 29, sobre o cap. 34: "Em vez de um reino de Davi, um reino de Deus").

[29] Ponto esse enfatizado por ZIMMERLI, W. *Ezechiel*, II. 2. ed. Neukirchen-Vluyn, Neukirchener Verlag, 1979, p. 918 (BKAT, 13,2) (ET [da 1. ed. alemã] *Ezekiel*, II. Hermeneia, Philadelphia, Fortress Press, 1983, p. 279).

O Messias na literatura veterotestamentária pós-exílica

REX MASON

Quem é convidado a discutir "Alguma coisa... pós-exílica" enfrenta imediatamente um problema de definição. Que era, exatamente, "a literatura bíblica pós-exílica"? Não há uma compreensão real segundo a qual todo o Antigo Testamento é pós-exílico? Não me refiro apenas a uma das últimas manias de datar tudo tardiamente, mas ao fato de mesmo os livros cuja origem remonta, com um pouco de certeza, ao período pré-exílico acabarem sendo, sem dúvida, editados, organizados e levados a assumir sua forma atual depois do exílio. Além disso, foi no período pós-exílico que eles se tornaram mais amplamente lidos, foram preservados, comentados e, de modo crescente, considerados autorizados.

Menciono isso no início porque, ao lidarmos agora com o tema "O Messias na literatura veterotestamentária pós-exílica", enfrentamos parte do problema. Mesmo se nos ativermos (como farei) a material cuja origem podemos, com um pouco de certeza, atribuir ao período pós-exílico, não poderemos jamais nos esquecer de que, exatamente nesse período, a literatura mais primitiva estava sendo lida, relida, organizada e compilada. Como os leitores a entenderam, em especial as passagens que faziam promessas a respeito da dinastia davídica ou ofereciam esperanças de um futuro glorioso? Como, por exemplo, liam os salmos? Podemos ter vislumbres estimulantes na maneira como o cronista utiliza os salmos e na maneira como os livros pós-exílicos citam textos mais primitivos com freqüência crescente, dando às passagens que utilizam novos contextos e novas aplicações.[1] Podemos presumir que as práticas exegéticas que encontramos na literatura ju-

---

[1] Cf. uma análise completa e abalizada dessa exegese bíblica mais profunda em FISHBANE, M. *Biblical Interpretation in Ancient Israel*. Oxford, Clarendon Press, 1985.

Parte II • Rei e Messias no Antigo Testamento

daica intertestamentária, entre os Pactuantes de Qumrã e, acima de tudo, no Novo Testamento não ocorreram sem precedentes mais primitivos. Mas, no fim, temos de confessar que há muita coisa que não sabemos sobre a crença e as expectativas messiânicas pós-exílicas. Podemos falar sobre o "Messias na *literatura* pós-exílica". Não devemos pensar que por meio disso obtemos algo como o pleno entendimento das diferentes expectativas messiânicas tidas por grupos diversos no *período* pós-exílico.

Enfrentamos ainda outra dificuldade de método. Mesmo considerando que nosso campo de conhecimento limita-se à literatura veterotestamentária pós-exílica ainda existente, exatamente o que devemos incluir nisso? E que dizer de passagens que foram extensamente julgadas como adições exílicas ou pós-exílicas a livros pré-exílicos? Mowinckel cita algumas dessas passagens, que atribui ao período mais tardio: Is 4,2; 11,1-9; Mq 4,8; 5,1-3; Jr 23,5-6 = 33,15-16; 30,9.21; Ez 17,22-24; 34,23-24; 37,22-25.[2] O problema é que a decisão a respeito da data de origem de qualquer passagem é manifestamente difícil e subjetiva. A glosa pós-exílica de um estudioso é para outro um triunfo do pensamento avançado do autor original. Seria fácil demonstrar que até o julgamento de Mowinckel é influenciado por sua crença de que só podemos falar de algum tipo de "esperança messiânica" *depois* do exílio. Com certeza, é difícil negar que há glosas pós-exílicas na literatura pré-exílica, mas é arriscado ser específico. Vou ignorar tais passagens neste capítulo, e nisso sou ajudado pelo fato de outros capítulos tratarem dos principais livros envolvidos. Contudo, mais uma vez, temos de mencionar que isso também diminui qualquer alegação que pudéssemos fazer de apresentar uma imagem abrangente do pensamento messiânico pós-exílico.

É necessário mencionar outra dificuldade antes de abordarmos os textos específicos que nos restaram (e que felizmente vêm a ser poucos!). A certa altura, precisamos saber exatamente o que queremos dizer quando falamos do "Messias". Indicamos a esperança de uma restauração da dinastia davídica histórica ou, na verdade, de qualquer linhagem régia depois de 538 a.C.? Ou restringimos nosso período para envolver a intervenção espaço-temporal que irrompe no *continuum* de tempo e espaço deste mundo, vindo de fora e do alto? Nós o limita-

---

[2]   Mowinckel, S. *Han som kommer*. Copenhagen, G. E. C. Gad, 1951, p. 21 (et *He That Cometh*. Trad. G. W. Anderson. Oxford, Basil Blackwell, 1956, p. 16).

mos necessariamente apenas à idéia de uma figura *régia*? Vamos explicar de outra maneira. Que meios estavam disponíveis para os autores e teólogos pós-exílicos quando enfrentaram o problema do fim da dinastia davídica, à qual, pelo menos segundo algumas de suas tradições, Deus tinha prometido continuidade eterna? Eles podiam anunciar sua restauração depois do exílio. Podiam reinterpretá-la para dizer que a promessa estava sendo cumprida, embora de forma diferente. Podiam ignorá-la, presumindo que agora Deus tivesse outros planos para seu povo. Podiam projetá-la em um futuro indefinido e dar-lhe uma qualidade quase transcendental, crendo que algum libertador celeste um dia apareceria para libertá-los de todos os inimigos. Precisamos manter diante de nós essas e talvez outras possibilidades, enquanto examinamos a literatura e tentamos diferenciá-las ou, mais uma vez, nossa imagem do Messias na literatura bíblica pós-exílica será deturpada, até mesmo confusa.

Ageu

Com todas essas advertências expressas com segurança, passo ao primeiro texto de que vamos tratar, Ag 2,23:

> Naquele dia — oráculo de Iahweh dos Exércitos — eu tomarei Zorobabel, filho de Salatiel, meu servo — oráculo de Iahweh — e farei de ti como um sinete. Porque foi a ti que eu escolhi, oráculo de Iahweh dos Exércitos.

É importante situar esse último versículo do livro no contexto da mensagem de Ageu como um todo. Ele evoca a reconstrução do Templo e responde à queixa da população judaica de que não tem meios para realizá-la, dizendo que sua pobreza é conseqüência de não o ter construído. Em face de seu desânimo, ele assegura que o Templo terminado será o lugar ao qual Iahweh voltará para que sua presença (*kābôd*) o encha novamente. Dali ele reinará como rei universal, enquanto todas as nações trarão seu tributo. Ele "abalará" o céu e a terra e derrubará os poderes estrangeiros com seus vastos exércitos, e Zorobabel governará em nome de Deus. Ao formular essa mensagem, Ageu recorre a algumas tradições. É possível observar traços da tradição de Sião expressa em alguns salmos. Ressoam certas esperanças expressas nos chamados "Salmos da entronização de Iahweh". Há traços do Dêutero-Isaías e com certeza de Ezequiel, em especial com a idéia

Parte II • Rei e Messias no Antigo Testamento

da volta do *kābôd* de Iahweh. Aqui há ligações com a linguagem da aliança deuteronomista, com suas precondições para a bênção e a fertilidade da terra, mas, igualmente, com a tradição de Sião.[3]

O nome Zorobabel significa "nascido na Babilônia", e há um grau considerável de confusão nos registros a seu respeito. Todos parecem concordar que ele era descendente de Davi, neto do rei Joaquin (Jeconias; 1Cr 3,16-19). Essa passagem e Esd 3,2 afirmam que seu pai é Salatiel, embora 1Cr 3,19 dê o nome de seu pai como Fadaías (a LXX corrige essa discrepância). Há ainda o problema de que Esd 3,1–4,4 parece sugerir que ele dirigiu uma tentativa anterior para reconstruir o Templo na época de Ciro, enquanto no livro de Ageu a inferência é que, na época de Dario, o Templo ainda estava em ruínas. Por outro lado, Esd 5,7-17 atribui a tentativa de reconstrução anterior a Sesabassar, também descendente de Davi, se ele for identificado com o "Senasser" de 1Cr 3,18. Ambos, Sesabassar (Esd 5,14) e Zorobabel (Ag 1,1; 2,2.21), são descritos como "governador" (*peḥâ*), e é interessante que os persas pusessem descendentes da casa real de Judá como governadores e também que estes tivessem adotado nomes babilônicos.

O que exatamente é prometido aqui a Zorobabel e a seu respeito? Todas as palavras usadas têm conotações régias, mas, da mesma forma, nenhuma precisa ser assim interpretada. "Meu servo" é, já se vê, expressão usada repetidas vezes a respeito de Davi (e quase exclusivamente a seu respeito entre os reis de Israel e Judá) e de outros também: Abraão, Moisés, Jó e o "Servo" do Dêutero-Isaías. A frase "eu [te] tomarei", ou outra semelhante, indica a eleição divina de um rei (p. ex., 2Sm 7,8, de Davi) ou de um profeta (Am 7,15), de Moisés (Ex 6,7), ou de Abraão (Js 24,3).[4] Deus fará dele (Zorobabel) "como um sinete" (*kaḥôtām*). Isso fez com que muitos vissem uma ligação com seu avô Jeconias. Jr 22,24 expressa a determinação de Deus de julgar o rei e o povo, com as palavras: "Por minha vida — oráculo de Iahweh —, ainda que Conias filho de Joaquim, rei de Judá, fosse um anel em minha mão direita, eu te arrancaria de lá! [...]". Contudo, mesmo essa expressão pode ter conotações mais gerais. O sinete dá autoridade para determi-

---

[3] Cf. uma breve discussão das tradições que parecem ter influenciado Ageu (e Zacarias, caps. 1–8) em meu "The Prophets of the Restoration". In: Coggins, R. J.; Phillips, A.; Knibb, M., orgs. *Israel's Prophetic Tradition: Essays in Honour of Peter Ackroyd*. Cambridge, Cambridge University Press, 1982, pp. 137-154.

[4] Cf. Amsler, S. "Aggée". In: Amsler, S.; Lacocque, A.; Vuilleumier, R. *Aggée, Zacharie, Malachie*. 2. ed. Geneva, Labor et Fides, 1988, p. 39 (CAT, 11c).

nada ação, como em 1Rs 21,8, muito citada nessa ligação, em que Jezabel selou as cartas com o sinete de Acab, conferindo, desse modo, a suposta autoridade do rei para a ação que elas exigiam. O mesmo substantivo, contudo, ocorre em Ex 28, a respeito das pedras no turbante de Aarão, cada uma com os nomes de seis tribos de Israel, "como faz quem trabalha a pedra para a incisão de um selo", como memorial, enquanto uma engastada no peitoral do sumo sacerdote, na qual foi gravado: "Consagrado a Iahweh", estava ligada ao fato de o sumo sacerdote assumir a culpa do povo. Assim, embora possa subentender um *status* régio especial sendo agora, ou a ser em breve, reintegrado, Ag 2,23 tem uma conotação mais geral da lembrança e afeição de Deus por Zorobabel e pelo povo que ele representa. E, naturalmente, o mesmo pode ser dito do verbo "foi a ti que eu escolhi", usado a respeito de Davi, mas também pelo cronista a respeito de Salomão e dos levitas, enquanto o Deuteronômio e alguns salmos usam-no a respeito da escolha por Deus de seu povo em geral, sentido talvez posposto em seu uso que o Dêutero-Isaías faz no tocante ao Servo.

Foi, sem dúvida, a adaptabilidade desses termos que levou Meyers & Meyers a negar quaisquer insinuações "messiânicas" em 2,23:

> A palavra [i.e. servo] coloca Zorobabel, ou qualquer outro assim designado, em uma relação subserviente com Iahweh, que emerge como governante soberano. Portanto, o papel de Zorobabel como governante não está, por si só, indicado nesse oráculo. "Servo" e "sinete" [...] enfatizam seu instrumentalismo, e não sua independência.

De novo, eles concluem: "Ageu não usa linguagem que se refere diretamente a Zorobabel como rei [...]".[5] Como vimos, essa é uma interpretação perfeitamente possível e legítima de Ag 2,23. Entretanto, para mim, a balança das probabilidades (não é mais que isso) parece pender para a crença de que Ageu pensava que, quando Iahweh começasse seu reinado universal no Templo concluído, Zorobabel passaria a ter *status* régio. Sua descendência davídica e, em especial, o fato de Joaquin ter sido o último rei davídico, cuja reversão do exílio expresso por Jeremias é aqui sugerida pelo uso da palavra rara "sinete", parecem ser mais que coincidência.

---

[5] MEYERS, C. L. & MEYERS, E. M. *Haggai, Zechariah 1–8*. Garden City, NY, Doubleday, 1987, pp. 68, 70 (AB, 25B).

Parte II • Rei e Messias no Antigo Testamento

A natureza fortemente escatológica das promessas da volta de Iahweh a seu Templo, a destruição do poder das nações e de seus exércitos e o reinado universal de Iahweh sugerem algo mais que uma simples continuação de governo para Zorobabel sob o domínio persa. Além disso, temos de mencionar a forte tendência mais tardia de negar-lhe qualquer poder militar ou régio (Zc 4,6b-10a, ver adiante).

Entretanto, mesmo assim, não há razão para ver em Ag 2,23 outra coisa além da crença de que a linhagem dinástica davídica seria renovada em Jerusalém e seria um aspecto da nova época pós-exílica do governo de Deus, como foi da mais primitiva, pré-exílica.

Zacarias 1-8

Se é difícil interpretar o material muito conciso do livro de Ageu, Zc 1-8 apresenta-nos problemas ainda maiores. Na verdade, só um comentarista temerário afirmaria ser capaz de explicar satisfatoriamente os vários sinais de "esperança messiânica" com os quais nos deparamos aqui. O cabeçalho editorial e o sistema de datação no qual Ageu e Zc 1-8 foram inseridos sugerem que Zacarias fora contemporâneo de Ageu. Ele parece, com certeza, ter sido influenciado pelas mesmas tradições às quais Ageu dá proeminência. Compartilha a mesma tradição de Sião e anuncia que ela é a cidade da escolha de Iahweh, que em breve voltará para ali viver e defendê-la. Terra e povo serão então purificados, um ato que é iniciativa milagrosa de Iahweh tanto quanto o término da reconstrução do Templo. Esses aspectos da mensagem dos dois profetas são tão semelhantes que alguns comentaristas argumentam que os mesmos organizadores os reuniram em uma obra unificada.[6] Essa mensagem está expressa em uma série de "visões da noite" com o acompanhamento de oráculos, tradição que provavelmente se origine da idéia mais primitiva de que um "verdadeiro" profeta, para ser o que é, precisa antes ter sido admitido ao "conselho de Iahweh" (p. ex., Jr 23,18-22; 1Rs 22).[7]

Há diferenças, entretanto (mesmo que só de ênfase), entre Ageu e Zc 1-8, na forma como agora temos essas obras. Zacarias parece ter oferecido uma nota

---

[6] P. ex., Meyers & Meyers, *Haggai, Zechariah 1-8*, pp. xliv-xlviii.

[7] Além dos comentários, o exame mais completo e sistemático dos oráculos que acompanham as visões é o de Petitjean, A. *Les Oracles du Proto-Zacharie*. Paris, J. Gabalda, 1969 (Ebib). Cf. também Beuken, W. A. M. *Haggai-Sacharja 1-8*. Assen, Van Gorcum, 1967.

O Messias na literatura veterotestamentária pós-exílica

mais universalista que Ageu, além de compartilhar a crença de Ageu de que Iahweh venceria as nações que oprimiam Judá (p. ex., 2,15). Parece haver alguma diferença também em sua expectativa "messiânica". Nenhuma passagem que cita Zorobabel descreve-o governando da maneira como Ageu prediz em Ag 2,21-23. Ele é citado apenas em 4,6b-10a, em geral considerado uma inserção no relato da visão do lampadário ladeado pelas duas oliveiras, no cap. 4. Poderia ser omitida, e essa omissão nem seria notada em um texto que então iria de 6a: "E ele respondeu-me [...]" diretamente para 10b: "Estes sete são os olhos de Iahweh [...]". O efeito dessa passagem interpolada parece ser que Zorobabel completará a construção do Templo (vv. 7-10), mas seu governo não será, nem deverá ser, caracterizado pelo poder militar (6b). Aqui há muito pouco material que justifique tecermos redes complicadas de pretensa história que vê uma reação ao tipo de esperanças suscitadas pelas predições de Ageu para Zorobabel. Mas essa imagem de Zorobabel lembra a imagem que o cronista faz de Davi como principalmente um construtor do Templo (ver adiante) e encaixa-se de maneira exata na descrição da atividade de Zorobabel dada em Esd 3–6.

Assim, se admitimos que nesses versículos temos certa remodelação (mais tardia?) do papel atribuído a Zorobabel, longe do associado a idéias tradicionais a respeito de um governante davídico e "messiânico", podemos dizer alguma coisa sobre o papel que o próprio profeta esperava que ele desempenhasse? Se a visão do lampadário e das duas oliveiras expressa as expectativas do profeta, ele, com certeza, não as expressou com muita clareza. É de presumir que o lampadário recorde o menorá do Segundo Templo e tivesse o propósito de simbolizar a presença de Iahweh ali entre seu povo. O papel e a identidade das duas oliveiras com ramos são um tanto confusos. Seria natural pensar que seu papel fosse suprir a lâmpada com óleo, mas isso dificilmente se encaixa no simbolismo, pois, presumivelmente, os servos de Deus não lhe fornecem a fonte de luz. Além disso, são descritos como "filhos do óleo", termo traduzido na maioria das versões pela palavra "ungidos", embora a palavra hebraica para "óleo" aqui (*yiṣhār*) não seja a comumente usada com o sentido de "ungir". Na verdade, em toda a Bíblia Hebraica, só é usada com esse sentido nessa passagem. É possível que a figura das oliveiras tenha influenciado a escolha, já que a palavra é normalmente usada para o óleo de oliva. Não é um modo muito claro, porém, de expressar o significado exato de "ungir", e seu papel "de pé diante do Senhor de toda a terra" também é descrito apenas vagamente. Ademais, não estão explicitamente nomeadas.

357

PARTE II • Rei e Messias no Antigo Testamento

No entanto, é difícil evitar concluir que, pelo menos na forma final do livro, os representados sejam Josué e Zorobabel, já que só eles dois foram citados. A visão sugere algum tipo de governo diárquico entre o sacerdote e o governador? Em caso afirmativo, isso remonta ao próprio Zacarias? É difícil, se não impossível, dizer. Essa parece ser a sugestão de 6,13, mas esse versículo também está cercado de problemas.

Alguém chamado "Rebento" é mencionado duas vezes nesses capítulos (3,8; 6,12). Em ambos os casos, ele é inominado, e sua vinda parece ser imaginada como um acontecimento do futuro um pouco distante. No primeiro caso, ocorre no contexto de um "oráculo" explanatório de uma visão, aqui uma visão de Josué na qual Iahweh intervém para inocentá-lo da acusação do "Adversário" (significado da palavra hebraica "Satã", que, quando ocorre com artigo, denota função, como em Jó 1–2, e não nome próprio, como em 1Cr 21,1). Se isso tem o propósito de indicar que aos sacerdotes que voltavam da "impureza" do exílio será confiada novamente sua função sagrada, ou que Josué, como sumo sacerdote, representa e simboliza toda a comunidade que Deus tem agora a intenção de purificar e perdoar (o que é simbolizado pela troca de roupa), é questão para opiniões eruditas (divergentes). A segunda interpretação harmoniza-se com as promessas que Zacarias faz de purificação divina para toda a comunidade a ser encontrada nas visões relatadas no cap. 5. Entretanto, no oráculo que expande a visão de Josué e oferece sua explicação, são feitas promessas condicionais a Josué e "a teus companheiros que estão sentados diante de ti" (companheiros de sacerdócio?), e Josué é coroado (a palavra traduzida por "turbante", hebr. *ṣānîp*, é, em geral, associada ao adorno de cabeça de um sacerdote, mas parece passível de ter associações "régias", como em Is 62,3, *ṣᵉnîp mᵉlûkâ*). É prometido que "tu governarás a minha casa". O verbo "governar" (*dîn*, "dar julgamento") e seu substantivo são usados para julgamentos dados por vários funcionários, até mesmo sacerdotes (p. ex., Dt 17,8-13), mas também reis (Jr 21,12; 22,16; Sl 72,2; Pr 31,9). "Minha casa" talvez sugira exclusivamente o Templo, mas temos de nos lembrar de que, no período monárquico, palácio e Templo formavam um único conjunto, e a mesma palavra hebraica representava ambos. Josué e seus companheiros também administrarão "meus pátios", que estavam na mesma situação. Ele também terá "acesso entre os que estão aqui de pé". Será isso alusão ao pátio celeste onde Iahweh está cercado por seu exército de anjos? Em caso afirmativo, como indicamos anteriormente, isso dá a Josué o mesmo tipo de autoridade que tem um "verdadeiro"

O Messias na literatura veterotestamentária pós-exílica

profeta. Assim, há conotações sacerdotais, régias e proféticas a respeito de Josué e, presumivelmente, da linhagem pós-exílica da qual ele é (re)fundador, precursor e representante. Como tais, ele e seus companheiros são fiadores da promessa divina de que, no fim, "meu servo", o "Rebento", virá. Literalmente, são "homens de presságio", isto é, sua presença e atividade contínuas são sinais da promessa que deverá ser cumprida. A palavra "rebento" (hebr. *semah*) não é a que ocorre na passagem "messiânica" de Is 11,1, mas parece ter essas conotações em Sl 132,17, em que figura sua forma verbal (com o significado de "fazer brotar"), em Jr 23,5 (o substantivo) e 33,15 (substantivo e verbo). Portanto, é difícil crer que pudesse ser interpretada de outra maneira pelos leitores de Zacarias.

A outra passagem em que a palavra ocorre, Zc 6,9-15, suscita o mesmo número de dúvidas. É ordenado ao profeta que tome prata e ouro de alguns deportados citados (é estranho que a lista de nomes aí e a do v. 14 divirjam, mas isso não precisa nos deter aqui, exceto para observar que esse fato causa ligeiro embaraço a quem ainda alega que, em sua forma atual, essa passagem está em estado de ordem e pureza prístinas) e faça uma coroa ou coroas. Tanto no v. 11 como no v. 14, o hebraico está no plural, o que levou alguns comentaristas mais antigos a afirmar que uma ordem original para coroar Josué e Zorobabel foi mudada porque, por alguma razão, Zorobabel desapareceu do relato. Isso é inteiramente possível, mas não é a conclusão inevitável a ser tirada da forma plural do substantivo, pois este é usado no plural em outras passagens, nas quais claramente denota só um objeto (Jó 31,36). Talvez esteja na forma plural por ser composto de algumas tiras ou argolas, sendo possível ainda que fosse utilizada no plural, como ocorre com a palavra "óculos" em certas línguas ocidentais. O que se segue é inesperado porque Josué, o sumo sacerdote, deve ser coroado, embora as palavras que acompanham o ato pareçam referir-se a Zorobabel: "Eis um homem cujo nome é Rebento; de onde ele está, germinará [a forma verbal do substantivo 'Rebento'] (e ele reconstruirá o Templo de Iahweh). Ele reconstruirá o Santuário de Iahweh; ele carregará insígnias reais. Sentar-se-á em seu trono e dominará. Haverá um sacerdote à sua direita (ou 'sobre/ acima, contra/perto de seu trono' [todas são traduções possíveis da preposição hebraica *'al*]). Entre os dois haverá perfeita paz" (embora o que foi traduzido como "perfeita paz" também pudesse ser traduzido de várias maneiras: "um acordo de paz", "um conselho de paz" e até "um plano de salvação").

Precisamos entender isso o melhor que pudermos. Só um exegeta bastante audaz declararia que sabe seu sentido verdadeiro e único. A muitos de nós falta

PARTE II • Rei e Messias no Antigo Testamento

audácia nessas ocasiões, e preferimos curvar-nos por trás das defesas de judicio-sas notas de rodapé e do relatório objetivo das opiniões dos outros. Pode ser que haja uma explicação simples, sugerida há muito tempo como alternativa por P. R. Ackroyd:[8] presumir que isso foi pronunciado numa época anterior à chega-da de Zorobabel a Judá, vindo da Babilônia. Sendo o sumo sacerdote, Josué é coroado prolepticamente em seu lugar. Desse modo, Josué torna-se o fiador de que Zorobabel virá, de que os dois chefes, o religioso e o civil, compartilharão o poder e de que Zorobabel completará a construção do Templo com a ajuda e o incentivo de outros que também ainda estão por chegar a Judá, vindos do exílio (v. 14). Entretanto, há algumas dificuldades. É estranho que, mais uma vez, Zorobabel não seja identificado, mas receba um título "messiânico", como em 3,8. Que significa a estranha frase "de onde ele está, germinará"? Significa que o "Reben-to" tomará o lugar de *Josué*? Significa que assumirá dignidade régia onde está agora ou quando voltar de onde se encontra? Como isso é consistente com 4,6b-10a, que parece limitar o escopo do poder régio de Zorobabel? Todas essas perguntas preci-sam ser feitas, sejam quais forem as respostas que aleguemos ter encontrado para elas e seja qual for o grau de autoridade que reivindiquemos para essas respostas.

Há outra linha de explicação completamente diferente. 3,6-10 e 6,9-15 parecem concentrar-se principalmente na posição e na autoridade de Josué e na linhagem sacerdotal *atuais*. Zc 4,6b-10a parece advertir contra a atribuição de poder e autoridade militares ao papel de Zorobabel. O "Rebento messiânico", inominado, torna-se agora uma figura que se espera vá aparecer em alguma oca-sião futura não especificada. Tal interpretação dá origem à idéia de que, no ínte-rim, os sacerdotes têm autoridade e responsabilidade divinamente concedidas. A teocracia é o arranjo atual de Deus para o governo de seu povo, mas, ao mesmo tempo, eles são fiadores dos futuros planos divinos para um "Rebento" messiânico. Entretanto, é bastante compreensível que representantes da teocracia não espe-rem ser removidos de suas funções quando surgir esse grande dia, e tenham o cuidado de indicar que, mesmo então, sacerdotes e reis vão compartilhar o poder.

Com esse ponto de vista também há problemas. Que deduzimos das pro-messas de que esse "Rebento" "construirá o Templo" (6,13.15)? Isso não sugere uma época antes do término do Templo depois do exílio? Foi o que levou alguns

---

[8] ACKROYD, P. R. *Exile and Restoration*. London, SCM Press, 1968, pp. 196-200.

O Messias na literatura veterotestamentária pós-exílica

comentaristas recentes a afirmar que os livros de Ageu e Zc 1–8 devem ter assumido a forma atual cedo, durante (ou logo após) a vida dos profetas.[9] É óbvio que Zorobabel não esteve envolvido na reconstrução do Templo. Mas seria possível que isso fosse visto, em épocas mais tardias, como um tipo de paradigma para a atividade de todos os que deveriam seguir lealmente seus passos? O cronista mostra que foi Davi quem reuniu todo o material para a construção do Primeiro Templo e recebeu de Deus a planta para sua edificação, enquanto Salomão desincumbiu-se da tarefa. Mas todos os reis subseqüentes são julgados pela maneira como também "construíram" o Templo em termos de "edificar" seu culto, da observância de suas leis e da conservação da teocracia da qual era o centro. Há muitos indícios veterotestamentários para entendermos "construir o Templo" dessa maneira metafórica (p. ex., Sl 51,20), como Eaton mostrou.[10]

Acerca de material tão obscuro e variado é difícil formar um julgamento definitivo e impossível ser dogmático a respeito de quaisquer conclusões às quais cheguemos, que têm de ser experimentais. Uma interpretação possível é que Zacarias viu um governo conjunto de Josué e de Zorobabel e acreditou que isso aconteceria muito em breve, quando o Templo estivesse pronto. Por alguma razão, ele tende a evitar a menção de Zorobabel pelo nome, preferindo um título que deve ter tido alguma conotação "messiânica" para os ouvintes. Ressalta que sacerdote e governador governarão em harmonia e concordância perfeitas, mas descreve o governo de Zorobabel em termos de "insígnias reais" e fala de seu "trono" (6,13). Ao mesmo tempo, por alguma razão que desconhecemos, parece achar necessário advertir Zorobabel (e outros?) de que seu papel é primordialmente o de construtor do Templo, e absolutamente não está no poder militar (4,6b-10a). Se tudo isso é o ensinamento do profeta Zacarias original, parece sofrer certas distorções de inconsistência, a menos que o consideremos a representação do progresso de seu pensamento à medida que os acontecimentos se desenrolavam.

---

[9] MEYERS & MEYERS, *Haggai, Zechariah 1–8*, p. xlv; TOLLINGTON, J. E. *Tradition and Innovation in Haggai and Zechariah 1–8*. Sheffield, Sheffield Academic Press, 1993 (JSOTSup, 150).

[10] EATON, J. H. "The Psalms and Israel's Worship". In: ANDERSON, G. W., org. *Tradition and Interpretation*. Oxford, Clarendon Press, 1979, pp. 268-269: "Pode ser que a fraseologia a respeito da 'edificação' das muralhas [...] e da cidade [...] e da restauração das barras das portas [...] tenha origem nas idéias festivas, e não (como freqüentemente se supõe) em circunstâncias pós-exílicas de reconstrução, pois o tema também se encontra nas orações festivas babilônicas" (*ANET*, pp. 309s).

361

PARTE II • Rei e Messias no Antigo Testamento

A outra interpretação possível do texto é ver por trás dele um processo redacional mais complexo. Talvez o próprio Zacarias imaginasse uma espécie de diarquia entre Josué e Zorobabel (se essa for uma interpretação apropriada da visão do lampadário e das duas oliveiras, com seu clímax em 4,14). Entretanto, com o passar do tempo, por alguma razão que desconhecemos, Zorobabel desapareceu de cena ou as esperanças ligadas a ele por Ageu e outros pareceram afundar na realidade. De fato, uma teocracia surgiu na comunidade pós-exílica do Templo de Judá/Jerusalém sob a hegemonia política da Pérsia. Ficou demonstrado que isso estava dentro do propósito e da ordenação de Deus. Os sacerdotes agora incorporam, em si mesmos e em suas tarefas, funções e atributos sacerdotais, proféticos e até régios. Entretanto, a esperança "messiânica", que outrora se ligava a Zorobabel, ainda era oferecida como esperança distante. No devido tempo, o soberano prometido viria. Mas os círculos sacerdotais, nos quais os livros de Ageu e Zc 1–8 se desenvolveram, providenciaram para que, se um pretendente surgisse, eles ainda assim conservassem posição e poder.

Tenho audácia exegética suficiente para dizer que prefiro a segunda dessas duas possibilidades, em especial porque reflete exatamente o tipo de atitude teológica que vemos na obra do cronista (ver adiante). Esse foi um processo intuído há muito tempo por Beuken (ver nota 7). Ainda o considero mais provável que as opiniões um tanto mais simplistas dos que defendem uma rigorosa uniformidade de perspectivas em textos produzidos na mesma época durante a vida dos profetas epônimos. O texto revela falhas demais para que esse ponto de vista seja convincente. Essa minha audácia, porém, de modo algum inclui a temeridade de dizer que estamos fazendo mais que pesar probabilidades.

Isaías 56–66, Malaquias, Isaías 24–27 e Joel

Além dessa esperança, se é uma esperança, encontrada em Ageu, um tanto moderada em Zc 1–8, em vão procuramos em outra profecia imediatamente pós-exílica alguma menção da dinastia davídica ou qualquer forma de monarquia. Is 56–66, em que muita coisa é considerada originária do período que se seguiu a 538 a.C., silencia a respeito. Quando age, Deus vem ele próprio para o meio de seu povo a fim de realizar seus propósitos (p. ex., 59,15b-20; 62,11; 63,1-7; 66,15-16). É verdade que um locutor (em 61,1-4) alega ter sido ungido pelo Espírito para cumprir o ministério de proclamação do que Deus está prestes a fazer, e

O Messias na literatura veterotestamentária pós-exílica

os termos em que descreve seu ministério evocam as passagens do Servo e outros elementos encontrados no Dêutero-Isaías. Não há, contudo, características régias explícitas atribuídas a esse mensageiro. Malaquias, profeta que costuma ser datado entre o início e meados do século V a.C.,[11] também silencia sobre o assunto. Prediz a vinda de um "mensageiro" de Iahweh, com a função de preparar a vinda de Deus para o julgamento (Ml 3,1a.5). Os esforços para sugerir que a referência aqui é a uma figura "régia" não são convincentes, em especial porque Bentzen, que argumentou a favor disso, teve de emendar o texto para lograr seu intento.[12] Embora o cronista use a palavra "mensageiro" de maneira bastante vaga em 2Cr 36,15-16: "Iahweh, Deus de seus pais, enviou-lhes sem cessar mensageiros [...]" e demonstre, pelas palavras a eles atribuídas, que esses mensageiros incluíam reis, é muito mais provável que em Ml 3,1 a palavra tenha conotação profética, considerando seu eco do título do livro e a maneira como a adição em 3,23-24 liga-a a Elias.

O silêncio dos profetas pós-exílicos, com exceção de Ageu e Zacarias, é, então, ensurdecedor. Lembra o famoso dito de Sherlock Holmes a respeito do "curioso incidente do cão que latia durante a noite". Quando Watson protestou que o cão não latia, Holmes respondeu: "Esse é o incidente curioso".

A situação não é diferente se nos voltamos para o que costuma ser considerado literatura de um tipo mais "apocalíptico". Nem transgredindo nosso regulamento auto-imposto e incluindo Is 24–27, o "Apocalipse de Isaías" — grande parte do qual, embora possivelmente contenha material mais primitivo, pode bem ser datada depois, mas não necessariamente muito depois, do exílio —, há ali um sussurro que seja de alguma figura messiânica. Tudo o que vai acontecer no futuro deve ser ação direta de Deus. A mesma coisa é verdade a respeito do livro de Joel. Em resposta à penitência dos sacerdotes e do povo, Deus voltará a morar em Sião como rei universal e subjugará seus inimigos. Não há indicação de nenhum agente ou intermediário humano. Pelo contrário, é possível ver em 3,1-2 — com sua promessa de que o espírito de Deus será derramado sobre todos, de modo que

---

[11] Nenhum dos argumentos que costumam ser apresentados para apoiar essa datação é inquestionável, contudo ela continua sendo a mais provável. Cf. meu *The Books of Haggai, Zechariah and Malachi*. Cambridge, Cambridge University Press, 1977, pp. 137-139. (Cambridge Bible Commentary.)

[12] BENTZEN, A. "Priesterschaft und Laien in der jüdischen Gemeinde des fünften Jahrhundersts". *AfO* 6, 1930-1931, pp. 280-286.

Parte II • Rei e Messias no Antigo Testamento

até os escravos serão dotados e qualificados para realizar as tarefas que até então eram prerrogativa dos "profissionais" — um anticlericalismo e uma oposição aos poderes constituídos que lembram Beaumarchais.[13] Com efeito, quando pensamos na veemente denúncia de toda exploração econômica e política em profetas como o "Trito-Isaías" e Malaquias, ficamos tentados a especular se o silêncio a respeito da monarquia, nesses profetas pós-exílicos, deve-se apenas à concisão e escassez da literatura que ainda existe, seu gênero, ou omissão acidental. Não é possível que algumas das tradições "antimonárquicas" a serem encontradas antes, especialmente em passagens da história deuteronomista, tenham subsistido? De muitas maneiras, seria surpreendente que não o tivessem, depois do exílio, quando se percebeu que a monarquia histórica, além da lembrança de todos os seus abusos pré-exílicos, tinha "fracassado".[14]

Zacarias 9–14

Isso precisa ser lembrado ao nos voltarmos para Zc 9–14, que tem alguns aspectos em comum com Joel, pois aqui o "silêncio messiânico" é rompido na famosa passagem de 9,9-10 e na um tanto enigmática 12,7–13,1. É sabido que esses capítulos apresentam ao comentarista muitos problemas de data, gênero, coesão interna, ordem, redação e, acima de tudo, sentido. Felizmente, alguns desses problemas podem ser ignorados aqui, mas outros não, pois julgamentos de gênero e de composição, em especial, afetam a maneira como interpretamos essas passagens e

---

[13] Cf. Redditt, P. L. "The Book of Joel and Peripheral Prophecy". *CBQ* 48, 1986, pp. 225-240; e também Mason, R. A. *Zephaniah, Habakkuk, Joel*. Sheffield, JSOT Press, 1994, pp. 125-127 (OTG).

[14] Em estudo recente de Abdias, que considera um texto pós-exílico, E. Ben Zvi enfatiza a ausência ali de qualquer esperança de monarquia restaurada: Ben Zvi, E. *A Historical-Critical Study of the Book of Obadiah*. Berlin, W. de Gruyter, 1996, pp. 228, 258 (BZAW, 242). Essa obra harmoniza-se com uma série de conclusões ainda mais profundas que ele tira da mesma falta de referência à monarquia no livro de Sofonias (que na forma atual ele também considera texto pós-exílico), *A Historical-Critical Study of the Book of Zephaniah*. Berlin, W. de Gruyter, 1991 (BZAW, 198). Cf. principalmente a p. 356 da obra citada por último: "É significativo que não só não haverá lugar nessa sociedade para a antiga elite monárquica sociopolítica, como também nenhuma outra elite sociopolítica justa é mencionada para substituí-la. Nenhum rei, funcionário ou juiz humano (ou messiânico) justo e piedoso é citado; no livro não há expectativa de sua vinda [...]. Na sociedade ideal, o único Rei será Yhwh; o único grupo social, aquelas pessoas pobres e humildes que confiam em Yhwh e não mentem". Analiso a reação profética e "apocalíptica" à propaganda e às reivindicações de poder por parte da monarquia e do sacerdócio em Mason, R. A. *Propaganda and Subversion in the Old Testament*. London, SPCK, 1997, capítulos 5 e 6.

O Messias na literatura veterotestamentária pós-exílica

as relacionamos com qualquer mensagem "abrangente" que os capítulos possam ter. Abordei alhures a questão dos motivos e da maneira como essas passagens foram acrescentadas a Zc 1–8, e desde então venho travando uma discussão afável a respeito disso com John Day.[15] Quanto aos caps. 9–14 em si, as opiniões variam desde os que vêem uma firme estrutura quiástica na passagem toda até outros que desistiram de tentar encontrar alguma forma, considerando esses capítulos uma coletânea desconexa de perícopes díspares e originalmente independentes, que datam desde o século VIII a.C. até o período grego.[16] Na verdade, tão divergentes têm sido as tentativas de "datar" o material de supostas alusões históricas dentro da passagem que a validade do método precisa ser questionada. Muitos comentaristas são de opinião que uma nova seção começa com o cabeçalho *maśśā'*, em 12,1, e falam de um Dêutero-Zacarias e de um Trito-Zacarias.

A única coisa a ser feita com segurança é identificar as principais divisões do texto como está agora. Zc 9,1–11,3 (com exclusão de 10,1-3a) consiste em alguns fragmentos escatológicos, muito dependentes da literatura profética mais primitiva, com quase nenhuma ordem e estrutura aparentes exceto alguns mecanismos editoriais de ligação. Esses fragmentos expressam sentimentos e crenças que muitas vezes são inconsistentes entre si, mas compartilham a esperança geralmente otimista de salvação para Israel/Judá e de julgamento para os inimigos. Alhures mencionei que essa passagem forma uma espécie de "hinário escatológico". A idéia de P. D. Hanson de que o capítulo 9 tem a forma de um hino do "guerreiro divino" satisfaz um padrão geral que é perceptível, mas exige muita perda de tempo com os detalhes do texto e a desconsideração de inconsistências

---

[15] MASON, R. A. "The Relation of Zechariah 9–14 to Proto-Zechariah". *ZAW*, 88, 1976, pp. 227-239. Cf. DAY, J. "Prophecy". In: CARSON, D. A. & WILLIAMSON, H. G. M., orgs. *It is Written: Scripture Citing Scripture. Essays in Honour of Barnabas Lindars*. Cambridge, Cambridge University Press, 1988, pp. 39-55 (49). Penso que Day entendeu que eu afirmava haver uma dependência literária estreita e específica entre os dois, quando eu pretendia defender apenas uma continuidade temática bastante geral.

[16] A tentativa mais conscienciosa de estabelecer a primeira posição foi a de LAMARCHE, P. *Zacharie IX–XIV: Structure Littéraire et Messianisme*. Paris, J. Gabalda, 1961. Uma abordagem muito mais equilibrada encontra-se em BUTTERWORTH, M. *Structure and the Book of Zechariah*. Sheffield, Sheffield Academic Press, 1992 (JSOTSup, 130). Cf. a posição mais recente em BAUER, L. *Zeit des Zweiten Tempels-Zeit der Gerechtigkeit*. Frankfurt am Main, Peter Lang, 1992 (Beiträge zur Erforschung des Alten Testaments und des Antiken Judentums, 31). Cf. um estudo de pontos de vista mais "fragmentários" em EISSFELDT, O. *Einleitung in das Alte Testament*. 3. ed. Tübingen, J. C. B. Mohr (Paul Siebeck), 1964, pp. 587-590 (ET *The Old Testament: An Introduction*. Trad. P. R. Ackroyd. Oxford, Basil Blackwell, 1965, pp. 435-437).

Parte II • Rei e Messias no Antigo Testamento

internas.[17] Outras duas passagens escatológicas ocorrem em 12,1–13,6 e no cap. 14. Em ambas, há um grau crescente de angústia a ser experimentada pelo povo de Deus antes da chegada da salvação prometida, e com freqüência se tem afirmado que ambas revelam características "apocalípticas" cada vez mais agudas, de maneira mais marcante no cap. 14. Intercaladas entre essas partes principais estão algumas passagens "controversas", nas quais "pastores" são atacados por sua má orientação do povo — 10,1-3a; 11,4-17; 13,7-9 —, passagens essas que ocorrem de um lado a outro da suposta divisão dos capítulos em 12,1. Além disso, todo o material é igualmente caracterizado por forte dependência da literatura bíblica mais primitiva, em especial da profética.[18] Por causa desses fortes ataques a líderes da comunidade que são considerados falsos e que, como nos livros proféticos bíblicos mais primitivos (em especial Jeremias e Ezequiel), são descritos como "pastores", percebemos algumas ligações com Joel, com seu chamado aos sacerdotes para que desempenhem sua tarefa de conduzir o povo à penitência e sua possível visão de um futuro que prescinde desses líderes tradicionais. E é no contexto geral que temos de procurar interpretar e avaliar as passagens "messiânicas".

Com essas observações preliminares, volto-me agora a Zc 9,9-10:

Exulta muito, filha de Sião!
Grita de alegria, filha de Jerusalém!
Eis que o teu rei vem a ti:
ele é justo e vitorioso,
humilde, montado sobre um jumento,
sobre um jumentinho, filho da jumenta.
Ele eliminará os carros de Efraim
e os cavalos de Jerusalém;
o arco de guerra será eliminado.

---

[17] Cf. Hanson, P. D. "Zechariah 9 and the Recapitulation of an Ancient Ritual Pattern". *JBL* 92, 1973, pp. 37-59, e *The Dawn of Apocalyptic: The Historical and Sociological Roots of Jewish Apocalyptic Eschatology*. 2. ed. Philadelphia, Fortress Press, 1979.

[18] Cf. Delcor, M. "Les Sources du Deutéro-Zacharie et ses Procédés d'Emprunt". *RB* 59, 1952, pp. 385-411, e Mason, R. A. The Use of Earlier Biblical Material in Zechariah 9–14: A Study in Inner-Biblical Exegesis". Tese de doutoramento não publicada, University of London, 1973. Espero voltar a esse aspecto do estudo de Zc 9–14 em obra futura.

O Messias na literatura veterotestamentária pós-exílica

Ele anunciará a paz às nações.
O seu domínio irá de mar a mar
e do Rio às extremidades da terra.

Essa passagem está separada como perícope independente, já que em 9,1-8, em um discurso que mistura a primeira e a terceira pessoa, é Deus quem vai atacar os inimigos de Israel, e ao mesmo tempo introduzir os filisteus como seu povo e depois habitar no santuário, protegendo seu povo de quaisquer futuros opressores. Podemos dizer que, de modo geral, essa ação de Deus prepararia o terreno para o governo pacífico do rei que vem, mas a passagem que se inicia no v. 11 fala de outra ação enquanto Deus conduz seu povo contra os gentios e o usa como arco, flecha e escudo.

Não está especificado quem é o rei. Com certeza, a passagem não alude ao próprio Iahweh, pois, em seu discurso divino na primeira pessoa, Iahweh refere-se ao rei na terceira pessoa, e a imagem de Iahweh montado sobre um jumento é um tanto constrangedora. Como vimos, a ligação entre os vv. 9-10 e seu contexto no cap. 9 é muito geral. Na verdade, a promessa de que não haverá mais necessidade de armas de guerra em condições de "paz", no v. 10, parece inconsistente com a promessa do v. 13, de que Deus usará Judá como arco e Efraim como flecha, brandindo os homens que habitam Sião como a espada de um valente. Somos, então, forçados a voltar à descrição do rei e sua missão para obter alguns indícios quanto ao significado dessa passagem.

O primeiro adjetivo é *ṣaddîq*, traduzido pela REB como "sua causa ganha" (e pela Bíblia de Jerusalém como "justo"). É atributo régio, pois Sl 72,1 suplica que Deus dê ao rei "teu *ṣedāqâ*" para que ele governe o povo com justiça. Contudo, é também atributo do Servo no Dêutero-Isaías, pois ele proclama em Is 50,8: "Perto está aquele que me declara *ṣaddîq*" (Bíblia de Jerusalém: "Perto está aquele que defende a minha causa"; o hebraico é *maṣdîqî*). Com certeza, no Dêutero-Isaías, a palavra quase pode ser entendida como equivalente a "vitória", embora tenha a conotação de "causa defendida". A segunda palavra é a partícula nifal da raiz verbal *yšʿ*, *nôšāʿ*, que poderia ser traduzida por "salvo", mas é traduzida com mais freqüência por "vitorioso" ou, como na REB, "sua vitória conquistada" — isto é, ele é o intermediário humano da *yešûʿâ*, "salvação/vitória" de Deus. O mesmo particípio é usado a respeito do rei em Sl 33,16, que ressalta não ser o rei

PARTE II • Rei e Messias no Antigo Testamento

nôšā' em virtude de seu exército numeroso ou de sua grande força. Na verdade o "cavalo" é explicitamente rejeitado como meio para alcançar a vitória, que, como o contexto deixa claro, pertence somente a Deus. Assim, é interessante notar que, em Zc 9,10, Deus diz: "Ele eliminará [...] os cavalos de Jerusalém". É igualmente digno de nota que, em Is 49,6, Deus diga ao "Servo": "Também te estabeleci como luz das nações, a fim de que a minha salvação (*y'šû'ātî*) chegue até as extremidades da terra". O Servo do Dêutero-Isaías é, então, também portador da "salvação" divina.

A frase seguinte, *'ānî*, levanta mais dúvidas. Pode ser legitimamente traduzida ou como "humilde" ou como "pobre". Não é usada a respeito do rei. Só poderíamos aplicá-la a ele se aceitássemos alguma forma da idéia de "humilha-ção ritual" do rei à maneira da Festa de Ano Novo, semelhante à da festa *Akitu* babilônica.[19] Mesmo sem aceitar isso, podemos mencionar o argumento de Johnson de que só um povo "humilde" vai experimentar a libertação divina, e em Sl 18,28 é presumível que isso seja expresso pelo rei: "Pois tu salvas o povo pobre (*'ānî*)".

Todavia, uma questão de mais interesse surge no uso de formas da raiz verbal *'nh* no último "canto do Servo" no Dêutero-Isaías. Em 53,4, lemos: "Mas nós o tínhamos como vítima do castigo, ferido por Deus e *atribulado*" (Bíblia de Jerusalém: *"humilhado"*; particípio pual), e novamente no v. 7: "Foi maltratado, mas *atribulado* (Bíblia de Jerusalém: "Foi maltratado e livremente *humilhou-se*"; particípio nifal). É difícil evitar traduzir esse "atribulado" em ambos os casos, pois os paralelos das raízes *ng'*, *nkh* fazem com que a alternativa mais ativa a "humilhado" seja mais plausível.

Naturalmente, estar montado em um jumento não subentende nenhuma humildade. Pelo contrário, no antigo Oriente Próximo, o animal era considerado montaria régia adequada.[20] Além disso, a "Bênção de Jacó", citada com freqüência, sugere o jumento como montaria régia, em Gn 49,11, passagem que até pode ter

---

[19] Conforme JOHNSON, A. R. *Sacral Kingship in Ancient Israel*. 2. ed. Cardiff, University of Wales Press, 1967.

[20] Cf., p. ex., FEIGIN, S. "Babylonian Parallels to the Hebrew Phrase 'Lowly, and Riding Upon an Ass' ". In: GINZBERG, L. & WEISS, A., orgs. *Studies in Memory of Moses Schorr 1874-1941*. New York, The Profes-sor Moses Schorr Memorial Committee, 1944, pp. 227-240 (em hebraico). Meyers & Meyers mencionam (mas não citam) termos cognatos com o hebraico *ḥ'môr* em Ugarit e Mari usados para animais nos quais uma divindade cavalga ou que puxam um carro ritual. MEYERS & MEYERS. *Zechariah 9–14*. Garden City, NY, Doubleday, 1993, p. 130 (AB, 25C).

O Messias na literatura veterotestamentária pós-exílica

inspirado Zc 9,9. Ainda certamente significativa é a citação resumida do salmo régio 72, na segunda metade do v. 10. A citação do Sl 72 continua: "Diante dele a Fera se curvará e seus inimigos lamberão o pó". Em vez disso, temos a admirável alternativa: "Ele anunciará *šālôm* ("paz") às nações". Há muito tempo, W. Eisenbeis chamou a atenção para a força notável dessa sentença, em seu estudo *Die Wurzel ~lvim Alten Testament* [A raiz ~lvno Antigo Testamento].[21]

Por conseqüência, é fascinante a possibilidade de termos aqui uma deliberada reinterpretação da ideologia messiânica e régia tradicional à luz da figura do Servo sofredor. Meyers e Meyers descartam a idéia um tanto bruscamente ao dizer: "[...] seria sobrecarregar o texto vê-lo como reflexo de ideologias conflitantes (como Hanson... e Mason...)".[22] Parece que essa figura deve com certeza ter sido planejada como contraste deliberado e ideal com os falsos "pastores", que são atacados tão implacavelmente nas três "passagens controversas" por seu abuso, exploração e má orientação do rebanho, de um modo que faz lembrar como esses ataques se encontram nos livros de Jeremias e Ezequiel. Fica a critério de cada um julgar se a figura régia de 9,9-10 tem ou não tem o propósito de ser o oposto não apenas deles, mas também dos conceitos "régios" e "messiânicos". Como acontece com tanta coisa nesses capítulos, é difícil chegar a uma certeza na interpretação.[23]

Há outra passagem, porém, relevante a esta análise, 12,7–13,1, que faz menção específica à "casa de Davi". Mais uma vez, o contexto é o de Deus usando seu povo para superar as "nações" que, nesse caso, vêm sitiar Jerusalém. É uma passagem prosaica, e muitos dos detalhes de sua interpretação permanecem obscuros. A idéia principal é que Deus libertará Jerusalém e Judá da ameaça. Na verdade, o povo de Judá se animará com a maneira como Deus fortalece os habitantes de Jerusalém. Todavia, Deus dará preferência para libertar primeiro os que habitam fora da capital de Judá, "para que o orgulho da casa de Davi e o orgulho

---

[21] EISENBEIS, W. *Die Wurzel slvim Alten Testament*. Berlin, W. de Gruyter, 1969 (BZAW, 113).

[22] MEYERS & MEYERS, *Zechariah 9–14*, p. 130.

[23] Sobre essa passagem, LAATO, A. *Josiah and David Redivivus: The Historical Josiah and the Messianic Expectation of Exilic and Post-Exilic Times*. Stockholm, Almqvist & Wiksell, 1992, p. 275 (ConBOT, 33) diz: "O rei humilde e justo de 9,9-10 é, de fato, uma crítica programática dirigida aos membros da casa de Davi porque não realizaram as esperanças de restauração que prevaleciam entre os judeus". Como muita coisa no livro, isso é interessante, mas vai além das evidências.

PARTE II • Rei e Messias no Antigo Testamento

dos habitantes de Jerusalém não se exaltem acima de Judá" (v. 7). Aqui parece haver uma suspeita provinciana muito natural contra a capital! Com certeza, porém, isso limita o papel da casa de Davi. Ela não é, de modo algum, o agente da libertação, mas é tão passiva quanto o rei que vem em triunfo em 9,9-10. Na verdade, há até uma insinuação de que estão inclinados a ficar um pouco "presunçosos", e por isso é preciso mantê-los em seu devido lugar. É extremamente difícil saber o que o v. 8 significa. Que, inspirados e fortalecidos pela intervenção de Iahweh em seu favor, os mais fracos habitantes de Jerusalém sejam "como Davi", prontos para dominar "leões" e "gigantes", não é surpreendente, sobretudo se já não têm de lutar de verdade! Qual é a força, porém, da declaração que "a casa de Davi será como Deus"? Que ela causou estranheza aos intérpretes que nos antecederam, aparece na grande probabilidade de que a frase "como o anjo de Iahweh" seja uma adição tendente a atenuar a força da primeira sentença. Da mesma maneira, as Versões (Targum, LXX e Vulgata) têm traduções atenuantes. Há um paralelo que talvez esteja por trás disso, embora só possa ser apresentado como sugestão experimental. Há uma frase semelhante em Ex 4,16, em que Moisés se queixa de que tem dificuldade para falar. Deus promete que Aarão será seu porta-voz: "Ele falará por ti ao povo; ele será a tua boca, e tu serás para ele um deus". Em virtude de seu relacionamento especial com Deus, Moisés capacitará Aarão a falar e agir de acordo com a vontade e o desígnio de Iahweh. Contudo, Aarão é um elo vital na execução desse desígnio. É possível que essa idéia esteja implícita em Zc 12,8? A casa de Davi voltará a seu justo relacionamento com Deus e, assim, será um intermediário do propósito divino de renovar a comunidade *toda*. A casa de Davi voltará a ter um lugar e um papel na comunidade renovada, mas já não será o único mediador da vida e da bênção de Iahweh, pois logo em seguida fica claro que a casa de Davi precisa ocupar seu lugar ao lado de todas as demais famílias e grupos da comunidade, na lamentação e no arrependimento pelo que fizeram a Deus (aqui podemos seguramente deixar de lado as dificuldades do v. 10 e de quem exatamente eles "transpassaram"). É porque Deus derramará sobre a casa de Davi e sobre todo habitante de Jerusalém e todas as divisões do povo um novo espírito que um dia todos serão purificados pela fonte que Deus abrirá para a casa de Davi e para os habitantes de Jerusalém (13,1). Todos precisam dela e todos vão experimentá-la por causa do derramamento divino de um novo espírito. Não estamos muito longe do espírito de Jl 3,1-5. Portanto, este contempla um lugar para uma família davídica, mas está longe de ser o tipo de

O Messias na literatura veterotestamentária pós-exílica

imagem do "libertador messiânico" que costumamos imaginar. Apesar de todas as dificuldades, é possível entender que essa passagem dá certo apoio à opinião de que 9,9-10 oferece uma ideologia régia alternativa.[24]

Daniel

Esse parece ser o tipo mais "apocalíptico" de literatura bíblica pós-exílica. Último grande representante do gênero e, na opinião de alguns, a única verdadeira forma do gênero no Antigo Testamento, o livro de Daniel não precisa deter-nos muito tempo, pois não põe muita ênfase no messianismo e não faz nenhuma referência específica à dinastia davídica. O infinitivo do verbo *māšaḥ* ocorre em 9,24, em um retrospecto da história (disfarçado de profecia) desde a queda de Jerusalém até a época do autor, no século II a.C. O que ou quem deve ser "ungido" no final desse período é um "santo dos santos" ou um "santíssimo". Os comentaristas discordam se essa é uma referência ao Templo ou a uma pessoa. Se a referência é ao Templo, então, obviamente, nenhum tipo de messianismo "régio" está sendo previsto. Entretanto, se a referência é a uma pessoa, não há nenhuma sugestão clara de que seja considerada uma figura *régia*. Seria natural que fosse uma figura sacerdotal. Lacocque, que está entre os que a interpretam como pessoa, vê aqui uma referência a alguém que simboliza os "santos do Altíssimo" e, assim, concretiza a idéia de Israel como "reino de sacerdotes".[25] O versículo seguinte fala da vinda de um "ungido" (*māšîaḥ*), "sete semanas" (i.e. quarenta e nove anos; cf. a reinterpretação de Jr 25,12 e 29,10 como "setenta semanas de anos") no período de "setenta semanas" que se estende da profecia de Jeremias de que Jerusalém seria reconstruída depois do exílio babilônico até a derrota de Antíoco Epífanes. Esse "ungido" é também descrito como *nāgîd*, em geral traduzido como "príncipe", mas é um termo usado tanto para reis como para sacerdotes. Como tal, pode ser uma referência a Zorobabel ou a Josué, descritos como ocupantes de posições de poder depois do exílio. É difícil ser dogmático sobre a força exata dessa linguagem altamente simbólica e dessas vagas referências a

---

[24] Em *Josiah and David Redivivus*, Laato diz que esses capítulos vêm de um grupo que culpava os descendentes de Davi por não viverem de acordo com seu ideal. Contudo, ainda mantinham esperanças quanto à dinastia e ao Templo, e é por isso que a casa davídica vai um dia lamentar seus fracassos (cf. esp. pp. 300-301).

[25] LACOCQUE, A. *The Book of Daniel*. Trad. David Pellauer. London, SPCK, 1979, pp. 193-194.

Parte II • Rei e Messias no Antigo Testamento

tempos. Entretanto, o fato de em 11,22, em clara referência à deposição do sumo sacerdote Onias III, ele ser descrito como *"nāgîd* da Aliança" (em hebraico, a palavra está no constructo) sugere que, em 9,25, é mais provável que a referência seja a alguém da linhagem sacerdotal e, nesse caso, o termo *nāgîd* sugere um papel de realce para a linhagem sacerdotal depois do exílio. Parece que lidamos com a idéia da renovação do tipo de teocracia imaginado pelos autores sacerdotais e o cronista e na forma atual dos livros de Ageu e Zc 1–8. O cronista usa diversas vezes a palavra para falar de sacerdotes ou levitas que ocupavam cargos de responsabilidade na supervisão do Templo (p. ex. 1Cr 9,11; 2Cr 35,8). Nesses círculos, e parece que temos de incluir o livro de Daniel entre eles, nas palavras de Lacocque, "passamos da esperança pela linhagem davídica para um tipo sacerdotal de escatologia".[26]

Tem havido muita discussão quanto ao sentido da expressão "um como Filho do Homem" no cap. 7.[27] Seja quem for o indicado, não é nenhum libertador descido do céu. Pelo contrário, vem *até o* Ancião (v. 13) e é introduzido à sua presença. O império, a honra e o reino lhe são *outorgados*, presumivelmente em caráter representativo. Mesmo que aqui haja alguns elementos de ideologia régia que reflitam especialmente, como faz o capítulo, alguns dos salmos de entronização de Iahweh, não há nenhuma descrição específica ou detalhada do "um como Filho do Homem", nem a mais leve insinuação, em termos de um descendente da dinastia davídica. Há, com certeza, paralelos com a descrição de outras figuras angelicais celestes no livro (8,15; 10,16.18), e novamente, como acontece com o "santo dos santos" em 9,24, talvez estejamos diante da interpretação de uma réplica celeste do povo de Deus no reino do céu. No livro todo, há uma estreita relação entre o reino celeste e o terreno, pessoas e acontecimentos da terra sendo considerados, em alguns aspectos, projeções de figuras que agem no céu e de eventos que ali ocorrem.[28] Contudo, resta o fato de não ser essa "figura celeste" o agente de libertação. Ela recebe o reino em nome do povo de Deus. O ato decisivo de salvação é obra direta de Deus.

---

[26] LACOCQUE, *The Book of Daniel*, p. 195.

[27] A questão é abordada de maneira completa em DAY, J. *God's Conflict with the Dragon and the Sea: Echoes of a Canaanite Myth in the Old Testament*. Cambridge, Cambridge University Press, 1985, pp. 151-178 (UCOP, 35).

[28] Aspecto fortemente enfatizado em COLLINS, J. J. *The Apocalyptic Vision of the Book of Daniel*. Missoula, MT, Scholars Press, 1977, esp. p. 165 (HSM, 16).

O cronista

Isso nos conduz, finalmente, à imagem de Davi e sua dinastia apresentada pelo cronista. É evidente que ele atribui a Davi e Salomão um lugar central, pois faz o mesmo com a dinastia davídica como um todo. Hugh Williamson demonstra como ele estrutura sua história sobre esse tema, primeiro com o período ideal da monarquia unida sob Davi e Salomão, em seguida com o período da monarquia dividida, quando os "irmãos separados" do Norte desviaram-se de sua verdadeira Aliança, e, por fim, com o período da monarquia reunida, que, para o cronista, começa com Ezequias.[29] Muitas vezes se afirma que o cronista ignora o Êxodo, preferindo colocar toda a ênfase em Davi e sua linhagem, o que, até certo ponto, é verdade. Contudo, não se deve exagerar, pois ele realmente mostra Davi como um "segundo Moisés", e essa apresentação deve muito à tradição sacerdotal do Pentateuco. Exatamente como Deus entregou a Moisés um "modelo" (*tabnît*) da Habitação e de sua mobília (Ex 25,9.40), também Davi transmite a Salomão um "modelo" do Templo e de todos os seus preparativos (1Cr 28,11.12.18.19). Exatamente como Moisés fez uma coleta de ofertas do povo para a ornamentação do santuário (Ex 35,4-29), Davi faz o mesmo (1Cr 29,6-9). De fato, a apresentação que o cronista faz de Davi é, em geral, não exatamente a de construtor do Templo, pois é Salomão quem o constrói, mas a de alguém preocupado principalmente com o Templo. Davi reúne todos os materiais e a planta e transmite a Salomão um *kit* "faça-você-mesmo", como todos os brinquedos e modelos que já comprei para meus filhos que diziam em suas instruções, "era tão simples que uma criança podia montá-lo"! Não é bem verdade que o cronista ignora todos os erros de Davi que a história deuteronomista registrou. Ele menciona o pecado de Davi ao fazer um recenseamento do povo (1Cr 21), embora sua origem seja a incitação de "Satã", e não de Iahweh, como em 2Sm 24, e leve à oferenda de um sacrifício no local do futuro Templo. Era do conhecimento geral que Davi derramara muito sangue, razão pela qual foi proibido de construir o Templo, ao contrário da história deuteronomista, que afirma estar ele ocupado demais com suas muitas guerras, sem tempo, portanto, de realizar essa tarefa (1Cr 22,8; cf. 1Rs 5,17). Contudo, Davi é apresentado com uma imagem embelezada, e seus preparativos para a

---

[29] Cf. WILLIAMSON, H. G. M. *Israel in the Books of Chronicles*. Cambridge, Cambridge University Press, 1977, pp. 110-118.

Parte II • Rei e Messias no Antigo Testamento

construção do Templo e a organização de todas as categorias de funcionários e de festas sagradas recebem muito mais atenção que os acontecimentos históricos que constituíram a preocupação da obra mais primitiva. O cronista dá muito mais ênfase à escolha divina de Davi e sua linhagem (1Cr 28,4.5; 2Cr 13,5). Abias ressalta a enormidade do pecado do cisma do Israel do Norte sob Jeroboão: "Não sabeis que Iahweh, o Deus de Israel, deu a Davi para sempre a realeza sobre Israel? É uma aliança inviolável para ele e para seus filhos" (2Cr 13,5). É verdade que homens indignos desencaminharam Jeroboão, mas ele continua: "E agora pensais em oferecer resistência à realeza de Iahweh que os filhos de Davi exercem" (v. 8).

Ora, é exatamente essa ênfase em Davi e sua dinastia e esse destaque na imutabilidade da aliança feita com ele (o cronista mantém a profecia de Natã de 2Sm 7 em 1Cr 17) que levam alguns comentaristas a ver um verdadeiro "messianismo" na obra do cronista. Ele nunca falaria dessa maneira se não acreditasse que era desígnio de Deus restaurar a linhagem davídica histórica. Na verdade, há uma intrigante insinuação no discurso de Semeías por ocasião do ataque de Sesac (2Cr 12,5-8). Ao anunciar o julgamento divino contra Jerusalém, Semeías diz: "Mas eles se tornarão escravos seus e saberão o que é me servir e servir os reinos das terras!" Não parece a exata situação de Judá depois do exílio? Eles vivem na tensão de ser, ao mesmo tempo, súditos de Deus e súditos dos suseranos persas. O cronista menciona isso para dizer que será uma situação permanente, ou suas palavras subentendem uma promessa de que, no fim, Deus lhes restituirá a liberdade política? Por que o cronista faz referências à eternidade da aliança de Deus com Davi que lhe são peculiares (p. ex. 2Cr 13,5)? Tudo isso leva muita gente a falar do "messianismo" do cronista.[30]

Contudo, exatamente o mesmo material leva outros a negar todo e qualquer messianismo nos livros das Crônicas e a ressaltar que o verdadeiro propósito

---

[30] Aqui, a bibliografia possível é enorme, mas cf. BRUNET, A.-M. "La Théologie du Chroniste: Théocratie et Messianisme". In: COPPENS, J; DESCAMPS, A.; MASSAUX, E., orgs. *Sacra Pagina: Miscellanea Biblica Congressus Internationalis Catholici de Re Biblica*, I. Paris, Duculot, 1959, pp. 384-397 (BETL, 12-13); FREEDMAN, D. N. "The Chronicler's Purpose". *CBQ* 23, 1961, pp. 436-442; STINESPRING, W. F. "Eschatology in Chronicles". *JBL* 80, 1961, pp. 209-219; NORTH, R. "Theology of the Chronicler". *JBL* 82, 1963, pp. 369-381; NEWSOME JR., J. D. "Towards a New Understanding of the Chronicler and His Purpose". *JBL* 94, 1975, pp. 201-217; IM, Tae-Soo. *Das Davidbild in den Chronikbüchern: David als Idealbild theokratischen Messianismus für den Chronisten*. Frankfurt, Peter Lang, 1985 (Europäische Hochschulschriften, 23.263); KELLY, Brian E. *Retribution and Eschatology in Chronicles*. Sheffield, Sheffield Academic Press, 1996 (JSOTSup, 211).

do cronista é estabelecer o fundamento divino da teocracia do Templo pós-exílico como o verdadeiro objetivo e herdeiro da linhagem davídica histórica.[31] Assim, no discurso de Davi em 1Cr 28,2-10, é posta grande ênfase na escolha divina de Davi, escolha que vai desde a tribo de Judá e a família de seu pai até Davi em pessoa. Esse não é, porém, o objetivo do processo: "De todos os meus filhos — pois Iahweh me deu muitos —, é meu filho Salomão que ele escolheu para ocupar o trono da realeza de Iahweh sobre Israel". Por quê? Porque "Iahweh te escolheu para lhe construíres uma casa para santuário". Esse é o objetivo de todo o processo divino da escolha de Davi e seus descendentes. Novamente, nas instruções a Salomão em 1Cr 28,20-21, Davi assegura a seu filho a presença de Iahweh: "Ele não te deixará sem força e sem auxílio, *até que concluas todo o trabalho a executar para a Casa de Iahweh*" (v. 20). Naturalmente, isso não quer dizer que, quando o Templo estivesse concluído, Deus abandonaria Salomão, mas enfatiza o propósito da escolha divina.

Além do mais, todos os que o cronista apresenta como reis fiéis são os que agem "de modo semelhante a Davi" em relação ao Templo, e o reconstroem, purificam, restabelecem seu culto "segundo as ordens de Davi", como é descrita a ação de Joiada para purificar o Templo (2Cr 23,18).

Devemos mencionar também a descrição que o cronista faz do governo de qualquer descendente de Davi, descrição que vimos anteriormente nas palavras do próprio Davi. É sempre "o trono da realeza de Iahweh sobre Israel", não o de seu ocupante humano (1Cr 28,5). E a escolha divina estende-se a outros funcionários do Templo além do rei. Como Ezequias lembra aos levitas e sacerdotes:

---

[31] Novamente, de uma vasta bibliografia, ver especialmente CAQUOT, André. "Peut-on Parler de Messianisme dans l'Oeuvre du Chroniste?" *RTP* 16, 1966, pp. 110-120; ACKROYD, P. R. "History and Theology in the Writings of the Chronicler". In: ACKROYD, P. R. *The Chronicler in His Age*. Sheffield, Sheffield Academic Press, 1991, pp. 252-272, e pp. 268-269 (JSOTSup, 101); BECKER, J. *Messiaserwartung im Alten Testament*. Stuttgart, Katholischen Bibelwerk, 1977, esp. pp. 75-77 (ET *Messianic Expectation in the Old Testament*. Trad. D. E. Green. Philadelphia, Fortress Press, 1977, esp. pp. 80-82); MASON, R. A. *Preaching the Tradition: Homily and Hermeneutics after the Exile*. Cambridge, Cambridge University Press, 1990; RILEY, W. *King and Cultus in Chronicles: Worship and the Reinterpretation of History*. Sheffield, Sheffield Academic Press, 1993 (JSOTSup, 101). Um papel intermediário entre os dois pontos de vista extremos de total ou nenhum messianismo é expresso por WILLIAMSON, H. G. M. "Eschatology in Chronicles". *TynBul* 28, 1977, pp. 115-154. Ele resume seu ponto de vista ao dizer: "[...] não é, de modo algum, certo que os livros das Crônicas sejam completamente desprovidos de todo messianismo, embora ele esteja claramente subordinado a outros temas": *Israel in the Books of Chronicles*, p. 135.

PARTE II • Rei e Messias no Antigo Testamento

"Meus filhos, não sejais mais negligentes, pois foi a vós que Iahweh escolheu para estardes em sua presença, para servi-lo, para vos dedicardes a seu culto e lhe oferecerdes incenso" (2Cr 29,11).

Finalmente, é preciso mencionar ainda que o cronista não termina sua história no ponto em que os historiadores deuteronomistas concluíram a deles, com a restauração do rei davídico a algum tipo de privilégio na Babilônia. Termina com o decreto de Ciro que fala da restauração, não da linhagem davídica, mas do Templo.

Dessa perspectiva, então, para o cronista, a dinastia davídica não era um fim em si mesma, mas a escolha, por parte de Deus, do representante para preparar a teocracia do Templo pós-exílico que agora a substitui e realiza. É nesse sentido que as promessas de uma aliança "eterna" com Davi encontram expressão. Ackroyd fala em favor dessa "teocracia" quando diz: "[A teocracia do Templo pós-exílico] é antes a concretização do tema de Davi e Jerusalém, não mais em termos políticos, mas teológicos, em relação à vida e ao culto da pequena comunidade judaica de seu (do cronista) tempo". Ou, outra vez, há uma "reincorporação do ideal davídico em termos daquilo que templo e culto agora significam".[32] "Não é a monarquia davídica que o cronista espera ver restaurada; é a expressão na vida da comunidade, em especial no fato de reunir-se em torno do Templo e de seu culto, daquilo que Davi tinha estabelecido".[33] (Adotar esse ponto de vista, já se vê, não é negar que o cronista tem uma esperança escatológica no futuro. É negar que uma dinastia davídica restaurada desempenhe algum papel significativo nele.)

---

[32] ACKROYD, *The Chronicler in His Age*, p. 268.

[33] ACKROYD, *The Chronicler in His Age*, p. 71.

Conclusão

Se isso é verdade, então temos duas importantes reinterpretações da idéia "messiânica" davídica depois de 586 a.C. Temos a "democratização" do conceito em Is 55,3-5, uma idéia não sem repercussão, talvez, em Joel e Zc 9–14.[34] Nos escritos do cronista, temos o que pode ser chamado "teocratização" da idéia.

Em suma, então, temos de determinar a pouca influência que o conceito de uma renovação da linhagem davídica, depois do exílio, exerceu na literatura bíblica pós-exílica que foi conservada. Além da possível esperança expressa por Ageu, uma esperança um tanto diminuída na forma atual de Zc 1–8, ela ocorre, onde ocorre, ou para ser reinterpretada e sua realização procurada de outra maneira, ou para ser seriamente modificada, como em Zc 9–14. De outro modo, é ignorada.

---

[34] A interpretação que Mowinckel faz de Is 55,3-5, afirmando que a passagem ainda expressa a esperança de um futuro messias davídico, agora parece muito estranha. Ele diz: "O reino futuro fundamenta-se na renovação e realização precisamente dessa expressão concreta da aliança, 'as graças prometidas a Davi' (Is 55,3s). O rebento de Davi é um elemento tão natural na descrição do futuro que muitas vezes não é mencionado, mas presumido. Isso acontece, por exemplo, na passagem do Dêutero-Isaías que acabei de citar a respeito da restauração da aliança davídica" (*He That Cometh*, p. 170). Hoje em dia está muito mais generalizado o ponto de vista expresso por R. N. Whybray: "Esses versículos não contêm nenhuma promessa da restauração da monarquia davídica na pessoa de um dos descendentes de Davi; antes, aqui é declarado que as promessas da aliança, originalmente feitas a Davi como líder da nação, foram agora transferidas diretamente para todo o povo": *Isaiah 40–66*. London, Oliphants, 1975, p. 192 (NCB).

O Messias na teologia do Antigo Testamento

JOHN BARTON

Nosso tema é o Messias na teologia do Antigo Testamento; mas o que é teologia do Antigo Testamento? Nos últimos anos, a simples idéia de tal disciplina tem recebido críticas vindas de duas direções. Primeiro, há os que dizem que redigir uma teologia do Antigo Testamento é uma tendência cristã com o objetivo dissimulado de reivindicar o Antigo Testamento para o cristianismo e tirá-lo dos judeus. Não há dúvida de que pouquíssimos biblistas judeus têm mostrado muito interesse pela teologia do Antigo Testamento, mesmo com o nome de teologia da Bíblia Hebraica. Ao argumentar com ardor contra essa disciplina, Jon D. Levenson tenta mostrar que, em sua maioria, os teólogos do Antigo Testamento têm procurado unificar as idéias teológicas do Antigo Testamento de maneira a mostrar que elas contêm uma lacuna em forma de Cristo, em outras palavras, que requerem "realização" por meio da (suposta) revelação cristã.[1] Não quero discutir essa objeção em detalhe, mas menciono-a aqui porque voltarei a ela mais tarde, já que tem relevância especial para a questão do Messias, o tema *par excellence* em que, supostamente, os biblistas cristãos deturpam o perfil natural das Escrituras Hebraicas.

A segunda objeção à teologia do Antigo Testamento tem sido suscitada, nos últimos anos, sobretudo por Rainer Albertz, em sua obra em dois volumes, *A History of Israelite Religion* [História da religião israelita].[2] Albertz compartilha a suspeita

---

[1] Cf. LEVENSON, J. D. "Why Jews are not Interested in Biblical Theology". In: NEUSNER, J. *et al.*, orgs. *Judaic Perspectives on Ancient Israel*. Philadelphia, Fortress Press, 1987, pp. 281-307.

[2] ALBERTZ, R. *Religionsgeschichte Israels in alttestamentlicher Zeit*. Göttingen, Vandenhoeck & Ruprecht, 1992 (ET *A History of Israelite Religion in Old Testament Times*. Trad. J. Bowden, London, SCM Press, 1994).

Parte II • Rei e Messias no Antigo Testamento

de que, da maneira como é tradicionalmente concebida, a teologia do Antigo Testamento tem tendência inata a ser antijudaica e até anti-semita, mas essa não é a razão principal para ele rejeitá-la. Desagrada-lhe primordialmente que os teólogos do Antigo Testamento sistematizem de maneira inapropriada dados de períodos diferentes, tipos diferentes de literatura e camadas diferentes da sociedade, para compor uma unidade teológica fictícia, um credo, poderíamos dizer, no qual nenhuma pessoa histórica conhecida, de fato, jamais acreditou. Quanto mais extenso o esquema teológico — e alguns, em especial os de Eichrodt[3] e von Rad,[4] são realmente muito extensos —, menos justiça se faz à realidade concreta daquilo em que, de fato, o povo do antigo Israel acreditava e mais ele se torna uma espécie de versão "oficial" da "fé de Israel" (na expressão de Rowley[5]). Contudo, o perigo dessa versão — e aqui a objeção de Albertz tende para o mesmo ponto que a judaica — é ser, muito provavelmente, moldada pelas crenças teológicas reais do intérprete. Como é de presumir que esse seja cristão, é quase inevitável que o perfil da suposta "fé de Israel" seja ditado por uma ideologia teológica cristã. Admite-se que o Antigo Testamento é diferente do Novo Testamento, mas a diferença é vista como uma série de encaixes nos quais as cavilhas da fé neotestamentária ajustam-se perfeitamente. A possibilidade de que o povo do antigo Israel tivesse, como hoje se diz, uma problemática diferente da dos cristãos primitivos (sem falar nos modernos) não é levada em conta, na verdade, nem sequer percebida.

Segundo Albertz, a teologia do Antigo Testamento deveria ser substituída pelo estudo da religião israelita. À primeira vista, poderíamos pensar que essa proposta vai muito longe na direção contrária. Se a teologia do Antigo Testamento concentra-se demais em uma suposta estrutura fundamental da crença do antigo Israel, quando na realidade é difícil saber alguma coisa sobre aquilo em que o povo verdadeiramente *acreditava*, em sentido espiritual ou intelectual, podemos alegar, contra Albertz, que o estudo da religião do período veterotestamentário ignora a crença de modo geral, preferindo concentrar-se nas manifestações exte-

---

[3] Eichrodt, W. *Theologie des Alten Testaments*. 6. ed. Stuttgart, Klotz, 1964 (5. ed., 1959) (ET *Theology of the Old Testament*. Trad. J. A. Baker. London, SCM Press, 1967 [1961]).

[4] von Rad, G. *Theologie des Alten Testaments*. München, Chr. Kaiser Verlag, 1957-1960 (ET *Old Testament Theology*. Trad. D. M. G. Stalker. Edinburgh, Oliver & Boyd, 1962-1965) [Ed. bras.: *Teologia do Antigo Testamento*. Trad. F. Catão. São Paulo, Aste, 1973].

[5] Cf. Rowley, H. H. *The Faith of Israel*. London, SCM Press, 1956.

O Messias na teologia do Antigo Testamento

riores da religião: o culto, os sacrifícios, as festas etc. Entretanto, o que fica claro na obra de Albertz é que ele usa a expressão "a religião de Israel" de maneira ampla o suficiente para incluir muito do que é comumente entendido por teologia do Antigo Testamento. Seu estudo não é um amontoado positivista de fatos detalhados a respeito de quais eram os sacrifícios, quantas vezes o povo os oferecia, onde e quando. Também abrange a questão de por que o faziam, que pensavam estar fazendo; e é inevitável que essa questão envolva assuntos que naturalmente devemos considerar teológicos. A teologia torna-se preocupação muito menos fundamental para os estudiosos do Antigo Testamento do que tem sido em grande parte deste século, mas não sai completamente do sistema, como poderíamos imaginar (ou esperar, ou temer).

Assim, Albertz deixa aberta a possibilidade de escrever uma teologia do Antigo Testamento, e não apenas uma fenomenologia da religião do antigo Israel, embora pouco faça para elucidar essa possibilidade. No entanto, devemos mencionar que uma teologia no sentido de Albertz ainda teria de ser essencialmente histórica, em vez de síntese do que se acreditava em muitos períodos ou análise de uma suposta essência dessa crença. Quer dizer, seria uma teologia no sentido proposto por Gabler[6] ou por Krister Stendahl: uma declaração *daquilo em que o povo acreditava*, e não daquilo em que nós devemos acreditar por ter o Antigo Testamento como Escritura. Se, de algum modo, legítimo, esse último projeto pertence à teologia sistemática, e não aos estudos bíblicos. Quanto ao Messias, no sentido que Albertz lhe confere, a teologia do Antigo Testamento diria o que o povo de várias épocas acreditava sobre o Messias — tarefa para a qual outros ensaios desta série contribuem bastante —, mas não como o Messias é "realmente", nem se Jesus de Nazaré preenche as condições necessárias para ser reconhecido como esse Messias. A verdade do Antigo Testamento, da teologia bíblica, é a verdade histórica; a disciplina é como Gabler insistiu, *e genere historico*: não é a verdade última ou metafísica à qual a teologia sistemática aspira.

Isso ainda deixa uma diferença irreconciliável da teologia do Antigo Testamento praticada por, digamos, Gerhard von Rad. Tanto quanto um crítico canônico de nossa época, von Rad abordou o Antigo Testamento como parte da

---

[6] GABLER, J. P. *Oratio de iusto discrimine theologiae biblicae et dogmaticae regundisque recte utriusque finibus.* Altdorf, s. n., 1787, em seu *Kleinere theologische Schriften*, II. Ulm, Sumtibus Stettin, 1831, pp. 179-198.

PARTE II • Rei e Messias no Antigo Testamento

Escritura cristã canônica, e seu entendimento do que a fazia ser consistente não foi guiado pela descoberta empírica do que pessoas diferentes em Israel acreditavam de tempos em tempos, mas pela busca de um modelo teológico que lhe permitisse fluir para o Novo Testamento. A desconfiança judaica quanto à teologia do Antigo Testamento cristã justifica-se, em grande parte, no que diz respeito a von Rad, apesar de ser bom lembrarmos de que, no próprio contexto histórico de von Rad, toda defesa do Antigo Testamento que se baseasse em princípios era uma posição contra o anti-semitismo — embora a nossos olhos atuais o preço que ele pagou por ler o Antigo Testamento com olhos neotestamentários pareça alto demais. A idéia de *Heilsgeschichte* que domina o conceito de fé veterotestamentária de von Rad é uma idéia que surge do senso cristão de uma história divinamente guiada, da qual a última etapa é a vinda de Jesus como Messias; não é uma idéia judaica central, pelo menos não como o judaísmo veio a ser em nossa época. Se quisermos dizer que isso era normativo antes que o judaísmo se tornasse decididamente "rabínico", então acabaremos tendo de declarar que o antigo Israel acreditava em alguma coisa na qual o cristianismo se fundamentou, embora no período interveniente os judeus a tivessem perdido de vista: o que leva àquela ênfase no período pré-exílico que até bem recentemente era geral na erudição veterotestamentária e àquela difamação do Segundo Templo e de tudo que o acompanhava, que é a herança de Wellhausen e que von Rad aceitou como natural. Já que, em sua maioria, os textos "messiânicos" da Escritura são provavelmente pós-exílicos, isso causa um problema para nosso interesse presente. Entretanto, von Rad exime-se desse problema, por causa de seu estudo da história deuteronomista, no artigo "The Deuteronomic Theology of History in I and II Kings [A teologia deuteronômica da história em 1 e 2 Reis],[7] em que ele procura mostrar como são fundamentais para a história deuteronomista as promessas a Davi, destinadas a serem cumpridas mais cedo ou mais tarde. Seu propósito imediato é apenas argumentar que a história é auspiciosa, e não (como Martin Noth afirmou) pessimista.[8] Creio, porém, que não

---

[7] VON RAD, G. "Die deuteronomistische Geschichtstheologie in den Königsbüchern". In: *Gesammelte Studien zum Alten Testament*. München, Chr. Kaiser Verlag, 1958, pp. 189-204 (TBü, 8) (ET "The Deuteronomic Theology of History in I and II Kings". In: *The Problem of the Hexateuch and Other Essays*. Trad. E. W. Trueman Dicken; Edinburgh, Oliver & Boyd, 1966, pp. 205-221).

[8] Cf. NOTH, M. *Überlieferungsgeschichtliche Studien*. In: *Gesammelte Studien zum Alten Testament*. München, Chr. Kaiser Verlag, 1958. 2. ed. Tübingen, Niemeyer, 1957, pp. 1-110 (ET *The Deuteronomistic History*. Trad. H. G. M. Williamson. Sheffield, JSOT Press, 1981 (JSOTSup, 15).

seja ler demasiado nas entrelinhas descobrir um subtexto ou motivação secreta, que tem a ver com o fato de que, no novo desígnio depois do exílio, as promessas davídicas jamais foram cumpridas. A restauração do Joaquin aprisionado (2Rs 25,27-30) é um início, mas resta um grande excedente de profecia davídica não cumprido. E assim como, para o autor de Hebreus, a entrada original na terra prometida sob Josué foi só um antegozo da entrada no reino celeste realizada por meio do novo Josué, Jesus (Hb 4,8-9), também para von Rad, a "restauração" um tanto patética do último rei da linhagem davídica apenas sugeriu a vinda do Davi verdadeiro e definitivo. Assim pelo menos me parece. Há mais coisas acontecendo na teologia do Antigo Testamento de von Rad que as que se vêem.

Até agora, falei a respeito de duas opções na busca da teologia do Antigo Testamento. Há uma opção histórica que é, com certeza, teológica, no fato de preocupar-se com as crenças religiosas dos autores bíblicos e dos que estão por trás deles: profetas, reis, funcionários, sacerdotes, proprietários de terras, camponeses etc. A idéia do Messias é um conceito completamente teológico, e todo estudo histórico dela tem de ser também teológico. É teológico, porém, *à la* Gabler, não da maneira de uma teologia do Antigo Testamento sistematizadora. Há também a opção seguida de maneira mais clara, acho eu, por von Rad, que é sistematizadora. O problema com ela, todavia, é que, muito facilmente, faz pouca justiça à variedade e à inconsistência históricas que estão por trás de nossos textos, sendo propensa a introduzir idéias cristãs no Antigo Testamento. De fato, poderíamos criticar von Rad por má-fé: ele alega escrever uma teologia do Antigo Testamento historicamente enraizada, mas, na prática, produz uma teologia cristã vagamente encoberta por alguns pretextos veterotestamentários. No que tange ao Messias, pouco diz abertamente, o que não nos surpreende, já que, para ele, o Antigo Testamento mal contém os textos pós-exílicos em que mais se encontra o Messias (se, na verdade, se encontra de alguma forma); mas introduz uma interpretação messiânica em sua exegese veterotestamentária, de uma forma que só serve para mostrar como a idéia de uma teologia do Antigo Testamento cristã é realmente batida. A meu ver, a única solução para as dificuldades de von Rad é seguir com mais consistência o caminho da integração dos dois Testamentos em um único cânon, evitar completamente as preocupações históricas e praticar uma crítica canônica consistente.

PARTE II • Rei e Messias no Antigo Testamento

Por motivos que não vou discutir aqui, não estou pessoalmente convencido de que a abordagem canônica nos conduza à terra prometida.[9] Se é assim, porém, então o futuro da teologia do Antigo Testamento, que é mais que uma descrição empírica das realidades da fé em Israel, que tem algo a dizer a respeito das proclamações religiosas do texto veterotestamentário e sua importância para judeus e cristãos, parece um tanto desanimador. Aporia parece ser a ordem do dia. Há algum caminho para a frente?

Em 1994, escrevi um ensaio para uma sessão do encontro da Sociedade de Literatura Bíblica (SBL) Internacional, em Leuven, dedicado à discussão da obra de Albertz, e perguntei se, depois de Albertz, pode haver alguma teologia do Antigo Testamento.[10] Sugeri ser possível aceitar o argumento de Albertz de que a história da religião israelita é instrumento mais poderoso que a teologia do Antigo Testamento tradicionalmente concebida para unificar a disciplina dos estudos veterotestamentários em torno de um centro teológico, mas também afirmei que é possível desejar identificar um espaço, no estudo do Antigo Testamento, que a história da religião israelita não preenche totalmente — uma espécie de lacuna em forma de teologia. A história da religião israelita não ajuda na tarefa de ligar os conceitos e discernimentos teológicos do antigo Israel (evidenciados pelo Antigo Testamento) com as preocupações teológicas do povo nas tradições religiosas mais tardias que ela nutre. Precisa haver algum tipo de interface entre o estudo bíblico e a teologia sistemática, por exemplo, e investigar isso não é tarefa só dos sistemáticos, é também tarefa dos especialistas em Antigo Testamento. "Teologia do Antigo Testamento" talvez seja um nome apropriado para o empreendimento, mesmo que essa não seja a maneira exata como a expressão foi usada no passado.

Creio que o primeiro objetivo do biblista interessado nos aspectos teológicos do Antigo Testamento precisa ser histórico e descritivo: não devemos tentar voltar para a fórmula *e genere historico* de Gabler, na tentativa de produzir um relato daquilo que está no Antigo Testamento que seja guiado por um compromisso teológico *a priori* com o que achamos que devia estar nele. A descrição não é,

---

[9] Cf. meus comentários em *Reading the Old Testament: Method in Biblical Study*. 2. ed. London, Darton, Longman & Todd, 1996 (1984), pp. 77-103.

[10] BARTON, J. "Alttestamentliche Theologie nach Albertz? Religionsgeschichte oder Theologie des Alten Testaments". In: JANOWSKI, B.; LOHFINK *et al.*, orgs. *Religionsgeschichte oder Theologie des Alten Testaments*. Neukirchen-Vluyn, Neukirchener Verlag, 1995, pp. 25-34 (Jahrbuch für Biblische Theologie, 10).

contudo, um aglomerado positivista puramente factual de dados. Já tem também um aspecto interpretativo. É inevitável que a maneira como descrevemos os fenômenos que descobrimos envolva o uso de termos que nós mesmos entendemos, que não são necessariamente (e, às vezes, necessariamente não são) termos que o povo do antigo Israel teria entendido. Portanto, é imprescindível compararmos suas categorias religiosas com as nossas e percebermos que o entendimento completo é, naturalmente, impossível, mas sem deixar que isso produza um tipo de niilismo no qual questões antigas e questões modernas sejam consideradas tão diferentes que nenhum tipo de diálogo é possível. Algures, o estudo da teologia precisa ter espaço para teólogos sistemáticos e especialistas bíblicos conversarem uns com os outros sobre textos veterotestamentários. E quem quer que ajude a mediar essa discussão será, com razão, chamado teólogo do Antigo Testamento — embora eu não tenha nenhum compromisso com o termo em si.

Com efeito, a teologia bíblica como a defino é uma análise crítica da história da recepção de textos bíblicos, mas compara cuidadosamente essa história com o sentido original dos textos e com a doutrina teológica que resultou dos textos em questão e também os interpreta.

Em meu artigo, elucidei essa idéia a partir do livro de Ezequiel, que muitas vezes foi considerado exemplo do que pode ser chamado "monoteísmo bíblico", mas, em uma análise crítica moderna, aproxima-se muito mais do politeísmo do qual o monoteísmo judeu-cristão emergiu do que provavelmente um praticante da teologia do Antigo Testamento gostaria de pensar. Sugeri, por exemplo, que quando, em Ezequiel, Iahweh age "por amor a seu santo nome", isso originalmente não significava "por sua liberdade soberana", mas sim "a fim de proteger sua (frágil) reputação"; e que essa preocupação com o que os vizinhos vão dizer é, de certa maneira, o contrário daquilo que a corrente filosófica do judaísmo e do cristianismo quer dizer com a onipotência do Deus único. Contudo, também argumentei que essa tradição bastante filosófica jamais existiria sem textos como Ezequiel, que lançaram as bases para a reflexão sobre a transcendência divina, de maneira a dar origem a algo que não é exagerado chamar de monoteísmo "bíblico". Em parte, interpretamos mal Ezequiel se julgamos que trata do monoteísmo ou da onipotência divina em nosso sentido: contudo, a lente distorcida através da qual lemos o livro resulta, ela mesma, em parte, da existência e do conteúdo do livro. Isso é algo parecido com o que, na teoria pós-moderna, se chama "circuito

PARTE II • Rei e Messias no Antigo Testamento

de retroalimentação", no qual informações geradas por determinado sistema começam a examinar esse mesmo sistema. Parece ser preciso um modelo assim para fazermos algum progresso no entendimento da relação de textos bíblicos com os conceitos e sistemas teológicos que, em parte, são produto deles, mas, em parte, são a estrutura pela qual os lemos.

Minha dúvida aqui é se podemos empreender um exame semelhante da idéia do Messias. Podemos admitir sem rodeios que o Messias não era tema importante na maioria dos livros veterotestamentários, e provavelmente não na mentalidade da maioria das pessoas no Israel pós-exílico, mas, ainda assim, ver algumas conexões entre os textos veterotestamentários aos quais o messianismo mais tardio apelou e a doutrina messiânica independente que, de diversas maneiras, desempenha um papel importante na crença judaica e também na cristã? Estou ciente de que até agora tem sido realizado comparativamente pouco trabalho que contribua para essa possibilidade, exceto talvez pelos críticos escandinavos, para os quais o messianismo era muito mais interessante do que parece ter sido para os biblistas de língua alemã ou inglesa. Penso na grande obra de Mowinckel, *He That Cometh* [Aquele que vem],[11] e, naturalmente, no livro do qual esta obra tirou seu título, *King and Messiah* [Rei e Messias], de Aage Bentzen, originalmente publicado em alemão como *Messias–Moses redivivus–Menschensohn* [Messias, Moisés redivivo e filho do homem],[12] título que é um indicador mais satisfatório de sua intenção sintetizante e padronizadora. Essas obras tentaram expor o óbvio: mostrar certa adequabilidade ou inevitabilidade na maneira como as concepções israelitas primevas de realeza sacra evoluíram para a idéia do Messias. Podemos dizer que elas ilustram a função construtiva e também crítica do estudo do Antigo Testamento dentro da teologia. Ajudam a mostrar que a tarefa do crítico bíblico não é apenas dizer aos teólogos sistemáticos que os textos bíblicos não significam o que a teologia pensou que significavam, mas também mostrar que são pelo menos coerentes com os desenvolvimentos mais tardios. Ao reler Bentzen para preparar este artigo, impressionou-me uma certa afinidade com Brevard Childs, o interesse pela integridade do texto veterotestamentário como testemunha da pro-

---

[11] MOWINCKEL, S. *Han som kommer*. Copenhagen, G. E. C. Gad, 1951 (ET *He That Cometh*. Trad. G. W. Anderson. Oxford, Basil Blackwell, 1956.

[12] BENTZEN, A. *Messias-Moses redivivus-Menschensohn*. Zürich, Zwingli Verlag, 1948 (ATANT, 17) (ET *King and Messiah*. Trad. G. W. Anderson. London, Lutterworth Press, 1955).

O Messias na teologia do Antigo Testamento

vidência divina, o que não é comum em estudos sobre o Messias realizados por biblistas críticos de outras tradições.[13] Obra menos teológica, mas que também se interessa por remontar o desenvolvimento de uma idéia messiânica à ideologia da realeza em Israel a partir de Saul, é o estudo de Tryggve Mettinger, também chamado *King and Messiah* [Rei e Messias].[14] Em meu entender, há, na tradição escandinava, uma preocupação em não deixar que o interesse exagerado pelos detalhes impeça a visão do problema como um todo, em evitar o minimalismo que pode levar o crítico de língua inglesa ou alemã a notar que o conceito desenvolvido do Messias ainda não está presente na literatura pré-exílica e na maior parte da literatura pós-exílica e, assim, declarar a idéia simplesmente pós-bíblica. Ao contrário, biblistas como Bentzen consideram a evolução de rei a Messias uniforme e coerente. As sementes do messianismo estavam presentes no pensamento israelita desde tempos muito mais primitivos, embora não tenham brotado e florescido antes do período pós-exílico.

Podemos dizer que, apesar disso, a preocupação de Bentzen continua a ser principalmente histórica. Ele põe os textos bíblicos em contato com conceitos pós-bíblicos, mas não pergunta como se relacionam com as preocupações da teologia sistemática moderna. Essa pergunta, entretanto, pode ser feita no mesmo sentido que minha breve discussão de Ezequiel, e, nas páginas restantes deste artigo, gostaria de examiná-la.

Comecei com uma definição da teologia do Antigo Testamento, mas, para dizer alguma coisa sensata a respeito do Messias nessa teologia, também precisamos de uma definição de Messias. Aqui o problema é que a definição é muito estrita ou muito ampla. A definição muito estrita explicita o elo com o rei israelita e considera um suposto libertador como o Messias só se ele for um novo Davi, um descendente dos monarcas pré-exílicos. É assim que muitos judeus e cristãos entendem as profecias "messiânicas" em Jr 23,5-6 ou 33,14-18, e essa é a razão pela qual, a fim de justificar a alegação de Jesus ser o Messias, os autores neotestamentários tiveram de demonstrar que ele era da linhagem de Davi; se não fosse, não seria o Messias. Daí as genealogias mateanas e lucanas, a natividade

---

[13] Cf. CHILDS, B. S. *Biblical Theology of the Old and New Testaments*. London, SCM Press, 1992.

[14] METTINGER, T. N. D. *King and Messiah: The Civil and Sacral Legitimation of the Israelite Kings.* Lund, C. W. K. Gleerup, 1976 (ConBOT, 8).

PARTE II • Rei e Messias no Antigo Testamento

em Belém etc. Uma definição muito ampla do Messias é a usada pela maioria dos sociólogos, que aplicam a palavra, por analogia com a tradição judaico-cristã, a todo líder carismático, real ou suposto. Naturalmente, escolhemos os termos que queremos usar, e não há razão para dizer que um ou outro desses ou de quaisquer outros usos é o sentido "verdadeiro" do termo "Messias" como existe nas línguas modernas ocidentais, em oposição ao hebraico ou aramaico antigos. Para o estudioso bíblico, porém, nenhum uso é muito útil, pois excluem textos demais ou de menos. Acho que uma boa definição é a fornecida por Jacob Neusner na coletânea *Judaisms and their Messiahs at the Turn of the Christian Era* [Judaísmos e seus Messias no início da era cristã], que começa assim:

> Um judaísmo consiste em uma visão de mundo e em um modo de vida que juntos se expressam no mundo social de um grupo de judeus. Portanto, os "judaísmos" do título constituem vários desses modos de vida e visões de mundo que remetem a grupos de judeus. Em um judaísmo, um Messias é um homem que, no fim da história, no fim último, trará salvação ao Israel concebido pelo grupo social que adota o modo de vida e a visão de mundo do judaísmo. Portanto, na época do início do cristianismo, os judaísmos e seus Messias abrangem um grupo de sistemas religiosos que formam uma família inconfundível e são todos caracterizados por dois traços: (1) remissão a "Israel" e (2) referência a diversas passagens do escrito sagrado comum único ("Antigo Testamento", "Torá escrita").[15]

Essa definição é estrita o bastante para nossos propósitos, pois trata o Messias como fenômeno judaico e também limita sua referência a um contexto escatológico: não simplesmente qualquer líder religioso, mas um líder judaico; não em qualquer época, mas apenas nos últimos dias. Contudo, é também bastante ampla: por exemplo, não enfrenta dificuldades quando se defronta com o Messias de Judá e o Messias de Aarão em Qumrã, pelo fato de um deles ser uma figura régia e o outro não. Considera o messianismo, sinceramente, como um aspecto das expectativas escatológicas judaicas, mas reconhece que, em diferentes formas de judaísmo, o que inclui o cristianismo primitivo, o Messias tem aparências diferentes.

---

[15] NEUSNER, J.; FRERICHS, E. S.; GREEN, W. S., orgs. *Judaisms and their Messiahs at the Turn of the Christian Era*. Cambridge, Cambridge University Press, 1987, p. ix.

O Messias na teologia do Antigo Testamento

Ora, como em minha análise de Ezequiel, também aqui está claro que muitos dos textos aos quais diferentes "judaísmos" recorreram para formar sua idéia do Messias não foram escritos no contexto desse plano escatológico. É pelo menos discutível que, em Jeremias, as profecias de um novo Davi se refiram não a uma figura do fim dos tempos, e sim a um novo rei, que não será o fim da linhagem de Davi, mas o início de uma nova dinastia que vai durar um longo tempo e tornar desnecessário o que chamaríamos de intervenção escatológica de Deus. No caso de outra importante profecia "messiânica", Is 32,1 ("Um rei reinará de acordo com a justiça"), é de todo possível que a predição não seja absolutamente profética, mas sim uma espécie de dito sapiencial, para indicar que é pela justiça que um rei — qualquer rei — reina ou deve reinar. É igualmente óbvio que, quando lidos no contexto de um compromisso anterior com a idéia de um libertador escatológico, esses textos revelam um sentido "messiânico"; a história da recepção desses textos deixa isso claro. Limitando-me ainda ao modelo de minha análise de Ezequiel, suponho que a questão que me diz respeito é se, apesar de deturpar o sentido manifesto desses textos, a idéia messiânica é, não obstante, sua fonte. E assim como a preocupação de Ezequiel com a honra do nome de Iahweh é reconhecidamente uma fonte importante do monoteísmo judaico-cristão, apesar de Ezequiel ainda não ser, nesse sentido, ele próprio, monoteísta, também podemos considerar que o pensamento do antigo Israel a respeito da monarquia está na raiz do messianismo mais tardio, apesar do abismo entre os dois. Se nunca tivesse havido monarquia em Israel, e se ela não tivesse assumido a alta posição ideológica que, com freqüência, os profetas de fato criticavam, dificilmente o messianismo teria criado raízes. É aí que grande parte da obra escandinava sobre a realeza tem sido tão importante. Quando, como talvez seja o caso com Bentzen, tentou mostrar que o messianismo já está latente na ideologia da realeza dos salmos, e, ainda mais, que o povo de Israel fundiu a realeza com a imagem de Moisés e com o Servo sofredor do Dêutero-Isaías, essa obra exagerou. Todavia, podemos dizer que viu conexões reais, e não ilusórias, entre as idéias político-religiosas antigas e as esperanças messiânicas de judeus e cristãos. E isso revela algo a respeito da continuidade do judaísmo e nos ajuda a ver que — apesar de sua enorme diversidade — o antigo Israel e o judaísmo (ou os judaísmos) que lhe sucedeu compartilham certos modos de pensar e formam uma única tradição religiosa com certos aspectos comuns. No antigo Israel, ninguém acreditava no Messias, e os textos que escreveram, os quais mais tarde seriam consi-

PARTE II • Rei e Messias no Antigo Testamento

derados messiânicos, não tinham esse propósito. O messianismo não foi, porém, simplesmente uma idéia estranha fixada artificialmente ao judaísmo, mas uma idéia que ali fomentou discernimentos desde os tempos primitivos.

Quais são esses discernimentos? Um é a íntima ligação de Deus com a realidade política. Muito antes que o messianismo aparecesse em cena, havia em Israel autores engajados em um violento diálogo a respeito da legitimidade da realeza. Qualquer que tenha sido a história da composição da chamada história deuteronomista, dificilmente podemos duvidar de que ela dê testemunho de crenças francamente contrárias a respeito da monarquia: se era divinamente ordenada, ou indício de rebelião contra Deus. Mesmo a idéia de que o próprio Deus é o verdadeiro rei de Israel não encerra esse debate, pois a realeza de Deus pode ser reverenciada evitando-se a realeza humana ou, como em muitas sociedades humanas, instituindo-se um rei humano para ser a imagem de Deus na terra. A linguagem referente à criação dos seres humanos à imagem de Deus talvez derive, na verdade, do que era às vezes afirmado a respeito de reis antigos, e represente uma "democratização" dessa linguagem. O que, porém, essas tradições veementemente contrárias tinham em comum é tão importante quanto aquilo sobre o que discordavam. A base comum é a crença apaixonada de que Deus se importa com a maneira como a sociedade humana é organizada. O tipo de "indiferentismo" que caracteriza o pensamento a respeito da monarquia em algumas tradições cristãs pós-Reforma, em especial a luterana e a anglicana, é difícil de justificar a partir das páginas do Antigo Testamento, em que a maneira como os negócios políticos são organizados é extremamente importante, pois Deus tem uma visão clara e própria sobre questões que cabem aos seres humanos descobrir e realizar.

A idéia do Messias coaduna-se com isso, pois pressupõe que virá um dia em que Deus encontrará meios de intervir para instituir seus preceitos, e ele o fará por via de um agente humano e, por isso, potencialmente político. O Messias é um ser humano no meio de outros: isso é ressaltado até no tipo de judaísmo mais inclinado a crer na intervenção pessoal de Deus, o cristianismo, que passou por angústias para insistir que o redentor celeste em quem acreditava era, apesar disso, verdadeiramente humano. É sabido que, em sua maioria, vistas através de olhos cristãos mais tardios, as predições escatológicas judaicas são, de maneira um tanto surpreendente, realistas e deste mundo, e refletem a crença de que o plano de Deus para o futuro ainda envolve realidades políticas, exatamente como envolve nascimento e morte. Não devemos deixar que a enorme disparidade entre, digamos, os salmos régios, por um lado, e as esperanças messiânicas da apocalíptica judaica tardia, por outro, obscureça o compromisso partilhado com a crença de que Deus está interessado na ordem do mundo e tem planos específicos e detalhados para ele. Formas de cristianismo que negam isso não estão mais em continuidade com a tradição que percorre todos os tipos de judaísmo que se ocupavam da realeza, pró ou contra, ou do Messias, pró ou contra. Não digo que estejam erradas, apenas estão em desacordo com as ênfases bíblicas; para mim, essas duas coisas não se relacionam analiticamente.

Segundo, uma questão que talvez pareça mais negativa: o pensamento acerca do Messias e o pensamento concernente às diversas instituições políticas, tais como a realeza, que foram seus precursores e precondições necessárias, caracterizam-se igualmente por extrema diversidade. Alguns estudiosos judaicos (ver, por exemplo, William Scott Green, na obra já mencionada[16]) acham que o próprio interesse em "O Messias" no judaísmo já introduz uma tendência cristã na discussão. Imaginamos se nos teria ocorrido realizar uma série de seminários sobre o tema "Rei e Messias", se não fosse pelo interesse cristão no Messias, que mantém o assunto central, quando, em um contexto puramente judaico, talvez se tornasse pouco mais que uma nota de rodapé na história religiosa. Naturalmente, havia e há muitos judeus para quem o conceito do Messias é bastante remoto, e outros para quem faz sentido falar de uma *era* messiânica, mas não do Messias. Mais uma vez, podemos dizer que esse tipo de diversidade de expectativas equipara-se à diversidade de instituições políticas que existiram em vários períodos dos tempos veterotestamentários. Aspecto característico do judaísmo em todos os períodos é a tentativa de descobrir a providência divina em todas as instituições que existam e de esperar a libertação ou dessas instituições ou por meio delas. De muitas maneiras, o livro de Ester é um dos melhores exemplos disso, apesar de sua fama de obra radicalmente não-teológica. Mardoqueu diz a Ester: "E quem sabe se não teria sido em vista de uma circunstância como esta que foste elevada à realeza?" (Est 4,14), com certeza uma expressão de fé na providência divina, se já houve alguma. Contudo, ao mesmo tempo, ele comenta: "Se te obstinares a calar agora, de outro lugar se levantará para os judeus salvação e libertação". A fé

---

[16] GREEN, W. S. "Introduction: Messiah in Judaism: Rethinking the Question". In: NEUSNER *et al.*, orgs., *Judaisms and their Messiahs*, pp. 1-13.

Parte II • Rei e Messias no Antigo Testamento

primordial é que a providência divina use todas as circunstâncias para trazer a libertação a Israel, mas, ao mesmo tempo, há uma convicção de que as circunstâncias atuais oferecem uma oportunidade de cooperação com esses desígnios providenciais. A crença no Messias baseia-se, em última análise, na crença de que podemos confiar em Deus para pôr as pessoas certas no lugar certo, no tempo certo, para salvar e libertar Israel, ou por meio do veículo específico de um descendente de Davi, ou de alguma outra maneira. A própria diversidade da esperança atesta a crença no engenho e na versatilidade de Deus para transformar situações desesperadoras em ocasiões de salvação e libertação.

Terceiro, a definição do Messias feita por Neusner e por mim citada especifica a libertação de *Israel* — quer de todos os judeus, quer dos judeus que pertençam ao judaísmo em questão. Não considera a salvação dos gentios, nem nenhum tipo de libertação universal que envolva também o mundo natural. Em alguns aspectos, isso não faz justiça a alguns apocalipses mais tardios, nem ao pensamento rabínico, em que a era messiânica, quer inclua, quer não inclua um Messias, traz a reunião dos gentios ao lado da salvação de Israel. Aqui com certeza é possível falar de uma herança teológica do Antigo Testamento, e não apenas de livros pós-bíblicos. É discutível se o termo "universalismo" deva ser usado a respeito de todos os textos bíblicos, embora (como Anthony Gelston menciona em seu artigo "Universalism in Deutero-Isaiah" [Universalismo no Dêutero-Isaías]) isso dependa muito de nossa definição de universalismo.[17] Pelo menos podemos dizer, porém, que o domínio futuro do Israel restaurado (provavelmente sem um rei a sua frente) sobre as terras circunvizinhas é considerado um domínio indulgente e benéfico, e não dominação cruel. E, em textos mais primitivos, o rei que exercerá o justo domínio sobre todas as nações será o rei que satisfizer as necessidades dos pobres e necessitados, sem dúvida externa e também internamente — o que talvez o Sl 72 exemplifique.

Isso faz parte da ideologia da realeza fora e, na verdade, muito depois da monarquia de Israel, e encontra-se em muitos textos do antigo Oriente Próximo. A crença judaica em que Deus vai, nos últimos dias, incluir os gentios em suas bênçãos para Israel e a crença cristã de que esses últimos dias se tinham iniciado, e a conversão dos gentios à nova fé era prova disso, têm, portanto, raízes que

---

[17] Gelston, A. "Universalism in Second Isaiah". *JTS* ns 43, 1992, pp. 377-398.

O Messias na teologia do Antigo Testamento

remontam a bem antes do exílio e estão estreitamente ligadas à realeza dos tempos primitivos. Aqui, a crença fundamental é que o Deus único deve ter propósitos benignos para o mundo todo que ele fez e que a eleição de Israel tem de ser entendida dentro desse contexto. Vemos essa crença em ação na maioria dos textos veterotestamentários, até mesmo naqueles, como Amós, que chegam a questionar a eleição de Israel com base nas exigências morais universais de Deus. É obviamente possível exagerar o universalismo do Antigo Testamento, o que, talvez por um compromisso cristão, alguns autores fizeram: creio, por exemplo, que a insistência de Zimmerli em que as nações devem ser salvas em Ezequiel seja, provavelmente, exagero cristão,[18] e o mesmo podemos dizer da insistência de von Rad na tradução tradicional "por vós serão benditos todos os clãs da terra", em Gn 12,3, em vez do que prefere comumente a erudição moderna "por vós todos os clãs da terra vão bendizer a si mesmos".[19] Contudo, a reunião das nações é um tema judaico autêntico e também um elemento autêntico na teologia do Antigo Testamento. Onde ocorre em textos messiânicos tardios, baseia-se em algo que já está presente na tradição israelita mais primitiva, embora conceitualizado de maneira diferente.

Neste artigo, tentei apresentar um modelo para o significado de "teologia do Antigo Testamento" como disciplina a ser praticada por teólogos e por especialistas bíblicos, no qual traçamos uma linha desde os textos veterotestamentários originais até os conceitos do judaísmo mais tardio e do cristianismo que se baseiam neles e, em certa medida, influenciam a maneira como agora são interpretados. Apliquei essa abordagem à questão do Messias, procurando mostrar como o messianismo afastou-se dos textos aos quais recorreu, mas mesmo assim desenvolveu linhas de pensamento já presentes nesses textos, de uma maneira às vezes chamada de circuito de retroalimentação. Espero, assim, ter contribuído com alguma coisa para a questão do messianismo e para a base teórica da teologia do Antigo Testamento como disciplina que pode continuar — apesar da crítica muito apropriada de Albertz e outros — a florescer no mundo dos estudos bíblicos.

---

[18] Cf. ZIMMERLI, W. *Ezechiel*. Neukirchen-Vluyn, Neukirchener Verlag, 1969, pp. 877-878, 915 (BKAT, 13.2) (ET *Ezekiel* 25–48. Trad. J. D. Martin; Philadelphia, Fortress Press, 1979-1983, pp. 248, 277).

[19] Cf. VON RAD, G. *Das erste Buch Mose, Genesis*. Göttingen, Vandenhoeck & Ruprecht, 1956 (ATD, 2.4) (ET *Genesis*. Trad. J. A. Marks; London, SCM Press, 1961, *ad loc.*).

Cristologia do Antigo Testamento

DAVID J. REIMER

1. O problema

O propósito deste ensaio é revisitar e avaliar algumas das contribuições mais dramáticas, importantes ou recentes para o tema da cristologia do Antigo Testamento. Entretanto, não tratarei da história do tema no que diz respeito a ela mesma; a inclinação cristã a encontrar Cristo no Antigo Testamento é arraigada e remonta ao próprio Novo Testamento. Nem vou tratar do uso que o Novo Testamento faz do Antigo Testamento para promover suas descrições cristológicas, embora esse assunto seja de algum interesse.[1] Contudo, o relacionamento de Jesus com o Antigo Testamento apresenta problemas específicos para o estudioso cristão da Bíblia Hebraica. Esta análise é uma tentativa inicial de abordar esses problemas.

1.1. Cristo no Antigo Testamento

Quando criança, aprendi na escola dominical que o homem ($\hat{i}\check{s}$) que é chamado "o chefe do exército de Iahweh" ($\acute{s}ar$-$\d{s}^eb\bar{a}$' $yhwh$), que Josué adora, era, na verdade, Jesus Cristo (Js 5,13-15). O douto E. W. Hengstenberg observou que essa misteriosa figura provoca duas conjeturas: assume posição divina, e sua pre-

---

[1] Cf., p. ex., FRANCE, R. T. *Jesus and the Old Testament: His Application of Old Testament Passages to Himself and His Mission.* London, Tyndale Press, 1971; JUEL, Donald. *Messianic Exegesis: Christological Interpretation of the Old Testament in Early Christianity.* Philadelphia, Fortress Press, 1988. Estudos mais especializados encontram-se em STENDAHL, K. *The School of St. Matthew and Its Use of the Old Testament.* 2. ed. Lund, C. W. K. Gleerup, 1968; MARCUS, Joel. *The Way of the Lord: Christological Exegesis of the Old Testament in Mark.* Edinburgh, T. & T. Clark, 1993.

Parte II • Rei e Messias no Antigo Testamento

sença genuína ("acabo de chegar", v. 14) assegura o sucesso da missão confiada a Josué.[2] Para o cristão, o que poderia deixar mais claro que esse misterioso "chefe", que é santo, aceita a adoração de Josué e assegura-lhe sucesso é o Cristo preexistente?

Com certeza, o próprio Novo Testamento exorta-nos a achar Cristo no Antigo Testamento (fator a ser considerado mais diante). Georges Barrois demonstra que, se só tivéssemos três ocorrências em Lucas, isso seria suficiente para autorizar a descoberta cristã de Cristo no Antigo Testamento.[3] Quando Jesus, ainda menino, discutiu com "os doutores" (οἱ διδάσκαλοι) no Templo, de que mais falava, a não ser de si mesmo nas Escrituras (Lc 2,46)? No início de seu ministério didático, Jesus aplica as palavras de Isaías ("O Espírito do Senhor está sobre mim [...]", Lc 4,18; cf. Is 61,1-2aa) a si mesmo ("Hoje se cumpriu aos vossos ouvidos essa passagem da Escritura", Lc 4,21). A passagem mais importante de todas é o episódio na estrada de Emaús, quando dois discípulos entristecidos encontram (inesperadamente) Jesus ressuscitado, que lhes explica coisas a respeito "do Cristo": "E, começando por Moisés e por todos os Profetas, interpretou-lhes em todas as Escrituras o que a ele dizia respeito" (Lc 24,27).[4] Barrois conclui: "Não precisamos de mais nada além dessas três passagens para nos convencermos de que podemos, com confiança, procurar a face de nosso Cristo no Antigo Testamento como em um espelho mágico".[5]

Se Jesus Cristo é o centro da fé cristã, e se a Bíblia — que se compõe do Antigo e do Novo Testamentos e que é a Escritura oficial do cristianismo — é o produto de uma revelação sempiterna,[6] então deve estar comprovado que, *em sua totalidade*, a Bíblia dá testemunho de Jesus Cristo.

---

[2] Hengstenberg, E. W. *Christologie des Alten Testamentes*, I. 2. ed. Berlin, L. Oehmigke, 1854, pp. 140-141 (ET *Christology of the Old Testament*, I. Trad. T. Meyer. Edinburgh, T. & T. Clark, 1854, p. 121).

[3] Barrois, G. A. *The Face of Christ in the Old Testament*. New York, St. Vladimir's Seminary Press, 1974, pp. 20-21.

[4] Cf. Lc 24,44: "Depois disse-lhes: 'São estas as palavras que eu vos falei, quando ainda estava convosco: era preciso que se cumprisse tudo o que está *escrito sobre mim* na Lei de Moisés, nos Profetas e nos Salmos' ".

[5] Barrois, *The Face of Christ*, p. 21. Diem, Hermann. *Theologie als kirchliche Wissenschaft*. II. *Dogmatik*: *Ihr Weg zwischen Historismus und Existenzialismus*. 3. ed. München, Chr. Kaiser Verlag, 1960, pp. 132-144 (ET *Dogmatics*. Edinburgh, Oliver & Boyd, 1959, pp. 148-163), adota uma "estratégia de continuidade" semelhante em sua discussão do "Jesus Cristo do Antigo Testamento", especialmente em debate com W. G. Kümmel e E. Käsemann.

[6] Baker, D. L. *Two Testaments, One Bible: A Study of the Theological Relationship Between the Old and New Testaments*. 2. ed. rev. Leicester, Apollos, 1991, pp. 103-104.

1.2. Cristo ausente do Antigo Testamento

Entretanto, esse ponto de vista não é isento de problemas — até para os cristãos. Em vão procuramos entre os comentários modernos (de todo tipo!) alguma menção da opção cristológica para "chefe do exército de Iahweh" em Js 5. Até o comentário de Blaikie, na série Expositor's Bible, é reticente quanto a concordar plenamente com a opinião de que essa seja uma visita pré-encarnativa daquele que seria Jesus de Nazaré. "Parece não haver nenhuma boa razão (escreve ele) para rejeitar o ponto de vista de que, embora não fossem encarnações, essas teofanias eram, contudo, prenúncios da encarnação — sinais do mistério que aconteceria mais tarde quando Jesus nascesse de Maria".[7] Naturalmente, os comentaristas judeus nunca identificaram esse *śar* com Jesus, mas é discernível uma dinâmica semelhante. O Targum já entendia essa figura como um *mal'āk* e, assim, abriu caminho para comentaristas como Rashi e David Kimchi igualarem essa figura ao arcanjo Miguel.[8] Entretanto, as notas para minha edição Adi do Tanak não dizem uma palavra sequer sobre o *śar*, embora essa perícope tenha como cabeçalho (em hebraico) as palavras: "O chefe do exército de Iahweh".

A relutância cristã para achar Cristo no Antigo Testamento não é nenhuma novidade. Marcião é, naturalmente, o exemplo óbvio de pensador cristão que não igualou Cristo à tradição judaica anterior, nem tolerou a união dos dois Testamentos. Apesar de ser tachado de herege, Marcião tem seus discípulos na Igreja. Em épocas recentes, esses discípulos incluíram estudiosos como Schleiermacher, Hirsch, Harnack e Baumgärtel, entre outros.[9] Baumgärtel,[10] proponente relativa-

---

[7] BLAIKIE, W. G. *The Book of Joshua*. London, Hodder & Stoughton, 1893, pp. 130-131. (The Expositor's Bible.)

[8] A ligação chega ainda mais perto em *2 Henoc*, que chama Miguel de "o grande capitão" (33,10). A tradição talmúdica identifica consistentemente a figura do "mensageiro" com Miguel.

[9] Cf. BRIGHT, John. *The Authority of the Old Testament*. London, SCM Press, 1967, pp. 60-79; WATSON, F. *Text and Truth: Redefining Biblical Theology*. Edinburgh, T. & T. Clark, 1997, pp. 127-176; a respeito de Hirsch, ver KRAELING, E. *The Old Testament since the Reformation*. New York, Harper & Row, 1955, pp. 239-250. Há divergência a respeito de quem considerar seguidor de Marcião.

[10] Em artigo baseado em palestra feita em 1954: "Das hermeneutische Problem des Alten Testaments". In: WESTERMANN, C., org. *Probleme alttestamentlicher Hermeneutik*. München, Chr. Kaiser Verlag, 1960, pp. 114-139 (TBü, 11) (ET "The Hermeneutical Problem of the Old Testament". In: WESTERMANN, C., org. *Essays on Old Testament Interpretation*. Trad. e org. James Luther Mays. London, SCM Press, 1963, pp. 134-159).

PARTE II • Rei e Messias no Antigo Testamento

mente cauteloso desse ponto de vista, serve de exemplo. O Antigo Testamento é produto de uma história e de uma religião específicas, e gera uma "autognose" que não é cristã: "[...] o Antigo Testamento é testemunha vinda de uma religião não-cristã" (p. 115, ET p. 135); "O Antigo Testamento tem seu poder [...] em outra religião", que é "completamente estranha à fé cristã" (p. 118, ET pp. 138-139). Baumgärtel reconhece que "vagou ao lado de alguns precipícios" (p. 137, ET p. 157), mas não há como se afastar da beira desses precipícios. Nem o esquema de realização de profecia, nem a tipologia — ambos utilizados no Novo Testamento — são suficientes para colocar o Antigo Testamento na esfera cristã, pois, de uma perspectiva moderna, o Antigo Testamento é "uma testemunha historicamente condicionada (hoje não o vemos em absoluto de outra maneira!)" (p. 124, ET p. 144). Embora os autores neotestamentários o entendessem como "a Palavra inspirada de Deus", "hoje ele já não é [isso] para nós" (p. 124, ET p. 144). O Antigo Testamento tem reivindicações à autognose que precisam ser respeitadas e deixam de existir se ela for cristianizada; desse modo, "o entendimento tipológico e cristológico está excluído" (p. 132, ET p. 152). O Antigo Testamento só tem valor para os cristãos quando estes começam com o Evangelho e usam o Antigo Testamento como contraste para ver a distância religiosa que o cristianismo percorreu.[11]

É um dilema crítico para os biblistas cristãos. John Barton abordou essas questões em suas palestras de Bampton, em que refletiu sobre a natureza de "profecia e realização":[12]

> Esse é o caso mais claro da imposição de uma perspectiva cristológica ao Antigo Testamento [...]. As antigas Escrituras continuam em vigor só porque já não falam com voz própria: transformaram-se em coletânea de textos cujas palavras expressam o que é, na realidade, uma mensagem totalmente nova [...]. Quando as pessoas começaram a ler o Antigo Testamento em seus próprios termos [...], tornou-se claro que, com tais argumentos, a Igreja se colocou em posição difícil, pois, naturalmente, o Antigo Testamento não é de modo algum um livro cristão nesse sentido direto. É um livro judaico.

---

[11] Ler um comentário sobre essa estratégia interpretativa em LEVENSON, Jon D. *The Hebrew Bible, the Old Testament, and Historical Criticism: Jews and Christians in Biblical Studies*. Louisville, Westminster/ John Knox, 1993, pp. 9, 39.

[12] BARTON, John. *People of the Book? The Authority of the Bible in Christianity*. London, SPCK, 1988, pp. 16-17.

Cristologia do Antigo Testamento

1.3. Necessidade de tema

Entretanto, em geral, a preocupação da erudição veterotestamentária (o rótulo foi escolhido deliberadamente) é, de maneira muito coerente, *histórica* — preocupação que está em consonância com a convicção de Baumgärtel de que essa perspectiva historicista é inevitável para as pessoas modernas. Isto é, concordamos que "messianismo maduro" (intuitivamente, todos sabemos o que queremos dizer com isso) só se encontra bem tarde. Na melhor das hipóteses, as sugestões de "messianismo" estão abrandadas no Antigo Testamento propriamente dito, até em suas últimas etapas. Mesmo nas partes do Antigo Testamento às quais a tradição cristã mais recorreu para inspirar seu entendimento de Jesus — os Salmos[13] e os profetas posteriores — esses seminários não descobriram Jesus à espreita em lugar algum. A idéia de que o Jesus do Novo Testamento encontra-se nos escritos do Antigo Testamento ainda não veio à baila, enquanto a idéia de "Messias" no Antigo Testamento é, com freqüência, rejeitada, simplesmente por "não estar ali".

Contudo, duvido muito que este extenso e culto seminário se tivesse iniciado se Jesus não estivesse à espreita no pano de fundo. Escrevem-se extensos livros que, mais uma vez, têm como força motivadora o desenvolvimento *cristão* de idéias messiânicas.[14] Já está claro que esse assunto nos conduz profundamente à questão das relações judaico-cristãs. Como estruturas religiosas completas, o judaísmo e o cristianismo parecem ser incompatíveis: o papel atribuído a Jesus no cristianismo exclui os judeus, enquanto a rejeição judaica de Jesus como "Messias" nega ao cristianismo sua *raison d'être*. Embora meu enfoque primordial neste estudo não seja travar esse importante diálogo, ele vai sempre sussurrar ao fundo.[15] Todavia,

---

[13] Cf. os estudos detalhados sobre Sl 110,1 e outros salmos cristológicos de HENGEL, M. In: PHILONENKO, M., org. *Le Trône de Dieu*. Tübingen, J. C. B. Mohr (Paul Siebeck), 1993, pp. 108-194 (WUNT, 69) e BAIER, W. *et al.*, orgs. *Weisheit Gottes — Weisheit der Welt*. St Ottilien, EOS Verlag, 1988, pp. 357-404 (Festschrift J. Ratzinger); reimpresso em ET em HENGEL, M. *Studies in Early Christology*. Edinburgh, T. & T. Clark, 1995, pp. 119-225, 227-291.

[14] P. ex. as 600 páginas das atas do seminário de Princeton que foram publicadas como CHARLESWORTH, J. H., org. *The Messiah: Developments in Earliest Judaism and Christianity*. Philadelphia, Fortress Press, 1992.

[15] Uma tentativa de lidar com "Jesus entre judeus e cristãos" é feita no livrinho de MOLTMANN, J. *Jesus Christus für uns heute*. Gütersloh, Chr. Kaiser Verlag, 1994 (ET *Jesus Christ for Today's World*. Trad. M. Kohl. London SCM Press, 1994). Do lado judaico, cf. BOROWITZ, E. *Contemporary Christologies: A Jewish Response*. Ramsey, NJ, Paulist Press, 1980. Observar o cuidado tomado com essas questões, em sua *magnum opus*, por BRUEGGEMANN, W. *Theology of the Old Testament: Testimony, Dispute, Advocacy*. Minneapolis, Fortress Press, 1997, pp. 311-312 (cf. sua avaliação de Childs, p. 93).

PARTE II • Rei e Messias no Antigo Testamento

mesmo em termos cristãos, a relação de Jesus com o Antigo Testamento é enigmática e propõe problemas específicos para o estudioso cristão da Bíblia Hebraica no ambiente moderno. Essas reflexões suscitam uma urgência que é muito mais que apenas "pano de fundo"; com elas em mente, volto-me agora para a análise de algumas soluções propostas que talvez sugiram estratégias para o futuro.

2. Profecia e realização: Hengstenberg, von Rad, Westermann

Embora considerado algo semelhante à combinação de levar a um beco sem saída e levar no bico, nos comentários de Barton (anteriormente), o argumento da profecia veterotestamentária a realizar-se em Jesus permaneceu um caminho atraente para muitos explorarem durante muitos anos. A maciça obra de E. W. Hengstenberg, *Christologie des Alten Testamentes* [Cristologia do Antigo Testamento] (3 v. em 4, 2. ed., 1854-1857), que passou por sucessivas edições alemãs e foi publicada em inglês (também em sucessivas edições) como *Christology of the Old Testament* (1854-1858), dá provas dessa atração, tanto pelo tamanho como pela história de suas edições. Embora Hengstenberg seja de genuíno interesse,[16] não o é primordialmente por esta obra, mas antes pelo lugar que ocupa na reação conservadora generalizada à crítica mais elevada do século XIX.[17] Hengstenberg (1802-1869), intérprete de grandes talentos e vasta influência, fazia parte de uma tendência maior entre biblistas confessionais que acreditavam que "a Bíblia devia ser considerada uma unidade, com o Antigo Testamento apontando para o Novo Testamento e nele se realizando".[18] Algo dessa abordagem já foi sugerido

---

[16] Cf. HAYES, J. H. & PRUSSNER, F. C. *Old Testament Theology: Its History and Development.* London, SCM Press, 1985, pp. 80-84. Ele mal é mencionado na obra fundamental de KRAUS, H.-J. *Die biblische Theologie: Ihre Geschichte und Problematik.* Neukirchen-Vluyn, Neukirchener Verlag, 1970, pp. 99, 101; KRAELING, *The Old Testament since the Reformation,* ignora-o completamente.

[17] Um elemento da obra de Hengstenberg merece mais investigação: a freqüência com que recorre a EISENMENGER, Johann Andreas. *Entdecktes Judenthum.* Frankfurt am Main, s.n., 1700, 2 v.; o relato seguinte segue STRACK, H. L. & STEMBERGER, G. *Introduction to the Talmud and Midrash.* Edinburgh, T. & T. Clark, 1991, p. 24, obra que "compilou todas as referências que tinham o intuito de provar erros ou ataques judaicos à religião cristã". A obra de Eisenmenger se tornaria "um verdadeiro tesouro encontrado dos argumentos antijudaicos mais tardios", já que, "apresentadas fora de contexto", as citações (estavam) "sujeitas a todo tipo de interpretação errônea". Apesar de proibida em 1701, foi publicada em segunda edição em 1711 e posteriormente traduzida para o inglês, em 1732-1733.

[18] ROGERSON, John. *Old Testament Criticism in the Nineteenth Century: England and Germany.* London, SPCK, 1984, p. 80.

quando relanceamos Js 5. Hengstenberg examina passagens que fazem alguma sugestão de divindade em forma humana; essas, por sua vez, apontam para Cristo, que então realiza a promessa apresentada em forma provisória nas narrativas veterotestamentárias, ou enunciada em suas profecias.

Mais recentemente, dois dos principais nomes da erudição veterotestamentária do século XX adotaram essa proposta: Gerhard von Rad, na parte final de seu magistral *Old Testament Theology* [Teologia do Antigo Testamento] ("The Old Testament and the New" [O Antigo Testamento e o Novo]), e Claus Westermann, em um opúsculo, *The Old Testament and Jesus Christ* [O Antigo Testamento e Jesus Cristo].[19] Apesar de a obra de von Rad ser em escala grandiosa, enquanto, pelo menos quanto a esse assunto, Westermann trabalha em miniatura, ambos compartilham a mesma abordagem. Para eles, profecia e realização proporcionam o caminho mais útil para tentar relacionar o Antigo Testamento e o Novo, reciprocamente, por meio da figura de Jesus Cristo. Westermann, em especial, parece muito sensível aos perigos do excesso de simplificação no uso dessa "descrição fundamentalmente correta do conteúdo dos Testamentos", pois isso poderia dar a impressão de que "o Antigo Testamento todo consistia em 'promessa' e o Novo Testamento todo em 'realização' " (p. 10, ET p. 14). Todavia, eles insistem em que essa proposta de orientação futura tem força persuasiva. Na perspectiva de von Rad, isso é apenas uma extensão lógica da maneira como o Antigo Testamento funciona internamente. A história do relacionamento entre Deus e o povo flui em uma série de iterações (p. 329, ET p. 319: "A história do javismo é, assim, caracterizada por repetidas rupturas"), à medida que o entendimento, e mesmo a designação, de Deus transforma-se e cresce (pp. 337-338, ET p. 327). De modo semelhante, para Westermann, a "linha histórica principal" que corre entre Israel e a Igreja contém "a mesma estrutura do evento da salvação", de modo que é finalmente possível dizer que "Cristo é a meta da história do povo de Deus" (pp. 25-26, ET pp. 39-40). São, então, as transformações *prévias* da fé observáveis dentro do Antigo Testamento que confirmam o movimento que as considera final-

---

[19] VON RAD, G. *Theologie des Alten Testaments*, II. München, Chr. Kaiser Verlag, 1960, pp. 339-436. (ET *Old Testament Theology*, II. Trad. D. M. G. Stalker. Edinburgh, Oliver & Boyd, 1965, pp. 319-429) [Ed. bras.: *Teologia do Antigo Testamento*, II. Trad. F. Catão. São Paulo, Aste, 1973]; WESTERMANN, C. *Das Alte Testament und Jesus Christus*. Stuttgart, Calwer Verlag, 1968 (ET *The Old Testament and Jesus Christ*. Trad. O. Kaste. Minneapolis, Augsburg Press, 1970).

PARTE II • Rei e Messias no Antigo Testamento

mente resolvidas na revelação de Jesus Cristo. Assim, von Rad escreve: "Essa transformação do material tradicional à luz de um novo evento salvífico era tão apropriada para os cristãos primitivos quanto o eram muitas outras transformações semelhantes que já haviam acontecido no próprio Antigo Testamento" (p. 353, ET p. 333).

Todavia, como aceitar a crítica de Barton citada anteriormente, a saber, que tratar o Antigo Testamento simplesmente como profecia que se realiza no Novo é negar-lhe qualquer posição independente, torná-lo algo que ele não é? Von Rad e Westermann argumentam que só porque a "realização" aconteceu, a "promessa", em resultado, não perde sua importância. "Separar a promessa como evento, o processo vivo pelo qual a promessa foi feita, daquilo que foi prometido, insistir em ter a realização sem a promessa — significa que a promessa já não é promessa".[20] Westermann dá o exemplo da terra prometida, promessa cumprida, "mas isso não significa que ela deixou de ser a terra prometida. A promessa não perdeu o sentido porque houve a realização".[21] Von Rad usa esse mesmo exemplo (e acrescenta outros) e explora a natureza adaptável da realização, pois também Cristo é realização e promessa, de modo que a experiência de "Israel" repete-se na comunidade cristã".[22]

É provável que essa abordagem "cristológica" permaneça um lugar-comum no pensamento cristão ainda por um bom tempo. Tem o peso de muitos anos, e sua estrutura simples, tirada de padrões reconhecidamente bíblicos, é entendida com facilidade. Não exige nenhum truque teológico. Do mesmo modo que Moisés conseguiu identificar El Shaddai com Iahweh (Ex 6,2-3), também o cristão faz o movimento análogo que se encerra com Jesus Cristo. Assim, nas palavras finais de *Teologia do Antigo Testamento*, von Rad aponta insistentemente para o Novo:[23]

> Somente quando der esse passo final para o limiar do Novo Testamento, somente quando tornar a ligação com o testemunho dos Evangelhos e dos Apóstolos perfeitamente pública, e quando for capaz de fazer os homens acreditar que os dois

---

[20] WESTERMANN, *Das Alte Testament und Jesus Christus*, p. 50 (ET *The Old Testament and Jesus Christ*, p. 77).

[21] WESTERMANN, *Das Alte Testament und Jesus Christus*, p. 50 (ET *The Old Testament and Jesus Christ*, p. 77).

[22] VON RAD, *Theologie des Alten Testaments*, II, p. 408 (ET *Old Testament Theology*, II, p. 383).

[23] VON RAD, *Old Testament Theology*, II, pp. 428-429 (não no original alemão).

Testamentos são partes de um todo, a teologia do Antigo Testamento terá o direito de considerar-se empreendimento teológico e, portanto, "teologia bíblica".

3. Exegese "neopesherista": Wilhelm Vischer

A enorme cristologia de Hengstenberg foi produzida em virtude da ameaça de crítica mais elevada.[24] O interesse de Wilhelm Vischer em *The Witness of the Old Testament to Christ* [O testemunho do Antigo Testamento a Cristo] também tem origens polêmicas. Apesar das expectativas provocadas por seus títulos respectivos, até onde sei Vischer não faz nenhuma menção a Hengstenberg, o que imediatamente sugere que, apesar de uma semelhança superficial, os dois travavam batalhas diferentes. Hengstenberg enfrentava a erudição liberal; Vischer enfrentava o Nacional-Socialismo. Dois artigos recentes descrevem de maneira proveitosa o impacto que a obra de Vischer causou quando foi publicada.[25] Apesar de Vischer ter comentaristas tão eminentes e recentes, sua obra continua parecendo excêntrica, mesmo que seus contornos estranhos se expliquem prontamente. Assim, o programa de Vischer exige certa exposição e citação, pois, ao contrário de von Rad, por exemplo, sua obra permanece relativamente desconhecida.[26]

Vischer começa refletindo sobre a relação de sua tarefa com a história. Parece concordar com Wellhausen, que abandonou a busca do Jesus da história:[27]

---

[24] Vischer viveu de 1895 a 1988. Todas as citações de Vischer aqui são de sua obra *Das Christuszeugnis des Alten Testaments*. I. *Das Gesetz*. 2. ed. München, Chr. Kaiser Verlag, 1935 (ET *The Witness of the Old Testament to Christ*. I. *The Pentateuch*. Trad. A. B. Crabtree. London, Lutterworth Press, 1949). Os volumes II e III da obra alemã nunca foram traduzidos para o inglês. O mais recente estudo abrangente da obra de Vischer, inacessível para mim, é o de SCHROVEN, Brigitte. *Theologie des Alten Testaments zwischen Anpassung und Widerspruch: Christologische Exegese zwischen den Weltkriegen*. Neukirchen-Vluyn, Neukirchener Verlag, 1995.

[25] BARR, James. "Wilhelm Vischer and Allegory". In: AULD, A. G., org. *Understanding Poets and Prophets: Essays in Honour of George Wishart Anderson*. Sheffield, JSOT Press, 1993, pp. 38-60 (JSOTSup, 152); RENDTORFF, Rolf. "Christologische Auslegung als 'Rettung' des Alten Testaments? Wilhelm Vischer und Gerhard von Rad". In: ALBERTZ, R.; GOLKA, F. W.; KEGLER, J., orgs. *Schöpfung und Befreiung*. Stuttgart, Calwer Verlag, 1989, pp. 191-203 (ET "Christological Interpretation as a Way of 'Salvaging' the Old Testament? Wilhelm Vischer and Gerhard von Rad". In: RENDTORFF, R., org. *Canon and Theology: Overtures to an Old Testament Theology*. Trad. e org. M. Kohl. Edinburgh, T. & T. Clark, 1994, pp. 76-91).

[26] Cf. "Embora o livro tenha sido recebido com entusiasmo [...], foi esquecido com a mesma rapidez [...]." RENDTORFF, "Christologische Auslegung", p. 198 (ET "Christological Interpretation", p. 87).

[27] VISCHER, *Das Christuszeugnis*, pp. 12-13, 15, ET pp. 12-13; cf. WELLHAUSEN, J. *Einleitung in die drei ersten Evangelium*. 2. ed. Berlin, Georg Reimer, 1911, pp. 104, 154.

PARTE II • Rei e Messias no Antigo Testamento

Devido aos documentos históricos nos quais deve basear-se, o esforço de substituir Cristo Jesus pelo Jesus histórico continua a ser um procedimento que, do ponto de vista científico, é altamente duvidoso [...]. A Bíblia conhece não um Jesus histórico, nem uma idéia de Cristo, mas simplesmente Jesus Cristo, de quem dá duplo testemunho, no Antigo Testamento e no Novo [...]. É óbvio que aqui se transcende o conceito de história.

Talvez tais contenções sugiram que a série comum de instrumentos exegéticos críticos não tinha utilidade para Vischer, mas esse não era o caso. "Então, se estamos realmente preocupados em entender a Bíblia como Palavra de Deus, se desejamos lê-la como testemunho de Cristo, não podemos ignorar o que as ciências históricas e filológicas têm a dizer a respeito do Antigo Testamento".[28] Se a fusão do Antigo Testamento e do Novo no pensamento de Vischer já se torna evidente, ele passa depressa a insistir na unidade dos Testamentos: "A doutrina da unidade da Bíblia estabelece a genuína historicidade da encarnação [...]".[29] Em todo caso, se os Testamentos formam verdadeiramente uma unidade — e Jesus só é o Cristo se esse for o caso —, os homens de fé sob a antiga aliança eram, por meio do único e mesmo Intercessor, participantes da mesma salvação que os cristãos (p. 24, ET p. 20).

Nessa última citação, começa a desenvolver-se a preocupação de Vischer com o lugar do judaísmo em relação ao cristianismo. Rendtorff trata especialmente dessa dimensão e menciona também o envolvimento de Vischer com a "Confissão de Betel", para o que redigiu uma seção sobre "A Igreja e os judeus".[30] Embora isso não seja evidente de imediato na leitura de Das Christuszeugnis [O testemunho de Cristo], Rendtorff argumenta que Vischer tentava " 'salvar' o Antigo Testamento dos ataques e perseguições dos adversários. Aqui [...] estava uma clara contraposição ao desprezo despejado sobre o Antigo Testamento como 'judeu' ".[31] É uma ironia (sobre a qual Rendtorff reflete no final de seu artigo) que a

---

[28] VISCHER, Das Christuszeugnis, p. 18, ET p. 16. Nota-se aqui certa influência de Barth; cf. p. 35, ET p. 29.

[29] VISCHER, Das Christuszeugnis, p. 24, ET p. 21; cf. suas palavras: "A Igreja cristã ergue-se e cai com o reconhecimento da unidade dos dois Testamentos" (p. 32, ET p. 27).

[30] Sobre isso, ver também RENDTORFF, "Christologische Auslegung", p. 199 (ET Christological Interpretation, p. 89).

[31] RENDTORFF, "Christologische Auslegung", p. 192 (ET "Christological Interpretation", p. 79).

Cristologia do Antigo Testamento

"salvação" do Antigo Testamento da qual Vischer fala ligue as referências favoráveis aos judeus a uma interpretação completamente cristológica. Desse modo, na tentativa desesperada de salvar a Bíblia, Vischer priva dela os judeus.

Enquanto, desse modo, Vischer favoreceu Barth ao alegar que os autores neotestamentários formam uma continuidade com o Antigo Testamento por escrever sobre Cristo, outros comentários ultrapassam a "continuidade" estrita e chegam a algo mais parecido com substituição:[32]

> Com total coerência, a Igreja primitiva assumiu toda a Escritura de Israel, pois afirmou que "nós que cremos ser Jesus o Filho de Deus, nós que cremos em sua promessa de que somos seus irmãos, nós — e não a sinagoga que rejeitou suas reivindicações messiânicas — somos os herdeiros legítimos de seu Testamento divino". Com essa apropriação, a Igreja não pretendeu privar os judeus do Antigo Testamento.

Raramente vemos um caso mais evidente de idéias que se excluem reciprocamente. Por isso, talvez não seja surpreendente encontrarmos referências ambíguas a Buber (p. 39, ET pp. 32-33) a respeito de sua persistência no judaísmo. A interpretação de Vischer ressoa com grande parte do que Buber escreveu em *Königtum Gottes* [Realeza de Deus] e *Kampf um Israel* [Luta por Israel], embora Vischer esforce-se por mostrar que não *depende* de Buber, elaborou sua abordagem de maneira independente, e de qualquer modo obtém, quando muito, nuanças da obra de Buber! Parece óbvio que a interpretação cristológica de Vischer não só "priva" os judeus de suas Escrituras, como deve também (em sua opinião) privar os judeus do judaísmo.

Da leitura da obra de Vischer emergem dois aspectos notáveis: primeiro, há espantosamente pouco a respeito de Cristo; e, segundo, não há nada quanto a um método que ligue o texto veterotestamentário à interpretação cristológica.[33]

---

[32] Vischer, *Das Christuszeugnis*, pp. 27-28, 31, ET pp. 23-24, 26. Vischer se pergunta "se na verdade, quando os judeus lêem [o Antigo Testamento] até hoje, o véu encobre o Antigo Testamento e só será removido quando Jesus for reconhecido como o Messias" (p. 33, ET p. 27).

[33] "Pareceu, então, que ele não tinha um *método*, mas antes uma mistura de métodos bastante contraditórios, unidos pelo fato de parecerem produzir um Cristo da Reforma"; Barr, "Wilhelm Vischer and Allegory", p. 53.

Von Rad fez as perguntas: "Até onde Cristo é uma ajuda para o exegeta entender o Antigo Testamento e até onde o Antigo Testamento é uma ajuda [...] para entender Cristo?"[34] Sem dúvida, Vischer alegaria veementemente que o *Christuszeugnis* e a exegese que ele contém iluminam os dois lados dessa moeda específica. Contudo, continua difícil perceber como a obra de Vischer ajuda o cristão a entender Cristo e também o Antigo Testamento. Por um lado, tudo o que é dito a respeito de Cristo já é conhecido de fora do Antigo Testamento, de modo que ao Antigo Testamento em si resta desempenhar apenas um papel de apoio, enquanto, por outro lado, o Antigo Testamento subordina-se tão firmemente ao programa cristológico que não fala com nada que se assemelhe a uma voz autêntica própria. Por exemplo, depois de dedicar algum tempo à descrição do processo de criação em Gn 1, Vischer declara que "tudo no capítulo proclama o Cristo" (p. 64, ET p. 51), depois do que passa a enfileirar alguns textos neotestamentários (sob os auspícios da musa de Lutero) que asseveram que o Cristo é a raiz da criação, que vem da eternidade, que mantém unida toda a criação em si mesmo (p. 65, ET pp. 51-52). Isso não é muito diferente da maneira como lida com a marca de Caim (Gn 4), que é o sinal de Ezequiel (Ez 9,4), que é o sinal cristão da cruz (Ap 7). "Assim, o amuleto cruciforme cristão provavelmente teve origem não na cruz de Cristo, mas no sinal que Iahweh colocou em Caim, embora ainda reste o fato de ter recebido um novo sentido da crucificação de Cristo (p. 94, ET p. 75).

Tais exemplos sugerem um "método" interpretativo para a obra de Vischer. Entre os manuscritos do Mar Morto, há diversos comentários que receberam o rótulo de *pesharim* (singular *pesher*). Para os "pesheristas", os que redigiram as Escrituras não perceberam totalmente a importância do que escreveram. O intérprete, no entanto, fica a par da revelação mais completa, de modo que a interpretação agora revela a mensagem plena do texto mais primitivo. O mais conhecido dos *pesharim*, sobre o livro de Habacuc, declara: "E disse Deus /a/ Habacuc que escrevesse o que havia de suceder à geração futura, porém o fim da época não se lhe deu a conhecer. E o que diz: (Hab 2,2) 'Para /que corra/ aquele que o lê'. Sua interpretação refere-se ao Mestre da Justiça, ao qual Deus manifestou todos os mistérios das palavras de seus servos os profetas" (1QpHab, col. vii).[35] Os "as-

---

[34] VON RAD, G. *Theologie des Alten Testaments*, II, p. 398 (ET *Old Testament Theology*, II, p. 374).

[35] *Textos de Qumrã*. Tradução para o espanhol de Florentino García Martinez e, do espanhol para o português, de Valmor da Silva, Petrópolis, Vozes, 1995, p. 241.

Cristologia do Antigo Testamento

pectos freqüentemente repetidos da realização e efetuação reveladoras" são vistos nesse exemplo,[36] e esses aspectos parecem-me também ser os que tipificam as exegeses de Vischer. Assim, embora admita que sua "conjetura" a respeito do sinal de Caim talvez se mostre "por demais audaciosa e indefensável", Vischer persiste em identificar com a cruz esses "sinais" mais primevos, exatamente como o "pesherista" mais primitivo fez ao igualar certas referências dos antigos profetas a figuras que conhecia.

Embora seja possível traçar os saltos de interpretação dados pelo "pesherista", poucos estudiosos de hoje estão dispostos a propor a exegese *pesher* como meio apropriado para solucionar o problema de se é ou não possível ou como encontrar Cristo no Antigo Testamento. Sua abordagem decididamente "irracional" faz parte de outra época.

4. "Presença real": Anthony Tyrrell Hanson

Essa, pelo menos, era a crença de Anthony Tyrrell Hanson, que pensou na exegese *pesher* como meio possível para o manejo cristão do Antigo Testamento: talvez, indagava-se, houvesse um precedente útil para a Igreja, na prática da exegese sectária dos manuscritos do Mar Morto. Apesar do fascínio que exerce, a obra de Hanson será tratada aqui apenas sucintamente. Baseando sua investigação em duas passagens (1Cor 10,4 e Jo 12,37-41), Hanson afirma que os autores neotestamentários acreditavam que o Jesus preexistente (o nome é usado deliberadamente) apareceu no Antigo Testamento; em seguida, ele reitera que "é preciso enfrentar todas as conseqüências dessa crença".[37] Como Hanson deixa claro nesse trabalho e mais plenamente em sua obra mais tardia sobre a exegese neotestamentária do Antigo Testamento (1983),[38] isso não é exatamente *tipologia*. A centralidade de Jesus Cristo no pensamento e na exegese dos cristãos primitivos assinala uma diferença decisiva em relação ao uso da Escritura feito pela

---

[36] LIM, T. H. *Holy Scripture in the Qumran Commentaries and Pauline Letters*. Oxford, Clarendon Press, 1997, p. 133. Esse uso generalizado do termo não tem a finalidade de negar a variedade da exegese "pesherita" em prol da qual Lim argumenta de maneira persuasiva.

[37] HANSON, A. T. *Jesus Christ in the Old Testament*. London, SPCK, 1965, p. 7.

[38] HANSON, A. T. *The Living Utterances of God: The New Testament Exegesis of the Old*. London, Darton, Longman & Todd, 1983.

Parte II • Rei e Messias no Antigo Testamento

sinagoga.[39] Hanson resume em três observações a atitude adotada por autores cristãos:[40]

1. O fim dos tempos chegou, o tempo que toda a Escritura aguarda ansiosamente.

2. Portanto, a Escritura aplica-se livremente a Jesus Cristo e, por meio dele, à Igreja cristã, a qual é a herdeira real das promessas feitas na Escritura a Israel.

3. Disso se segue que os autores da Escritura sabiam muita coisa a respeito de Cristo. Portanto, é possível encontrar muitas informações sobre Jesus por meio do estudo das Escrituras. Na verdade, não é nenhum exagero dizer que as Escrituras judaicas constituíam o livro didático teológico da Igreja neotestamentária.

Hanson crê que a identificação pelos autores neotestamentários (de *Jesus no Antigo Testamento*) favorece bastante o sentido de continuidade entre Jesus e a história judaica e, do começo ao fim — quer pré, quer pós-encarnação —, "inspira fé ou é ocasião de incredulidade".[41] Essa continuidade também esclarece o que é novo a respeito do "novo desígnio", que se opera por meio da encarnação, e não da revelação desencarnada.[42] Por outro lado, há muita superposição no esquema de "promessa e realização" examinado antes. Embora os autores neotestamentários agissem na suposição de que as Escrituras estavam na expectativa de Jesus, aplicassem-lhe as Escrituras e, assim, nelas encontrassem informações a respeito dele, essas suposições não controlam a interpretação moderna desses textos. O referente apropriado é o antigo Israel, e não a pessoa de Jesus. Naturalmente, as idéias teológicas descobertas ali podem moldar as apropriações modernas da missão de Jesus; não proporcionam "informações" a respeito de Jesus da maneira que os cristãos primitivos as encontraram.

A contribuição de Hanson tem a grande vantagem de começar com as estruturas de crença evidenciadas em determinado tempo e lugar e de, a partir

---

[39] Cf. a importante contribuição de Frances Young, que, com seu argumento nuançado, chega a uma conclusão semelhante por um caminho diferente: *Biblical Exegesis and the Formation of Christian Culture*. Cambridge, Cambridge University Press, 1997, pp. 122-130 e *passim*.

[40] HANSON, *The Living Utterances of God*, pp. 41-42.

[41] HANSON, *Jesus Christ in the Old Testament*, p. 168.

[42] HANSON, *Jesus Christ in the Old Testament*, p. 170.

Cristologia do Antigo Testamento

dessas estruturas, remontar aos recursos bíblicos que as nutriam. Aqui Hanson antecede uma posição fixada por Jacob Neusner. Com respeito à história do judaísmo [sic], Neusner argumenta que "uma experiência específica, transformada por um sistema religioso em paradigma da vida do grupo social, tornou-se normativa — e, portanto, generativa",[43] de modo que "o sistema antecede os textos e define o cânon. A exegese do cânon, então, forma a ação social contínua que sustenta o todo [...]. O todo introduz-se pouco a pouco na exegese, e a história de todo sistema religioso [...] é a exegese de sua exegese".[44] Parece-me que é isso que Hanson apresenta aqui. As estruturas de crença dos autores neotestamentários explicam seu uso da Escritura mais antiga, bem como a natureza do desenvolvimento religioso que surgiu nessa base. Apesar da resistência dos modernos à noção de que Jesus se achava presente no Antigo Testamento, essa idéia está "sistematicamente ativa"[45] na mente dos que compuseram o Novo Testamento. Se essa noção pode controlar ou não a moderna interpretação cristã do Antigo Testamento é outra história.

5. Exegese teológica: Bonhoeffer e Watson

Dietrich Bonhoeffer é um dos grandes nomes da cristandade do século XX. Embora o nome de Francis Watson não seja tão bem conhecido, eles compartilham muito no que tange à abordagem do Antigo Testamento e à relação deste último com Jesus Cristo. Essa abordagem está habilmente resumida no estudo de Martin Kuske, *The Old Testament as the Book of Christ* [O Antigo Testamento como o livro de Cristo].[46] Em Bonhoeffer, a atenção em geral se desloca para a infusão de referências veterotestamentárias em *Letters and Papers from Prison* [Cartas e papéis do cárcere],[47] e também na obra anterior e mais programática,

---

[43] NEUSNER, Jacob. "Mr. Maccoby's Red Cow, Mr. Sanders's Pharisees — and Mine". *JSJ* 23, 1992, pp. 81-98 (84).

[44] NEUSNER, Jacob. "Judaism and Christianity in the First Century: How Shall we Perceive their Relationship?" In: DAVIES, P. R. & WHITE, R. T., orgs. *A Tribute to Geza Vermes: Essays on Jewish and Christian Literature and History*. Sheffield, JSOT Press, 1990, pp. 247-259 (255) (JSOTSup, 100).

[45] A terminologia é a de NEUSNER, "Judaism and Christianity in the First Century", p. 257.

[46] KUSKE, M. *Das Alte Testament als Buch von Christus: Dietrich Bonhoeffers Wertung und Auslegung des Alten Testaments*. Berlin, Evangelische Verlagsanstalt, 1970 (ET *The Old Testament as the Book of Christ: An Appraisal of Bonhoeffer's Interpretation*. Trad. S. T. Kimbrough Jr. Philadelphia, Westminster Press, 1976). Não tenho acesso ao original alemão.

[47] BONHOEFFER, D. *Widerstand und Ergebung: Briefe und Aufzeichnungen aus der Haft*. München, Chr. Kaiser Verlag, 1952 (ET *Letters and Papers from Prison*. ed. ampl. London, SCM Press, 1971).

409

Parte II • Rei e Messias no Antigo Testamento

Creation and Fall [Criação e queda].[48] A obra mais importante de Watson a esse respeito é *Text and Truth* [Texto e verdade], que tem como segunda parte "The Old Testament in Christological Perspective" [O Antigo Testamento na perspectiva cristológica], que, por sua vez, é precedida por um capítulo sobre "neomarcionismo".[49]

O estudo de Watson — que, na verdade, trata da perspectiva cristológica, e não da cristologia do Antigo Testamento *per se* — declara fundamentais dois princípios: primeiro, insiste na dicotomia Antigo–Novo para os Testamentos da Bíblia cristã (o antigo é antigo porque não é novo, o novo é novo porque não é antigo [pp. 179-181]); e, segundo, que "o Antigo Testamento vem até nós com Jesus e de Jesus, e jamais pode ser entendido com abstração dele" (em itálico no original), mas isso "ainda não subentende nenhum programa interpretativo determinado, exceto no sentido de rejeitar todos os programas interpretativos que supõem um Antigo Testamento autônomo" (p. 182). Ainda assim, Watson distancia-se da argumentação de Vischer de que "a Escritura é toda a respeito de Cristo tão-somente" (p. 184), pois a Escritura não trata *só* de Jesus, "trata de muitas coisas". Mesmo assim, porém, "a fé cristã exige uma interpretação cristocêntrica da Escritura cristã" (p. 185).

Essas palavras ressoam com as escritas muito antes por Bonhoeffer.[50] No prefácio a *Creation and Fall*, Bonhoeffer declarou que "a Igreja da Sagrada Escritura [...] vive do fim. Portanto, interpreta toda a Sagrada Escritura como o livro do fim, do novo, de Cristo" (p. 12). O Gênesis refere-se a "Iahweh", considerado "história ou psicologicamente", mas "teologicamente" [...], isto é, do ponto de vista da Igreja, o livro fala de Deus" (p. 12). O estudo de Kuske identifica três pontos de vista adotados por Bonhoeffer a respeito do Antigo Testamento: primeiro, há um movimento de Cristo para o Antigo Testamento; segundo, há um movimento recíproco do Antigo Testamento para o Novo Testamento; o terceiro ponto de vista "já não consiste em um movimento entre Cristo, o Antigo Testamento e o

---

[48] Bonhoeffer, D. *Schöpfung und Fall*. München, Chr. Kaiser Verlag, 1937 (ET *Creation and Fall*. Trad. John C. Fletcher *et al*. London, SCM Press, 1959).

[49] Watson, F. *Text and Truth: Redefining Biblical Theology*. Edinburgh, T. & T. Clark, 1997.

[50] Estranhamente, Bonhoeffer merece apenas duas breves referências na obra de Watson: a *Christology* (p. 92) e a *Ethics* (p. 302). Mais surpreendente, o capítulo de Watson sobre "a criação no princípio" desconsidera por completo *Creation and Fall*, de Bonhoeffer!

410

Novo Testamento, mas em Cristo ser encontrado no Antigo Testamento".[51] Para Bonhoeffer, essa interpretação "teológica" é uma necessidade lógica "se alguém adere à singularidade da revelação de Deus em Cristo e, ao mesmo tempo, quer interpretar o Antigo Testamento como a Palavra de um Deus único na Bíblia toda", e esse é o caso do cristão.[52]

Isso talvez sugira que nos movimentamos em direção a outro tipo de relacionamento semelhante ao *pesher* do cristianismo com o Antigo Testamento, mas em Bonhoeffer esse movimento nunca é feito. Para ele, a "perspectiva cristológica" é exatamente esta: "Cristo está entre nós e o Antigo Testamento".[53] A condição humana revelada em sua multiplicidade pelo Antigo Testamento não submerge nem encontra resistência, mas é "trazida à luz" a fim de entender "como Deus agiu no Senhor crucificado e ressuscitado".[54] Uma carta escrita a Eberhard Bethge (20 de maio de 1944) contém um exemplar pungente dessa idéia:[55]

> Na Bíblia, temos o Cântico dos Cânticos; e realmente não é possível imaginar um amor mais ardente, apaixonado e sensual do que o descrito ali (ver 7,6). É bom que o livro esteja na Bíblia, em face de todos os que crêem que a repressão da paixão é cristã [...]. Onde o *cantus firmus* é claro e simples, o contraponto desenvolve-se até o limite [...]. A atração e a importância da polifonia na música não podem consistir em ser um reflexo musical desse fato cristológico e, portanto, de nossa *vita christiana*?

Por outro lado, Bonhoeffer era capaz de movimentos muito diferentes, nos quais a identificação de momentos ou pessoas do Antigo Testamento com Cristo (como em seu ensaio "Christ was in David" [Cristo estava em Davi][56]) tem forte elemento tipológico para eles. Na obra exegética da década de 1930, isso é tão marcante que Kuske concorda com a avaliação de Baumgärtel de que "Bonhoeffer interpretou arbitrariamente o Antigo Testamento e, por isso, abandonou-o quando

---

[51] Kuske, *The Old Testament as the Book of Christ*, p. 34.

[52] Kuske, *The Old Testament as the Book of Christ*, pp. 56-57.

[53] Kuske, *The Old Testament as the Book of Christ*, p. 47.

[54] Kuske, *The Old Testament as the Book of Christ*, p. 57.

[55] Bonhoeffer, *Widerstand und Ergebung*, pp. 192-193 (ET *Letters and Papers from Prison*, p. 303).

[56] Cf. Kuske, *The Old Testament as the Book of Christ*, pp. 67-84.

se tratava da questão exegético-dogmática a respeito da identidade da Igreja naquele tempo e hoje".[57]

É menos fácil formar uma impressão abrangente da obra de Watson, talvez porque os capítulos pareçam, até certo ponto, distintos em vez de cumulativos. Não que sejam incoerentes; não ficam menos unidos por causa do ardor teológico que Watson aplica a sua tarefa. Como na obra de Bonhoeffer, é a perspectiva que é vital. Assim, ao reagir e responder à teologia bíblica de Brevard Childs, Watson argumenta que

> a questão não é a Igreja primitiva ter incorporado em seu cânon oficial a Escritura judaica inalterada. Pelo contrário, essa incorporação só ocorreu com base em uma reinterpretação da Escritura à luz do evento de Cristo [...]. O Antigo Testamento cristão só é entendido quando atesta e interpreta a preparação do caminho para Jesus. A exegese veterotestamentária só é cristã à medida que reconhece que esse é o único papel canônico dos textos e aprende a interpretá-los à luz desse papel. Precisa recordar que recebemos o Antigo Testamento só de Jesus e com Jesus.[58]

Em outras palavras, que Watson usa para avaliar a obra de von Rad: "A meta do Antigo Testamento cristão precisa ser o ponto de partida da interpretação" (p. 207).

Como acontece com a obra de Vischer, nem sempre é fácil ver o que ganhamos com as interpretações de Watson. Ele opôs-se tenazmente às correntes predominantes na época, e sua coragem é no mínimo admirável. Dois exemplos servem para ilustrar meu desconforto com o programa de Watson, ambos tirados dos temas da criação. Watson liga os dias da criação de Gn 1 com acontecimentos narrados nos evangelhos. Assim como luz e escuridão sugerem a alternância de dia e de noite, é-nos lembrado que "Jesus está sujeito à mesma alternância" (p. 237). O segundo dia traz a separação dos firmamentos, chamando-se a atenção para a maneira como Jesus teve de dormir sem conforto (pp. 237-238). A separação do mar e da terra, no terceiro dia, inspira a reflexão sobre o fato de Jesus

---

[57] KUSKE, *The Old Testament as the Book of Christ*, p. 83.

[58] WATSON, *Text and Truth*, p. 216.

Cristologia do Antigo Testamento

pregar principalmente em terra, embora também o fizesse em um barco e viajasse "por mar" (p. 238) etc. Qual é a essência dessas observações? "Cristologicamente", Watson conclui: "Podemos dizer que essas correlações *ajudam a tornar visível a criaturalidade de Jesus*" (p. 239; itálico do original). Isso me parece bastante otimista. Na melhor das hipóteses, as correlações são mínimas; na pior, são fantásticas, e esse caso de intertextualidade não é esclarecedor; "a criaturalidade de Jesus" é bastante clara, e dispensa o recurso a Gn 1.

O outro exemplo vem do exame que Watson faz do problema da imagem divina na humanidade. O Gênesis em si é inadequado para formular uma solução a esse problema, pois "é impossível explicar como o gênero humano foi criado à imagem de Deus sem explicar como a imagem de Deus é Cristo" (p. 282). Continuo perplexo com a lógica dessa alegação, mas ela induz Watson à consideração da tese de que "com Jesus aprendemos o que é ser humano" (p. 283; em itálico no original). Watson argumenta que, como Jesus tinha a imagem de Deus antes de tornar-se humano, então aprendemos que "ser humano não é, em primeiro lugar, questão de gênero, raça ou classe. Jesus era do sexo masculino, judeu e artesão, mas descrevê-lo como a imagem de Deus é afirmar que sua humanidade transcende sua masculinidade, o fato de ser judeu e a sua condição de artesão [...]. Aprendemos com Jesus que ser humano precede e transcende diferenças de origem étnica e de gênero" (p. 286). Apesar de admitir uma limitação por restringir-se ao texto do Gênesis (p. 300), Watson parece aqui não perceber algo. Surpreende-me que a transcendência de gênero, de nacionalidade e de classe surja sutilmente do próprio Gênesis e que a encarnação aponte exatamente na direção oposta daquilo que Watson presume aqui. Com certeza, é significativo que a encarnação tenha gênero, seja judaica e concretize-se na situação social de determinada pessoa. Na perspectiva cristológica, a interpretação de Watson tem o potencial de obscurecer as Escrituras hebraicas e de obliterar a verdadeira humanidade de Jesus.

6. Reflexões finais

As abordagens estudadas aqui sugerem que grande parte da "cristologia do Antigo Testamento" está empenhada em um exercício polêmico. Para quase todos os biblistas mencionados, a cristologia do Antigo Testamento é um meio de combater algum "outro". Esse foi muito claramente o caso com Hengstenberg e

Vischer, mas isso também é verdade a respeito de Watson e Bonhoeffer e, até certo ponto, de von Rad e Westermann (embora bastante suavizado neste último). Em geral, o "inimigo" é interno: ao que parece, o "neomarcionismo" discutido por Watson é ameaça sempre presente. Essa não é apenas uma discussão "acadêmica"; a polêmica está, antes, inserida em compromisso *religioso*. Talvez isso pareça menos verdadeiro a respeito da estratégia de "promessa e realização" adotada por von Rad e Westermann. Mesmo aqui, porém, é o ponto de partida reconhecidamente *cristão* nesse procedimento — pois sem o Novo Testamento é improvável que seja possível esboçar uma trajetória precisa para essa estratégia a partir do Antigo Testamento — que é tão atraente para Francis Watson e, contudo, é anátema para Jon Levenson. Não admira, então, que Levenson denominasse esse movimento um "ato de fé anticrítica".[59]

As críticas severas de Levenson apontam para a confusão essencial em muitas discussões sobre Cristo e o Antigo Testamento: a confusão entre história e religião. As tensões entre essas duas formas de discurso começam a romper-se nas tentativas de von Rad e Westermann de explicar como a "promessa" continua a ter validade após a "realização". A afirmação da validade contínua surge de sensibilidades religiosas; a intuição anterior de que a realização anula a promessa é o julgamento mais natural. O mal-estar moderno em relação a formas de exegese *pesher* surge da mesma tensão. O referente "real" é conhecido pelo intérprete somente por meio do discernimento religioso que deriva de circunstâncias distintas do texto original. Assim, é hoje considerada "irracional"; ofende nossas sensibilidades históricas. Contudo, há uma diferença crucial entre a estratégia de "profecia e realização" e a "pesherista"; ao contrário da primeira, a segunda não faz reivindicações à história — é uma interpretação totalmente "religiosa". Isso faz da abordagem *pesher* uma apropriada porta de entrada para as considerações de Hanson, mesmo que, no final das contas, ele próprio rejeite o método.

A questão, portanto, não é nova. É a velha questão a respeito do referente apropriado da Escritura: a que (ou a quem) a Escritura se refere?[60] No ambiente acadêmico moderno, essa questão tende a ser apresentada em termos perfeita-

---

[59] LEVENSON, *The Hebrew Bible, the Old Testament, and Historical Criticism*, p. 24.

[60] Para os antigos, "a questão fundamental para entender o sentido era discernir a referência"; YOUNG, Frances. *Biblical Exegesis and the Formation of Christian Culture*, p. 120.

Cristologia do Antigo Testamento

mente históricos: quanto mais insistentes forem as exigências de historicidade, mais breve será a resposta. Todavia, a questão a respeito da relação de Jesus com o Antigo Testamento não é absolutamente, em termos estritos, uma questão histórica. É uma questão religiosa.

Desde que o cristianismo tenha Cristo em seu centro (sendo o cristianismo a religião de uma pessoa, e não de um livro), então suas Escrituras, o Antigo e o Novo Testamentos, devem, em certo sentido, dar testemunho dele. Nesse ponto, Watson tem razão: há um sentido no qual a exegese cristã do Antigo Testamento inevitavelmente tem a ver com ser discípulo de Jesus. Isso é, em essência, uma questão sobre religião, e não sobre história ou teologia: é sobre como a comunidade de fiéis vive a crença e como se formam as expectativas da comunidade, e não sobre discurso a respeito de Deus. É possível que, assim como o judaísmo afirma a respeito da Torá:

:twdghw twklh dwmlt hnvmw arqm hb vyW txa h]

também o cristianismo possa afirmar que o Antigo Testamento contém Cristo? Se entendemos essa pergunta em termos "histórico-críticos", então Levenson está certo, e a resposta é negativa; mas, se as estruturas religiosas proporcionam o contexto para interpretação, então o Antigo Testamento nutre um entendimento cristão de seu Messias.[62]

---

[61] Sifre Deuteronômio 306. O texto está em FINKELSTEIN, L. *Sifre on Deuteronomy*. New York, reimpressão de JTSA, 1969, p. 339. Reuven Hammer traduz como: "As palavras da Torá são todas as mesmas, mas compreendem Escritura, Mixná, Talmude, Halacá e Hagadá" (*Sifre*; *A Tannaitic Commentary on the Book of Deuteronomy*. New Haven, Yale University Press, 1986, p. 306 (Yale Judaica Series, 24).

[62] Desejo agradecer aos membros do Seminário pela discussão estimulante que este ensaio recebeu quando do foi originalmente apresentado; recebi muita matéria sobre a qual pensar e ainda não a assimilei completamente! Desejo também agradecer ao dr. Uwe Becker a ajuda com alguns detalhes a respeito de Wilhelm Vischer, e, em especial, ao dr. John Day, que contribuiu para este ensaio muito acima e além da responsabilidade editorial.

Parte III

O Messias no judaísmo pós-bíblico e no Novo Testamento

O messianismo nos apócrifos e pseudepígrafos do Antigo Testamento

WILLIAM HORBURY

Vocabulário e campo de ação

A expressão "apócrifos e pseudepígrafos" tem a vantagem de indicar a formação do Antigo Testamento, a qual é um aspecto essencial, mas às vezes negligenciado, desses livros. De modo geral, os apócrifos são os escritos associados ao Antigo Testamento, mas fora do cânon hebraico que a tradição cristã primitiva aprovou; esses livros (Sabedoria, Eclesiástico e outros) eram vez por outra denominados livros "de fora" ou "eclesiásticos", pois estavam "fora" do cânon, mas eram lidos na prática "eclesiástica".[1] Como alguns de seus contemporâneos e predecessores, em especial no Oriente cristão, Jerônimo apoiava seu uso, mas salientava sua não-canonicidade, dizendo que deviam ser "postos entre os apócrifos".[2] Com ênfase, ao contrário, em sua aceitação pela Igreja, um ponto de vista ocidental defendido por Agostinho e aprovado por dois concílios de Cartago (397, 419) e pelo papa Inocêncio I afirmava que, em princípio (qualquer que fosse o caso na prática), eles eram tão oficiais para os cristãos quanto os livros do

---

[1] Assim Orígenes, em EUSÉBIO, *Hist. Eccles.* 6,25,2, ao citar uma lista judaica de livros ("de fora"); RUFINO, *Symb.* 36 ("há outros livros que nossos antepassados chamavam eclesiásticos, em vez de canônicos").

[2] JERÔNIMO, Prólogo aos livros de Reis e Salomão, em WEBER, R., org. *Biblia Sacra iuxta Vulgatam Versionem.* 2. ed. Stuttgart, Württembergische Bibelanstalt, 1975, 2 v., I, p. 365 (original da citação aqui), e II, p. 957; em comparação, uma lista de livros no *Diálogo de Timóteo e Áquila* grego relaciona Tobias, Sabedoria e Eclesiástico sob o cabeçalho "Apócrifos". In: SWETE, H. B. *An Introduction to the Old Testament in Greek.* Cambridge, Cambridge University Press, 1902, p. 206. Sobre predecessores e contemporâneos de Jerônimo que pensavam da mesma maneira, ver HORBURY, W. *Jews and Christians in Contact and Controversy.* Edinburgh, T. & T. Clark, 1998, pp. 208-210.

cânon hebraico. Os pseudepígrafos, entretanto, são os escritos fora do cânon hebraico, mas vagamente atribuídos ou ligados a autores bíblicos que, em geral, a tradição cristã primitiva punha em dúvida ou desaprovava; esses livros (*1 Henoc, A Assunção de Moisés, 2 Baruc* e muitos outros) incluíam diversos chamados coletivamente "pseudepígrafos" em listas antigas de livros, mas muitas vezes eram apenas denominados "apócrifos" em sentido pejorativo (assim Atanásio, em alusão aos pseudepígrafos de Henoc, Isaías e Moisés).[3]

A designação dos livros aprovados ausentes do cânon hebraico como "apócrifos", que é seguida aqui, tornou-se comum na Idade Média, sob a influência de Jerônimo, principalmente de seu "prefácio protegido com capacete" a Reis, *Prologus galeatus*, já citado.[4] A predominância de sua terminologia foi realçada por seu registro na tradição medieval de comentário da Escritura e do direito canônico. Assim, segundo a Glosa Ordinária da Escritura do início da Idade Média, "os livros canônicos do Antigo Testamento são em número de vinte e dois [...]; quaisquer outros, como diz Jerônimo, devem ser colocados entre os apócrifos"; de modo semelhante, na glosa do início do século XIII sobre o *Decretum* de Graciano, por Johannes Teutonicus, a abrangência da palavra "apócrifos" é ilustrada por sua aplicação costumeira a Sabedoria e aos outros livros veterotestamentários aprovados que não constam do cânon hebraico: "são chamados apócrifos; contudo, são lidos [*sc.* na igreja], mas talvez não universalmente".[5] De maneira análoga,

---

[3] SWETE, *Introduction*, p. 281; texto copta de ATANÁSIO, *Ep. Fest.* 39, analisado e traduzido em JUNOD, E. "La Formation et la Composition de l'Ancien Testament dans l'Église Grecque des Quatre Premiers Siècles". In: KAESTLI, J.-D. & WERMELINGER, O., orgs. *Le Canon de l'Ancien Testament: Sa Formation et Son Histoire*. Geneva, Labor et Fides, 1984, pp. 105-151, 124-125, 141-144.

[4] A influência medieval de Jerônimo foi exemplificada em especial por COSIN, J. *A Scholastical History of the Canon of the Holy Scripture*. SANSOM, J., org. Oxford, Parker, reimpr. 1849 (1657). REX, R. "St John Fisher's Treatise on the Authority of the Septuagint". *JTS* NS 43, 1992, pp. 55-116 (p. 63, n. 23), sugere que o ponto de vista de Agostinho predominou nos escritos do início da Idade Média, e o de Jerônimo a partir do século XII. Podemos acrescentar que, do princípio ao fim, o Antigo Testamento dividia-se regularmente entre livros do cânon hebraico e outros livros, como em Isidoro de Sevilha (*Etymol.* 6,1.9, PL 82,228-229) e na versão latina do século IX da Esticometria de Nicéforo pelo bibliotecário papal Anastácio. In: BOOR, C. de. *Theophanis Chronographia*, II. Leipzig, Teubner, 1885; reimpr. Hildesheim, Georg Olms, 1963, pp. 57-59.

[5] Glosa ordinária, prefácio "sobre livros canônicos e não-canônicos" (PL 113,21, da edição de DOUAI, 1617); glosa sobre GRACIANO, *Decretum*, 1,16, que interpreta "apócrifos" na passagem do decreto gelasiano que põe os cânones dos apóstolos "entre os apócrifos" (*Decretum Gratiani... una cum glossis* [Lyons, 1583], col. 60). Ambos são citados em COSIN, *Scholastical History* (ed. Sansom), pp. 218, 224-225 (parágrafos 135, 140).

O messianismo nos apócrifos e pseudepígrafos do Antigo Testamento

entre muitos autores que usam esse vocabulário, o comentarista bíblico quatrocentista Alphonsus Tostatus de Ávila escreveu, com referência a Jerônimo, que Tobias, Judite, Sabedoria e Eclesiástico "são recebidos na Igreja, lidos e copiados em bíblias, e contudo são apócrifos"; e, em 1540, um comentador bíblico franciscano não reformado ainda recomendava aos ordinandos uma resposta à pergunta: "Quais são os livros do Antigo Testamento?" que terminava assim: "Os livros do Antigo Testamento são em número de trinta e sete: vinte e oito canônicos e nove apócrifos".[6]

Entretanto, por volta de 1540, a terminologia de Jerônimo já havia sido adotada no grupo da Reforma, sobretudo por intermédio da obra de Andreas von Karlstadt sobre o cânon (1520). A designação dos livros veterotestamentários relevantes como apócrifos que até então tinha sido amplamente usada estava agora prestes a ser desaprovada pelo Concílio de Trento. Em 1546, o concílio reafirmou a canonicidade da maioria desses livros, seguindo Agostinho, Inocente I e listas conciliares subseqüentes, até mesmo a do Concílio de Florença.[7] Na Bíblia alemã de Lutero de 1534 e na inglesa de Coverdale de 1535, esses livros foram separados como "apócrifos", de acordo com seu registro à parte em listas antigas e medievais e sob o nome que, na década de 1530, ainda era usado independente do grupo; mas em 1562 foram, talvez de maneira significativa, relacionados no sexto dos trinta e nove artigos simplesmente como "outros livros", e não como "apócrifos".[8] Entretanto, esse último termo continuou em bíblias inglesas posteriores; na versão autorizada de 1611, apareceu na fórmula relativamente cautelo-

---

[6] Tostatus, Alphonsus. *Opera*, VIII. Cologne, 1613, p. 12b (prefácio a Crônicas); Ferus, Joannes. *Examen Ordinandorum*. In: Ferus, *Opuscula Varia*. Lyons, 1567, pp. 900-926 (910). Comparar Cosin, *Scholastical History* (ed. Sansom), pp. 248-249, parágrafo 162 (comentários semelhantes alhures nos prefácios de Tostatus a Mateus e Crônicas); pp. 261-262, parágrafo 176 (Ferus). A posição do adversário de Lutero, cardeal Cajetan (Tomás de Vio), que também seguiu Jerônimo não muito antes do Concílio de Trento, parece, portanto, ter sido menos comum do que é sugerido por Bedouelle, G. "Le Canon de l'Ancien Testament dans la Perspective du Concile de Trente". In: Kaestli & Wermelinger, orgs., *Le Canon de l'Ancien Testament*, pp. 253-282 (257-260).

[7] Bedouelle, G. "Le Canon", pp. 262-269, descreve a repetição em Trento de argumentos para expressar a distinção entre as duas classes de livros canônicos. A influência de Karlstadt é notada sem referência ao amplo emprego do termo "apócrifos" no início do século XVI por Rüger, H.-P. "Le Siracide: Un Livre à la Frontière du Canon". In: Kaestli & Wermelinger, orgs., *Le Canon de l'Ancien Testament*, pp. 47-69 (58-59).

[8] Aqui, o artigo sexto seguiu a Confissão de Württemberg, marcada pelo pensamento luterano, que havia sido submetida ao Concílio de Trento em 1552.

PARTE III • O Messias no judaísmo pós-bíblico e no Novo Testamento

sa "os livros chamados apócrifos". Portanto, os livros da Bíblia Hebraica e os apócrifos correspondem, respectivamente, aos livros veterotestamentários renomeados depois do Concílio de Trento por Sisto Senense, em sua *Bibliotheca Sancta* (1566), como "protocanônicos" e "deuterocanônicos"; os pseudepígrafos correspondem aos que ele continuou a chamar "apócrifos".[9] A Vulgata clementina de 1592 seguiu a prática de separar os livros que estavam relacionados à parte nas listas antigas, com relação aos apócrifos que não haviam sido recomendados por Agostinho e em Trento, *3-4 Esdras* e a Oração de Manassés; foram agrupados em um apêndice com um suposto apócrifo neotestamentário, Laodiceanos.

Contudo, a associação benéfica dos nomes apócrifos e pseudepígrafos com o cânon hebraico tem uma desvantagem concomitante. Desvia a atenção de outros escritos fora da Bíblia Hebraica que esclarecem esses livros. Em especial, os apócrifos e pseudepígrafos devem ser examinados juntos com a rica tradição de interpretação bíblica atestada na LXX, na exegese de Qumrã, em Fílon, em Josefo, no Novo Testamento, nos Targumin e na literatura rabínica. Assim, os livros apócrifos e pseudepígrafos relacionam-se estreitamente com a Bíblia Hebraica, ponto importante que esses dois nomes atestam; mas esses livros devem também ser colocados na grande corrente de interpretação bíblica primitiva que já se desenvolvia no período persa.

No que se segue, há alguns elementos de um exame geral, mas também procuramos considerar os apócrifos e pseudepígrafos como parte dos indícios a respeito do messianismo no período do Segundo Templo como um todo. Este autor já insistiu alhures que em todo esse período, aproximadamente de Ageu a Bar Kochbá, a esperança messiânica era mais difundida do que em geral se admite.[10] Aqui perguntamos se o material relevante nos apócrifos e pseudepígrafos, disperso cronologicamente pelos anos que vão de Alexandre, o Grande, a Adriano, é consistente com essa perspectiva. Analisamos os apócrifos, nos quais alusões claras à esperança messiânica são escassas, com respeito à sugestão de que, entre os séculos V e II, houve um "vazio messianológico". Os pseudepígrafos, em que essas alusões são abundantes, são considerados em relação ao ponto de vista de que o messianismo era predominantemente multiforme.

---

[9] A respeito do novo vocabulário apoiado por Sisto (que menciona os termos antigos que substitui), ver BEDOUELLE, "Le Canon", pp. 268-274, 280-282.

[10] HORBURY, W. *Jewish Messianism and the Cult of Christ*. London, SCM Press, 1998.

Os apócrifos e a questão de um vazio messianológico

Os apócrifos da Bíblia inglesa foram durante muito tempo o item principal na manifestação costumeira do estudo do messianismo, que pode ser chamada de "lista sem esperança" — a lista de livros em que não se encontra nenhuma esperança messiânica. Os livros citados com freqüência vêm da Bíblia Hebraica e também dos apócrifos; uma lista típica incluía pelo menos Baruc, Tobias, Judite, 1-2 Macabeus e a Sabedoria de Salomão, como escritos dos quais se esperaria uma menção a um Messias, mas inexiste.[11] O livro apócrifo mais obviamente messiânico, *4 Esdras* (na Vulgata), é também um dos que não recebem muito apoio da tradição eclesiástica, como se deduz de sua sina em Trento e da perda de seu texto grego. Portanto, os apócrifos, o grupo entre os livros apócrifos e pseudepígrafos que tinha mais autoridade entre os cristãos primitivos e provavelmente também entre os judeus, por pouco não parecem sugerir a insignificância em vez da importância do messianismo.

Nem todos concordam que a distinção traçada por muitos autores patrísticos entre os grupos de livros que vieram a ser conhecidos como apócrifos e pseudepígrafos já era comum entre os judeus no fim do período do Segundo Templo. Há quem considere os dois conjuntos de livros praticamente indistinguíveis nos períodos pré-cristão e cristão primitivo.[12] Muitos dos pseudepígrafos eram provavelmente lidos tão amplamente quanto os apócrifos para a comunidade ju-

---

[11] Cf. essas listas em HAGUE, W. V. "The Eschatology of the Apocryphal Scriptures. I. The Messianic Hope". *JTS* 12, 1911, pp. 57-98 (64); VON GALL, A. *ΒΑΣΙΛΕΙΑ ΤΟΥ ΘΕΟΥ: Eine religionsgeschichtliche Studie zur vorkirchlichen Eschatologie*. Heidelberg, Carl Winter, 1926, pp. 376-377; BOUSSET, W. & GRESSMANN, H. *Die Religion des Judentums im späthellenistischen Zeitalter*. 3. ed. Tübingen, J. C. B. Mohr (Paul Siebeck), 1926, p. 222; FROST, S. B. *Old Testament Apocalyptic: Its Origins and Growth*. London, Epworth Press, 1952, pp. 66-67; MOWINCKEL, S. *Han som kommer*. Copenhagen, G. E. C. Gad, 1951, p. 185 (ET *He That Cometh*. Trad. G. W. Anderson. Oxford, Basil Blackwell, 1956, p. 180); SMITH, Morton. "What Is Implied by the Variety of Messianic Figures?" *JBL* 78, 1959, pp. 66-72 (reimpr. em SMITH, Morton. *Studies in the Cult of Yahweh*. COHEN, S. J. D., org. Leiden, E. J. Brill, 1996, I. pp. 161-167 (163). 2 v. (omite os apócrifos); BECKER, J. *Messiaserwartung im Alten Testament*. Stuttgart, Katholisches Bibelwerk, 1977, p. 74 (ET *Messianic Expectation in the Old Testament*. Trad. D. E. Green, Edinburgh, T. & T. Clark, 1980, p. 79).

[12] Assim SWETE, *Introduction*, pp. 224-225; BARTON, J. *Oracles of God*. London, Darton, Longman & Todd, 1986, pp. 35-81. BECKWITH, R. *The Old Testament Canon of the New Testament Church and its Background in Early Judaism*. London, SPCK, 1985, pp. 406-408, afirma igualmente que os cristãos primitivos apreciavam alguns livros apócrifos e também pseudepígrafos; mas sugere que grupos judaicos valorizavam conjuntos diferentes de livros, até mesmo os apócrifos gregos, como adições aos livros canônicos.

PARTE III • O Messias no judaísmo pós-bíblico e no Novo Testamento

daica da Judéia, como sugerem as descobertas de Qumrã, e para o Egito cristão primitivo, como sugerem citações e papiros; contudo, por outro lado, há razões, aceitas por este autor, para afirmar ser provável que a distinção cristã entre a autoridade a ser ligada aos dois conjuntos de escritos tenha antecedentes pré-cristãos.[13] Portanto, no que se segue, pressupomos ser provável que, no fim do período do Segundo Templo, entre os judeus e também entre os cristãos, os apócrifos, em sua maioria, tivessem aceitação mais ampla que os pseudepígrafos, embora não fossem, necessariamente, sempre mais influentes.

Os apócrifos e os pseudepígrafos são praticamente da mesma época, mas os primeiros incluem uma proporção muito maior de escritos atribuídos com segurança ao período grego.[14] Assim, é provável que entre os livros apócrifos pré-macabaicos estejam, além do Eclesiástico, também *3 Esdras*, Tobias, Judite, as adições gregas a Ester e pelo menos a primeira parte de Baruc (1,1–3,8). A parte mais antiga de Daniel, livro pré-macabaico que recebeu sua forma atual no período macabaico, é contemporânea desses livros, mas está no cânon hebraico. Voltando aos apócrifos, provavelmente datem do século II a Carta de Jeremias (transmitida na Vulgata como capítulo 6 de Baruc), as adições gregas a Daniel e 2 Macabeus, enquanto 1 Macabeus e, provavelmente também, o livro da Sabedoria são atribuídos aos primeiros anos do século I a.C. A breve Oração de Manassés, transmitida no livro de Odes da LXX, é provavelmente pré-cristã. *4 Esdras*, cujos caps. 3–14 incluem material do reinado de Domiciano, deve ser o último de todos os livros apócrifos; mas, como já mencionamos, oscila na borda da classe de livros aprovados por causa de seu fraco apoio eclesiástico. As obras apócrifas que figuram nas descobertas da margem ocidental do Mar Morto são Tobias, em hebraico e aramaico, a Carta de Jeremias, em grego, e o Eclesiástico, em hebraico. Também encontrado em Qumrã, em hebraico, está um pseudepígrafo que, por intermédio da LXX, quase ganhou a posição de apócrifo, o Salmo 151. Os quatro

---

[13] HORBURY, W. "The Christian Use and the Jewish Origins of the Wisdom of Solomon". In: DAY, J.; GORDON, R. P. & WILLIAMSON, H. G. M., orgs. *Wisdom in Ancient Israel: Essays in Honour of J. A. Emerton*. Cambridge, Cambridge University Press, 1995, pp. 182-196 (185-187); idem. *Jews and Christians in Contact and Controversy*, pp. 25-35, 206-215.

[14] Para análise de datas e provas, ver, em especial, SCHÜRER, E., revisado por VERMES, G. & GOODMAN, M. D. In: SCHÜRER, E. *Geschichte des jüdischen Volkes im Zeitalter Jesu Christi*. 3. e 4. ed. Leipzig, J. C. Hinrichs, 1901–1909; ET revisada por VERMES, G. *et alii. The History of the Jewish People in the Age of Jesus Christ*. Edinburgh, T. & T. Clark, 1973-1987, III, pp. 1-2, 3 v.; a respeito da Sabedoria, ver também HORBURY, "Christian Use and the Jewish Origins", pp. 183-185.

O messianismo nos apócrifos e pseudepígrafos do Antigo Testamento

textos que figuram nas descobertas do Mar Morto originam-se, provavelmente, do material mais antigo entre os apócrifos.

Nessas datações, os apócrifos relativamente não-messiânicos são contemporâneos de outros textos mais consistentemente messiânicos na LXX e entre os pseudepígrafos. Estes últimos incluem o Pentateuco da LXX do século III, os *Testamentos dos Doze Patriarcas* e Isaías, Jeremias, Ezequiel, Doze Profetas e Salmos da LXX do século II e o *Apocalipse messiânico* (4Q521), os *Salmos de Salomão* e partes relevantes do terceiro livro sibilino do século I a.C. Em seguida, o messianismo é importante, a partir do tempo de Herodes Magno, na série de apocalipses que começam com as Parábolas de Henoc (*1Hen* 37–71, não encontradas em Qumrã) e incluem, depois da destruição de Jerusalém por Tito, os apocalipses de Esdras (*4Esd* 3–14) e de Baruc (*2 Baruc*, o *Apocalipse de Baruc* siríaco); o quinto livro sibilino e o Apocalipse devem ser examinados juntamente com essa série.

O silêncio dos livros apócrifos, em geral, no tocante ao messianismo, juntamente com a ambigüidade dos livros das Crônicas a esse respeito, estimulou a opinião de que é possível identificar um "vazio messianológico" na literatura judaica entre os séculos V e II.[15] Essa opinião já foi contestada pelo material do século III mencionado no parágrafo anterior. O Pentateuco da LXX, em especial, apresenta uma interpretação messiânica das profecias de Jacó e Balaão desenvolvida com tanta intensidade que parece provável ser significativo para o século IV e também para o III, com relação a Crônicas e outro material possivelmente messiânico do período persa mais tardio.[16] Contudo, parte da força da visão do "vazio" está em sua associação do silêncio sobre o messianismo, embora a extensão desse silêncio seja discutível, com a ênfase teocêntrica na religião israelita pós-exílica.

Às vezes, entende-se que a ênfase no "Deus que vive eternamente" e em "seu reino" (Tb 13,1) abrange uma oposição à monarquia israelita terrena que inspirou a readaptação das promessas messiânicas à nação como um todo ou ao

---

[15] Frost, *Old Testament Apocalyptic*, pp. 66-67; Becker, *Messiaserwartung*, pp. 74-77 (ET *Messianic Expectation*, pp. 79-82); Collins, J. J. *The Scepter and the Star: The Messiahs of the Dead Sea Scrolls and Other Ancient Literature*. Anchor Bible Reference Library. New York, Doubleday, 1995, pp. 31-38, 40 (com cautela).

[16] Horbury, *Jewish Messianism and the Cult of Christ*, pp. 36-51.

PARTE III • O Messias no judaísmo pós-bíblico e no Novo Testamento

próprio Deus, por exemplo no Dêutero-Isaías a respeito das "graças prometidas a Davi" (Is 55,3-4) ou, em Zc 9,9-10, a respeito do rei humilde.[17] Apesar dos elos estreitos da realeza com Israel e a realeza de Deus, a readaptação contemplada por exegetas em casos como esses não é indisputável.[18] Aspecto mais claramente definido do teocentrismo é a presteza para descrever a própria divindade como rei guerreiro, o que é evidente em todo o período do Segundo Templo; os dois Cânticos de Moisés (Ex 15; Dt 32) evidenciam esse aspecto de uma forma que teve influência especial, como exemplificamos adiante, devido a sua inclusão no Pentateuco.

H. Gressmann e A. von Gall chamaram a atenção para a importância pós-exílica dessa linha de pensamento, com referência a passagens como os salmos de entronização, Zc 14 e o Apocalipse de Isaías (Is 24-27). Sua vitalidade em todo o período posterior ao Segundo Templo confirma-se pelos hinos ao vencedor divino na *Regra da Guerra* (p. ex. 1QM 12,11-12), pela criação do retrato do guerreiro divino a partir de Is 59,16-18, em Sb 5,16-23, e pelo antropomorfismo destemido com o qual o Senhor é imaginado como guerreiro, em certa tradição rabínica.[19] Com razão, Gressmann chamou essa divindade-herói de duplo do Messias.[20] Para von Gall, o Messias desempenhou apenas um papel subordinado na escatologia do judaísmo no fim do período do Segundo Templo, em parte porque o próprio Deus era imaginado tão vivamente como o rei que havia de vir e, em parte, porque só nacionalistas extremos chegaram ao ponto de imaginar um líder terreno; é por isso que, com freqüência, o Messias não é mencionado.[21] Assim, na

---

[17] Assim BECKER, *Messiaserwartung*, pp. 63-64, 67-68 (ET *Messianic Expectation*, pp. 68-70 [Is 55], 72-73 [Zc 9]); ALBERTZ, R. *Religionsgeschichte Israels in alttestamentlicher Zeit*. II. Göttingen, Vandenhoeck & Ruprecht, 1992, p. 446 (ET *A History of Israelite Religion in the Old Testament Period*. II. Trad. J. Bowden. London, SCM Press, 1992), p. 426 [Is 55]).

[18] Assim C. R. North, para quem Is 55 fala da transferência da aliança davídica à comunidade, notou, em especial, a dificuldade de decidir se o que se tem em vista é isso ou a restauração da monarquia. NORTH, C. R. *The Second Isaiah*. Oxford, Clarendon Press, 1964, p. 255; e ALBERTZ, *Religionsgeschichte*, II, p. 639 (ET *Religion*, II, p. 567), acredita que Zc 9,9 imagina um soberano terreno.

[19] Ver, por exemplo, *Mekilta deRabbi Ishmael*. Beshallah, Shirata sobre Ex 15,3 (ele apareceu no Mar Vermelho como guerreiro armado); *Pesiqta deRab Kahana* 22,5 (ele cobre-se de vestes de vingança e paramentos vermelhos, como em Is 59,17; 63,2).

[20] GRESSMANN, H. *Der Ursprung der israelitisch-jüdischen Eschatologie*. Göttingen, Vandenhoeck & Ruprecht, 1905, pp. 294-301 (FRLANT, 6).

[21] VON GALL, A. ΒΑΣΙΛΕΙΑ, pp. 214-257, 291, 374-377.

O messianismo nos apócrifos e pseudepígrafos do Antigo Testamento

reconstituição de von Gall, os apócrifos e os pseudepígrafos, em geral não-messiânicos e às vezes messiânicos respectivamente, correspondem a uma ênfase veterotestamentária dual no Reino de Deus e no Reino do Messias, respectivamente; e, nos períodos grego e romano, exatamente como sob os persas, o tema do Reino de Deus foi o mais importante.

Como a referência ao livro da Sabedoria sugere, nos apócrifos, o silêncio sobre o messianismo é, na verdade, acompanhado de uma vívida descrição do Deus de Israel como herói. Fora da Sabedoria de Salomão, essa combinação é especialmente perceptível no substancial grupo de livros principalmente em prosa e principalmente narrativos: *3 Esdras*, as adições gregas a Ester e Daniel, Tobias, Judite, 1-2 Macabeus e (com uma proporção menor de prosa) Baruc e a Carta de Jeremias. A avaliação de seu silêncio ou quase-silêncio sobre o messianismo é, na verdade, influenciada por seu caráter narrativo. Não devemos esperar que as expectativas messiânicas sejam mencionadas sem rodeios em narrativas históricas em prosa que sigam o modelo bíblico; na prosa bíblica, o material diretamente messiânico encontra-se quase todo em profecias ou salmos inseridos na narrativa, como é o caso do cântico de Ana e das profecias de Jacó e Balaão no Pentateuco. Entretanto, acontece que, embora realmente expressem esperanças de redenção nacional, mesmo os poemas e orações dessas narrativas apócrifas costumam enfatizar o Reino de Deus, e não o Reino do Messias.

Os livros narrativos dão motivo à expressão de esperanças redentoras, acima de tudo porque suas figuras principais têm características semelhantes às dos profetas e mártires. Essas características são óbvias em Daniel e os três jovens e em Eleazar e os sete irmãos e sua mãe (2Mc 6–7); contudo, estão também em Tobias, em que Tobit foge da perseguição e sofre a perda de todos os bens, mas volta quando os tempos melhoram (1,19-20; 2,8) e, antes de morrer, profetiza a glorificação de Jerusalém. Baruc fala profeticamente da consolação de Jerusalém na festa da Colheita. Mardoqueu e Ester associam-se, até certo ponto, com os mártires, pois o Ester grego explica a arriscada negativa de Mardoqueu de curvar-se a Amã como recusa característica dos zelotas de reverenciar o homem em vez de Deus (4,17d-17e) e ela arrisca a vida e sofre uma agonia de medo mortal (4,17k–5,2). Temas de martírio aparecem também em Judite, em que são temidas a destruição do Templo e a imposição do culto ao soberano (3,8; 6,2). Às figuras de mártires das narrativas em prosa devemos, naturalmente, acrescentar o justo

Parte III • O Messias no judaísmo pós-bíblico e no Novo Testamento

sofredor, cuja tribulação e justificação são vividamente descritas em um livro que segue a tradição em verso da literatura sapiencial bíblica (Sb 1–5).

Nesses livros, as profecias tratam, acima de tudo, da colheita e da vingança divina, consideradas vitória contra ídolos e inimigos terrenos. Assim, em Ester, Judite, Tobias e 1-2 Macabeus é enfatizada a derrota dos inimigos de Israel — persas, assírios ou gregos. As orações e profecias nas narrativas seguem esse exemplo e, com freqüência, refletem a influência das descrições de uma divindade guerreira nos dois Cânticos de Moisés. No Ester grego, Mardoqueu e Ester rezam a Deus como rei e vencedor de ídolos, em palavras que ecoam os salmos de entronização e o cântico maior de Moisés em Dt 32 (ver 4,17f [Senhor Deus, Rei, Deus de Abraão; cf. Sl 47,7-10], 4,17r [Rei dos deuses; cf. Sl 95,3], 4,17x [Tua serva... nem bebeu o vinho das libações; cf. Dt 32,38]). De modo semelhante, a oração e o cântico de ação de graças de Judite (9,7; 16,3) repercutem Sl 76,4 sobre o Senhor que interrompe a batalha como um rei guerreiro em Sião (comparar também Sl 46,10); e, na ação de graças (Jt 16,2-17), essa idéia leva a uma passagem que repercute o Sl 96 e Ex 15 e termina com uma maldição contra as nações, pois "o Senhor Todo-poderoso as punirá no dia do juízo. Porá fogo e vermes em suas carnes" (comparar Dt 32,41-43; Is 66,14-16.24). À ação de graças de Judite, segue-se imediatamente uma dedicação a Deus dos despojos de Holofernes em Jerusalém (Jt 16,18-20), e essa passagem encerra uma importante série de alusões ao tema da Sião bíblica; Judite reza pela defesa do santuário (9,8-13) e defende "a exaltação de Jerusalém" (10,8; 13,4; 15,9).

Tobit profetiza a colheita e o fim da idolatria (Tb 13–14), mais uma vez com repetida ênfase no Reino de Deus em sua oração (Tb 13,1.6.7.10.11.15), e agora com um discurso para Jerusalém (a partir de 13,9). Baruc 4–5 combina ecos de Dt 32, sobre a idolatria de Israel e o futuro castigo das nações, com uma apóstrofe a Jerusalém sobre a colheita, o que ecoa Is 60. Novamente, a plantação no lugar santo (Ex 15,17) e a vingança contra as nações opressoras são os temas principais da oração de Jerusalém em 2Mc 1,25-29, que podem ser interpretados como antecedentes das Dezoito Bênçãos. Por último, a vingança divina contra os opressores é analisada em Sb 1–5 no contexto de uma esperança de imortalidade (3,4). Em Sb 3,1-9, inclui uma "visita" de eleitos (comparar Gn 50,24-25; Is 10,3; Sl 106,4-5 [LXX: "visita-nos"]; Eclo 35,17-19; 1Qs 3,14; 4,18-19; *AssMo.* 1,18); e em Sb 5,15-23 estão protegidos na vitória do julgamento universal do guerreiro divino (comparar Is 59,16-19, como mencionamos anteriormente).

Colheita para Sião e vingança dos opressores subentendem, já se vê, um líder messiânico, como nas colheitas explicitamente messiânicas descritas mais tarde em *SlSal* 17,26; 42-44 e 2 Esd (*4 Esd.*) 13,39-40; em todos esses casos, o evento ainda é apresentado enfaticamente como obra de Deus. É esse líder posto de parte pela ênfase exclusiva no Reino de Deus nessas passagens dos apócrifos, com seus ecos dos salmos de entronização, do Trito-Isaías sobre Sião e dos dois Cânticos de Moisés?

A resposta "sim" não é tão clara como talvez se suponha. Primeiro, como já mencionamos, o "vazio messianológico" em si não é, de modo algum, invulnerável. Não se trata de séculos sem um momento de esperança messiânica. Os textos apócrifos que acabamos de considerar são contemporâneos de outros em que a esperança messiânica está explícita, inclusive o Pentateuco e os profetas da LXX. Segundo, algumas das passagens bíblicas teocêntricas adotadas nos textos apócrifos eram elas mesmas interpretadas de formas consonantes com a esperança messiânica. Assim, os hinos ao guerreiro divino que foram postos na boca de Moisés, em Ex 15 e Dt 32, haviam-se tornado parte de uma narrativa de êxodo na qual não só o rei divino, mas também o governante terreno de Israel, Moisés, eram de grande importância. De modo semelhante, as profecias de Sião do Trito-Isaías incluíram, durante o período persa, o oráculo de um redentor para Sião, logo em seguida à descrição do guerreiro divino adotada em Sb 5 (Is 59,20); no século II, também eram interpretados como incluindo outro oráculo de um salvador (LXX: Is 62,11).[22] Comparavelmente, a descrição do vingador divino, em Is 63,1-6, foi imediatamente seguida por uma oração voltada para Sião (63,7–64,11) na qual a idéia da redenção exclusivamente por Deus veio a ser expressa novamente com intensidade (Is 63,9, LXX: "não foi um mensageiro ou um anjo, mas o próprio Senhor que nos salvou", o que antecipa uma fórmula rabínica bem conhecida da Hagadá pascal); mas, nessa oração, o êxodo, a paradigmática redenção de outrora, também envolve de maneira explícita Moisés, o "pastor" (Is 63,11). Terceiro, as passagens nas quais se diz que o próprio Deus combate as batalhas de Israel não excluem as figuras de Moisés e um anjo, Josué, o rei ou Judas Macabeu e um anjo (Ex 14,14; Js 10,14; Sl 20,7-10; 2Mc 11,8-10). O mes-

---

[22] Sobre o "redentor", ver ROFÉ, A. "Isaiah 59,19 and Trito-Isaiah's Vision of Redemption". In: VERMEYLEN, J., org. *The Book of Isaiah, Le Livre d'Isaïe: Les Oracles et Leurs Relectures, Unité et Complexité de l'Ouvrage.* Leuven, Peeters, 1989, pp. 407-410 (BETL, 81).

PARTE III • O Messias no judaísmo pós-bíblico e no Novo Testamento

mo é verdade a respeito da *Regra da Guerra*, em uma passagem (1QM 11,1-7) que conclui: "Pois a batalha é tua! E é de ti que vem a potência, e não de nosso ser. Não é nossa força nem o vigor de nossas mãos quem opera as proezas, salvo por tua grande força e por tuas grandes ações poderosas. Assim no-lo ensinaste desde antigamente: Uma estrela sairá de Jacó [...]." Aqui a ação de Deus é precisamente o envio do Messias, o astro procedente de Jacó (Nm 24,17).

Em suma, portanto, as orações e predições nos apócrifos que acabam de ser considerados mostram que a redenção e o julgamento são imaginados satisfatoriamente quando nos concentramos na descrição do próprio Deus como o herói; mas dificilmente mostram que um líder messiânico estava excluído. Na verdade, não parece improvável que se acreditasse que a redenção divina subentendia a liderança humana da espécie descrita como arquétipo nas narrativas do êxodo no Pentateuco.

Até aqui, o silêncio dos apócrifos sobre o messianismo exigiu atenção com a teoria de um "vazio messianológico" em vista. Entretanto, em no mínimo três desses livros, o silêncio é menos que total. Em seguida, examinaremos *4 Esdras*, com os pseudepígrafos. Os outros dois livros em questão, Eclesiástico e 1 Macabeus, estão entre os mais influentes de todos os apócrifos. As passagens relevantes devem ser consideradas no contexto da exaltação dos governantes judaicos, nesses e em outros livros apócrifos. Naturalmente, o próprio Ben Sirac glorifica Moisés, Aarão e Finéias, sem esquecer Davi, Salomão, os reis justos e Zorobabel (45,1-26; 47,1-22; 48,17–49,4.11), e Simão, o sumo sacerdote de sua época (50,1-21); mas, de modo semelhante, *3 Esdras* reverencia Esdras "o sumo sacerdote" (9,40), bem como os davídicos Josias e Zorobabel (1,32; 4,13; 5,5-6); em Judite, o sumo sacerdote Joaquim ocupa uma posição fundamental (4,6-15; 15,8) e, em 2 Macabeus, o sumo sacerdote Onias tem os atributos de um santo, representados em lenda e em visão (3,1-36; 15,12-15). Os encômios dos governantes sacerdotais macabaicos, em 1 Macabeus, são mencionados adiante. Em Sabedoria, o louvor sumo sacerdotal surge novamente nos versículos sobre Aarão, o servo irrepreensível de Deus que deteve a cólera, paramentado de glória cósmica, "pois em sua veste talar estava o mundo inteiro" (18,20-25), e a apresentação do rei Salomão e de uma série de líderes israelitas inspirados pela sabedoria celeste (Sb 7–10) é implicitamente messiânica, tendo em vista que sugere que, no futuro, Israel ainda pode ser similarmente abençoado.

Todos esses livros refletem a glória do sumo sacerdote, como a que foi contemplada no período do Segundo Templo, mas, no Eclesiástico, em *3 Esdras* e no livro da Sabedoria, o esplendor da monarquia davídica também está evidente. Assim, não nos surpreende que Davi tenha lugar no elogio dos antepassados, no Eclesiástico; mas, em vista da forte devoção do autor à dignidade do sumo sacerdote, é notável que Davi e sua aliança sejam mencionados três vezes.[23] Primeiro, Ben Sirac procede como seria de esperar de Moisés e Aarão a Finéias; mas então (45,25) encaixa uma referência à aliança com Davi, depois da referência à aliança com Levi e Finéias, e antes de prosseguir para Josué. O texto hebraico preservado em um fragmento bodleiano do MS B da Genizá traduz-se nos versos a seguir, à luz do grego do neto:

E há também uma aliança com Davi, filho de Jessé, da tribo de Judá;

a herança de um Homem [o rei] é só para seu filho, a herança de Aarão é também para sua descendência.[24]

Expressa de maneira brusca, essa passagem parece louvar a aliança levítica de origem sacerdotal, através de Finéias, por meio de uma comparação ou contraste com a aliança da sucessão davídica, como sugerem as versões grega e siríaca. Sua situação e seu fraseado são provavelmente influenciados por Jr 33,17-22, comparação das alianças de Levi e de Davi, e por uma das passagens com promessas de que nunca deixaria de existir um "descendente" para sentar-se no trono de Davi.[25] Em todo caso, sua presença quando o contexto não a exigia suge-

---

[23] A respeito desse contexto, ver Martin, J. D. "Ben Sira's Hymn to the Fathers: a Messianic Perspective". In: Van der Woude, A. S., org. *Crises and Perspectives*. Leiden, E. J. Brill, 1986, pp. 107-123 (OTS, 24). O verso "Louvor àquele que faz o poder florescer para a casa de Davi", no salmo hebraico de quinze versículos encontrado em duas folhas de Cambridge do MS B de Genizá, segundo Eclo 51,12 (Beentjes, P. C. *The Book of Ben Sira in Hebrew*. Leiden, E. J. Brill, 1997, pp. 92-93 [VTSup, 58]), não está considerado aqui; para esse autor, a ausência neles da versão do neto prevalece sobre a defesa da autenticidade desses versículos (Segal, M. Z. [H.] *Sepher Ben Sira ha-shalem*. 2. ed. Jerusalem, Bialik Institute, 1958, p. 352).

[24] Indicando *'iš* com R. Smend e emendando para *lbnw lbdw* com I. Lévi, ambos citados em Segal, *Ben Sira*, p. 316; para o texto, ver Cowley, A. E. & Neubauer, Ad., orgs. *The Original Hebrew of a Portion of Ecclesiasticus (xxxix. 15 to xlix. 11), together with the Early Versions and an English Translation, followed by the Quotations from Ben Sira in Rabbinical Literature*. Oxford, Clarendon Press, 1897, pp. 28-29, com tradução inglesa, ou Beentjes, *Ben Sira*, p. 81.

[25] Sobre o "descendente" régio em Eclo 45,25 e outros textos, ver Horbury, W. "The Messianic Associations of 'the Son of Man' ". *JTS* ns 36, 1985, pp. 34-55 (51); sobre Davi e sua descendência, aos quais foi concedida a aliança da realeza, ver a interpretação de Gn 49,10 em 4Q252 (Vermes, G. *The Complete Dead Sea Scrolls in English*. London, Allen Lane, 1997, p. 463), citado na nota 44.

PARTE III • O Messias no judaísmo pós-bíblico e no Novo Testamento

re a importância duradoura da tradição e da esperança davídicas, mesmo quando o sumo sacerdote é a figura contemporânea suprema; não haveria nenhum elogio ao sacerdócio nesse contraste ou comparação se a aliança davídica não gozasse de grande prestígio e expectativa de continuidade.

Comparavelmente, a passagem dedicada a Davi em separado, no elogio dos antepassados (47,1-11), alonga-se, como o Sl 151, na força dada por Deus de suas façanhas juvenis e termina com uma referência a seu trono real sobre Jerusalém; adotando uma imagem com um lugar firme nos oráculos dinásticos davídicos (1Sm 2,10 etc.), Ben Sirac conclui que Deus "elevou seu poder para sempre".[26] À luz da passagem anterior, não há necessidade de minimizar esse "para sempre", como fazem algumas vezes. A grande reverência de Ben Sirac pelo sumo sacerdote Simão não precisa subentender que ele julgava estar a linhagem real agora subsumida no sumo sacerdócio, para nunca mais reviver de forma independente.[27] Pelo contrário, depois de fazer seu relato de Salomão, ele expressa no fim de 47,22, em um verso do qual só algumas letras estão preservadas em hebraico, a expectativa de que, pela misericórdia divina, haja um "resto" para Jacó e uma "raiz" para Davi. M. H. Segal identificou aqui uma alusão à profecia citada em Rm 15,12 como testemunho de um rei messiânico dos gentios, Is 11,10 (cf. 1): "Surgirá o rebento de Jessé, aquele que se levanta para reger as nações".[28] Essa

---

[26] A respeito do poder nos oráculos davídicos e nessa passagem, ver DULING, D. C. "The Promises to David and their Entrance into Christianity: Nailing down a Likely Hypothesis". *NTS* 20, 1973, pp. 55-77 (58, 62).

[27] Ver uma interpretação que minimiza esses versículos em COLLINS, J. J. "Messianism in the Maccabean Period". In: NEUSNER, J.; GREEN, W. S. & FRERICHS, E. S., orgs. *Judaisms and their Messiahs at the Turn of the Christian Era*. Cambridge, Cambridge University Press, 1987, pp. 97-109 (98); idem, *Scepter*, pp. 33-34; POMYKALA, K. E. *The Davidic Dynasty Tradition in Early Judaism: Its History and Significance for Messianism*. Atlanta, Scholars Press, 1995, pp. 131-145. OEGEMA, G. S. *Der Gesalbte und sein Volk: Untersuchungen zum Konzeptualisierungsprozess der messianischen Erwartungen von den Makkabäern bis Bar Koziba*. Göttingen, Vandenhoeck & Ruprecht, 1994, pp. 50-56 (Schriften des Institutum Jadaicum Delitzschianum, 2), sem discussão especial dos textos considerados aqui, julga igualmente que os reis são apenas autoridades passadas para Ben Sirac, que não tem esperança messiânica e tende antes a "messianizar" o sumo sacerdote Simão. LAATO, A. *A Star is Rising: The Historical Development of the Old Testament Royal Ideology and the Rise of the Jewish Messianic Expectations*. Atlanta, Scholars Press, 1997, pp. 242-247 (University of South Florida International Studies in Formative Christianity and Judaism, 5), discorda dessa opinião, com argumentos que coincidem em parte com os apresentados anteriormente.

[28] SEGAL, *Ben Sira*, p. 329; sobre essa e outras alusões às promessas davídicas em Eclo 47,22, ver também DULING, "Promises", pp. 61-62. A alusão em Isaías é ignorada por POMYKALA, *The Davidic Dynasty Tradition*, pp. 145-147 (que nega haver algum aspecto messiânico em 47,22).

identificação é fortalecida pelo fato de Is 11,1-10 continuar os oráculos de 10,20-34, iniciados com a promessa da volta do "resto de Jacó" (10,20-21), que também ressoa em Eclo 47,22, e estão, eles mesmos, na seqüência do oráculo do Príncipe-da-paz no trono de Davi (Is 9,6-7). A combinação comparável do "trono de Davi" (Is 9,7) com "a casa de Jacó" (Is 10,20) ocorre na promessa davídica de Lc 1,33. A associação dos oráculos davídicos de Is 9 e 11 com a "casa" e o "resto" de Jacó, em Is 10, foi também auxiliada pela interpretação davídica da bênção de Jacó em Gn 49,9-10. Isso era comum antes e também depois da época de Ben Sirac, como demonstra o Pentateuco da LXX; comparar 4Q252, sobre Gn 49,10, e a aliança davídica de realeza (ver a nota 25) com Gn 49,9 na LXX: "do rebento, filho, tu subiste", que alude a Is 11,1.[29]

No pano de fundo das passagens davídicas no Eclesiástico, é possível então contemplar a combinação do rico material narrativo a respeito de Davi (até mesmo seu desenvolvimento fora do cânon hebraico, no Sl 151) com oráculos davídicos proféticos, principalmente os atribuídos a Natã e Isaías, e, provavelmente, também com uma interpretação davídica da profecia que Jacó fez de reis descendentes de Judá. O uso triplo que Ben Sirac faz desse material, em uma atmosfera levítica que seria de esperar abafasse a alusão davídica, tem uma ênfase na sucessão e na esperança suficientemente forte e consistente para merecer o adjetivo "messiânico".

É possível comparar essas passagens do Eclesiástico com a referência ao trono eterno de Davi feita talvez quase um século mais tarde em 1Mc 2,57. Mais uma vez, o cenário imediato da referência é sacerdotal, neste caso as últimas palavras do sacerdote Matatias, patriarca da linhagem asmonéia. Ao mesmo tempo, portanto, a atmosfera circundante é a do louvor cortesão feito à dinastia reinante. Em 1 Macabeus, a casa macabéia é a "estirpe desses homens aos quais fora dado libertar (σωτηρία) Israel" (1Mc 5,62). Poemas aretológicos reverenciam Judas Macabeu como verdadeiro leão de Judá, para salvar Israel (1Mc 3,3-9; 9,21), e Simão Macabeu em seus "títulos de glória" (14,4-15). Assim, os governantes têm parte do esplendor do que, em sentido amplo, podemos chamar de messianismo realizado; mas é provável que esperanças futuras permaneçam importantes entre os judeus em geral, como J. A. Goldstein enfatizou, e parece possível que mesmo nesse louvor cortesão tais esperanças encontrem mais refle-

---

[29] HORBURY, *Jewish Messianism and the Cult of Christ*, p. 50.

PARTE III • O Messias no judaísmo pós-bíblico e no Novo Testamento

xo do que sugere o perfil de propaganda macabéia esboçado por Goldstein.[30] Assim, "ao salvar Israel", Judas Macabeu ainda reza a Deus como salvador de Israel (1Mc 4,30), e os hinos em louvor de Judas e Simão ainda deixam espaço para a libertação divina futura. De modo semelhante, a oração de 2Mc 2,17-18, que afirma ter sido por meio dos macabeus que Deus "a todos restituiu a herança, a realeza, o sacerdócio e a santificação", conforme prometido em Ex 19,6 na LXX, ainda procura uma colheita futura no lugar santo e confirma que a organização asmonéia não era considerada a realização total das promessas divinas.

Nas últimas palavras de Matatias (1Mc 2,49-70), sua lista de exemplos para os filhos inclui não só "Finéias, nosso pai", como seria de esperar de um sacerdote, mas também Davi, que, "pela sua bondade, herdou o trono de um reino eterno" (εἰς αἰῶνας, 2,57). Aqui "bondade" parece se referir às boas façanhas de Davi, provavelmente como no apelo a seu "amor", no final da prece de Salomão em 2 Crônicas (6,42). O "trono de um reino eterno" ecoa a promessa de 2Sm 7,13: "Estabelecerei para sempre o seu trono" (comparar 2Sm 7,16; 1Cr 17,12.14; Is 9,7). Ouve-se um eco similar dessa promessa e de Is 9,7 em Lc 1,33 (já mencionado em ligação com Eclo 47,22): "O Senhor Deus lhe dará o trono de Davi, seu pai; ele reinará na casa de Jacó para sempre". No discurso de Matatias, "eterno" não precisa ser tomado em sentido pleno, como muitas vezes é enfatizado, mas a presença da frase sugere que o autor ou redator não anulou o potencial especificamente messiânico da referência davídica. De modo semelhante, embora a ênfase aqui colocada nas boas ações de Davi harmonize-se com a apresentação em 1 Macabeus das realizações asmonéias como davídicas, também assimila o Davi passado ao esperado futuro filho de Davi. Assim, no Isaías da LXX, talvez também da época macabéia, a descrição do Messias davídico como príncipe da paz é mais salientada (Is 9,5-6, na LXX); e nos *Salmos de Salomão*, quase no fim do período asmoneu, a virtude do futuro filho de Davi é descrita com intensidade (*SalSal* 17,32-37, mencionado mais adiante).[31] No contexto das últimas palavras

---

[30] GOLDSTEIN, J. A. "How the Authors of 1 and 2 Maccabees Treated the 'Messianic' Promises". In: NEUSNER; GREEN; FRERICHS, orgs., *Judaisms and Their Messiahs*, pp. 69-96, em especial 69-81, seguido essencialmente sobre 1Mc 2,57 por POMYKALA, *The Davidic Dynasty Tradition*, pp. 152-159; ver o dissentimento em LAATO, *Star*, pp. 275-279.

[31] A forma da LXX para Is 9,6-7 é associada à expectativa davídica macabéia por HANHART, R. "Die Septuaginta als Interpretation und Aktualisierung: Jesaja 9: 1 (8:23)-7(6)". In: ROFÉ, A. & ZAKOVITCH, Y., orgs. *Isac Leo Seeligmann Volume*. III. Jerusalem, E. Rubinstein, 1983, pp. 331-346 (345-346).

de Matatias, então, essa sentença sobre Davi não tem nenhuma ênfase messiânica especial; mas sua presença mostra que uma tradição com claro aspecto messiânico era comum e podia ser usada, apesar das lealdades macabéias.

No Eclesiástico e também em 1 Macabeus, portanto, o autor, que parece ser sólido defensor das autoridades atuais da Judéia, acha natural aludir não apenas a Davi, mas às promessas concernentes a seu trono e a sua linhagem. Essas referências relativamente superficiais são, portanto, testemunho admirável da força do messianismo como parte da tradição bíblica. Inferência semelhante é tirada do messianismo do Pentateuco da LXX, documento usado em ambientes onde os judeus estavam profundamente conscientes da importância da lealdade aos governantes. A análise do Eclesiástico e também de 1 Macabeus por críticos preocupados com o messianismo, contudo, tem dado ênfase, naturalmente, a circunstâncias políticas que inibem a interpretação messiânica das referências ao trono e à linhagem de Davi, e, de acordo com isso, o Eclesiástico e 1 Macabeus são, às vezes, colocados no "vazio messianológico". Na análise ora apresentada, ao contrário, procuramos mostrar quanto, em ambos os casos, foi deduzido do desenvolvimento messiânico das promessas davídicas bíblicas. O messianismo requeria a interação entre a tradição enraizada na Bíblia e a situação política externa; mas as raízes da tradição nos livros bíblicos e sua interpretação aceita eram amplas e profundas, como demonstram a LXX e, mais tarde, os Targumin. Portanto, o messianismo teve uma vida na mentalidade comum, independentemente das circunstâncias especiais que podiam encorajá-lo ou desencorajá-lo. Finalmente, é admirável que o Eclesiástico e 1 Macabeus, os livros nos quais foi pesquisado um reflexo da tradição messiânica, sejam improváveis representantes de uma opinião marginal; esses são, talvez, os dois livros apócrifos mais claramente estimados entre os judeus e também entre os cristãos na antigüidade.[32]

---

[32] A respeito do uso judaico do Eclesiástico em hebraico, ver COWLEY & NEUBAUER, orgs., *Portion*, pp. ix-xii, xix-xxx (que reúne citações); a respeito de 1 Macabeus em hebraico, Orígenes, em EUSÉBIO, *Hist. Eccles.* 6,25,2, citado anteriormente (que se refere a uma lista judaica de livros na qual Macabeus é um livro "de fora", com título em linguagem semítica); JERÔNIMO, prólogo aos livros de Reis, já citado: "encontrei o primeiro livro dos Macabeus em hebraico" (WEBER, *Biblia Sacra*, I, p. 365).

PARTE III • O Messias no judaísmo pós-bíblico e no Novo Testamento

Os pseudepígrafos e a diversidade do messianismo

Por outro lado, como já mencionamos, os pseudepígrafos são, em essência, os livros ligados ao Antigo Testamento, que a tradição cristã pôs em dúvida ou desaprovou. Entretanto, a desaprovação subentendia interesse, e não falta dele, como já vimos quanto ao Egito cristão; uma coexistência semelhante de desaprovação e de interesse é conjeturada na opinião judaica mais primitiva, na época da cópia dos textos pseudepígrafos depositados em Qumrã. O uso moderno associa a esses livros algumas obras comparáveis que são judaicas sob pseudônimos gentios, das quais só os *Oráculos sibilinos* são mencionados aqui, e alguns outros livros associados à Escritura que se tornaram conhecidos graças a descobertas de MSS, principalmente em Qumrã.[33]

Para mencionar os pseudepígrafos mais primitivos em ordem cronológica, as partes pré-macabéias do terceiro livro sibilino e de *1 Henoc* incluem algum material possivelmente do século III. O *Testamento de Caat*, do qual são conhecidos fragmentos encontrados em Qumrã, é do século III ou antes, segundo a datação por radiocarbono (1990).[34] Esse resultado surpreendente apóia outras considerações que sugerem que grande parte da Bíblia expandida atestada em textos de Qumrã e em livros como Baruc talvez se origine do início do período grego. Assim, *Jubileus*, possivelmente também o *Apócrifo do Gênesis* e os salmos extracanônicos — entre os quais pelo menos o Sl 151 alcançou posição quase canônica — originam-se do século II, e esse pode ser o caso do *Rolo do Templo* e do fragmentário *Segundo Ezequiel* de Qumrã, mas, ainda assim, datas mais primitivas não são impossíveis para todas essas fontes. Os *Testamentos dos Doze Patriarcas* são conhecidos fundamentalmente pela transmissão cristã, mas é provável que sua base seja do século II a.C., pois grande parte da obra harmoniza-se com circunstâncias asmonéias. *3 Macabeus* é, provavelmente, do século II a.C., embora com freqüência lhe seja atribuída uma datação muito mais tardia. O poema conhecido como *Apocalipse messiânico* (4Q521) é o mais tardar da primeira parte do século I a.C., e os *Salmos de Salomão*, que também aludem ao tema messiânico,

---

[33] Sobre a data e a confirmação dos livros mencionados em seguida, ver, em especial, SCHÜRER, E., revisado por VERMES, G. & GOODMAN, M. D. in SCHÜRER, E. *Geschichte* (ET, revisada por VERMES, G. *et alii, History*, III, pp. 1-2; VERMES, *Complete Dead Sea Scrolls*).

[34] VERMES, *Complete Dead Sea Scrolls*, pp. 13, 532.

O messianismo nos apócrifos e pseudepígrafos do Antigo Testamento

são de meados do século I a.C. As *Antigüidades bíblicas* do Pseudo-Fílon têm semelhança com as *Antigüidades* de Josefo, o que está entre os aspectos que sugerem uma data herodiana tardia, mas podem, alternativamente, indicar uma fonte comum em paráfrases bíblicas mais antigas.

Entre os escritos que discorrem longamente sobre determinado aspecto ou episódio bíblico, *José e Asená* e *Janes e Jambres* são provavelmente do Egito ptolemaico, e a *Oração de José* e o *Testamento de Jó* costumam ser datados da época das origens cristãs, mas podem ser mais antigos; *4 Macabeus* e os *Paralipômenos de Jeremias* são, talvez, do fim do século I d.C. Entre as obras que, em sentido amplo, podem ser chamadas profecias, as *Parábolas de Henoc* (*1Hen* 37–71) têm data controversa, mas podem, com razoável probabilidade (cf. cap. 56), ser atribuídas ao período herodiano; a *Assunção de Moisés* é herodiana, mas de algum tempo depois da morte de Herodes Magno, o fragmentariamente atestado *Eldad e Medad* é, provavelmente, anterior à época das origens cristãs, e diversos escritos refletem o impacto da destruição de Jerusalém por Tito — o quarto e o quinto livros sibilinos, o *Apocalipse de Baruc* siríaco (*2 Baruc*) e talvez também o *Apocalipse de Abraão*, embora este possa ser mais primitivo. Fora da categoria dos pseudepígrafos, *4 Esdras* e o Apocalipse devem ser analisados com esse grupo de apocalipses.

Finalmente, algumas obras mais cristianizadas, como a *Vida de Adão e Eva*, *2 Henoc* sobre Melquisedec e o *Apocalipse de Baruc* grego, incluem certamente material judaico contemporâneo aos escritos mencionados até aqui. Os escritos pseudepigráficos conhecidos pela transmissão ou citação cristã que agora também são atestados pelas descobertas do Mar Morto incluem *1 Henoc*, exceto os caps. 37–71 (aramaico), *Jubileus* (hebraico), *Segundo Ezequiel* (hebraico), e fragmentos dos *Testamentos de Levi* (aramaico) e *Neftali* (hebraico), que se relacionam com os *Testamentos dos Doze Patriarcas*. Como acontece com os apócrifos, os livros atestados nessas descobertas devem todos ser antigos, provavelmente pré-macabaicos.

Portanto, a série de pseudepígrafos começa o mais tardar no século III a.C., e é considerável no século II, porém tem mais material do período herodiano e posterior à destruição romana de Jerusalém do que é o caso dos apócrifos. Contudo, os livros apócrifos do período grego são contemporâneos de uma literatura pseudepigráfica muito vasta que contribui para uma Bíblia reescrita e ampliada; na verdade, a Bíblia pressuposta nos livros apócrifos foi provavelmente entendi-

Rei e Messias em Israel e no antigo Oriente Próximo

da com freqüência da maneira atestada nos pseudepígrafos. Por não receberem aprovação, as obras classificadas como pseudepígrafos são provavelmente as que parecem suplantar os livros do cânon hebraico, ou por reescreverem o texto, ou por apresentarem novas revelações. Conseqüentemente, os pseudepígrafos incluem *Jubileus* e seus congêneres, o *Ezequiel* apócrifo e toda a série de apocalipses judaicos a partir de *1 Henoc*, com a meia exceção de *4 Esdras*; é provável que a data relativamente tardia de muitos apocalipses também trabalhe contra eles.

O processo de rejeição já parece refletir-se em *4 Esdras*. Aqui, livros como os pseudepígrafos são defendidos pelo que redunda em um ataque ao prestígio dos vinte e quatro livros "públicos", por meio da teoria de uma dupla revelação a Moisés, como a expressa mais tarde, a fim de validar a Torá oral; nos setenta livros adicionais reservados para os sábios, está a verdadeira fonte de compreensão e conhecimento (*4Esd* 14,45-48; cf. 14,5-6).[35] O uso sério que os leitores cristãos fazem dos pseudepígrafos, apesar de toda desaprovação, é ilustrado por Orígenes a respeito da Oração de José (Orígenes, *José* 2,186-192 [31], sobre Jo 1,6) e por um pedido, provavelmente do início do século IV, de empréstimo de "Esdras" (provavelmente *4 Esdras*), em troca do empréstimo de *Jubileus*, agora documentado em uma carta em papiro.[36]

Os pseudepígrafos que atestam o messianismo em particular incluem, como já mencionamos, os *Testamentos dos Doze Patriarcas*, no século II a.C., os *Salmos de Salomão* e partes relevantes do terceiro livro sibilino, no século I a.C., e uma série de apocalipses que se estendem por todo o período herodiano e além dele, em especial as Parábolas de Henoc, os apocalipses de Esdras (*4Esd* 3–14) e de Baruc (*2 Baruc*, o *Apocalipse de Baruc* siríaco) e o quinto livro sibilino.[37]

---

[35] STONE, M. E. *Fourth Ezra*. Minneapolis, Fortress Press, 1990, pp. 418-419, 444 (Hermeneia), compara passagens bíblicas e extra-bíblicas ligadas a essa teoria ou que a refletem, inclusive Dt 29,28, *2Br* 59,4-11 e *Lev. R.* 26,7; para especificação da Mixná e outras tradições reveladas a Moisés no Sinai, ver, por exemplo, *Lev. R.* 22,1, que cita Josué ben Levi sobre Dt 9,10.

[36] BAMMEL, E. "Die Zitate aus den Apokryphen bei Origenes". In: BAMMEL, E. (org. P. Pilhofer). *Judaica et Paulina: Kleine Schriften*, II. Tübingen, J. C. B. Mohr (Paul Siebeck), 1997, pp. 161-167; reimpresso de DALY, R. J., org. *Origeniana Quinta*. Leuven, Peeters, 1991, pp. 131-136 (BETL, 105); HAGEDORN, D. A. "Die 'Kleine Genesis' in P. Oxy. LXIII 4365". *ZPE* 116, 1997, pp. 147-148.

[37] Ver uma análise de seu messianismo principalmente em CHESTER, Andrew. "Jewish Messianic Expectations and Mediatorial Figures and Pauline Christology". In: HENGEL, M. & HECKEL, U., orgs. *Paulus und das antike Judentum*. Tübingen, J. C. B. Mohr (Paul Siebeck), 1991, pp. 17-89 (27-37), e "The Parting of the Ways: Eschatology and Messianic Hope". In: DUNN, J. D. G., org. *Jews and Christians: The Parting of the Ways AD 70 to 135*. Tübingen, J. C. B. Mohr (Paul Siebeck), 1992, pp. 239-313 (239-252) (literatura).

O messianismo nos apócrifos e pseudepígrafos do Antigo Testamento

Esses livros são foco da ênfase erudita generalizada a respeito da diversidade da esperança messiânica. Com referência aos textos de Qumrã e pseudepígrafos, Morton Smith chamou a atenção para a série de posições sugeridas pelo silêncio a respeito do messianismo, do messianismo dual (como nos *Testamentos dos Doze Patriarcas*) e da concentração em uma única figura; ele também observou o que descreveu como grau ainda maior de expectativa escatológica em geral, por exemplo, nas várias seções de *1 Henoc*.[38] De modo semelhante, A. Hultgård julga que a diversidade é tão grande que a concepção messiânica de cada documento deve ser considerada em separado; mas ele também relaciona alguns aspectos comuns.[39] Anteriormente, W. Bousset havia separado e comparado o que julgou serem duas descrições messiânicas muito diferentes: a de um governante humano, nos *Salmos de Salomão*, e a de um herói sobre-humano, nos apocalipses atribuídos a Henoc, Esdras e Baruc.[40] Essa separação exemplifica uma freqüente distinção entre figuras messiânicas humanas e sobre-humanas, embora também possamos acrescentar que, em muitas fontes, as características das duas figuras se fundem.[41] Uma separação parecida, embora ordenada de maneira diferente, é, nessa conformidade, empregada por J. J. Collins para descrever o Messias davídico, com referência especial aos *Salmos de Salomão*, por um lado, e ao rei salvador celeste com características de Dn 7, por outro; em contraste com a apresentação de Bousset, os apocalipses herodianos, em dívida com a tradição davídica e com o Filho do Homem em Daniel, são, com razão, considerados em ambas as seções.[42]

Pode-se perceber alguma unidade na descrição messiânica dos pseudepígrafos? É de esperar que prolifere uma tradição viva de interpretação messiânica bíblica, como já discernimos por trás do Eclesiástico e de 1 Macabeus, mas sem perder toda a coerência. O depósito literário bíblico do círculo de idéias em torno da monarquia davídica forma um pano de fundo contra o qual se percebe, de fato, uma considerável unidade, como alguns estudiosos do messianismo

---

[38] SMITH, "What Is Implied?", pp. 162-166.

[39] HULTGÅRD, A. *L'eschatologie des Testaments des Douze Patriarches*. Uppsala, Almqvist & Wiksell, 1977, 1982, I, pp. 301, 323-335 (Acta Universitatis Upsaliensis, Historia Religionum, 6), 2 v.

[40] BOUSSET & GRESSMANN, *Religion*, pp. 228-230, 259-268.

[41] Assim MOWINCKEL, *Han som kommer*, pp. 185-189 (ET *He That Cometh*, pp. 280-286).

[42] COLLINS, *Scepter*, pp. 48-73, 173-194.

PARTE III • O Messias no judaísmo pós-bíblico e no Novo Testamento

assinalaram.[43] Aqui exemplificamos suscitamente três pontos em apoio desse entendimento.

Primeiro, uma nítida divisão entre expectativas davídicas e não-davídicas é desencorajada pelos sinais, nos pseudepígrafos, do hábito de ligar o Messias não apenas com Davi, mas com toda a linhagem de reis e governantes judaicos, incluindo os juízes. Um antecedente de importância especial é Gn 49,10, já citado; ao falar dos últimos dias, Jacó prevê uma sucessão de príncipes e chefes de Judá que não se afastarão enquanto não vier aquele a quem pertence o reino.[44] No fim do século I d.C., a interpretação da visão da nuvem em *2 Baruc* faz, de maneira correspondente, o Messias sentar-se no trono de seu reino (caps. 70–73), no clímax da série de bons governantes — Davi, Salomão, Ezequias e Josias (61, 63, 66). A ligação do Messias não apenas com Davi, mas com a linhagem de reis bons, surge de maneira diferente nas últimas palavras talvez aproximadamente contemporâneas atribuídas a Joanã ben Zaccai: "Estabelecei um trono para Ezequias, rei de Judá, que vem" (*Ber.* 28b); o Messias é considerado não apenas Davi, como em Ez 37,24-26, mas também um dos grandes herdeiros davídicos reformadores, o rei da época em que a Assíria foi derrotada.

A apresentação mais direta de uma sucessão régia que leve ao Messias, como em Gn 49,10, reaparece em *Antigüidades bíblicas* do Pseudo-Fílon, obra que tem alguns pontos de contato com *2 Baruc*.[45] Aqui, Cenez é apresentado como um dos reis e governantes mencionados na profecia de Jacó; em 21,5, Josué cita Gn 49,10: "Um príncipe (*princeps*) não se afastará de Judá, nem um líder

---

[43] Assim, de maneiras diferentes, H. Riesenfeld e M. A. Chevallier (ver HORBURY, *Jewish Messianism and the Cult of Christ*, p. 65) e LAATO, *Star*.

[44] Para essa interpretação, ver Peshitta ("da qual ela é"), *Targum Onkelos* ("o Messias, de quem é o reino"), *Targum dos Neófitos* e *Targum Fragmentário* (ambos: "O rei–Messias, de quem é o reino") partem da tradição da LXX ('ἕως ἐὰν ἔλθῃ ᾧ ἀπόκειται), talvez seguida por Símaco, e 4Q252, citado na n. 25 ("o Messias de justiça, o descendente de Davi, pois para ele e para seu descendente foi dada a aliança do reino de seu povo"); a ênfase da LXX principal ("até serem acumuladas as coisas para que ele venha") está na vinda do reino para Judá, e a sentença seguinte, "e ele é a expectativa das nações", remete, então, sem completa clareza, ao governante que nunca falha da primeira metade do versículo na LXX (HARL, M. *La Bible d'Alexandrie*, I. *La Genèse*. Paris, Cerf, 1986. *ad loc.*); o material é analisado por DRIVER, S. R. *The Book of Genesis*. London, Methuen, 1904, pp. 410-415, e PÉREZ FERNÁNDEZ, M. *Tradiciones mesiánicas en el Targum Palestinense*. Valencia & Jerusalem, Institución San Jerónimo, 1981, pp. 127-135.

[45] STONE, *Fourth Ezra*, pp. 39-40; BERGER, K. com FASSBECK, G. & REINHARD, H. *Synopse des Vierten Buches Esra und der Syrischen Baruch-Apokalypse*. Tübingen, Francke, 1992, pp. 4-5.

O messianismo nos apócrifos e pseudepígrafos do Antigo Testamento

(*dux*) de entre suas coxas", e, em 25,2, "o povo disse: 'Vamos estabelecer um líder (*dux*) [...]' e a sorte caiu para Cenez, e eles o estabeleceram como príncipe (*princeps*) em Israel". Essa citação e seu desenvolvimento fortalecem a interpretação messiânica que J. Klausner faz da paráfrase do cântico de Ana mais tarde nas *Antigüidades bíblicas* (51,5). Ei-la (cf. 1Sm 2,9):

> [Deus] fará com que os ímpios desaparecem nas trevas,
> pois guarda sua luz para os justos.
>
> E, quando morrerem, os ímpios perecerão; e, quando
> adormecerem, os justos serão libertados.
>
> Assim todo julgamento subsistirá, até aquele que tem a posse (*qui tenet*)
> ser revelado.

Klausner sugeriu que essas últimas palavras aludem ao oráculo de "Silo", na conclusão de Gn 49,10, não citado em 21,5, entendido no sentido de: "Até que venha aquele a quem pertence", que foi documentado anteriormente.[46] O rei messiânico seria, então, "revelado" (cf. *4Esd* 7,28; *2Br* 29,3), no papel de juiz, como nas Parábolas de Henoc (61,8-10) e alhures. Por sua vez, essa interpretação harmoniza-se com as palavras de Jônatas a Davi, um pouco mais tarde, nas *Antigüidades bíblicas* (62,90): "Vosso é o reino nesta época, e de vós sairá o início do reino que vem no devido tempo".[47] Nessa linha de pensamento, o rei messiânico é, na verdade, davídico, mas forma o clímax de toda a linhagem de reis e governantes bons, que inclui os juízes e é contemplada não só como Davi, mas também como Ezequias que voltou.

Segundo, a expectativa messiânica ligava-se à linhagem régia, à constituição judaica e às relevantes figuras bíblicas, não conforme a moderna reconstituição histórica, mas como eram *imaginadas* de tempos a tempos no mundo greco-romano. Isso significa que material que agora parece multiforme, pois inclui o tratamento messiânico de sacerdotes, juízes e patriarcas, nos períodos grego e roma-

---

[46] KLAUSNER, J. *The Messianic Idea in Israel from Its Beginning to the Completion of the Mishnah* (três partes, 1902, 1909, 1921); ET da ed. rev. London, Allen & Unwin, 1956, p. 367.

[47] A interpretação messiânica de 51,4 e 62,9 é considerada possível e provável, respectivamente, por JACOBSON, H. *A Commentary on Pseudo-Philo's* Liber Antiquitatum Biblicarum. Leiden, E. J. Brill, 1996, I, p. 250 (AGJU, 31); mas ele não considera o messianismo um grande interesse do autor.

441

PARTE III • O Messias no judaísmo pós-bíblico e no Novo Testamento

no, associa-se naturalmente à sucessão única de governantes judaicos legítimos. Assim, a coordenação constitucional de sumo sacerdote e rei, imaginada na descrição de Eleazar e Josué no Pentateuco (Nm 27,15-23), reflete-se no messianismo dual dos *Testamentos dos Doze Patriarcas* e nos textos de Qumrã e, mais tarde, nas moedas de "Simeão, príncipe de Israel" e "Eleazar, o sacerdote" da revolta de Bar Kochbá. Essa teoria política abrange, evidentemente, o que foi observado, em análise oracular da história, em um pseudepígrafo conhecido por intermédio de uma cópia de Qumrã, como a mudança de governo entre os dias do reino de Israel e a época (pós-exílica) em que "os filhos de Aarão dominarão sobre eles" (4Q390 [Pseudo-Moisés Apocalíptico], fragmento 1, versos 2-5).[48] Além disso, a sucessão de governantes remonta aos juízes (Cenez no Pseudo-Fílon, como acabamos de mencionar) e a Moisés, anteriores a Davi. Assim, Moisés é rei, provavelmente na concepção do livro do Deuteronômio (33,5) e, com certeza, no Pentateuco, conforme é entendido por Ezequiel Tragicus e Fílon, e no *midrash*;[49] Justo de Tiberíades começou sua história dos reis judaicos com Moisés.[50]

De modo semelhante, algumas figuras bíblicas de redentor, que os estudiosos modernos muitas vezes descrevem como angelicais em vez de messiânicas, eram descritas messianicamente na antigüidade. Isso se aplica de maneira preeminente ao "um como Filho do Homem" em Daniel, identificado como figura angelical por muitos intérpretes modernos,[51] mas normalmente entendido como o rei messiânico no final do período do Segundo Templo (em *1 Henoc, 4 Esdras* e provavelmente também em *Sib* 5,414-433). Essa exegese messiânica régia parece relacionar-se com todo o ambiente de Dn 7, no dito em nome de Aqiba que explica os "tronos" do v. 9 como dois, "um para ele [o Todo-poderoso] e um para Davi"

---

[48] Ver texto e tradução em DIMANT, D. "The Seventy Weeks Chronology (Dan 9,24-27) in the Light of New Qumranic Texts". In: VAN DER WOUDE, A. S., org. *The Book of Daniel in the Light of New Findings.* Leuven, Peeters, 1993, pp. 57-76 (72-76) (BETL, 106).

[49] *Ezequiel Tragicus* 36-41, 68-69; Fílon, *Vit. Mos.* 1,148-162 (ὠνομάσθη γὰρ ὅλου τοῦ ἔθνους θεὸς καὶ βασιλεύς, 158); *Targum Ps. Jônatas* sobre Dt 33,5; ver também PORTER, J. R. *Moses and Monarchy.* Oxford, Basil Blackwell, 1963; GINZBERG, L. *The Legends of the Jews,* VI. Philadelphia, Jewish Publication Society of America, 1956, nn. 170, 918.

[50] FÓCIO, *Bibliotheca,* 33, citado e analisado por SCHÜRER, *Geschichte* (ET *History,* revisado por VERMES & MILLAR, I, pp. 35-37).

[51] N. Schmidt, J. A. Emerton, C. C. Rowland e J. Day estão entre os muitos mencionados por COLLINS, J. J. *Daniel.* Minneapolis, Fortress Press, 1993, p. 310, nn. 288-294 (Hermeneia), como, juntamente com ele próprio, representantes dessa visão interpretativa.

O messianismo nos apócrifos e pseudepígrafos do Antigo Testamento

(baraitha in *Hag.* 14a, *Sanh.* 38b).[52] Segundo, a exegese rabínica entendia que Ex 23,20-21, sobre o anjo ou mensageiro enviado diante de Israel, referia-se a um anjo, às vezes identificado como Metatron (ver *Ex. R.* 32,1-9, sobre 23,20; *3Hen* 12,5); mas em exegese provavelmente mais primitiva de cristãos ou preservada em fontes cristãs, aplicava-se também a João Batista, talvez em sua condição de Elias (Mc 1,2) e a Josué (Justino, *Diálogo*, 75,1-2), sendo este último o sucessor de Moisés e modelo do libertador régio. A morada do espírito é proeminente na descrição de Josué e também na de João (Nm 27,16.18; Lc 1,15.17), e é provável que fossem imaginados como espíritos encarnados, exatamente como Moisés é chamado "espírito santo e sacrossanto" na *Assunção de Moisés* (11,16, citado adiante); de modo semelhante, na *Oração de José* já mencionada, Jacó encarna o arcanjo Israel, e, de acordo com isso, Orígenes julga que o Batista era um espírito angelical. As aplicações de Ex 23,20-21 a Josué e a João não estariam, assim, tão longe das aplicações rabínicas da passagem a um anjo quanto podem parecer à primeira vista.

No contexto dos pseudepígrafos, o mesmo tipo de ambigüidade envolve um emissário celeste prenunciado na *Assunção de Moisés* (10,1-2):

> E então o reino [de Deus] aparecerá em toda a sua criação. E então o diabo terá fim, e a tristeza será levada embora com ele. Então se encherão as mãos do mensageiro (*nuntius*) que foi indicado no altíssimo, que imediatamente os vingará de seus inimigos.

Aqui, então, o reino de Deus aparecerá, e o mensageiro será consagrado (suas mãos se "encherão", em uma frase bíblica usada a respeito da investidura no sacerdócio, como em Ex 28,41; Lv 8,33); ele é designado no altíssimo para vingar os israelitas. Esse mensageiro tem sido interpretado como anjo, notavelmente Miguel, mas há motivos para entendê-lo como figura messiânica.[53] Ele espera no céu, como o Messias faz (*4Esd* 12,32; cf. 7,28, já citado; *1Hen* 46,1-4; 48,6). Suas mãos "se encherão"; mas, embora se adapte a sacerdotes e, portanto,

---

[52] As passagens estão analisadas, ao lado do exame de Dn 7, em JUSTINO, *Diálogo*, 32, em HORBURY, "Messianic Associations", pp. 36, 40-48.

[53] COLLINS, *Scepter*, p. 176 (um anjo); MANSON, T. W. "Miscellanea Apocalyptica". *JTS* 46, 1945, pp. 41-45 (43-44) (Elias); TROMP, J. *The Assumption of Moses: A Critical Edition with Commentary*. Leiden, E. J. Brill, 1993, pp. 228-231 (Studia in Veteris Testamenti Pseudepigrapha, 10) (um mensageiro humano, Taxo, o levita).

443

PARTE III • O Messias no judaísmo pós-bíblico e no Novo Testamento

a anjos, essa expressão para a consagração foi aplicada mais amplamente no hebraico mais tardio, como aparece em 1Cr 29,5 e 2Cr 29,31. Ele vingará os israelitas, como um bom rei e como se esperava que o rei messiânico fizesse (*1Hen* 48,7; cf. Is 11,4; 61,2; Sl 2,9; *SlSal* 17,23-27; *4Esd* 12,32-33; 13,37-38; *2Br* 72,2-6). De modo semelhante, "Melquisedec executará a vingança dos juízos de Deus", segundo um texto de Qumrã (11QMelqu 2,13). Na *Assunção*, o próprio Moisés não só é "espírito santo e sacrossanto", *sanctus et sacer spiritus*, mas também "grande mensageiro", *magnus nuntius* (11,16-17). Em 10,1-2, como um rei-profeta, esse "grande mensageiro" prevê outro mensageiro que justificará Israel assim que o reino de Deus for revelado — não com certeza, contudo não improvavelmente, o rei messiânico imaginado como grande espírito preexistente.

Essas considerações fundamentam a ambigüidade de outra figura às vezes descrita simplesmente como angelical, Melquisedec, em *11QMelquisedec*, já citado.[54] Como está representada nesse texto fragmentário, sua iniciação do julgamento e da libertação celestes parece próxima do que é imaginado na breve descrição do mensageiro designado no altíssimo na *Assunção de Moisés*. Melquisedec é poderoso entre os "deuses" rebeldes (anjos) do Sl 82, mas, ao mesmo tempo, é o antigo rei de Salém e antepassado sacerdotal de Davi (Sl 110,3). Suas associações messiânicas originam-se da tradição rabínica que afirma ser Melquisedec um dos quatro ferreiros de Zc 2,3 (Elias, o Messias, Melquisedec e o sacerdote ungido para a guerra, na versão de *Cant. R.* 2,13,4). Em *11QMelquisedec*, essa figura régia do passado é tratada como espírito que responde ao que foi imaginado em Is 61,1-2, quando o dia de Deus é anunciado por um ungido e sobre o qual está o espírito do Senhor. Entretanto, ele se compara não só aos poderes angelicais sobre os quais tem o domínio, mas também a grandes reis que estão de volta, tais como Ezequias, nas últimas palavras atribuídas a Joanã ben Zaccai. Embora o estado fragmentário do texto torne o julgamento conjectural, parece provável, em comparação, que ele seja verdadeiramente uma figura messiânica, um rei de outrora que alcançou posição angelical e voltará como libertador e juiz, como seria de esperar de Ezequias ou Davi.[55] Por isso, em alguns casos importantes, as figu-

---

[54] VERMES, *Complete Dead Sea Scrolls*, pp. 500-502; COLLINS, *Scepter*, p. 176; PUECH, É. *La Croyance des Esséniens en la Vie Future: Immortalité, Résurrection, Vie Éternelle?* Paris, J. Gabalda, 1993, II, pp. 516-562.

[55] Assim, por exemplo, HULTGÅRD, *L'Eschatologie*, I, pp. 306-309; RAINBOW, P. A. "Melchizedek as a Messiah at Qumran". *Bulletin for Biblical Research* 7, 1997, pp. 179-194.

O messianismo nos apócrifos e pseudepígrafos do Antigo Testamento

ras de redentor classificadas como angelicais podem ser interpretadas como libertadores humanos ligados à linhagem de reis e governantes israelitas.

Terceiro, nos pseudepígrafos, a descrição messiânica não se adapta totalmente às distinções que, com freqüência, são traçadas entre figuras humanas e sobre-humanas. Como observamos anteriormente, o contraste entre categorias humanas e sobre-humanas, às vezes identificadas com as tradição davídica e de Daniel, respectivamente, é acompanhado da observação de que, com freqüência, as características de cada categoria se fundem. Assim, é surpreendente que um dos poucos aspectos comuns notados por A. Hultgård nas apresentações messiânicas do período greco-romano seja a investidura por concessão do espírito (passagens que incluem *SlSal* 17,42 [37]; *1Hen* 49,1-3; 11QMelqu 18), sob a influência de Is 11,1 e Is 61,1-2;[56] essa característica contribui para uma concepção da figura messiânica acima de tudo como a encarnação de um espírito excelente do alto. Há, de fato, razões para considerar a descrição "sobre-humana" mais difundida e mais continuamente atestada do que se costuma admitir, em especial à luz do material rabínico e da LXX.[57] Aqui a atenção se restringe aos pseudepígrafos.

É amplamente reconhecida uma descrição "sobre-humana" nos apocalipses herodianos. Os apocalipses de Esdras e de Baruc são obras mais ou menos contemporâneas que têm muito em comum; talvez recorram a tradições compartilhadas de oração, hinologia e instrução.[58] Uma descrição comparável ocorre nas Parábolas de Henoc preservadas em etíope (*1Hen* 37–71) e no quinto livro sibilino, composto em hexâmetros gregos (ver, em especial, os versos 414-433). Em *4 Esdras*, nas Parábolas de Henoc e provavelmente também no quinto livro sibilino, características do Filho do Homem em Daniel combinam com as tiradas de passagens messianicamente interpretadas no Pentateuco, nos profetas e nos salmos.[59] A interpretação desses três textos, que reporta o material de Daniel e de outras fontes a uma única figura messiânica, parece preferível à sugestão de K. Koch de

---

[56] HULTGÅRD, *L'Eschatologie*, I, pp. 281, 323-324.

[57] HORBURY, *Jewish Messianism and the Cult of Christ*, pp. 86-108.

[58] STONE, *Fourth Ezra*, pp. 39-40; BERGER, *Synopse*, pp. 8-9.

[59] HORBURY, "Messianic Associations", pp. 36-48; VANDERKAM, J. "Righteous One, Messiah, Chosen One, and Son of Man in I Enoch 37–71". In: CHARLESWORTH, J. H., org. *The Messiah: Developments in Earliest Judaism and Christianity*. Minneapolis, Fortress Press, 1992, pp. 169-191.

PARTE III • O Messias no judaísmo pós-bíblico e no Novo Testamento

que em *4 Esdras* e alhures uma "messianologia de duas etapas" é imaginada voltan-do-se primeiro para o Messias e, então, para o Filho do Homem.[60] Aspectos sobre-humanos em todas essas fontes incluem a preexistência (*4Esd* 13,26; *1Hen* 48,3.6; provavelmente subentendidos em *2Br* 29,3; *Sib* 5,414), o advento do céu (*4Esd* 13,3 [do mar, com as nuvens], *Sib* 5,414; *1Hen* 48,4-7; provavelmente subentendi-dos em *2Br* 29,3) e a aniquilação milagrosa de inimigos e o estabelecimento do reino (*1Hen* 49,2; *4Esd* 13,9-13; *2Br* 29,3-5; 39,7–40,3; *Sib* 5,414-428).

Também se percebem esses aspectos em outras descrições messiânicas nos pseudepígrafos. Assim, é provável que o advento do céu esteja subentendido em *Sib* 3,652-656, sobre o "rei do sol" enviado por Deus.[61] No entanto, parece também que no décimo sétimo *Salmo de Salomão*, em geral considerado repre-sentante de uma figura messiânica "humana", surgem sinais de uma idéia de preexistência nos versículos sobre a presciência divina do rei messiânico (*SlSal* 17,23 [21], 47 [42]:

> Olha, Senhor, e eleva para eles seu rei, o filho de Davi no tempo em que sabes, Ó Deus...
>
> É esta a beleza do rei de Israel, da qual Deus tem conhecimento, para elevá-lo sobre Israel, para instruí-lo.

Deus conhece o tempo em que o rei deve ser elevado, como em *SlSal* 18,6 (5), em que o tempo é o "dia de escolha", o dia escolhido por Deus; Deus também conhece a "beleza" ou "majestade" (εὐπρέπεια) do rei. Esse substantivo é um dos usados para descrever a majestade do rei nas versões gregas de Sl 45 (44),4: "Em sua glória e majestade" (variante da LXX registrada por Orígenes na Hexapla) e 110 (109),3: "Na majestade do santo" (Teodocião).[62] Essas testemunhas textuais representam traduções que podem ser, embora não necessariamente, posteriores

---

[60] Na tradição há muito existente e difundida de interpretação bíblica messiânica vividamente esboçada por Koch, "o Filho do Homem" é, na visão deste autor, prontamente associado à interpretação messiânica de palavras bíblicas que podem ser traduzidas como "homem"; ver KOCH, K. "Messias und Menschensohn. Die zweistufige Messianologie der jüngeren Apokalyptik". In: DASSMANN, E.; STEMBERGER, G. *et al.*, orgs. *Der Messias*. Neukirchen-Vluyn, Neukirchener Verlag, 1993, pp. 73-102 (esp. 79-80, 85-97) (Jahrbuch für Biblische Theologie, 8); HORBURY, "Messianic Associations", pp. 48-53.

[61] CHESTER, "Jewish Messianic Expectations", p. 35 e n. 50.

[62] FIELD, F., org. *Origenis Hexaplorum quae supersunt*, II. Oxford, Clarendon Press, 1875, pp. 162, 266.

O messianismo nos apócrifos e pseudepígrafos do Antigo Testamento

aos *Salmos de Salomão*; tentativas de revisar passagens da LXX foram feitas no século I a.C., e algumas formas ou antecedentes da versão atribuída a Teodocião circularam, com certeza, no período herodiano.[63] De qualquer modo, entretanto, a ocorrência de εὐπρέπεια nas versões gregas desses salmos régios é um indicador de contextos provavelmente importantes para a interpretação da descrição salmódica de um rei vindouro em *SlSal* 17. As duas passagens concernentes nos salmos de Davi são exaltadas em estilo. O Sl 45 é um hino ao rei, e seus versículos sobre a majestade do rei desempenharam papel importante nos conceitos cristãos de Cristo dos séculos II e III.[64] Segundo Teodocião, em Sl 110 (109),3, "na majestade do santo" segue imediatamente "contigo está o domínio no dia de teu poder" e precede "desde o seio, antes da aurora eu te gerei"; está, portanto, associado à epifania do rei no dia de seu poder e a sua origem "antes da aurora".

Assim, parece provável que, em *SlSal* 17,47 (42), a majestade do rei seja considerada conhecida de Deus antecipadamente. Talvez fosse imaginada no céu, pronta para ser revelada, na linha das expectativas a respeito da revelação do santuário celeste — a "residência pronta" na LXX, em Ex 15,17, 1Rs 8,39 e alhures — que são amplamente atestadas a partir do século III a.C. (p. ex., Sb 9,8; *4Esd* 13,36; *2Br* 4,1-6).[65] Esse modo de pensar aplica-se a uma figura messiânica em passagens que incluem o cântico lucano *Nunc Dimitis*: "Tua salvação, que preparaste" (Lc 2,30-31); *4Esd* 12,42: "O Ungido que reservaste" (comparar 1Pd 1,4: "Reservada no céu") e *2Br* 29,3; 30,1 ("o Messias começará a ser revelado... voltará na glória").

Schürer e seus revisores viram nos *Salmos de Salomão* um contraste com as *Parábolas de Henoc* e *4 Esdras* precisamente na apresentação de uma figura messiânica completamente humana e não preexistente.[66] Contudo, a expectativa do tipo que acabamos de discernir em *SlSal* 17 está dentro do âmbito de idéias sugeridas independentemente por *SlSal* 18,6 (5), citado antes, no dia escolhido

---

[63] Cf. SCHÜRER, E., revisado por GOODMAN, M. D. In: SCHÜRER, *Geschichte* (ET *History*, III,1. pp. 501-504).

[64] IRINEU, *Haer.* 3,19 (20), 2, citado com outras passagens por HORBURY, "Messianism among Jews and Christians in the Second Century". *Augustinianum* 28, 1988, pp. 71-88 (75, n. 16).

[65] HORBURY, W. "Land, Sanctuary and Worship". In: BARCLAY, J. M. G. & SWEET, J. P. M., orgs. *Early Christian Thought in its Jewish Context*. Cambridge, Cambridge University Press, 1996, pp. 207-224 (210-211).

[66] SCHÜRER, *Geschichte*, II, p. 616 (ET *History*, revisado por VERMES, MILLAR & BLACK, II, p. 519).

PARTE III • O Messias no judaísmo pós-bíblico e no Novo Testamento

por Deus para a "elevação" ou "a volta" (ἄναξις) do Ungido.[67] Que a dotação espiritual seja enfatizada é consistente com essa interpretação; em uma passagem mencionada anteriormente com respeito à investidura pela concessão do espírito, ele é sem pecado, e Deus o fez "poderoso em espírito santo" (*SlSal* 17,41-42 [36-37]; cf. Is 11,2; 61,1). Em *SlSal* 17–18, parece então provável que a glória e a majestade do rei davídico sejam conhecidas de Deus e esperem no céu pelo tempo determinado em que o filho de Davi deve ser elevado.[68]

Contra esse pano de fundo, parece provável que o *Pseudo-Fílon*, examinado acima com referência a *4 Esdras* e às Parábolas de Henoc, deve também ser considerado a imagem da revelação de um Messias que será o juiz celeste. Há, igualmente, razoável probabilidade de que o "mensageiro" de *AssMo* 10,2, consagrado no céu para vingar Israel, seja uma figura messiânica preexistente. Além disso, Bousset associou corretamente ao "Messias transcendente" dos apocalipses herodianos as passagens dos *Testamentos dos Doze Patriarcas* sobre o "novo sacerdote" cujo "astro se elevará no céu, como um rei" e sobre o "astro de Jacó", "um homem como um sol de justiça", o "rebento de Deus" que se erguerá de Judá (*TLevi* 18,2-3; *TJud* 24,1.4-6).[69] Particularmente notáveis aqui são as ligações com o astro de Balaã (Nm 24,17) e, mais uma vez, com o oráculo sobre Judá na Bênção de Jacó (Gn 49,10), aqui mais uma vez ligada a Is 11,1 (ver acima, na nota 29): A associação astral sugere que as figuras messiânicas sacerdotais e régias são imaginadas como espíritos encarnados, na linha mencionada acima com referência a *AssMo* 11,17.

---

[67] RYLE, H. E. & JAMES, M. R., orgs. *Psalms of the Pharisees, commonly called the Psalms of Solomon*. Cambridge, Cambridge University Press, 1891, pp. 149-150, sobre 18,6, julgaram ser a preexistência sugerida por ἄναξις, mas rejeitaram essa interpretação, pois não acharam nenhum indício dela em *SlSal* 17; entretanto, tais indícios parecem ser dados por 17,23 e 42, conforme interpretado anteriormente. Em 18,6, a emenda de T. W. Manson, ἀνάδειξις, "manifestando" (MANSON, "Miscellanea Apocalyptica", pp. 41-42; cf. Lc 1,80), sugere igualmente um período oculto, na terra ou no céu; mas o texto, que apresenta uma palavra não conhecida dos evangelhos, parece preferível.

[68] A interpretação do texto precedente foi formulada antes que eu lesse LAATO, *Star*, pp. 283-284, em que se observa corretamente que a passagem toda não está longe de descrições de "agentes divinos transcendentais", mas a questão da preexistência é deixada em aberto.

[69] BOUSSET & GRESSMANN, *Religion*, p. 261 (com a sugestão de elos com o mito de um rei do Paraíso); HULTGÅRD, *L'eschatologie*, em especial I, pp. 203-213 (sobre *TJud* 24) e pp. 300-326 (sobre *TLevi* 18 em seu ambiente judaico).

O messianismo nos apócrifos e pseudepígrafos do Antigo Testamento

Portanto, em todos os pseudepígrafos que no início desta parte afirmamos atestarem o tema messiânico, com a adição do *Pseudo-Fílon* e talvez também da *Assunção de Moisés*, a descrição messiânica inclui características sobre-humanas que não são incompatíveis com a concepção do Messias como rei mortal (*4Esd* 7,29) talvez, principalmente, por ser enfatizado seu aspecto espiritual. Esses aspectos recordam a glória sobre-humana do rei em passagens bíblicas como Is 9,5, Mq 5,1 e Sl 45,7; 110,3.

Em conclusão, portanto, para resumir este breve ensaio, podemos dizer, antes de mais nada, que o nome "apócrifos", herdado do uso medieval em sua aplicação a livros aprovados fora do cânon hebraico, e o termo que o acompanha, "pseudepígrafos", recordam uma distinção cristã primitiva que não é improvável ter origens judaicas; algumas adições aos livros canônicos foram aprovadas, outras desaprovadas. No caso dos pseudepígrafos, é provável que a coexistência da desaprovação com um forte interesse entre os cristãos primitivos repita uma ligação mais primitiva de atitudes judaicas contrastantes com esses livros, como *4Esd* 14,44-47 sugere.

Embora em muitos casos exemplifiquem silêncio a respeito do messianismo e uma concentração teocêntrica sobre a libertação divina, os apócrifos não estimulam a opinião de que houve um "vazio messianológico" no fim do período persa e no início do período grego. De qualquer modo, essa noção é implicitamente questionada pelo messianismo do Pentateuco da LXX; mas é também questionada pelos sinais de interpretação bíblica messiânica no Eclesiástico e em 1 Macabeus. Esses dois apócrifos influentes mostram que autores que defendiam lealmente as autoridades judaicas de sua época ainda eram influenciados pela tradição messiânica biblicamente inspirada, que tinha vida própria na interpretação bíblica comunitária, independentemente de circunstâncias que poderiam, de maneira especial, incentivar seu desenvolvimento.

À primeira vista, os pseudepígrafos parecem confirmar a opinião comum de que o messianismo de seu período era predominantemente variado; mas grande parte de seu material tem uma unidade fundamental que surge de suas raízes na tradição bíblica sobre o rei. As distinções modernas entre expectativas davídicas e não-davídicas, ou entre figuras messiânicas angelicais e humanas, estão superadas nas apresentações antigas. Assim, nos pseudepígrafos, as figuras messiânicas ligam-se a toda a linhagem de soberanos israelitas, a partir dos patriarcas e de

449

Moisés, e podemos imaginar que monarcas passados alcancem a posição angelical como espíritos na mão de Deus.

De modo semelhante, a distinção comum entre descrições messiânicas humanas e sobre-humanas parece deslocada; em todos esses pseudepígrafos, encontram-se traços sobre-humanos que são conhecidos por suas tradições messiânicas e também em material no qual a expectativa messiânica é menos amplamente reconhecida (principalmente as *Antigüidades bíblicas* do Pseudo-Fílon e talvez também a *Assunção de Moisés*). Aqui sugerimos que esses sinais refletem acima de tudo os traços sobre-humanos nos oráculos bíblicos sobre o rei presente ou futuro. A descrição régia oracular desenvolveu-se em uma tradição contínua de interpretação bíblica messiânica, que foi sempre influenciada por circunstâncias políticas, mas conservou sua vida independente.

Realeza e messianismo nos manuscritos do Mar Morto

GEORGE J. BROOKE

1. Introdução

Os estudos sobre a problemática do messianismo nos manuscritos do Mar Morto são mais que profusos.[1] Em um dos primeiros rolos encontrados, a versão da gruta 1 da Regra da Comunidade (1QS), apareceu a frase: "Até que venham o

---

[1] A primeira obra mais abrangente foi VAN DER WOUDE, A. S. *Die messianischen Vorstellungen der Gemeinde von Qumran*. Assen, van Gorcum, 1957; para outros estudos, ver as diversas bibliografias sobre os manuscritos do Mar Morto, em especial a lista de estudos em FITZMYER, J. A. *The Dead Sea Scrolls: Major Publications and Tools for Study*. Ed. rev. Atlanta, Scholars Press, 1990, pp. 164-167 (SBLRBS, 20); os incluídos variadamente em MARTÍNEZ, F. García & PARRY, D. W. *A Bibliography of the Finds in the Desert of Judah 1970-1995: Arranged by Author with Citation and Subject Indexes*. Leiden, E. J. Brill, 1996 (STDJ, 19); e os ressaltados em MARTÍNEZ, F. García. "Two Messianic Figures in the Qumran Texts". In: PARRY, D. W. & RICKS, S. D., orgs. *Current Research and Technological Developments on the Dead Sea Scrolls: Conference on the Texts from the Judean Desert, Jerusalem, 30 April 1995*. Leiden, E. J. Brill, 1996, pp. 14-40 (STDJ, 20).

Entre estudos mais recente, ver em especial TALMON, S. "Waiting for the Messiah: The Spiritual Universe of the Qumran Covenanters". In: NEUSNER, J.; GREEN, W. S.; FRERICHS, E., orgs. *Judaisms and their Messiahs at the Turn of the Christian Era*. Cambridge, Cambridge University Press, 1987, pp. 111-137; SCHIFFMAN, L. H. "Messianic Figures and Ideas in the Qumran Scrolls". In: CHARLESWORTH, J. H., org. *The Messiah: Developments in Earliest Judaism and Christianity*. Minneapolis, Fortress Press, 1992, pp. 116-129 (The First Princeton Symposium on Judaism and Christian Origins); MARTÍNEZ, F. García. "Messianische Erwartungen in den Qumranschriften". In: DASSMANN, E.; STEMBERGER *et al.*, orgs. *Der Messias*. Neukirchen-Vluyn, Neukirchener Verlag, 1993, pp. 171-208 (Jarhbuch für Biblische Theologie, 8) (ET MARTÍNEZ, F. García & BARRERA, J. Trebolle. *The People of the Dead Sea Scrolls: Their Writings, Beliefs and Practices*. Leiden, E. J. Brill, 1995, pp. 159-189); VANDERKAM, J. C. "Messianism in the Scrolls". In: ULRICH, E. & VANDERKAM, J., orgs. *The Community of the Renewed Covenant: The Notre Dame Symposium on the Dead Sea Scrolls*. Notre Dame, University of Notre Dame Press, 1994, pp. 211-234 (Christianity and Judaism in Antiquity Series, 10); OEGEMA, G. S. *Der Gesalbte und sein Volk: Untersuchungen zum*

PARTE III • O Messias no judaísmo pós-bíblico e no Novo Testamento

profeta e os messias de Aarão e Israel".[2] Além disso, estimulados pelo interesse em proporcionar o pano de fundo para as reflexões cristãs primitivas sobre a posição de Jesus, muitos estudiosos cristãos ressaltam o messianismo mais que qualquer outro aspecto das perspectivas escatológicas dos rolos sectários. O objetivo deste estudo é determinar os textos principais que são incluídos nos debates sobre o messianismo de Qumrã, dentro de uma estrutura ligeiramente mais ampla que a usual, considerando ainda o conceito todo de realeza nos rolos; alguns dos principais parâmetros no debate concernente ao messianismo nos rolos também serão mencionados.

Para os propósitos deste estudo, considero que os rolos encontrados nas onze grutas em ou perto de Qumrã formam uma espécie de coleção coerente, embora talvez nem todas as grutas tivessem a mesma função para a comunidade ao mesmo tempo ou durante a mesma época. As principais razões para considerar a coleção como um todo são que ela tem notável consistência ideológica global, em especial com respeito ao calendário, e que as proporções de documentos sectários bíblicos e não-sectários não-bíblicos são semelhantes nas três grutas principais (1, 4 e 11), e diversas composições encontram-se em mais de uma gruta.[3] Além disso, as principais razões para ligar os rolos nas grutas com as ruínas em Qumrã são, primeiro, que os indícios arqueológicos sugerem que as grutas e o sítio estavam em uso contemporaneamente; segundo, que é impossível chegar a algumas das grutas sem atravessar o sítio em si ou sem ser visto do sítio; e, terceiro, que há uma possibilidade real de um dos óstracos recentemente descobertos no muro que se estende para o sul, a partir das principais ruínas de Qumrã, ser a cópia rudimentar de uma escritura de doação, preparada quando um novo mem-

---

Konzeptualisierungsprozeβ der messianischen Erwartungen von den Makkabäern bis Bar Koziba. Göttingen, Vandenhoeck & Ruprecht, 1994 (Schriften des Institutum Judaicum Delitzschianum, 2); COLLINS, J. J. *The Scepter and the Star: The Messiahs of the Dead Sea Scrolls and Other Ancient Literature.* New York, Doubleday, 1995 (Anchor Bible Reference Library); POMYKALA, K. *The Davidic Dynasty Tradition in Early Judaism: Its History and Significance for Messianism.* Atlanta, Scholars Press, 1995; e a questão temática de *Dead Sea Discoveries* 2, 1995, pp. 125-216. VANDERKAM, J. C., org. (SBLEJL, 7).

[2] Embora geralmente aceita como expressão de messianismo, é possível argumentar que essa é simplesmente uma referência a um tempo futuro quando o sacerdócio e a realeza seriam restaurados apropriadamente.

[3] P. ex. a Regra da Comunidade (grutas 1, 4 e 5; possivelmente também a gruta 11), o Documento de Damasco (grutas 4, 5 e 6), o Rolo do Templo (possivelmente grutas 4 e 11), exegese escatológica (grutas 1, 4 e 11), o texto da Nova Jerusalém (grutas 4, 5 e 11), o *Livro dos Jubileus* (grutas 1, 2, 3, 4 e 11).

452

Realeza e messianismo nos manuscritos do Mar Morto

bro entra para a comunidade, conforme está descrito na Regra da Comunidade e nos escritos de Josefo.[4]

2. Reis e realeza nos rolos

a. Terminologia

Os rolos contêm muita coisa sobre reis e realeza. Há um fato interessante a ser mencionado logo no início desta análise mais detalhada: nos manuscritos fragmentários que ainda existem, o termo "rei" (*melek*) nunca é usado para um Messias, e "realeza" (*malkût*) só aparece duas vezes em ligação com uma pessoa escatológica régia.[5] Os termos são usados principalmente de três maneiras: para reis não-israelitas, para reis israelitas passados, presentes ou futuros e para Deus. Termos relacionados como "domínio" (*mšl*) e "tomar posse" (*'md*), encontram-se, evidentemente, em textos que falam do Messias régio, mas a escassez desses textos e o fato de uma variedade de epítetos (em especial "príncipe da congregação" e "ramo de Davi") ser usada a respeito dele deixam a impressão indelével de que, nos rolos, a ideologia da realeza baseava-se em uma ênfase esmagadora na teocracia, na soberania divina.

b. Indícios bíblicos

Não é raro os estudos de algo temático nos rolos esquecerem-se completamente dos indícios bíblicos das grutas. Entretanto, vale a pena mencionar que é possível perceber algo da ideologia dos responsáveis por reunir a coleção de quase novecentos manuscritos nos indícios circunstanciais de quais composições, tanto bíblicas como não-bíblicas, subsistiram e em que quantidade.

Com respeito a reis e realeza, talvez o fato de só restarem muito poucos manuscritos dos livros históricos seja significativo. De 1 e 2 Reis temos restos de

---

[4]   Essa observação vale, quer o óstraco mencionado contenha, quer não contenha a palavra *yḥd*. Os óstracos recém-encontrados foram publicados por Cross, F. M. & Eshel, E. "Ostraca from Khirbet Qumrân". *IEJ* 47, 1997, pp. 17-28; os textos traduzidos para o inglês estão agora disponíveis em Vermes, G. *The Complete Dead Sea Scrolls in English*. London, Allen Lane, Penguin Press, 1997, pp. 596-597.

[5]   Em 1QSb 5,21 e 4Q252 5,2.4.

Parte III • O Messias no judaísmo pós-bíblico e no Novo Testamento

apenas três manuscritos.[6] De 1 e 2 Crônicas o número é ainda menor: resta possivelmente apenas um manuscrito.[7] A inferência dessas estatísticas é que relatos das façanhas ou, antes, das iniqüidades dos reis de Israel e de Judá dificilmente seriam considerados leitura popular ou edificante pelos ocupantes de Qumrã. Outros materiais apóiam esse ponto de vista.[8]

A proeminência de Davi em alguns rolos não parece depender especialmente de seu *status* de rei. Antes, essa posição baseia-se em seu papel de salmista imbuído do espírito de profecia (11QPs^a 27,11). É cada vez mais provável que deva ser entendido que havia duas ou mais edições do Saltério em circulação no final do período do Segundo Templo.[9] Uma delas, representada em 11QPs^a, foi provavelmente elaborada como coletânea davídica. A outra coletânea, em grande parte da maneira como está representada no TM, difere da coletânea davídica 11QPs^a, de forma mais explícita do Sl 90 em diante. A esse respeito, devemos mencionar que a realeza de Deus é um aspecto importante de vários salmos do início do Livro 4, em especial os salmos 93, 95–99. Entende-se que, ao enfatizarem um aspecto não-régio da atividade de Davi ou ressaltarem a realeza de Deus, as duas formas da coleção de salmos resultante põem o rei terreno em seu lugar.

Raramente mencionado nos rolos, Salomão parece ser visto como figura de bênçãos heterogêneas. Segundo MMT C 17–19, algumas das bênçãos prometidas por Moisés realizaram-se nos reinados de Davi e de Salomão; posteriormente, as maldições é que se realizaram em parte.[10] E em 11QPsAp^a seu nome ocorre, mas não é possível discernir se a alusão o põe em uma luz positiva. Outros reis do período do Primeiro Templo dificilmente aparecem, embora seja possível enten-

---

[6]   4Q54: Barrera, J. T. "54, 4QKgs". In: *Qumran Cave 4. IX. Deuteronomy, Joshua, Judges, Kings.* Oxford, Clarendon Press, 1995, pp. 171-183 (DJD, 14); 5Q2: Milik, J. T. "I Rois". In: Baillet, M.; Milik, J. T.; de Vaux, R., orgs. *Les "Petites Grottes" de Qumrân.* Oxford, Clarendon Press, 1962, pp. 171-172 (DJD, 3); 6Q4: Baillet, M. "Livre des Rois". In: Baillet, M.; Milik, J. T.; de Vaux, R., orgs. *Les "Petites Grottes" de Qumrân.* Oxford, Clarendon Press, 1962, pp. 107-112 (DJD, 3).

[7]   4Q118: Barrera, J. Trebolle. "Édition Préliminaire de 4QChroniques". *RevQ* 15, 1991-1992, pp. 523-529.

[8]   Talvez os livros de Reis fossem lidos alhures por algum tipo de razão política; três fragmentos dos livros de Reis, em escrita nabatéia, estão classificados em 4Q235 (PAM 43,402).

[9]   Ver a análise detalhada e convincente de Flint, P. W. *The Dead Sea Psalms Scrolls and the Book of Psalms.* Leiden, E. J. Brill, 1997, esp. pp. 202-227 (STDJ, 17).

[10] Ver o texto heterogêneo proposto por Qimron, E. & Strugnell, J. *Qumran Cave 4. V. Miqṣat Ma'aśe Ha-Torah.* Oxford, Clarendon Press, 1994, pp. 60-61 (DJD, 10).

der que um fragmento que menciona Sedecias (4Q470) sugere a reabilitação desse rei.[11]

c. Indícios parabíblicos

Entre os rolos parabíblicos das grutas de Qumrã, o mais conhecido é o Rolo do Templo. As colunas 51-66 de 11QT^a contêm um texto reescrito abreviado de Dt 12–22 com uma extensão excepcional de Dt 17,14-20 nas colunas 56-59. Essa chamada lei do rei é significativa para a tarefa deste estudo, porque é preciso observar imediatamente que ela não contém nada de messiânico. Diversos estudiosos observaram que ela parece firmar-se como um pequeno tratado manifestamente político e pode bem ter sido escrita contra um governante contemporâneo.[12] Deve ser enfatizado que o rei imaginado nessa legislação não é um sumo sacerdote, pois, segundo 11QT^a 58,18-19, antes de partir para a guerra, o rei deve apresentar-se diante do sumo sacerdote para consultá-lo.

d. Outras composições

Nas composições não-sectárias encontradas em Qumrã, o título "rei" é usado para várias figuras: Faraó (1QapGen 20,8.14), os reis da terra (1QapGen 20,15), toda uma série de reis que têm relações com Abrão (1QapGen 21,23-33; 22,4.12.17), reis não especificados (relacionados com sacerdotes; 4Q213 2 12; 4Q385B 1 i 10), os reis dos povos (4Q243 24 4), um rei sem nome de Babilônia (4Q244 1-3 1), outro rei sem nome (4Q246 1,2; 4Q318 2 ii 7), um rei de Judá (4Q247 4; 4Q381 31 4), rei dos kittim (4Q247 6), Dario (4Q550) e um rei blasfemo sem nome (4Q388 1 3). 4Q552 e 553, sobre os Quatro Reinos, fala do rei Babel que governa a Pérsia. 4Q426 talvez contenha uma instrução sapiencial dirigida a reis, não diferente da Sabedoria de Salomão (4Q426 1 i 13). É possível rezar pela libertação dos abusos de reis (4Q504 1-2 iii 15).

---

[11] Ver LARSON, E.; SCHIFFMAN, L. H. & STRUGNELL, J. "470. 4QText Mentioning Zedekiah". In: *Qumran Cave 4. XIV. Parabiblical Texts, Part 2.* Oxford, Clarendon Press, 1994, pp. 235-244 (DJD, 19).

[12] Ver, p. ex., HENGEL, M; CHARLESWORTH, J. H.; MENDELS, D. "The Polemical Character of 'On Kingship' in the Temple Scroll: An Attempt at Dating 11Qtemple". *JJS* 37, 1986, pp. 28-38; LAPERROUSAZ, E.-M. "Does the Temple Scroll Date from the First or Second Century BCE?" In: BROOKE, G. J., org. *Temple Scroll Studies: Papers Presented at the International Symposium on the Temple Scroll, Manchester, December 1987.* Sheffield, JSOT Press, 1989, pp. 91-97 (JSOPSup, 7).

Parte III • O Messias no judaísmo pós-bíblico e no Novo Testamento

4Q448 contém os restos de três colunas organizadas de maneira esticométrica. No topo do fragmento está um poema, parte do qual contém uma passagem do Sl 154. Isso pode ser importante para saber a maneira como as duas outras colunas do fragmento devam ser entendidas, já que o Sl 154 está incluído na coletânea de 11QPs[a] e é considerado uma composição davídica. As duas outras colunas talvez contenham uma ou possivelmente duas referências a um rei Jônatas. Parece que o texto é uma oração pelo bem-estar do rei e do povo de Israel.[13] A composição não é messiânica.

Quanto ao próprio Deus, diversas composições não-sectárias referem-se a sua realeza: por exemplo, Deus é descrito como "Rei de todo o Universo" (*melek kôl 'ōlāmîm*, 1QapGen 2,4.7) e "Rei dos céus" (1QapGen 2,14), "sobre o monte Sinai" (4Q216; *Jub* 1,28) e "rei para todos eles" (4Q303 1 7). Entretanto, é nos Cânticos do Sacrifício Sabático que a realeza do próprio Deus entra em evidência de maneira mais ampla.[14] Para nossos propósitos, é importante mencionar que todos os manuscritos dessa composição são asmoneus paleograficamente tardios ou herodianos primitivos.[15] Como as datas tipológicas correspondem mais ou menos a datas reais, os Cânticos passam a ser contemporâneos exatos das composições nas quais há um papel proeminente designado para o Messias davídico leigo, principesco, régio (4Q161; 4Q174; 4Q252; 4Q285, frag. 5). Não faz diferença se essa composição era ou não rigorosamente sectária em sentido estrito, ou parte de um padrão mais geral de espiritualidade com a qual os de Qumrã e de seu movimento mais amplo estavam felizes em viver. A descoberta de possivelmente oito cópias dela na gruta 4, outra na gruta 1, bem como outra cópia em Massada, sugere que era obra popular.[16] Aqui não é necessário distinguir entre os vários

---

[13] Cf. Eshel, E.; Eshel, H.; Yardeni, A. "A Qumran Composition Containing Part of Ps. 154 and a Prayer for the Welfare of King Jonathan and his Kingdom". *IEJ* 42, 1992, pp. 199-229; e notar os comentários de Alexander, P. S. "A Note on the Syntax of 4Q448". *JJS* 44, 1993, pp. 301-302.

[14] Ver uma análise detalhada da realeza divina nos Cânticos Sabáticos em Schwemer, A. M. "Gott als König und seine Königsherrschaft in den Sabbatliedern aus Qumran". In: Hengel, M. & Schwemer, A. M., orgs. *Königsherrschaft Gottes und himmlischer Kult im Judentum, Urchristentum und in der hellenistischen Welt*. Tübingen, J. C. B. Mohr (Paul Siebeck), 1991, pp. 45-118 (WUNT, 55); ela conclui corretamente que a coletânea de Cânticos Sabáticos é "o mais importante texto judaico pré-cristão sobre o tema do 'reinado de Deus' ".

[15] Newsom, C. *Songs of the Sabbath Sacrifice: A Critical Edition*. Atlanta, Scholars Press, 1985, p. 1 (HSS, 27).

[16] Simplesmente com base nessa contagem, aproxima-se da Regra da Comunidade e do Documento de Damasco na preferência popular.

Realeza e messianismo nos manuscritos do Mar Morto

contextos nos quais a realeza de Deus é ressaltada, nem diferenciar entre as várias nuanças referenciais por trás da terminologia, pois nosso propósito é exemplificar a freqüência e a força da linguagem da realeza divina. Deus é "Rei de bondade" (MasShirShab 2,15; 4Q403 1 i 5), "Rei de santidade" (MasShirShab 2,18; 4Q403 1 i 7), "Rei santo dos santos" (4Q400 1 i 8), "Rei dos deuses" (*melek* *ᵉlôhîm*, 4Q400 1 ii 7; 2 5; 4Q401 1-2 5; 4Q402 3 ii 12; 4Q405 24 3), "Rei de todos" (4Q401 13 1; 4Q405 24 3; 11QShirShab 1,1), "rei dos príncipes (4Q400 1 ii 14), "Rei de todos" (*melek hakkôl*, 4Q403 1 i 28), "rei de majestade" (4Q403 1 i 38), "rei da verdade e da justiça" (4Q403 1 i 46; (4Q404 5 6); ele é "rei em suas moradas maravilhosas... rei na assembléia (*melek baqqāhāl*)... rei da glória... rei da pureza" (4Q403 1 ii 23-26), "Rei da glória" (4Q403 1 i 31; 4Q404 3 3), "rei daqueles que exaltam" (4Q403 3 1; 4Q405 14-15 i 3) e indefinido como rei em contextos fragmentários (4Q401 5 7; 4Q404 6 2; 4Q405 56). É imaginado entronizado no templo (terreno ou celeste): "no santuário interior do rei" (4Q402 2 4), "nos santuários interiores do rei" (4Q405 14-15 i 7). Ele é "o Rei" exaltado "com sete palavras da glória de suas maravilhas" (4Q403 1 i 13). Ele é o que ordena: "à manifestação dos lábios do rei" (4Q401 14 ii 8).

Nos textos sectários, os seguintes são chamados rei: Nabucodonosor (CD 1,6), os reis de Israel (CD 3,9; 20,16; 1QM 11,3), o rei de Babilônia (4Q163 8-10 1; 4Q165 8 1), a assembléia (CD 7,14), os reis dos povos (CD 8,10; 19,23; 1Q27 9-10 3; 4Q299 57 4), reis das nações (1QM 12,14; 19,6); os reis da Grécia (CD 8,11; 19,24), os reis do Norte (1QM 1,4), reis do Leste (4Q491 11 i 12), reis não especificados (1Qm 12,7; 1QpPs 9-10 1), o rei dos kittim (1QM 15,2) e, por inferência, os soberanos dos kittim (1QpHab 4,1-5 sobre Hab 1,10). Um rei Hircano (4Q322 2 6) também é mencionado. Além disso, se MMT foi composto como circular aberta dirigida a um líder fora do movimento, então seu apelo aos reis de Israel, de Davi a Sedecias, rei de Judá (4Q398), com respeito a seus atos maus e bons, indica o que um rei ou soberano deve praticar, a saber, "quem dentre eles temia a Torá foi libertado das aflições; e esses eram os suplicantes da Torá que tiveram suas transgressões perdoadas".[17] Assim, o modelo de realeza sugerido no rolo é de obediência à Torá e não apenas à Torá em si, mas à Torá interpretada pela comunidade. Quando a Lei é obedecida de certa maneira, então Deus elimina "os planos do mal e os estratagemas de Belial"; o rei ou líder pouco ou nada faz sozinho.

---

[17] QIMRON & STRUGNELL, *Qumran Cave 4*, pp. 61-63.

Parte III • O Messias no judaísmo pós-bíblico e no Novo Testamento

Em algumas das composições sectárias, o reino (*malkût*) é atribuído a figuras terrenas, tais como Manassés (4Q169 3-4 iv 3), mas é predominantemente associado à soberania divina como nos Cânticos do Sacrifício Sabático, em 4QMistérios (*hêkal malkûtô*, 4Q301 5 2) e na Regra da Guerra (1QM 6,6; 12,7; 4Q491 15 3). Além disso, como nos Cânticos do Sacrifício Sabático, nos textos sectários Deus é descrito como "rei dos gloriosos" (1QH 18,8), "Rei da glória (1QM 12,8; 19,1) e variadamente como rei em 4Q471b.[18]

e. Conclusão

Os termos do campo associado à raiz *mlk* são usados de várias maneiras nas composições encontradas em Qumrã. São usados esmagadoramente como termos positivos a respeito de Deus, e os manuscritos da composição que fala de maneira muito explícita do reino e da realeza de Deus, os Cânticos do Sacrifício Sabático, podem ser datados da segunda metade do século I a.C. A imagem exaltada da soberania divina não se restringe aos Cânticos do Sacrifício Sabático. Encontra-se também em composições mais nitidamente sectárias. Assim, por exemplo, na Regra da Guerra escatologicamente orientada, há uma aclamação poética da soberania de Deus, na qual há marcante contraste entre Deus, que é esplêndido em majestade, e os reis da terra que devem ser tratados com desprezo. "Trataremos com desprezo os reis, com burla e escárnio os potentes, pois o Senhor é santo e está o Rei da glória conosco" (1Qn 12,7-8).[19]

"Rei" e "realeza" também são usados em relação aos reis de Israel, os do passado, presente e futuro, embora esse uso dificilmente demonstre entusiasmo pelo cargo. Muitos reis israelitas passados erraram, e, em geral, os reis precisam ser coibidos, aconselhados e ensinados a obedecer à Lei. O termo "realeza" (*malkût*) também é usado em ligação com o príncipe escatológico ou líder leigo que é descrito em vários textos sectários; voltamo-nos agora para essas composições, embora inseridas no amplo contexto do messianismo nos rolos.

---

[18] Sobre esse texto, ver ESHEL, E. "4Q471b: A Self-Glorification Hymn". Ata da Conferência Internacional sobre os Manuscritos do Mar Morto realizada na Brigham Young University, Utah, 1996.

[19] É digno de nota que as lutas escatológicas descritas em 1QM quase não se refiram ao príncipe de toda a congregação (1QM 5,1).

3. O messianismo nos rolos

a. Messianismo

Há duas maneiras de focalizar o messianismo dos rolos, uma tipológica, a outra histórica. Alguns estudiosos têm procurado descrever e avaliar a série completa de figuras encontradas nos rolos que, de um modo ou de outro, estejam associadas aos últimos dias. Essa abordagem tipológica não restringe seu interesse apenas a figuras rotuladas *māšîaḥ*; interessa-se por funções em vez de títulos. A mais extensa análise recente do messianismo nos rolos, do ponto de vista tipológico, é o estudo de J. J. Collins,[20] mas também se vê essa abordagem na obra de F. García Martínez, que propõe que o termo "Messias" seja usado de maneira bastante ampla para abranger até figuras angelicais que desempenham papel proeminente nas coisas últimas.[21] Por outro lado, há os estudiosos que se concentram nos aspectos diacrônicos do messianismo nos rolos; sua obra tende a basear-se mais estritamente no próprio termo "Messias", variadamente usado para descrever uma função ou funções de importância especial para a comunidade no fim dos tempos.[22] Como se preocupa principalmente com a influência recíproca da realeza e do messianismo nos rolos, também este estudo levará em consideração uma série mais estrita de textos do que os defendidos pela abordagem tipológica, e a meta será chegar a algumas conclusões históricas amplas.

Mesmo um estudo como este, primordialmente diacrônico e um tanto limitado em seus interesses, não ignora os aspectos mais amplos do estudo do messianismo aos quais a abordagem tipológica dá relevo. Primeiro, é preciso prestar atenção ao próprio termo *māšîaḥ*. O termo "Messias" é usado no plural para uma figura sacerdotal e para uma figura régia: "os messias de Aarão e Israel" (1QS 9,11). Levando em consideração textos bíblicos como Zc 4,14,[23] torna-se cada vez mais comum encontrar a opinião erudita de que uma doutrina de dois Messias

---

[20] COLLINS, *The Scepter and the Star*.

[21] MARTÍNEZ, F. García. "Messianische Erwartungen in den Qumranschriften"; idem, "Two Messianic Figures in the Qumran Texts".

[22] O mais recente expoente dessa abordagem é OEGEMA, *Der Gesalbte und sein Volk*.

[23] Agora vistos em 4Q254 4 2 e, provavelmente, a ser associados à interpretação da bênção de Judá, em Gn 49; BROOKE, G. J. "254.4Q Commentary on Genesis C". *Qumran Cave 4*. XVII. *Parabiblical Texts, Part 3*. Oxford, Clarendon Press, 1996, pp. 223-224 (DJD 22).

Parte III • O Messias no judaísmo pós-bíblico e no Novo Testamento

deve ser entendida uniformemente por trás de todos os textos sectários, mesmo naqueles em que o *nomen regens* está no singular, como em CD 12,23 (=4Q266 10 i 2), 19,10 e, provavelmente, 14,19.[24] Essa uniformidade sugerida facilita bastante a abordagem tipológica ao messianismo dos rolos.[25]

No entanto, antes de simplesmente concordar com a força do argumento de que todo texto messiânico de Qumrã pressupõe o entendimento de que havia dois Messias, um sacerdotal e um régio,[26] é importante dar outra olhada no uso do próprio termo *māšîaḥ*. Ele é usado da seguinte maneira: 1) para profetas: "teus ungidos, videntes de decretos" (1QM 11,7-8); "e todos os seus ungidos" (4Q521 8 9); "pela mão dos ungidos por seu santo espírito" (CD 2,12); "pela mão de Moisés e também dos ungidos de santidade" (CD 6,1); "E o proclamador é o ungido do espírito" (11QMelqu 18); "a respeito do ungido de seu espírito santo" (4Q287 10 13); e, provavelmente, "pois os céus e a terra escutarão o seu messias" (4Q521 2+4 1);[27] 2) para um Messias régio: "quando o Messias for revelado com eles" (1QSa 2,12);[28] "depois entrará o Messias de Israel" (1QSa 2,14); "Depois o Messias de Israel estenderá sua mão" (1QSa 2,20); "até a vinda do Messias de justiça" (4Q252 5,3); 3) para um sacerdote: "o sacerdote ungido" (4Q375 1 i 9; 4Q376 1 i 1); 4) para Moisés: "pela boca de Moisés, seu ungido" (4Q377 2 ii 5); 5) para um rei: "eu, teu ungido, compreendi" (4Q381 15 7);[29] "ungido com o óleo da realeza" (4Q458 2 ii 6); 6) para uma figura não especificada: "o messias santo" (1Q30 1 2, texto litúrgico). Três coisas são no-

---

[24] Cf. *māšîaḥ mēʾaḥᵃrōn ûmiyyiśrāʾēl*, CD 20,1.

[25] S. Talmon é o principal expoente desse entendimento uniforme; ver, em especial, seu estudo "Waiting for the Messiah".

[26] Argumentada mais recentemente por Cross, F. M. "Notes on the Doctrine of the Two Messiahs at Qumran and the Extracanonical Daniel Apocalypse (4Q246)". In: Parry & Ricks, orgs., *Current Research and Technological Developments on the Dead Sea Scrolls*, pp. 1-13.

[27] O entendimento profético da figura messiânica em 4Q521 foi apresentado de maneira muito persuasiva por Collins, J. J. "The Works of the Messiah". *DSD* 1, 1994, pp. 98-112.

[28] Essa tradução de 1QSa 2,12 baseia-se na interpretação de Puech, É. "Préséance Sacerdotale et Messie-Roi dans la Règle de la Congrégation (1QSa ii 11-22)". *RevQ* 16, 1993-1994, pp. 351-365. G. Vermes traduz a mesma frase como: "Quando Deus engendrar o (Sacerdote–) Messias" e comenta que a "interpretação (*yolid*), que muitos questionaram, até mesmo eu, parece ser confirmada por realce da imagem de computador" (*The Complete Dead Sea Scrolls in English*, p. 159, n. 1).

[29] Provavelmente um rei, segundo Schuller, E. M. *Non-Canonical Psalms from Qumran: A Pseudepigraphic Collection*. Atlanta, Scholars Press, 1986, p. 101 (HSS, 28).

táveis nessa lista. Primeiro, o termo "ungido" é usado para uma ampla série de figuras do passado, todas com seus equivalentes escatológicos: profetas, sacerdotes, reis, o legislador. Segundo, desde 1991, quando, em geral, todos os fragmentos não publicados ficaram acessíveis, a coleção toda não provocou uma única referência extra em sentido estrito nem a um Messias sacerdotal escatológico, nem a um Messias régio. Terceiro, embora aplicado livremente, o termo *māšîaḥ* nunca é associado a um anjo.[30]

b. Os indícios bíblicos

Embora a falta de manuscritos dos livros de Reis e Crônicas entre os rolos indique certa atitude negativa para com reis e realeza, é possível genuinamente perguntar se algum dos outros manuscritos bíblicos contêm indícios da adaptação messiânica de seus textos.

O livro de Isaías foi examinado com bastante rigor quanto à adaptação de seu texto com propósitos escatológicos e, mais especialmente, messiânicos.[31] W. H. Brownlee provocou um debate animado ao afirmar ter descoberto uma nova interpretação messiânica em Is 52,14-15 em 1QIsᵃ.[32] P. Sacchi foi quem examinou mais recentemente o *locus classicus*, Is 52,14, e concluiu que *māšaḥtî* deve ser aceito como leitura que faz do servo uma figura messiânica individual que conhecerá a morte e a desonra.[33] Talvez o versículo deva ser entendido como descrição não como de uma figura arruinada, mas de uma figura ungida, não uma descrição totalmente negativa nesse caso, uma gloriosa, como Is 52,13 e 52,15 dão a entender.

---

[30] Isso vai principalmente contra a abordagem tipológica de MARTÍNEZ, "Two Messianic Figures in the Qumran Texts", pp. 25-30.

[31] Ver, mais extensamente, BROWNLEE, W. H. *The Meaning of the Qumrân Scrolls for the Bible with Special Attention to the Book of Isaiah*. New York, Oxford University Press, 1964, II Parte.

[32] BROWNLEE, W. H. "The Servant of the Lord in the Qumran Scrolls I". *BASOR* 132, 1953, pp. 8-15; "Certainly *Mašaḥti!*". *BASOR* 134, 1954, pp. 27-28; "The Servant of the Lord in the Qumran Scrolls II". *BASOR* 135, 1954, pp. 33-38.

[33] SACCHI, P. "Ideologia e Varianti della Tradizione Ebraica: Deut 27,4 e Is 52,14". In: MERKLEIN, H.; MÜLLER, K.; STEMBERGER, G., orgs. *Bibel in jüdischer und christlicher Tradition: Festschrift für Johann Maier zum 60. Geburtstag*. Frankfurt am Main, Hain, 1993, pp. 26-32 (BBB, 88).

PARTE III • O Messias no judaísmo pós-bíblico e no Novo Testamento

c. Outras composições

Tendo em mente o que surgirá como tese global deste estudo, vale a pena considerar, ainda que resumidamente, três composições que nos últimos tempos desempenharam um papel importante na crescente discussão do messianismo de Qumrã. As três composições bem podiam ser não-sectárias; duas estão em aramaico, o que talvez indique uma origem não-sectária.[34]

A primeira composição a ser considerada é 4Q246, o chamado texto do Filho de Deus.[35] O conteúdo do único fragmento de pergaminho atribuído a esse manuscrito deu origem a um debate complicado. O que resta deixa claro que um vidente interpreta uma visão para o rei, mas a identificação e a posição do Filho de Deus continuam discutíveis. A primeira coluna está danificada do lado direito, o que causa problemas para os intérpretes modernos, mas a segunda coluna está mais ou menos intacta. Diversas teorias sobre como o texto seria mais bem entendido estão em circulação, mas nenhuma já alcançou a vitória. É preciso fazer um breve esboço dessas teorias. 1) Em sua apresentação pública do texto, em 1972, J. T. Milik sugeriu que a figura do Filho de Deus era um rei, Alexandre Balas, filho de Antíoco Epífanes.[36] Podia ser chamado Filho de Deus porque está identificado em moedas como *theopator* ou *Deo patre natus*. Embora uma interpretação messiânica pareça mais óbvia, Milik encontrou apoio parcial na publicação da edição principal do texto por É. Puech, que admite a possibilidade de haver referência a um rei selêucida, Alexandre Balas ou Antíoco Epífanes em pessoa.[37] 2) O próprio J. A. Fitzmyer não vê indícios de nenhuma ligação entre o título "filho de Deus" e o messianismo. Para ele, o rei abordado no texto está do lado judaico; o filho de Deus é filho ou descendente do rei entronizado que vai ter o apoio do grande Deus, talvez herdeiro do trono de Davi, "um governante judaico futuro, talvez membro da dinastia asmonéia,

---

[34] A única composição aramaica que pode ser estreitamente associada aos elementos sectários é 4Q548, 4QAmram^f, em que os "filhos da luz" sobressaem de maneira convincente. Sou grato ao professor R. J. Bauckham por chamar minha atenção para essa exceção.

[35] PUECH, É. "246. 4QApocryphe de Daniel ar". In: *Qumran Cave 4. XVII. Parabiblical Texts, Part 3.* Oxford, Clarendon Press, 1996, pp. 165-184 (DJD, 22).

[36] Conforme relatado em FITZMYER, J. A. "The Contribution of Qumran Aramaic to the Study of the New Testament". *NTS* 20, 1973-1974, pp. 391-394 (reimpresso com um adendo em *A Wandering Aramean: Collected Aramaic Essays*. Missoula, MT, Scholars Press, 1979, pp. 90-94 (SBLMS, 25).

[37] PUECH, "246. 4QApocryphe de Daniel ar", p. 181.

Realeza e messianismo nos manuscritos do Mar Morto

que pode ser sucessor ao trono davídico, mas não é imaginado como Messias".[38] 3) Para D. Flusser, os espaços do texto devem controlar sua interpretação apropriada. Tudo o que está antes do espaço em 4Q246 2,4 deve ser entendido em termos de tribulações e aflições. A figura, entretanto, não é um rei histórico, mas sim o Anticristo. O argumento principal de Flusser baseia-se no oráculo de Histaspes, que descreve "um profeta de mentiras, que vai constituir e chamar a si mesmo Deus e se ordenará para ser adorado como o Filho de Deus".[39] Mas Collins acha ser quase certo que isso é uma interpolação cristã e que textos uniformemente judaicos só falam de tais adversários escatológicos em termos negativos.[40] 4) F. García Martínez está convencido do caráter positivo da figura do filho de Deus e busca interpretá-la à luz dos outros textos de Qumrã. Ele tira seus paralelos primordialmente de 11QMelqu e conclui que o filho de Deus é outra designação para Melquisedec, Miguel ou o Príncipe da Luz.[41] 5) Em diversos lugares, o próprio J. J. Collins defende uma interpretação messiânica do texto e considera 4Q246 possivelmente a interpretação mais primitiva do Filho do Homem de Dn 7, como figura especial.[42] É. Puech também acha ser admissível uma interpretação messiânica do texto.[43] 6) A sugestão de M. Hengel de que talvez a figura deva ser vista em conjunto foi desenvolvida recentemente por A. Steudel.[44] Ela argumenta que o Filho e o povo são a mesma coisa.

Que concluímos dessa grande diversidade de opinião? Quando enfrentamos tais problemas em relação a um manuscrito de Qumrã, devemos sempre co-

---

[38] FITZMYER, J. A. "The Aramaic 'Son of God' Text from Qumran Cave 4". In: WISE, M. *et al.*, orgs. *Methods of Investigation of the Dead Sea Scrolls and the Khirbet Qumran Site: Present Realities and Future Prospects*. New York, New York Academy of Sciences, 1994; pp. 163-175 (Annals of the New York Academy of Sciences, 722).

[39] FLUSSER, D. "The Hubris of the Antichrist in a Fragment from Qumran". *Immanuel* 10, 1980, pp. 31-37.

[40] COLLINS, *The Scepter and the Star*, pp. 156-157.

[41] MARTÍNEZ, F. G. "4Q426: Tipo del Anticristo o Libertador Escatologico?" In: COLLADO, V. & ZURRO RODRIGUEZ, E., orgs. *El Misterio de la Palabra: Homenaje a Luis Alonso Schökel*. Madrid, Ediciones Cristianidad, 1983, pp. 229-244 (reimpresso como "The eschatological figure of 4Q246". In: *Qumran and Apocalyptic: Studies on the Aramaic Texts from Qumran*. Leiden, E. J. Brill, 1992, pp. 162-179 [STDJ, 9]).

[42] Ver especialmente COLLINS, *The Scepter and the Star*, pp. 154-172.

[43] PUECH, "246. 4QApocryphe de Daniel ar", p. 181.

[44] HENGEL, M. *The Son of God*. Philadelphia, Fortress Press, 1976, p. 44; STEUDEL, A. "The Eternal Reign of the People of God: Collective Expectations in Qumran Texts" (4Q246 and 1QM)". *RevQ* 17, 1996, pp. 507-525.

Parte III • O Messias no judaísmo pós-bíblico e no Novo Testamento

meçar perguntando em que data ele foi escrito, antes de tirar conclusões precipitadas sobre a data da composição em si. Segundo Puech, Milik atribuiu ao manuscrito uma data na segunda metade do século I a.C.[45] O texto é, assim, copiado em uma ocasião em que diversas composições subentendem um interesse crescente na expectativa de um rei escatológico, especificamente uma figura davídica (4Q161; 4Q174; 4Q252; 4Q285). Desse modo, parece-me provável que o escriba que copiou o manuscrito real julgasse que a figura do Filho de Deus se referia a um rei judaico, mas é preciso mencionar certos aspectos que põem o rei firmemente em seu devido lugar. Talvez haja quem pense que ele tomou o trono para si e chamou a si mesmo "Filho de Deus" e "Filho do Altíssimo"; mas isso não tem importância, pois a maior parte do que resta da coluna 2 pode ser interpretada como atribuição de uma posição elevada ao povo de Deus, e é o próprio Deus que combate por ele.

Dois textos neotestamentários prestam-se a ser usados como dispositivos hermenêuticos para apoiar essa interpretação. Primeiro, temos Lc 1,32-35, em que ocorre o mesmo par de títulos ("Filho de Deus" e "Filho do Altíssimo"), juntamente com a frase "ele será grande". Collins comenta que essas correspondências são "espantosas" e que "é difícil evitar a conclusão de que, de algum modo, Lucas é dependente, direta ou indiretamente, desse texto havia muito perdido de Qumrã".[46] Aqui temos, então, um exemplo da interpretação messiânica do texto ou a tradição que representa, e uma interpretação que considera a figura um indivíduo. O uso lucano da tradição pressupõe uma figura messiânica incomparável e demonstra, em contraste, o que não pode ser negado ao povo e ao próprio Deus em 4Q246. Segundo, temos Jo 10,22-39, em que a narrativa e seus diálogos são apresentados contra o pano de fundo da festa da Dedicação, com sua celebração do afastamento de Antíoco IV;[47] Jesus anda pelo Templo, e os judeus

---

[45] Puech, "246. 4QApocryphe de Daniel ar", p. 166.

[46] Collins, *The Scepter and the Star*, p. 155.

[47] Levando em consideração que Antíoco IV era um dos competidores ao título de "filho de Deus" em 4Q246, vale a pena destacar um pouco a importância da festa da Dedicação em Jo 10. Entre outros, J. VanderKam pôs em relevo os paralelos entre Hanukká e Jo 10 de maneira bastante adequada. Ele escreve: "É preciso recordar que Antíoco IV não só baniu a prática do judaísmo e o culto do Templo, como também impôs novas formas de culto que incluíam a veneração de si mesmo como deus no Templo de Jerusalém. As afirmações resolutas de Jesus de que ele e o Pai são um (10,30), de que ele era o Filho de Deus (10,36) e de que o Pai estava nele e ele no Pai foram feitas em uma época na qual as pretensões blasfemas de Antíoco IV de ser um deus estavam bem frescas na mentalidade do povo judeu": John 10 and the Feast of Dedication. In: Attridge, H. W.; Collins, J. J.; Tobin, T. H., orgs. *Of Scribes and Scrolls:*

Realeza e messianismo nos manuscritos do Mar Morto

exigem que lhes diga "abertamente" se é o Messias. A resposta definitiva clara de Jesus: "Eu e o Pai somos um" provoca uma reação agressiva, e os judeus apanham pedras, pois percebem que Jesus, embora apenas um ser humano, está se fazendo de Deus. Jesus nega que se faz de alguma coisa, mas, por meio de sua resposta com Sl 82,6, afirma tacitamente que ocupa uma posição inconfundível,[48] mostra que seres humanos podem ser chamados "deuses" e posteriormente descreve a si mesmo como Filho de Deus. Assim, como Lc 1,32-35, Jo 10,22-39 contém menção do Filho de Deus, a menção subentendida do(s) filho(s) do Altíssimo e um debate sobre se Jesus está se fazendo, podemos dizer, chamando a si mesmo, de Deus.[49] Todos esses componentes encontram-se em 4Q246, como já mencionei. Lc 1,32-35 realça, por contraste, como é possível entender que a figura régia de 4Q246 refere-se a um rei escatológico judaico, ao passo que Jo 10,22-39 sugere que havia um contínuo debate animado a respeito da identificação de qualquer "Filho de Deus". Quem quer que, mesmo sendo rei, reivindicasse esse título para si, precisava ser posto em seu lugar.

Um segundo texto aramaico, 4Q541, o chamado Testamento de Levi[d], também é digno de alguns comentários.[50] É provável que essa composição descreva a sucessão de sacerdotes desde Levi até o fim. O que surge como possibilidade por causa de alguns empréstimos hebraicos no texto é que a linguagem do servo de Isaías aplica-se a esse sacerdote. O fragmento 24 parece descrever a morte de um desses sacerdotes, talvez o último, pois o fragmento parece conter o fim do

---

Studies on the Hebrew Bible, Intertestamental Judaism, and Christian Origins. Lanham, MD, University Press of America, 1990, p. 211 (Resources in Religion, 5). Jo 10 confirma, então, que havia um modo de interpretar a tradição especificamente quanto aos que se chamam Filho de Deus ou Filho do Altíssimo, tradição mantida viva pela celebração anual da Hanukká, na qual se recordava a malversação de títulos divinos por parte de Antíoco.

[48] A totalidade de Sl 82,6 diz: "Eu declarei: Vós sois deuses, todos vós sois filhos do Altíssimo".

[49] O difícil versículo Jo 10,29: "Meu Pai, que me deu tudo, é maior que todos" talvez seja reflexo do uso de "grande" em diversos pontos da tradição de 4Q246.

[50] Texto disponível em PUECH, É. "Fragments d'un Apocryphe de Lévi et le Personnage Eschatologique: 4QTestLévi^{c-d}(?) et 4QAJa". In: BARRERA, J. T. & VEGAS MONTANER, L., orgs. *The Madrid Qumran Congress: Proceedings of the International Congress on the Dead Sea Scrolls, Madrid 18-21 March 1991*, II. Leiden, E. J. Brill; Madrid, Editorial Complutense, 1992, pp. 449-501 (STDJ, 11). Ver meu estudo sobre esse texto: "4QTestament of Levi^{d}(?) and the Messianic Servant High Priest". In: DE BOER, M. C., org. *From Jesus to John: Essays on Jesus and New Testament Christology in Honour of Marinus de Jonge.* Sheffield, Sheffield Academic Press, 1993, pp. 83-100 (JSNTSup, 84).

Parte III • O Messias no judaísmo pós-bíblico e no Novo Testamento

texto, por isso não seria impróprio para a linguagem do servo aplicar-se a essa figura. Qualquer que seja o caso, o manuscrito que transmite essa composição origina-se provavelmente da última terça parte do século II a.C. e, assim, é dessa época pelo menos que devemos datar uma preocupação dominante com o papel do sacerdote no fim.

Talvez 4Q521,[51] o chamado "apocalipse messiânico", também deva ser colocado na categoria não-sectária. Como já mencionamos sucintamente, parece ser melhor entender que esse manuscrito refere-se à atividade do profeta escatológico. É importante notar que o fragmento 8 de 4Q521 fala de "todos os seus ungidos", o que faz o entendimento profético de "seu ungido" no fragmento 2 mais provável. Puech tem dificuldade para determinar a data do manuscrito desse texto, pois algumas letras têm formas primitivas, outras tardias, mas ele é do primeiro quarto do século I a.C., com margem de erro de uma ou duas décadas. Alguns fatores talvez tornem pertinente a consideração explícita do papel do profeta escatológico nessa época.[52] Qualquer que seja o caso, nessas três composições vemos indícios da expectativa de profeta, sacerdote e rei escatológicos. Como o enfoque deste estudo é na realeza, a maneira como a figura em 4Q246 é mantida em seu lugar deve ter menção especial.

Nos textos obviamente sectários, há pouca coisa nova para o messianismo. Dois fragmentos merecem ser mencionados explicitamente antes de fazermos alguns comentários gerais. Primeiro, uma referência clara aos "dois ungidos" de Zc 4,14 (Vulgata, Paulinas, 1989) está agora publicada na principal edição de 4Q254, Commentary on Genesis C [4Q254, Comentário ao Gênesis C].[53] Se isso se classifica como citação subsidiária em uma interpretação de Gn 49,10, então temos a interessante possibilidade, em um manuscrito de meados do século I, da representação de messianismo dual no que pode ter sido a bênção de Judá. Em outras palavras, embora o ponto de partida bíblico possa ter envolvido unicamen-

---

[51] É. Puech considera 4Q521 sectário e acha que seu fragmento principal refere-se ao sacerdote escatológico: "Une Apocalypse Messianique (4Q521)". *RevQ* 15, 1991-1992, pp. 475-522.

[52] Se a composição é não-sectária, então pensamentos sobre o profeta talvez se relacionem com a idéia de que João Hircano tinha poderes proféticos; se é sectária, então talvez a reflexão elaborada sobre o profeta escatológico surgisse logo depois da morte do Mestre da Justiça, que alguns podem ter identificado com esse profeta.

[53] Brooke, "254. Commentary on Genesis C", p. 224.

te os descendentes de Judá, a interpretação do comentarista assegurou que todo líder régio futuro ou escatológico deve ser pelo menos igualado a um equivalente sacerdotal, se não realmente posicionado como inferior ao sacerdote.

Observamos um fenômeno semelhante no muito controvertido fragmento 5 de 4Q285,[54] que contém uma interpretação de Is 10,34–11,1. G. Vermes apropriadamente traduz os versos relevantes da interpretação como: "o broto de Davi e eles entrarão em julgamento com [...] e o matará o Príncipe da Congregação, o broto de Davi [...] com golpes e com feridas. E um Sacerdote [de renome (?)] ordenará".[55] Parece claro que o príncipe da congregação está envolvido na execução de algum inimigo, declaração que torna seu papel escatológico tão explícito e ativo quanto em qualquer lugar. Entretanto, também é notável que, mesmo na pequena porção de texto que ainda existe, seja feita menção do sacerdote que vai acompanhar o príncipe e que parece bastante estar no comando. Mais uma vez, embora tenha um papel a desempenhar, o príncipe está acompanhado por um sacerdote ou lhe é subserviente.

Como já mencionamos, a abordagem sincrônica tipológica do messianismo nos textos de Qumrã levou a um aumento da discussão para incluir até os anjos. Pelos comentários feitos neste estudo sobre manuscritos individuais, vê-se que uma abordagem diacrônica do messianismo ainda é adequada. Embora, evidentemente, não seja mais possível usar a mesma precisão que J. Starcky em seu estudo marcante,[56] parece haver algum desenvolvimento. Em vez das quatro etapas propostas por Starcky, podemos esboçar duas, de maneira mais geral.[57]

No material sectário que se origina do fim do século II a.C. e do início do século I a.C., há uma expectativa relativamente equilibrada de duas figuras messiânicas, às vezes precedidas ou acompanhadas de um profeta. Entre os textos que dão essa impressão, estão a clássica declaração em 1QS 9,11, a probabilidade

---

[54] Ver, *inter alia*, Vermes, G. "The Oxford Forum for Qumran Research Seminar on the Rule of War (4Q285)". *JJS* 43, 1992, pp. 85-90; Abegg, M. G. "Messianic Hope and 4Q285: A Reassessment". *JBL* 113, 1994, pp. 81-91.

[55] Vermes, *The Complete Dead Sea Scrolls in English*, p. 189.

[56] Starcky, J. "Les Quatre Étapes du Messianisme à Qumrân". *RB* 70, 1963, pp. 481-505.

[57] Esse esboço de duas etapas não exclui a necessidade de tentar dizer algo sobre as etapas mais primitivas do pensamento do movimento: ver, p. ex., Stegemann, H. "Some Remarks to 1QSa, to 1QSb, and to Qumran Messianism". *RevQ* 17, 1996, pp. 479-505.

Parte III • O Messias no judaísmo pós-bíblico e no Novo Testamento

de que as três primeiras citações em 4Q175 se refiram de maneira primordial a profeta, rei e sacerdote escatológicos, respectivamente, e as declarações sobre dois Messias, no Documento de Damasco. Na etapa mais tardia, o final do século I a.C. e mais tarde, ou pelo menos em composições que só se conservam em manuscritos mais tardios, entra em evidência a figura régia, quer chamada Messias, quer príncipe da congregação, quer broto de Davi, quer mesmo Filho de Deus, embora esteja regularmente acompanhada por algum tipo de guia, um Intérprete da Lei que, quase com certeza, era sacerdote (4Q161; 4Q174; 4Q252; 4Q285). Essa abordagem de duas etapas é apoiada variadamente pela obra de G. S. Oegema e K. Pomykala.[58] Surpreendentemente, Oegema não critica o modelo preciso de Starcky e o reutiliza sem questionar, mas sua tese global é que as circunstâncias políticas variáveis depois de 63 a.C. e, em especial, depois da elevação de Herodes resultaram em textos messiânicos que estavam longe de ser abertamente políticos, e proporcionavam um contrapeso religioso que englobava a insatisfação com a situação política. A obra de Pomykala focaliza a menção explícita de Davi em relação à expectativa messiânica; ele conclui que o messianismo davídico só entra em evidência nos textos "herodianos" mais tardios em Qumrã. Mas, antes de concluirmos que o messianismo de Qumrã desenvolveu-se a partir de uma ideologia bem equilibrada mais primitiva de um ato duplo antevisto de sacerdote e rei, para o ato de ser mais militante e militar, mais abertamente político, é importante perguntar o que os Messias fazem, em especial o davídico.

O profeta e o sacerdote parecem ter muito que fazer. O profeta ungido desempenha atos de importância local e nacional e, em concordância com outras figuras proféticas, tem um papel na interpretação. Talvez o Moisés ungido seja recordado como o tipo do profeta que será suscitado, conforme está explícito em 4Q175.[59] O sacerdote escatológico ungido resgata o povo (4Q451 9 i 2) de uma forma que reflete o culto do céu, onde Melquisedec tem função similar, a fim de que o julgamento divino prossiga (11Q13 ii 5-9). O sacerdote escatológico também parece ter um papel didático; se identificado corretamente como Intérprete da Lei, então é óbvio que a interpretação é a de tornar a Lei conhecida para o rei messiânico (4Q174 3,10-11).

---

[58] Oegema, *Der Gesalbte und sein Volk*; Pomykala, *The Davidic Dynasty Tradition in Early Judaism*.

[59] Na citação de Ex 20,21, segundo a tradição também representada no Pentateuco samaritano.

Mas é notável que o príncipe escatológico ungido seja uma espécie de desapontamento. Ele nem realiza sinais, nem conhece a Lei o suficiente para interpretá-la por si mesmo. É, de certa maneira, uma projeção individualista do rei, para quem há legislação no Rolo do Templo. Não faz nada para si nem por si, embora se erga para salvar Israel e governar em Sião no fim dos tempos (4Q174 3,10-11) e embora, em uma interpretação de Is 10,34–11,1, tenha de matar um inimigo (4Q285 5 3-4). De modo geral, 4QpIsaᵃ resume bem essa situação: "[a interpretação da citação (Is 11,1-5) refere-se ao rebento] de Davi que brotará nos dias futuros... inimigos. Deus sustentará com o espírito de valentia [e Deus lhe dará um] trono de glória, coroa santa e vestes bordadas. E Deus colocará um cetro em sua mão. Dominará sobre todos os povos". Essa percepção do príncipe da congregação pode bem ser um tema consistente: parece estar indicada na necessidade de oração pelo príncipe em 1QSb 5, texto mais primitivo. Mais tardiamente, está indicada na forma final da Regra da Guerra: nos ambientes ali descritos, o príncipe leigo não desempenha praticamente nenhum papel. A vitória é de Deus. Na medida em que é também projeção das aspirações de todos os verdadeiros israelitas para eles mesmos, o Messias régio é descrito como aquele que obedece em vez de ordenar, que é colocado no trono em vez de ganhar fama, que atua como juiz depois que todas as decisões importantes foram tomadas.

4. Realeza e messianismo nos rolos

Ora, quando os conceitos de realeza e de messianismo nos rolos são colocados lado a lado, é possível fazer algumas outras observações intrigantes sobre as duas etapas de messianismo sugeridas aqui. Como vimos, há diversos textos que falam em profundidade da realeza de Deus, em especial os Cânticos do Sacrifício Sabático, texto que existe exclusivamente nos manuscritos de meados do século I a.C. ou posteriores. Algumas dessas composições subentendem que Deus é rei agora, outras que ele será reconhecido como tal no futuro. Em nenhuma delas há menção alguma do Messias régio. A soberania de Deus é conhecida ou deve ser conhecida independentemente de qualquer intermediário humano que represente seu domínio na terra.

Há algumas composições da segunda metade do século I a.C., ou posteriores, nas quais o enfoque está realmente no Messias régio, mas nesses textos tal messianismo costuma ser posto em perspectiva por meio da recordação da sobe-

PARTE III • O Messias no judaísmo pós-bíblico e no Novo Testamento

rania do próprio Deus, ou qualificado por fazer o Messias régio ficar ao lado de algum equivalente sacerdotal. Assim, por exemplo, na coluna mais completa de 4Q174, a realeza de Deus é declarada por intermédio da citação explícita de Ex 15,17-18, antes de ser mencionado o broto de Davi "que se erguerá com o Intérprete da Lei". Além disso, as composições nas quais o Messias régio (e comumente davídico) está em evidência, embora outra figura escatológica também seja mencionada com freqüência, pertencem todas paleograficamente ao período herodiano, isto é, aos últimos cem anos da existência da comunidade de Qumrã e do movimento mais amplo do qual ela fazia parte.

Dois fatores podem ter influenciado a ênfase crescente no Messias davídico nesse período mais tardio. Por um lado, de 63 a.C. em diante, a situação política fora da comunidade, no domínio romano e no reinado da casa herodiana, viu uma ênfase na realeza predominantemente separada de qualquer ambiente do Templo. A aspiração a um Messias davídico era uma contrapartida compensatória natural aos reis estrangeiros que se haviam apossado da terra. Por outro lado, como a versão manuscrita da Regra da Comunidade presente em 4QS^d data da última parte do século I a.C., é como se houvesse ou uma redescoberta ou um movimento em direção de crescente laicização dentro da comunidade no período mais tardio. Isso tinha dois aspectos. Primeiro, significava que, embora a pureza continuasse a ser marca significativa do membro da comunidade, já não era o sacerdócio que tinha jurisdição exclusiva nesses assuntos; talvez o clericalismo da comunidade estivesse em decadência e, assim, era natural que uma comunidade cada vez mais laica procurasse fundamentalmente um líder leigo para a realização de suas esperanças.[60] Segundo, a crescente laicização da comunidade significava que nenhum líder vivo era o centro das aspirações coletivas: essas aspirações concentravam-se sobretudo em um Messias davídico de escolha divina. Mas esses fatores, que acarretavam interesse pelo Messias davídico, também

---

[60] Alhures, tentei explicar as mudanças e as evoluções no messianismo do Documento de Damasco: BROOKE, G. J. "The Messiah of Aaron in the Damascus Document". *RevQ* 15, 1991-1992, pp. 215-230. O declínio dos interesses sacerdotais sadoquitas pode estar representado no tema consistente de que o "rei" de Amós 5,26-27 é a "congregação", a "estrela" é o Intérprete da Lei e o "cetro" é o príncipe da congregação toda; mas também, se uma única figura está por trás de parte da fraseologia do texto, o domínio continuado do Messias sacerdotal reflete uma possível preocupação levítica (em vez de sadoquita), que não é incompatível com a mudança de poder na comunidade e em seu movimento mais amplo longe dos sadoquitas.

Realeza e messianismo nos manuscritos do Mar Morto

eram responsáveis pela ênfase na soberania dominante do próprio Deus. Isso explica a combinação um tanto estranha de idéias: enquanto diversas composições mais tardias apresentam o Messias apropriadamente acompanhado de um conselheiro, seu papel parece sempre um tanto comprometido pela autoridade do próprio Deus.

Tudo isso pode ser visto paradgmaticamente em 4Q174. A posição predominante atribuída à soberania de Deus já foi mencionada na maneira como Ex 15,17-18 é citado explicitamente no início da interpretação do oráculo de Natã. Depois da interpretação de 2Sm 7, que acabou por resultar na menção do broto de Davi, há uma interpretação do Sl 2. O manuscrito está um pouco danificado nesse ponto, mas todos os estudiosos concordam que a coluna completa continha a palavra *mᵉšîhô*, de Sl 2,2. Assim, o termo *māšîah* estava explícito ali. Mas com quem esse Messias deve ser identificado? O *pesher* vai até o fim da coluna e menciona apenas o "eleito de Israel nos últimos dias". No que resta no topo da coluna seguinte não há lugar para descrever uma figura messiânica individual. O ungido do salmo é o eleito de Israel, a própria comunidade. A soberania de Deus, o Messias davídico e o lugar proeminente da comunidade laicizada estão todos presentes nessa coluna de texto em um manuscrito "herodiano".

Como reis–sacerdotes, os asmoneus podem ter estimulado o messianismo da comunidade no período mais primitivo, enquanto ela refletia na dualidade de certos textos bíblicos, mas foram as circunstâncias políticas de viver sob Herodes e os romanos, juntamente com a dinâmica variável na comunidade, que fizeram o messianismo davídico tornar-se proeminente na virada do período histórico, embora sempre dentro do contexto da firme asserção da realeza de Deus.

5. Conclusão

Nos últimos cinqüenta anos, os rolos têm, de muitas maneiras, "bagunçado" o messianismo, dificultando o esclarecimento daquilo que constituía a expectativa escatológica judaica, no tempo de Hilel e Jesus. Mas agora que quase todo fragmento é de domínio público é possível apresentar várias conclusões relativamente seguras.

Para começar, em termos do número global de composições encontradas em Qumrã, são relativamente poucas as que contêm referências explícitas a um

471

ou mais Messias. O messianismo não parece ter sido a principal ênfase da perspectiva escatológica da comunidade de Qumrã, nem do movimento mais amplo de que ela fazia parte. Antes, a base parece ter sido a crença de que as experiências da comunidade deviam ser entendidas como realização da profecia.

Segundo, à medida que fica mais fácil distinguir as composições sectárias das não-sectárias, também se torna mais importante reconhecer a maneira como alguns dos elementos do messianismo de Qumrã foram herdados não apenas de textos bíblicos, mas também de textos bíblicos transmitidos por intermédio de outras tradições, em especial a tradição aramaica (como 4Q541).

Terceiro, uma leitura tipológica do messianismo dos rolos pode ser bastante apropriada, mas, antes de cada texto ser lido como reflexo do mesmo entendimento básico, é preciso também fazer o reconhecimento das evoluções no decorrer do tempo; o diacrônico deve ser colocado ao lado do sincrônico. Dentro da estrutura do messianismo dual, nos textos mais primitivos, alguns dos quais perduram até o período mais tardio, o sacerdote Messias é dominante ao lado de uma figura régia, mas, em alguns textos mais tardios, o rei–Messias entra especialmente em evidência de maneira intrigante. Nesses textos mais tardios, o rei–Messias é politicamente correto, mas é mantido em seu lugar pela ênfase na soberania de Deus e pela preocupação com o lugar da comunidade como eleita de Deus. O consistente ponto de vista de Qumrã, em todas as gerações, parece ter sido que nada de muito valor poderia vir de um palácio, embora um rebento de Davi ou líder principesco simbolizasse a maneira como Deus representaria alguns de seus propósitos no fim dos tempos.

O rei–Messias no judaísmo rabínico

PHILIP S. ALEXANDER

Meu propósito nesta dissertação é analisar idéias a respeito do rei–Messias na tradição rabínica. De maneira específica, estou interessado em determinar como essas idéias eram fundamentais para o judaísmo rabínico e que papel desempenhavam nele, em descobrir que elementos da doutrina messiânica rabínica foram tirados do messianismo do Segundo Templo e quais foram, aparentemente, produzidos no período pós-70 d.C. Quanto aos indícios do judaísmo rabínico, restrinjo-me estritamente aos grandes textos rabínicos clássicos — a Mixná, a Guemará e os *Midrashes* — que foram produzidos no Yeshivá rabínico. Outros textos com material messiânico circulavam no ambiente rabínico — orações como a Amidá e a literatura mística como os Livros de Heikkhalot —, mas ou não são de origem rabínica, como no caso da Amidá (embora a Amidá fosse modificada sob influência rabínica), ou não pertencem ao cânon da literatura rabínica, como no caso dos Livros de Heikkhalot. Resisti à tentação de produzir uma imagem composta que sintetize todas as fontes do período talmúdico. Minha abordagem é analítica, e a percepção de uma certa tensão entre as idéias dos principais textos rabínicos e as idéias que podem ter sido mais ampla e popularmente aceitas na sociedade dominada pelos rabinos é fundamental para meu argumento.

Começo na época pós-talmúdica, com o Oitavo Tratado da obra-prima de Saadia Gaon, *The Book of Beliefs and Opinions* [O livro de crenças e opiniões].[1] As razões para começar aqui, tão tarde na história do rabinismo, são, em minha opinião, convincentes. Saadia expressa a primeira declaração clara, plena e coerente de messianismo estritamente dentro da tradição rabínica. As idéias messiânicas encontram-se em um período muito anterior, na literatura talmúdica

---

[1] SAADIA. *Kitab al-Amanat wa-'Ttiqadat.* (KAFIH, J., org.). Jerusalem, Mossad Harav Kook, 1970, pp. 237-260 (ET in ROSENBLATT, S. *The Book of Beliefs and Opinions.* New Haven, Yale University Press, 1948, pp. 290-319).

PARTE III • O Messias no judaísmo pós-bíblico e no Novo Testamento

e, como observamos, em textos litúrgicos e apocalípticos conhecidos dos rabinos, mas é difícil dizer como essas idéias relacionam-se com a visão rabínica do mundo ou que papel desempenham no sistema de pensamento rabínico. O material talmúdico é especialmente problemático. Há um importante *corpus* de *midrashes* e hagadot no Talmude, mas esse *corpus* está disperso aqui e ali, de forma altamente alusiva; é difícil perceber como tudo se encaixa, compreender a atitude dos rabinos em relação a ele e integrá-lo em seu pensamento. Eis um exemplo instrutivo. Já em *m. Sanh.* 10,1, lemos: "Estes são os que não compartilham o mundo futuro: aquele que diz não existir nenhuma ressurreição dos mortos preceituada na Torá, aquele que diz que a Torá não se origina do céu e um epicurista". Esse bem conhecido texto destina-se a indicar, embora de maneira obscura, algumas das crenças fundamentais do judaísmo rabínico, mas o que significa aqui a ressurreição dos mortos? Em certos textos, a ressurreição dos mortos faz parte de um panorama abrangente do fim, que inclui a vinda do rei–Messias. Essa referência à ressurreição alude a esse quadro maior e automaticamente atrai o messianismo como princípio básico do sistema de pensamento rabínico? Essa foi, com certeza, a perspectiva adotada por Maimônides quando escreveu seu comentário sobre essa passagem da Mixná, da qual derivam os célebres treze princípios da fé.[2] Mas a doutrina da ressurreição dos mortos não subentende necessariamente a doutrina do Messias. Pode-se imaginar uma ressurreição no fim da história simplesmente para julgamento, para recompensar os justos e punir os ímpios em um equilíbrio final do livro de registro moral, sem subentender a vinda de um Messias ou da restauração do Estado judaico. Entretanto, com Saadia, pela primeira vez em um texto *rabínico*, todas as peças do quebra-cabeça encaixam-se em uma imagem coerente e enunciada com autoridade como crença rabínica fundamental. Saadia (882-942), que terminou a vida como chefe da academia Suran em Bagdá, foi um dos mais importantes estudiosos rabínicos da Idade Média e escreveu *The Book of Beliefs and Opinions* precisamente para definir e defender os princípios fundamentais do rabinismo contra os ataques dos caraítas. Não só *The*

---

[2] MAIMÔNIDES. *Commentary on the Mishnah* (KAFIḤ, J., org.). Jerusalem, Mossad Harav Kook, 1963-1968. *Neziqin*, pp. 210-217 (ET in ALEXANDER, P. S. *Textual Sources for the Study of Judaism*. Manchester, Manchester University Press, 1984, pp. 111-116). Sobre a doutrina rabínica da ressurreição dos mortos, ver SYSLING, H. *Teḥiyyat Ha-Metim: The Resurrection of the Dead in the Palestinian Targums of the Pentateuch and Parallel Traditions in Classical Rabbinic Literature*. Tübingen, J. C. B. Mohr (Paul Siebeck), 1966.

O rei–Messias no judaísmo rabínico

Book of Beliefs and Opinions foi amplamente lido nas versões arábica e hebraica, como também uma adaptação hebraica de seu Oitavo Tratado circulou como tratado apocalíptico independente.[3] Ele é a primeira autoridade que pode ser datada com clareza a fazer do messianismo um dogma do judaísmo rabínico, e sua influência nessa, como em outras áreas, foi decisiva. Em geral, ao expor idéias messiânicas judaicas, os autores mais tardios ficam direta ou indiretamente em dívida com ele, e alguns o mencionam pelo nome.[4]

Então, qual é o cenário messiânico de Saadia? Para ele, a vinda do Messias é decididamente um verdadeiro acontecimento histórico. Em seu relato, não há sinal de misticismo. Ele imagina um processo político estritamente no plano terreno, o que é reforçado pelo fato de que, apesar de uma advertência talmúdica em contrário, ele faz uma tentativa séria de calcular a data da vinda do Messias.[5] A partir da Escritura, produz três cálculos diferentes do fim, mas argumenta que a existência dessas datas diferentes não pode mais ser usada para questionar o fim do exílio atual mais do que as diversas figuras da Escritura durante os exílios babilônio e egípcio podem ser usadas para negar que esses exílios chegaram ao fim. Deus, em sua sabedoria, sabe como as datas devem ser harmonizadas.

Para Saadia, o exílio atual tem um termo fixo absolutamente predeterminado, um ponto no tempo além do qual Deus não permitirá que o exílio continue. A vinda do Messias será acelerada se Israel arrepender-se de seus pecados, mas se o fim for alcançado antes de Israel arrepender-se, então Deus lhe trará reveses e desgraças que o obrigarão a resolver arrepender-se, para ser digno de redenção.

A primeira etapa dessas desgraças messiânicas será o aparecimento, na Alta Galiléia, do Messias filho de José, que reunirá em torno de si indivíduos da nação judaica e se erguerá e retomará Jerusalém dos romanos. O Messias ben José reinará em Jerusalém por certo período não especificado, mas Jerusalém

---

[3] Ver uma edição em SHEMUEL, Yehudah Even. *Midreshei Ge'ullah*. 2. ed. Jerusalem, Mosad Bialik, 1954, pp. 117-128.

[4] Observar, p. ex., a referência de Maimônides a Saadia em sua *Epistle to the Yemen*, section III (KAFIH, J., org.). *Rabbi Mosheh ben Maimon: Iggerot*. Jerusalem, Mossad Harav Kook, 1972 (ET HALKIN, A. & HARTMAN, D. *Epistles of Maimonides: Crisis and Leadership. Philadelphia* & Jerusalem, Jewish Publication Society, 1993). O cenário da era messiânica na visão de Maimônides encontra-se em seu *Mishneh Torah*, Shofetim XI.

[5] Cf. uma análise em MALTER, H. "Saadia Gaon's Messianic Computation". *Journal of Jewish Lore and Philosophy* 1, 1919, pp. 45-59. A injunção talmúdica contra calcular o fim encontra-se em *b. Sanh.* 97b.

Parte III • O Messias no judaísmo pós-bíblico e no Novo Testamento

será então recapturada em um ataque-surpresa pelos romanos, sob a liderança do antimessias Armilo, que "sujeitará seus habitantes ao massacre, ao cativeiro e à desgraça". E entre os que serão mortos estará o Messias ben José. Então as tribulações de Israel começarão realmente. "Nessa ocasião, cairão sobre a nação judaica grandes desgraças, e a mais difícil de suportar será a determinação de sua relação com os governos do mundo, que os levarão ao deserto, onde padecerão fome e miséria. Em conseqüência do que irá suceder-lhes, muitos deles abandonarão a fé, e só permanecerão os que forem purificados". O período de desgraças terá fim com a aparição de Elias, o profeta, que completará o trabalho de purificação iniciado pelo Messias ben José e proclamará a vinda do Messias ben Davi.

Quer seja, quer não seja precedido por Elias, pelo Messias ben José e pelo período de tribulação, ou venha de repente e sem ser anunciado, porque Israel arrependeu-se por sua livre vontade, o Messias ben Davi certamente virá. Reunirá em torno de si seu séquito e ocupará Jerusalém, e se Armilo estiver lá, ele o matará. Iniciará um período de reconstrução e prosperidade na terra de Israel. Entretanto, tendo ouvido falar da prosperidade de Israel, Gog e Magog irão cerrar fileiras e erguer-se para atacar o Messias ben Davi. As hostes de Gog e Magog compreenderão duas categorias: primeiro, pecados notórios, destinados à perdição, e, segundo, "pessoas que se emendaram a fim de ingressar na fé". Seguir-se-á então, no vale de Josafá, a última grande batalha entre Israel e as nações, que resultará na destruição de Gog e Magog e dos pecadores em suas hostes. Seus seguidores que se emendaram serão incorporados a Israel, evidentemente como convertidos ou como gentios justos, embora em posição subalterna. Alguns servirão como empregados domésticos nos lares dos israelitas, outros servirão em cidades e povoados, outros ainda nos campos, e os restantes voltarão para seus países, serão submissos a Israel e todo ano peregrinarão a Jerusalém na festa dos Tabernáculos.

Então se seguirá a reunião dos exilados. A fim de ganhar as boas graças do Messias, as nações apressarão o envio dos exilados à Terra Santa e os transportarão em "cavalos e mulas, em liteiras e dromedários", em navios e barcos e, se necessário, até os carregarão às costas, cumulando-os de presentes na hora da partida. Os judeus que permanecerem no deserto, ou não forem conduzidos a Jerusalém por nenhuma das nações, serão depressa trazidos a Israel por intervenção divina, como se uma nuvem os erguesse e carregasse.

O rei–Messias no judaísmo rabínico

À reunião dos exilados seguir-se-á a ressurreição dos mortos, que abrangerá somente os israelitas, para que se unam aos judeus que ainda vivem e gozem do reino messiânico. A Cidade Santa será renovada, e o Templo que Ezequiel contemplou em sua visão, estabelecido. A Shekhinah, isto é, a presença de Deus, voltará a manifestar-se e "cintilará no Templo com tal brilho que, em comparação, todas as luzes serão tênues ou opacas". Várias maravilhas naturais ocorrerão. O Monte das Oliveiras se partirá em dois, e do Templo emanará um rio em cujas margens crescerão árvores maravilhosas. A profecia será restabelecida em Israel, tornando-se tão difundida que até crianças e escravos serão contemplados com o dom. "Essa, então", diz Saadia, "será a posição mantida pelos que crêem, enquanto o mundo existir, sem mudança, como está dito na Escritura: 'Mas Israel será salvo por Iahweh, com uma salvação eterna; não sereis confundidos nem humilhados, por todo o sempre' (Is 45,17)". Em outras palavras, Israel não se rebelará mais contra Deus; o reino messiânico perdurará até o fim do mundo.

Saadia completa o relato da redenção com uma polêmica contra dois grupos. O primeiro é um grupo judaico segundo o qual, na realidade, todas as profecias messiânicas da Bíblia foram cumpridas na época do Segundo Templo. Agora é difícil dizer quem eram os componentes desse grupo, mas a refutação detalhada de Saadia deixa claro que ocupavam uma posição bem organizada. Tais atitudes historicistas em relação à apocalíptica são atestadas no judaísmo e no cristianismo. O segundo grupo contra o qual ele polemiza são obviamente os cristãos, que tinham, já se vê, interesse na profecia messiânica e defendiam uma realização dividida do fim da história, com uma primeira e uma segunda vinda de Cristo.

Aqui, então, temos muitos dos elementos do programa messiânico rabínico clássico claramente especificados pela primeira vez. Os temas principais são: 1) a importância do arrependimento de Israel para apressar a vinda do Messias; 2) o papel do Messias ben José morto e de Elias na preparação do caminho para a vinda do Messias ben Davi; 3) as desgraças messiânicas e a figura de Armilo, o antimessias; 4) o Messias ben Davi; 5) as guerras de Gog e Magog e a batalha de Armagedom; 6) a "conversão" dos gentios; 7) a reunião dos exilados judaicos; 8) a ressurreição dos mortos; 9) a reconstrução de Jerusalém e do Templo, com o reaparecimento da Shekhinah e da profecia; 10) as consolações da época messiânica — a extraordinária fertilidade da terra e a ausência de pestilência e

Parte III • O Messias no judaísmo pós-bíblico e no Novo Testamento

doença. O que não está aqui, ou foi deliberadamente disfarçado, é tão significativo quanto o que está aqui e foi expresso com clareza. Não há menção de julgamento divino na época messiânica. A ressurreição é parcial e afeta apenas os israelitas, e seu propósito é permitir aos que morreram o usufruto das bênçãos messiânicas. Para Saadia, o julgamento acontece no mundo espiritual, depois da morte, e resulta ou na destruição da alma ou em sua purificação e entrada no Gan Éden. Também não há nenhuma doutrina da imortalidade do corpo. Saadia deixa claro que os que estiverem vivos na época messiânica gozarão de felicidade incomum, mas, mesmo assim, morrerão, de acordo com a ordem natural das coisas. Ele é um tanto obscuro quanto ao que lhes acontecerá então. É de presumir que entrem diretamente no Gan Éden. Pode-se perceber também que Saadia é vago a respeito do destino final do mundo físico. Não está claro se pensa que o mundo físico durará para sempre, ou se chegará ao fim e, nesse caso, o que acontecerá.[6]

Quais são as fontes da doutrina messiânica de Saadia? Cuidadosamente, ele baseia suas idéias na Escritura, e alguns dos refinamentos de seu cenário messiânico talvez resultem de sua estrita exegese da Bíblia. Entretanto, deixa bastante claro que também se apóia na tradição, e de fato muitos dos elementos de sua imagem encontram-se em textos não-bíblicos muito mais primitivos. Uma fonte possível para suas idéias podem ter sido os escritos apocalípticos hebraicos dos séculos VII e VIII. Parece ter havido uma importante renovação da apocalíptica na Palestina dessa época, o que produziu um conjunto considerável de literatura.[7] O mais importante desses apocalipses tardios é *Sefer Zerubbavel* — relevante texto que não recebeu a atenção que merece e até hoje não tem uma edição e um comentário adequados. Sua transmissão textual é

---

[6] KLAUSNER, Joseph. *The Messianic Idea in Israel: From its Beginning to the Completion of the Mishnah.* Trad. W. F. Stinespring. London, Allen & Unwin, 1956, pp. 408-419, alega que certas tradições rabínicas distinguem entre "os dias do Messias" e "o mundo que há de vir", este último referindo-se à condição do mundo *depois* do reinado do Messias, que será de duração limitada. Mas essa distinção é menos definida do que ele dá a entender.

[7] Ver ALEXANDER, P. S. "Late Hebrew Apocalyptic: A Preliminary Survey". In: GEOLTRAIN, P.; PICARD, J.-C. e DESREMAUX, A., orgs. *La Fable Apocryphe*, I. Turnhout, Brepols, 1990, pp. 197-217. Uma útil coletânea em inglês de textos apocalípticos hebraicos tardios encontra-se em BUCHANAN, G. W. *Revelation and Redemption: Jewish Documents of Deliverance from the Fall of Jerusalem to the Death of Nahmanides.* Dillsboro, NC, Western North Carolina Press, 1978. Entretanto, as traduções de Buchanan são inconsistentes, e suas notas apressadas e esporádicas.

muito confusa. No importante manuscrito Bodley, ele é claramente uma obra conjunta compósita, formada por diferentes recensões do mesmo texto básico.[8] De modo geral, seu cenário do fim combina os elementos no mesmo padrão que Saadia. Entretanto, como as origens do trabalho são obscuras, não devemos tirar a conclusão apressada de que se originou em um ambiente rabínico e pode ser classificado como "rabínico". Contém detalhes pitorescos e significativos que não estão em Saadia. Assim, em *Sefer Zerubbavel*, Armilo nasce de Satanás e de uma estátua da Virgem Maria. Metatron/Miguel, o *angelus interpres* do livro, agarra Zerubbavel e leva-o para "uma casa de desgraça e pândega", a saber, uma igreja em Roma, a Grande (isto é, Bizâncio), e ali lhe mostra uma pedra de mármore em forma de virgem, cuja bela aparência é maravilhoso contemplar. Ele diz: "Essa estátua é a mulher de Belial. Satanás virá e se deitará com ela, e ela dará à luz um filho chamado Armilo, que destruirá o povo". Esse interesse no culto da Virgem também surge indiretamente em *Sefer Zerubbavel* na figura de Hafsiba. Ela é a mãe do Messias ben Davi, que em *Sefer Zerubbavel* se chama Manaém ben Amiel, e desempenha um papel significativo no cenário do fim; por exemplo, com seu bastão, protege Jerusalém depois da derrota e morte do Messias ben José, aqui chamado Neemias ben Hushiel. Como Martha Himmelfarb sugere de maneira plausível, há aqui uma alusão ao uso, pelos bizantinos, de imagens da Virgem para proteger cidades sitiadas ou exércitos em guerra.[9] Hafsiba, a mãe do Messias ben Davi, é a réplica judaica de Maria, a mãe de Jesus. Curiosamente, na tradição judaica, Hafsiba encontra-se só no *Livro de Zerubbavel*. Todos os outros cenários judaicos mais tardios do fim, não apenas ao de Saadia, a ignoram. Talvez sua ascendência cristã fosse óbvia demais. Também presente em *Sefer Zerubbavel*, mas ausente de Saadia, é a idéia do Messias oculto, que já está aqui, vivendo incógnito, desprezado, humilde e

---

[8] A confusão textual do *Sefer Zerubbavel* atesta sua popularidade. A edição mais adequada ainda é a de Lévi, I. *Revue des Études Juives* 68, 1914, pp. 108-121; 71, 1920, pp. 57-65. Há também uma edição em Shemuel, Even, *Midreshei Ge'ullah*, pp. 55-88; cf. pp. 379-389 (et Martha Himmelfarb. In: Stern, D. & Mirsky, M. J., orgs. *Rabbinic Fantasies: Imaginative Narratives from Classical Hebrew Literature*. Philadelphia/New York, Jewish Publication Society, 1990, pp. 67-90). Sua versão shabateana, publicada por Wertheimer, S. A. como *Pirqei Heikhalot Rabbati (Batei Midrashot)*. 2 ed. Jerusalem, Mossad Harav Kook, 1968, I, pp. 118-134, mostra que essa obra ainda era influente no século XVII; cf. Shemuel, Yehudah Even. *Midreshei Ge'ullah*, pp. 352-370. Ver também Scholem, G. *Sabbatai Sevi: The Mystical Messiah 1626-1676*. Princeton, Princeton University Press, 1973, pp. 737-740.

[9] Himmelfarb. In: Stern & Mirsky, orgs., *Rabbinic Fantasies*, p. 69.

PARTE III • O Messias no judaísmo pós-bíblico e no Novo Testamento

feio, na ímpia cidade de Roma. Essa noção do Messias desprezado e oculto, que tem precedentes no Talmude e nos Midraxes, parece-me também ter um forte colorido cristão: ele é a réplica judaica dos galileus desprezados e humildes que vai finalmente triunfar em sua segunda vinda. Por sua vez, Saadia pode ter percebido e se sentido constrangido com os paralelos cristãos.

Parece não haver dúvida de que o pano de fundo do *Sefer Zerubbavel* está nas guerras entre Bizâncio e a Pérsia, nos anos 604-630. As campanhas persas no Ocidente devem ter produzido uma revivescência de fervor messiânico entre os judeus. Afinal de contas, não havia uma tradição segundo a qual quem vê um cavalo persa preso a uma sepultura na terra de Israel deve esperar a redenção?[10] A imagem da Pérsia está presente com clareza no *Livro de Zerubbavel*, e não é de todo positiva. É Shiroi, rei da Pérsia, quem, no quinto ano de Neemias filho de Hushiel, depois da reunião dos exilados, se ergue contra Neemias e provoca grande dissabor para Israel, mas é Armilo, provavelmente o imperador Heráclio, quem realmente mata Neemias. O *Livro de Zerubbavel* assinala a revivescência da apocalíptica hebraica, que parece ter durado pelo resto do século VII e até o século VIII. Essa revivescência foi também alimentada pela chegada do islamismo à arena política do Oriente Médio nos anos 630. O folheto conhecido como os *Segredos de Rabi Shim'on ben Yohai* parece ter reelaborado parte do material do *Sefer Zerubbavel*, tendo em mente a conquista islâmica do Crescente Fértil.[11] Alguns dos outros textos publicados por Yehudah Even Shemuel, em *Midreshei Ge'ullah*, também pertencem a esse período. Parece ter havido uma revivescência da apocalíptica no mundo cristão mais ou menos na mesma época — em grego e em siríaco —, e essa literatura é muitas vezes associada à figura bíblica de Daniel e aos quatro impérios mundiais do livro bíblico de Daniel.[12] Que há elos entre os

---

[10] *Cant. R.* 8,9,3; cf. *b. Sanh.* 98a-98b.

[11] LEWIS, Bernard. "An Apocalyptic Vision of Islamic History". In: LEWIS, B. *Studies in Classical and Ottoman Islam (7th-16th Centuries)*. London, Variorum Reprints, 1976, n. V (= *BSOAS* 13, 1950, pp. 308-338). Notar também LEWIS, B. "On That Day: A Jewish Apocalyptic Poem on the Arab Conquests", n. VI no mesmo volume (= *Mélanges d'Islamologie; Volume Dédié à la Mémoire de Arnauld Abel*. Leiden, E. J. Brill, 1974, pp. 197-200).

[12] O mais importante desses apocalipses foi a obra siríaca *Apocalipse do Pseudo-Metódio* (Cod. Vat. Syrus 58), composta por volta de meados do século VII. Ver ALEXANDER, P. J. *The Byzantine Apocalyptic Tradition*. Berkeley, University of California Press, 1985, especialmente pp. 13-51. ZERVOS, G. T. "Apocalypse of Daniel". In: *OTP*, I, pp. 755-770.

O rei-Messias no judaísmo rabínico

apocalipses cristão e judaico e que ambos reagem às mesmas circunstâncias políticas, é uma hipótese altamente plausível.[13]

Muitas das idéias contidas no *Sefer Zerubbavel* e nos outros apocalipses hebraicos dos séculos VII e VIII têm paralelos em textos rabínicos anteriores, mas algumas parecem remontar ao período talmúdico até a época do Segundo Templo. Como se explica isso? Creio ser improvável que a literatura apocalíptica do Segundo Templo tenha sobrevivido como transmissão viva dentro dos círculos judaicos durante o período talmúdico até os dias dos Geonim. Na verdade, não há nenhum sinal dessa literatura nos textos rabínicos do período talmúdico. Antes, o que temos nos tempos pós-talmúdicos é uma redescoberta, por estudiosos judaicos, da literatura que havia estado perdida para eles durante quinhentos ou seiscentos anos. Como isso aconteceu? Creio que a chave dessa redescoberta esteja provavelmente em uma revivescência contemporânea do gênero apocalíptico no cristianismo. Os estudiosos judaicos foram, de algum modo, influenciados por essa revivescência e, por meio dela, tomaram novamente consciência de certos textos judaicos do período do Segundo Templo. Ao reconhecer que, embora estivessem sendo transmitidos por cristãos, na verdade esses textos pertenciam à herança literária judaica, acharam-se prontos a explorá-los para seus próprios fins. Uma redescoberta semelhante da literatura judaica primitiva "perdida" parece ter levado à criação do *Sefer Yosippon* e à literatura hebraica de Judite.[14] Uma redescoberta da apocalíptica do Segundo Templo, do século VII ao século

---

[13] A disposição apocalíptica e messiânica da época pós-islâmica influenciou não só judeus e cristãos, mas também os zoroastristas e, por fim, os muçulmanos, como observa Bernard Lewis: "Durante os quatro primeiros séculos de domínio islâmico, as esperanças messiânicas cresceram entre os povos do califado. Sujeitos ao domínio de uma nova e estranha religião, cristãos, judeus e zoroastristas acalentavam e enfeitavam suas tradições de um Messias ou *Saoshyant* de linhagem eleita por Deus que, quando Deus quisesse, viria ou voltaria ao mundo, acabaria com os sofrimentos dos fiéis e o domínio de seus adversários, e instituiria o Reino de Deus na terra. Logo o próprio islamismo foi afetado. Primeiro, nas heresias dos recém-convertidos, insatisfeitos com a posição destinada a eles no que ainda era um reino árabe, que transferiam suas crenças antigas para a nova fé; depois, na ortodoxia de todo o islamismo, surgiu crença em um *Mahdi*, alguém 'divinamente guiado', que, nas palavras da tradição, 'encheria de justiça e eqüidade a terra, que agora está cheia de tirania e opressão' " ("An Apocalyptic Vision of Islamic History", p. 308).

[14] O *Sefer Yosippon* foi, provavelmente, composto no Sul da Itália no século IX. Ver Flusser, D. *The Josippon [José Gerionides]: Edited with an Introduction, Commentary and Notes*. 2 v. Jerusalem, Mosad Bialik, 1980-1981 (hebraico). Cf. a literatura de Judite em Jellinek, A. *Bet ha-Midrasch*. Jerusalem, Wahrmann Books, 1967, I, pp. 130-131; II, pp. 12-22 (reimpr.); Eisenstein, J. D. *Ozar Midrashim*. New York, Bibliotheca Midrashica, 1915, I, pp. 203-209.

PARTE III • O Messias no judaísmo pós-bíblico e no Novo Testamento

VIII, pode estar refletida também em obras como *Pirqei deRabbi Eli'ezer*. Esta última obra foi há muito reconhecido como um dos textos judaicos mais enigmáticos do início da Idade Média. Parece conter grande número de idéias que não se encontram em parte alguma do hagadot rabínico dos séculos anteriores, mas têm paralelos muito remotos na literatura de Henoc do período do Segundo Templo.[15] Há base para pensar que, por essa época, estudiosos cristãos siríacos redescobriram os livros de *Henoc* e o livro dos *Jubileus*, bem como outra literatura judaica do Segundo Templo. Isso explicaria as fortes alusões a esses textos em obras como a *Gruta dos Tesouros*, que se costuma datar do fim do século VI d.C.[16]

Três outros textos judaicos incomuns, provavelmente do mesmo período, devem ser mencionados nesse contexto. 1) O primeiro é o chamado *Targum Pseudo-Jônatas* ao Pentateuco. Há muito foi notado que esse Targum peculiar tem uma curiosa mistura de tradições muito tardias e muito primitivas: em sua forma atual, não foi definitivamente redigido antes do século VII, contudo contém elementos que são muito antigos e aparentemente remontam à época do Segundo Templo. Também se observou que ele revela paralelos significativos com *Pirqei deRabbi Eli'ezer*. É, provavelmente, um Targum literário surgido no mesmo ambiente em que *Pirqei deRabbi Eli'ezer* foi compilado e, como *Pirqei deRabbi Eli'ezer*, uma de suas fontes foi a literatura judaica do Segundo Templo.[17] 2) O segundo texto que deve ser mencionado é o *Targum de Shir ha-Shirim*. Composto provavelmente no

---

[15] Ver as notas em FRIEDLANDER, G. *Pirke de Rabbi Eliezer*. New York, Sepher-Hermon Press, 1981 (reimpr.), e em FERNÁNDEZ, Miguel Pérez. *Los Capítulos de Rabbi Eliezer: Versión crítica, introducción y notas*. Valencia, Institución San Jerónimo, 1984. A data de *Pirqei deRabbi Eliezer* é discutida em STEMBERGER, G. *Introduction to Talmud and Midrash* (Trad. M. Bockmuehl). 2. ed. Edinburgh, T. & T. Clark, 1996, pp. 328-330.

[16] Ver BEZOLD, C. *Die Schatzhöhle*. Leipzig, J. C. Hinrichs, 1988; WALLIS BUDGE, E. A. *The Book of the Cave of Treasures*. London, Religious Tract Society, 1927. É preciso lembrar que não há indícios da influência de *Henoc* ou de *Jubileus* na literatura siríaca mais primitiva, nem indícios de que uma dessas obras tenha sido traduzida para o siríaco. *Jubileus* e *1 Henoc* foram preservados pela Igreja etíope, que tinha fortes ligações com o cristianismo siríaco. Não está claro como ou quando exatamente *Jubileus* e *Henoc* chegaram à Etiópia. Teriam vindo no século VI da Síria, onde os estudiosos siríacos começavam a interessar-se por essa literatura?

[17] FERNÁNDEZ, Miguel Pérez. "Sobre los textos mesiánicos del targum Pseudo-Jonatán y el Midrás Pirqé de Rabbi Eliezer". *EstBib* 45, 1987, pp. 39-55; HAYWARD, C. T. R. "The Date of Targum Pseudo-Jonathan: Some Comments". *JJS* 40, 1989, pp. 7-30 (Hayward questiona as ligações com *Pirqei deRabbi Eli'ezer*); SHINAN, A. "Dating Targum Pseudo-Jonathan: Some More Comments". *JJS* 41, 1990, pp. 56-61; SHINAN, A. *The Embroidered Targum*. Jerusalem, Magnes Press, 1992, pp. 176-185 (hebraico).

482

O rei–Messias no judaísmo rabínico

século VII ou VIII d.C., esse Targum altamente parafrástico apresenta uma interpretação histórica do Cântico dos Cânticos que correlaciona o texto do Cântico com a história de Israel desde o primeiro Êxodo do Egito até o Êxodo final da época messiânica no exílio. A parte do Targum que abrange o período macabeu é insolitamente bem informada e positiva em sua avaliação dos asmoneus. E esse cenário do fim revela paralelos significativos com *Sefer Zerubbavel* e com Saadia.[18]

3) O terceiro texto é *Sefer Heikhalot*, apelidado por Hugo Odeberg de *3 Henoc*, por causa do papel central desempenhado nele por Henoc-Metatron e por causa de seus muitos e detalhados paralelos com o primeiro e o segundo livro de *Henoc*. É provável que, em sua forma atual, *3 Henoc* date do século VII d.C.[19] Seu interesse pela figura de Henoc e sua avaliação positiva dele contrastam com a falta geral de referência e a avaliação nitidamente negativa desse patriarca na literatura rabínica clássica.[20] Forma-se um caso razoável para uma redescoberta, pelos estudiosos judaicos, da apocalíptica do Segundo Templo no período do VII ao VIII século d.C. Nesse contexto, a possibilidade de o autor de *Sefer Zerubbavel* ter conhecido algumas tradições ou literatura do Segundo Templo parece menos implausível do que à primeira vista poderíamos supor.[21]

A fonte mais óbvia das tradições de Saadia a respeito do Messias é a literatura rabínica clássica, em especial o Talmude babilônico, do qual Saadia era

---

[18] Ver, em especial, *Targum Shir ha-Shirim*, a partir de 7,12. Para o período macabeu em *Targum Shir ha-Shirim*, cf. 6,8-12. Sobre *Targum Shir ha-Shirim*, ver ALEXANDER, P. S. "The Aramaic Version of the Song of Songs". In: CONTAMINE, G., org. *Traduction et traducteurs au moyen âge: Colloque International du CNRS, IHRT, 26-28 mai 1986*. Paris, Éditions du CNRS, 1989, pp. 119-131; idem, "Tradition and originality in the Targum of the Song of Songs". In: MCNAMARA, M. & BEATTIE, D. R. G., orgs. *The Aramaic Bible: Targums in their Historical Context*. Sheffield, Sheffield Academic Press, 1994, pp. 318-339; idem. "Targum Canticles". In: *The Aramaic Bible*, XVII. Liturgical Press, no prelo).

[19] Ver ALEXANDER, P. S. "3 Enoch". In: *OTP*, I, pp. 223-316. Ali, datei *3 Henoc* no V ou VI séculos. Agora, inclino-me a datá-lo de um pouco mais tarde, talvez do século VII.

[20] Ver ALEXANDER, P. S. "From Son of Adam to Second God: Transformations of the Biblical Enoch". In: STONE, M. E. & BERGREN, T. A., orgs. *Biblical Figures outside the Bible*. Trinity Press International, no prelo.

[21] Hesitamos em introduzir mais especulação em um argumento já especulativo, invocando a narrativa da primitiva descoberta medieval dos manuscritos do Mar Morto. Essa descoberta, que parece ter sido um evento genuíno, ocorrido por volta de 800 d.C., que deixou sua marca na literatura caraíta, bem como em duas cópias do Documento de Damasco na Genizá do Cairo, exemplifica como os estudiosos judeus do início da Idade Média reagiram de maneira positiva aos textos do Segundo Templo. Ver PAUL, A. *Écrits de Qumran et Sectes Juives aux Premiers Siècles de l'Islam*. Paris, Letouzey & Ané, 1969; GIL, M. *A History of Palestine*. Cambridge, Cambridge University Press, 1992, pp. 785-787.

Parte III • O Messias no judaísmo pós-bíblico e no Novo Testamento

mestre incontestado. Com certeza, muitos dos elementos individuais do cenário messiânico de Saadia são atestados nos textos rabínicos clássicos, mas estão dispersos por uma área muito ampla, e não há nenhum lugar no Talmude e na literatura relacionada de que ele poderia tirar a narrativa geral.[22]

A atitude para com o Messias, na Mixná e no Talmude, é assunto de intenso debate. A falta de referências messiânicas na Mixná é bem conhecida. Em contraste, as perícopes messiânicas no Talmude babilônico são ricas e abundantes, embora disseminadas pelo *corpus*. Jacob Neusner afirma em *Messiah in Context* [Messias em contexto][23] que o Messias não desempenha nenhum papel na visão que a Mixná tem do mundo; na verdade, a Mixná é antimessiânica. Ela "apresentava um sistema de judaísmo que aspirava à santificação de Israel e admitia uma teleologia sem dimensão escatológica". Claro que há elementos de messianismo na Mixná,[24] mas são residuais, herança de um messianismo passado; não servem a nenhum propósito real, pois foram "deixados como entulho de um edifício concluído: pedras que poderiam ter sido usadas, mas não o foram". Entretanto, no fim da época amoraíta, aconteceu uma "remessianização" do judaísmo rabínico, a reintrodução da "teleologia escatologicamente orientada do Messias e sua sal-

---

[22] O mais próximo que chegamos desse cenário é em *b. Sanh.* 96b-99a. Apesar de seus numerosos baraitot, essa *sugya* é provavelmente amoraíta em redação. O relacionamento de Saadia com o extenso material messiânico de *Pes. R.* 34–37 é obscuro. Em geral, essas *pisqas* são consideradas tardias. J. Mann afirmou que foram compostas na primeira metade do século IX por um hagadista italiano que se juntara ao grupo penitencial de Jerusalém conhecido como "pranteadores de Sião" e, nessa caso, as possibilidades de Saadia conhecer esse texto não são grandes, embora isso ateste um forte interesse messiânico nessa época. Ver Mann, J. *The Jews in Egypt and Palestine under the Fatimid Caliphs*, I. Oxford, Oxford University Press, 1920, pp. 47-49. Mas essa proposta tem sido questionada: ver Goldberg, A. *Erlösung durch Leiden: Drei rabbinische Homilien über die trauernden Zions und den leidenden Messias Efraim. (PesR 34, 36, 37).* Frankfurt am Main, Gesellschaft zur Förderung Judaistischer Studien, 1978. A tradição de prantear Sião é atestada muito antes: ver *t. Soṭ.* 15,11; *b. B. Bat* 60b. Não está claro se os "pranteadores de Sião" medievais eram rabinitas ou caraítas ou desses dois partidos. Ver Gil, *A History of Palestine 634-1099*, pp. 617-622; Ben-Shammai, H. In: Elizur, S. *et al.*, orgs. *Knesset Ezra: Studies Presented to Ezra Fleischer.* Jerusalem, Yad Ben-Zvi and Ben Zvi Institute, 1994, pp. 191-234.

[23] Neusner, J. *Messiah in Context: Israel's History and Destiny in Formative Judaism.* Philadelphia, Fortress Press, 1984.

[24] P. ex. "as pegadas do Messias" e as desgraças messiânicas (*m. Soṭ.* 9,15); "os dias do Messias" (*m. Ber.* 1,5; Elias como o precursor (*m. Šeq.* 2,5; *m. B. Meṣ.* 1,8; 2,8; 3,4-5); a ressurreição dos mortos (*m. Sanh.* 10,1). Também foi sugerido que a análise detalhada do serviço do Templo nos Qodashim destinava-se a preservar os detalhes do culto para que este fosse restabelecido na época messiânica, mas isso está longe de ser certo. Há outras razões pelas quais os rabinos estavam interessados nesses materiais.

vação que os autores da Mixná haviam rejeitado". "Os Talmudes e (em menor extensão) as coletâneas de exegeses bíblicas apresentavam um sistema de judaísmo focado na salvação e que prometia levar Israel à época que devia trazer o Messias e o fim da história". Mas esse messianismo restaurado foi reformulado para adaptar-se à visão que a Mixná tinha do mundo e reforçou o princípio essencial do judaísmo rabínico, a saber, a obediência à Torá de Moisés, pelo menos conforme os rabinos a entendiam. Os rabinos amoraítas utilizaram o anseio messiânico popular para servir ao imperativo haláquico: se todo o Israel se arrependesse e observasse a Torá, isso apressaria a vinda do Messias. No Talmude, o Messias

> surgiu como figura destinada a encorajar e favorecer uma visão da vida acima do tempo e além da história, uma vida vivida na aceitação plena da regra de Deus na eternidade, uma vida que rejeitava o governo do homem na história. Originalmente, a Mixná fez dessa vida o fundamento de seu sistema. Por conseguinte, quando chegou ao fim de seu período formativo, o cânon do judaísmo apresentava uma versão do mito do Messias inteiramente congruente com o caráter do documento fundamental, a Mixná. Ao emergir do fim da antiguidade, o judaísmo entregou a Israel duradoura mensagem de santificação eterna, em forma de salvação histórica e, portanto, escatológica.[25]

A visão de Neusner é um tanto surpreendente, mas creio que está fundamentalmente correta quanto ao método e à interpretação. Contrasta totalmente com o relato do messianismo, no período da Mixná, apresentado por Joseph Klausner em seu clássico estudo *The Messianic Idea in Israel* [A idéia messiânica em Israel].[26] O leitor de Klausner fica com a forte impressão de que o messianismo era fundamen-

---

[25] As citações estão todas em NEUSNER, *Messiah in Context*, pp. ix-xi.

[26] KLAUSNER, *The Messianic Idea in Israel* (cf., n. 6). A terceira parte desse volume, que abrange a idéia messiânica do período dos *tannaïm*, baseia-se no doutorado de Klausner em Heidelberg, publicado em Berlim em 1903-1904, sob o título *Die messianischen Vorstellungen des jüdischen Volkes im Zeitalter der Tannaiten*. Parece-me indubitável que Klausner leu as fontes rabínicas clássicas através dos preconceitos da ideologia sionista e, em resultado, pôs demasiada ênfase na centralidade do messianismo no judaísmo. O messianismo foi importante para o sionismo secular e religioso na legitimização do Estado de Israel. Agora é difícil para qualquer autor moderno que escreva sobre o messianismo judaico não ser influenciado por sua atitude para com o Estado de Israel. Outro ensaio clássico sobre o messianismo que, de maneira mais sutil, revela a influência do pensamento sionista é Gershom Scholem. "Towards an Understanding of the Messianic Idea in Judaism". In: SCHOLEM, G. *The Messianic Idea in Judaism and other Essays on Jewish Spirituality*. London, Allen & Unwin, 1971, pp. 1-36.

Parte III • O Messias no judaísmo pós-bíblico e no Novo Testamento

tal para o judaísmo tanaítico e que há abundância de material messiânico tanaítico. Entretanto, um exame mais rigoroso de suas evidências revela que consistem esmagadoramente em baraitot, quer dizer, material supostamente tanaítico citado na Guemará, mas não relatado realmente na Mixná. Mesmo que *todos* esses baraitot sejam genuínos (suposição altamente discutível), ainda é possível perguntar por que, se era tão importante, esse material não foi incluído na Mixná. O fato é que o messianismo não se ajusta com facilidade ao judaísmo da Mixná. O judaísmo messiânico e o judaísmo da Mixná vão em direções opostas. Havia razões políticas muito boas para os rabinos procurarem suprimir o messianismo. O período talmúdico inicia-se com duas guerras amargas e desastrosas, ambas com conotações messiânicas. Não tenho dúvida de que Bar Kochbá proclamou-se Messias e que o rabino Aqiba concordou com essa reivindicação. É provável que a inovação rabínica do Messias ben José morto, que proclama a vinda do Messias ben Davi, surgisse na tentativa desesperada de recuperar a fé depois da ruína de Betar.[27] Os rabinos eram criteriosos o bastante para perceber que messianismo significava confusão.

Além disso, com o triunfo gradual do rabinismo e o aperfeiçoamento das instituições políticas judaicas, a partir do século II d.C., a necessidade de messianismo diminuiu consideravelmente. As comunidades rabínicas da Palestina e também da Babilônia gozaram de muita prosperidade e autonomia sob os romanos, os partos e os sassânidas. Cada comunidade tinha seu líder político — na Palestina, o patriarca (*nasi*); na Babilônia, o exilarca (Resh Galuta) —, para quem era reivindicada a descendência de Davi.[28] Se os judeus rabínicos já eram, com efeito, governados por soberanos davídicos, a necessidade de um messias davídico é menos óbvia, e esses soberanos davídicos sem dúvida relutavam em fomentar anseios pelo fim da própria hegemonia.[29]

---

[27] As referências rabínicas às reivindicações messiânicas de Bar Kochbá são confirmadas por fontes cristãs como o *Apocalipse de Pedro*. Ver Schäfer, P. *Der Bar Kokhba-Aufstand*. Tübingen, J. C. Mohr (Paul Siebeck), 1981, pp. 59-62; Bauckham, R. J. "The Two Fig Tree Parables in the Apocalypse of Peter". *JBL* 104, 1985, pp. 269-287; Bucholz, D. D. *Your Eyes will be Opened: A Study of the Greek (Ethiopic) Apocalypse of Peter*. Atlanta, Scholars Press, 1988, pp. 408-412. Sobre o Messias ben José, ver Heinemann, "The Messiah of Ephraim and the Premature Exodus of the Tribe of Ephraim. *HTR* 68, 1975, pp. 1-16.

[28] Segundo uma formulação, o rabino Judah ha-Nasi descendia de Davi, pelo lado feminino, e Rav Huna, o Resh Galuta, descendia de Davi pelo lado masculino. Ver Neusner, J. "Exilarch". In: *EncJud* VI, cols. 1023-1027 (1025).

[29] Notar, em algumas tradições rabínicas, a oposição ao patriarcado e ao exilarcado, e a alegação de que, só quando desaparecerem, o Messias virá. (*b. Sanh.* 38a; também, Klausner, *Messianic Idea*, pp. 435-437).

486

O rei–Messias no judaísmo rabínico

Mas a razão mais profunda para a falta de interesse da Mixná pelo messianismo é, como Neusner entendeu, o fato de não haver necessidade, não haver, na verdade, lugar para o Messias na visão de mundo da Mixná. Pode-se argumentar que não é surpreendente que a Mixná nada diga sobre o Messias. Afinal de contas, ela simplesmente não se pronuncia sobre tais assuntos. Mas esse argumento compreende mal a questão. A Mixná é o manifesto do partido rabínico. Destina-se, com certeza, a apresentar uma *ampla* visão religiosa do mundo. Portanto, o fato de o Messias não desempenhar nenhum papel nessa visão de mundo *é* altamente significativo. A perspectiva dominante da Mixná está voltada para este mundo. Preocupa-se em definir e implantar a devoção e uma sociedade cívica aqui e agora. E revela forte tendência universalizadora dentro do judaísmo pós-70. Provavelmente em parte como reação contra o cristianismo emergente, o judaísmo rabínico conservou uma doutrina particularista da eleição de Israel e uma definição exclusivista de quem era judeu, mas considerava a existência plenamente haláquica para um judeu possível de ser vivida em qualquer lugar do mundo. Até quase o fim do período amoraíta, não há nenhuma indicação de que a existência judaica fora da terra de Israel fosse de algum modo prejudicada ou deficiente. Não devemos nos esquecer de que havia grandes comunidades judaicas vivendo na diáspora, que se tornaram cada vez mais autoconfiantes e, no fim, eclipsaram, em esforço intelectual e em influência, as comunidades da antiga terra natal. As comunidades babilônicas com certeza não se sentiam inferiores à terra de Israel: muito pelo contrário. É possível dizer, então, que o judaísmo talmúdico era em grande parte antinacionalista e não demonstrava interesse na restauração de um Estado judaico. A ênfase na centralidade da terra de Israel para a vida judaica, que se insinua na tradição rabínica no período amoraíta mais tardio, não tem, provavelmente, nada a ver com o ressurgimento do nacionalismo judaico. Reflete antes a crescente rivalidade política entre as escolas rabínicas da terra de Israel e da Babilônia.[30]

---

[30] A ascensão do sionismo e a restauração de um Estado judaico em 1948 acarretaram um entendimento renovado da importância da terra de Israel na tradição judaica, mas também geraram a suposição um tanto incondicional de que a terra sempre foi essencial ao judaísmo. Esse excesso de ênfase na centralidade da terra encontra-se em DAVIES, W. D. *The Gospel and the Land: Early Christianity and Jewish Territorial Doctrine*. Berkeley, University of California Press, 1974; idem. *The Territorial Dimension of Judaism*. Berkeley, University of California Press, 1982. Sobre o início de uma tentativa de criar uma visão mais nuançada, ver ALEXANDER, P. S. "Jerusalem as the *Omphalos* of the World: On the History of a Geographical Concept". *Judaism* 46, 1997, pp. 147-159, em especial pp. 155-157. Outros estudos proveitosos sobre

PARTE III • O Messias no judaísmo pós-bíblico e no Novo Testamento

O fato de estar implantado na liturgia, em especial na Amidá, ajudou a manter o messianismo vivo nas comunidades rabínicas. Cinco ou seis das dezenove bênçãos da Amidá têm conteúdo messiânico e suplicam a ampla restauração do Estado judaico — seu rei e seus conselheiros, seus juízes, seu Templo e sacerdócio, juntamente com a destruição dos inimigos políticos de Israel. As origens da Amidá são enigmáticas. A composição não é rabínica, embora tenham sido feitas algumas tentativas de rabinizá-la. Uma de suas formas remonta provavelmente ao período do Segundo Templo, mas seu fraseado naquela época e seu *Sitz im Leben* são problemáticos. Está redigida como grande liturgia nacional: preocupa-se com grandes questões públicas; mas é dinamite política. Quem se levantaria em uma ocasião pública e abertamente rezaria pela destruição do reino arrogante e pela criação do Estado messiânico? Uma coisa parece razoavelmente certa: no início do século II d.C., a Amidá estava tão profundamente arraigada na liturgia da sinagoga que os rabinos nada podiam fazer a respeito, embora, de certo modo, o etos da oração se voltasse contra a visão haláquica de mundo que eles promoviam.

Embora em menor grau, também o Targum pode ter ajudado a manter vivo o messianismo. Durante todo o período talmúdico, o Targum parece ter sido recitado com regularidade na sinagoga para acompanhar a leitura da Torá, na Palestina e também na Babilônia. Como a Amidá, o Targum não é uma instituição rabínica, embora se fizessem tentativas para colocá-lo sob controle rabínico. Há muito messianismo nos targumin, em especial nos targumin para os Profetas e para os Escritos.[31] Os temas messiânicos dos targumin não são originais; todos têm paralelos alhures.

Para resumir o que, por necessidade, foi uma análise superficial e um tanto teórica:

---

o assunto são: HOFFMAN, L. A., org. *The Land of Israel: Jewish Perspectives*. Notre Dame, University of Notre Dame Press, 1986; WOLFF, Katherine Elena. *"Geh in das Land, das ich Dir zeigen werde...": Das Land Israel in der frühen rabbinischen Tradition und im Neuen Testament*. Frankfurt am Main, Peter Lang, 1989.

[31] Ver a útil coletânea de textos em LEVEY, S. H. *The Messiah: An Aramaic Interpretation. The Messianic Exegesis of the Targum*. Cincinnati, HUC-JIR, 1974. O Piyyut (poema religioso), que se originou na Palestina, no século IV, também pode ter ajudado a alimentar as esperanças messiânicas. Há, com certeza, piyyutim messiânicos convincentes, mas nem sempre é certo o que pode ser atribuído aos paytanim primitivos, como Yose ben Yose e Yannai amd Qillir. Ver WEINBERGER, L. J. *Jewish Hymnography: A Literary History*. London, Littman Library of Jewish Civilization, 1998, pp. 28-49.

O rei–Messias no judaísmo rabínico

1. Quando ocorre na literatura rabínica clássica, o messianismo é fundamentalmente um processo político deste mundo. O milagroso e o sobrenatural são menosprezados. O que se tem em vista é a criação de um Estado judaico real, em tempo de história real. No vasto *corpus* rabínico, há indícios esparsos de um Messias místico sobre-humano e da redenção messiânica como evento cósmico. Essas idéias iriam dar fruto na cabala medieval, mas eram periféricas à tradição rabínica.

2. A tradição rabínica herdou uma bagagem considerável de especulação messiânica do período do Segundo Templo, bagagem em grande parte mantida nas comunidades rabínicas pela liturgia e pelo Targum, embora a tradição folclórica oral, freqüentemente refletida na arte fúnebre popular,[32] também possa ter desempenhado um papel.

3. A princípio, a atitude rabínica para com essa herança foi negativa. O messianismo era não só politicamente perigoso e diruptivo, mas também incompatível com a visão haláquica de mundo incentivada pelos rabinos. Parece que eles desencorajaram ativamente a especulação messiânica. Entretanto, a tradição folclórica revelou-se forte demais, e no fim do período amoraíta começaram a integrar elementos de messianismo — adequadamente rabinizados — à sua visão de mundo.

4. O século VII foi decisivo para o desenvolvimento do messianismo no judaísmo rabínico. A luta entre Bizâncio e Pérsia pelo controle do Oriente Médio e a ascensão do islamismo provocaram uma explosão de especulação apocalíptica e escatológica, não só entre cristãos, mas também entre judeus, o que levou à redescoberta e reutilização da apocalíptica do Segundo Templo. O principal texto judaico dessa renovação apocalíptica foi o *Livro de Zerubbavel*.

5. A incorporação do messianismo por Saadia em sua grande definição e defesa do judaísmo rabínico, em seu *Book of Beliefs and Opinions*, assi-

---

[32] Assim, o sofar onipresente na arte fúnebre judaica do fim da antigüidade tem, provavelmente, relação messiânica. Sobre todo esse assunto, ver Goodenough, E. R. *Jewish Symbols in the Greco-Roman Period*. Neusner, J. (org. e abr.). Princeton, Princeton University Press, 1988; índice *sub* "Messianism". Embora exagere o caso, é provável que Goodenough esteja basicamente correto ao afirmar que a arte judaica do fim da antigüidade nos dá acesso a uma forma de judaísmo não-rabínico e popular.

489

nala o momento decisivo na familiarização do messianismo dentro da tradição *rabínica*. Depois de Saadia, o messianismo torna-se um dos princípios do credo rabínico.

6. Finalmente, embora cheia de novos detalhes pitorescos, a tradição messiânica pós-70 não era, de modo geral, inovadora. A grande maioria de seus temas e motivos tem paralelos antes de 70 d.C. Entretanto, é difícil encontrar, na literatura mais primitiva, paralelos para as idéias do *Messias ben* José morto e do Messias que vivia incógnito.

Cristo no Novo Testamento

Para Charlie Moule, no dia em que completa noventa anos

CHRISTOPHER ROWLAND

Já que o cristianismo concentra-se na vinda do Messias e no relacionamento deste com o mundo, nosso tema abrange todos os aspectos da experiência dos cristãos primitivos tal como refletida nas páginas do Novo Testamento.[1] Grande parte da experiência cristã primitiva e da linguagem que os cristãos acharam conveniente usar para expressar suas convicções e suas práticas foi influenciada pelo messianismo. Se examinarmos alguns dos conceitos fundamentais do Novo Testamento — Reino de Deus, ressurreição, céu na terra, a conquista dos poderes terrenos e celestes, cruz/exaltação —, perceberemos que todos parecem ter uma dimensão messiânico-escatológica. A reiterada referência ao Espírito e à profecia também corresponde a alguns pontos de vista judaicos contemporâneos a respeito da volta do tempo profético e do antegozo do novo tempo (Rm 8,23; 2Cor 1,22; Lc 1,67; Jo 16,13; At 2,17; Ap 19,10; 22,6; cf. *t. So*+. 13,20). De modo geral, os detalhes escatológicos individuais não são peculiares aos textos cristãos, e encontram-se paralelos em muitos textos contemporâneos. Entretanto, há

---

[1] Análises em SCHÜRER, E., revisto e editado por VERMES, G.; MILLAR, F. & BLACK, M. *The History of the Jewish People in the Age of Jesus Christ*, II. Edinburgh, T. & T. Clark, 1979, pp. 488-554; NEUSNER, J.; GREEN, W. S.; FRERICHS, E., orgs. *Judaisms and their Messiahs at the Turn of the Christian Era*. Cambridge, Cambridge University Press, 1987; CHARLESWORTH, J. H. *The Messiah: Developments in Earliest Judaism and Christianity*. Minneapolis, Fortress Press, 1992; COLLINS, J. J. *The Scepter and the Star: The Messiahs of the Dead Sea Scrolls and Other Ancient Literature*. New York, Doubleday, 1995; O'NEILL, J. C. *Who Did Jesus Think He Was?* Leiden, E. J. Brill, 1995 (Biblical Interpretation Series 11); GRUNDMANN, W. "Χριστός". In: FRIEDRICH, G., org. *Theologisches Wörterbuch zum Neuen Testament*, IX. Stuttgart, W. Kohlhammer, 1973, pp. 518-570 (ET *Theological Dictionary of the New Testament*, IX. Trad. G. W. Bromiley. Grand Rapids, Eerdmans, 1974, pp. 527-573); DUNN, J. D. G. *The Origin of Christology*. London, SCM Press, 1980.

PARTE III • O Messias no judaísmo pós-bíblico e no Novo Testamento

uma exceção. O que distingue a literatura cristã primitiva é a ênfase repetida em uma esperança que já se está realizando, embora ainda esteja por realizar-se (p. ex. Lc 11,20; Jo 5,24; At 2,17; Rm 8,18-25; 1Cor 10,11; 2Cor 6,2; Cl 3,1; 1Pd 1,3-11; 1Jo 3,2), e a noção de que tanto a esperança realizada como a futura concentram-se na figura de Jesus como Messias. Não há nada paralelo a isso nas fontes judaicas ainda existentes, com a possível exceção de alusões nos movimentos proféticos descritos por Josefo.

O que pretendo fazer neste ensaio é concentrar-me no material do Novo Testamento em que o Cristo/Messias é mencionado. Mesmo assim, essa é uma tarefa assustadora, devido à extensão do uso de Χριστός no *corpus* paulino.[2] Por isso, vou examinar mais detalhadamente determinados livros (Mateus, João e o Apocalipse vão receber atenção especial). Adotei uma variedade de abordagens interpretativas, mais porque refletem interesses específicos do que por algum compromisso com o ecletismo hermenêutico ou a metodologia cuidadosamente afiada. No caso do evangelho de Mateus, considerarei como os títulos se incorporaram ao restante da narrativa; usarei o *corpus* joanino para refletir sobre o papel do messianismo no desenvolvimento do cristianismo joanino e sobre as razões para uma contínua ligação com ele; quanto ao Apocalipse, vou sugerir que a forma visionária e as transições abruptas, tão típicas da literatura profética, possibilitam a subversão de uma forma de messianismo talvez dominante; e, finalmente, vou apresentar algumas reflexões sobre o significado histórico e teológico do messianismo no cristianismo. Irei contentar-me com alguns comentários gerais sobre as epístolas neotestamentárias, examinando um aspecto específico da teologia paulina, a saber, a maneira como a cristologia e a eclesiologia sobrepõem-se na confusão entre a identidade de Cristo e seu apóstolo.

Os Evangelhos e os Atos

A realeza de Deus desempenha importante papel nos evangelhos, como componente fundamental da mensagem de Jesus. O sentido de realeza, ou reino,

---

[2] Análise em HENGEL, M. "Erwägungen zum Sprachgebrauch von Χριστός bei Paulus und in der 'vorpaulinischen Überlieferung' ". In: HOOKER, M. D. & WILSON, S. G., orgs. *Paul and Paulinism: Essays in Honour of C. K. Barrett*. London, SPCK, 1982, pp. 135-159 (ET "'Christos' in Paul". In: *Between Jesus and Paul*. Trad. J. Bowden. London, SCM Press, 1983, pp. 65-77).

Cristo no Novo Testamento

de Deus nos evangelhos é muito debatido.[3] O recurso ao material contemporâneo resulta em poucas informações, e a freqüente justaposição da realeza de Deus, ou do céu, com parábolas apenas aumenta o enigma. Percebem-se sinais de uma esfera de influência divina no mundo em passagens como Mc 1,15; 9,1 e 14,25; comparar 10,25 e Cl 1,13, embora referências casuais como Lc 23,2 e At 17,6-7 (cf. Jo 6,15) indiquem tentativas de distanciar o cristianismo da política *revolucionária*. Fora dos evangelhos sinóticos em geral, a expressão "Reino de Deus" desaparece, embora Rm 14,17, 1Cor 6,9; 15,50 e Gl 5,21 sejam exceções casuais. O Reino de Deus parece ser uma esfera onde entram aqueles cujas práticas se ajustam aos padrões do reino divino. Cristo como rei é proeminente em especial em Ap 1,5 e 19,16, por exemplo, e o reinado messiânico na terra tem lugar central na visão do futuro escatológico nesse livro, algo que talvez esteja insinuado alhures em 1Cor 15,24. Tornou-se característica da escatologia cristã primitiva, por exemplo, Justino, *Dial.* 113, 139; Tertuliano, *Adv. Marcionem* 3,24; Irineu, *Adv. Haer.* 5,33,3-4; Eusébio, *Hist. Eccles.* 3,28; Epifânio, *Pan.* 49; Hipólito, *Com. a Dn* 4,23-24; Lactâncio, *Institutiones* 7,14; comparar *4Esd* 7,26; *2Br (siríaco)* 25.[4] No início do século III, os alexandrinos, como Orígenes, contestavam a esperança de um Reino de Deus neste mundo, e ela desapareceu da teologia cristã com a solução que Agostinho apresentou no Livro 20,7-8 de *A Cidade de Deus*, mas voltou sob uma forma um tanto diferente no fim da Idade Média, com Joaquim de Flora [Joachim de Fiore] e seus sucessores.

Os versículos iniciais atestam a existência de uma dimensão messiânica na cristologia de Mateus. O messianismo davídico faz paralelo com Jo 7,25-44; 10,24-25 e 12,34-35, em que a identidade do Messias também é assunto de debate. Para Mateus, Jesus, como Filho de Davi, desempenha um papel mais proeminente que para Marcos (1,1; cf. Mc 10,47-48 e 12,35), e, ao contrário de Marcos, há um contraste menos óbvio entre Messias e Filho do Homem. Em 11,2, a adição mateana τὰ ἔργα τοῦ Χριστοῦ sugere que os atos poderosos de Jesus são os sinais do aparecimento do Messias. Ao longo de todo o evangelho Jesus dedica-se à prática de atos de compaixão e cura (4,23-24; 9,35) que afetam primordialmente

---

[3] Análise em PERRIN, N. *The Kingdom of God in the Teaching of Jesus*. London, SCM Press, 1963.

[4] Cf. DALEY, B. *The Hope of the Early Church: A Handbook of Patristic Eschatology*. Cambridge, Cambridge University Press, 1991.

PARTE III • O Messias no judaísmo pós-bíblico e no Novo Testamento

as multidões (9,36; 14,14; 15,32), e não os líderes, e, no meio das multidões, os cegos, leprosos e coxos (9,27; 11,5; 20,29-30; 21,14), os publicanos (11,19; 21,31-32) e as crianças (18,1; 19,14), que, segundo a versão mateana da cena no Templo, respondem ao rei humilde (21,5) com um grito de "Hosana" (21,15). Embora no cap. 27 as multidões já tenham abandonado Jesus, antes elas o seguem (4,25; 12,15; 19,2; 20,29) e o consideram um profeta (21,11.46), ou Filho de Davi (12,23; 21,9; cf. 9,27; 20,31; 15,22; 21,15), enquanto os fariseus e outros líderes demonstram desconfiança ou hostilidade (9,34; 12,14; 21,23.46). Jesus ensina como Messias (23,10), aqui talvez indicação da Torá messiânica? Como em Marcos, há a redefinição do elo davídico com o Messias e uma sutil exposição da natureza da expectativa messiânica e sua apresentação cristã (2,4; 16,16.20-21; 22,42). Há notável justaposição do messianismo e da morte de Jesus em 27,17.22 (cf. 20,28 e 26,28). A acusação colocada acima da cabeça de Jesus (27,37; cf. 27,17) leva a uma sucessão de insultos ao "rei de Israel" (27,42; cf. Jo 19,19). À luz de tudo isso, não nos surpreende que, em Mateus, a realeza messiânica não inclua o uso de armas (26,52-53; cf. Jo 18,36). A realeza de Jesus é mais evidente no tempo da maior humilhação e discordância com um entendimento convencional de realeza, por exemplo, em Jo 18,33 e Mt 27,29 e paralelos.

Jesus é o rei manso (21,5; cf. Is 62,11; Zc 9,9), embora provoque divisões (21,14; cf. 10,34 e 12,23-24). Sua realeza está oculta nesse tempo e só será manifesta quando o rei sentar-se no trono de glória no último julgamento (Mt 25,31,46). Então, para surpresa de justos e injustos igualmente, ele já terá sido encontrado entre os famintos, os sedentos, os estrangeiros, os nus, os doentes e os presos. O julgamento final baseia-se na resposta ao rei, na situação de privação de seus irmãos, quando se encontram com os membros das nações nesse tempo. O destino da humanidade baseia-se na resposta atual àqueles que, como o rei humilde, não têm onde reclinar a cabeça (8,20).

O rei manso do evangelho de Mateus faz paralelo com a formação do entendimento de realeza e senhorio no evangelho de João. No confronto entre os representantes de Deus e de César, na discussão com Pilatos em Jo 18,33-38, por exemplo, a verdadeira realeza manifesta-se nas palavras e no comportamento de Jesus.[5] Esse diálogo humano entre o representante de Roma e o Messias reflete um

---

[5] RENSBERGER, D. *Overcoming the World*. London, SPCK, 1988.

494

Cristo no Novo Testamento

drama muito maior, que se desenrola em uma luta apocalíptica cósmica, na qual o príncipe deste mundo é julgado e lançado fora (Jo 12,27-33), exatamente como o perseguidor do Messias e de seus seguidores é expulso do céu em Ap 12,7.

Essa mistura de humildade e poder é evidente também no uso de outros títulos em Mateus, como "Filho do Homem", com o qual Jesus fala de sua falta de um lar (8,20), autoridade (9,6; 12,8), morte (17,22; 20,18-19; 26,2.24), justificação (25,46; cf. 28,18) e realeza no novo tempo (25,31-46; 19,28; cf. 13,41). De modo semelhante, o título "Filho de Deus", que coincide em parte com "Messias" em alguns textos judaicos contemporâneos, como *4 Esdras*, é usado no batismo, em que Jesus demonstra sua humildade (3,14-15), que, juntamente com sua posição marginal, é profetizada na Escritura (2,15; 4,13-16). O conhecimento de sua filiação divina surge, de maneira bastante apropriada, por meios extraordinários (3,17; 4,3; 8,29; 11,27; 14,33; 16,16; 17,5) e, em geral, é restrito a pessoas que se encontram à margem da sociedade. Como Lucas, Mateus inclui referências à vocação profética de Jesus (13,57; 21,11.46; 23,37; cf. 10,41; 11,9; 11,13; 14,5; 16,14; 21,26; 23,29-30.35; também João Batista, em 21,32), embora Jesus não seja um profeta comum, mas o último da linhagem. Na verdade, ele é aquele que envia os profetas (23,34).

Há certa afinidade com o material publicado recentemente de alguns manuscritos, como 4Q521, em que a preocupação específica com os pobres e oprimidos é mencionada nessa profecia messiânica fragmentária. Isso não deve surpreender-nos, considerando textos bíblicos como Is 11 e 61. O relato mateano da atividade de Jesus, das pessoas a quem ele pregava e do comentário a respeito dessa atividade nos discursos, apresenta uma versão narrativa ampliada dos comentários sucintos a respeito do Messias contidos em 4Q521. Podemos dizer que o evangelho de Mateus apresenta uma narrativa do Messias de Deus, cuja vida é, desde o início, recebida com desconfiança, desalento e perseguição pelos que ocupam posições de poder. Nascido em um lugar aparentemente sem importância, identificando-se com os que eram considerados pecadores, tomando as crianças como exemplos da atitude de humildade apropriada para o Reino, a mensagem de Jesus é exemplificada no caráter dos que são abençoados no início do Sermão da Montanha. No novo tempo, o Filho do Homem vai reinar como rei humilde. Esse governo será de acordo com critérios muito diferentes dos critérios dos reis das nações (20,26-27), e isso forma o centro do que é preciso ensinar às nações (28,20;

495

PARTE III • O Messias no judaísmo pós-bíblico e no Novo Testamento

7,21-22; 10,42-43; 25,40). O evangelho de Mateus é uma narrativa na qual a inversão de valores e prioridades e a destruição gradual de convenções são decisivas. São os governantes que entendem mal e desencaminham a multidão e são os possessos e os marginalizados, e não os "normais", que têm um vislumbre do verdadeiro caráter de Jesus. Dos quatro evangelhos canônicos, o de Mateus é o que parece ter mais simpatia pelo messianismo, oferecendo-nos um texto no qual estão integrados títulos, discurso e narrativa na manifestação de Βίβλος γενέσεως Ἰησοῦ Χριστοῦ υἱοῦ Δαυὶδ υἱοῦ Ἀβραάμ.

Entretanto, a situação é um tanto diferente em Marcos, não menos porque o título Χριστός é empregado apenas sete vezes, e "Filho de Davi" significativamente menos. Na moderna erudição neotestamentária, o messianismo de Marcos está estreitamente ligado ao tema do sigilo.[6] A escassez de referências ao Messias dá peso à crença de que, por questões apologéticas, houve uma tentativa deliberada de explicar a relutância de Jesus em reivindicar o título messiânico. Não há dúvida de que o sigilo é elemento significativo na apresentação de Marcos, embora os comentaristas não saibam determinar em que medida ele é o resultado da mão editorial do evangelista, não menos porque o sigilo é um tema que avulta no ensinamento judaico, em especial no que diz respeito ao mais profundo dos mistérios divinos, escatológicos e teológicos.[7]

Em sua abertura, o evangelho afirma claramente referir-se a Jesus Cristo (1,1), embora a justaposição com "Filho de Deus" prefigure a importância do último título em momentos críticos (p. ex. 1,11; 9,7; 15,38-39, bem como nos lábios de demônios em 5,7). Em 9,41 ("De fato, quem vos der a beber um copo d'água por serdes de Cristo, ὅτι Χριστοῦ ἐστε não perderá a sua recompensa"), temos um dito que se encontra de forma um pouco diferente em Mt 10,42. A comparação dessas duas passagens sugere que Marcos talvez tenha uma versão mais tardia que a de Mateus, porque há identificação dos destinatários com os discípulos em torno de Jesus. A subordinação de Davi ao Messias, em Mc 12,35, sugere uma separação do messianismo da tradição davídica. A resposta de Jesus à confissão cristológica com freqüência inclui uma ordem para guardar sigilo (1,34),

---

[6] O assunto é analisado em Tuckett, C. M., org. *The Messianic Secret in Mark's Gospel*. London, SPCK, 1983.

[7] Ver Wewers, G. A. *Geheimnis und Geheimhaltung im rabbinischen Judentum*. Berlin, W. de Gruyter, 1975.

ou um ensinamento a respeito do Filho do Homem que precisa sofrer. Em 8,29-33, a resposta de Jesus a Pedro é geralmente interpretada como correção dos sentimentos de Pedro, ou, pelo menos, manifestação da verdadeira natureza do messianismo. Outras referências dizem respeito ao significado de Cristo. Há uma ênfase semelhante (embora não tão explícita) na imagem mateana da entrada de Jesus em Jerusalém como o rei humilde (11,10). No discurso escatológico (13,21-22; cf. Mt 24,5.23), existe a possibilidade do aparecimento de falsos Cristos, coisa com a qual as comunidades cristãs primitivas tinham de lidar, como 1Jo 2,19 indica.

Marcos estabelece o padrão seguido pelos outros evangelhos, ao incluir a repetida profecia de que o Filho do Homem precisa sofrer antes de ser justificado, padrão já conhecido de Sb 2–3 e Is 53. Talvez haja uma referência implícita à realeza na unção em Betânia (cf. 1Sm 16,13), em que o sofrimento justapõe-se à realeza, como em Jo 19. É na narrativa marcana da Paixão que "Cristo" e rei de "Israel" justapõem-se em 15,32 (cf. 15,26), o momento em que a posição régia convencional parece mais ausente. A proeminência dada à expressão "Filho do Homem", em vez de "rei" ou "Messias", no evangelho de Marcos é menos política apenas superficialmente. Afinal de contas, em Dn 7, o triunfo do Filho do Homem e a destruição dos animais, que representam os impérios do mundo, apresentam uma visão do triunfo definitivo do governo divino, que, segundo Marcos, baseia-se no serviço (10,42-45). No clímax da narrativa de Marcos, a aparente derrota de Jesus transforma-se no momento de seu triunfo e na destruição do centro simbólico da antiga ordem, o Templo. A justaposição do relato da morte de Jesus e do rasgamento do véu do Templo significa o triunfo do rei executado e o momento de julgamento de uma instituição importante, mas obsoleta.

Há diversos usos característicos de "Cristo" em Lucas–Atos. Primeiro, encontramos a frase "o Cristo de Deus" (Lc 9,20; 23,35; cf. "o Cristo do Senhor" em 2,26 e "Ungido" do Senhor em At 4,26). A prova de Jesus como Messias encontra-se em alguns exemplos da pregação cristã primitiva (p. ex. At 5,42; 17,3; 18,5.28). Segundo, no importante manifesto em Lc 4,18-19 (cf. Lc 7,22 e 4Q521) é o messianismo profético que está presente, baseado em Is 61,1-2,[8]

---

[8] Ver as interessantes reflexões a respeito desse manifesto em HARVEY, A. E. *Jesus and the Constraints of History*. London, Gerald Duckworth, 1982. Ver também PRIOR, M. *Jesus the Liberator*. Sheffield, Sheffield Academic Press, 1995 (The Biblical Seminar, 26).

PARTE III • O Messias no judaísmo pós-bíblico e no Novo Testamento

texto citado na descrição fragmentária do proclamador angélico em 11QMelqu. A conclusão desse capítulo (4,40) sugere que o ministério de cura já iniciado demonstrava o messiado de Jesus. Terceiro, em Lc 23,2, há uma lista das acusações feitas pela hierarquia contra Jesus, uma das quais inclui a referência a sua alegação de ser Cristo Rei, alegação que antecipa as acusações de subversão que seriam dirigidas contra os cristãos (At 17,6-7). A importância do pano de fundo davídico para o messianismo é enfatizada em Lc 1,32 e 2,11, em que está ligado de maneira específica à idéia de salvação. Em At 3,19-21 há vestígios do que pode ter sido uma cristologia bastante primitiva (ou, então, uma cristologia com poucos paralelos no Novo Testamento). Aqui, o arrependimento é uma condição da vinda do Messias, o que contrasta com a doutrina dominante da parusia, na qual a vinda de Cristo é considerada inevitável e, em última instância, independente da resposta humana. Essa visão tem paralelo em debates encontrados em alguns textos judaicos sobre se o arrependimento e a obediência de Israel são a condição da vinda do Messias.[9] Como em Mt 25,31-46, há um elo entre o Cristo e o julgamento (At 10,42; 17,31). Em paralelo ao tema da necessidade do sofrimento do Filho do Homem, que Lucas partilha com os outros evangelhos, temos, nas aparições posteriores à ressurreição, a exposição da necessidade do sofrimento do Cristo como a solução dos enigmas messiânicos da Escritura (Lc 24,26.46; cf. At 3,18; 17,3; 26,23), que funcionam como *tempo privilegiado de partilha de informações pelo agora glorificado Salvador, tanto quanto, na tradição de Henoc, este retorna do céu, temporariamente, para partilhar a sabedoria divina com os filhos (p. ex. *2Hen [eslavo]* 13). Em Lc 24, são apresentadas a chave para o sentido das Escrituras e uma exposição de sua verdadeira importância, paralelas, em alguns pontos, a 1Pd 1,11-12.

O que impressiona no evangelho de João é quanto a crença de que Jesus é o Cristo ainda importa nessa sofisticada narrativa cristológica. Percebemos isso no resumo do propósito do evangelho, em Jo 20,31. Há indícios de que o messiado de Jesus era questão importante no evangelho de João, especialmente em 7,25-27, em que as expectativas contemporâneas levam a uma avaliação negativa da reivindicação, por parte de Jesus, da autoridade. Contudo, ao lado disso, o conjunto de títulos cristológicos, no final de 1 João, também sugere que o clímax de uma

---

[9] Cf. URBACH, E. E. *The Sages*. Jerusalem, Magnes Press, 1975, pp. 669-671.

confissão apropriada não é "Messias", mas sim "Filho do Homem" (1,51). Na verdade, o cego, o convertido típico, confessa Jesus como Filho do Homem, em 9,35-36.

O messianismo é amplamente reconhecido como elemento essencial no desenvolvimento do cristianismo joanino. Com freqüência, situam-no em uma etapa mais primitiva da formação da comunidade, quando as relações com a sinagoga judaica ainda eram estreitas. Precede, assim, a cristologia mais desenvolvida, predominante no evangelho, do emissário divino e do Filho do Homem que se eleva e se rebaixa. Entretanto, o messianismo é importante em João, como se vê na adição editorial de 9,20. Mas, ao contrário do que muitas vezes se presume, creio que isso não é apenas um resquício da história da vida passada da comunidade, mas continua como meio atual de assegurar a singularidade da revelação em Cristo. Não duvidamos de que a concentração em cristologias mais exaltadas assume importância no texto como agora o temos, nem excluímos a possibilidade de que ela predominasse nas mentes de alguns dos leitores do evangelista, mas, no quarto evangelho, essas idéias sofisticadas não suplantam a afirmação fundamental do messiado de Jesus, que se transformou em ponto de conflito entre a Igreja e a Sinagoga.[10]

O messiado também vem à baila em 1 João, que é ligado ao quarto evangelho.[11] Parece que houve um cisma na comunidade (2,19), o que levou à completa separação entre os adversários, denunciada com tanta veemência em 1 João, e os que concordam com o autor. A primeira carta foi escrita aos que ficaram, para persuadi-los da verdade da posição do autor, e adverti-los para não seguirem os antigos companheiros que, com sua atitude cismática e sua crença volúvel, demonstraram ter um caráter diabólico (2,18-19; 3,10). *Um* dos problemas que dividiram a comunidade parece ter sido a questão da cristologia (1Jo 2,22-23; 4,3; 5,6, a que se poderia acrescer 5,9-11). Em 2,22-23 (cf. 5,12), parece ter havido os que, aparentemente, negavam que Jesus era o Messias e julgavam ser possível ter um relacionamento com Deus sem nenhuma atividade mediadora de Jesus: "Quem é o mentiroso senão o que nega que Jesus é o Cristo? Eis o Anticristo, o que nega

---

[10] Análise em ASHTON, J. *Understanding the Fourth Gospel.* Oxford, Oxford University Press, 1991, pp. 381-405.

[11] Cf. WURM, A. *Die Irrlehrer im ersten Johannesbrief.* Freiburg, Herder, 1903.

PARTE III • O Messias no judaísmo pós-bíblico e no Novo Testamento

o Pai e o Filho. Todo aquele que nega o Filho também não possui o Pai. O que confessa o Filho também possui o Pai" (2,22-23).

Uma atitude dos que negavam o messiado de Jesus, mas davam sua adesão à Igreja (o que as palavras iniciais de 1Jo 2,19 sugerem), e que talvez também quisessem conservar a ligação com a sinagoga, pode ter sido negar o messiado de Jesus e, ao mesmo tempo, confirmar um papel para ele na economia divina. Essa confirmação era conseguida pela aceitação de Jesus como mediador angélico,[12] mas não como agente escatológico e último da salvação, o rei messiânico. Reconhece-se agora que a cristologia angélica desempenhou um papel maior nas discussões doutrinais cristãs primitivas do que em geral se supõe, e esse é um modo possível de entender as tradições joaninas, em que Jesus é aquele que foi enviado para revelar e cumprir a vontade do Deus, que está no céu (Jo 7,16). Ele era aquele que, como o anjo de Deus no Antigo Testamento, tinha a tarefa de ser o emissário de Deus e já não era "claramente distinguível de seu senhor, mas, ao aparecer e falar, reveste-se da aparência e da fala de Iahweh".[13] Entretanto, considerar Jesus um enviado angélico, e não o Messias da expectativa judaica, *talvez* significasse negar sua humanidade, problema possivelmente abordado em 1Jo 5,6 (a cristologia angélica levava ao docetismo, como sugere a cristologia da *Ascensão de Isaías*). Com freqüência se diz que os anjos têm aparência humana (p. ex. Dn 8,16).[14] A falta de ênfase, em 1 João, sobre Jesus como emissário do céu, o realce em seu messiado e sua humanidade e a importância singular de sua morte salvífica (2,1-2) sugerem que não

---

[12] Há alguns indícios que sugerem que o pensamento judaico-cristão fez realmente extenso uso de categorias angelomórficas; ver, p. ex., a citação do *Evangelho dos Hebreus*, em HENNECKE, E. *Neutestamentliche Apokryphen*, I. 3. ed. Tübingen, J. C. B. Mohr (Paul Siebeck), 1959, p. 107 (ET *New Testament Apocrypha*, I. Trad. R. McL. Wilson *et al*. London, Lutterworth, 1963, p. 163), e também DANIÉLOU, J. *Théologie du Judéo-christianisme*. Paris, Desclée de Brouwer/Cerf, 1958 (ET *The Theology of Jewish Christianity*. Trad. J. A. Baker. London, Darton, Longman & Todd, 1964); KLIJN, A. F. J. & REININK, G. S. *Patristic Evidence for Jewish Christian Sects*. Leiden, E. J. Brill, 1973; FOSSUM, J. *The Name of God and the Angel of the Lord*. Tübingen, J. C. B. Mohr (Paul Siebeck), 1985; STUCKENBRUCK, L. *Angel Veneration and Christology*. Tübingen, J. C. B. Mohr (Paul Siebeck), 1995; FLETCHER-LOUIS, C. H. T. *Luke–Acts: Angels, Christology and Soteriology*. Tübingen, J. C. B. Mohr (Paul Siebeck), 1997.

[13] EICHRODT, W. *Theologie des Alten Testaments*, II. 4. ed. Stuttgart, Klotz, 1961, pp. 7-11 (ET *The Theology of the Old Testament*. Trad. J. A. Baker. London, SCM Press, 1967, pp. 23-29), e o ensaio de ASHTON, J. sobre a importância da angelologia judaica para a cristologia joanina, "Bridging Ambiguities". In: idem, *Studying John*. Oxford, Oxford University Press, 1994, pp. 71-89.

[14] Para outras passagens que sugerem que havia quem comparasse Jesus a um anjo, ver o Josefo eslavo (*G. J.* II,174) e *Evangelho de Tomé, logion* 13.

Cristo no Novo Testamento

poderia haver nenhum compromisso a respeito do significado último dessas doutrinas. Ou o fiel aceita o papel messiânico singular de Jesus ou perde o direito a um relacionamento com Deus (2,23; 5,12). Negar o messiado de Jesus e sua humanidade, com a asserção de que, embora exaltado, ele é um entre muitos emissários angélicos, esvazia a força escatológica da mensagem cristã primitiva.

No evangelho de João, o messiado e a realeza estão ao lado do tema dominante de Cristo como revelador da glória divina, que é enviado do Pai. No centro da cristologia joanina está a convicção de que Jesus é aquele que dá a conhecer a pessoa e a vontade de Deus (1,18; 14,6). Entretanto, a aceitação disso por si só não é adequada para o autor do quarto evangelho, que apresenta a coletânea e a redação das tradições joaninas a fim de capacitar os leitores a aceitar Jesus como Messias e, assim, também como homem, e não apenas enviado celeste (Jo 20,31). Com a possível exceção de 11QMelqu, nas fontes judaicas contemporâneas o ungido é humano, mesmo se ocasionalmente elevado à posição angélica. No evangelho de João, o discípulo de Jesus tem de aceitar seu papel singular de representante dos propósitos salvíficos de Deus. Ele não se coloca ao lado de outros mensageiros celestes: é o Messias. Não é apenas um em uma sucessão de enviados divinos, mas a manifestação última de Deus. O que a crença messiânica faz é garantir essa nota de finalidade.[15] A vinda do Messias não é seguida de nenhuma figura escatológica de importância. É dele a revelação decisiva. Assim, no ensinamento do Espírito-Paráclito, em Jo 14–17, a outra figura que surge continua a reportar-se às palavras de Jesus, embora, ocasionalmente, também essa figura misteriosa seja portadora de nova revelação (Jo 16,13).

O problema da sucessão do Messias é tema explorado de maneira diferente em diversas passagens do Novo Testamento. Paulo escreve sobre o apóstolo e a *ecclesia* cristã como a personificação de Cristo. Na cena do julgamento, em Mt 25,31-46, por exemplo, há afinidade entre o Filho do Homem celeste e um grupo humano, quer esse grupo seja formado apenas pelos discípulos de Cristo, quer por todos os pobres e destituídos (cf. Mt 18,20; 28,20). O evangelho de Lucas deve ser lido com os Atos dos Apóstolos, e este é, em certo sentido, a continuação da obra de Jesus sob a ação do Espírito (At 1,1). No quarto evangelho,

---

[15] Cf. o *Evangelho dos Hebreus*, em que a cristologia do profeta inclui o elemento de finalidade ao descrever Jesus como aquele em quem o Espírito divino alcança seu lugar de descanso definitivo.

o relacionamento entre Jesus e os discípulos é enunciado nos discursos de despedida. Mesmo que a atividade do Espírito-Paráclito não seja, em última instância, dependente de discípulos fiéis como ambiente em que operar, o testemunho deles é paralelo ao do Paráclito, que continua o testemunho do Messias (Jo 15,27).

Vou concluir esta seção com alguns comentários (bem sucintos) a respeito da debatida questão das provas de que o Jesus histórico aceitou o múnus messiânico. Os indícios de que Jesus reivindicou a posição messiânica são pequenos e, provavelmente, apenas indiretos, quando muito.[16] Há boas razões para supormos que o caráter escatológico da vida e da obra de Jesus não seja acréscimo secundário, mas remeta ao Jesus histórico. Parece improvável que os cristãos primitivos proclamassem com tanta consistência o múnus messiânico para ele se não houvesse garantia para isso nas memórias da vida de Cristo. À luz do caráter escatológico da mensagem de Jesus, parece improvável que a questão messiânica não surgisse, ou para ele, ou para seus contemporâneos, pois a alegação de Jesus de que era o representante do Reino de Deus colocava-o em uma categoria semelhante à do Messias. Sua aparente relutância em aceitar o título de "Filho de Davi", ou em usar o título "Messias" para si mesmo, talvez se deva às conotações belicosas desse título e sugira que Jesus julgava-se um (ou *o*) profeta, e não o Messias davídico. A revelação direta como base de autoridade, a tradição de rejeição e sofrimento e o caráter escatológico do Espírito e da profecia talvez indiquem como muitos temas de importância central são abrangidos pelo termo profeta e seu caráter messiânico em partes do judaísmo do Segundo Templo.[17] Contudo, uma ênfase no Messias profético não explica inteiramente passagens como a entrada triunfal, em que parece haver uma sugestão do rei–Messias, embora manso. Assim, enquanto os relatos da vida de Jesus sugerem uma reticência de sua parte para reivindicar o messiado, há muitas indicações de que sua vida deve ser entendida dentro dos amplos parâmetros do messianismo judaico antigo.

Os paralelos mais próximos de Jesus encontram-se nas passagens em que Josefo descreve a derrota dos movimentos proféticos populares, embora mesmo

---

[16] A literatura sobre isso é imensa. Encontram-se análises em MEIER, J. *A Marginal Jew*. New York, Doubleday, 1991. [Ed. Bras.: *Um Judeu Marginal*. Rio de Janeiro, Imago, 1993.] BORG, M. *Jesus in Contemporary Scholarship*. Valley Forge, PA, Trinity Press International, 1994.

[17] HARVEY, *Constraints of History*, p. 140; WRIGHT, N. T. *Jesus and the Victory of God*. London, SPCK, 1995, pp. 147-196; ROWLAND, C. *Christian Origins*. London, SPCK, 1985, pp. 178 e 182; MOULE, C. F. D. *The Origin of Christology*. Cambridge, Cambridge University Press, 1977, pp. 31-35.

Cristo no Novo Testamento

aqui não haja registro de terem sido liderados por alguém que alegasse ser o Messias.[18] Pelos comentários sucintos a respeito de suas ações, os líderes parecem proclamar algumas das ações características que marcaram a formação e a libertação do povo de Deus no passado: a travessia do Jordão, a milagrosa destruição dos muros de Jerusalém, a experiência do deserto etc. Eis as marcas da esperança enraizadas em tradições de libertação que deixaram de ser meros artigos de fé e tornaram-se instrumentos de ação escatológica.

Essa referência sucinta ao Jesus histórico, questão que tem sido objeto de debate intenso (e contínuo), em que as opiniões freqüentemente se polarizam, não faz justiça à complexidade do assunto e à sofisticação dos métodos necessários para nos empenharmos nele. O debate sobre o Jesus histórico e o relacionamento entre seu messianismo e o dos primeiros cristãos está fadado a ser inconclusivo, quando as fontes são escassas e os métodos tão contestados.[19]

Epístolas e Apocalipse

Segundo os Atos, Paulo pregava Jesus como o Messias (At 9,22; 17,3; 18,5) e também que ele devia sofrer (cf. At 9,16). Uma passagem como Gl 3,13 sugere que o problema do Messias crucificado pode ter permanecido controverso para Paulo, embora haja, surpreendentemente, pouca apologética sobre esse assunto em outras passagens das cartas. Para Paulo, a confissão básica é "Jesus é Senhor" (1Cor 12,3; Rm 10,9), em vez de "Jesus é Cristo". Κύριος é usado com referência à parusia (mas observar Fl 1,10; 2,16), provavelmente em conexão com a fórmula primitiva *maran atha* (1Cor 16,22), e como fonte da tradição ética (1Cor 7,10). A substituição de "Jesus é Cristo" por "Jesus é Senhor" não precisa representar um afastamento da política e talvez reflita a necessidade de um meio mais claro de delineamento sociopolítico daquilo que estava envolvido na participação da comunidade cristã no ambiente greco-romano. O significado da con-

---

[18] JOSEFO, *G. J.* VI, 281.301; *Ant.* XX, 97.167.185, a respeito do que ver GRAY, R. *Prophetic Figures in Late Second Temple Jewish Palestine.* Oxford, Oxford University Press, 1993.

[19] As palavras provocadoras de R. H. Lightfoot são um lembrete salutar das barreiras formidáveis que estão no caminho dos que buscam o Jesus da história: "Apesar de seu valor inestimável, os evangelhos não nos proporcionam mais que um sussurro da voz dele; encontramos ali apenas os arredores de seus caminhos" (LIGHTFOOT, R. H. *History and Interpretation in the Gospels.* London, Hodder & Stoughton, 1935, p. 225).

PARTE III • O Messias no judaísmo pós-bíblico e no Novo Testamento

fissão messiânica não seria muito claro para os falantes de língua grega. Fl 2,9-11 é um bom exemplo dessa dimensão política: recorre a Is 45,23 e faz paralelo com Ap 19,16.[20] Paulo não apresenta provas do messiado de Jesus, embora pressuponha que Jesus seja o descendente de Davi (Rm 1,3). Cristo é um ungido que unge outros (2Cor 1,21), e Rm 15,12 faz referência à esperança messiânica, na citação de Is 11. A freqüência do uso de Χριστός, no *corpus* paulino, sugere a muitos comentaristas que Cristo é, com freqüência, pouco mais que um meio de referirse a Jesus do qual são excluídas conotações especificamente messiânicas. Sua presença ubíqua lembra-nos como estava profundamente enraizado no discurso cristão primitivo, que, pelo menos no que diz respeito a Paulo, não precisava de explicação nem apologia. Mas a dimensão escatológica do uso paulino não pode ser descartada com tanta rapidez. Charlie Moule salienta que muitas vezes se encontra "Cristo" com verbos no modo indicativo e com declarações a respeito do fato da salvação, enquanto há uma tendência a chamá-lo "Senhor" quando se trata de exortações ou mandamentos, no subjuntivo ou imperativo.[21] Exemplos do emprego de Χριστός em declarações nas quais ele é o sujeito de sentenças que tratam do ato salvífico-escatológico de Deus incluem Rm 5,6 ("Foi, com efeito, quando ainda éramos fracos que Cristo, no tempo marcado, morreu pelos ímpios"); Rm 5,8; 6,3-4; 8,9-10; 10,4; 14,9; 14,15; 15,3 (com artigo definido); 15,8; 1Cor 8,11; 15,3.12; Gl 3,13. A salvação inclui a identificação por parte de Cristo com a humanidade pecadora, a fim de que esta última partilhe sua glória (p. ex. 2Cor 5,14.21).[22]

Um dos aspectos mais desconcertantes da discussão sobre Messias/Cristo, no *corpus* paulino, é a frase "em Cristo". Não existe consenso sobre seu sentido: é apenas uma preposição instrumental que significa "por meio de" ou "através", indica representação, ou indica alguma coisa totalmente mais espacial, pela qual o fiel torna-se parte de um "ambiente de Cristo"?[23] Talvez haja uma analogia com

---

[20] Questão examinada por OAKES, P. "From People to Letter". Tese de doutorado, University of Oxford, 1995.

[21] MOULE, *The Origin of Christology*, p. 59: " [...] em sentido amplo, há uma tendência a chamar Jesus de 'Cristo', no contexto de verbos no modo indicativo e de declarações, e de 'Senhor' quando se trata de exortações ou mandamentos, no subjuntivo ou no imperativo. De modo geral, 'Cristo' liga-se ao *fait accompli* da *obra* salvífica de Deus, e o 'Senhor' à sua execução e seu resultado na conduta humana".

[22] HOOKER, M. D. "Interchange in Christ". *JTS* 22, 1971, pp. 349-361.

[23] MOULE, *The Origin of Christology*, p. 62: "De minha parte, ainda acho difícil fugir da conclusão de que um sentido (metaforicamente) locativo está subentendido em pelo menos um número limitado de ocorrências" (de ἐν Χριστῷ).

Cristo no Novo Testamento

o espaço sagrado no qual os membros da comunidade entravam e então partilhavam a herança dos anjos em sua vida comum, segundo certas passagens dos manuscritos do Mar Morto (1QS 11,7; 1QH 3,20)? Pode ser, então, que "em Cristo" se refira àquela esfera de influência na qual, em resultado do batismo, o fiel entra (cf. Fl 3,9, que subentende lugar). Em uma passagem como 1Cor 6,15, há um senso real de identificação entre o fiel e Cristo e, portanto, com os outros cristãos:

> Não sabeis que os vossos corpos são membros de Cristo? Tomarei então os membros de Cristo para fazê-los membros de uma prostituta? Por certo, não! Não sabeis que aquele que se une a uma prostituta constitui com ela um só corpo? Pois está dito: *Serão dois em uma só carne.* Ao contrário, aquele que se une ao Senhor constitui com ele um só espírito (1Cor 6,15-17).[24]

Há um paralelo com essa mudança na maneira como Paulo descreve a mudança de domínio que é a conseqüência do batismo e da vida no Espírito, em Rm 6,11-14, passagem cheia do dualismo característico da escatologia apocalíptica. "Batismo em Cristo" significa desvestir-se da pessoa velha e vestir-se da nova, como de um traje (cf. Gl 3,27; Cl 2,11; 3,9; Ef 4,22-24). A presente identificação com Cristo alude a uma esperança futura de ressurreição e a uma exigência presente de caminhar no frescor da vida.

Em raras ocasiões, Paulo descreve-se (Gl 2,20; cf. Gl 1,16) e aos cristãos (Rm 8,10) como habitados por Cristo, em vez do Espírito.[25] É como se o Messias/Filho de Deus agora impregnasse a existência de seu apóstolo, tão estreitamente ele identifica-se com o Cristo crucificado. Tanto é assim que ele escreve que traz a morte de Jesus em seu corpo (2Cor 4,10; cf. Gl 6,14). Em Cl 1,24 (se autenticamente paulina), as tribulações de Cristo (talvez referência aos ais messiânicos) são algo que o apóstolo compartilha e completa o que falta, declaração que não é de todo sem paralelo alhures no *corpus* paulino, como 2Cor 1,4-5 indica. Essa vocação de sofrimento e tribulação não é, entretanto, prerrogativa exclusiva do apóstolo. Paulo descreve Igrejas responsivas como as que compartilham os sofrimentos do apóstolo de Cristo (Fl 1,29), quando o imitam (1Cor 11,1).

---

[24] Ver Moule, *The Origin of Christology*, p. 73.

[25] Ver Moule, *The Origin of Christology*, pp. 56-69, em que é examinado o contraste entre a linguagem paulina e joanina de presença interior.

PARTE III • O Messias no judaísmo pós-bíblico e no Novo Testamento

Há uma relação particularmente estreita entre o Cristo e seu apóstolo. Quer na pessoa do apóstolo, ou de um de seus colaboradores, quer por carta, a presença de Cristo confronta as congregações (Rm 15,14-29; em especial 1Cor 4,14-21; 5,3-5; Fl 2,12). Paulo é o imitador de Cristo (1Cor 11,1) e, mais que isso, uma personificação do Messias (Gl 2,20; cf. 2Cor 4,10). Como a revelação de Jesus Cristo (1Cor 1,7), sua vinda às Igrejas será com poder (cf. 1Cor 4,20) e trará a bênção (Rm 15,29).[26] Nem mesmo sua ausência diminuirá a força de sua influência (1Cor 5,4). Podemos, portanto, dizer que, como o Cristo Ressuscitado que está no meio de suas Igrejas em Ap 1,13-17, o apóstolo de Cristo vem como ameaça e promessa: ameaça aos que perderam o primeiro amor ou excluíram o Messias e seu apóstolo, e promessa de bênção em sua vinda, para os que "conquista".

Essa dimensão é um lembrete de que a análise do messianismo, no cristianismo primitivo, precisa estender-se a uma consideração do que foi escrito a respeito da comunidade e seus líderes. O apóstolo personifica Cristo de maneira especial, mas as comunidades são o corpo de Cristo e partilham esse relacionamento especial com Deus, que era prerrogativa de Cristo (Rm 8,15-16; Gl 4,6; cf. Mc 14,36). Essa participação no privilégio messiânico de 2Sm 7,14-15 está prevista na escatologia de um texto judaico do Segundo Templo, como *Jub.* 1,24-25:

> E criarei neles um Espírito Santo e os purificarei para que não voltem a se afastar de mim, daquele dia até a eternidade. E eles se apegarão a mim e a todos os meus mandamentos, e cumprirão meus mandamentos, e eu serei seu pai e eles serão meus filhos. E eles todos serão chamados filhos do Deus vivo, e todo anjo e espírito saberá que estes são meus filhos e que eu sou, verdadeira e genuinamente, seu pai e que eu os amo.

Sentimentos semelhantes também são evidentes no clímax escatológico da visão joanina da Nova Jerusalém, em Ap 21,7, em que 2Sm 7,14 (cf. Sl 89,27-28) aplica-se a todos os habitantes da cidade escatológica.

As referências ao Apocalipse levam-nos à Revelação de Jesus Cristo. O fulcro dessa narrativa visionária depende da demonstração na história do reino

---

[26] Sobre esse tema, cf. FUNK, R. "The Apostolic Parousia: Form and Significance". In: FARMER, W. R.; MOULE, C. F. D.; NIEBUHR, R. R., orgs. *Christian History and Interpretation: Studies Presented to John Knox*. Cambridge, Cambridge University Press, 1967, pp. 249-268.

Cristo no Novo Testamento

messiânico. Em Ap 11,14, depois do segundo "Ai" escatológico, há um momento significativo, salientado no versículo seguinte, quando a série de toques de trombeta chega ao clímax. A sétima trombeta é acompanhada de fortes vozes no céu clamando: "A realeza do mundo passou agora para nosso Senhor e seu Cristo, e ele reinará pelos séculos dos séculos". As vozes celestes asseguram a transferência da realeza para Deus. Embora o Apocalipse nunca negue que o reino deste mundo não pertenceu a nenhum outro além de Deus (cf. Sl 10,16), houve uma usurpação temporária de posse, autoridade e administração, que agora está no fim. A voz celeste assegura o que sempre foi o caso (cf. Ap 19,6), talvez recuperando a posse dos que invadiram o domínio divino (cf. Zc 14,9). O clamor no céu é um "ato não locucional", no qual as palavras ocasionam a realidade na terra, o que João já viu ser o caso no céu, no cap. 4. Paralelo a isso, em 12,10, ouve-se uma voz no céu. Um "agora" enfático realça o significado do momento em que se vê que o reino pertence a Deus, e a autoridade ao Messias de Deus, duas coisas estreitamente relacionadas com a expulsão de Satanás do céu.

Mas a passagem mais importante de todas é Ap 5. Tendo aparecido como alguém semelhante a um Filho do Homem em 1,13-17, no resto do livro Cristo aparece como um Cordeiro (6,1; 7,9; 12,11; 13,8; 14,1; 22,3).[27] A falta de elementos especificamente "cristãos", em ligação com o Cordeiro, por vezes dá origem a questões sobre uma identificação entre Jesus e o Cordeiro, mas a referência ao Cordeiro "como que imolado" e ao "sangue do Cordeiro", em 5,6; 7,14 e 12,11, oferece indicação suficiente de seu conteúdo "cristão". A imolação do Cordeiro é partilhada por santos e profetas (6,9; 18,24). O sangue do Cordeiro resgata (5,9; cf. 1,5). Não é evento aleatório, mas dotado de um significado que lança raízes na fundação do mundo (13,8). Σφάζω, empregado para indicar o Cordeiro em 5,6, é a palavra usada por 1Jo 3,12 para designar o "primeiro" homicídio, o pecado original do fratricídio (cf. Mt 23,35 e Hb 11,37; Is 53,7) e, mais tarde, na visão de João, a besta, em 13,3, "parecia mortalmente ferida" (ὡς ἐσφαγμένην). A inspiração para as passagens referentes ao Cordeiro e à Besta parece ser o quarto animal de Dn 7,7 ("ao contemplar essas visões noturnas, eu vi um quarto animal, terrível, espantoso, e extremamente forte... Muito diferente dos

---

[27] Ver BAUCKHAM, R. *The Theology of the Book of Revelation*. Cambridge, Cambridge University Press, 1993, pp. 54-65.

PARTE III • O Messias no judaísmo pós-bíblico e no Novo Testamento

animais que o haviam precedido, tinha este dez chifres"). Os estreitos paralelos entre o Cordeiro e a Besta é um aspecto importante do contraste dualístico, com uma clara escolha apresentada aos leitoras em todo o Apocalipse que atinge o clímax nos caps. 13–14.

No cap. 5, a princípio João reage com choro à visão do livro selado (v. 4). Um dos Anciãos ordena-lhe que não chore, pois "eis que o *Leão da tribo de Judá, o Rebento* de Davi, venceu". A origem davídica da crença messiânica, bem documentada no Antigo Testamento (Gn 49,9; Is 11,1; cf. Rm 15,12; Hb 7,14; Ap 22,16), é, por assim dizer, a esperança messiânica "padrão", representada em textos judaicos da época, como *SlSal* 17,25-26. Juntamente com os *Salmos de Salomão* e textos como *4Esd* 13,9-10, o Apocalipse está em dívida com a linguagem de Is 11, capítulo que talvez também esteja por trás de outras passagens do Novo Testamento (p. ex. Mt 3,16 e paralelos; Ef 1,17; 1Pd 4,14; Rm 15,14; 2Ts 2,8; Ap 19,15). As palavras sobre o messianismo davídico em Ap 5,5 são imediatamente seguidas pelo aparecimento de um "Cordeiro de pé, como que imolado". Apesar de ouvir a voz proclamar que ninguém é digno de abrir o livro e romper os selos, João *vê* um Cordeiro. No meio do trono e dos quatro Seres vivos no meio dos Anciãos, surge um que tem o direito de fazer exatamente isso. Aqui, o Cordeiro ergue-se pela única vez no Apocalipse como suplicante (em 14,1, o Cordeiro está de pé sobre o Monte Sião com seus exércitos, como o Messias em *4Esd* 13,6). A posição do Cordeiro nesse ponto é ambígua, relacionando-se, de algum modo, com os Seres vivos e Anciãos, bem como com o trono, e, por isso, ainda não se identifica com nenhum deles. Em outras palavras, nesse ponto, ele está em uma posição intermediária, liminar. Entretanto, essa posição muda quando João fala do Cordeiro e do trono em 7,17, em que o Cordeiro está no meio do trono.

Na visão de Ap 5, como alhures no Apocalipse, o que é ouvido contrasta com o que é visto, sendo que o que é visto apresenta o sentido autêntico do que é ouvido. A justaposição que encontramos de Leão e Cordeiro é paralela, em alguns pontos, à justaposição de Cristo e Filho do Homem no evangelho de Marcos (8,29-31; 14,61-62; cf. 12,35-37). Em duas ocasiões em que Cristo é mencionado, em Mc 8,29 e 14,61, as referências são seguidas por ditos que incluem a expressão Filho do Homem. Na justaposição, a interpretação do sentido de messianidade é apresentada na segunda declaração antitética, semelhante à maneira como o dito do Filho do Homem que sobe e desce, em Jo 3,13, é esclarecido pelo v. 14. Os

508

Cristo no Novo Testamento

discursos antitéticos expõem na forma mais perfeita possível o contraste e o desafio dos modos novos e velhos de ver as coisas. Assim, a resposta de Pedro em Mc 8,29 é respondida por Jesus em termos alternativos, depois repetidos na narrativa seguinte (9,31; 10,33). O discurso alternativo em Marcos, que, como parece provável, se baseia em Dn 7, trata da fidelidade e resistência de um grupo em face de uma esmagadora ameaça política e de uma promessa da justificação última de um modo alternativo contra os poderes políticos da época. No evangelho de Marcos, a linguagem de rei, a dinastia davídica, o domínio político e a centralidade de Jerusalém fazem contraste com o modo novo, a constituição política de serviço:

> Sabeis que aqueles que vemos governar as nações as dominam, e os seus grandes as tiranizam. Entre vós não será assim: ao contrário, aquele que dentre vós quiser ser grande, seja o vosso servidor, e aquele que quiser ser o primeiro dentre vós, seja o servo de todos (Mc 10,42-44).[28]

Esse contraste é típico do gênero apocalíptico do Apocalipse, em que padrões rivais de domínio são estabelecidos nas visões, em uma forma apocalíptica dos dois caminhos, doutrina que conhecemos da Bíblia (Dt 30,15) e de outros textos cristãos primitivos (p. ex. *Didaqué*).

Alhures no Novo Testamento, referências em Hebreus e 1 Pedro exigem comentário. Das referências a Cristo em Hebreus (3,6; 5,5; 6,1; 9,11.14.24.28; 10,10; 11,26; 13,8.13.21), quero concentrar-me em duas, 11,26 e 13,13. Os leitores são chamados a partilhar com Cristo um lugar de humilhação, "fora do acampamento" (13,13). Nisso, compartilham a sorte de Moisés, que renunciou a sua posição como membro da corte do faraó e preferiu compartilhar o sofrimento e a opressão dos escravos (11,25-26). Compartilhou o opróbrio de Cristo (τὸν ὀνειδισμὸν τοῦ Χριστοῦ, cf. 1Pd 4,14), sentimentos que refletem os do *corpus* paulino, em especial Cl 1,24 e outros textos que aludem à experiência atual das tribulações messiânicas.[29] Semelhantes também são as referências em 1 Pedro

---

[28] Ver WENGST, K. *Pax Romana. Anspruch und Wirklichkeit: Erfahrungen und Wahrnehmungen des Friedens bei Jesus und im Urchristentum*. München, Chr. Kaiser Verlag, 1986 (ET *Pax Romana and the Peace of Jesus Christ*. Trad. J. Bowden. London, SCM Press, 1987, pp. 55-56). O original em alemão é inacessível para mim.

[29] ALLISON, D. *The End of the Ages Has Come*. Philadelphia, Fortress Press, 1985.

Parte III • O Messias no judaísmo pós-bíblico e no Novo Testamento

(1,11.19; 2,21; 3,18; 4,13.14; 5,1.10), em que é evidente o elo entre Cristo e o sofrimento. 1Pd 2,22-23 apresenta um dos elos mais explícitos com Is 53 no Novo Testamento. O sofrimento é algo que se espera seja compartilhado pelos seguidores de Cristo (1Pd 4,13; 5,1). Entretanto, a referência mais interessante dessa epístola acha-se em 1,11, em que se diz que a obra do espírito revelador é a ação do "Espírito de Cristo", que permitiu serem prenunciados os segredos do sofrimento messiânico "e as glórias que viriam após" (cf. Lc 18,31; 24,26), mistérios messiânicos dos quais até os anjos desejavam ter um vislumbre (1Pd 1,12; cf. Ef 3,3-7). É um lembrete de que em todo o Novo Testamento há uma insistência na falta de preparo e na inovação da revelação messiânica que as Escrituras só parcialmente insinuam (cf. Rm 3,21).

Reflexões históricas e teológicas finais

Esta análise de material neotestamentário a respeito de rei e Messias não se reduz facilmente a conclusões concisas. Entretanto, surgiram duas questões. Antes de mais nada, há indícios de tentativas de reinterpretar o sentido de realeza e Messias. Talvez isso seja em grande parte uma reação às circunstâncias da morte de Jesus. Em todo caso, levou a um enfoque mais acentuadamente demarcado em passagens bíblicas que tratam da humildade do Messias e de sua defesa dos pobres e destituídos. Segundo, o elemento de finalidade, que é conseqüência, da convicção messiânica parece ter levado muitos dos autores neotestamentários a examinar como a presença terrena passada de Jesus, o Messias, relacionava-se com a situação atual e, na verdade, com a futura consumação escatológica. A presença messiânica não se equipara simplesmente a uma vida terrena passada, nem a uma vinda futura, mas, na eclesiologia e na pneumatologia dessa vida terrena passada e dessa vinda futura, encontramos autores cristãos primitivos que analisam como o evento singular da vinda do Messias persistiu em seus efeitos e continuou nas pessoas de outros.

A principal diferença a respeito do cristianismo primitivo, comparado com o que agora conhecemos de outros movimentos por mudança no período do Segundo Templo, é que o cristianismo foi um movimento messiânico que sobreviveu. As esperanças que encobriam outros grupos mencionados por Josefo eram, com toda a probabilidade, efêmeras. Quando tratamos do cristianismo, lidamos com um fenômeno muito mais complicado: um exemplo do que parece, desde o

Cristo no Novo Testamento

início, um grupo constrangidamente messiânico que conseguiu sobreviver (de algum modo) ao trauma da morte de seu líder e à rejeição de sua mensagem pela cultura dominante, para tornar-se um grupo amplamente difundido nas últimas décadas do judaísmo do Segundo Templo. Há pouca coisa na literatura subsistente que se assemelhe aos aspectos peculiares que caracterizam o surgimento e o desenvolvimento do cristianismo. Precisamos ter isso em mente ao comparar o Novo Testamento com os textos judaicos contemporâneos. Com freqüência, explicam-se melhor as diferenças entre as fontes judaicas e cristãs dizendo que as últimas eram messiânicas (no sentido de terem sido escritas pelos que acreditavam que, em certo sentido, a época messiânica já chegara) e as primeiras eram não-messiânicas (no sentido de que as esperanças em relação ao futuro do mundo permaneciam simples esperanças e, em essência, ainda eram motivo de especulação). O fato de acreditarem que o Messias tinha vindo fazia os cristãos lidar com uma série de questões que dificilmente teriam afetado os judeus que não compartilhassem suas convicções: o caráter da vida na época messiânica, a contínua relevância da Torá, a ordem da realização de eventos escatológicos e o esquema para a consumação de todas as coisas. Para a maioria dos outros judeus, essas questões permaneciam, quando muito, assunto de interesse apenas teórico. Para os primeiros cristãos, tornaram-se assunto de decisiva importância, como corolário necessário de sua crença na vinda do reino messiânico.

Os escritos cristãos primitivos nunca abandonaram a esperança messiânica da transformação futura do mundo.[30] Sua importância diminuiu gradualmente, à proporção que se expressava uma preocupação maior com a luta individual contra a carne, em face das possibilidades limitadas de mudança em um mundo onde a mudança social parecia difícil, se não impossível. A busca de perfeição pessoal e a luta na pessoa humana tornaram-se um meio de executar um messianismo percebido quando as esperanças de transformação global pareciam remotas. A tensão entre o velho e o novo concentrava-se primordialmente no indivíduo que superava as paixões da carne, e não na preocupação evidentemente irreal com o surgimento da nova ordem no mundo mais amplo. Os escritos cristãos primitivos apresentam-nos o exemplo clássico de um movimento radical engajado no pro-

---

[30] Sobre a importância da escatologia, ver ROWLAND, *Christian Origins*.

511

PARTE III • O Messias no judaísmo pós-bíblico e no Novo Testamento

cesso de acomodação com o mundo mais amplo que leva à canalização da visão carismática de uma forma que garantiria a preservação. A esperança da transformação do mundo foi mantida viva, embora os cristãos aceitassem, cada vez mais, muitas das instituições da sociedade, enquanto desfrutavam e aguardavam ansiosamente o reino messiânico. Portanto, pelo menos imediatamente, os cristãos primitivos não rejeitavam o messianismo político judaico, substituindo-o pela doutrina de um Messias espiritual. Os aspectos típicos de uma escatologia judaica voltada para este mundo continuaram a ser importante componente da crença, pelo menos até o fim do século II.[31] Assim, discordo de Gershom Scholem,[32] no que diz respeito ao período mais primitivo da Igreja, que haja uma nítida diferença entre o messianismo no judaísmo e no cristianismo, concentrando-se o primeiro neste mundo e em sua transformação e sendo o segundo de um tipo mais espiritual. O surgimento contínuo, em toda a história cristã, de movimentos quiliásticos em débito com o messianismo comprova a resiliência dessa dimensão da herança messiânica do cristianismo.[33] É na elucidação do fenômeno da ascensão e queda e da transformação de uma religião radical que a investigação de movimentos milenários e apocalípticos é tão importante e pode, de fato, oferecer discernimentos da mesma importância no caráter e desenvolvimento do cristianismo mais primitivo e sua teologia como fontes provenientes do período do Segundo Templo.[34]

Um aspecto dos movimentos radicais da história cristã, em que a barreira entre o divino e o humano é derrubada, é que um indivíduo ou grupo torna-se

---

[31] DALEY, *The Hope of the Early Church*.

[32] SCHOLEM, G. *The Messianic Idea in Judaism and other Essays on Jewish Spirituality*. New York, Allen & Unwin, 1971, pp. 1-2: "Um conceito de redenção totalmente diferente determina a atitude em relação ao messianismo no judaísmo e no cristianismo. O que para um parece orgulhosa indicação de seu entendimento e realização positiva de sua mensagem é, da maneira mais inequívoca, menosprezado e contestado pelo outro. Em todas as suas formas e manifestações, o judaísmo sempre sustentou um conceito de redenção como um evento que acontece publicamente, no palco da história e dentro da comunidade... Em contraste, o cristianismo concebe a redenção como evento na esfera espiritual e invisível, no mundo pessoal de cada indivíduo, que efetua uma transformação interior que não precisa corresponder a nada exterior [...]. A Igreja convenceu-se de que [...] tinha superado um conceito externo ligado ao mundo material [...]: a reinterpretação das promessas proféticas da Bíblia como referentes a um reino de interioridade". Também WALZER, M. *Exodus and Revolution*. New York, HarperCollins, 1985, pp. 122-123.

[33] COHN, N. *The Pursuit of the Millennium*. London, Secker & Warburg, 1957.

[34] Ver DAVIES, W. D. "From Schweitzer to Scholem". In: DAVIES, W. D. *Jewish and Pauline Studies*. London, SPCK, 1984, pp. 257-277; e TAUBES, J. "The Price of Messianism". In: *JJS* 33, 1982 (*Essays in Honour of Yigael Yadin*), pp. 595-600.

Cristo no Novo Testamento

portador da natureza divina. O divino é, então, apreendido pelos que são espiritual-mente sensíveis a sua ação dentro da pessoa humana, os que, para esse discernimento, não dependem unicamente do conhecimento especializado das Escrituras ou da sabedoria convencional, por mais imperiosos que estes sejam. Deus lhes fala diretamente, e a Escritura e a tradição proporcionam apoio secun-dário para o discernimento obtido por outros meios. O importante é responder à solicitude do Espírito e subordinar a letra ao Espírito, ponto de vista esboçado por Paulo em 1Cor 2,10-16. Mas, como indicam capítulos posteriores de 1 Coríntios, essa devoção ao Espírito exigia a restrição complementar da sabedo-ria prática do ensinamento apostólico.

Poderiam ser apresentados muitos exemplos de cristãos mais tardios que davam grande valor a essa doutrina. Menciono um, da Reforma Radical, que normalmente não consta em discussões da teologia neotestamentária: Thomas Muentzer, que morreu na Guerra dos Camponeses, em 1525. Sua espiritualidade estava imbuída da perspectiva do misticismo medieval tardio. Os Eleitos conhe-cem a mente de Deus pelas inspirações do Espírito Santo dentro deles: "Nós, homens carnais e terrenos, nos tornaremos deuses por meio da encarnação de Cristo e, ao mesmo tempo, estudiosos de Deus, que ele mesmo ensinou e fez deiformes, total e completamente transformados nele, para que nossa vida terrena seja levada para os céus" (aqui há ecos de Efésios).[35] Para Muentzer, o processo todo para tornar-se discípulo incluía um período de experiência e identificação com os sofrimentos de Cristo, sentimentos que repercutem a linguagem paulina de 2 Coríntios. A verdadeira fé só pode surgir por intermédio do período de con-fusão espiritual. Paulo escreveu que a marca do espírito do Messias era suportar o mesmo tipo de opróbrio que o Messias.

Em séculos sucessivos, encontra-se uma história semelhante. No século XVII, por exemplo, os radicais no judaísmo e no cristianismo, Sabbatai Sevi (que se proclamou Messias), Gerrard Winstanley e os Escavadores, os radicais que foram os precursores do quaquerismo, e, mais tarde, William Blake e seus con-temporâneos antinômicos, todos proporcionam uma fonte rica para o tipo de estu-

---

[35] Analisado sucintamente em ROWLAND, C. *Radical Christianity*. Oxford, Polity Press, 1988, pp. 89-101; HILL, C. *The World Turned Upside Down*. Harmondsworth, Penguin Books, 1972; e BRADSTOCK, A. *Faith in the Revolution*. London, SPCK, 1997.

513

PARTE III • O Messias no judaísmo pós-bíblico e no Novo Testamento

do comparativo que pode ser um guia sugestivo para o entendimento da dinâmica do messianismo do cristianismo primitivo. Talvez eles vislumbrassem algo daquela transgressão dos limites da normalidade que com freqüência caracteriza explosões de entusiasmo messiânico e, assim, sentiram empatia com o que fez Paulo e outros cristãos primitivos vibrar de uma forma que nosso equilibrado racionalismo e nossa desconfiança do entusiasmo muitas vezes nos impedem de ver. Mas isso é outra história.

ÍNDICE DE AUTORES

Índice de autores

A

Abegg, M. G. 467
Aboud, J. 91
Ackerman, S. 156
Ackroyd, P. R. 256, 354, 360, 365, 375, 376
Ahlström, G. W. 119
Albertz, R. 166, 219, 379, 380, 381, 384, 393, 403, 426
Alexander, P. J. 480
Alexander, P. S. 6, 15, 456, 473, 474, 478, 483, 487
Allen, L. C. 99, 224, 225, 230, 240, 241, 337, 431, 441, 453, 478, 485, 512
Allison, D. 510
Alt, A. 264
Altenmüller, H. 40
Altmann, A. 118, 308
Amsler, S. 354
Anderson, A. A. 220, 221, 226, 230, 231, 239
Anderson, B. W. 251, 264, 317
Anderson, G. W. 218, 352, 361, 386, 423
Andreasen, N.-E. A. 152, 159
Andrews, C. 9, 137
Archi, A. 65
Armerding, C. E. 198
Arnold, D. 51
Ashton, J. 499, 500
Assmann, J. 26, 35, 37, 41, 42, 43, 45, 47, 48, 49, 52
Astour, M. C. 196
Attridge, H. W. 83, 464
Auld, A. G. 121, 302, 403
Aytoun, W. R. 347, 349

B

Baier, W. 399
Bailey, D. P. 307, 321
Bailey, R. C. 159, 160
Baillet, M. 454
Baines, J. 5, 15, 19, 20, 22, 24, 25, 26, 27, 28, 29, 32, 34, 39, 43, 44, 47, 50, 51, 55, 129

Baker, D. L. 396
Balentine, S. E. 288
Baltzer, K. 116
Bammel, E. 438
Barclay, J. M. G. 447
Bardtke, H. 132
Barr, J. 99, 288
Barrois, G. A. 396
Barta, W. 24, 46
Bartelt, A. H. 104
Barth, H. 266
Barth, K. 271, 404, 405
Bartlett, J. R. 204
Barton, G. A. 6, 7, 15, 115, 191, 218, 236, 288, 379, 384, 398, 400, 402, 423
Bauckham, R. J. 462, 486, 507
Bauer, L. 365
Baumgärtel, F. 397, 398, 399, 411
Baumgartner, W. 78, 133
Beattie, D. R. G. 483
Becker, J. 228, 244, 375, 423, 425, 426
Becker, U. 415
Beckerath, J. 22
Beckman, G. M. 122
Beckwith, R. 423
Bedouelle, G. 421, 422
Beentjes, P. C. 431
Begrich, J. 93
Behrens, H. 60
Bellinger, W. H. 321
Ben Zvi, E. 111, 364, 484
Ben-Barak, Z. 142, 151, 152, 153
Ben-Shammai, H. 484
Bentzen, A. 218, 226, 363, 386, 387, 389
Berg, S. B. 132
Berger, K. 440, 445
Bergren, T. A. 483
Berlev, O. 24
Berlinerblau, J. 129
Berman, L. M. 32
Bernhardt, K.-H. 119, 218
Bertheau, E. 132, 133
Bethge, E. 411
Betrò, M. C. 45

517

Beuken, W. A. M. 356, 362
Bezold, C. 482
Bickert, R. 258
Biggs, R. D. 51
Black, M. 447, 491
Blackman, A. M. 36
Blaikie, W. G. 397
Blake, W. 514
Bleiberg, E. 53
Blenkinsopp, J. 256
Block, D. I. 349
Blum, E. 254
Blumenthal, E. 55
Boecker, H. J. 283, 284, 285, 286, 300
Boer, M. C. de 465
Bonhême, M.-A. 23, 55
Bonhoeffer, D. 409, 410, 411, 412, 414
Bonnet, H. 25
Boor, V. 420
Bordreuil, P. 92
Borg, M. 502
Borowitz, E. 399
Botterweck, G. J. 13, 125
Bousset, W. 423, 439, 448
Boyd, J. L. 129
Bradstock, A. 513
Braun, R. L. 109
Brenner, A. 142, 150, 151, 155, 159, 161
Bresciani, J. E. 51
Brettler, M. Z. 136, 247, 285, 345
Briggs, C. A. 9, 116, 121
Briggs, E. G. 116, 121
Bright, J. 97, 98, 397
Brinkman, J. A. 67
Brockelmann, C. 331
Bronner, L. 161
Brooke, G. J. 6, 15, 451, 455, 459, 466, 470
Brownlee, W. H. 461
Brueggemann, W. 399
Brunet, A.-M. 374
Brunner, H. 52
Bryan, B. M. 32
Bryce, G. E. 187
Buber, M. 405

Buchanan, G. W. 478
Bucholz, D. D. 486
Budd, P. 214
Budde, K. 254, 255, 256
Budge, E. A. W. 482
Butterworth, M. 365

C

Çagirgan, G. 68
Caird, G. B. 198, 328, 329, 330, 331, 332
Calderone, P. J. 98, 122
Caminos, R. A. 40
Canciani, F. 139
Caquot, A. 92, 121, 140, 171, 264, 343, 375
Carasik, M. 172
Carruba, O. 92
Carson, D. A. 365
Cazelles, H. 271, 288
Charles, R. H. 330
Charlesworth, J. H. 12, 218, 237, 241, 244, 399, 445, 451, 455, 491
Charpin, D. 65
Chester, A. 438, 446
Chevallier, M. A. 440
Childs, B. S. 173, 234, 268, 386, 387, 399, 412
Christensen, D. I. 286, 287
Clements, R. E. 99, 141, 217, 218, 254, 255, 256, 266, 268, 271, 276, 279, 315, 339, 341, 342
Clère, J. J. 50
Clifford, R. J. 308, 327
Clines, D. J. A. 237, 266
Cody, A. 197, 198, 199, 200, 202
Cogan, M. 163
Coggins, R. J. 354
Cohn, N. 512
Collado, V. 463
Collins, J. J. 244, 315, 372, 425, 432, 439, 442, 443, 444, 452, 459, 460, 463, 464, 491, 512
Conrad, E. W. 256

Índice de autores

Contamine, G. 483
Cooper, J. S. 32
Coppens, J. 374
Cornelius, I. 140
Cosin, J. 420, 421
Cowley, A. E. 10, 431, 435
Craigie, P. C. 220, 221, 222, 225
Croft, S. J. L. 219, 232
Cross, F. M. 81, 82, 103, 112, 196, 292, 293, 294, 298, 453, 460
Crüsemann, F. 284, 300

D

Dahood, M. J. 89, 90, 121
Daley, R. J. 493, 512
Daniélou, J. 500
Dassmann, E. 309, 314, 446, 451
Davies, N. M. 40
Davies, P. R. 198, 409
Davies, W. D. 487, 513
Day, J. 104, 118, 219, 226, 234, 249, 251, 308, 318, 324, 365, 372, 415, 424
Decker, W. 39
Delcor, M. 264, 366
Dell, K. J. 171, 173
Delsman, W. C. 256
Derchain, P. 41, 43, 51, 52, 55
Derchain-Urtel, M. T. 28
Descamps, A. 374
Desremaux, A. 478
Diem, H. 396
Dietrich, M. 12
Dietrich, W. 254, 291
Dillmann, A. 296
Dimant, D. 442
Donner, H. 11, 99
Dressler, H. 91
Driver, G. R. 133
Driver, S. R. 9, 110, 440
Duguid, I. M. 343
Duhm, B. 254, 321
Duling, D. C. 432

Dumortier, J.-B. 310, 325, 326, 327
Dunn, J. D. G. 438, 491
Durand, J.-M. 65
Durkheim, É. 345
Dutcher-Walls, P. 165, 166

E

Eaton, J. H. 90, 345, 361
Edel, E. 39
Eichrodt, W. 380, 500
Eilers, W. 133
Eisenbeis, W. 369
Eisenmenger, J. A. 400
Eisenstadt, S. N. 49
Eisenstein, J. D. 481
Eissfeldt, O. 317, 318, 319, 320, 365
Elizur, S. 484
Ellenbogen, M. 138
Emerton, J. A. 79, 86, 88, 94, 225, 251, 255, 424, 442
Eshel, E. 453, 456, 458
Eshel, H. 456
Eslinger, L. 302
Exum, J. C. 158
Eyre, C. J. 38

F

Fabry, H.-J. 138, 140, 141
Farmer, W. R. 321, 506
Fassbeck, G. 440
Fecht, G. 52
Fee, G. D. 329
Feigin, S. 368
Feinman, G. 44
Fensham, F. C. 104
Ferus, J. 421
Feucht, E. 26
Fey, R. 258
Field, F. 446
Finkelstein, J. J. 65
Finkelstein, L. 415

Fischer-Elfert, H.-W. 36
Fishbane, M. 103, 107, 223, 310, 312, 313, 351
Fitzmyer, J. A. 451, 462, 463
Fletcher-Louis, C. H. T. 500
Flint, P. W. 454
Floyd, M. H. 309
Flusser, D. 463, 481
Fohrer, G. 141, 143, 319, 320
Fontaine, C. 159
Forgeau, A. 55
Fossum, J. 500
Fowden, G. 52
Fox, M. V. 172, 175, 182, 188, 257
France, R. T. 395
Franke, C. A. 104
Franke, D. 32
Frankfort, H. 33, 55, 62, 119
Frayne, D. R. 61
Freed, R. E. 53
Freedman, D. N. 104, 234, 374
Frerichs, E. S. 388, 432, 434, 451, 491
Fretheim, T. E. 112, 114, 121
Friedlander, G. 482
Friedrich, G. 491
Friedrich, J. 115
Fritz, V. 141
Frost, S. B. 423, 425
Funk, R. 506

G

Gabler, J. P. 381, 383, 384
Gall, A. von 133, 135, 423, 426, 427
Galling, K. 131, 284
Gammie, J. G. 79, 175
García Martínez, F. 459, 463
Gardiner, A. H. 40
Garelli, P. 66
Gelb, I. J. 62
Gelston, A. 392
Geoltrain, P. 478
Gerbrandt, G. E. 295, 296
Gerleman, G. 132, 196

Gese, H. 114, 184
Gil, M. 483, 484
Gillingham, S. E. 6, 15, 217, 234, 236, 237
Ginsberg, H. L. 173
Ginzberg, L. 368, 442
Göbl, R. 127
Goedicke, H. 104
Goldberg, A. 484
Goldingay, J. 307
Goldstein, J. A. 433, 434
Golka, F. 175, 176, 177, 178, 179, 180, 181, 182, 183, 184, 185, 187, 188, 403
Goodenough, E. R. 489
Goodman, M. D. 424, 436, 447
Gordon, R. P. 251, 424
Görg, M. 129
Gottwald, N. K. 143, 254
Goulder, M. D. 79, 186
Grabbe, L. L. 241, 244
Grandet, P. 26
Gray, J. 119, 142
Gray, R. 503
Grayson, A. K. 70, 72
Green, A. R. W. 269
Green, D. 125
Green, W. S. 388, 391, 432, 434, 451, 491
Gressmann, H. 218, 423, 426, 439, 448
Grieshammer, R. 26
Grimal, N.-C. 55
Groves, J. W. 257
Grundmann, W. 491
Gundlach, R. 28, 32, 41, 56
Gunkel, H. 118
Gunn, D. M. 122, 158, 159, 160
Gunneweg, A. H. J. 97
Gutbub, A. 21

H

Habachi, L. 32, 55
Hagedorn, D. A. 438
Hague, W. V. 423
HagueHague, W. V., W. V. 423

Índice de autores

Halkin, A. 475
Hallo, W. W. 59, 60
Halpern, B. 103, 105, 106, 112, 288, 290, 291, 299, 300, 301
Hammer, R. 415
Hammershaimb, E. 91, 261, 343
Handy, L. 300
Hanhart, R. 99, 434
Hanson, A. T. 407, 408, 409, 414
Hanson, P. D. 98, 111, 365, 366, 369
Haran, M. 82, 172, 198, 199, 200, 201, 212, 257
Harl, M. 440
Harnack, A. von 397
Harrelson, W. 251, 264, 317
Hartman, D. 475
Harvey, A. E. 498, 502
Hauer, C. E. 80
Haupt, P. 132
Hawthorne, G. F. 198
Hayes, J. H. 400
Hayward, C. T. R. 482
Head, D. 135
Healey, J. 89, 90, 95
Heckel, U. 438
Heim, K. M. 6, 15, 230, 259, 307, 308
Heinemann, J. 486
Helck, W. 23, 36, 41, 43, 52
Hendel, R. S. 345
Hengel, M. 399, 438, 455, 456, 463, 492
Hengstenberg, E. W. 395, 396, 400, 401, 403, 413
Hennecke, E. 500
Herb, M. 39
Herder, J. G. von 109, 269, 499
Hermann, A. 28, 396
Hermisson, H.-J. 175, 178, 321
Herrmann, S. 341
Hess, R. S. 40, 230, 232, 252, 308, 349
Heusch, L. de 51
Hill, C. 513
Hillers, D. R. 99, 112
Himmelfarb, M. 479
Hirsch, E. 397

Hobbs, T. R. 303
Hoffman, L. A. 488
Hoffman, Y. 252
Hoffmann, H.-D. 302, 303
Hoffner, H. A. 122
Høgenhaven, J. 261, 262
Holladay, W. L. 251
Hooker, M. D. 492, 505
Horbury, W. 6, 15, 419, 422, 424, 425, 431, 433, 440, 443, 445, 446, 447
Hornung, E. 25, 26, 27, 31, 33, 47, 53, 55, 56
Horsley, R. A. 218, 244
House, P. R. 15, 237, 252, 273, 349
Houtman, C. 214
Hrouda, B. 127
Huffmon, H. B. 269
Humphreys, W. L. 175, 176, 177, 179, 180, 181, 182, 184, 185, 186, 187, 188, 189, 190
Hurowitz, V. 102
Hvidberg, F. 343

I

Ibn Ezra 254
Im, T.-S. 374
Irvine, S. A. 254, 261, 266
Irwin, W. H. 274
Ishida, T. 152, 153, 154, 163, 164
Israelit-Groll, S. 38

J

Jacobson, H. 441
James, M. R. 448
Janowski, B. 321, 384
Japhet, S. 110, 204, 234
Jaspers, K. 49
Jellinek, A. 481
Johnson, A. R. 87, 89, 213, 368
Johnson, J. 51
Jones, B. C. 273
Jones, G. H. 82, 103, 298
Joyce, P. M. 6, 16, 186, 335, 341

Juel, D. 395
Junker, H. 24
Junod, E. 420

K

Kaestli, J.-D. 420, 421
Kaiser, O. 254, 274, 320, 321, 322
Kaiser, W. C. 221, 237
Kalluveettil, P. 104
Karlstadt, A. von 421
Käsemann, E. 396
Kegler, J. 403
Kellermann, D. 144
Kelly, B. E. 37, 50, 374
Kenik, H. 301, 302
Keys, G. 305
Kidner, D. 230
Kienast, B. 62
Kilian, R. 254
Kimchi, D. 397
Kirkland, J. R. 79
Kissane, E. J. 274
Kitchen, K. A. 43, 86, 94, 98
Klausner, J. 441, 478, 485, 486
Klijn, A. F. J. 500
Knibb, M. 354
Knoppers, G. N. 5, 16, 78, 97, 104, 105, 106, 107, 109, 110, 111, 283, 285, 288, 294, 295, 298, 302, 313
Koch, K. 445, 446
Koch, R. 34
Kort, A. 254
Kozloff, A. P 32
Kraeling, E. 397, 400
Kraus, H.-J. 88, 112, 115, 119, 121, 128, 220, 221, 223, 225, 227, 230, 239, 240, 310, 320, 400
Krauss, R. 55
Krebs, W. 139
Kruse, H. 99, 103, 112, 265
Kümmel, W. G. 396
Kuske, M. 409, 410, 411, 412
Kutsch, E. 85

L

Laato, A. 114, 266, 369, 371, 432, 434, 440, 448
Lacocque, A. 354, 371, 372
Lagarde, P. de 133
Lamarche, P. 365
Lambert, W. G. 5, 16, 57, 59, 65, 66, 67, 68, 69, 71, 72, 73
Lange, H. O. 37
Laperrousaz, E.-M. 455
Larson, E. 455
Layton, S. C. 93, 94
Légasse, S. 264
Lemaire, A. 143
Lepsius, C. R. 23, 29
Levenson, J. D. 97, 98, 101, 105, 107, 123, 284, 285, 290, 344, 348, 379, 398, 414, 415
Levey, S. H. 340, 488
Lévi, I. 431, 465, 479
Levin, C. 115, 163
Lewis, B. 253, 480, 481
Lichtheim, M. 28, 29, 32, 38, 39, 43, 46, 47, 50, 56
Lightfoot, R. H. 503
Lim, T. H. 407
Lipinski, E. 77, 119
Liverani, M. 49
Livingstone, A. 72
Lloyd, J. B. 87
Lohfink, N. 286, 287, 288, 296, 384
Long, B. O. 156, 167
Loprieno, A. 28, 32, 35, 37
Loretz, O. 12, 25
Luckenbill, D. D. 116
Lust, J. 342, 344
Lutero, M. 406, 421

M

Machinist, P. 19
Maimônides 474, 475

Índice de autores

Malter, H. 475
Mander, P. 62
Mann, J. 484
Manson, T. W. 443, 448
Manuelian, P. der 37, 39, 41, 50
Marcus, J. 44, 395
Margalit, B. 91
Martin, J. D. 431
Marx, K. 345
Mason, R. A. 6, 16, 236, 351, 364, 365, 366, 369, 375
Massaux, E. 374
Maxwell-Hyslop, K. 131, 137
Mayer, G. 131
Mayes, A. D. H. 289
Mazar, B. 93
McBride, S. D. 98, 287, 290, 291
McCann, J. C. 235
McCarter, P. K. 103, 104
McCarthy, D. J. 98, 100, 103, 116, 294
McConville, J. G. 16, 232, 281, 301, 303
McKane, W. 185
McKay, H. A. 266
McKenzie, S. L. 108, 295
Meier, J. 502
Mein, A. R. 338
Mendels, D. 455
Mendelsohn, I. 93
Mendenhall, G. E. 97, 98, 143, 269
Merklein, H. 461
Mettinger, T. N. D. 93, 103, 114, 136, 141, 142, 321, 387
Metzger, M. 139, 141
Meyers, C. L. 355, 356, 361, 368, 369
Meyers, E. M. 355, 356, 361, 368, 369
Milano, L. 92
Milgrom, J. 129, 209, 211, 213, 214
Milik, J. T. 454, 462, 464
Millar, F. 442, 447, 491
Miller, P. D. 98
Mirsky, M. J. 479
Moltmann, J. 399
Moor, J. C. de 341
Moore, C. A. 132

Moran, W. L. 85
Morschauser, S. 254
Mosca, P. G. 331
Mosis, R. 109
MosisMosis, R., R. 109
Motyer, J. A. 321, 322
Moule, C. F. D. 491, 502, 504, 505, 506
Moussa, A. M. 40
Mowinckel, S. 80, 218, 222, 232, 244, 352, 377, 386, 423, 439
Moyise, S. 328, 329, 330, 331
Muentzer, T. 513
Mulder, J. S. M. 88
Mullen, E. T. 331
Müller, H.-P. 262
Müller, K. 461
Müller, K. F. 72
Murnane, W. J. 42

N

Na'aman, N. 271
Nelson, R. D. 296, 298
Neubauer, A. 431, 435
Neusner, J. 379, 388, 391, 392, 409, 432, 434, 451, 484, 485, 486, 487, 489, 491
Newsom, C. 456
Newsome, J. D. Jr. 374
Nicholls, D. 345
Niebuhr, R. R. 506
Niehr, H. 77
Nielsen, K. 270, 272
North, C. R. 88, 320, 426
North, R. 374
Noth, M. 85, 141, 142, 172, 197, 198, 212, 213, 218, 234, 284, 292, 294, 298, 382

O

Oakes, P. 504
O'Brien, M. A. 295, 296, 297
Ockinga, B. G. 42
O'Connor, D. 19, 22, 53, 55, 56

523

Oden, R. A. 83, 98
Oegema, G. S. 432, 451, 459, 468
Oesterley, W. O. E. 218, 223
Olivier, J. P. J. 143
Ollenburger, B. C. 259
Olley, J. W. 274
Olyan, S. 82
O'Neill, J. C. 491
Orton, D. E. 186
Otto, E. 23, 31
Owen, D. I. 104

P

Pardee, D. G. 65
Parkinson, R. B. 19, 28, 29, 32, 34, 36, 38, 40, 45, 46, 47, 48, 56
Parpola, S. 74
Parry, D. W. 451, 460
Patton, C. L. 112, 114, 121
Paul, A. 483
Paul, S. M. 104
Pérez Fernández M. 440
Perlitt, L. 112, 288, 289, 290
Perrin, N. 493
Petersen, D. L. 268, 315
Petitjean, A. 356
Pettinato, G. 139
Phillips, A. 20, 354
Philonenko, M. 399
Picard, J.-C. 478
Plöger, O. 187
Polzin, R. 142
Pomykala, K. E. 100, 232, 237, 238, 241, 242, 243, 244, 272, 432, 434, 452, 468
Pongratz-Leisten, B. 68
Porter, J. R. 88, 296, 442
Porter, S. E. 186
Posener, G. 26, 33, 36, 49, 55
Preuss, H. D. 315
Prior, M. 498
Provan, I. 107
Prussner, F. C. 400
Puech, É. 444, 460, 462, 463, 464, 465, 466

Q

Qimron, E. 454, 457
Quaegebeur, J. 42, 50
Quirke, S. 51

R

Raabe, P. R. 104
Rabinowitz, L. I. 135
Rad, G. 110, 137, 176, 187, 234, 284, 288, 290, 292, 294, 305, 380, 381, 382, 383, 393, 400, 401, 402, 403, 406, 414
Radwan, A. 40
Raedler, C. 28, 32, 41, 56
Rainbow, P. A. 444
Rashi 254, 397
Raurell, F. 344
Rawlinson, G. 133
Redditt, P. L. 364
Redford, D. B. 94
Reimer, D. J. 6, 16, 137, 236, 292, 395, 403
Reinhard, H. 440
Reinink, G. S. 500
Renaud, B. 264
Rendtorff, R. 254, 403, 404
Rensberger, D. 495
Reventlow, H. Graf 252, 254
Rex, R. 420
Reymond, E. A. E. 50
Ricks, S. D. 451, 460
Riesenfeld, H. 440
Riley, W. 100, 375
Ringgren, H. 13, 125
Robert, P. de 121
Roberts, J. J. M. 218, 225, 228, 232, 251, 254, 269, 275
Rofé, A. 161, 429, 434
Rogerson, J. 400
Roloff, J. 329, 330
Rooke, D. W. 5, 16, 79, 195
Rose, W. 136
Rosenblatt, S. 473

Índice de autores

Rößler-Köhler, U. 50
Rost, L. 97, 122, 143, 225
Rowland, C. C. 6, 16, 304, 442, 491, 502, 511, 513
Rowlett, L. 296
Rowley, H. H. 78, 80, 81, 172, 380
Rudolph, W. 110
Rüger, H.-P. 421
Rupprecht, K. 84
Rüterswörden, U. 93, 286, 287, 288, 289, 290, 291
Ryle, H. E. 448

S

Saadia, 245, 473, 474, 475, 477, 478, 479, 480, 483, 484, 489, 490
Sabourin, L. 200, 237
Sacchi, P. 461
Saebø, M. 309, 315
Sarna, N. M. 118, 308, 310, 311
Sasson, J. M. 51, 143
Satterthwaite, P. E. 230, 232, 252, 308, 322, 349
Schäfer, H. 37
Schäfer, P. 486
Schäfer-Lichtenberger, C. 296, 297, 301, 304
Schaper, J. 238, 240, 242, 244
Schibler, D. 252
Schiffman, L. H. 241, 451, 455
Schleiermacher, F. D. E. 397
Schmidt, B. B. 86
Schmidt, N. 442
Schmidt, W. H. 314
Scholem, G. 479, 485, 512, 513
Schreiner, S. 196
Schroven, B. 403
Schuller, E. M. 460
Schürer, E. 424, 436, 442, 447, 491
Schwartz, G. 32
Schwemer, A. M. 456
Scott, R. B. Y. 172, 266, 274, 289, 391
Segal, M. Z. (H) 431, 432
Seitz, D. R. 256, 324

Sellwood, R. D. 127
Seow, C. L. 112
Sethe, K. 21
Seux, M.-J. 68, 72
Seybold, K. 97, 313
Shafer, B. E. 47
Shemuel, Y. E. 475, 479, 480
Shinan, A. 482
Silverman, D. P. 19, 22, 55, 56
Simon, U. 245
Simpson, W. K. 26, 37, 50
Skladny, U. 184, 185, 187, 188
Smelik, K. A. D. 256
Smend, R. (filho) 99, 294, 295, 315
Smend, R. (pai) 315, 431
Smith, C. 5, 7, 16, 149, 159
Smith, M. 423, 439
Smothers, T. G. 273
Spanier, K. 151, 152
Speiser, E. A. 343
Sperber, A. 340
Spina, F. A. 142, 269
Stamm, J. J. 254
Starcky, J. 467, 468
Stegemann, H. 467
Steible, H. 60
Stemberger, G. 400, 446, 451, 461, 482
Stendahl, K. 381, 395
Stern, D. 479
Steudel, A. 463
Stinespring, W. F. 374, 478
Stoebe, H. J. 143
Stone, E. C. 104
Stone, M. E. 438, 440, 445, 483
Strack, H. L. 400
Strugnell, J. 454, 455, 457
Stuckenbruck, L. 500
Stuhlmacher, P. 321
Sweeney, M. A. 254, 256, 266, 271, 276, 301
Sweet, J. P. M. 447
Swete, H. B. 330, 419, 420, 423
Sysling, H. 474
Sznycer, M. 140

T

Tadmor, H. 163
Talmon, S. 451, 460
Tardieu, M. 264
Tate, M. E. 223, 239, 326
Taubes, J. 513
Thackeray, H. St. J. 131
Thomas, D. W. 172, 173, 184, 218
Thompson, M. E. W. 266
Thureau-Dangin F. 68
Tobin, T. H. 464
Tollington, J. E. 361
Tostatus, A. 421
Toy, C. H. 180, 187
Treves, M. 196
Trible, P. 161, 162
Tromp, J. 443
Tucker, G. M. 268
Tuckett, C. M. 496
Tuell, S. S. 344

U

Ulrich, E. 451
Urbach, E. E. 498

V

Van Seters, J. 79, 303
VanderKam, J. C. 51, 445, 451, 452, 464
Vandier, J. 36, 49
Vaux, R. de 85, 93, 98, 122, 197, 202, 454
Vegas Montaner, L. 465
Veijola, T. 100, 103, 112, 119, 291, 294, 298, 313, 331
Vercoutter, J. 23
Vermes, G. 241, 409, 424, 431, 436, 442, 444, 447, 453, 460, 467, 491
Vermeylen, J. 266, 271, 429
Vernus, P. 24, 43
Vischer, W. 171, 403, 404, 405, 406, 407, 410, 412, 414, 415

Vriezen, T. C. 251
Vuilleumier, R. 354

W

Walsh, J. T. 301
Walzer, M. 512
Ward, J. M. 308
Waschke, E. J. 309
Watson, F. 363, 397, 409, 410, 412, 413, 414, 415
Watson, W. G. E. 87
Watts, J. D. W. 273, 274
Watts, J. W. 273
Weber, A. 49
Weber, M. 49, 297, 345
Weber, R. 419, 435
Weeks, S. 93, 175, 176, 177, 179, 181, 185, 442
Wegner, P. D. 253, 264, 265, 266, 273
Weidner, E. F. 116
Weinberger, L. J. 488
Weinfeld, M. 97, 98, 99, 105, 252, 295, 296, 313
Weiser, A. 220, 226, 231
Weiss, A. 368
Wellhausen, J. 81, 137, 199, 292, 382, 403
Wengst, K. 509
Wenham, G. J. 198, 230, 232, 252, 308, 322, 349
Wente, E. F. 49
Wermelinger, O. 420, 421
Wernberg-Møller, P. 132
Werner, W. 250, 254
Wertheimer, S. A. 479
Westendorf, W. 52
Westermann, C. 175, 305, 320, 322, 323, 324, 325, 397, 400, 401, 402, 414
Wevers, J. W. 94
Wewers, G. A. 496
White, R. T. 409
Whybray, R. N. 175, 176, 179, 180, 181, 182, 183, 184, 185, 186, 187, 188, 189, 193, 266, 377

Índice de autores

Widengren, G. 97, 226
Wildberger, H. 262, 268, 275
Wildung, D. 32, 55
Williamson, H. G. M. 6, 16, 109, 110, 234, 247, 251, 258, 266, 268, 275, 277, 284, 318, 321, 365, 373, 375, 382, 424
Willis, J. T. 125
Willis, T. M. 249
Wilson, G. H. 234, 235, 316
Wilson, R. R. 268
Wilson, S. G. 492
Winstanley, G. 514
Winter, E. 24, 30, 31, 52, 423
Wise, M. 463
Wolff, H. W. 187, 294
Wolff, K. E. 488
Wolter, H. 136, 286
Woude, A. S. van der 256, 258, 431, 442, 451
Wright, N. T. 502
Wurm, A. 499
Würthwein, E. 259
Wyatt, N. 87

Y

Yardeni, A. 456
Yoffee, N. 44
Young, D. W. 24
Young, E. J. 321
Young, F. 408, 414

Z

Zakovitch, Y. 434
Zauzich, K.-T. 23
Zervos, G. T. 480
Zimmerli, W. 99, 256, 349, 393
Zurro Rodriguez, E. 463

Impresso na gráfica da
Pia Sociedade Filhas de São Paulo
Via Raposo Tavares, km 19,145
05577-300 - São Paulo, SP - Brasil - 2005